Julia Kraft · Julia Redenius-Hövermann (Hrsg.)
Umwandlungsrecht

Umwandlungsrecht

herausgegeben von
Julia Kraft
Julia Redenius-Hövermann

bearbeitet von
Christian Altgen · Nikolaus Bunting · Rüdiger Haspl
Julia Kraft · Dieter Leuering · Julia Redenius-Hövermann
Arnulf Reinthaler · Alexander von Rummel

2. Auflage

Mohr Siebeck

Julia Kraft, geboren 1979; Justizrätin; Studium der Rechtswissenschaften in Passau, Genf und München; 2005 Promotion an der Universität Bayreuth.

Julia Redenius-Hövermann, geboren 1980; Professorin für Bürgerliches Recht und Unternehmensrecht, Frankfurt School of Finance & Management; Studium der Rechtswissenschaften in Paris und München; 2008 Promotion an der Universität Paris II-Assas; 2017 Habilitation an der Goethe-Universität Frankfurt a. M.

1. Auflage 2015
2. Auflage 2020

ISBN 978-3-16-159525-7 / eISBN 978-3-16-159526-4
DOI 10.1628/978-3-16-159526-4

ISSN 2568-4566 / eISSN 2568-924X (Mohr Siebeck Lehrbuch)

Die Deutsche Nationalbibliothek verzeichnet diese Publikation in der Deutschen Nationalbibliographie; detaillierte bibliographische Daten sind über *http://dnb.dnb.de* abrufbar.

© 2020 Mohr Siebeck Tübingen. www.mohrsiebeck.com

Das Werk einschließlich aller seiner Teile ist urheberrechtlich geschützt. Jede Verwertung außerhalb der engen Grenzen des Urheberrechtsgesetzes ist ohne Zustimmung des Verlags unzulässig und strafbar. Das gilt insbesondere für die Verbreitung, Vervielfältigung, Übersetzung und die Einspeicherung und Verarbeitung in elektronischen Systemen.

Das Buch wurde von Laupp & Göbel in Gomaringen aus der Sabon gesetzt, auf alterungsbeständiges Werkdruckpapier gedruckt und gebunden.

Printed in Germany.

Vorwort zur 1. Auflage

Das Umwandlungsgesetz ist mit verschiedenen Änderungen und Ergänzungen seit nahezu 30 Jahren in Kraft. In dieser Zeit sind zahlreiche Kommentare und Handbücher erschienen, die sich fundiert mit den komplexen Rechtsfragen der Umwandlung von Unternehmen auseinandersetzen. Die meisten dieser Werke sind dazu gedacht, der Praxis eine Hilfestellung bei der Lösung umwandlungsrechtlicher Probleme zu geben. Dies wird besonders deutlich bei den Handbüchern mit Formulierungsvorschlägen und Musterfalllösungen. Die größeren Kommentare verfolgen darüber hinaus das Ziel, das Umwandlungsrecht systematisch und mit wissenschaftlicher Tiefe zu erläutern und dabei offene Rechtsfragen zu klären und Regelungslücken zu schließen.

Das vorliegende Werk hat, wie sich schon aus seinem Titel ergibt, eine ganz andere Zielsetzung. Es handelt sich um ein Lehrbuch zum Umwandlungsrecht und zwar das bislang erste dieser Gattung. Dass es einen erheblichen Bedarf für ein solches Lehrbuch gibt, ist in den letzten Jahren immer deutlicher geworden. An vielen Universitäten und Hochschulen gehört das Umwandlungsrecht seit längerem zum Schwerpunktbereich Wirtschaftsrecht und wird dort im Rahmen des Gesellschafts- und Kapitalmarktrechts als Vorlesung angeboten oder in Seminaren zu Mergers & Acquisitions bearbeitet. Daneben gibt es zahlreiche außeruniversitäre Aus- und Weiterbildungsveranstaltungen, bei denen das Umwandlungsrecht ebenfalls im Mittelpunkt steht. Bei allen diesen Veranstaltungen fehlt bislang ein Werk, dass sich als eine qualifizierte Einführung in die Materie versteht.

Die Einbeziehung des Umwandlungsrechts in die juristischen Lehrprogramme zum Wirtschaftsrecht ist sehr zu begrüßen. Das Umwandlungsrecht ist zwar aufgrund der Bausteintechnik des Gesetzes und der vielen Umwandlungsmöglichkeiten ein durchaus anspruchsvolles Rechtsgebiet. Es ist für die Ausbildung im Gesellschaftsrecht aber besonders wichtig, weil es sich mit nahezu allen Rechtsformen des Gesellschaftsrechts befasst und dabei deren Unterschiede und Gemeinsamkeiten – etwa im Rahmen eines Formwechsels – deutlich werden lässt. Das Umwandlungsrecht hat insofern nicht nur große rechtspraktische Bedeutung. Es ist auch als Lehrstoff gut geeignet, weil es die verschiedenen Rechtsformen nicht als voneinander abgegrenzte Bereiche, sondern als Teil eines umfassenden Unternehmensrechts behandelt.

Als Lehrbuch verfolgt das vorliegende Werk ein diesen Bedürfnissen angepasstes Ziel. Das Umwandlungsrecht und ergänzend das Umwandlungssteuerrecht werden in den jeweiligen Grundzügen dargestellt und erläutert. Dabei geht es vor allem darum, die Strukturelemente der verschiedenen Umstrukturierungen – Verschmelzung, Spaltung, Vermögensübertragung, Formwechsel – und ihre Verzahnung mit dem allgemeinen Gesellschaftsrecht verständlich zu machen. Ergänzend werden in einem eigenen Kapitel die besonderen Rechtsschutzverfahren im Zusammenhang mit Umwandlungsvorgängen, insbesondere das Freigabeverfahren und das Spruchverfahren, dargestellt. In all diesen Kapiteln geht es weniger um strittige Einzelfragen als vielmehr um eine systematische Darstellung der jeweiligen Grundbegriffe und Verfahrensabläufe. Dieser speziellen Ausrichtung des Lehrbuchs dienen neben der Beschreibung des geltenden Rechts und seiner Auslegung durch die Rechtsprechung und das Schrifttum kleine Musterfälle und Fallbeispiele im Text sowie am Schluss eines jeden Kapitels eine Zusammenfassung der wichtigsten Aussagen anhand von bestimmten Kontrollfragen und den dazu passenden Antworten.

Auch wenn es bei dem Lehrbuch um eine Einführung in das Umwandlungsrecht mit pädagogischer Zielsetzung geht, handelt es sich dennoch um ein Werk, das alle Aspekte des Umwandlungsrechts einschließlich der europarechtlichen Vorgaben auf aktuellem Stand sachkundig erfasst und damit auch für den fortgeschrittenen Umwandlungsrechtler von Nutzen ist.

Ich wünsche dem Werk einen guten Start und viele treue Freunde.

Frankfurt a. M., RA Prof. Dr. Reinhard Marsch-Barner
im Dezember 2014

Danksagung zur 2. Auflage

Fünf Jahre nach der Erstauflage bedurfte es mit Blick auf die Gesetzesänderungen einer Aktualisierung. Als Herausgeberinnen möchten wir uns an dieser Stelle bei allen bedanken ohne deren Mitwirkung und Unterstützung die zweite Auflage nicht entstanden wäre.

Zuallererst gilt unser Dank den Autoren, die sofort bereit waren wieder in bewährter sehr engagierter und zuverlässiger Weise an unserem Lehrbuch mitzuwirken.

Herrn Peter Siemens sei herzlich für die Unterstützung bei der Betreuung des Literatur- und Stichwortverzeichnisses gedankt.

Unser Dank gilt auch dem Verlag Mohr Siebeck, insbesondere Frau Dr. Julia Scherpe-Blessing, für die erneut so vertrauensvolle Zusammenarbeit.

Schließlich gilt unser Dank auch den Lesern, die das Lehrbuch sehr wohlwollend angenommen haben. Autoren und Herausgeberinnen freuen sich über Anregungen und Hinweise, damit das Anliegen der Beteiligten, mit dem vorliegenden Lehrbuch eine Lücke in der unternehmensrechtlichen Ausbildungsliteratur zu schließen, auch stetig weiter verbessert werden kann.

An dieser Stelle möchten wir Herrn Professor Dr. Reinhard Marsch-Barner, der im Januar 2020 verstorben ist, gedenken. Er hat unser Lehrbuch stets sehr wohlwollend begleitet und stand uns als kritischer Diskussionspartner zur Seite. Nicht nur im unwandlungsrechtlichen Diskurs wird er eine große Lücke hinterlassen.

Köln/Frankfurt a. M.,   Julia Kraft und
im Mai 2020   Julia Redenius-Hövermann

Danksagung zur 1. Auflage

Den Worten von Herrn Professor Marsch-Barner im Vorwort möchten sich die Herausgeberinnen an dieser Stelle gerne anschließen. Somit bleibt uns nur Dank zu sagen, an jene ohne deren Mitwirkung und Unterstützung aus der anfänglichen Idee der Herausgeberinnen, ein Lehrbuch zum Umwandlungsrecht zu veröffentlichen, schlussendlich das vorliegende Buch entstanden ist.

Zunächst möchten wir uns ganz besonders bei den Autoren bedanken, die von Anfang an voller Enthusiasmus für dieses Projekt waren und in höchst engagierter und zuverlässiger Weise mitgewirkt haben.

Herrn Professor Marsch-Barner danken wir für seine wohlwollenden Worte und seine Unterstützung bei der Vollendung des Buchprojektes.

Herrn Rechtsanwalt Dennis Betrog sei herzlich für die Unterstützung bei der Betreuung des Manuskriptes gedankt.

Unser Dank gilt auch dem Verlag Mohr Siebeck, insbesondere Herrn Dr. Franz-Peter Gillig, für die herausragende Betreuung.

Den Familien der Autoren und unseren eigenen schulden wir ebenfalls Dank für ihr Verständnis und ihre Geduld.

Schließlich sind Autoren und Herausgeberinnen dankbar für Anregungen und Hinweise (lehrbuch-umwr@gmail.com), damit das Anliegen der Beteiligten, mit dem vorliegenden Lehrbuch eine Lücke in der unternehmensrechtlichen Ausbildungsliteratur zu schließen, auch stetig weiter verbessert werden kann.

Leuven/Frankfurt a. M.,   Julia Kraft und
im Dezember 2014   Julia Redenius-Hövermann

Autorenverzeichnis

Kap. 1: Dr. Julia **Kraft**, LL.M. (KU Leuven), Justizrätin, Köln

Kap. 2: Dr. Rüdiger **Haspl**, Richter am Landgericht, Berlin

Kap. 3: Prof. Dr. Dieter **Leuering**, Rechtsanwalt/Fachanwalt für Steuerrecht sowie für Handels- und Gesellschaftsrecht, Partner, Flick Gocke Schaumburg, Bonn, Honorarprofessor der Heinrich-Heine-Universität Düsseldorf

Kap. 4: Dr. Christian **Altgen**, LL.M. (Cambridge), Richter am Landgericht, Köln sowie wissenschaftlicher Mitarbeiter, Bundesgerichtshof, Karlsruhe

Kap. 5: Dr. Nikolaus **Bunting**, Rechtsanwalt, Freshfields Bruckhaus Deringer LLP, Frankfurt a. M.

Kap. 6: Dr. Alexander **von Rummel**, LL.M. (Edinburgh), Rechtsanwalt, Partner, lindenpartners, Berlin

Kap. 7: Prof. Dr. Julia **Redenius-Hövermann**, LL.M., Professorin für Bürgerliches Recht und Unternehmensrecht, Frankfurt School of Finance & Management

Kap. 8: Dr. Arnulf **Reinthaler**, Sachgebietsleiter für Körperschaftsteuer und Betriebsprüfung, Finanzamt Fulda

Die Ausführungen in den einzelnen Kapiteln geben ausschließlich die persönliche Auffassung des jeweiligen Autors wieder.

Inhaltsübersicht

Vorwort zur 1. Auflage V
Danksagung zur 2. Auflage VII
Danksagung zur 1. Auflage IX
Autorenverzeichnis XI
Abkürzungsverzeichnis XV

Kapitel 1. Einführung und Grundlagen *(Julia Kraft)* 5
§ 1 Einführung 5
§ 2 Überblick über die Umwandlungsarten 22
§ 3 Umwandlungsverfahren 35
§ 4 Kontrollfragen und Lösungen 47

Kapitel 2. Die Verschmelzung *(Rüdiger Haspl)* 55
§ 1 Allgemeines 55
§ 2 Verschmelzungsverfahren 57
§ 3 Wirkung der Verschmelzung 73
§ 4 Schutz der Anteilsinhaber 78
§ 5 Schutz der Gläubiger 86
§ 6 Schutz der Arbeitnehmer und Arbeitnehmerorganisationen 89
§ 7 Kapitalerhöhung als flankierende Maßnahme zur Verschmelzung ... 96
§ 8 Besondere Vorschriften bei der Verschmelzung 104
§ 9 Kontrollfragen und Lösungen 115

Kapitel 3. Die Spaltung *(Dieter Leuering)* 125
§ 1 Allgemeines 125
§ 2 Spaltungsverfahren 137
§ 3 Wirkung der Spaltung 155
§ 4 Schutz der Anteilsinhaber 156
§ 5 Schutz der Gläubiger 157
§ 6 Schutz der Arbeitnehmer und Arbeitnehmerorganisationen 163
§ 7 Rechte und Pflichten der Organmitglieder 170
§ 8 Besondere Vorschriften bei der Spaltung 171
§ 9 Kontrollfragen und Lösungen 175

Kapitel 4. Die Vermögensübertragung *(Christian Altgen)* 179
§ 1 Allgemeines 179
§ 2 Vermögensübertragung auf die öffentliche Hand 196
§ 3 Vermögensübertragung zwischen Versicherungsunternehmen 211
§ 4 Kontrollfragen und Lösungen 218

Kapitel 5. Der Formwechsel *(Nikolaus Bunting)* 223
§ 1 Allgemeines 223
§ 2 Verfahren zum Formwechsel 231
§ 3 Schutz der Anteilsinhaber 239
§ 4 Schutz der Gläubiger 247
§ 5 Schutz der Arbeitnehmer und Arbeitnehmerorganisationen 253
§ 6 Rechte und Pflichten der Organmitglieder 253
§ 7 Kontrollfragen und Lösungen 257

Kapitel 6. Grenzüberschreitende Umwandlungsvorgänge
(Alexander von Rummel) 263
§ 1 Grundlagen 264
§ 2 Grenzüberschreitende Verschmelzung 286
§ 3 Grenzüberschreitende Spaltung 299
§ 4 Grenzüberschreitender Formwechsel (Satzungssitzverlegung) 302
§ 5 Umwandlungsvorgänge unter Beteiligung von SE oder SCE 308
§ 6 Kontrollfragen und Lösungen 316

Kapitel 7. Rechtsschutzmöglichkeiten bei Umwandlungsvorgängen
(Julia Redenius-Hövermann) 323
§ 1 Einleitung 323
§ 2 Klagen gegen die Wirksamkeit des Umwandlungsbeschlusses 323
§ 3 Freigabeverfahren 333
§ 4 Spruchverfahren 339
§ 5 Schadensersatzanspruch 369
§ 6 Sicherheitsleistung 374
§ 7 Kontrollfragen und Lösungen 375

Kapitel 8. Grundlagen des Umwandlungssteuerrechts *(Arnulf Reinthaler)* 379
§ 1 Steuerliche Grundzüge 379
§ 2 Einzelne Umwandlungsvorgänge 386
§ 3 Einbringungstatbestände 387
§ 4 Umwandlung von Körperschaften 395
§ 5 Kontrollfragen und Lösungen 403

Allgemeines Literaturverzeichnis 405

Sachregister 411

Abkürzungsverzeichnis

A.	Auflage
a. A.	anderer Ansicht
ABl.	Amtsblatt der Europäischen Gemeinschaft/Europäischen Union
Abs.	Absatz
AEUV	Vertrag über die Arbeitsweise der Europäischen Union, konsolidierte Fassung vom 26.10.2012
a. F.	alte Fassung
AG	Aktiengesellschaft/Die Aktiengesellschaft (Zeitschrift)
AktG	Aktiengesetz
Alt.	Alternative
AO	Abgabenordnung
arg. ex	argumentum ex
Art.	Artikel
BaFin	Bundesanstalt für Finanzdienstleistungsaufsicht
BAG	Bundesarbeitsgericht
BayObLG	Bayerisches Oberstes Landesgericht
BayVBl.	Bayerische Verwaltungsblätter (Zeitschrift)
BB	Betriebs-Berater (Zeitschrift)
BetrVG	Betriebsverfassungsgesetz
BeurkG	Beurkundungsgesetz
BGBl.	Bundesgesetzblatt
BGH	Bundesgerichtshof
BGHZ	Entscheidungen des Bundesgerichtshofs in Zivilsachen
BMF-Schreiben	vom Bundesministerium der Finanzen herausgegebenes Schreiben
BR-Drs.	Drucksache des Bundesrats
BStBl	Bundessteuerblatt
BT-Drs.	Drucksache des Deutschen Bundestags
BVerfG	Bundesverfassungsgericht
bzw.	beziehungsweise
DB	Der Betrieb (Zeitschrift)
ders.	derselbe
d. h.	das heißt
DNotZ	Deutsche Notar-Zeitschrift (Zeitschrift)
DÖV	Die Öffentliche Verwaltung (Zeitschrift)
DrittelbG	Gesetz über die Drittelbeteiligung der Arbeitnehmer im Aufsichtsrat
DStR	Deutsches Steuerrecht (Zeitschrift)
DVP	Deutsche Verwaltungspraxis (Zeitschrift)
E	Entwurf
EFTA	Europäische Freihandelsassoziation

EGBGB	Einführungsgesetz zum Bürgerlichen Gesetzbuche, Neubekanntmachung vom 21.9.1994
EGMR	Europäischer Gerichtshof für Menschenrechte
EStG	Einkommensteuergesetz
EU	Europäische Union
EuGH	Europäischer Gerichtshof
EuGVVO	Verordnung über die gerichtliche Zuständigkeit und die Anerkennung und Vollstreckung von Entscheidungen in Zivil- und Handelssachen, Verordnung Nr. 44/2001 des Rates vom 22.12.2000
EuZW	Europäische Zeitschrift für Wirtschaftsrecht (Zeitschrift)
EWR	Europäischer Wirtschaftsraum
f./ff.	folgend(e)
FamFG	Gesetz über das Verfahren in Familiensachen und in den Angelegenheiten der freiwilligen Gerichtsbarkeit
Fn.	Fußnote
FS	Festschrift
GenG	Genossenschaftsgesetz
GG	Grundgesetz
ggf.	gegebenenfalls
GmbH	Gesellschaft mit beschränkter Haftung
GmbHG	Gesetz betreffend die Gesellschaft mit beschränkter Haftung
GmbHR	GmbH-Rundschau (Zeitschrift)
GO Bay	Gemeindeordnung für den Freistaat Bayern
GO NRW	Gemeindeordnung für das Land Nordrhein-Westfalen
HGB	Handelsgesetzbuch
h. M.	herrschende Meinung
i. d. R.	in der Regel
i. S. v.	im Sinne von
i. V. m.	in Verbindung mit
JA	Juristische Arbeitsblätter (Zeitschrift)
JW	Juristische Wochenschrift (Zeitschrift)
Kap.	Kapitel
KG	Kommanditgesellschaft
KGaA	Kommanditgesellschaft auf Aktien
KSchG	Kündigungsschutzgesetz
KStG	Körperschaftsteuergesetz
KWG	Gesetz über das Kreditwesen
KWG NRW	Kommunalwahlgesetz Nordrhein-Westfalen
LG	Landgericht
lit.	Buchstabe
MitbestG	Gesetz über die Mitbestimmung der Arbeitnehmer
MoMiG	Gesetz zur Modernisierung des GmbH-Rechts und zur Verhinderung von Missbräuchen
Montan-MitbestG	Gesetz über die Mitbestimmung der Arbeitnehmer in den Aufsichtsräten und Vorständen der Unternehmen des Bergbaus und der Eisen und Stahl erzeugenden Industrie
Montan-MitbestErgG	Montanmitbestimmungsergänzungsgesetz
m. w. N.	mit weiteren Nachweisen

NJW	Neue Juristische Wochenschrift (Zeitschrift)
NJW-RR	NJW-Rechtsprechungs-Report (Zeitschrift)
Nr.	Nummer
NRW	Nordrhein-Westfalen
NZA	Neue Zeitschrift für Arbeitsrecht (Zeitschrift)
NZBau	Neue Zeitschrift für Baurecht (Zeitschrift)
NZG	Neue Zeitschrift für Gesellschaftsrecht (Zeitschrift)
NZI	Neue Zeitschrift für das Recht der Insolvenz und Sanierung (Zeitschrift)
NZWiSt	Neue Zeitschrift für Wirtschafts-, Steuer- und Unternehmensstrafrecht (Zeitschrift)
OHG	Offene Handelsgesellschaft
OLG	Oberlandesgericht
OWiG	Gesetz über Ordnungswidrigkeiten
RG	Reichsgericht
Rn.	Randnummer
Rz.	Randziffer
S.	Satz/Seite
SächsGemO	Gemeindeordnung für den Freistaat Sachsen
SächsVBl.	Sächsische Verwaltungsblätter (Zeitschrift)
SCE	Europäische Genossenschaft (Societas Cooperativa Europaea)
SE	Europäische Aktiengesellschaft (Societas Europaea)
sog.	sogenannte
SpruchG	Gesetz über das gesellschaftsrechtliche Spruchverfahren
TVG	Tarifvertragsgesetz
Ubg	Die Unternehmensbesteuerung (Zeitschrift)
UG	Unternehmergesellschaft
UmwG	Umwandlungsgesetz
UmwBerG	Gesetz zur Bereinigung des Umwandlungsrechts
UmwStG	Umwandlungssteuergesetz vom 7.12.2006
VAG	Versicherungsaufsichtsgesetz
VersorgW	Versorgungswirtschaft (Zeitschrift)
VersR	Zeitschrift für Versicherungsrecht (Zeitschrift)
vgl.	vergleiche
VO	Verordnung
VVaG	Versicherungsverein auf Gegenseitigkeit
WM	Wertpapiermitteilungen (Zeitschrift)
WPg	Die Wirtschaftsprüfung (Zeitschrift)
z. B.	zum Beispiel
ZBB	Zeitschrift für Bankrecht und Bankwirtschaft (Zeitschrift)
ZGR	Zeitschrift für Unternehmens- und Gesellschaftsrecht (Zeitschrift)
ZHR	Zeitschrift für das gesamte Handels- und Wirtschaftsrecht (Zeitschrift)
ZIP	Zeitschrift für Wirtschaftsrecht (Zeitschrift)
z. T.	zum Teil
ZVersWiss	Zeitschrift für die gesamte Versicherungswissenschaft (Zeitschrift)

Inhaltsverzeichnis Kapitel 1

Kapitel 1. Einführung und Grundlagen ... 5
§ 1 Einführung ... 5
   A. Gegenstand und Funktion des Umwandlungsrechts ... 5
      I. Gegenstand des Umwandlungsrechts ... 5
         1. Umwandlungsrecht als Recht der Unternehmensneuorganisation ... 5
         2. Umwandlungsrecht als Rechtsformänderungsrecht ... 6
      II. Funktion des Umwandlungsrechts ... 7
         1. Gesamtrechtsnachfolge ... 7
         2. Identitätsprinzip ... 8
   B. Geschichtliche Entwicklung und europarechtliche Vorgaben ... 9
      I. Geschichtliche Entwicklung ... 9
      II. Europarechtliche Vorgaben ... 12
         1. Kapitalrichtlinie ... 13
         2. Fusionsrichtlinie ... 13
         3. Spaltungsrichtlinie ... 14
         4. Internationale Verschmelzungsrichtlinie ... 14
         5. Grenzüberschreitender Formwechsel und grenzüberschreitende Spaltung ... 15
   C. Grundlagen des Umwandlungsgesetzes ... 16
      I. Aufbau und Struktur ... 16
         1. Aufbau ... 16
         2. Gesetzessystematik ... 17
      II. Grundbegriffe ... 18
         1. Umwandlung ... 18
         2. Gesamtrechtsnachfolge und partielle Gesamtrechtsnachfolge ... 19
         3. Rechtsträger ... 20
         4. Konzernrecht ... 20
      III. Räumlicher Anwendungsbereich ... 21
      IV. Zeitlicher Anwendungsbereich ... 21

Julia Kraft

§ 2 Überblick über die Umwandlungsarten 22
   A. Umwandlungsarten nach dem Umwandlungsgesetz 22
      I. Verschmelzung 23
      II. Spaltung 23
      III. Vermögensübertragung 24
      IV. Formwechsel 25
      V. Numerus clausus der Umwandlungsformen
         und Analogieverbot 25
      VI. Zwingende Vorschriften 26
   B. Beteiligte Rechtsträger 27
      I. Verschmelzung 27
      II. Spaltung 28
      III. Vermögensübertragung 29
      IV. Formwechsel 29
   C. Umwandlungen außerhalb des Umwandlungsgesetzes 30
      I. Umwandlung nach allgemeinem Zivilrecht 31
      II. Umwandlungstatbestände des Personengesellschaftsrechts 31
         1. Identitätswahrender gesetzlicher Formwechsel 31
         2. Anwachsung 33
      III. Wirtschaftliche Umwandlung 33
      IV. Ausstrahlungswirkung 34
§ 3 Umwandlungsverfahren 35
   A. Grundphasen einer Umwandlung 35
      I. Vorbereitungsphase 35
      II. Beschlussphase 37
      III. Vollzugsphase 38
   B. Wirksamkeit und Wirkung der Umwandlung 39
      I. Wirksamkeit durch Eintragung 39
      II. Heilung bei Formmängel und Bestandsschutz 40
   C. Schutzprinzipien 40
      I. Schutz der Anteilsinhaber und Inhaber
         von Sonderrechten 40
         1. Beschlussmehrheit 40
         2. Informations- und Prüfungsrecht 41
         3. Ausscheiden und Abfindung 42
         4. Haftung der Organmitglieder 42
         5. Schutz der Inhaber von Sonderrechten 42
         6. Rechtsschutz 43
      II. Schutz der Gläubiger 43
         1. Sicherung der Zugriffsmasse 43
         2. Sicherheitsleistung 44
         3. Haftung der Organmitglieder 44
         4. Kapitalschutz 45

III.	Schutz der Arbeitnehmer und Arbeitnehmerorganisationen	45
	1. Unterrichtung	45
	2. Kündigungsrechtliche Stellung	45
	3. Geltung des § 613a BGB	46
	4. Mitbestimmung	46
§ 4 Kontrollfragen und Lösungen		47

Julia Kraft

Kapitel 1

Einführung und Grundlagen

§ 1 Einführung

Fall 1: Die Z-AG ist ein großer Sporttextilhersteller mit Sitz in Hamburg. In den letzten Jahren ist die Nachfrage im Bereich der Outdoorbekleidung stark gestiegen. Die Z-AG möchte sich daher mit der D-AG mit Sitz in München, die sich auf die Herstellung von hochwertiger Outdoorbekleidung spezialisiert hat, zusammenschließen.

A. Gegenstand und Funktion des Umwandlungsrechts

I. Gegenstand des Umwandlungsrechts

1. Umwandlungsrecht als Recht der Unternehmensneuorganisation

Ein Unternehmen ist kein statisches Gebilde. Es ist den sich ändernden tatsächlichen und rechtlichen Rahmenbedingungen ausgesetzt und unterliegt daher einem ständigen Anpassungsbedarf. In der Praxis reagieren Unternehmen bei ökonomischen oder rechtlichen Veränderungen häufig mit einer Neuorganisation ihrer Unternehmensstruktur.[1] Die hiermit verfolgten Ziele und Gründe sind vielfältig und können nicht allgemeingültig dargestellt werden (vgl. auch Kap. 3 Rn. 5ff., Kap. 5 Rn. 19, Kap. 6 Rn. 5f.). Sie umfassen beispielsweise:[2]

- Verbesserung der Marktposition und Verwirklichung von Synergievorteilen durch Zuerwerb von Unternehmen,
- Anpassung an neue Märkte und technologische Entwicklungen,
- Neuausrichtung der Unternehmensstrategie,
- Kapitalbeschaffung durch die Aufnahme von Gesellschaftern,
- Verringerung von Haftungsrisiken,
- Ermöglichung einer grenzüberschreitenden Tätigkeit,
- steuerrechtliche Optimierung,
- Bildung einer Konzernstruktur bzw. Vereinfachung der Konzernstruktur,
- Umbau des Produkt- und Lösungsportfolios,
- Bündelung von Geschäftsbereichen,

1

---

[1] Zur betriebswirtschaftlichen Bedeutung der Unternehmensorganisation Limmer/*Limmer* Teil 1 Rn. 141 ff.
[2] Semler/Stengel/*Stengel* Einl. A Rn. 4; Limmer/*Limmer* Teil 1 Rn. 257 ff.; Kölner Komm. UmwG/*Dauner-Lieb* Einl. A Rn. 10 ff.

Julia Kraft

- Sanierungsmaßnahmen,
- Zerlegung von Unternehmen zur Vorbereitung der Veräußerung von Unternehmensteilen,
- Schaffung kleinerer, am Markt selbstständig auftretender Einheiten,
- Vermeidung von Publizitäts- und Mitbestimmungspflichten,
- Privatisierung öffentlich-rechtlich organisierter Tätigkeiten,
- Auseinandersetzung von Familienstämmen,
- Regelung der Unternehmensnachfolge, usw.

Beispiel: Die A-GmbH hat im Rahmen einer Unternehmensakquisition ein neues Unternehmen erworben. Zur Vereinheitlichung der Unternehmenskultur und zur Bildung eines einheitlichen marktstarken Unternehmens sollen die rechtlich selbstständigen Unternehmen zu einer großen Einheit verschmolzen werden. Diese Möglichkeit eröffnet das UmwG mit den Bestimmungen über die Verschmelzung (§ 2 bis § 122 UmwG).

Beispiel: Die X-GmbH betreibt in ihrem Unternehmen eine Forschungsabteilung. Aus Gründen der Risikoabgrenzung soll diese in der Form einer 100 %igen Tochtergesellschaft verselbstständigt werden. Hier stellt das UmwG mit den Regelungen der Spaltung (§ 123 bis § 173 UmwG) ein geeignetes Instrumentarium zur Verfügung.

2. Umwandlungsrecht als Rechtsformänderungsrecht

2 Das deutsche Gesellschaftsrecht stellt verschiedene Rechtsformen zur Verfügung. Grundsätzlich können sich Unternehmen nur solchen Rechtsformen bedienen, die der Gesetzgeber vorgegeben hat (*numerus clausus der Gesellschaftsformen*). In der Praxis haben sich allerdings durch die Gestaltungsfreiheit der inneren Organisation und die Kombination verschiedener Typen von Gesellschaftsformen Mischformen herausgebildet (so z. B. die GmbH & Co. KG). Es gilt der Grundsatz der Wahlfreiheit unter den vom Gesetz angebotenen Organisationsformen (*Freiheit der Typenwahl*).[3] Die Entscheidungsfreiheit zwischen den verschiedenen Rechtsformen besteht dabei nicht nur bei der Gründung eines Unternehmens, sondern auch zu einem späteren Zeitpunkt.[4] Die Gründe für einen Wechsel des gewählten „Rechtskleides" können höchst unterschiedlich sein (vgl. Kap. 5 Rn. 19). Es kommen beispielsweise in Betracht:
- Bedürfnis, dem Unternehmen eine körperschaftliche Struktur zu geben,
- Haftungsbeschränkung auf das Gesellschaftsvermögen,
- Beschaffung von Kapital über die Börse,
- Ermöglichung einer Mitarbeiterbeteiligung,
- steuerrechtliche Optimierung,
- Änderung der Corporate Governance Struktur,
- Vereinfachung der Organisationsstruktur und Einsparung von Verwaltungskosten,

---

[3] Kölner Komm. UmwG/*Dauner-Lieb* Einl. A Rn. 11.
[4] Lutter/*Bayer* Einl. I Rn. 1.

Julia Kraft

- Vergrößerung der Gesellschafterzahl,
- Vermeidung von Publizitäts- und Mitbestimmungspflichten,
- Anpassung an die Entwicklung im allgemeinen Gesellschaftsrecht, usw.

Beispiel: Die A-GmbH möchte ihr Unternehmen wesentlich vergrößern und benötigt hierfür Kapital. Sie möchte sich dieses durch Ausgabe von Aktien an der Börse beschaffen. Da sie in der Rechtsform der GmbH keine Aktien ausgeben kann, muss sie zunächst im Wege des sog. Formwechsels (§ 190 bis § 304 UmwG) in eine AG umgewandelt werden.

Hinweis: Das Umwandlungsrecht stellt eine Teildisziplin des Gesellschaftsrechts dar.[5] Gegenstand des Umwandlungsrechts ist die Änderung der Unternehmens- und Konzernstruktur sowie die Änderung der Rechtsform eines Unternehmens.

II. Funktion des Umwandlungsrechts

Eine Änderung der betriebswirtschaftlichen Unternehmensstruktur lässt sich oftmals nur durch eine rechtliche Umgestaltung erreichen. Das Umwandlungsrecht gibt den Unternehmen hierzu eine einfache, kostengünstige und schnelle Möglichkeit (*Vereinfachungsfunktion des Umwandlungsrechts*). Denn die Umsetzung einer Umwandlung wird durch folgende zwei *Kernelemente des Umwandlungsrechts* erleichtert: die Gesamtrechtsnachfolge und das Identitätsprinzip.

1. Gesamtrechtsnachfolge

Die sog. *Gesamtrechtsnachfolge* oder Universalsukzession bewirkt, dass
- das Vermögen als Ganzes,
- kraft Gesetzes und
- ohne gesonderten Übertragungsakt

im maßgeblichen Zeitpunkt der Eintragung der Umwandlung in das Register auf den Zielrechtsträger übergeht (vgl. Kap. 2 Rn. 67 ff.).

Von der Gesamtrechtsnachfolge werden grundsätzlich *alle Vermögenspositionen*, wie insbesondere alle Aktiva und Passiva, aber auch beispielsweise analog § 857 BGB der Besitz erfasst.[6] Einzelne Aktiva oder Passiva können von der Gesamtrechtsnachfolge nicht ausgenommen werden. Entsprechende Vereinbarungen sind nichtig. Im Falle der sog. „partiellen Gesamtrechtsnachfolge" gehen Teile des Vermögens ohne Geltung des Spezialitätsgrundsatzes auf neue Rechtsträger über (§ 131 Abs. 1 Nr. 1 UmwG) (vgl. Rn. 44).

Der bedeutende Vorteil der Gesamtrechtsnachfolge ist der *Verzicht auf die Einhaltung der Vorschriften der Einzelübertragung*. So sind bei einer Einzelübertragung die Vermögensgegenstände im Übertragungsvertrag nach dem sachenrechtlichen Bestimmtheitsgrundsatz genau zu bezeichnen und einzeln nach den für sie geltenden Vorschriften zu übertragen bzw. Schulden zu übernehmen.

---

[5] *K. Schmidt* GesR § 12 I. 1. a.
[6] Henssler/Strohn/*Heidinger* § 20 UmwG Rn. 4.

Bei unbeweglichen Sachen müssen somit die Vorschriften der §§ 873, 925 BGB beachtet werden, während bei einem Übergang im Wege der Gesamtrechtsnachfolge eine bloße Grundbuchberichtigung genügt. Einer Auflassung bedarf es in diesem Fall nicht. Für die Einzelübertragung von Geschäftsanteilen ist § 15 GmbHG zu beachten und die Übernahme von Verbindlichkeiten bedarf im Falle der Einzelübertragung der Zustimmung eines jeden Gläubigers (§§ 414 ff. BGB). Im Falle der Umwandlung ist diese Zustimmung nicht erforderlich. Schließlich ist bei der Einzelübertragung zu beachten, dass die Übernahme von Verträgen im Gegensatz zu einem Umwandlungsvorgang ebenfalls der Zustimmung des Vertragspartners bedarf.

Beispiel: Es bestehen Zweifel, ob der Vermieter einer Übertragung des Mietvertrags auf einen neuen Rechtsträger zustimmt. In diesem Fall kann der Weg über das Umwandlungsrecht gewählt werden, denn hier muss der Vermieter der Vertragsübernahme nicht zustimmen.

2. Identitätsprinzip

7 Die Vereinfachungsfunktion des Umwandlungsrechts zeigt sich vor allem bei einem Wechsel innerhalb der Gesellschaftsformen, der durch den sog. Formwechsel herbeigeführt werden kann (vgl. Kap. 5 Rn. 1 ff.). Die maßgebliche Bestimmung findet sich in § 202 Abs. 1 Nr. 1 UmwG. Dort heißt es: Der formwechselnde Rechtsträger besteht in der in dem Umwandlungsbeschluss bestimmten Rechtsform weiter. Der Formwechsel findet also unter *Wahrung der Identität und Kontinuität des Rechtsträgers* statt. Es kommt zu keiner Vermögensübertragung (vgl. Kap. 5 Rn. 4 ff.). Dies hat den Vorteil, dass der kostspielige und zeitaufwendige Umweg über eine Neugründung der angestrebten Gesellschaftsform, die Übertragung des Vermögens im Wege der Einzelrechtsnachfolge und die anschließende Liquidation des alten Rechtsträgers vermieden wird.

8 Die Identität des Rechtsträgers hat ferner zur Folge, dass regelmäßig eine *Anteilsidentität* besteht.[7] Die Anteilsinhaber des formwechselnden Rechtsträgers sind grundsätzlich an dem Rechtsträger nach den für die neue Rechtsform geltenden Vorschriften beteiligt. Auch Rechte Dritter an den Anteilen oder Mitgliedschaften des formwechselnden Rechtsträgers bestehen an den an ihre Stelle tretenden Anteilen oder Mitgliedschaften des Rechtsträgers neuer Rechtsform weiter (§ 202 Abs. 1 Nr. 2 UmwG) (vgl. Kap. 5 Rn. 6).

9 Das Identitätsprinzip gilt jedoch nicht im Hinblick auf die *Organstellung von Geschäftsführern und Vorständen* des formwechselnden Rechtsträgers. Diese endet automatisch mit dem Wirksamwerden des Formwechsels.[8] Allerdings bleiben die Anstellungsverträge auch nach Eintragung des Formwechsels im Register bestehen. Sie müssen gegebenenfalls nach den allgemeinen Regeln beendet werden (zur Kontinuität des Aufsichtsrats, vgl. Kap. 5 Rn. 75 ff.).

---

[7] K. *Schmidt* GesR § 13 II. 1. d.
[8] Sagasser/Bula/Brünger/*Schmidt* § 6 Rn. 57.

Julia Kraft

> **Hinweis:** Dem Umwandlungsrecht kommt in erster Linie eine Vereinfachungsfunktion zu.[9] Unternehmen sollen sich ohne bürokratische Hemmnisse flexibel und kostensparend umstrukturieren können. Dies wird durch die Technik der Gesamtrechtsnachfolge und durch das Identitätsprinzip erreicht.

B. Geschichtliche Entwicklung und europarechtliche Vorgaben

I. Geschichtliche Entwicklung

Das heute geltende Umwandlungsgesetz (UmwG) ist seit 1.1.1995 in Kraft. Es wurde durch das Gesetz zur Bereinigung des Umwandlungsgesetzes (UmwBerG)[10] kodifiziert, das die in verschiedenen Gesetzen geregelten Umwandlungsmöglichkeiten in einem Gesetz zusammenführte und die Materie grundlegend neu gestaltete. Bereits im Jahr 1980 wurde anlässlich der GmbH-Novelle die Notwendigkeit einer solchen Reform einstimmig angeregt.[11]

Die umwandlungsrechtlichen Regelungen reichen jedoch sehr viel weiter zurück.[12] So regelte bereits das ADHGB von 1861 die Verschmelzung von Aktiengesellschaften. Durch eine Novelle des ADHGB von 1884 wurde der Formwechsel einer KGaA in eine AG eröffnet. Das GmbHG von 1892 gestattete sodann die Umwandlung einer AG in eine GmbH durch Gesamtrechtsnachfolge des Vermögens der AG auf die GmbH. Durch das Gesetz über die Umwandlung von Kapitalgesellschaften von 1934[13] wurde schließlich die Möglichkeit eröffnet, eine Kapitalgesellschaft „auf" eine Personengesellschaft umzuwandeln oder sie durch Vermögensübertragung auf ihren Alleingesellschafter umzuwandeln. Das AktG von 1937 kodifizierte neben der Verschmelzung von Kapitalgesellschaften umfänglich die formwechselnde Umwandlung von Kapitalgesellschaften in andere Kapitalgesellschaften. Weitere Umwandlungsarten wurden durch das Gesetz über die Umwandlung von Kapitalgesellschaften und bergrechtlichen Gewerkschaften von 1956[14] geschaffen. Es regelte die übertragende Umwandlung von Kapitalgesellschaften und bergrechtlichen Gewerkschaften auf eine Personengesellschaft oder auf einen Gesellschafter. Erst durch das Umwandlungsgesetz von 1969[15] wurde der umgekehrte Fall, also die Übertragung von der Personengesellschaft oder vom Einzelkaufmann auf eine Kapitalgesellschaft normiert. Die GmbH-Novelle von 1980[16] führte die Ein-Mann-Gründung einer

---

[9] *K. Schmidt* GesR § 12 I. 5. b.
[10] BGBl. I 1994 3210.
[11] BT-Drs. 8/3908, 77.
[12] Weiterführend Kölner Komm. UmwG/*Flume* Einl. B Rn. 8 ff.
[13] RGBl. I 569.
[14] BGBl. I 1956 844.
[15] BGBl. I 1969 2081.
[16] BGBl. I 1980 836.

GmbH und die Umwandlung des Unternehmens eines Einzelkaufmanns durch Übertragung des Vermögens auf eine GmbH ein. Mit dem Verschmelzungsrichtliniengesetz von 1982[17] wurde schließlich die Dritte gesellschaftsrechtliche Richtlinie 78/855/EWG (Fusionsrichtlinie), deren Regelungen sich heute in Art. 87 bis Art. 117 der Richtlinie (EU) 2017/1132 über bestimmte Aspekte des Gesellschaftsrechts (EU-GesR-RL; auch sog. Gesellschaftsrechtsrichtlinie)[18] befinden (vgl. Rn. 16, 18) in das deutsche Recht umgesetzt.

12 Mit der deutschen Wiedervereinigung mussten die Unternehmensformen der DDR in die Rechtsformen der Bundesrepublik Deutschland überführt werden. Durch das Treuhandgesetz[19] wurde die Umwandlung der volkseigenen Wirtschaftseinheiten in Aktiengesellschaften oder Gesellschaften mit beschränkter Haftung festgelegt (§§ 11 ff. TreuhandG). Für landwirtschaftliche Produktionsgenossenschaften (LPG) eröffnete das Landwirtschaftsanpassungsgesetz (LAnpG)[20] die Möglichkeit des Formwechsels, der Fusion und der Teilung. Durch das Gesetz über die Spaltung der von der Treuhandanstalt verwalteten Unternehmen (SpTrUG)[21] konnten die durch das TreuhandG entstandenen Kapitalgesellschaften auf- oder abgespalten werden (vgl. Kap. 3 Rn. 46 f.).

13 Bis zu diesem Zeitpunkt waren die umwandlungsrechtlichen Vorschriften unübersichtlich in zahlreichen Gesetzen verteilt, die Bestimmungen in vielen Punkten uneinheitlich und die Gesetzestechnik variierte.[22] Die Rechtsanwendung war dadurch erheblich erschwert. Mit dem am 1.1.1995 in Kraft getretenen UmwBerG[23] hat der Gesetzgeber das Umwandlungsrecht daher grundlegend reformiert. Die auf verschiedene Gesetze verteilten Umwandlungsmöglichkeiten wurden zu einer geschlossenen Normierung zusammengeführt und bestehende Lücken geschlossen. Daneben führte das Gesetz allgemein die Möglichkeit der Spaltung von Rechtsträgern ein, welche bislang nur für den Sonderbereich der Umstrukturierung in den neuen Ländern zur Verfügung stand (vgl. Rn. 12).

14 Das UmwBerG verfolgte *drei Ziele*:
– die Zusammenfassung und Systematisierung der schon bestehenden Umwandlungsmöglichkeiten (Rechtsbereinigung),
– die Schließung gesetzlicher Lücken und die Erweiterung der Möglichkeiten zur Umstrukturierung und

---

[17] BGBl. I 1982 1425.
[18] ABl. 2017 L 169, 46.
[19] Gesetz zur Privatisierung und Reorganisation des volkseigenen Vermögens vom 17.6.1990, GBl. DDR 1990 I 300.
[20] BGBl. I 1991 1418.
[21] BGBl. I 1991 854.
[22] Limmer/*Limmer* Teil 1 Rn. 3.
[23] Zur Entstehungsgeschichte des Gesetzes zur Bereinigung des Umwandlungsgesetzes vgl. Sagasser/Bula/Brünger/*Sagasser* § 1 Rn. 2 f.; *K. Schmidt* GesR § 12 II. 4; *Limmer* UmwR S. 8 ff.; Semler/Stengel/*Stengel* Einl. A Rn. 29 ff.

Julia Kraft

– die Verbesserung des Schutzes von Anlegern, Minderheitsgesellschaftern und Gläubigern.[24]

> **Hinweis:** Die geschichtliche Entwicklung des heutigen UmwG ist geprägt durch eine schrittweise Einführung einzelner Umwandlungs- und Formwechslungsarten.[25] Die Rechtslage war bis 1995 unübersichtlich und lückenhaft. Das UmwBerG führte zu einer Rechtsbereinigung und Lückenschließung.

Seit dem Inkrafttreten des UmwBerG hat das UmwG zahlreiche Anpassungen erfahren. Mit Gesetz vom 22.7.1998 zur Änderung des Umwandlungsgesetzes, des Partnerschaftsgesellschaftsgesetzes und anderer Gesetze[26] wurde die *Partnerschaftsgesellschaft in den Kreis der umwandlungsfähigen Rechtsträger aufgenommen*. Eine weitere Änderung erfuhr das UmwG im Jahr 2003. Das Gesetz zur Neuordnung des gesellschaftsrechtlichen Spruchverfahrens[27] fasste die Verfahrensvorschriften zum Spruchverfahren, die ursprünglich in §§ 305 ff. UmwG aF und in § 306 AktG aF enthalten waren, in einem neuen Spruchverfahrensgesetz (SpruchG) zusammen. Hierdurch sollte neben der Konzentration der Verfahrensvorschriften eine Beschleunigung des Spruchverfahrens erreicht werden, das aufgrund seiner langen Dauer in die Kritik geraten war. Einzelheiten hierzu werden in Kap. 7 Rn. 65 ff. dargestellt. Eine bedeutende Ergänzung erfuhr das UmwG schließlich im Jahr 2007. Im Zuge der Umsetzung der Richtlinie 2005/56/EG des Europäischen Parlaments und des Rates vom 26.10.2005 über die Verschmelzung von Kapitalgesellschaften aus verschiedenen Mitgliedstaaten (Internationale Verschmelzungsrichtlinie)[28] wurde mit dem *Zweiten Gesetz zur Änderung des Umwandlungsgesetzes* vom 19.4.2007[29] ein neuer Zehnter Abschnitt zur Regelung grenzüberschreitender Verschmelzungen innerhalb der EU und des EWR eingefügt (§ 122a ff. UmwG, vgl. Kap. 6 Rn. 14, 63 ff.). Zudem erfolgten weitere bedeutende Ergänzungen des UmwG durch das *Dritte Gesetz zur Änderung des Umwandlungsgesetzes* vom 11.7.2011 (vgl. Kap. 2 Rn. 194 ff.).[30] Wie schon bei der Novelle im Jahr 2007 war auch dieses Änderungsgesetz durch Entwicklungen im europäischen Recht veranlasst. Es setzt die Vorgaben der Richtlinie 2009/109/EG in das nationale Recht um,[31] die eine Re-

15

---

[24] BT-Drs. 12/6699, 71; *Limmer* UmwR S. 21 f.; Henssler/Strohn/*Decker* § 1 UmwG Rn. 1; Sagasser/Bula/Brünger/*Sagasser/Luke* § 3 Rn. 1; Kölner Komm. UmwG/*Dauner-Lieb* Einl. A Rn. 1 ff.
[25] Vgl. *Beuthin* NZG 2006, 369.
[26] BGBl. I 1998 1878; hierzu Limmer/*Limmer* Teil 1 Rn. 18 ff.
[27] BGBl. I 2003 838.
[28] ABl. 2005 L 310, 1. Die Regelungen dieser Richtlinie wurden in der EU-GesR-RL neu kodifiziert (Art. 118 bis Art. 134 EU-GesR-RL) und im Rahmen des sog. Company Law Package novelliert, hierzu *Noack/Kraft* DB 2018, 1577; *Kraft* BB 2019, 1864.
[29] BGBl. I 2007 542.
[30] BGBl. I 2011 1338; weiterführend Limmer/*Limmer* Teil 1 Rn. 63 ff.
[31] ABl. 2009 L 259, 14; hierzu Semler/Stengel/*Stengel* Einl. A Rn. 42a; *Neye/Kraft* NZG 2011, 681.

duzierung der Verwaltungslasten der von Strukturmaßnahmen betroffenen Unternehmen bezweckt. Dieses Ziel wird in erster Linie durch die Vereinfachung bei der Vorbereitung der Hauptversammlung erreicht. Ferner kann bei einer Konzernverschmelzung (§ 62 UmwG) häufiger als bisher auf eine Beschlussfassung der Hauptversammlung verzichtet werden. Wie in Kap. 2 Rn. 206 f. dargestellt werden wird, wurde im Zusammenhang mit der Verschmelzung einer 90 %igen Tochtergesellschaft auf die Muttergesellschaft zudem die Möglichkeit eines verschmelzungsrechtlichen Squeeze-out eingeführt. Im Lichte des bevorstehenden *Brexit* (vgl. Kap. 6 Rn. 42a ff.) hat der Gesetzgeber schließlich die Regelungen zur grenzüberschreitenden Verschmelzung ergänzt und eine Verschmelzung auf Personenhandelsgesellschaften mit in der Regel nicht mehr als 500 Arbeitnehmern durch das Vierte Gesetz zur Änderung des Umwandlungsgesetzes[32] in § 122b Abs. 1 Nr. 2 UmwG aufgenommen (vgl. Kap. 6 Rn. 65a, 85). Zur Änderung des § 17 Abs. 2 S. 4 UmwG durch das Gesetz zur Abmilderung der Folgen der COVID-19-Pandemie im Zivil-, Insolvenz- und Strafverfahrensrecht vom 27.3.2020[33] (COVFAG) vgl. Kap. 2 Rn. 59a.

II. Europarechtliche Vorgaben

16 Zur Verwirklichung des Ziels eines gemeinsamen Binnenmarktes hat der europäische Gesetzgeber zahlreiche Harmonisierungsmaßnahmen auf dem Gebiet des europäischen Gesellschaftsrechts verwirklicht. In deren Anwendungsbereich fallen auch Maßnahmen zur Vereinheitlichung des innerstaatlichen Rechts zur Umstrukturierung von Unternehmen. Das deutsche UmwG setzt daher vielerorts gemeinschaftsrechtliche Vorgaben um. Hier sind die folgenden vier Richtlinien hervorzuheben:

– Die *Zweite Richtlinie* 77/91/EWG des Rates vom 13.12.1976 zur Koordinierung der Schutzbestimmungen, die in den Mitgliedstaaten den Gesellschaften im Sinne des Art. 58 Abs. 2 des Vertrages im Interesse der Gesellschafter sowie Dritter für die Gründung der Aktiengesellschaft sowie für die Erhaltung und Änderung ihres Kapitals vorgeschrieben sind, um diese Bestimmungen gleichwertig zu gestalten (Kapitalrichtlinie).[34] Diese Richtlinie ist mehrfach und in wesentlichen Punkten geändert worden. Aus Gründen der Klarheit wurde durch die Richtlinie 2012/30/EU des Europäischen Parlaments und des Rates vom 25.10.2012 zunächst eine Neufassung vorgenommen.[35] Die Regelungen der Kapitalrichtlinie finden sich heute in der konsolidierten EU-GesR-RL.

---

[32] BGBl. I 2018 2694; weiterführend *Lieder/Biailluch* NotBZ 2017, 209; *Miras/Tonner* GmbHR 2018, 601; *Wolf* MittBayNot 2018, 510; *Schröder* BB 2018, 2755; *Stiegler* ZIP 2018, 2351; *Bungert/Wansleben* DB 2019, 49; *Schmidt, J.* ZIP 2019, 1093; *Wolff* GmbHR 2019, 52.
[33] BGBl. I 2020 569.
[34] ABl. 1977 L 26, 1.
[35] ABl. 2012 L 315, 74.

- Die *Dritte Richtlinie* 78/855/EWG des Rates vom 9.10.1978 gem. Art. 54 Abs. 3 lit. g des Vertrags betreffend die *Verschmelzung von Aktiengesellschaften* (Fusionsrichtlinie).[36] Sie wurde gem. Art. 32 der Richtlinie 2011/35/EU des Europäischen Parlaments und des Rates vom 5.4.2011 über die Verschmelzung von Aktiengesellschaften[37] mit Wirkung vom 1.7.2011 aufgehoben und durch diese neu kodifiziert. Mittlerweile finden sich die Regelungen in Art. 87 bis Art. 117 EU-GesR-RL.
- Die *Sechste Richtlinie* 82/891/EWG des Rates vom 17.12.1982 gem. Art. 54 Abs. 3 lit. g des Vertrags betreffend die *Spaltung von Aktiengesellschaften* (Spaltungsrichtlinie).[38] Die Regelungen dieser Richtlinie finden sich nun in Art. 135 bis Art. 160 EU-GesR-RL.
- Die *Zehnte Richtlinie* 2005/56/EG des Europäischen Parlaments und des Rates vom 26.10.2005 über die *Verschmelzung von Kapitalgesellschaften aus verschiedenen Mitgliedstaaten* (Internationale Verschmelzungsrichtlinie).[39] Die Regelungen dieser Richtlinie wurden in der EU-GesR-RL neu kodifiziert (Art. 118 bis Art. 134 EU-GesR-RL).

1. Kapitalrichtlinie

Gegenstand der *Kapitalrichtlinie* ist die Koordination der einzelstaatlichen Vorschriften über die Gründung einer AG, den Erwerb eigener Aktien sowie die Aufrechterhaltung, die Erhöhung und die Herabsetzung ihres Kapitals. Die Richtlinie gilt ausschließlich für AG und enthält zu diesem Zweck in ihrem Anhang I eine Auflistung der Gesellschaftsformen, die als „AG" gelten. Für das Umwandlungsrecht ist Art. 15 der Richtlinie 2012/30/EU (jetzt Art. 54 EU-GesR-RL) von Bedeutung. Jeder Formwechsel in die Rechtsform einer AG muss sich danach an den Vorgaben der Kapitalrichtlinie messen lassen. Das deutsche Umwandlungsrecht verwirklicht diese Richtlinienvorgabe durch die allgemeine Vorschrift des § 197 S. 1 UmwG. Danach sind auf den Formwechsel grundsätzlich die für die neue Rechtsform geltenden Gründungsvorschriften anzuwenden (vgl. Kap. 5 Rn. 66 ff.).

17

2. Fusionsrichtlinie

Die Dritte gesellschaftsrechtliche Richtlinie (*Fusionsrichtlinie*) koordiniert die Rechtsvorschriften der Mitgliedstaaten über die Verschmelzung von Aktiengesellschaften und führt das Institut der Verschmelzung in die nationalen Rechte der Mitgliedstaaten ein. Dabei sollen vor allem die Aktionäre der sich verschmelzenden Gesellschaften angemessen und so objektiv wie möglich unter-

18

---

[36] ABl. 1978 L 295, 36.
[37] ABl. 2011 L 110, 1.
[38] ABl. 1982 L 378, 47.
[39] ABl. 2005 L 310, 1.

richtet und ihre Rechte in geeigneter Weise geschützt werden. Ebenso wie die Kapitalrichtlinie bezieht sich die Fusionsrichtlinie nur auf Aktiengesellschaften. In den Staaten, die die Verschmelzung bis dahin noch nicht kannten, führte der Erlass der Fusionsrichtlinie zur *erstmaligen Einführung der Verschmelzung* von Gesellschaften. In Deutschland wurde sie durch das Verschmelzungsrichtliniengesetz von 1982[40] in das deutsche Recht umgesetzt.

3. Spaltungsrichtlinie

19   Mit der Sechsten gesellschaftsrechtlichen Richtlinie (*Spaltungsrichtlinie*) werden zum Schutz der Interessen von Gesellschaftern und Dritten die Rechtsvorschriften über die Spaltung harmonisiert. Diese Richtlinie gilt *ausschließlich für den Fall der Spaltung von nationalen Aktiengesellschaften*, umfasst also nicht grenzüberschreitende Spaltungsvorgänge.[41] Anders als die Fusionsrichtlinie verpflichtet sie die Mitgliedstaaten aber nicht, überhaupt erst die Spaltung von Gesellschaften zu ermöglichen. Die Richtlinie greift daher nur für den Fall, dass der Mitgliedstaat sich entschließt, die Spaltung von AG überhaupt erst zuzulassen. Sie hält also die Mitgliedstaaten nicht zu einer durchgehenden Normierung an.[42] Die Umsetzung erfolgte in Deutschland mit dem Erlass des UmwBerG.

4. Internationale Verschmelzungsrichtlinie

20   Die Zehnte gesellschaftsrechtliche Richtlinie (*Internationale Verschmelzungsrichtlinie*) schließt eine wichtige Lücke im Europäischen Gesellschaftsrecht. Sie vereinfacht die Möglichkeit einer grenzüberschreitenden Verschmelzung zwischen Kapitalgesellschaften verschiedener Rechtsordnungen innerhalb der EU und des EWR (vgl. Kap. 6 Rn. 14).

Beispiel: Eine luxemburgische S.A. kann durch Verschmelzung zur Aufnahme auf eine deutsche GmbH verschmolzen werden. Genauso kann eine deutsche GmbH mit einer französischen S.A.R.L. verschmolzen werden.

21   Durch das Zweite Gesetz zur Änderung des Umwandlungsgesetzes, welches am 25.4.2007 in Kraft getreten ist, hat der deutsche Gesetzgeber die Richtlinie in das nationale Recht umgesetzt.[43] Im Zweiten Teil des Zweiten Buchs des UmwG wurde mit den Vorschriften der § 122a ff. UmwG ein neuer Zehnter Abschnitt zur Regelung grenzüberschreitender Verschmelzungen eingefügt (vgl. Kap. 6 Rn. 62 ff.).

---

[40] BGBl. I 1982 1425.
[41] Münch. Hdb. GesR VIII/*Kraft/Redenius-Hövermann* § 30 Rn. 9.
[42] *K. Schmidt* GesR § 12 II. 3. b.
[43] BGBl. I 2007 542.

5. Grenzüberschreitender Formwechsel und grenzüberschreitende Spaltung

Unter einem grenzüberschreitenden Formwechsel (Satzungssitzverlegung) versteht man die Umwandlung einer Gesellschaft in eine andere Rechtsform eines anderen Mitgliedstaates mit dem Ziel, die Gesellschaft unter Beibehaltung ihrer „Identität" dem Gesellschaftsrecht eines anderen Mitgliedstaates zu unterstellen (vgl. Kap. 6 Rn. 109 ff.).[44] Die Wahrung der Identität setzt dabei zweierlei voraus. Zum einen darf der Gründungsstaat nicht die Auflösung und Abwicklung anordnen. Zum anderen darf der Zuzugsstaat keine Neugründung verlangen. Es müssen somit zwei Rechtsordnungen zusammenwirken.[45] Je nachdem, ob die Perspektive des Zuzugs- oder Wegzugsstaates angenommen wird, spricht man von einem Hereinformwechsel oder einem Herausformwechsel.

Regelungen für einen solchen grenzüberschreitenden Formwechsel bestehen nach dem derzeit geltenden deutschen Recht noch nicht. Der in §§ 190 ff. UmwG geregelte Formwechsel erfasst nur innerstaatliche Sachverhalte, also den Wechsel zwischen Rechtsformen deutschen Rechts (§§ 1 Abs. 1, 191 Abs. 1, Abs. 2 UmwG). Gleiches gilt für die grenzüberschreitende Spaltung.[46] Dieses Regelungsvakuum muss der deutsche Gesetzgeber jedoch bald beseitigen. Denn mittlerweile hält das europäische Sekundärrecht Regelungen zum grenzüberschreitenden Formwechsel (in der Terminologie der Richtlinie: sog. grenzüberschreitende Umwandlung Art. 86a ff. EU-GesR-RL) und zur grenzüberschreitenden Spaltung (Art. 160a ff. EU-GesR-RL) bereit. Sie wurden im Zuge des sog. *Company Law Package*[47] in die EU-GesR-RL eingefügt (vgl. Kap. 3 Rn. 66; Kap. 6 Rn. 15 ff., 99 ff.) und sind von den Mitgliedstaaten nun in das nationale Recht umzusetzen (vgl. Rn. 47).[48]

---

[44] Vgl. MüKoAktG/*Ego* Bd. 7, Europäische Niederlassungsfreiheit, Rn. 333; *Behrens* IPRax 2000, 384, 388.
[45] MüKoAktG/*Ego* Bd. 7, Europäische Niederlassungsfreiheit, Rn. 333.
[46] Münch. Hdb. GesR VIII/*Kraft*/*Redenius-Hövermann* § 30 Rn. 5.
[47] Das sog. Company Law Package besteht aus zwei Teilen. Die Richtlinie (EU) 2019/1151 des Europäischen Parlaments und des Rates vom 20.6.2019 zur Änderung der Richtlinie (EU) 2017/1132 im Hinblick auf den Einsatz digitaler Werkzeuge und Verfahren im Gesellschaftsrecht wurde am 11.7.2019 im Amtsblatt der EU veröffentlicht (ABl. 2019 L 186, 80). Der zweite Teil des Company Law Packages, d. h. die Richtlinie (EU) 2019/2121 zur Änderung der Richtlinie (EU) 2017/1132 in Bezug auf grenzüberschreitende Umwandlungen, Verschmelzungen und Spaltungen (auch Mobilitätsrichtlinie) wurde am 12.12.2019 im Amtsblatt der EU veröffentlicht (ABl. 2019 L 321, 1, ber. 2020 L 20, 24).
[48] Zur Zulässigkeit der grenzüberschreitenden Spaltung im Lichte der Niederlassungsfreiheit, vgl. Münch. Hdb. GesR VIII/*Kraft*/*Redenius-Hövermann* § 30 Rn. 9 ff., 23 ff.

Julia Kraft

C. Grundlagen des Umwandlungsgesetzes

I. Aufbau und Struktur

1. Aufbau

24 Das Umwandlungsrecht gliedert sich in sieben Bücher. Das *Erste Buch* enthält nur einen Paragrafen und stellt mit § 1 UmwG eine Generalnorm für das gesamte Umwandlungsrecht zur Verfügung. Die Vorschrift bestimmt den Anwendungsbereich des UmwG in persönlicher, sachlicher und räumlicher Hinsicht.[49]

25 In den nachfolgenden Zweiten bis Fünften Büchern finden sich detaillierte Regelungen zu den einzelnen Formen der Umwandlung. Im Einzelnen haben diese Bücher folgenden Regelungsinhalt:

26 Im *Zweiten Buch* (§ 2 bis § 122m UmwG) ist die Verschmelzung geregelt. Es gliedert sich in einen allgemeinen Teil (§ 2 bis § 38 UmwG) und in einen besonderen Teil, in denen die Besonderheiten je nach Art der beteiligten Rechtsformen in den verschiedenen Abschnitten geregelt sind. In § 122a bis § 122m UmwG ist die grenzüberschreitende Verschmelzung normiert.

27 Im *Dritten Buch* (§ 123 bis § 173 UmwG) finden sich die Vorschriften zum Spaltungsrecht. Auch hier ist die Unterteilung in einen allgemeinen und in einen besonderen Teil zu beachten. Letzterer legt die Besonderheiten je nach Rechtsform der beteiligten Unternehmen fest. In § 123 UmwG werden die drei möglichen Spaltungsarten genannt. Von Bedeutung sind insbesondere §§ 125, 135 Abs. 1 UmwG, in denen durch eine komplexe Verweisung geregelt wird, welche Vorschriften des UmwG auf Spaltungen anwendbar sind (vgl. Kap. 3 Rn. 25 ff.).

28 Im *Vierten Buch* (§ 174 bis § 189 UmwG) finden sich die Regelungen zur Vermögensübertragung. Die Regelungstechnik des UmwG – die Unterteilung in einen allgemeinen und in mehrere besondere Teile – wird konsequent fortgeführt. Wie im Spaltungsrecht bedient sich der Gesetzgeber auch im Vierten Buch einer umfangreichen Verweisungstechnik. Es wird nicht nur innerhalb des Vierten Buchs selbst, sondern auch auf die Verschmelzungs- und Spaltungsvorschriften verwiesen (vgl. Kap. 4 Rn. 4).

29 Das *Fünfte Buch* (§ 190 bis § 304 UmwG) regelt den Formwechsel. Es enthält einen weitgehend abgeschlossenen Regelungskomplex und verweist nur vereinzelt auf das Verschmelzungsrecht (vgl. Kap. 5 Rn. 3). Ebenso wie die Verschmelzungs- und Spaltungsvorschriften gliedert sich das Fünfte Buch in einen allgemeinen Teil („Erster Teil") und in die besonderen Regelungen mit den speziellen Vorschriften über den Formwechsel je nach beteiligter Rechtsform.

30 Das *Sechste Buch* (§ 313 bis § 316 UmwG) beinhaltet Strafvorschriften und die Regelungen bezüglich der Verhängung von Zwangsgeldern durch die Registergerichte.

---

[49] Henssler/Strohn/*Decker* § 1 UmwG Rn. 1; Semler/Stengel/*Stengel* § 1 Rn. 1.

Julia Kraft

Die arbeitsrechtlichen Bestimmungen sowie Übergangs- und Schlussvorschriften finden sich im *Siebten Buch* (§ 317 bis § 325 UmwG).

2. Gesetzessystematik

Das UmwG arbeitet mit zahlreichen internen Verweisungen. Daher ist es wichtig, die gesetzliche Systematik des Gesetzes zu verstehen. Der Gesetzgeber bedient sich einem *sog. Baukastenprinzip*. Das bedeutet, dass die allgemeinen Grundsätze innerhalb des Gesetzes und innerhalb der einzelnen Bücher vorangestellt sind. Die jeweiligen besonderen Vorschriften für die Umwandlungsarten und die Rechtsträger schließen sich hieran an.[50] Im Einzelnen stellt sich dies wie folgt dar:

Die vier Umwandlungsarten sind im Zweiten bis Fünften Buch geregelt. Innerhalb dieser Bücher findet sich eine einheitliche Struktur. Sie untergliedern sich jeweils in allgemeine und besondere Vorschriften. Die allgemeinen Teile enthalten rechtsformunabhängige Regelungen und Voraussetzungen, die für alle an der entsprechenden Umwandlungsmaßnahme beteiligten Rechtsträger gleichermaßen gelten. Sie sind quasi *„vor die Klammer gezogen"*. In den besonderen Teilen werden die Besonderheiten je nach Art der beteiligten Gesellschaftsformen und Rechtsträger geregelt. Im Zweiten und Dritten Buch wird zudem danach differenziert, ob es sich um eine Umwandlung zur Aufnahme oder Neugründung handelt.

Schließlich ist zu berücksichtigen, dass das UmwG in den Büchern Drei und Vier (Spaltung und Vermögensübertragung) an zahlreichen Stellen auf das im Zweiten Buch enthaltene Verschmelzungsrecht verweist. So finden beispielsweise auf die Spaltung eines Rechtsträgers neben den §§ 123 ff. UmwG auch die Bestimmungen des Zweiten Buches über die Verschmelzung Anwendung, soweit sich aus § 125 UmwG nichts anderes ergibt (vgl. Kap. 3 Rn. 27; Kap. 4 Rn. 4). Dem Verschmelzungsrecht kommt daher eine besondere Bedeutung zu. Dies lässt sich damit erklären, dass die Verschmelzung nach der Intention des Gesetzgebers den Grundfall der Gesamtvermögensübertragung gegen Gewährung von Anteilen darstellt. Die Vorschriften des Zweiten Buchs können daher auch als *Allgemeiner Teil des Umwandlungsrechts* bezeichnet werden.

Das Fünfte Buch, das die Regelungen des Formwechsels enthält, folgt hingegen weitgehend einem eigenen Regelungswerk (vgl. Kap. 5 Rn. 3). Hintergrund hierfür ist, dass zwischen dem formwechselnden Rechtsträger und dem Rechtsträger neuer Rechtsform gerade keine Vermögensübertragung stattfindet. Das Fünfte Buch greift daher nur vereinzelt auf die allgemeinen Bestimmungen des Verschmelzungsrechts zurück (z. B. §§ 192 Abs. 1 S. 2, 196 S. 3, 198 Abs. 3, 204, 207 Abs. 2, 213 UmwG).[51] Auch innerhalb des Fünften Buches findet sich

---

[50] Semler/Stengel/*Stengel* Einl. A Rn. 51.
[51] *Keßler/Kühnberger* § 1 Rn. 23.

Julia Kraft

jedoch die aus den anderen Büchern bekannte Unterteilung in einen allgemeinen Teil, der für jede Rechtsform geltende Regelungen enthält und in einen besonderen Teil, welcher die rechtsformspezifischen Besonderheiten regelt.

36 Die im Sechsten Buch statuierten Strafvorschriften und Regelungen über Zwangsgelder und die im Siebten Buch enthaltenen Übergangs- und Schlussvorschriften gelten wieder für alle Umwandlungsarten.

37 Das Spruchverfahren ist in das SpruchG ausgegliedert, das im Einzelnen in Kap. 7 Rn. 65 ff. erläutert wird.

> **Hinweis:** Bei der Rechtsanwendung sind stets folgende Ebenen zu trennen:
> 1. Der allgemeine Teil des Zweiten Buchs, dessen Vorschriften im Wege der Verweisung in vielen Fällen bei der Spaltung und der Vermögensübertragung und im Einzelnen im Falle des Formwechsels anwendbar sind.
> 2. Der allgemeine Teil der jeweiligen Umwandlungsart, der rechtsformunabhängige Regelungen enthält, die für alle Fälle der jeweiligen Umwandlungsart gelten.
> 3. Die besonderen Vorschriften der jeweiligen Umwandlungsart, die die Sonderregelungen für die einzelnen Gesellschaften und Rechtsformen enthalten.

II. Grundbegriffe

1. Umwandlung

38 § 1 Abs. 1 UmwG definiert den Begriff der Umwandlung als *Oberbegriff* für alle nach dem UmwG vorgesehenen Strukturmaßnamen.[52] Die Vorschrift enthält eine *erschöpfende Aufzählung* der vier nach dem Gesetz möglichen Umwandlungsarten.[53] Es handelt sich dabei um folgende vier Vorgänge:
– die Verschmelzung,
– die Spaltung,
– die Vermögensübertragung und
– den Formwechsel.

39 Der Begriff der Umwandlung nach dem UmwG erfasst also nicht nur die Änderung der Rechtsform, wie beispielsweise von einer Personenhandelsgesellschaft (OHG, KG) in eine Kapitalgesellschaft (GmbH, AG), sondern auch die Vereinigung rechtlich selbstständiger Unternehmen zu einem einheitlichen Rechtsträger (Verschmelzung) oder die Spaltung eines Unternehmens auf mehrere selbstständige Rechtsträger (Spaltung).[54]

40 Welchen Inhalt die eröffneten Gestaltungsformen haben, ergibt sich aus den durch § 1 Abs. 1 UmwG in Bezug genommenen Bestimmungen, d. h. für die Verschmelzungen aus § 2 UmwG, für die Spaltung aus § 123 UmwG, für die Vermögensübertragung aus § 174 UmwG und für den Formwechsel aus § 190

---
[52] Kölner Komm. UmwG/*Dauner-Lieb* § 1 Rn. 2.
[53] Kallmeyer/*Kallmeyer/Marsch-Barner* § 1 Rn. 6.
[54] *Keßler/Kühnberger* § 1 Rn. 1.

UmwG.⁵⁵ Die ersten drei Umwandlungsarten zeichnen sich dadurch aus, dass keine Vermögensübertragung mit Einzelrechtsnachfolge nach den allgemeinen Vorschriften stattfindet.⁵⁶ Bei einem Formwechsel ist das Prinzip der Identität des Rechtsträgers das entscheidende Merkmal. Aus den vier im UmwG geregelten Umwandlungsarten lässt sich somit folgende Definition für den Begriff der Umwandlung nach dem UmwG ableiten:

> **Hinweis:** Eine Umwandlung nach dem UmwG ist der Vorgang der Unternehmensumstrukturierung, bei dem eine Gesamtrechtsnachfolge bzw. eine der Gesamtrechtsnachfolge ähnliche Gesamtübertragung eines Vermögens stattfindet oder eine Änderung der Rechtsform eintritt, bei der vom Gesetz die Identität der Rechtsträger postuliert wird.⁵⁷

Ein weiteres Kennzeichen für eine Umwandlung nach dem UmwG ist, dass *keine Abwicklung* erlöschender Rechtsträger stattfindet.⁵⁸ Allerdings ist zu beachten, dass allein das Vorliegen dieses Merkmals nicht dazu führt, dass zwingend von einer Umwandlung i. S. d. UmwG auszugehen ist, denn auch bei einer sog. Anwachsung findet keine Abwicklung statt (vgl. Rn. 94). 41

Schließlich ist die *Anteilskontinuität* ein entscheidendes Merkmal der Umwandlung nach dem UmwG. Sie bedeutet, dass keine Übertragungen von Anteilen und auch keine Zeichnung neuer Anteile erfolgen. Die Anteilsgewährung vollzieht sich vielmehr in der Weise, dass sich die Anteile am übertragenden bzw. formwechselnden Rechtsträger kraft Gesetzes in Anteilen am übernehmenden, neuen oder am Rechtsträger neuer Rechtsform fortsetzen, gleichgültig ob es sich um neue Anteile oder um vorhandene eigene Anteile handelt.⁵⁹ Bei einer Umwandlung nach dem UmwG kommt es also anders als bei Umstrukturierungen mittels Einzelrechtsnachfolge automatisch zu einem Erwerb der Mitgliedschaft.⁶⁰ 42

2. Gesamtrechtsnachfolge und partielle Gesamtrechtsnachfolge

Das UmwG macht sich das aus dem allgemeinen Zivilrecht (vgl. §§ 1922, 1967 BGB) bekannte Prinzip der Gesamtrechtsnachfolge zu eigen (vgl. Rn. 4 ff., Kap. 2 Rn. 67 ff.). Als Gesamtrechtsnachfolge wird ein Rechtsübergang bezeichnet, der einen ganzen Vermögensinbegriff ohne Anwendung des Spezialitätsprinzips auf einen Rechtsträger übergehen lässt.⁶¹ 43

---

⁵⁵ *Keßler/Kühnberger* § 1 Rn. 1.
⁵⁶ Semler/Stengel/*Stengel* § 1 Rn. 11; Kallmeyer/*Kallmeyer/Marsch-Barner* § 1 Rn. 7.
⁵⁷ Sagasser/Bula/Brünger/*Sagasser* § 1 Rn. 8; in diesem Sinne auch Kallmeyer/*Kallmeyer/Marsch-Barner* § 1 Rn. 7.
⁵⁸ Kallmeyer/*Kallmeyer/Marsch-Barner* § 1 Rn. 8.
⁵⁹ Kallmeyer/*Kallmeyer/Marsch-Barner* § 1 Rn. 9.
⁶⁰ Kölner Komm. UmwG/*Dauner-Lieb* Einl. A Rn. 53.
⁶¹ Limmer/*Limmer* Teil 2 Rn. 6; Kölner Komm. UmwG/*Dauner-Lieb* Einl. A Rn. 48 f.

44 Im Rahmen des UmwG ist zwischen der *(totalen) Gesamtrechtsnachfolge* und der *partiellen Gesamtrechtsnachfolge* zu unterscheiden. Der Begriff der partiellen Gesamtrechtsnachfolge ist im Fall der Spaltung von Bedeutung (vgl. Kap. 3 Rn. 9, 32 ff., 123). Hier wird, anders als bei der Verschmelzung, nicht das gesamte Vermögen eines Rechtsträgers übertragen, sondern lediglich ein Teil desselben. Es muss daher bestimmt werden, welche Teile des Vermögens welchem Rechtsträger zugewiesen werden sollen. Im Spaltungsvertrag/-plan ist daher die genaue Bezeichnung und Aufteilung der Gegenstände des Aktiv- und Passivvermögens, die an jeden der übernehmenden Rechtsträger übertragen werden, sowie der übergehenden Betriebe und Betriebsteile unter Zuordnung zu den übernehmenden Rechtsträgern aufzuführen (§ 126 Abs. 1 Nr. 9 UmwG) (vgl. Kap. 3 Rn. 82 ff.). Mit der Eintragung der Spaltung in das Register geht das so bezeichnete Vermögen über, ohne dass die für die Gegenstände geltenden Sondervorschriften beachtet werden müssen. Die Übertragung der einzelnen Vermögensgegenstände richtet sich also nicht nach den für den jeweiligen Gegenstand maßgeblichen Einzelvorschriften (z. B. §§ 929 ff. BGB für bewegliche Sachen, §§ 873, 925 BGB für unbewegliche Sachen). Weil in Spaltungsfällen nicht das gesamte Vermögen des übertragenden Rechtsträgers im Wege der Gesamtrechtsnachfolge auf nur einen übernehmenden oder neuen Rechtsträger übergeht, nennt man den Wechsel der Vermögensträgerschaft bei der Spaltung „partielle Gesamtrechtsnachfolge".[62]

3. Rechtsträger

45 Das UmwG bezeichnet die Subjekte einer Umwandlung nicht als „Unternehmen", sondern verwendet den *Begriff des Rechtsträgers*. Unter diesen Begriff ist jeder Vollinhaber eines Rechts zu verstehen, also jede Rechtseinheit, die Träger von Rechten und Pflichten sein kann.[63] Die Verwendung des weiten Rechtsträgerbegriffs ist damit zu erklären, dass nicht alle Umwandlungssubjekte Unternehmen im betriebswirtschaftlichen und rechtlichen Sinn darstellen.[64] Umwandlungen nach dem UmwG können auch nicht unternehmerische Rechtsträger erfassen, wie beispielsweise den Idealverein (§ 3 Abs. 1 Nr. 4 UmwG).

4. Konzernrecht

46 Das Umwandlungsrecht ist eng mit dem Konzernrecht verzahnt. Es handelt sich jedoch um *zwei unterschiedliche Regelungsmaterien*. Im Konzernrecht geht es um rechtliche Verbindungen zwischen rechtlich selbstständigen Unternehmen.[65] Das Umwandlungsrecht fällt jedoch häufig mit konzernrechtlichen Fragen zu-

---

[62] Schmitt/Hörtnagl/Stratz/*Hörtnagl* § 126 Rn. 60; *Kuhlmann/Ahnis* Rn. 1012.
[63] BT-Drs. 12/6699, 71; Semler/Stengel/*Stengel* § 1 Rn. 20.
[64] BT-Drs. 12/6699, 71.
[65] *K. Schmidt* GesR § 12 I. 1. b.

sammen. Die beiden Materien können daher bei Umstrukturierungsmaßnahmen in der Praxis nicht isoliert betrachtet werden. Es ist hier nicht der Raum, das Konzernrecht im Einzelnen darzustellen. Für einen Überblick über diese Materie sei daher auf die einschlägige Spezialliteratur verwiesen.[66]

Beispiel: Die A-AG gliedert gem. §§ 123 Abs. 3, 135ff. UmwG einen Betriebsteil auf eine Tochter-GmbH aus. Es entsteht ein Konzern i. S. d. § 17 AktG.

III. Räumlicher Anwendungsbereich

§ 1 Abs. 1 UmwG eröffnet die Umwandlung nur, soweit es sich um „*Rechtsträger mit Sitz im Inland*" handelt. Gemeint ist hiermit nicht der tatsächliche Sitz, sondern der Satzungssitz.[67] Aufgrund des Wortlauts dieser Bestimmung ist fraglich, ob der Anwendungsbereich des UmwG auf inländische Umwandlungsvorgänge beschränkt ist (vgl. Kap. 6 Rn. 50ff.). Mit dem Inkrafttreten der Vorschriften über die grenzüberschreitende Verschmelzung (§ 122a ff. UmwG) hat der Gesetzgeber diese Frage für einen Teilbereich geklärt. Im Zuge der Umsetzung des *Company Law Package* (vgl. Rn. 23) wird der deutsche Gesetzgeber zudem Regelungen zum grenzüberschreitenden Formwechsel (Satzungssitzverlegung) und zur grenzüberschreitenden Spaltung bereitstellen. Die Richtlinie (EU) 2019/2121 zur Änderung der Richtlinie (EU) 2017/1132 in Bezug auf grenzüberschreitende Umwandlungen, Verschmelzungen und Spaltungen ist bis zum 31.1.2023 in das nationale Recht umzusetzen (Kap. 6 Rn. 15a, 28).

47

IV. Zeitlicher Anwendungsbereich

Das Gesetz zur Bereinigung des Umwandlungsgesetzes (UmwBerG) trat am 1.1.1995 in Kraft (Art. 20 UmwBerG). Die Frage der erstmaligen Anwendbarkeit bestimmt sich nach § 318 UmwG. Hiernach sind die Vorschriften des UmwG nicht auf solche Umwandlungen anzuwenden, zu deren Vorbereitung bereits vor dem 1.1.1995 ein Vertrag oder eine Erklärung beurkundet oder notariell beglaubigt oder eine Versammlung der Anteilsinhaber einberufen worden ist.

48

Lösung zu Fall 1: Die Z-AG möchte ihre Marktposition im Outdoorbereich stärken und Synergieeffekte mit der D-AG aktivieren. Es kommt daher eine Verschmelzung der Z-AG und der D-AG in Betracht. Wird die D-AG „auf" die Z-AG verschmolzen (Verschmelzung zur Aufnahme), so erlischt sie, und ihre Gesellschafter werden Gesellschafter der Z-AG. Handelt es sich bei der Z-AG und der D-AG um zwei annähernd gleich bedeutende Konkurrenzgesellschaften, so liegt es nahe, dass das Vermögen beider Gesellschaften auf eine neue X-AG überführt wird (Verschmelzung durch Neugründung). In diesem Fall erlöschen die beiden Ausgangsgesellschaften D-AG und Z-AG und ihre Aktionäre werden Aktio-

---

[66] *Liebscher* GmbH-Konzernrecht 2006; *Kuhlmann/Ahnis* 2016; *Emmerich/Habersack* Aktien- und GmbH-Konzernrecht 2019; *Emmerich/Habersack* Konzernrecht 2020.
[67] *Keßler/Kühnberger* § 1 Rn. 17; Kallmeyer/*Kallmeyer/Marsch-Barner* § 1 Rn. 2; Kölner Komm. UmwG/*Dauner-Lieb* § 1 Rn. 24; weiterführend Sagasser/Bula/Brünger/*Sagasser* § 2 Rn. 40ff.

näre der X-AG. Die übertragenden Gesellschaften Z-AG und D-AG sind die Gründer der neuen, übernehmenden X-AG und beide Unternehmen gelten als übertragende Rechtsträger. Es kann dadurch der Anschein vermieden werden, dass die Verschmelzung in der Öffentlichkeit als „Übernahme" gewertet wird.

§ 2 Überblick über die Umwandlungsarten

Fall 2: Die aus Fall 1 bekannte Z-AG betreibt in Köln einen Betrieb, in dem Wanderschuhe hergestellt werden. Im Zuge der Fusion mit der D-AG möchte die Z-AG ihre Unternehmensbereiche neu ordnen. Da die Z-AG künftig ihre wirtschaftlichen Chancen vor allem auf dem Textilmarkt sieht und der Teilbetrieb „Schuhe" nach dem Zusammenschluss mit der D-AG nicht mehr in das strategische Konzept der Z-AG passt, soll dieser aus dem Unternehmen gelöst werden.

A. Umwandlungsarten nach dem Umwandlungsgesetz

49 Durch das UmwG werden die Möglichkeiten einer Umstrukturierung im Wege der Gesamtrechtsnachfolge umfassend und hinsichtlich der umwandlungsfähigen Rechtsformen *abschließend* geregelt.[68] Als Generalnorm bezeichnet § 1 Abs. 1 UmwG die vier im UmwG geregelten Umwandlungsarten:
- die Verschmelzung,
- die Spaltung,
- die Vermögensübertragung und
- den Formwechsel.

50 **Abbildung 1**

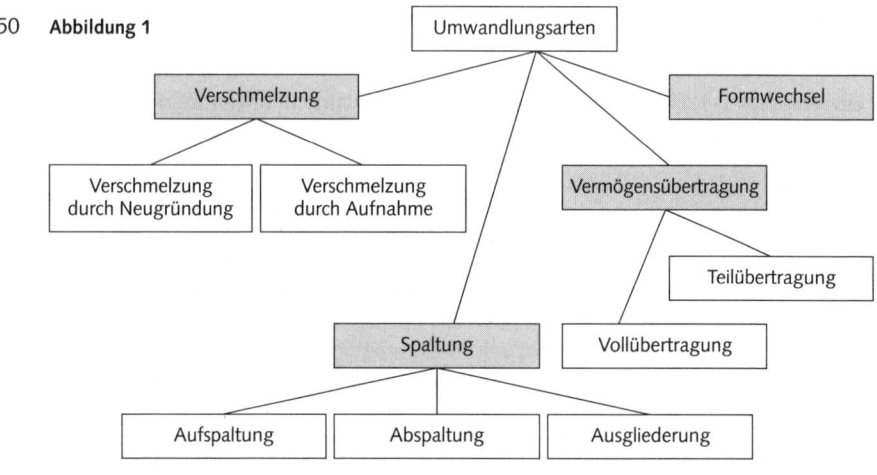

---

[68] Sagasser/Bula/Brünger/*Sagasser* § 2 Rn. 1.

Die einzelnen Umwandlungsarten werden in den Kapiteln 2 bis 5 ausführlich dargestellt. Es soll aber bereits an dieser Stelle ein kurzer Überblick über deren Besonderheiten und Gemeinsamkeiten gegeben werden. 51

I. Verschmelzung

Unter einer Verschmelzung ist der Vorgang zu verstehen, bei dem ein oder mehrere Rechtsträger (übertragende Rechtsträger) sein oder ihr gesamtes Vermögen auf einen schon bestehenden Rechtsträger (übernehmender Rechtsträger) oder auf einen gleichzeitig neu gegründeten Rechtsträger im Wege der Gesamtrechtsnachfolge übertragen. Gleichzeitig erlöschen die übertragenden Rechtsträger im Wege der Auflösung ohne Abwicklung. Bei der Verschmelzung handelt es sich um eine *übertragende Umwandlung*. 52

Das Gesetz kennt somit zwei Arten der Verschmelzung: die Verschmelzung zur Aufnahme (§ 2 Nr. 1 UmwG) und die Verschmelzung zur Neugründung (§ 2 Nr. 2 UmwG). Bei der Verschmelzung durch Aufnahme übernimmt ein schon bestehender Rechtsträger das Vermögen eines oder mehrerer Rechtsträger, was zum Erlöschen des übertragenden Rechtsträgers bzw. der übertragenden Rechtsträger führt. Bei der Verschmelzung zur Neugründung wird der übernehmende Rechtsträger im Zuge der Umwandlung neu gegründet. Das Gesamtvermögen zweier oder mehrerer Rechtsträger wird auf diesen neuen Rechtsträger überführt (vgl. Kap. 2 Rn. 2 ff.). 53

Die *Gegenleistung* bei der Verschmelzung besteht darin, dass den Anteilsinhabern des übertragenden und erlöschenden Rechtsträgers im Wege des Anteilstausches eine Beteiligung am übernehmenden oder neuen Rechtsträger gewährt wird (§ 2 UmwG). 54

II. Spaltung

Die Spaltung wird häufig als Gegenstück zur Verschmelzung bezeichnet (vgl. Kap. 3 Rn. 1).[69] Während die Verschmelzung der Zusammenlegung zweier oder mehrerer Rechtsträger dient, ermöglicht die Spaltung die Zerlegung eines Rechtsträgers in zwei oder mehrere Teile unter gleichzeitiger Übertragung der Vermögensteile auf einen oder mehrere andere Rechtsträger.[70] Bei der Spaltung handelt es sich ebenso wie bei der Verschmelzung um eine *übertragende Umwandlung*. Sie existiert in drei Unterformen: 55
– die Aufspaltung,
– die Abspaltung und
– die Ausgliederung.

---

[69] *Schwarz* DStR 1994, 1694, 1699.
[70] Henssler/Strohn/*Polley*/Wardenbach § 123 UmwG Rn. 1; *K. Schmidt* GesR § 12 II. 3. a.

56 Die drei Unterformen der Spaltung unterscheiden sich im Wesentlichen in folgenden zwei Punkten (vgl. Kap. 3 Rn. 4, 12): Während der übertragende Rechtsträger bei einer Aufspaltung *erlischt*, besteht er im Rahmen einer Abspaltung oder Ausgliederung fort und nur ein Teil oder nur Teile des Vermögens gehen auf einen anderen Rechtsträger über. Ein zweiter Unterschied betrifft die Art der Gewährung der *Gegenleistung*. Bei der Aufspaltung und Abspaltung wird – ebenso wie bei der Verschmelzung – die Beteiligung an dem oder den übernehmenden oder neuen Rechtsträgern den Anteilsinhabern des übertragenden Rechtsträgers gewährt. Im Gegensatz hierzu erhält im Rahmen einer Ausgliederung der übertragende Rechtsträger selbst die Gegenleistung. Die als Gegenleistung gewährten Anteile der übernehmenden oder der neuen Rechtsträger gelangen also in das Vermögen des übertragenden Rechtsträgers und nicht an seine Anteilsinhaber. Die Ausgliederung führt somit zu einer Mutter-Tochter-Beziehung oder zu einem Konzernverhältnis.[71]

57 Alle drei Spaltungsformen können sowohl „zur Aufnahme" (§ 123 Abs. 1 Nr. 1, Abs. 2 Nr. 1, Abs. 3 Nr. 1 UmwG) als auch „zur Neugründung" (§ 123 Abs. 1 Nr. 2, Abs. 2 Nr. 2, Abs. 3 Nr. 2 UmwG) durchgeführt werden. Die Unterformen der Spaltung sind daher zusätzlich danach zu unterscheiden, ob der übernehmende Rechtsträger bereits existiert oder erst im Zuge der Spaltung neu gegründet wird.

58 Die Besonderheit aller drei Unterformen der Spaltung stellt die sog. partielle Gesamtrechtsnachfolge dar (vgl. Rn. 44, Kap. 3 Rn. 9, 32 ff., 123).

III. Vermögensübertragung

59 Die Vermögensübertragung nimmt unter den Umwandlungsarten eine Sonderrolle ein. Sie ist auf die Beteiligung der öffentlichen Hand sowie auf Umwandlungsvorgänge unter Versicherungsunternehmen begrenzt. Das Ziel der §§ 174 ff. UmwG besteht darin, denjenigen Rechtsträgern, bei denen ein Umtausch von Anteilen und damit eine Verschmelzung oder Spaltung ausscheidet, Umwandlungsmaßnahmen mit Gesamt- oder Sonderrechtsnachfolge zu ermöglichen (vgl. Kap. 4 Rn. 1).[72] Bei der Vermögensübertragung ist zwischen einer Vollübertragung und einer Teilübertragung zu unterscheiden. Die Vollübertragung (§ 174 Abs. 1 UmwG) ist der Verschmelzung nachgebildet. Die der Spaltung entsprechende Form bezeichnet das Gesetz als Teilübertragung (§ 174 Abs. 2 UmwG). Eine Vermögensübertragung zur Neugründung ist ausgeschlossen. Im Unterschied zur Verschmelzung und Spaltung ist aufgrund der Struktur der Rechtsträger eine Anteilsgewährung als *Gegenleistung* des Umwandlungsvorgangs *ausgeschlossen*. Es wird daher eine Gegenleistung anderer Art erbracht (vgl. Kap. 4 Rn. 5 ff.).

---

[71] Semler/Stengel/*Stengel* § 1 Rn. 51.
[72] BT-Drs. 12/6699, 133.

IV. Formwechsel

Unter einem Formwechsel ist die Änderung der Rechtsform eines Rechtsträgers bei Wahrung seiner rechtlichen und wirtschaftlichen Identität zu verstehen.[73] Im Unterschied zu den anderen Arten der Umwandlung findet beim Formwechsel *keine Vermögensübertragung* statt. Der Rechtsträger wechselt bildlich gesprochen nur sein „Rechtskleid". Seine rechtliche und wirtschaftliche Identität besteht fort (Identitätsprinzip) (vgl. Kap. 5 Rn. 4 ff.).[74]

60

> **Hinweis:** Aus der dargestellten Übersicht der Umwandlungsarten kann somit festgestellt werden, dass sich diese in solche mit Vermögensübergang (Verschmelzung, Spaltung, Vermögensübertragung) und solche ohne jede Vermögensbewegung (Formwechsel) unterteilen lassen.[75]

Abbildung 2[76]

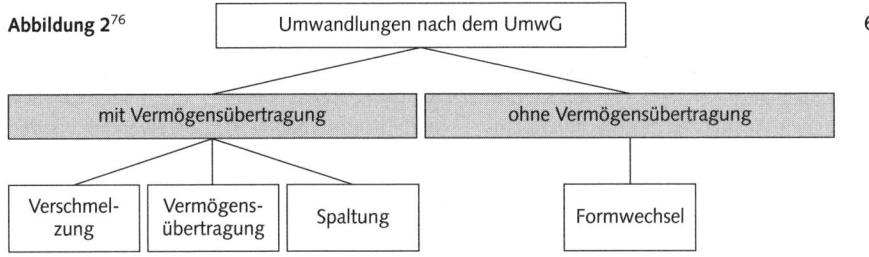

61

V. Numerus clausus der Umwandlungsformen und Analogieverbot

Das UmwG statuiert einen *numerus clausus* der Umwandlungsformen. Umwandlungen nach dem UmwG sind demnach nur in den ausdrücklich gesetzlich normierten Fällen und nur in den dort vorgeschriebenen Formen zulässig (§ 1 Abs. 2 UmwG).[77] Die Aufzählung der Umwandlungsmöglichkeiten ist entsprechend des gesellschaftsrechtlichen Typenzwangs abschließend.[78] Neben dem numerus clausus der Umwandlungsformen besteht auch ein numerus clausus der beteiligten Rechtsträger.[79] Die Anwendung der Normen des UmwG auf nicht umwandlungsfähige Rechtsträger ist daher gleichfalls ausgeschlossen. Eine Erweiterung der gesetzlichen Umwandlungsformen oder des Kreises der umwandlungsfähigen Rechtsträger im Wege der Analogiebildung scheidet damit aus.[80]

62

---

[73] Henssler/Strohn/*Dirnhausen/Keinath* § 190 UmwG Rn. 6.
[74] BT-Drs. 12/6699, 144; Kölner Komm. UmwG/*Dauner-Lieb* Einl. A Rn. 58.
[75] *K. Schmidt* GesR § 12 I. 2; Lutter/*Bayer* Einl. I Rn. 50.
[76] Lutter/*Bayer* Einl. I Rn. 50.
[77] Kallmeyer/*Kallmeyer/Marsch-Barner* § 1 Rn. 16.
[78] Semler/Stengel/*Stengel* § 1 Rn. 58.
[79] Sagasser/Bula/Brünger/*Abele* § 29 Rn. 1; Semler/Stengel/*Stengel* § 1 Rn. 18.
[80] *Keßler/Kühnberger* § 1 Rn. 6

Nur der Gesetzgeber und nicht der Rechtsverkehr kann die im UmwG vorgesehenen Umwandlungsformen ausdehnen.[81] Dem § 1 Abs. 2 UmwG ist daher auch ein *Analogieverbot* zu entnehmen.[82]

63 Ein Umwandlungsvorgang, der gegen den numerus clausus verstößt, ist nicht eintragungsfähig. Erfolgt gleichwohl eine Eintragung durch das Registergericht, so ist umstritten, ob die Vorschriften, die eine Unumkehrbarkeit der Umwandlung anordnen (§§ 20 Abs. 2, 131 Abs. 2, 202 Abs. 3 UmwG), greifen. Dies ist zu verneinen, denn der Normzweck und die Wirkung dieser Vorschriften können sich nur auf Umwandlungen im Sinne des § 1 Abs. 1 UmwG beziehen.[83]

64 Zugelassen sind nach dem Wortlaut des § 1 Abs. 2 UmwG allerdings solche Umwandlungen, die durch ein Bundes- oder Landesgesetz ausdrücklich vorgesehen sind. Dabei handelt es sich beispielsweise um landesspezifische Vorschriften zur Reorganisation von Landesbanken und Sparkassen.[84] Auch in vielen Kommunalgesetzen werden Umwandlungen öffentlich-rechtlicher Rechtssubjekte ermöglicht.

Beispiel: So kann nach Art. 89 Abs. 2a GO Bay ein Unternehmen in der Rechtsform einer Kapitalgesellschaft, an dem ausschließlich die Gemeinde beteiligt ist, durch Formwechsel in eine Anstalt des öffentlichen Rechts („Kommunalunternehmen") umgewandelt werden (vgl. Kap. 4 Rn. 65).

65 Zu beachten ist ferner, dass Umstrukturierungen außerhalb des UmwG, die lediglich bei wirtschaftlicher Betrachtungsweise teilweise zu identischen oder vergleichbaren Ergebnissen führen, den Rechtsträgern weiterhin offenstehen (vgl. Rn. 86 ff.).[85]

VI. Zwingende Vorschriften

66 § 1 Abs. 3 UmwG stellt klar, dass die Vorschriften des UmwG zwingendes Recht enthalten. Von den Vorschriften des Gesetzes kann nur abgewichen werden, wenn dies ausdrücklich zugelassen ist (§ 1 Abs. 3 S. 1 UmwG). Dies entspricht dem Grundsatz der formellen Satzungsstrenge nach § 23 Abs. 5 AktG für die Aktiengesellschaft und dient vor allem dem Minderheits- und Gläubigerschutz.[86]

---

[81] *K. Schmidt* GesR § 13 I. 3. a.
[82] Semler/Stengel/*Stengel* § 1 Rn. 1, 62; Kölner Komm. UmwG/*Dauner-Lieb* § 1 Rn. 38, 40 ff.
[83] BGH NJW 1999, 2522; BGH NJW 1998, 229; BGH NJW 1996, 2165 jeweils zum LwAnpG.
[84] Z. B. Gesetz über die Bayerische Landesbank, GVBl. 2003, 54; Gesetz zur Errichtung der Landesbank Nordrhein-Westfalen und zur Umwandlung der Westdeutschen Landesbank Girozentrale, GV.NRW. 2002, 284; Gesetz über die Berliner Sparkasse und die Umwandlung der Landesbank Berlin – Girozentrale – in eine Aktiengesellschaft, GVBl. 2005, 346.
[85] Kallmeyer/*Kallmeyer*/*Marsch-Barner* § 1 Rn. 16.
[86] *Keßler*/*Kühnberger* § 1 Rn. 15; Semler/Stengel/*Stengel* § 1 Rn. 1.

Nach § 1 Abs. 3 S. 2 UmwG bleiben ergänzende Bestimmungen in Verträgen, Satzungen oder Willenserklärungen zulässig, soweit den gesetzlichen Regelungen kein abschließender Charakter zukommt. Ob dies der Fall ist, muss im Wege der Auslegung unter Berücksichtigung des Schutzzweckes der Norm und des systematischen Regelungskontextes ermittelt werden.[87]

67

B. Beteiligte Rechtsträger

Das UmwG ist bemüht, möglichst vielen Rechtsträgern die erleichterte Umwandlung zu eröffnen. Die Fähigkeit eines Rechtsträgers an einem Umwandlungsvorgang nach dem UmwG teilnehmen zu können, wird für jede Umwandlungsart gesondert festgelegt. Nachfolgend soll ein erster Überblick über die beteiligten Rechtsträger bei den vier Umwandlungsarten gegeben werden. Einzelheiten hierzu werden in dem jeweiligen Kapitel zur Umwandlungsart dargestellt.

68

I. Verschmelzung

§ 3 Abs. 1 und Abs. 2 UmwG bestimmen die verschmelzungsfähigen Rechtsträger. Es handelt sich dabei um eine abschließende Aufzählung.[88]

69

Als übertragender, übernehmender und neuer Rechtsträger kommen die in § 3 Abs. 1 UmwG genannten Rechtsträger in Betracht. Bei diesen sog. *uneingeschränkt verschmelzungsfähigen Rechtsträgern* handelte es sich um Personenhandelsgesellschaften i. S. d. § 6 HGB (OHG, KG) sowie Partnerschaftsgesellschaften (§ 3 Abs. 1 Nr. 1 UmwG) und Kapitalgesellschaften (GmbH, AG und die KGaA). Obwohl die Europäische AG (SE) im UmwG nicht ausdrücklich als verschmelzungsfähiger Rechtsträger genannt ist, ist auch eine SE mit Satzungssitz in Deutschland uneingeschränkt verschmelzungsfähig (vgl. Kap. 2 Rn. 6).[89] Sie ist gem. Art. 10 SE-VO wie eine nationale AG zu behandeln. Ein weiterer im UmwG nicht genannter Rechtsträger ist die Europäische wirtschaftliche Interessenvereinigung (EWIV). Nach § 1 EWIV-Ausführungsgesetz sind auf diese Rechtsform die Vorschriften über die OHG entsprechend anzuwenden. Sie ist daher umwandlungsrechtlich wie eine Personenhandelsgesellschaft zu behandeln und somit gleichfalls verschmelzungsfähig (vgl. Kap. 2 Rn. 6).[90] Die Regelung des § 3 Abs. 1 Nr. 2 UmwG schließt auch die Unternehmergesellschaft (haftungsbeschränkt) ein. Sie ist im Grundsatz eine GmbH und daher umwandlungsfähig. Gleiches gilt für die Partnerschaftsgesellschaft mit beschränkter Berufshaftung, die als Rechtsformvariante der Partnerschaftsgesellschaft unter § 3 Abs. 1 Nr. 1 UmwG zu subsumieren ist.

70

---

[87] *Keßler/Kühnberger* § 1 Rn. 16; Kölner Komm. UmwG/*Dauner-Lieb* § 1 Rn. 53.
[88] BT-Drs. 12/6699, 81.
[89] Hierzu Sagasser/Bula/Brünger/*Sagasser/Luke* § 9 Rn. 24.
[90] Kölner Komm. UmwG/*Dauner-Lieb* § 1 Rn. 19.

71 Aus § 3 Abs. 1 Nr. 3 UmwG sowie § 3 Abs. 1 Nr. 4 UmwG folgt ferner die uneingeschränkte Verschmelzungsfähigkeit der eingetragenen Genossenschaft und des eingetragenen Vereins i. S. d. § 21 BGB. Auch eine Europäische Genossenschaft (SCE) ist verschmelzungsfähig. Dies folgt aus Art. 9 der SCE-Verordnung. Danach ist eine SCE in jedem Mitgliedstaat wie eine Genossenschaft zu behandeln, die nach dem Recht des Sitzstaats der SCE gegründet wurde.

72 Schließlich ergibt sich aus § 3 Abs. 1 Nr. 5 UmwG und § 3 Abs. 1 Nr. 6 UmwG, dass der genossenschaftliche Prüfungsverband und der Versicherungsverein auf Gegenseitigkeit (VVaG) uneingeschränkt verschmelzungsfähig sind.

73 Die GbR, die Erbengemeinschaft, der nichtrechtsfähige Verein, die stille Gesellschaft und die Stiftung sind hingegen nicht verschmelzungsfähig.

74 § 3 Abs. 2 UmwG nennt die *eingeschränkt verschmelzungsfähigen Rechtsträger* (vgl. Kap. 2 Rn. 7). Dabei handelt es sich zum einen um den wirtschaftlichen Verein (§ 22 BGB), der nur als übertragender Rechtsträger an einer Verschmelzung beteiligt sein kann (§ 3 Abs. 2 Nr. 1 UmwG) und zum anderen um die natürliche Person, die nur als übernehmender Rechtsträger an einer Verschmelzung beteiligt sein kann, wenn sie als Alleingesellschafter einer Kapitalgesellschaft deren Vermögen übernimmt (§ 3 Abs. 2 Nr. 2 UmwG) (vgl. Kap. 2 Rn. 217 ff.).

75 Nach § 3 Abs. 3 UmwG können grundsätzlich auch *aufgelöste Rechtsträger* an der Verschmelzung als übertragende Rechtsträger teilnehmen, wenn die Fortsetzung beschlossen werden könnte. Ob ein aufgelöster Rechtsträger auch aufnehmender Rechtsträger sein kann, ist hingegen umstritten.

76 § 3 Abs. 4 UmwG erklärt schließlich sog. *Mischverschmelzungen*, d. h. Verschmelzungen von Rechtsträgern unterschiedlicher Rechtsformen, allgemein für zulässig (vgl. Kap. 2 Rn. 5).

II. Spaltung

77 § 124 UmwG regelt abschließend, welche Rechtsträger spaltungsfähig sind (vgl. Kap. 3 Rn. 53 ff.). Dabei ist zwischen der Auf- und Abspaltung einerseits und der Ausgliederung andererseits zu unterscheiden. Zudem ist zwischen der Rechtsform des übertragenden Rechtsträgers und der Rechtsform des übernehmenden Rechtsträgers zu differenzieren.

78 An einer Auf- oder Abspaltung können als übertragende, übernehmende oder neue Rechtsträger die in § 3 Abs. 1 Nr. 1 bis Nr. 6 UmwG genannten Rechtsträger sowie als übertragende Rechtsträger wirtschaftliche Vereine beteiligt sein (vgl. Kap. 3 Rn. 54).

79 Bei einer Ausgliederung können gleichfalls alle in § 3 Abs. 1 Nr. 1 bis Nr. 6 UmwG genannten Rechtsträger als übertragende, übernehmende oder neue Rechtsträger beteiligt sein. Als übertragende Rechtsträger können bei einer Ausgliederung zusätzlich der wirtschaftliche Verein, Einzelkaufleute, Stiftungen sowie Gebietskörperschaften oder Zusammenschlüsse von Gebietskörperschaften, die nicht Gebietskörperschaften sind, teilnehmen (vgl. Kap. 3 Rn. 55).

§ 3 Abs. 3 UmwG und § 3 Abs. 4 UmwG sind auf die Spaltung entsprechend anzuwenden (§ 124 Abs. 2 UmwG), sodass auch aufgelöste Rechtsträger und gleichzeitig Rechtsträger mit unterschiedlichen Rechtsformen in eine Spaltung einbezogen werden können (vgl. Kap. 3 Rn. 56).

III. Vermögensübertragung

An einer Vermögensübertragung können Kapitalgesellschaften, der Bund, ein Land, Gebietskörperschaften oder ein Zusammenschluss aus solchen, eine Versicherungs-AG, ein Versicherungsverein auf Gegenseitigkeit (VVaG) und öffentlich-rechtliche Versicherungsunternehmen beteiligte Rechtsträger sein (vgl. Kap. 4 Rn. 2). Zu beachten ist, dass eine Vermögensübertragung stets nur auf einen vor dem Umwandlungsvorgang bereits bestehenden Rechtsträger erfolgen kann.[91] Eine Übertragung zur Neugründung ist nicht möglich.

80

In § 175 Nr. 1 UmwG ist die Vermögensübertragung von Kapitalgesellschaften auf die öffentliche Hand geregelt. Als übertragende Rechtsträger können ausschließlich Kapitalgesellschaften (§ 3 Abs. 1 Nr. 2 UmwG), also GmbH, AG, KGaA und SE beteiligt sein. Als übernehmende Rechtsträger nennt das Gesetz den Bund, ein Land, eine Gebietskörperschaft oder einen Zusammenschluss von Gebietskörperschaften (vgl. Kap. 4 Rn. 61 ff.).

81

§ 175 Nr. 2 UmwG betrifft die Fälle von Vermögensübertragungen von Versicherungsunternehmen untereinander. Als beteiligungsfähige Versicherungsunternehmen kommen die Versicherungs-AG, der VVaG und öffentlich-rechtliche Versicherungsunternehmen in Betracht (vgl. Kap. 4 Rn. 106 ff.).

82

IV. Formwechsel

§ 191 UmwG zählt abschließend die Rechtsträger auf, die bei einem Formwechsel einbezogen werden können (vgl. Kap. 5 Rn. 8 ff.).[92] Bei den „einbezogenen Rechtsträger" sind die formwechselnden Rechtsträger (§ 191 Abs. 1 UmwG) von den möglichen neuen Rechtsformen (§ 191 Abs. 2 UmwG) zu unterscheiden.

83

Als *formwechselnde Rechtsträger* nennt § 191 Abs. 1 UmwG:
– Personenhandelsgesellschaften und Partnerschaftsgesellschaften,
– Kapitalgesellschaften,
– eingetragene Genossenschaften,
– rechtsfähige Vereine,
– Versicherungsvereine auf Gegenseitigkeit und
– Körperschaften und Anstalten des öffentlichen Rechts.

84

Die GbR kommt als formwechselnder Rechtsträger hingegen nicht in Betracht. § 191 Abs. 2 UmwG bestimmt die möglichen Rechtsträger *neuer Rechtsform*. Als Zielrechtsform kommen in Betracht:

---

[91] Widmann/Mayer/*Heckschen* § 174 UmwG Rn. 2.
[92] Schmitt/Hörtnagl/Stratz/*Winter* § 191 Rn. 1; Semler/Stengel/*Stengel* § 191 Rn. 1.

- Gesellschaften des bürgerlichen Rechts,
- Personenhandelsgesellschaften und Partnerschaftsgesellschaften,
- Kapitalgesellschaften und
- eingetragene Genossenschaften.

85 Auch aufgelöste Rechtsträger können an einem Formwechsel beteiligt sein, wenn ihre Fortsetzung in der bisherigen Rechtsform beschlossen werden könnte (§ 191 Abs. 3 UmwG). Hinsichtlich der Kombinationsmöglichkeit enthält § 191 UmwG keine Aussage. Sie ergibt sich vielmehr aus den besonderen Vorschriften (§§ 214, 225a, 226, 258, 272, 291, 301 UmwG)[93] (zur Besonderheit des „Formwechsels" eines Einzelkaufmanns, vgl. Kap. 5 Rn. 12).

> **Hinweis:** Bei der Prüfung eines Umwandlungsfalles müssen immer folgende Fragen beantwortet werden:[94]
> 1. Um welche Umwandlungsart (Verschmelzung, Spaltung, Vermögensübertragung, Formwechsel) handelt es sich?
> 2. Soll das Vermögen im Falle einer Verschmelzung oder Spaltung auf einen schon bestehenden oder einen durch den Vorgang erst neu zu gründenden Rechtsträger übertragen werden?
> 3. Welche Rechtsformen haben die einzelnen am konkreten Umwandlungsvorgang beteiligten übertragenden, übernehmenden oder neu gegründeten Rechtsträger?

C. Umwandlungen außerhalb des Umwandlungsgesetzes

86 Das UmwG stellt den gesetzlichen Rahmen für die Umstrukturierung von Unternehmen zur Verfügung. Es gibt jedoch keinen Zwang, diese durch das UmwG angebotenen Gestaltungsmöglichkeiten zu nutzen. Der Unternehmer hat vielmehr die Wahl zwischen einer Umwandlung i. S. d. UmwG oder einer Umstrukturierung nach den allgemeinen zivilrechtlichen und gesellschaftsrechtlichen Regelungen. Letztere können in ihrer Rechtsfolge oder bei wirtschaftlicher Betrachtungsweise einem Umwandlungseffekt nach dem UmwG entsprechen oder diesem sehr nahe kommen.[95] Der in § 1 Abs. 2 UmwG formulierte numerus clausus (vgl. Rn. 62) steht dem nicht entgegen. Dieser bewirkt eine Sperrwirkung hinsichtlich anderer Gestaltungsformen nur insofern, als es sich um Umwandlungen „im Sinne des Absatzes 1" handelt.[96] Ein Ausweichen auf Ersatzgestaltungen ist daher möglich.[97]

---

[93] BT-Drs. 12/6699, 137.
[94] Vgl. Widmann/Mayer/*Mayer* Einf. UmwG Rn. 115 ff.
[95] Vgl. Semler/Stengel/*Stengel* Einl. A Rn. 3.
[96] Vgl. Semler/Stengel/*Stengel* § 1 Rn. 59; Kölner Komm. UmwG/*Dauner-Lieb* § 1 Rn. 40; Keßler/Kühnberger § 1 Rn. 2.
[97] Henssler/Strohn/*Decker* § 1 UmwG Rn. 2; K. Schmidt GesR § 13 I. 4. a.; Semler/Stengel/*Stengel* Einl. A Rn. 82.

I. Umwandlung nach allgemeinem Zivilrecht

Neben der Möglichkeit, eine Umwandlung nach dem UmwG durchzuführen, kann ein vergleichbares Ergebnis auch mit Mitteln des allgemeinen Zivilrechts erreicht werden. So kann eine Verschmelzung rechtlich selbstständiger Unternehmen beispielsweise dadurch herbeigeführt werden, dass die einzelnen Vermögensgegenstände sukzessive auf den übernehmenden Rechtsträger gegen Anteilsgewährung übertragen werden und die übertragende Gesellschaft anschließend liquidiert wird. Auch eine Spaltung kann durch Übertragung der entsprechenden Vermögensgegenstände mittels Einzelrechtsnachfolge erreicht werden (vgl. Kap. 3 Rn. 7 ff.). Schließlich ist es möglich, einen Formwechsel, auch wenn dies mühselig und kostspielig ist, ohne Hilfe des UmwG umzusetzen.

Beispiel: Die Back-GmbH der Gesellschafter A und B führt die Konditorei „Leckerland" in München und die Bäckerei „Brotmanufaktur" in Nürnberg. Die Konditorei „Leckerland" soll auf eine Tochter-GmbH ausgegliedert werden. Dies kann durch die Gründung einer Tochter-GmbH im Wege der Sacheinlage mit Anteilsübertragung zugunsten der Muttergesellschaft bewirkt werden, bei der die Einbringung der erforderlichen Vermögensgegenstände im Wege der Einzelrechtsnachfolge erfolgt.

Beispiel: Durch die Errichtung einer neuen Gesellschaft in der gewünschten Rechtsform, die Vermögensübertragung auf die neue Gesellschaft im Wege der Einzelübertragung und die anschließende Liquidation der alten Gesellschaft kann ein Formwechsel bewerkstelligt werden.

Freilich kann in diesen Fällen auf die Einhaltung der Vorschriften der Einzelübertragung nicht verzichtet werden. So sind die Vermögensgegenstände im Übertragungsvertrag nach dem sachenrechtlichen Bestimmtheitsgrundsatz genau zu bezeichnen und im einzeln nach den für sie geltenden Vorschriften zu übertragen und Schulden zu übernehmen (vgl. Rn. 6).

II. Umwandlungstatbestände des Personengesellschaftsrechts

1. Identitätswahrender gesetzlicher Formwechsel

Es gibt Normen im Personengesellschaftsrecht, die zwar rechtlich keine Umwandlung nach dem UmwG darstellen, in ihrem Ergebnis aber einer Umwandlungsart – dem identitätswahrenden Formwechsel – entsprechen (vgl. Kap. 5 Rn. 17). Es handelt sich dabei um eine gesetzliche Umwandlung, die eintritt, wenn die Voraussetzungen für eine bestimmte Rechtsform nicht mehr vorliegen. Das bekannteste Beispiel in diesem Zusammenhang ist der Übergang einer GbR in eine OHG. Nach § 105 Abs. 1 HGB ist eine Gesellschaft, deren Zweck auf den Betrieb eines Handelsgewerbes unter gemeinschaftlicher Firma gerichtet ist, eine OHG, wenn alle Gesellschafter unbeschränkt haften. Liegen die Voraussetzungen des § 105 Abs. 1 HGB vor, besteht eine OHG, auch wenn der

Wille der Gesellschafter nicht auf diese Rechtsfolge gerichtet ist.[98] Eine Personengesellschaft kann also nur eine GbR sein, wenn sie kein kaufmännisches Unternehmen betreibt. Nimmt eine GbR unter einer gemeinsamen Firma die Tätigkeit auf und wird ein Handelsgewerbe ausgeübt oder bewirken die Gesellschafter die Eintragung der Firma im Handelsregister, so wird die Gesellschaft unter Wahrung ihrer Identität zur OHG.[99]

Beispiel: Die Brüder A und B betreiben ein kleines Café in der Rechtsform der AB-GbR. Nach ersten Anlaufschwierigkeiten blüht das Geschäft auf, da in der Nähe ein neues Dienstleistungszentrum eröffnet hat. Das Unternehmen erfordert nun nach Art oder Umfang einen in kaufmännischer Weise eingerichteten Geschäftsbetrieb. Die AB-GbR wird automatisch zur OHG.

90 Erfordert das Unternehmen zu einem späteren Zeitpunkt nach Art oder Umfang keinen in kaufmännischer Weise eingerichteten Geschäftsbetrieb mehr, entfallen also nachträglich die Voraussetzungen einer OHG, so wandelt sich die Gesellschaft ohne Identitätsänderung in eine GbR um.[100] Auch dieser Vorgang ist vom Willen der Gesellschafter unabhängig und für den Rechtsverkehr nicht ersichtlich (keine Publizität).[101] Allerdings sind in derartigen Fällen die §§ 5, 105 HGB zu beachten. Ist die Firma in das Handelsregister eingetragen, so kann nicht geltend gemacht werden, dass das unter der Firma betriebene Gewerbe kein Handelsgewerbe ist. Sie bleibt folglich Handelsgesellschaft, bis sie im Register gelöscht worden ist.

91 Die Frage, ob eine OHG oder eine KG besteht, richtet sich danach, ob eine Beschränkung der Haftung im Außenverhältnis vereinbart wurde (§§ 105 Abs. 1, 161 Abs. 1 HGB). Tritt in eine OHG ein Kommanditist ein, so wandelt sich die Gesellschaft in eine KG um. Auch wenn ein Gesellschafter einer OHG verstirbt und dem Erben gem. § 139 Abs. 1 HGB die Kommanditistenstellung eingeräumt wird, so wird die OHG zur KG.

Beispiel: Nachdem sich das von den Brüdern A und B betriebene Café in eine OHG umgewandelt hat, beschließen sie, dass nur noch A unbeschränkt haften und B als Kommanditist beteiligt sein soll. Die OHG wandelt sich dadurch in eine KG.

92 Wird die Haftungsbeschränkung nachträglich aufgehoben oder scheidet der letzte Kommanditist aus, so wandelt sich die KG zurück in eine OHG.

93 In den Bereich der gesetzlichen Umwandlung fällt ferner die Umwandlung einer Personengesellschaft in ein Einzelunternehmen, wenn aus der Personengesellschaft alle Gesellschafter bis auf einen austreten bzw. ausgeschlossen werden oder wenn alle Anteile an einer Personengesellschaft durch Übertragung oder

---

[98] BGH NJW 1960, 1664f.
[99] BGH NJW 1967, 821.
[100] Baumbach/Hopt/*Roth* § 105 Rn. 8.
[101] BGH NZG 2001, 311, 312; Baumbach/Hopt/*Roth* § 105 Rn. 8.

Julia Kraft

Erbfall in der Hand eines Gesellschafters zusammenfallen. Dies folgt daraus, dass Personengesellschaften nicht als „Einmannpersonengesellschaften" bestehen können.[102] (Für weitere Beispiele vgl. Kap. 5 Rn. 17).

2. Anwachsung

Eine Alternative zu einer Umwandlung nach dem UmwG stellt die sog. Anwachsung dar (zur Anwachsung über die Grenze vgl. Kap. 6 Rn. 92, 96). Eine Anwachsung liegt grundsätzlich dann vor, wenn aus einer GbR ein Gesellschafter ausscheidet. Das Ausscheiden eines Gesellschafters unter Fortsetzung der Gesellschaft unter den Verbleibenden führt dazu, dass der Anteil des Ausscheidenden am Gesellschaftsvermögen den übrigen Gesellschaftern kraft Gesetzes ohne besonderen Übertragungsakt zuwächst (§ 738 Abs. 1 S. 1 BGB). Die Anwachsung ist grundsätzlich bei allen Personengesellschaften möglich (gem. § 738 BGB i. V. m. § 105 Abs. 3 HGB für die OHG, gem. § 738 BGB i. V. m. §§ 161 Abs. 2, 105 HGB für die KG, gem. § 738 BGB i. V. m. § 1 Abs. 4 PartGG für die Partnerschaftsgesellschaft). Scheiden alle Gesellschafter bis auf einen aus einer Personengesellschaft aus, so wächst dem verbleibenden Gesellschafter das Gesellschaftsvermögen zu. Der verbleibende Gesellschafter kann eine natürliche oder juristische Person sein.[103] In der Terminologie des UmwG gesprochen, wird er damit zum „übernehmenden Rechtsträger".

94

Beispiel: Der Rechtsformwechsel von einer GmbH & Co. KG zu einer GmbH kann über eine Anwachsung der GmbH & Co. KG auf ihre Komplementär-GmbH erfolgen. § 738 Abs. 1 S. 1 BGB gilt auch, wenn aus einer Personengesellschaft alle Gesellschafter bis auf einen ausscheiden. Scheiden aus einer GmbH & Co. KG alle Gesellschafter mit Ausnahme der Komplementär-GmbH aus, wird aus der KG durch Anwachsung eine GmbH.

III. Wirtschaftliche Umwandlung

Es gibt Umstrukturierungsmaßnahmen, die im wirtschaftlichen Ergebnis einer Umwandlung nach dem UmwG gleichkommen. In diesem Zusammenhang ist insb. *§ 179a AktG* zu sehen (vgl. Kap. 4 Rn. 28). Nach dieser Vorschrift kann sich eine AG vertraglich zur Übertragung ihres gesamten Gesellschaftsvermögens im Wege der Einzelrechtsnachfolge verpflichten. Soll die Gesellschaft im Anschluss aufgelöst werden (*übertragende Auflösung*), so entspricht dieser Vorgang wirtschaftlich einer Verschmelzung mit zwangsweiser Barabfindung der Minderheitsaktionäre.[104] Zu deren Schutz sieht das Gesetz das Erfordernis eines Beschlusses der Hauptversammlung nach § 179 AktG vor.

95

---

[102] *K. Schmidt* GesR § 12 I. 4. b.
[103] Semler/*Stengel*/*Stengel* Einl. A Rn. 88.
[104] Semler/*Stengel*/*Stengel* § 2 Rn. 50.

96 Für eine AG steht als wirtschaftliches Äquivalent zur Verschmelzung zudem die *Eingliederung nach §§ 319 ff. AktG* zur Verfügung. Allerdings bleibt die Tochtergesellschaft – anders als bei der Verschmelzung – als eigenständige Gesellschaft bestehen, sie verliert nur ihre Selbstständigkeit gegenüber der Hauptgesellschaft.[105] Voraussetzung für eine Unternehmenskonzentration nach §§ 319 ff. AktG ist, dass die einzugliedernde AG bereits mindestens zu 95 % in Besitz der eingliedernden AG ist (§ 320 AktG). Bei der Mehrheitseingliederung (§ 320b Abs. 1 S. 2 AktG) erwerben die Minderheitsgesellschafter wie bei der Verschmelzung (§ 20 Abs. 1 Nr. 3 UmwG) Anteile an der aufnehmenden Gesellschaft.[106]

IV. Ausstrahlungswirkung

97 Im Zusammenhang mit Umwandlungen, die außerhalb des UmwG erfolgen stellt sich die Frage, inwieweit eine *analoge Anwendung von zwingenden Schutzvorschriften* des UmwG geboten ist. Dieses Problem wird in der Literatur und Rechtsprechung vor allem bei der Übertragung von Vermögensgegenständen im Wege der Einzelrechtsübertragung unter dem Stichwort der *Ausstrahlungswirkung* des UmwG diskutiert.[107] Dabei ist Folgendes zu bedenken: Nach der Begründung des Gesetzgebers sind die zwingenden Vorschriften des UmwG nur dann zu beachten, wenn sich die beteiligten Rechtsträger der Vorteile bedienen wollen, die das UmwG und das UmwStG mit sich bringen.[108] Gleichwohl ist die zu diesem Problem ergangene Rechtsprechung uneinheitlich. So hat beispielsweise das LG Karlsruhe („Badenwerke")[109] in einem Fall, in dem im Wege der Einzelrechtsnachfolge ein wesentlicher Teil des Gesellschaftsvermögens als Sacheinlage in mehrere abhängige Gesellschaften eingebracht wurde, die Anwendbarkeit der Aktionärsschutzvorschriften des UmwG bejaht.[110] Das Gericht begründet die analoge Anwendung der Schutzvorschriften des UmwG damit, dass sich die Ausgliederung durch Gesamtrechtsnachfolge und die Ausgliederung durch Einzelrechtsübertragungen nur durch die rechtstechnischen Einzelheiten des Vermögensübertragungsaktes unterscheiden und eine Ungleichbehandlung der beiden Vorgänge ein Verstoß gegen Art. 3 Abs. 1 GG darstellen würde. Auch das LG Frankfurt („Altana/Milupa")[111] hat Bestimmungen des UmwG auf einen Fall erstreckt, in dem das gesamte Vermögen einer Tochtergesellschaft veräußert und die Beendigung einer Sparte eines Konzerns beschlos-

---

[105] Sagasser/Bula/Brünger/*Sagasser* § 8 Rn. 12.
[106] Sagasser/Bula/Brünger/*Sagasser* § 8 Rn. 12.
[107] Vgl. Semler/Stengel/*Stengel* § 1 Rn. 63 ff.; weiterführend Kallmeyer/*Kallmeyer/Marsch-Barner* § 1 Rn. 20; Keßler/*Kühnberger* § 1 Rn. 14; Limmer/*Limmer* Teil 1 Rn. 159 ff.; Kölner Komm. UmwG/*Dauner-Lieb* § 1 Rn. 46 ff.
[108] BT-Drs. 12/6699, 80.
[109] LG Karlsruhe NJW-RR 1999, 182.
[110] Kritisch hierzu Semler/Stengel/*Stengel* § 1 Rn. 64.
[111] LG Frankfurt NZG 1998, 113.

Julia Kraft

sen wurde. Hingegen hat das LG Hamburg („Wünsche")[112] ausdrücklich darauf hingewiesen, dass Umstrukturierungen durch Einzelrechtsnachfolge nicht vom UmwG erfasst werden. Das LG München („Infineon")[113] hat sich gleichfalls gegen eine analoge Anwendung der Schutzvorschriften des UmwG im Falle der „Ausgliederung" eines Unternehmensteils im Wege der Einzelrechtsnachfolge ausgesprochen.

§ 3 Umwandlungsverfahren

A. Grundphasen einer Umwandlung

Trotz ihrer Verschiedenheiten lassen sich bei allen Umwandlungsarten grundsätzlich drei Phasen unterscheiden: 98
– die Vorbereitungsphase,
– die Beschlussphase und
– die Vollzugsphase.

Das Umwandlungsverfahren wird daher zutreffend als „*Dreitakt*" bezeichnet.[114] 99

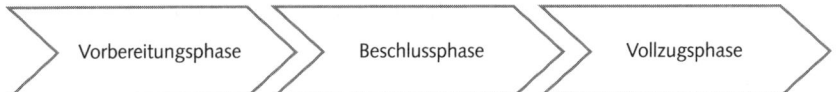

Die einzelnen Phasen bestehen aus verschiedenen Teilen, die sich je nach Umwandlungsart unterscheiden können. Die sog. übertragenden Umwandlungsarten der Verschmelzung, Spaltung und Vermögensübertragung (vgl. Rn. 60 f.) weisen jedoch zahlreiche Übereinstimmungen auf, die nachfolgend dargestellt werden. Weiterführende Erläuterungen zu der praktischen Umsetzung eines Umwandlungsvorgangs finden sich in Kap. 2 Rn. 14 ff., Kap. 3 Rn. 69 ff., Kap. 4 Rn. 72 ff., 97 ff., Kap. 5 Rn. 20 ff. sowie in Kap. 6 Rn. 66 ff. 100

I. Vorbereitungsphase

Der Schwerpunkt der Vorbereitungsphase liegt in der Erstellung der *rechtsgeschäftlichen Grundlage des Umwandlungsvorgangs*. Dies ist bei der Verschmelzung der Verschmelzungsvertrag (§§ 4 ff. UmwG bzw. bei einer grenzüberschreitenden Verschmelzung der Verschmelzungsplan gem. § 122c UmwG), bei der Spaltung der Spaltungsvertrag (§§ 125, 126 UmwG) und bei der Vermögensübertragung der Übertragungsvertrag (§§ 176, 177 UmwG). Vertragspartner 101

---
[112] LG Hamburg AG 1997, 238.
[113] LG München NZG 2006, 873.
[114] Henssler/Strohn/*Decker* § 1 UmwG Rn. 3; weiterführend Kölner Komm. UmwG/*Dauner-Lieb* Einl. A Rn. 34 ff.

sind die an der Umwandlung beteiligten Rechtsträger. Sie werden bei Vertragsschluss durch ihre jeweiligen Vertretungsorgane vertreten. Wenn bei der Spaltung erst neue Rechtsträger entstehen sollen (Spaltung zur Neugründung), tritt an die Stelle des Vertrags ein Spaltungsplan als einseitiges Rechtsgeschäft (§ 136 S. 1 UmwG) (vgl. Kap. 3 Rn. 71). Die Verträge bzw. Pläne sind notariell zu beurkunden und müssen einen bestimmten Mindestinhalt aufweisen (§ 5 Abs. 1, § 122c, §§ 126 Abs. 1, 136, § 176 Abs. 1, § 177 Abs. 1 UmwG).

102 Der Formwechsel unterscheidet sich in dieser Phase von den übertragenden Umwandlungsarten dadurch, dass ein Umwandlungsvertrag fehlt. Hintergrund hierfür ist, dass nicht ein Vertrag, sondern der Umwandlungsbeschluss (§ 193 UmwG) das wesentliche Legitimationsinstrument des Formwechsels darstellt (vgl. Kap. 5 Rn. 26 ff.).[115] Beim Formwechsel wird während dieser Phase daher der Entwurf des Umwandlungsbeschlusses angefertigt. Auch der Umwandlungsbeschluss muss einen bestimmten Mindestinhalt aufweisen (§ 194 UmwG).

103 Neben der Erstellung der rechtsgeschäftlichen Grundlage bzw. des Beschlussentwurfs ist in dieser Phase grundsätzlich ein ausführlicher *Umwandlungsbericht* zu verfassen (§ 8, § 122e, § 127, § 176 Abs. 1, § 177 Abs. 1, § 192 UmwG). In diesem Bericht wird der Umwandlungsvorgang im Einzelnen erläutert. Dies dient in erster Linie dazu, die Anteilseigner über die Hintergründe und Folgen der Umwandlung zu informieren, damit diese im Rahmen der Beschlussfassung eine sachgerechte Entscheidung über die Umwandlung treffen können.[116] Die Anteilsinhaber können auf die Erstellung des Umwandlungsberichts einvernehmlich in notarieller Form verzichten (vgl. § 8 Abs. 3 S. 1 Alt. 1 UmwG, § 127 S. 2, § 176 Abs. 1, § 177 Abs. 1, § 192 Abs. 2 S. 1 Alt. 2 UmwG). Weiterhin ist der Bericht entbehrlich, wenn der übernehmende Rechtsträger alle Anteile am übertragenden Rechtsträger hält (§ 8 Abs. 3 S. 1 Alt. 2 UmwG) bzw. wenn an dem formwechselnden Rechtsträger nur ein Anteilsinhaber beteiligt ist (§ 192 Abs. 2 S. 1 Alt. 1 UmwG). Außerdem ist in den Fällen des Formwechsels von Personengesellschaften ein Umwandlungsbericht entbehrlich, wenn alle Gesellschafter der formwechselnden Gesellschaft zur Geschäftsführung berechtigt sind (§ 215 UmwG).

104 Während der Vorbereitungsphase ist – sofern dies das Gesetz für den jeweiligen Umwandlungsvorgang vorschreibt – eine *Prüfung der Umwandlung* durch unabhängige Sachverständige vorgesehen (§ 9 bis § 12, § 122f, § 125, § 176 Abs. 1, § 177 Abs. 1 UmwG, zur Besonderheit bei dem Formwechsel vgl. Kap. 5 Rn. 25). Die Prüfung erfolgt regelmäßig durch Wirtschaftsprüfer oder Wirtschaftsprüfungsgesellschaften (vgl. Kap. 2 Rn. 40). Der Bericht ist schriftlich auszuführen und mit einer Erklärung zu versehen, ob das Umtauschverhältnis angemessen ist. Die Umwandlungsprüfung ist entbehrlich, sofern sämtliche An-

---

[115] *K. Schmidt* GesR § 13 II. 2. a.
[116] Vgl. BGH NJW-RR 1991, 358, 359.

teilsinhaber der beteiligten Rechtsträger in notarieller Form darauf verzichten oder sich alle Anteile des übertragenden Rechtsträgers in der Hand des übernehmenden Rechtsträgers befinden (§ 9 Abs. 2, Abs. 3 UmwG i. V. m. § 8 Abs. 3, § 12 Abs. 3, § 122f, § 125, § 176 Abs. 1, § 177 Abs. 1 UmwG).

Zum Schutz der Anteilsinhaber sieht das UmwG für die beteiligten Rechtsträger je nach vorliegender Rechtsform unterschiedlich strenge *Bekanntmachungs- und Offenlegungspflichten* vor (vgl. z. B. §§ 47, 61, 63, 78 UmwG). So ist beispielsweise bei der Verschmelzung unter Beteiligung einer AG der Verschmelzungsvertrag oder sein Entwurf vor der Einberufung der Hauptversammlung, die über die Zustimmung beschließen soll, zum Register einzureichen (§ 61 UmwG). Darüber hinaus sind gem. § 63 Abs. 1 UmwG zur *Information der Anteilsinhaber* diverse Unterlagen (Verschmelzungsvertrag oder sein Entwurf, Jahresabschlüsse und Lageberichte der an der Verschmelzung beteiligten Rechtsträger für die letzten drei Geschäftsjahre, Verschmelzungsberichte, Prüfungsbericht) in den Geschäftsräumen der Gesellschaft zur Einsicht der Aktionäre auszulegen (vgl. Kap. 2 Rn. 201 ff.).

Die Vorbereitungsphase endet mit der vorgeschriebenen *Beteiligung der Arbeitnehmervertreter* (§ 5 Abs. 3, § 126 Abs. 3, § 194 Abs. 2 UmwG). Danach sind der Verschmelzungs- bzw. Spaltungsvertrag oder sein Entwurf bzw. der Entwurf des Umwandlungsbeschlusses dem Betriebsrat mindestens einen Monat vor der Fassung des entsprechenden Zustimmungsbeschlusses der Anteilseigner zuzuleiten. Dies dient der Information des Betriebsrates sowie den Interessen aller Arbeitnehmer. Es handelt sich dabei lediglich um eine Informationspflicht. Der Betriebsrat muss der Umwandlung nicht zustimmen.

II. Beschlussphase

Gegenstand der Beschlussphase ist die Einberufung, Vorbereitung und Durchführung der notwendigen Versammlung(en) der Anteilsinhaber der an der Umwandlung beteiligten Rechtsträger. Diese müssen dem Umwandlungsvertrag/-plan in einer *Versammlung der Anteilseigner* zustimmen (§ 13 Abs. 1, § 122g, § 125 S. 1, § 176 Abs. 1, § 177 Abs. 1, § 193 UmwG).

Die jeweiligen *Mehrheitsverhältnisse* unterscheiden sich je nach beteiligte Rechtsformen. In der Regel ist für den Umwandlungsbeschluss die für eine Satzungsänderung erforderliche Mehrheit nach dem für den beteiligten Rechtsträger anwendbaren Recht vorgeschrieben (vgl. § 50 Abs. 1, § 65 Abs. 1, § 84, § 103 UmwG). Eine Sonderregelung besteht für Personengesellschaften. Hier ist grundsätzlich Einstimmigkeit erforderlich.[117] Der Gesellschaftsvertrag kann jedoch eine qualifizierte Mehrheit von mindestens 75 v. H. aller Gesellschafter vorsehen (vgl. § 43 Abs. 1, Abs. 2, § 45d Abs. 1, Abs. 2, § 217 Abs. 1 UmwG).

---

[117] Henssler/Strohn/*Decker* § 1 UmwG Rn. 6.

III. Vollzugsphase

109 Ziel der Vollzugsphase ist es, dass die von den Anteilsinhabern der beteiligten Rechtsträger beschlossene Umwandlung wirksam wird. Hierfür muss die Umwandlung in das zuständige Register (Handelsregister, Genossenschaftsregister oder Vereinsregister) eingetragen werden (§§ 19, 20 Abs. 1, § 122l, §§ 130, 131 Abs. 1, § 176 Abs. 1, § 177 Abs. 1 UmwG sowie §§ 201, 202 UmwG). In der Vollzugsphase wird daher das hierfür erforderliche Registerverfahren durchgeführt. Die zuständigen Vertretungsorgane der beteiligten Rechtsträger nehmen dazu die Anmeldung zur Registereintragung vor. Der Anmeldung der Umwandlung zur Eintragung sind alle Erklärungen sowie als Anlage sämtliche Unterlagen beizufügen, anhand derer das Registergericht die Ordnungsmäßigkeit der Umwandlung prüfen kann.[118] Bei der Anmeldung ist ferner zu erklären, dass eine Klage gegen die Wirksamkeit des Umwandlungsbeschlusses nicht fristgerecht oder nicht erfolgreich erhoben worden ist. Ohne eine solche *Negativerklärung* erfolgt keine Eintragung in das Register (§ 16 Abs. 2, §§ 125 S. 1, 135 Abs. 1, § 198 Abs. 3 UmwG). Es liegt eine sog. *Registersperre* vor. Dadurch will der Gesetzgeber verhindern, dass zum Nachteil von anfechtungsberechtigten Anteilsinhabern durch Eintragung einer rechtswidrigen Umwandlung vollendete Tatsachen geschaffen werden. Die klageberechtigten Anteilsinhaber können allerdings durch notarielle Erklärung auf die Klage gegen die Wirksamkeit verzichten (§ 16 Abs. 2 S. 2 UmwG) (vgl. Kap. 2 Rn. 56).[119]

110 Die *Registersperre* führt dazu, dass einzelne Minderheitsaktionäre eine wichtige unternehmerische Maßnahme blockieren können. Damit wächst die Gefahr, dass Klagen nur mit dem Ziel erhoben werden, sich diese aufgrund der erheblichen „Lästigkeit" für das Unternehmen abkaufen zu lassen. Minderheitsaktionären würde hiermit ein erhebliches Erpressungspotential zukommen, da Verzögerungen in einem Umwandlungsvorgang für die Unternehmen problematisch sein können.[120] Dies hat der Gesetzgeber erkannt. Damit einzelne Klagen gegen die Wirksamkeit des Umwandlungsbeschlusses die Umwandlungsmaßnahme nicht blockieren oder zeitlich verzögern, kann der betroffene Rechtsträger einen Antrag im sog. *Unbedenklichkeits-/Freigabeverfahren* stellen (vgl. Kap. 2 Rn. 57, Kap. 3 Rn. 117, Kap. 7 Rn. 47 ff.). In diesem Fall kann das Prozessgericht durch Beschluss feststellen, dass die Klage der Eintragung nicht entgegensteht. Der Beschluss soll innerhalb einer Frist von drei Monaten ergehen und ist unanfechtbar (vgl. § 16 Abs. 3 S. 5, S. 9 UmwG). Er wird erlassen, wenn das Prozessgericht aufgrund glaubhaft zu machender Tatsachen zu dem Ergebnis gelangt, dass die Anfechtungsklage unzulässig oder offensichtlich unbegründet ist oder wenn der Kläger nicht binnen einer Woche nach Zustellung des

---

[118] Henssler/Strohn/*Decker* § 1 UmwG Rn. 7.
[119] Vgl. K. *Schmidt* GesR § 13 III. 7. a.
[120] Vgl. K. *Schmidt* GesR § 12 III. 2. a.

Antrags durch Urkunden nachgewiesen hat, dass er seit Bekanntmachung der Einberufung einen anteiligen Betrag von mindestens 1.000 EUR hält oder wenn das alsbaldige Wirksamwerden der Umwandlung vorrangig erscheint, weil die vom Antragsteller dargelegten wesentlichen Nachteile für die an der Umwandlung beteiligten Rechtsträger und ihre Anteilsinhaber nach freier Überzeugung des Gerichts die Nachteile für den Antragsgegner überwiegen, es sei denn, es liegt eine besondere Schwere des Rechtsverstoßes vor (§ 16 Abs. 3 S. 3, § 125 S. 1, § 135 Abs. 1, § 198 Abs. 3 UmwG) (vgl. Kap. 7 Rn. 52 ff.). Der Unbedenklichkeits-/Freigabebeschluss steht der Negativerklärung der Vertretungsorgane gleich (§ 16 Abs. 3 S. 1, § 125 S. 1, § 135 Abs. 1, § 198 Abs. 3 UmwG), sodass die Registereintragung erfolgen kann.

Sollte sich die Klage des Anteilsinhabers doch als begründet erweisen, so steht diesem ein Schadensersatzanspruch gegen den Rechtsträger zu, der den Beschluss erwirkt hat (§ 16 Abs. 3 S. 10, § 125 S. 1, § 135 Abs. 1, § 198 Abs. 3 UmwG). Als Ersatz des Schadens kann jedoch nicht die Beseitigung der Wirkungen der Eintragung verlangt werden (vgl. Kap. 7 Rn. 64).[121]

B. Wirksamkeit und Wirkung der Umwandlung

I. Wirksamkeit durch Eintragung

Das Gesetz bestimmt für alle Umwandlungsarten, dass die Wirksamkeit von der Eintragung in das für jeden beteiligten Rechtsträger zuständige Register abhängt. Da somit mehrere Eintragungen bei verschiedenen Registern erforderlich sind, muss das Gesetz den *Zeitpunkt der Wirksamkeit* der Umwandlung bestimmen.

§ 20 Abs. 1 UmwG statuiert für das Verschmelzungsrecht, dass die Eintragung der Verschmelzung in das Register des Sitzes des übernehmenden oder neuen Rechtsträgers der maßgebliche Zeitpunkt der Wirksamkeit der Verschmelzung ist (vgl. Kap. 2 Rn. 64). Bei der Spaltung ist es umgekehrt (§§ 131, 135 Abs. 1 UmwG). Dort ist die Eintragung im Register des übertragenden Rechtsträgers entscheidend. Die Spaltung wird beim übertragenden Rechtsträger folglich erst wirksam, nachdem sie zuvor bei allen übernehmenden Rechtsträgern eingetragen wurde (vgl. Kap. 3 Rn. 122).

Bei einem Formwechsel ist die neue Rechtsform des Rechtsträgers zur Eintragung in das Register, in dem der formwechselnde Rechtsträger eingetragen ist, anzumelden. Falls der formwechselnde Rechtsträger in keinem Register eingetragen ist, ist zur Bestimmung des Zeitpunkts die Eintragung im Register der neuen Rechtsform entscheidend (§ 198 Abs. 1, Abs. 2 UmwG) (vgl. Kap. 5 Rn. 34). Zum Eintragungsverfahren bei der grenzüberschreitenden Verschmelzung vgl. Kap. 6 Rn. 76 ff.

---

[121] Sagasser/Bula/Brünger/*Sagasser/Luke* § 3 Rn. 24.

II. Heilung bei Formmängel und Bestandsschutz

115 Die Eintragung hat heilende Wirkung für Mängel der notariellen Beurkundung des Umwandlungsvertrags/-plans und für das Fehlen erforderlicher Zustimmungs- und Verzichtserklärungen (§ 20 Abs. 1 Nr. 4, § 131 Abs. 1 Nr. 4, § 135 Abs. 1, § 176 Abs. 1, § 177 Abs. 1, § 202 Abs. 1 Nr. 3 UmwG). Auch bei anderen Mängeln gewährt das UmwG einen Bestandsschutz. Der Eintragung kommt *„Heilungswirkung"* zu (§ 20 Abs. 2, § 131 Abs. 2, § 135 Abs. 1, § 176 Abs. 1, § 177 Abs. 1, § 202 Abs. 3 UmwG). Das bedeutet, dass Mängel der Umwandlung die Wirkung der Eintragung unberührt lassen (vgl. Kap. 2 Rn. 82, Kap. 3 Rn. 124, Kap. 4 Rn. 92). Eine ungenügende Bezeichnung der übergehenden Vermögensgegenstände bei einem Spaltungsvorgang wird allerdings nicht korrigiert. Lediglich die Wirkungen der Eintragung bleiben unberührt. Die Vermögensgegenstände können daher nur insoweit übergehen, als sie in der rechtsgeschäftlichen Grundlage bezeichnet sind.

C. Schutzprinzipien

116 Aufgrund der dargestellten Erleichterung, die das UmwG durch das Institut der Gesamtrechtsnachfolge und durch das Identitätsprinzip gewährt, besteht die Gefahr, dass die nach den allgemeinen Regeln vorgesehenen Schutzprinzipien zum Ausgleich der widerstreitenden Interessen verschiedener Personengruppen leerlaufen. Das UmwG sieht daher bestimmte Schutzmechanismen vor, um mögliche Beeinträchtigungen von Beteiligungen zu verhindern. Dabei geht es insbesondere um folgende Aspekte:
– den Schutz der Interessen der Anteilsinhaber und Inhaber von Sonderrechten,
– den Gläubigerschutz und
– den Schutz der Arbeitnehmer und Arbeitnehmerorganisationen.

117 In den einzelnen Kapiteln zu den jeweiligen Umwandlungsarten wird auf diese Schutzmechanismen des UmwG immer wieder verwiesen werden (vgl. Kap. 2 Rn. 84 ff., 116 ff., 127 ff., Kap. 3 Rn. 125 ff., 129 ff., 154 ff., Kap. 4 Rn. 93 ff., 104 ff., Kap. 5 Rn. 40 ff., 60 ff., 74 ff., Kap. 6 Rn. 79 ff., 82 ff.). Hier soll lediglich ein erster Überblick gegeben werden.

I. Schutz der Anteilsinhaber und Inhaber von Sonderrechten

1. Beschlussmehrheit

118 Ein zentrales Anliegen des UmwG besteht darin, die Anteilsinhaber und Inhaber von Sonderrechten zu schützen, denn für diese bedeutet ein Umwandlungsvorgang einen erheblichen Eingriff in ihre Mitgliedschaftsrechte. Der Schutz findet zunächst Ausdruck in der grundsätzlichen *Entscheidungszuständigkeit der Anteilseigner*. Die Beschlussfassung erfolgt in einer Versammlung der Anteilseigner

(§ 13 Abs. 1, § 122g, § 125 S. 1, § 176 Abs. 1, § 177 Abs. 1, § 193 UmwG), in der die vertraglichen und sonstigen Grundlagen der Umwandlungsmaßnahme zu erläutern und auf Verlagen den Anteilseignern oder Mitgliedern sämtliche erforderlichen Auskünfte auch über alle wesentlichen Angelegenheiten der an der Umwandlung beteiligten Rechtsträger zu erteilen sind.[122] In der Regel ist für den Umwandlungsbeschluss die für eine Satzungsänderung erforderliche Mehrheit nach dem für den beteiligten Rechtsträger anwendbaren Recht vorgeschrieben (vgl. § 50 Abs. 1, § 65 Abs. 1, § 84, § 103 UmwG). Bei Personengesellschaften ist – vorbehaltlich einer anderweitigen Regelung im Gesellschaftsvertrag – grundsätzlich die Zustimmung sämtlicher Gesellschafter erforderlich (vgl. z. B. § 43 Abs. 1, Abs. 2, § 45d Abs. 1, Abs. 2, § 217 Abs. 1 UmwG).[123] In einzelnen Fällen ist daneben ein Sonderbeschluss bestimmter Gesellschaftergruppen (§ 65 Abs. 2, § 125 S. 1, § 233 Abs. 2 UmwG) und die individuelle Zustimmung bestimmter Anteilsinhaber vorgeschrieben (§ 13 Abs. 2, § 125 S. 1, § 193 Abs. 2 UmwG).

2. Informations- und Prüfungsrecht

Damit sichergestellt ist, dass die Anteilsinhaber gut informiert sind, wenn sie über die Umwandlungsmaßnahme abstimmen, stehen ihnen – abhängig von der Rechtsform des jeweils beteiligten Rechtsträgers – umfassende Informations- und Prüfungsrechte zu (vgl. Kap. 2 Rn. 85 ff.). So schreibt das UmwG für alle Umwandlungsvorgänge einen *Mindestinhalt* für die rechtsgeschäftliche Grundlage der Umwandlung vor (§ 5 Abs. 1, § 122c, § 126, § 136, § 176 Abs. 1, § 177 Abs. 1, § 194 UmwG).

Zudem haben die Vertretungsorgane der beteiligten Rechtsträger grundsätzlich einen *Umwandlungsbericht* anzufertigen, in dem der Umwandlungsvorgang im Einzelnen rechtlich und wirtschaftlich erläutert wird, das Umtauschverhältnis der Anteile bzw. die künftige Beteiligung am neuen Rechtsträger sowie die Höhe einer anzubietenden Barabfindung dargestellt und die Anteilseigner über die Hintergründe und Folgen der Umwandlung informiert werden (§ 8, § 122e, § 127 S. 1, § 176 Abs. 1, § 177 Abs. 1, § 192 UmwG). Hierdurch sollen die Anteilsinhaber in die Lage versetzt werden, zu beurteilen, ob die Unternehmensumstrukturierung wirtschaftlich sinnvoll ist und sie ihrer jetzigen Beteiligung entsprechend auch am neuen Rechtsträger beteiligt sind.[124]

Zum Schutz der Anteilsinhaber sieht das Gesetz zudem vor, dass die Angemessenheit der Beteiligung am übernehmenden oder neuen Rechtsträger oder im Rechtsträger neuer Rechtsform und gegebenenfalls die Höhe der baren Zuzahlung regelmäßig durch einen *unabhängigen Sachverständigen* geprüft wird (§ 9 bis § 12, § 122f, § 125, § 176 Abs. 1, § 177 Abs. 1 UmwG, zur Besonderheit bei dem Formwechsel vgl. Kap. 5 Rn. 25).

---

[122] *Keßler/Kühnberger* § 1 Rn. 31.
[123] *Keßler/Kühnberger* Einl. Rn. 13.
[124] Sagasser/Bula/Brünger/*Sagasser*/*Luke* § 3 Rn. 14.

122 Schließlich statuiert das UmwG zum Schutz der Anteilsinhaber je nach vorliegender Rechtsform unterschiedlich strenge *Bekanntmachungs- und Offenlegungspflichten* (z. B. Bekanntmachung der Verschmelzung gem. § 61 UmwG, Auslegung diverser Unterlagen gem. § 63 UmwG).

3. Ausscheiden und Abfindung

123 Der Schutz der Anteilsinhaber wird ferner gewährleistet durch das Recht, unter bestimmten Voraussetzungen aus der Gesellschaft gegen Barabfindung auszuscheiden. Dieser Anspruch besteht beispielsweise, wenn die Natur der Beteiligung wechselt, also durch die Umwandlung die Rechtsform geändert wird (vgl. Kap. 5 Rn. 51 ff.).

Beispiel: Dies gilt nicht nur bei einem Formwechsel (§ 207 UmwG), sondern beispielsweise auch wenn ein Rechtsträger im Wege der Verschmelzung durch einen Rechtsträger anderer Rechtsform aufgenommen wird (§§ 29 ff. UmwG) oder eine Spaltung auf einen Rechtsträger anderer Rechtsform erfolgt (§ 125 S. 1 UmwG i. V. m. §§ 29 ff. UmwG).

124 Auch bei der Verschmelzung einer börsennotierten AG auf eine nicht börsennotierte AG (sog. *„verschmelzungsbedingtes Delisting"*) haben die Anteilsinhaber gem. § 29 Abs. 1 UmwG die Möglichkeit, gegen Barabfindung aus der Gesellschaft auszuscheiden (vgl. Kap. 2 Rn. 96). Voraussetzung für den Anspruch auf Abfindung ist, dass der Anteilsinhaber gegen den Umwandlungsbeschluss *Widerspruch zur Niederschrift* der Versammlung erklärt hat. Die Angemessenheit der angebotenen Barabfindung wird durch unabhängige Sachverständige überprüft und kann im Rahmen eines Spruchverfahrens einer gerichtlichen Kontrolle unterzogen werden (vgl. Kap. 7 Rn. 70).

4. Haftung der Organmitglieder

125 Zum Schutz der Anteilsinhaber sieht das Gesetz eine Haftung bestimmter Organmitglieder für schuldhaft-rechtswidrige Umwandlungsmaßnahmen vor (§§ 25 bis 27, 125 S. 1, 176 Abs. 1, 177 Abs. 1, 205, 206 UmwG). Nach diesen Bestimmungen sind die Mitglieder des Vertretungsorgans und, wenn ein Aufsichtsorgan vorhanden ist, des Aufsichtsorgans, eines übertragenden Rechtsträgers bzw. formwechselnden Rechtsträgers als Gesamtschuldner zum Ersatz des Schadens verpflichtet, den dieser Rechtsträger, seine Anteilsinhaber oder seine Gläubiger aufgrund der Umwandlung erleiden. Die Organmitglieder haften somit auch unmittelbar, soweit sie ihre Pflicht zur Prüfung der Vermögenslage der beteiligten Rechtsträger und zur Beachtung der erforderlichen Sorgfalt bei Abschluss des Umwandlungsvertrags verletzen (vgl. Kap. 2 Rn. 89 ff., Kap. 7 Rn. 164 ff.).

5. Schutz der Inhaber von Sonderrechten

126 Durch die Regelungen in § 23 UmwG (ggf. i. V. m. § 125 S. 1, § 133, § 204 UmwG) wird schließlich dem Schutz der Inhaber von Sonderrechten Rechnung

getragen. Erfasst sind insbesondere Inhaber von Anteilen ohne Stimmrecht, Inhaber von Wandelschuldverschreibungen, Gewinnschuldverschreibungen sowie Inhaber von Genussrechten. Den Inhabern dieser Rechte wird ein Anspruch auf Gewährung von gleichwertigen Rechten im übernehmenden Rechtsträger eingeräumt. Bei einer Vollübertragung tritt an die Stelle des Anspruchs nach § 23 UmwG ein Anspruch auf Barabfindung (§ 176 Abs. 2 S. 4 UmwG).

6. Rechtsschutz

Schließlich können die Anteilseigner gegen die Wirksamkeit des jeweiligen Umwandlungsbeschlusses Klage erheben (§ 14 Abs. 1, § 125 S. 1, 135 Abs. 1, 195 UmwG). Eine Klage gegen die Wirksamkeit des Beschlusses eines *übertragenden Rechtsträgers* kann aber nicht darauf gestützt werden, dass das Umtauschverhältnis der Anteile zu niedrig bemessen ist oder dass die Mitgliedschaft beim übernehmenden Rechtsträger kein ausreichender Gegenwert für die Anteile oder die Mitgliedschaft beim übertragenden Rechtsträger darstellt (§ 14 Abs. 2 UmwG). Sofern sich ein Anteilsinhaber hierauf berufen möchte, muss er einen Anspruch auf bare Zuzahlung (§ 15 Abs. 1 S. 1 UmwG) im Rahmen eines besonderen Verfahrens, dem Spruchverfahren nach dem Spruchverfahrensgesetz, geltend machen (§ 15 Abs. 1 S. 2 UmwG) (vgl. Kap. 7 Rn. 65 ff.).

127

II. Schutz der Gläubiger

1. Sicherung der Zugriffsmasse

Die Gefahr für die Gläubiger der am Umwandlungsvorgang beteiligten Rechtsträger besteht zunächst darin, dass sich die haftende Vermögensmasse verringern kann. Das UmwG muss daher sicherstellen, dass die Haftungsmasse erhalten bleibt. Unproblematisch ist dies bei der Verschmelzung und der Vermögensübertragung in Form der Vollübertragung, da hier die Gesamtrechtsnachfolge gewährleistet, dass das gesamte Vermögen jedes übertragenden Rechtsträgers übergeht, sodass den Gläubigern grundsätzlich dieselbe Haftungsmasse zur Verfügung steht wie vor der Umwandlung.

128

Anders stellt sich dies bei der Spaltung dar. Sie kann zu einer Verringerung der bisherigen Haftungsmasse führen. Zum Schutz der Gläubiger ordnet das Gesetz daher an, dass für die Verbindlichkeiten des übertragenen Rechtsträgers, *die vor dem Wirksamwerden der Spaltung begründet worden sind*, die an der Spaltung beteiligten Rechtsträger als Gesamtschuldner haften (§ 133 Abs. 1 S. 1 UmwG). Diese gesamtschuldnerische Haftung wird allerdings unter den Voraussetzungen des § 133 Abs. 3 UmwG auf einen Zeitraum von 5 Jahren für diejenigen Rechtsträger begrenzt, denen die Verbindlichkeit im Spaltungsvertrag nicht zugewiesen worden ist (vgl. Kap. 3 Rn. 130 ff.). Für Betriebsrentenverpflichtungen gilt eine 10-jährige Frist (§ 133 Abs. 3 S. 2 UmwG) (vgl. Kap. 3 Rn. 174). Bei der Ausgliederung aus dem Vermögen eines Einzelkaufmanns,

129

Julia Kraft

einer Stiftung oder einer Gebietskörperschaft besteht darüber hinaus eine unbegrenzt fortdauernde Haftung (§§ 156, 166 UmwG und § 172 UmwG).

130 Beim Formwechsel sorgt grundsätzlich die Identität des formwechselnden Rechtsträgers dafür, dass alle gegen diesen gerichteten Ansprüche fortbestehen und auch hinsichtlich der Haftungsmasse keine Veränderung eintritt. Im Fall des Formwechsels muss das UmwG allerdings dem Umstand Rechnung tragen, dass der Gläubigerschutz bei den unterschiedlichen Gesellschaftsformen abweichend ausgestaltet ist (vgl. Kap. 5 Rn. 60). So wird dieser bei der Personengesellschaft in erster Linie durch die persönliche Haftung der Gesellschafter verwirklicht, während bei Kapitalgesellschaften der Schutz der Gläubiger durch die Grundsätze der Kapitalaufbringung und Kapitalerhaltung gewährleistet wird.[125] Im Lichte dessen sieht das UmwG vor, dass bei einem Wechsel einer Personengesellschaft in eine Kapitalgesellschaft die persönliche Haftung für Altverbindlichkeiten bis zum Ablauf einer fünfjährigen Enthaftungsfrist fortbesteht (§ 224 UmwG) (vgl. Kap. 5 Rn. 63 ff.). Bei einem Formwechsel in eine Kapitalgesellschaft werden die Gläubiger zudem nach den Grundsätzen der Gründerhaftung geschützt (§§ 197, 219 UmwG) (vgl. Kap. 5 Rn. 66 ff.).

2. Sicherheitsleistung

131 Der Gläubigerschutz wird flankiert durch das Institut der Sicherheitsleistung (§ 22, § 125 S. 1, § 133 Abs. 1 S. 2, § 176 Abs. 1, § 177 Abs. 1 UmwG sowie § 204 UmwG) (vgl. Kap. 2 Rn. 117 ff.; Kap. 7 Rn. 182). Die schon vorhandenen Altgläubiger der an der Umwandlung beteiligten Rechtsträger können binnen sechs Monaten nach Wirksamwerden der Umwandlung die Leistung einer Sicherheit fordern, sofern sie nicht Befriedigung verlangen könnten und glaubhaft machen (§ 294 ZPO), dass durch die Umwandlung die Erfüllung ihrer Forderung gefährdet wird. Dadurch können insbesondere auch die Interessen der Gläubiger des Zielrechtsträgers gewahrt werden, denn diese konkurrieren nach dem Umwandlungsvorgang mit den Gläubigern eines anderen Unternehmens.

Beispiel: Eine sanierungsbedürftige Gesellschaft soll mit einer solventen Gesellschaft verschmolzen werden. In diesem Fall können die Gläubigerrechte der übernehmenden Gesellschaft gefährdet werden.

3. Haftung der Organmitglieder

132 Das UmwG sichert den Gläubigerschutz ferner durch eine gesamtschuldnerische Haftung der Verwaltungsträger der übertragenden Rechtsträger für schuldhaft-rechtswidrige Umwandlungsmaßnahmen (§ 25 bis § 27, § 125 S. 1, § 176 Abs. 1, § 177 Abs. 1, § 205, § 206 UmwG) (vgl. Kap. 2 Rn. 122 ff., Kap. 3 Rn. 148 f., Kap. 5 Rn. 81 ff.).

---

[125] Limmer/*Limmer* Teil 1 Rn. 166.

4. Kapitalschutz

Dem Schutz potenzieller Gläubiger trägt das UmwG dadurch Rechnung, dass in den Fällen, in denen es zu einer Neugründung von Rechtsträgern kommt sowie bei einem Formwechsel auf die Anwendung des Gründungsrechts verwiesen wird (vgl. z. B. § 36 Abs. 2, § 135 Abs. 2, § 197 UmwG). Zudem finden die besonderen Vorschriften für Kapitalerhöhungsmaßnahmen bei einer übernehmenden Kapitalgesellschaft (§ 53, § 66 UmwG) und für die Kapitalherabsetzung bei übertragenden Kapitalgesellschaften im Falle einer Abspaltung und Ausgliederung (§ 139, § 145 UmwG) Anwendung.

133

III. Schutz der Arbeitnehmer und Arbeitnehmerorganisationen

1. Unterrichtung

Der Arbeitnehmerschutz und der Schutz der Arbeitnehmerorganisationen werden zunächst dadurch gewährleistet, dass der Umwandlungsvertrag Angaben über die Folgen der Umwandlung für die Arbeitnehmer und ihre Vertreter enthalten muss (§ 5 Abs. 1 Nr. 9, § 126 Abs. 1 Nr. 11, § 176 Abs. 1, § 177 Abs. 1 UmwG sowie § 194 Abs. 1 Nr. 7 UmwG). Der Umwandlungsvertrag oder sein Entwurf bzw. der Entwurf des Umwandlungsbeschlusses ist zudem spätestens einen Monat vor dem Tag der Gesellschafterversammlung oder Hauptversammlung dem Betriebsrat zuzuleiten (§ 5 Abs. 3, § 126 Abs. 3, § 194 Abs. 2 UmwG). Hierdurch wird eine frühzeitige Information über die durch die Umwandlung eintretenden individual- und kollektivarbeitsrechtlichen Änderungen gewährleistet.[126] Da die Zuleitung den Interessen aller Arbeitnehmer dient, kann der Betriebsrat zwar auf die Monatsfrist, nicht aber auf die Zuleitung als solche verzichten. Ein Anspruch auf Beratung oder Mitgestaltung besteht ebenso wenig wie ein Widerspruchsrecht des Betriebsrates. Die Erfüllung der rechtzeitigen Zuleitungsverpflichtung ist bei der Registeranmeldung nachzuweisen (§ 17 Abs. 1 UmwG).

134

Neben den Beteiligungs- und Informationsrechten nach dem UmwG sind die betriebsverfassungsrechtlichen Mitwirkungsrechte zu beachten (vgl. Kap. 2 Rn. 145 ff., Kap. 3 Rn. 161 ff.).[127]

135

2. Kündigungsrechtliche Stellung

Für Arbeitnehmer besteht die Gefahr, dass sich eine *Spaltung oder Teilübertragung* negativ auf ihren Kündigungsschutz auswirkt, da dieser nicht nur von der Dauer der Betriebsangehörigkeit, sondern auch der Anzahl der im Betrieb beschäftigten Arbeitnehmer abhängt. § 323 Abs. 1 UmwG schreibt daher vor, dass sich die kündigungsrechtliche Stellung eines Arbeitnehmers, der vor dem

136

---
[126] *Limmer* UmwR S. 20.
[127] Vgl. dazu Limmer/*Pohlmann-Weide* Teil 1 Rn. 226.

Wirksamwerden einer Spaltung oder Teilübertragung zu dem übertragenden Rechtsträger in einem Arbeitsverhältnis steht, aufgrund der Spaltung oder Teilübertragung für die Dauer von zwei Jahren ab dem Zeitpunkt ihres Wirksamwerdens nicht verschlechtert.[128] Hierdurch wird sichergestellt, dass der Arbeitnehmer seine kündigungsrechtliche Stellung auch dann behält, wenn im neuen, ihn beschäftigenden Rechtsträger die für die Anwendbarkeit kündigungsrechtlicher Regelungen notwendige Beschäftigungszahl nicht erreicht wird (zum Kündigungsschutz im Fall der Verschmelzung vgl. Kap. 2 Rn. 136).[129]

3. Geltung des § 613a BGB

137   Von wesentlicher Bedeutung für den Arbeitnehmerschutz ist die Regelung in § 324 UmwG. Diese stellt klar, dass in den Fällen der *Verschmelzung, Spaltung und Vermögensübertragung* § 613a Abs. 1, Abs. 4 bis Abs. 6 BGB „unberührt" bleibt, also auf den umwandlungsrechtlichen Betriebsübergang anwendbar ist (vgl. Kap. 2 Rn. 127 ff., Kap. 3 Rn. 164 ff.). § 324 UmwG stellt eine *Rechtsgrundverweisung* dar.[130] Die Voraussetzungen des § 613a BGB sind daher selbstständig zu prüfen. Liegt ein Betriebsübergang i. S. d. § 613a BGB vor, so gehen die Arbeitsverhältnisse, die im Zeitpunkt des Übergangs im Betrieb bestehen auf den Rechtsträger über, der den Betrieb übernimmt. Der Formwechsel ist in § 324 UmwG nicht erwähnt. Die Anwendbarkeit des § 613a BGB wird in diesem Fall einhellig abgelehnt, da es beim Formwechsel an einem Betriebsübergang fehlt.[131]

4. Mitbestimmung

138   Die Umwandlung kann zu einer Minderung der Unternehmensmitbestimmung führen. Die unternehmerische Mitbestimmung betrifft die Besetzung des Aufsichtsrats mit Vertretern der Arbeitnehmer. § 325 Abs. 1 UmwG sieht im Falle der *Abspaltung* oder *Ausgliederung* unter bestimmten Voraussetzungen den Fortbestand der Unternehmensmitbestimmungen für einen Zeitraum von fünf Jahren vor. Dadurch wird bewirkt, dass bei mitbestimmten Unternehmen, bei denen durch Abspaltung oder Ausgliederung die Mitbestimmungsgrenzen unterschritten werden, eine *Mitbestimmungsperpetuierung* erreicht wird (vgl. Kap. 3 Rn. 177 ff.).[132]

139   § 325 Abs. 2 UmwG eröffnet im Falle der *Spaltung oder Teilübertragung* die Möglichkeit, die bisherigen Beteiligungsrechte des Betriebsrates im Wege einer Betriebsvereinbarung oder eines Tarifvertrags fortgelten zu lassen. Im Fall der Spaltung sieht zudem § 21a BetrVG ein *Übergangsmandat* des bisherigen Be-

---

[128] Sagasser/Bula/Brünger/*Schmidt* § 6 Rn. 48.
[129] *Limmer* UmwR S. 20.
[130] Limmer/*Pohlmann-Weide* Teil 1 Rn. 201.
[131] *Keßler/Kühnberger* § 1 Rn. 28; Sagasser/Bula/Brünger/*Schmidt* § 6 Rn. 3; Limmer/ Pohlmann-Weide Teil 1 Rn. 201.
[132] *Limmer* UmwR S. 21; *Keßler/Kühnberger* Einl. Rn. 14.

triebsrates für die ihm bislang zugeordneten Betriebsteile vor.[133] Das Übergangsmandat endet, sobald in den Betriebsteilen ein neuer Betriebsrat gewählt und das Wahlergebnis bekannt gegeben ist, spätestens jedoch sechs Monate nach Wirksamwerden der Umwandlung. Geht ein Betrieb durch die Spaltung unter, so behält der Betriebsrat ein *Restmandat* zur Wahrnehmung der Mitwirkungs- und Mitteilungsrechte im Zuge der Umwandlung (§ 21b BetrVG).[134]

Bei einer grenzüberschreitenden Verschmelzung wird der Schutz der Mitbestimmung der Arbeitnehmer durch das Gesetz über die Mitbestimmung der Arbeitnehmer bei einer grenzüberschreitenden Verschmelzung (MgVG) geregelt (vgl. Kap. 6 Rn. 82 ff.).

140

Lösung zu Fall 2: Die Z-AG möchte aus Gründen der Bereinigung ihrer Angebotspalette den Betriebsteil „Wanderschuhe" aus dem Unternehmen lösen. Hier bietet sich eine Abspaltung zur Neugründung an, d. h. der Betriebsteil wird in Form einer neu gegründeten Gesellschaft fortgeführt. Die Anteile dieser neu gegründeten Gesellschaft stehen den Anteilsinhabern der Z-AG zu. Strebt die Z-AG hingegen durch die Herauslösung des Betriebsteils „Wanderschuhe" die Schaffung einer Konzernstruktur an, so kommt eine Ausgliederung in Betracht. Bei dieser stehen die Anteile der neu gegründeten Gesellschaft dem Rechtsträger selbst zu, aus dem der Betriebsteil „Wanderschuhe" herausgelöst wird (Z-AG) und nicht dessen Anteilsinhaber. Angenommen die Z-AG hat bereits eine Tochtergesellschaft, so könnte der Betriebsteil „Wanderschuhe" auch dieser schon bereits bestehenden Tochtergesellschaft zugeordnet werden. In diesem Fall handelt es sich um eine Abspaltung oder Ausgliederung zur Aufnahme.

§ 4 Kontrollfragen und Lösungen

Kontrollfragen zu Kapitel 1:

1. Seit wann gibt es ein einheitlich kodifiziertes UmwG?
2. Welche Gesetzessystematik weist das UmwG auf?
3. Warum kommt dem Verschmelzungsrecht eine besondere Bedeutung zu?
4. Welche Umwandlungsmöglichkeiten sind im UmwG geregelt?
5. Wie werden die Gläubiger gegen negative Auswirkungen einer Umwandlung geschützt?

Lösungen zu Kapitel 1:

1. Im Jahr 1994 fand eine Gesamtreform des Umwandlungsrechts statt. Das heute geltende Umwandlungsgesetz (UmwG) ist seit 1.1.1995 in Kraft. Es wurde durch das Gesetz zur Bereinigung des Umwandlungsgesetzes (Umw-

---

[133] *Keßler/Kühnberger* § 1 Rn. 28.
[134] *Limmer/Pohlmann-Weide* Teil 1 Rn. 242.

BerG) kodifiziert, das die in diversen Gesetzen zu findenden Umwandlungsmöglichkeiten in einem Gesetz zusammenführte und die Materie grundlegend neu gestaltete.

2. Der Aufbau des UmwG ist durch das sog. Baukastenprinzip geprägt. Die allgemeinen Grundsätze sind innerhalb des Gesetzes und innerhalb der einzelnen Bücher vorangestellt. Durch die Unterteilung der einzelnen Bücher in allgemeine und besondere Vorschriften findet sich im UmwG eine einheitliche Struktur. Die allgemeinen Teile enthalten rechtsformunabhängige Regelungen und allgemeine Voraussetzungen, die für alle an der entsprechenden Umwandlungsmaßnahme beteiligten Rechtsträger gleichermaßen gelten. Sie sind quasi „vor die Klammer gezogen". In den besonderen Teilen werden die Besonderheiten je nach Art der beteiligten Gesellschaftsformen und Rechtsträger geregelt. Im Zweiten und Dritten Buch wird zudem danach differenziert, ob es sich um eine Umwandlung zur Aufnahme oder zur Neugründung handelt.

3. Das UmwG verweist in den Büchern Drei, Vier und vereinzelt auch in Buch Fünf an verschiedenen Stellen auf das im Zweiten Buch enthaltene Verschmelzungsrecht. Hintergrund hierfür ist, dass das Verschmelzungsrecht nach der Intention des Gesetzgebers den Grundfall der Gesamtvermögensübertragung gegen Gewährung von Anteilen darstellt. Das Verschmelzungsrecht kann daher auch als allgemeiner Teil des Umwandlungsrechts bezeichnet werden.

4. § 1 Abs. 1 UmwG enthält eine erschöpfende Aufzählung der vier nach dem UmwG möglichen Umwandlungsarten. Es handelt sich um die folgenden vier Vorgänge: die Verschmelzung, die Spaltung, die Vermögensübertragung und den Formwechsel.

5. Der Gläubigerschutz wird durch das UmwG zunächst durch das Institut der Gesamtrechtsnachfolge gewährleistet. Dieses stellt sicher, dass das gesamte Vermögen jedes übertragenden Rechtsträgers übergeht, sodass den Gläubigern grundsätzlich dieselbe Haftungsmasse zur Verfügung steht wie vor der Umwandlung. Beim Formwechsel sorgt die Identität des formwechselnden Rechtsträgers dafür, dass alle gegen diesen gerichteten Ansprüche fortbestehen und die Haftungsmasse erhalten bleibt. Bei der Spaltung ordnet das Gesetz zum Schutz der Gläubiger eine gesamtschuldnerische Haftung an (§ 133 UmwG). Bei einem Wechsel innerhalb der Gesellschaftsformen werden die Gläubiger dadurch geschützt, dass bei einem Wechsel einer Personengesellschaft in eine Kapitalgesellschaft die persönliche Haftung für Altverbindlichkeiten bis zum Ablauf einer fünfjährigen Enthaftungsfrist fortbesteht (§ 224 UmwG). Bei einem Formwechsel in eine Kapitalgesellschaft werden die Gläubiger nach den Grundsätzen der Gründerhaftung geschützt (§§ 197, 219 UmwG). Der Gläubigerschutz wird flankiert durch das Institut

Julia Kraft

der Sicherheitsleistung sowie durch eine gesamtschuldnerische Haftung bestimmter Verwaltungsträger des übertragenden Rechtsträgers, die aufgrund der Umwandlung einen Schaden verursacht haben. Die Schadensersatzpflicht der Verwaltungsträger der übertragenden Rechtsträger ist in § 25 UmwG geregelt. Schließlich trägt das UmwG dem Gläubigerschutz dadurch Rechnung, dass in den Umwandlungsfällen, in denen es zu einer Neugründung von Rechtsträgern kommt, auf die Anwendung des Gründungsrechts verwiesen wird.

Julia Kraft

Inhaltsverzeichnis Kapitel 2

Kapitel 2. Die Verschmelzung	55
§ 1 Allgemeines	55
A. Arten und Merkmale	55
B. Verschmelzungsfähige Rechtsträger	55
C. Gesetzliche Regelungssystematik	57
§ 2 Verschmelzungsverfahren	57
A. Vorbereitung der Verschmelzungsbeschlüsse	57
I. Verschmelzungsvertrag	57
1. Vertragsinhalt	58
2. Bindungswirkung	61
a) Vertrag vor Beschluss (Zustimmung zum Vertrag)	62
b) Beschluss vor Vertrag (Zustimmung zum Entwurf)	63
3. Vertragliche Ansprüche	64
II. Verschmelzungsbericht	65
1. Inhalt des Berichts	65
2. Entbehrlichkeit des Berichts	65
III. Verschmelzungsprüfung und Prüfungsbericht	66
1. Erforderlichkeit der Prüfung	66
2. Bestellung der Verschmelzungsprüfer	66
3. Status und Rechte der Verschmelzungsprüfer	67
4. Verantwortlichkeit der Verschmelzungsprüfer	67
5. Umfang der Verschmelzungsprüfung und Prüfungsbericht	68
B. Fassung der Verschmelzungsbeschlüsse	69
I. Beschlussinhalt	69
II. Förmlichkeiten	69
III. Beschlussmehrheiten	70
C. Vollzug der Verschmelzung	70
I. Registeranmeldung	70
1. Negativerklärung	70
2. Anlagen	71
3. Firma	72
II. Anmeldung bei Verschmelzung durch Neugründung	72
III. Eintragung und Bekanntmachung der Verschmelzung	73

Rüdiger Haspl

§ 3 Wirkung der Verschmelzung 73
 A. Gesamtrechtsnachfolge 73
  I. Übergang von Aktiva und Passiva 73
  II. Eintritt in Schuldverhältnisse 74
  III. Eintritt in Zivil- und Bußgeldverfahren 75
 B. Anteilsauswechslung 76
 C. Heilung und Unbeachtlichkeit von Mängeln 77
 D. Anpassung von Vertragspflichten 77
§ 4 Schutz der Anteilsinhaber 78
 A. Institutioneller Schutz 78
 B. Individueller Schutz 79
  I. Organhaftung beim übertragenden Rechtsträger
     (§ 25 UmwG) 79
   1. Vermutete Sorgfaltspflichtsverletzung 79
   2. Rechtsfolge 80
   3. Verhältnis zu anderen Ansprüchen/Mitverschulden ... 80
   4. Fortbestehensfiktion 81
   5. Verjährung 81
  II. Abfindungsangebot im Verschmelzungsvertrag
     (§ 29 UmwG) 81
   1. Anwendungsbereich 81
   2. Widerspruch gegen den Verschmelzungsbeschluss 82
   3. Inhalt des Anspruchs auf Barabfindung 83
   4. Prüfung der Barabfindung 83
   5. Annahme des Angebots 84
  III. Anderweitige Veräußerung (§ 33 UmwG) 85
  IV. Bare Zuzahlung (§ 15 UmwG) 85
§ 5 Schutz der Gläubiger 86
 A. Recht auf Sicherheit (§ 22 UmwG) 86
  I. Inhalt des Anspruchs 86
  II. Aktivlegitimation 87
  III. Glaubhaftmachung 87
  IV. Verhältnis zu Schadensersatzansprüchen nach § 25 UmwG 88
 B. Organhaftung beim übertragenden Rechtsträger (§ 25 UmwG) 88
  I. Sorgfaltspflichtverletzung 88
  II. Verhältnis zum Recht auf Sicherheit nach § 22 UmwG ... 88
  III. Geltendmachung 89
  IV. Verhältnis zu sonstigen Ansprüchen 89
§ 6 Schutz der Arbeitnehmer und Arbeitnehmerorganisationen 89
 A. Schutz der Arbeitnehmer 89
  I. Betriebsübergang (§ 613a Abs. 1 BGB) 89
  II. Rechtsfolgen bei Betriebsübergang 90
   1. Übergang bestehender Arbeitsverhältnisse 90

		2. Rechtsübergang bei befristeten Arbeitsverhältnissen ...	91
		3. Veränderungssperre für tarifvertragliche und betriebliche Vereinbarungen	91
		4. Kündigungsschutz	91
		5. Informationspflichten	92
	III.	Widerspruch des Arbeitnehmers	92
		1. Widerspruchsrecht	92
		2. Wirkung des Widerspruchs	93
	IV.	Abdingbarkeit	93
B.	Schutz der Arbeitnehmerorganisationen		94
	I.	Beteiligung des Betriebsrats	94
		1. Verschmelzungsbedingte Beteiligung (§ 5 Abs. 3 UmwG)	94
		2. Betriebsänderungsbedingte Beteiligung (§ 111 BetrVG)	94
	II.	Sonstige Informationspflichten gegenüber dem Betriebsrat	95
	III.	Beteiligung des Wirtschaftsausschusses (§ 106 BetrVG) ..	95
	IV.	Auswirkungen auf die Betriebsratszusammensetzung	95
	V.	Auswirkungen auf die Unternehmensmitbestimmung	96

§ 7 Kapitalerhöhung als flankierende Maßnahme zur Verschmelzung .. 96
  A. Allgemeines 96
  B. Gesetzliche Regelungssystematik 97
  C. Verschmelzung ohne Kapitalerhöhung 98
     I. Kapitalerhöhungsverbote 98
     II. Kapitalerhöhungswahlrechte 98
     III. Weitere Vorschriften 99
  D. Verschmelzung mit Kapitalerhöhung 100
     I. Zeitpunkt der Kapitalerhöhung 100
     II. Durchführender Rechtsträger 100
     III. Sacheinlagepflicht 101
     IV. Kapitalerhöhung bei übernehmender GmbH 102
     V. Kapitalerhöhung bei übernehmender AG 102
     VI. AG-Nachgründung 103

§ 8 Besondere Vorschriften bei der Verschmelzung 104
  A. Beteiligung von Personenhandelsgesellschaften 104
     I. Aufgelöste Personenhandelsgesellschaft als übertragender Rechtsträger 104
     II. Personenhandelsgesellschaft als übernehmender Rechtsträger 104
     III. Entbehrlichkeit des Verschmelzungsberichts 105
     IV. Beschlussmehrheit/Verschmelzungsprüfung 105
     V. Nachhaftung (§ 45 UmwG) 106
  B. Beteiligung von GmbHs 106
     I. Inhalt des Verschmelzungsvertrags 106

Rüdiger Haspl

	II.	Gesellschafterversammlung	106
	III.	Verschmelzungsprüfung	107
C.	Beteiligung von AGs	107
	I.	Verschmelzungsprüfung	107
	II.	Treuhänder	107
	III.	Konzernverschmelzungen	108

    1. Entbehrlichkeit des Verschmelzungsbeschlusses
der übernehmenden AG 108
        a) Regelung und Hintergrund 108
        b) Maßgeblicher Zeitpunkt 109
        c) Beschluss auf Minderheitsverlangen 109
        d) Beschluss wegen wesentlicher Bedeutung 110
        e) Informationspflichten 110
    2. Entbehrlichkeit des Verschmelzungsbeschlusses
der übertragenden AG 111
    3. Verschmelzungsrechtlicher Squeeze-out 111
        a) Verschmelzungsvertrag 112
        b) Vorbereitung des Übertragungsbeschlusses 112
        c) Vollzug des Übertragungsbeschlusses 113

D. Verschmelzung von Kapitalgesellschaften mit dem Vermögen
eines Alleingesellschafters 114

§ 9 Kontrollfragen und Lösungen 115

Rüdiger Haspl

Kapitel 2

Die Verschmelzung

§ 1 Allgemeines

A. Arten und Merkmale

Die Verschmelzung von Rechtsträgern mit Sitz im Inland ist eine von vier im UmwG geregelten Umwandlungsarten (vgl. § 1 Abs. 1 Nr. 1 UmwG). Dies schließt nicht aus, dass auch Rechtsträger mit Sitz im Ausland an Verschmelzungen beteiligt sein können, soweit gesetzliche Vorschriften es gestatten (vgl. etwa §§ 122a ff. UmwG, dazu Kap. 6 Rn. 61 ff.).

Die Verschmelzung ist eine *juristische Vereinigung von Rechtsträgern*[1] und kann auf zwei Arten geschehen: im *Wege der Aufnahme* oder im *Wege der Neugründung*. Während bei der Verschmelzung im Wege der Aufnahme der übernehmende Rechtsträger bereits besteht, wird er bei der Verschmelzung im Wege der Neugründung erst durch die Verschmelzung mindestens zweier anderer Rechtsträger geschaffen (vgl. § 2 Nr. 1 und Nr. 2 UmwG).

Beiden Verschmelzungsarten gemeinsam sind die grundlegenden Merkmale einer Verschmelzung:
– die *Übertragung des Vermögens* eines oder mehrerer Rechtsträger *als Ganzes* kraft Gesetzes auf einen anderen fortbestehenden Rechtsträger im Wege der *Gesamtrechtsnachfolge*,
– die *Gewährung von Anteilen* des übernehmenden Rechtsträgers an die Anteilsinhaber des übertragenden Rechtsträgers *als Gegenleistung* und
– die *Auflösung des übertragenden Rechtsträgers* ohne Abwicklung.

Nach der Legaldefinition des § 2 UmwG sind unter Anteilsinhaber die Gesellschafter, Partner, Aktionäre oder Mitglieder eines Rechtsträgers zu verstehen.

B. Verschmelzungsfähige Rechtsträger

Nur die in § 3 UmwG genannten Rechtsträger können an Verschmelzungen beteiligt sein. Sie brauchen grundsätzlich nicht dieselbe Rechtsform zu haben (§ 3 Abs. 4 UmwG; sog. „Mischverschmelzung").

---

[1] Vgl. *Hirte* Rn. 6.106.

6 *Uneingeschränkt beteiligt* sein können (§ 3 Abs. 1 UmwG)
   - Personenhandelsgesellschaften (OHG[2], KG),
   - Partnerschaftsgesellschaften,
   - Kapitalgesellschaften (GmbH, AG, KGaA, gegründete[3] SE mit Satzungssitz in Deutschland[4]),
   - eingetragene Genossenschaften,
   - eingetragene Vereine (§ 21 BGB),
   - genossenschaftliche Prüfungsverbände und
   - Versicherungsvereine auf Gegenseitigkeit.

7 *Eingeschränkt beteiligt* sein können
   - wirtschaftliche Vereine (§ 22 BGB), nämlich nur als übertragende Rechtsträger (§ 3 Abs. 2 Nr. 1 UmwG), und
   - natürliche Personen, nämlich nur, wenn sie als Alleingesellschafter einer Kapitalgesellschaft deren Vermögen übernehmen (§ 3 Abs. 2 Nr. 2 UmwG; vgl. Rn. 217).

8 Auch eine Verschmelzung bereits aufgelöster Rechtsträger auf einen (nicht aufgelösten) Rechtsträger ist möglich, wenn die Fortsetzung der aufgelösten Rechtsträger beschlossen werden könnte (§ 3 Abs. 3 UmwG).

9 *GbR* können *nicht beteiligt* sein. Als Grund wird das fehlende praktische Bedürfnis genannt.[5] Ebenso wenig verschmelzungsfähig sind *stille Gesellschaften* nach §§ 230 ff. HGB, die als reine Innengesellschaften nicht am Rechtsverkehr teilnehmen[6], ferner *Erbengemeinschaften, nicht rechtsfähige Vereine* und *Stiftungen*.[7]

10 Das UmwG geht grundsätzlich davon aus, dass der übernehmende Rechtsträger als Ergebnis der Verschmelzung fortbesteht. Daher wird vertreten, eine Verschmelzung sei *unzulässig*, wenn sie zum *sofortigen Erlöschen des übernehmenden Rechtsträgers* führen würde.[8]

Beispiel: Die Komplementär-GmbH einer GmbH & Co. KG mit nur einem Kommanditisten, der zugleich einziger Gesellschafter der Komplementär-GmbH ist, soll auf die KG verschmolzen werden. Mit dem Erlöschen der GmbH vereinigten sich alle KG-Anteile im verbliebenen (vormaligen Kommanditisten-)Gesellschafter, und die KG als übernehmende Rechtsträgerin wäre sofort beendet.

---

[2] Auch die EWIV wegen Gleichstellung mit OHG nach § 1 EWIV-AusführungsG, *Ballreich* Rn. 24; *Schmidt* NJW 1995, 1, 7; Lutter/*Drygala* § 3 Rn. 4; Kallmeyer/*Marsch-Barner* § 3 Rn. 4; Semler/Stengel/*Stengel* § 3 Rn. 4; Widmann/Mayer/*Heckschen* § 1 UmwG Rn. 60.

[3] Die Gründung der SE selbst unterliegt den vorrangigen Vorschriften der SE-VO. Eine Verschmelzung im Wege der Neugründung einer SE scheidet daher aus.

[4] Wegen ihrer Gleichstellung mit der AG durch Art. 9 Abs. 1 lit. c Ziffer ii SE-VO, Lutter/*Drygala* § 3 Rn. 4; Henssler/Strohn/*Heidinger* § 3 UmwG Rn. 14; *Kiefner/Brügel* AG 2011, 525, 532; Limmer/*Limmer* Teil 2 Rn. 44.

[5] Lutter/*Schmidt* § 39 Rn. 12.

[6] Kallmeyer/*Marsch-Barner* § 3 Rn. 5; Semler/Stengel/*Stengel* § 3 Rn. 10.

[7] Henssler/Strohn/*Heidinger* § 3 UmwG Rn. 9.

[8] OLG Hamm NZG 2010, 1309 f.; Lutter/*Schmidt* § 39 Rn. 19. Kritisch *Nelißen* NZG 2010, 1291 ff.; ablehnend Widmann/Mayer/*Mayer* § 5 UmwG Rn. 24.11.; Henssler/Strohn/*Heidinger* § 2 UmwG Rn. 6a, 22.

C. Gesetzliche Regelungssystematik

Die *allgemeinen Vorschriften* über die Verschmelzung durch Aufnahme finden sich in den §§ 4 bis 35 UmwG (zur gesetzlichen Regelungssystematik vgl. Kap. 1 Rn. 24 ff.). 11

Für die *Verschmelzung durch Neugründung* gelten sie im Wesentlichen entsprechend (§ 36 Abs. 1 S. 1 UmwG). Dabei tritt der neue Rechtsträger an die Stelle des übernehmenden Rechtsträgers, an die Stelle der Eintragung der Verschmelzung in das Register des Sitzes des übernehmenden Rechtsträgers tritt die Eintragung des neuen Rechtsträgers (§ 36 Abs. 1 S. 2 UmwG). Die Gründung des neuen Rechtsträgers muss grundsätzlich nach den für dessen Rechtsform geltenden Gründungsvorschriften erfolgen, wobei die übertragenden Rechtsträger als Gründer gelten (vgl. § 36 Abs. 2 UmwG). 12

Die *besonderen Vorschriften* über die Verschmelzung sind in den §§ 39 ff. UmwG enthalten. Die dortigen Gesetzesabschnitte behandeln die Verschmelzung nach der Rechtsform der beteiligten Rechtsträger. 13

§ 2 Verschmelzungsverfahren

Das Verschmelzungsverfahren kann in drei Phasen eingeteilt werden: die *Vorbereitung der Verschmelzungsbeschlüsse*, die *Beschlussfassung* und schließlich den *Vollzug der Verschmelzung* (vgl. Kap. 1 Rn. 98 ff.).[9] 14

A. Vorbereitung der Verschmelzungsbeschlüsse

Im Vorfeld der Verschmelzungsbeschlüsse ist die Beschlussgrundlage vorzubereiten. Hierzu gehören vor allem der *Verschmelzungsvertrag*, der *Verschmelzungsbericht* und die *Verschmelzungsprüfung*. 15

I. Verschmelzungsvertrag

Die Verschmelzung erfordert den Abschluss eines Verschmelzungsvertrages. Er wird durch die *statutarischen Vertretungsorgane* der an der Verschmelzung beteiligten Rechtsträger geschlossen (§ 4 Abs. 1 S. 1 UmwG). Die Vertretungsorgane können sich dabei rechtsgeschäftlich vertreten lassen. Handelt für sie ein vollmachtsloser Dritter, ist die Genehmigung durch die Vertretungsorgane erforderlich. Diese kann wegen § 182 Abs. 2 BGB auch konkludent erfolgen, etwa indem das Vertretungsorgan die Anteilsinhaberversammlung einberuft, um den Verschmelzungsbeschluss auf Grundlage des Vertrages zu fassen.[10] Eine *Prokura reicht nicht* aus, da ein Verschmelzungsvertrag kein Geschäft ist, das der 16

---

[9] Semler/Stengel/*Stengel* § 2 Rn. 55; ähnlich Lutter/*Drygala* § 2 Rn. 36 ff.
[10] Semler/Stengel/*Schröer* § 4 Rn. 15.

Rüdiger Haspl

Betrieb eines Handelsgewerbes gewöhnlich mit sich bringt.[11] *Vertragsparteien* sind die beteiligten Rechtsträger.[12]

17 Der Verschmelzungsvertrag ist Grundlage der Umstrukturierung und hat den Charakter eines *körperschaftlichen Organisationsakts*. Zugleich löst er *schuldrechtliche Wirkungen* zwischen den beteiligten Rechtsträgern aus.[13] Für seine Auslegung gelten die allgemeinen Grundsätze der §§ 133, 157 BGB. Zur Ermittlung von Rechtswirkungen des Vertrages, die sich nicht nur auf die Vertragsparteien, sondern auch auf deren Anteilsinhaber beziehen, orientiert sich der maßgebliche objektive Empfängerhorizont allerdings nicht an den Vertretungsorganen der Rechtsträger, sondern an einem verständigen Dritten.[14]

18 Zu seiner Wirksamkeit muss der Vertrag *notariell beurkundet* werden (§ 6 UmwG). Zudem bedarf er der Zustimmung der Anteilseignerversammlungen der beteiligten Rechtsträger durch den *Verschmelzungsbeschluss* (§ 13 Abs. 1 UmwG; vgl. Rn. 24 ff. und Rn. 49 f.).

1. Vertragsinhalt

Fall 1: Die A-GmbH mit einem Stammkapital von 40.000 EUR und einem Unternehmenswert von 60.000 EUR wird von den Gesellschaftern A1 und A2 jeweils zu 50 % gehalten. Sie soll auf die B-GmbH verschmolzen werden, die ein Stammkapital von 60.000 EUR und einen Unternehmenswert von 120.000 EUR hat und von den Gesellschaftern B1 und B2 jeweils zu 50 % gehalten wird. Wie sind A1 und A2 nach der Verschmelzung beteiligt?

19 Der Verschmelzungsvertrag legt die *wesentlichen Bedingungen für die Durchführung der Verschmelzung* fest. Er bestimmt damit die Auswirkungen der Verschmelzung auf die beteiligten Rechtsträger, deren Anteilsinhaber und sonstige mit den Rechtsträgern in Verbindung stehende Personen wie Gläubiger, Schuldner und Arbeitnehmer. Der Verschmelzungsvertrag oder sein Entwurf muss bestimmte *Mindestangaben* enthalten (§ 5 Abs. 1 UmwG), nämlich insbesondere
1. den Namen/die *Firma* und den *Sitz* der beteiligten Rechtsträger;
2. die Vereinbarung über die *Übertragung des Vermögens* jedes übertragenden Rechtsträgers *als Ganzes gegen Gewährung von Anteilen* oder Mitgliedschaften an dem übernehmenden Rechtsträger;
3. das *Umtauschverhältnis* der Anteile und gegebenenfalls die *Höhe der baren Zuzahlung* beim übernehmenden Rechtsträger;
4. die *Einzelheiten für die Übertragung der Anteile* des übernehmenden Rechtsträgers oder über den Erwerb der Mitgliedschaft bei dem übernehmenden Rechtsträger, etwa ob dazu bereits vorhandene oder erst durch Kapitalerhöhung zu schaffende Anteile verwendet werden sollen (vgl. Rn. 153 ff.);

---

[11] Semler/Stengel/*Schröer* § 4 Rn. 8.
[12] Dies gilt auch bei Beteiligung von mehr als zwei Rechtsträgern, vgl. Lutter/*Drygala* § 4 Rn. 7, § 5 Rn. 11; Limmer/*Limmer* Teil 2 Rn. 81, 150.
[13] Lutter/*Drygala* § 4 Rn. 4 f.; Schmitt/Hörtnagl/Stratz/*Stratz*, § 7 Rn. 13.
[14] Lutter/*Drygala* § 5 Rn. 4.

5. den *Zeitpunkt*, von dem an diese Anteile oder die Mitgliedschaften einen Anspruch auf einen *Anteil am Bilanzgewinn* gewähren;
6. den Zeitpunkt, von dem an die Handlungen der übertragenden Rechtsträger als für Rechnung des übernehmenden Rechtsträgers vorgenommen gelten (*Verschmelzungsstichtag*); er kann grundsätzlich frei bestimmt werden und knüpft in der Praxis häufig an den Schluss des letzten Geschäftsjahrs des übertragenden Rechtsträgers an;[15]
7. die *Rechte*, die der übernehmende Rechtsträger einzelnen Anteilsinhabern sowie den Inhabern besonderer Rechte wie Anteile ohne Stimmrecht, Vorzugsaktien, Mehrstimmrechtsaktien, Schuldverschreibungen und Genussrechte gewährt, oder die für diese Personen vorgesehenen Maßnahmen;
8. jeden *besonderen Vorteil*, der einem Mitglied eines Vertretungsorgans oder eines Aufsichtsorgans der beteiligten Rechtsträger, einem geschäftsführenden Gesellschafter, einem Partner, einem Abschlussprüfer oder einem Verschmelzungsprüfer gewährt wird;
9. die *Folgen* der Verschmelzung *für die Arbeitnehmer* und ihre Vertretungen sowie die insoweit vorgesehenen Maßnahmen (vgl. Rn. 142 ff.).

Art und Wert der Inhaberanteile vor und nach der Verschmelzung sollen sich möglichst entsprechen (*Grundsatz der Identität der Mitgliedschaft*).[16] Denn wer seine durch Art. 14 Abs. 1 GG verfassungsrechtlich geschützte Rechtsposition als Anteilsinhaber verliert, muss für den Verlust seiner Rechtsposition und die Beeinträchtigung seiner vermögensrechtlichen Stellung wirtschaftlich voll entschädigt werden. Die Entschädigung muss den „wirklichen" oder „wahren" Wert des Anteilseigentums widerspiegeln.[17] Als Wert des Anteils ist dabei nicht sein Verkehrswert als eigenständiges Wirtschaftsgut zu verstehen, sondern der auf die jeweilige Beteiligungsquote entfallende *Anteil am Wert des Unternehmens* als Ganzes.[18] Da es gerade bei „krummen" Umtauschverhältnissen schwierig sein kann, einen exakten Wertausgleich durch Anteilstausch durchzuführen, kann das Umtauschverhältnis gerundet und die Rundungsdifferenz durch eine *bare Zuzahlung* (§ 5 Abs. 1 Nr. 3 UmwG) zugunsten der Anteilsinhaber des übertragenden Rechtsträgers ausgeglichen werden.[19] Nach den besonderen Vorschriften in § 54 Abs. 4, § 68 Abs. 3, § 87 Abs. 2 S. 2 UmwG sind solche baren Zuzahlungen jedoch auf *höchstens 10 % des Nennbetrags der gewährten Anteile* begrenzt.[20]

20

---

[15] Semler/Stengel/*Schröer* § 5 Rn. 53.
[16] Semler/Stengel/*Schröer* § 5 Rn. 10 ff.
[17] BVerfG NJW 2007, 3266, 3267.
[18] *Fleischer/Bong* NZG 2013, 881, 882 m. w. N.; vgl. auch *Fleischer* AG 2014, 97, 111.
[19] Semler/Stengel/*Schröer* § 5 Rn. 31.
[20] Gegen den Gesetzeswortlaut und die h. M. hält *Priester* ZIP 2013, 2033, 2036 f. dies bei Zustimmung aller beteiligten Anteilseigner für nicht zwingend, weil die Anteilseigner über das Umtauschverhältnis disponieren und auf die Gewährung von Anteilen sogar ganz verzichten können.

Rüdiger Haspl

21 Die Angaben über den Umtausch der Anteile (§ 5 Abs. 1 Nr. 2 bis Nr. 5 UmwG) eines übertragenden Rechtsträgers entfallen, wenn sich sämtliche Anteile des übertragenden Rechtsträgers bereits vor der Verschmelzung in der Hand des übernehmenden Rechtsträgers befinden (§ 5 Abs. 2 UmwG). Bei dieser Variante eines sog. „*Upstream Merger*", nämlich einer Konzernverschmelzung *einer 100%igen Tochtergesellschaft* auf die Muttergesellschaft, kommt es zu keinem Anteilstausch. Die übernehmende Muttergesellschaft wäre Gläubigerin und Schuldnerin des Anspruchs auf Gewährung von Anteilen zugleich, so dass der Anspruch durch Konfusion erlöschen würde.

22 Vertreten wird ferner, dass die Angaben nach § 5 Abs. 1 Nr. 9 UmwG unterbleiben können, wenn *kein Betriebsrat* vorhanden ist,[21] da dann der Unterrichtungszweck des § 5 Abs. 3 UmwG nicht erreicht werden könne (vgl. Rn. 142 ff.).

23 Bei einer Verschmelzung durch *Neugründung* muss im Verschmelzungsvertrag auch der *Gesellschaftsvertrag*, der Partnerschaftsvertrag oder die Satzung *des neuen Rechtsträgers* enthalten sein oder festgestellt werden (§ 37 UmwG).

Lösung zu Fall 1: Das Umtauschverhältnis richtet sich nach dem Verhältnis zwischen dem inneren Wert der umzutauschenden Anteile des übertragenden Rechtsträgers und dem inneren Wert der als Gegenleistung zu gewährenden Anteile des übernehmenden Rechtsträgers.[22] Grundsätzlich sollen die Anteilsinhaber denselben relativen Anteil am Vermögen haben, den sie vor der Verschmelzung hatten.[23]

Der Wert der Anteile der Gesellschafter A1 und A2 beträgt vor Verschmelzung jeweils 30.000 EUR. Sie müssen daher nach der Verschmelzung Anteile an der B-GmbH mit demselben Wert halten. Der Wert der B-GmbH beträgt nach der Verschmelzung 180.000 EUR. A1 und A2 müssen daher jeweils einen Wertanteil an der B-GmbH von 1/6 erhalten (30.000 EUR/180.000 EUR). B1 und B2 verbleiben dann Anteile in Höhe von jeweils 1/3 (60.000 EUR/180.000 EUR).

Die Anteile der GmbH-Gesellschafter werden satzungsgemäß allerdings nicht nach ihrem inneren Wert, sondern mit ihrem sog. Nennbetrag als Anteile am Stammkapital angegeben (vgl. § 3 Abs. 1 Nr. 4, § 5 Abs. 3 S. 2 GmbHG; § 46 Abs. 1 S. 1 UmwG). Das Stammkapital der B-GmbH beträgt 60.000 EUR und ist auf die Altgesellschafter B1 und B2 verteilt. Weitere Stammkapitalanteile, die infolge der Verschmelzung an die Neugesellschafter A1 und A2 verteilt werden könnten, stehen nicht zur Verfügung. Zur Neuordnung der Gesellschafterverhältnisse sind daher folgende Varianten denkbar:
1. Das Stammkapital der B-GmbH von 60.000 EUR bleibt unverändert und wird – bei Reduzierung der auf die Altgesellschafter entfallenden Nennbeträge – auf sämtliche Gesellschafter neu verteilt. A1 und A2 erhielten dann Anteile mit Nennbeträgen von jeweils 10.000 EUR (60.000 EUR/6), B1 und B2 nur noch je einen Anteil mit einem Nennbetrag von 20.000 EUR (60.000 EUR/3). Die damit einhergehende Übertragung von Geschäftsanteilen der Gesellschafter des übernehmenden Rechtsträgers an die Gesellschafter des übertragenden Rechtsträgers setzt allerdings voraus, dass der jeweilige Anteilsinhaber des übernehmenden Rechtsträgers hiermit einverstanden ist und dies rechtsgeschäftlich vereinbart.[24]

---

[21] *Joost* ZIP 1995, 976, 985.
[22] Widmann/Mayer/*Mayer* § 5 UmwG Rn. 113.
[23] Breithaupt/Ottersbach/*Breithaupt* § 2 Rn. 58.
[24] Widmann/Mayer/*Mayer* § 5 UmwG Rn. 56.3 ff.

Rüdiger Haspl

Eine Verpflichtung, das Stammkapital aus Gründen des Gläubigerschutzes mindestens um das Stammkapital des übertragenden Rechtsträgers zu erhöhen, ergibt sich aus dem Gesetz nicht[25] und steht dieser Lösungsvariante daher nicht entgegen.

2. Sollen hingegen – wie üblich – die Geschäftsanteile der Altgesellschafter des übernehmenden Rechtsträgers unberührt bleiben, so müssen die den Neugesellschaftern zu gewährenden Anteile neu geschaffen werden. Dies geschieht im Wege der Kapitalerhöhung des übernehmenden Rechtsträgers (vgl. Rn. 153 ff.). Das Vermögen des übertragenden Rechtsträgers dient dabei als Sacheinlage, so dass das Stammkapital höchstens um diesen Vermögenswert erhöht werden kann. Das Stammkapital der B-GmbH von 60.000 EUR kann daher um den eingebrachten Wert der A-GmbH (60.000 EUR) auf bis zu 120.000 EUR erhöht werden.

Sinnvollerweise ist das Stammkapital in dem Verhältnis zu erhöhen, in dem der Wert des übernehmenden Rechtsträgers (120.000 EUR) durch den eingebrachten Wert der A-GmbH (60.000 EUR) erhöht worden ist. Dann nämlich werden durch die Erhöhung genauso viele Geschäftsanteile geschaffen, wie auf die Neugesellschafter verteilt werden müssen. Würde das Stammkapital darüber hinaus (etwa auf 120.000 EUR) erhöht, entstünden weitere Anteile, die zwar theoretisch zwischen den Altgesellschaftern und den Neugesellschaftern verhältnismäßig aufgeteilt werden könnten.[26] Diese Variante scheitert allerdings daran, dass die verschmelzungsbedingte Kapitalerhöhung in diesem Fall zu einer nicht zulässigen Erhöhung der Geschäftsanteile der Gesellschafter auch des übernehmenden Rechtsträgers führen würde.[27]

Das Stammkapital mit einem Nennbetrag von 60.000 EUR ist daher auf einen Nennbetrag von 90.000 EUR zu erhöhen. Durch Verteilung der neuen Geschäftsanteile mit einem Gesamtnennbetrag von 30.000 EUR auf die Neugesellschafter A1 und A2 zu je 15.000 EUR würden sie jeweils mit 1/6 am Wert der B-GmbH beteiligt. Das im Verschmelzungsvertrag anzugebende Umtauschverhältnis (§ 5 Abs. 1 Nr. 3 UmwG) beläuft sich auf 4:3 (Nennbetrag Kapitalanteil A-GmbH 20.000 EUR: Nennbetrag Kapitalanteil B-GmbH 15.000 EUR).

2. Bindungswirkung

Fall 2: Der Vorstand der A-AG plant die Verschmelzung mit der B-AG und schließt den notariell beurkundeten Verschmelzungsvertrag mit der B-AG. Noch vor Durchführung der Anteilsinhaberversammlungen der AGs ändert der Vorstand der A-AG seine Auffassung und teilt der B-AG mit, von seinem Vorhaben aus wirtschaftlichen Gründen Abstand zu nehmen und sich für an den Vertrag nicht gebunden zu halten.

Der Verschmelzungsvertrag kann *vor oder nach dem Verschmelzungsbeschluss* geschlossen werden, denn es reicht aus, dass dem Verschmelzungsbeschluss der schriftliche Entwurf des Vertrages zugrunde liegt (vgl. § 4 Abs. 2 UmwG). Der *Entwurf* unterscheidet sich vom Vertrag allein durch das *Fehlen der notariellen Form*.[28] Er stellt eine *Absichtserklärung* dar, die die Rechtsträger *hinsichtlich*

24

---

[25] Limmer/*Limmer* Teil 2 Rn. 295 f.; auch *Maier-Reimer* GmbHR 2004, 1128, 1132; *Priester* ZIP 2013, 2033, 2035; a.A. *Petersen*, S. 207 f.; *ders.*, GmbHR 2004, 728, 731.
[26] Hierfür wohl *Petersen*, S. 207 f.; *ders.*, GmbHR 2004, 728, 729.
[27] So noch Semler/Stengel/*Reichert*, 3. Aufl., § 54 Rn. 29; auch *Maier-Reimer* GmbHR 2004, 1128, 1130.
[28] Lutter/*Drygala* § 4 Rn. 15.

des Vertragsinhalts nicht bindet und durch die sich unnötige Beurkundungskosten vermeiden lassen.[29] Die Einigung auf die endgültige Entwurfsfassung begründet allerdings die *vorvertragliche Verpflichtung* der Vertragsparteien, einen *Beschluss* ihrer Anteilseigner *über die Zustimmung zum Entwurf herbeizuführen*[30] – ob sie dem Entwurf zustimmen, ist dabei freigestellt, da es den Parteien grundsätzlich offen steht, Verhandlungen über beurkundungsbedürftige Verträge noch bis zu deren Beurkundung abzubrechen.[31]

a) Vertrag vor Beschluss (Zustimmung zum Vertrag)

25 Der notariell beurkundete Verschmelzungsvertrag wird erst *durch den Verschmelzungsbeschluss wirksam* (§ 13 Abs. 1 UmwG). Bis dahin ist er *schwebend unwirksam*.[32] Er entfaltet jedoch bereits Bindungswirkung. So begründet der Verschmelzungsvertrag (wie schon die Einigung über seinen Entwurf) nach § 311 Abs. 2 BGB die Pflicht für die Vertretungsorgane der beteiligten Rechtsträger, ihn ihren Anteilseignerversammlungen zur Beschlussfassung vorzulegen.[33] Im Einzelfall können auch Schadensersatzansprüche nach den Grundsätzen vorvertraglicher Pflichtverletzung (§ 311 Abs. 2, § 241 BGB) entstehen.[34]

26 *Mit Zustimmung zum Vertrag* wird der Rechtsträger *extern* gegenüber der anderen Vertragspartei *gebunden*,[35] weil ab diesem Zeitpunkt ein *wirksames Vertragsangebot* des zustimmenden Rechtsträgers vorliegt.[36] Zwischen der Zustimmung einer Anteilseignerversammlung der beteiligten Rechtsträger und der Zustimmung der Versammlung des anderen Rechtsträgers besteht die schwebende Unwirksamkeit fort. Sie endet erst mit der Zustimmung der Anteilseigner des anderen Rechtsträgers.

27 Unter welchen Voraussetzungen die Bindungswirkung noch in dieser Zwischenzeit entfallen kann, ist umstritten. Nach einer Ansicht richtet sich die Bindung des zustimmenden Rechtsträgers an den Vertrag nach §§ 145 ff. BGB. Eine Änderung oder Aufhebung des angebotenen Vertrages ohne Einverständnis der anderen Vertragspartei soll danach nur dann möglich sein, wenn die Bindungsfrist abgelaufen ist, binnen derer unter normalen Umständen mit der Annahme des Angebots gerechnet werden durfte, oder wenn die andere Vertragspartei das Angebot abgelehnt hat.[37] Nach anderer Auffassung soll eine einseitige Loslö-

---

[29] Lutter/*Drygala* § 4 Rn. 16.
[30] Semler/Stengel/*Gehling* § 13 Rn. 62 f.
[31] Semler/Stengel/*Schröer* § 4 Rn. 60.
[32] Lutter/*Drygala* § 5 Rn. 8.
[33] Semler/Stengel/*Schröer* § 4 Rn. 25; Semler/Stengel/*Gehling* § 13 Rn. 62; Lutter/*Drygala* § 5 Rn. 8.
[34] Semler/Stengel/*Schröer* § 4 Rn. 60.
[35] Semler/Stengel/*Gehling* § 13 Rn. 66.
[36] Kölner Komm. AktG/*Kraft* (1990) § 340c Rn. 37.
[37] Semler/Stengel/*Schröer* § 4 Rn. 29; *Barz* AG 1972, 1, 6; Kölner Komm. AktG/*Kraft* (1990), § 340 AktG Rn. 6.

sung vom schwebend unwirksamen Vertrag nur bei Vorliegen eines Rücktrittsgrunds oder analog § 108 Abs. 2, § 177 Abs. 2, § 1829 BGB (Aufforderung zur Genehmigung binnen angemessener Frist) möglich sein.[38]

Die *Kompetenz zur Änderung oder Aufhebung des Vertrages* entspricht der zum Abschluss des Vertrages.[39] Sie kann daher grundsätzlich durch die *statutarischen Vertretungsorgane* erfolgen und muss, um wirksam zu werden, durch die *Anteilsinhaberversammlung beschlossen* werden. Dabei wird vertreten, dass für die Aufhebung des Vertrages stets die *Zustimmung der einfachen Mehrheit* der Anteilsinhaber genügen soll, da die mit dem Vertrag beabsichtigten Strukturentscheidungen einer Verschmelzung, die das hohe Quorum bei Verschmelzungsbeschlüssen rechtfertigen (vgl. Rn. 53), gerade nicht mehr eintreten, sondern verhindert werden sollen.[40] Demgegenüber ist das *hohe Quorum* erforderlich, wenn man auf die Aufhebung als „*actus contrarius*" zum Abschluss des Vertrages abstellt.[41]

28

b) Beschluss vor Vertrag (Zustimmung zum Entwurf)

Wurde der Verschmelzungsbeschluss auf Grundlage des Vertragsentwurfs gefasst, sind die *Vertretungsorgane* der beteiligten Rechtsträger aus ihren jeweiligen Dienstverträgen *verpflichtet*, den *Vertrag in dem Entwurf entsprechender Fassung notariell beurkunden zu lassen* und *die Verschmelzung umzusetzen*.[42] Eine *externe Bindung* des Rechtsträgers gegenüber der anderen Vertragspartei besteht mangels vertraglicher Einigung *noch nicht*.[43] Der Rechtsträger kann daher jederzeit wieder von seiner Absicht auf Herbeiführung eines Verschmelzungsvertrages Abstand nehmen. Die Vertretungsorgane des Rechtsträgers dürfen dies jedoch nicht ohne Zustimmung der Anteilsinhaber tun, da sie durch deren zuvor getroffenen Zustimmungsbeschluss *intern zur Herbeiführung des Verschmelzungsvertrages angewiesen* worden sind;[44] es obliegt den Anteilsinhabern, diese interne Bindung wieder aufzuheben.

29

Wird der Vertrag nach Beschlussfassung über seinen Entwurf geschlossen, bedarf es keiner weiteren Beschlussfassung mehr. Der *Vertrag wird dann mit seiner Beurkundung wirksam*. Ist eine Kapitalerhöhung erforderlich (vgl.

30

---

[38] Lutter/*Drygala* § 4 Rn. 16; Kölner Komm. AktG/*Kraft* (1990) § 340c Rn. 40; Schmitt/Hörtnagl/Stratz/*Winter* § 13 Rn. 10 für den Fall, dass nur ein einseitig beschlossener Entwurf vorliegt; dagegen Semler/Stengel/*Gehling* § 13 Rn. 68.
[39] Semler/Stengel/*Schröer* § 4 Rn. 27.
[40] Semler/Stengel/*Schröer* § 4 Rn. 32.
[41] So Kallmeyer/*Marsch-Barner* § 4 Rn. 17; Schmitt/Hörtnagl/Stratz/*Winter* § 7 Rn. 18; ablehnend Semler/Stengel/*Schröer* § 4 Rn. 32 in Analogie zur Aufhebung einer Satzungsänderung vor ihrer Eintragung ins Handelsregister.
[42] Semler/Stengel/*Schröer* § 4 Rn. 18, 25; Kölner Komm. UmwG/*Simon* § 4 Rn. 9.
[43] Kallmeyer/*Zimmermann* § 13 Rn. 17 f.; Lutter/*Drygala* § 13 Rn. 25.
[44] Zu dieser Kompetenz der Hauptversammlung einer AG etwa Kölner Komm. AktG/*Kraft* (1990) § 340c Rn. 15.

Rn. 153 ff.), so ist sie Wirksamkeitsvoraussetzung für den Verschmelzungsvertrag.[45] Die Wirksamkeit der Verschmelzung selbst tritt erst mit ihrer Eintragung ins Register des Sitzes des übernehmenden Rechtsträgers ein (vgl. § 20 Abs. 1 UmwG).

Lösung zu Fall 2: Der zwischen den AGs geschlossene Verschmelzungsvertrag ist mangels Zustimmung der Anteilsinhaberversammlungen schwebend unwirksam. Der Vertrag kann daher weder die in ihm bestimmten noch die nach § 20 UmwG eintretenden Rechtsfolgen auslösen. Mangels Zustimmung der Hauptversammlung der A-AG liegt im Abschluss des Vertrages auch noch kein extern bindendes Verschmelzungsangebot der A-AG. Die Vorschriften der §§ 145 ff. BGB finden daher im Verhältnis zur B-AG noch keine Anwendung.

Aus einem notariell beurkundeten Verschmelzungsvertrag ergibt sich allerdings die Verpflichtung der organschaftlichen Vertreter, eine Entscheidung der Anteilsinhaberversammlung über die Zustimmung zum Vertrag herbeizuführen. Im Fall 2 besteht eine solche Verpflichtung jedoch nicht mehr, da der Vorstand durch seine Mitteilung an die B-AG bereits die Loslösung vom Vertrag herbeigeführt hat, was ihm vor Eintritt der externen Bindung möglich war.[46] Eines notariellen Aufhebungsvertrages bedarf es dazu nicht.[47] Insbesondere war der Vorstand hierzu auch im Innenverhältnis zur A-AG berechtigt, da eine Weisung der Hauptversammlung zur Herbeiführung der Wirksamkeit des Vertrages noch nicht vorlag.

Der B-AG könnten allerdings wegen des Verhaltens des Vorstands der A-AG Schadensersatzansprüche aus vor- bzw. nebenvertraglicher Pflichtverletzung nach § 241 Abs. 2, § 311 Abs. 2 und Abs. 3, §§ 280 ff. BGB gegen die A-AG oder deren Vorstandsmitglieder zustehen. Hierzu wäre im Einzelfall zu prüfen, ob die Loslösung vom Vertrag eine Verletzung von gegenüber der B-AG bestehenden Sorgfaltspflichten darstellte. Dabei wird es maßgeblich darauf ankommen, ob der Vorstand seine Loslösung vom Vertrag auf Gründe stützen kann, deren Beachtung ihm bei Abschluss des Vertrages noch nicht möglich gewesen wäre.

3. Vertragliche Ansprüche

31   Mit Wirksamkeit des Verschmelzungsvertrages stehen den Vertragsparteien gegenseitige *vollstreckbare Erfüllungsansprüche* zu, wonach sie *alle zur Durchführung der Verschmelzung erforderlichen Handlungen vorzunehmen* haben.[48]

32   *Ansprüche Dritter*, insbesondere der Anteilseigner, ergeben sich aus dem Vertrag unmittelbar *regelmäßig nicht*;[49] die im Vertrag vorgesehenen rechtlichen Auswirkungen auf Dritte treten in der Regel erst kraft der gesetzlichen Vorschrift des § 20 Abs. 1 UmwG ein.

---

[45] Lutter/*Vetter* § 55 Rn. 8; Widmann/Mayer/*Mayer* § 55 UmwG Rn. 108.
[46] Widmann/Mayer/*Heckschen* § 6 UmwG Rn. 51.
[47] Widmann/Mayer/*Heckschen* § 6 UmwG Rn. 51.
[48] Zu den geschuldeten Handlungen im Einzelnen Semler/Stengel/*Schröer* § 4 Rn. 45 ff.
[49] Zu einzelnen verschmelzungsvertraglichen Ansprüchen, etwa dem Anspruch auf bare Zuzahlung, Semler/Stengel/*Schröer* § 4 Rn. 53 f.

Rüdiger Haspl

II. Verschmelzungsbericht

Vor der Verschmelzung ist für jeden beteiligten Rechtsträger ein Verschmelzungsbericht (§ 8 Abs. 1 UmwG) zu erstellen. Er soll den *Anteilsinhabern* vor der Beschlussfassung in der Versammlung ein Bild verschaffen, ob die Verschmelzung wirtschaftlich zweckmäßig ist und den gesetzlichen Anforderungen genügt. Der *Schutz von Gläubigern oder Arbeitnehmern* ist durch ihn *nicht bezweckt*.[50]

1. Inhalt des Berichts

Die jeweiligen Vertretungsorgane haben hierzu einen ausführlichen schriftlichen Bericht zu erstatten, in dem die *Verschmelzung*, der *Verschmelzungsvertrag* oder sein Entwurf im einzelnen und insbesondere das *Umtauschverhältnis* der Anteile oder die Angaben über die Mitgliedschaft bei dem übernehmenden Rechtsträger sowie die Höhe einer anzubietenden *Barabfindung* rechtlich und wirtschaftlich *erläutert und begründet* werden. Der Bericht kann auch für die beteiligten Rechtsträger gemeinsam erstattet werden. Er muss auf besondere Schwierigkeiten bei der Bewertung der Rechtsträger und auf die Folgen für die Beteiligung der Anteilsinhaber hinweisen (§ 8 Abs. 1 S. 1 und S. 2 UmwG). Auch *wirtschaftliche und rechtliche Verhältnisse konzernangehöriger Unternehmen* können von Interesse sein. Ist ein Rechtsträger ein verbundenes Unternehmen nach § 15 AktG, sind deshalb in dem Bericht auch Angaben über alle für die Verschmelzung wesentlichen Angelegenheiten der anderen verbundenen Unternehmen zu machen (§ 8 Abs. 1 S. 3 UmwG).

33

34

2. Entbehrlichkeit des Berichts

Der Bericht ist nicht erforderlich, wenn *alle Anteilsinhaber* aller beteiligten Rechtsträger *durch notariell beurkundete Erklärung* auf seine Erstattung *verzichten* (§ 8 Abs. 3 S. 1 Alt. 1 und S. 2 UmwG). Der Bericht muss auch dann nicht erstattet werden, wenn sich *alle Anteile des übertragenden Rechtsträgers in der Hand des übernehmenden Rechtsträgers* befinden (§ 8 Abs. 3 S. 1 Alt. 2 UmwG). Dann nämlich können sich die Anteilsinhaber bereits über ihre allgemeinen Auskunftsrechte (§ 49 Abs. 3, § 64 Abs. 2 UmwG) und sonstige Erkenntnisquellen des übernehmenden Rechtsträgers (Jahresabschlüsse, Lageberichte) ausreichend über den zu übernehmenden (konzernangehörigen) Rechtsträger informieren. Im Übrigen tragen sie das wirtschaftliche Risiko des konzernangehörigen Rechtsträgers ohnehin bereits.[51]

35

---

[50] Semler/Stengel/*Gehling* § 8 Rn. 2.
[51] Vgl. Semler/Stengel/*Gehling* § 8 Rn. 73.

III. Verschmelzungsprüfung und Prüfungsbericht

1. Erforderlichkeit der Prüfung

36 Der Verschmelzungsvertrag oder sein Entwurf sind durch einen oder mehrere sachverständige Prüfer (*Verschmelzungsprüfer*) zu prüfen, *wenn es das UmwG* (in seinen rechtsformspezifischen besonderen Vorschriften[52]) *vorschreibt* (§ 9 Abs. 1 UmwG). Die Verschmelzungsprüfung ist demnach erforderlich bei der Verschmelzung unter Beteiligung von Personenhandelsgesellschaften (§ 44 UmwG), von Partnerschaftsgesellschaften (§ 45e S. 2, § 45d Abs. 2, § 44 UmwG), von GmbHs (§ 48 UmwG) und von eingetragenen Vereinen (§ 100 S. 2 UmwG), vorausgesetzt, dass *ein Anteilsinhaber* die Prüfung verlangt *oder 10 %* der Vereinsmitglieder dies tun. Bei der Verschmelzung unter *Beteiligung von AGs, KGaA oder wirtschaftlichen Vereinen* ist die Prüfung unabhängig von einem solchen Verlangen *stets* vorgesehen (§§ 60, 78, 100 S. 1 UmwG).

37 *Entbehrlich* ist die Prüfung – wie schon der Verschmelzungsbericht – bei der Aufnahme einer 100 %igen Tochtergesellschaft (§ 9 Abs. 2 UmwG) oder wenn alle Anteilsinhaber aller beteiligten Rechtsträger durch notariell beurkundete Erklärung auf die Prüfung verzichten (§ 9 Abs. 3 UmwG).

2. Bestellung der Verschmelzungsprüfer

38 Die Auswahl und Bestellung der Verschmelzungsprüfer erfolgt *auf Antrag* des Vertretungsorgans durch den *Vorsitzenden einer Kammer für Handelssachen* oder, wenn eine solche nicht eingerichtet ist, durch eine *sonstige Zivilkammer* des örtlich zuständigen LG, in dessen Bezirk ein übertragender Rechtsträger seinen Sitz hat (§ 10 Abs. 1 S. 1, Abs. 2 UmwG, § 71 Abs. 1 und 2 Nr. 4 lit. d GVG). Die Prüfer können auf gemeinsamen Antrag der Vertretungsorgane für mehrere oder alle beteiligten Rechtsträger gemeinsam bestellt werden (§ 10 Abs. 1 S. 2 UmwG).

39 Das *Verfahren* richtet sich grundsätzlich nach den Vorschriften des *FamFG* (§ 10 Abs. 3 UmwG). Die Entscheidung über die Bestellung der Verschmelzungsprüfer ist mit der Beschwerde nach §§ 58 ff. FamFG anfechtbar (§ 10 Abs. 4 S. 1 UmwG). Die *Beschwerdefrist* beträgt 1 Monat (§ 63 Abs. 1 FamFG), für ihre Einlegung besteht *Anwaltszwang* (§ 10 Abs. 4 S. 2 UmwG). Über die Beschwerde entscheidet das übergeordnete OLG. Gegen die Entscheidung des OLG ist unter den Voraussetzungen des § 70 FamFG die Rechtsbeschwerde zum BGH statthaft.

40 Für die *Auswahl der Verschmelzungsprüfer* gelten § 319 Abs. 1 bis Abs. 4, § 319a Abs. 1 und § 319b Abs. 1 HGB entsprechend (§ 11 Abs. 1 S. 1 UmwG). Es kommen daher grundsätzlich *Wirtschaftsprüfer und Wirtschaftsprüfungsgesellschaften* in Betracht (vgl. § 319 Abs. 1 S. 1 HGB), bei der Verschmelzung

---

[52] Zweiter Teil des Zweiten Buches.

mittelgroßer GmbHs (§ 267 Abs. 2 HGB) oder mittelgroßer Personenhandelsgesellschaften im Sinne des § 264a Abs. 1 HGB auch *vereidigte Buchprüfer und Buchprüfungsgesellschaften* (§ 11 Abs. 1 S. 2 UmwG, § 319 Abs. 1 S. 2 HGB). Ferner sind die in § 319 Abs. 2 bis Abs. 4, §§ 319a, 319b HGB bestimmten *Ausschlussgründe* zu beachten, die im Wesentlichen eine Bestellung *befangener Prüfer* verhindern sollen.

3. Status und Rechte der Verschmelzungsprüfer

Anders als die Bestellung eines Sachverständigen im Zivilprozess stellt die gerichtliche Bestellung keinen öffentlich-rechtlichen Auftrag des Gerichts an den Verschmelzungsprüfer dar, sondern ersetzt ein privatrechtliches Angebot des Rechtsträgers auf Abschluss eines Prüfungsvertrages. Nimmt der Prüfer den Auftrag des Gerichts an, wozu er nicht verpflichtet ist, kommt ein *werkvertragsähnliches gesetzliches Schuldverhältnis* zwischen dem Verschmelzungsprüfer und den von ihm zu prüfenden Rechtsträgern zustande.[53] Seine *Vergütung* und der *Ersatz seiner angemessenen baren Auslagen* werden *vom Gericht festgesetzt* (§ 318 Abs. 5 S. 1 und S. 2 HGB, § 10 Abs. 1 S. 3 UmwG). Der Festsetzung kann eine Einigung der Rechtsträger mit dem Prüfer über die Höhe der Vergütung zugrundegelegt werden.[54]

41

Den Prüfern steht das *Einsichts- und Auskunftsrecht* nach § 320 Abs. 1 S. 2 und Abs. 2 S. 1 und S. 2 HGB zu (§ 11 Abs. 1 S. 1 UmwG). Sie dürfen daher Bücher und Schriften sowie die Vermögensgegenstände und Schulden (Kasse, Wertpapier- und Warenbestände) prüfen und für die Prüfung notwendige Aufklärung und Nachweise verlangen. Das *Auskunftsrecht* erstreckt sich – anders als das Einsichtsrecht nach § 320 Abs. 1 S. 2 HGB, das nur gegenüber dem antragstellenden Rechtsträger besteht – auf *alle an der Verschmelzung beteiligten Rechtsträger*, auf *Konzernunternehmen* sowie auf abhängige und herrschende Unternehmen (§ 11 Abs. 1 S. 4 UmwG).

42

4. Verantwortlichkeit der Verschmelzungsprüfer

Die Verantwortlichkeit der Verschmelzungsprüfer, ihrer Gehilfen und der bei der Prüfung mitwirkenden gesetzlichen Vertreter einer Prüfungsgesellschaft richtet sich nach § 323 HGB (§ 11 Abs. 2 S. 1 UmwG). Sie sind daher zur *gewissenhaften und unparteiischen Prüfung* und zur *Verschwiegenheit* verpflichtet (§ 323 Abs. 1 S. 1 HGB). Diese Verantwortlichkeit besteht gegenüber den an der Verschmelzung beteiligten Rechtsträgern und deren Anteilsinhabern (§ 11 Abs. 2 S. 2 UmwG).

43

Bei *schuldhafter Pflichtverletzung* steht daher nicht nur den an der Verschmelzung beteiligten Rechtsträgern, sondern auch deren Anteilsinhabern ein *Scha-*

44

---

[53] Schmitt/Hörtnagl/Stratz/*Winter* § 10 Rn. 34.
[54] Schmitt/Hörtnagl/Stratz/*Winter* § 10 Rn. 35.

Rüdiger Haspl

densersatzanspruch zu (§ 11 Abs. 2 S. 2 UmwG, § 323 Abs. 1 S. 3 HGB). Die allgemeinen schuldrechtlichen Regeln über Schadensersatz wegen Pflichtverstößen (§§ 280 ff. BGB) werden bei der Erfüllung des Prüfungsvertrages von der vorrangigen Spezialvorschrift des § 323 HGB verdrängt.[55] Verbundene Unternehmen (§ 15 AktG) sind nach dem klaren Gesetzeswortlaut in Abweichung von § 323 Abs. 1 S. 3 HGB nicht anspruchsberechtigt.[56] Der Anspruch ist bei *fahrlässiger Pflichtverletzung* gegenüber einer AG, deren Aktien zum Handel im regulierten Markt zugelassen sind, auf einen Betrag von *vier Millionen EUR beschränkt*, ansonsten bei Fahrlässigkeit auf *eine Million EUR* (§ 323 Abs. 2 HGB). Er unterliegt der *Regelverjährung* des § 195 BGB von 3 Jahren.

5. Umfang der Verschmelzungsprüfung und Prüfungsbericht

45 Die Prüfung schließt mit einem schriftlichen Bericht über ihr Ergebnis, dem Prüfungsbericht (vgl. § 12 Abs. 1 S. 1 UmwG). Er *ergänzt* den *Verschmelzungsbericht* der Vertretungsorgane und dient der *Information der Anteilsinhaber* der an der Verschmelzung beteiligten Rechtsträger.[57]

46 Der Inhalt des Prüfungsberichts ergibt sich aus dem Umfang der Prüfung. Dieser ist im UmwG nicht explizit geregelt, kann jedoch aus der Gesetzesbegründung abgeleitet werden.[58] Danach erfasst die Prüfung die *Vollständigkeit des Verschmelzungsvertrags*, die *Richtigkeit der in ihm enthaltenen Angaben* und – als Hauptaufgabe der Prüfung – die *Angemessenheit des Umtauschverhältnisses* der Aktien.[59]

47 Dementsprechend ist der Prüfungsbericht mit einer Erklärung darüber abzuschließen, ob das vorgeschlagene Umtauschverhältnis der Anteile, gegebenenfalls die Höhe der baren Zuzahlung oder die Mitgliedschaft bei dem übernehmenden Rechtsträger als Gegenwert angemessen ist (§ 12 Abs. 2 S. 1 UmwG). Dabei ist anzugeben, nach welchen Methoden das vorgeschlagene Umtauschverhältnis ermittelt worden ist, aus welchen Gründen die Anwendung dieser Methoden angemessen ist und welches Umtauschverhältnis oder welcher Gegenwert sich bei der Anwendung verschiedener Methoden, sofern mehrere angewandt worden sind, jeweils ergeben würde; zugleich ist darzulegen, welches Gewicht den verschiedenen Methoden bei der Bestimmung des vorgeschlagenen Umtauschverhältnisses oder des Gegenwerts und der ihnen zugrundeliegenden Werte beigemessen worden ist und welche besonderen Schwierigkeiten bei der Bewertung der Rechtsträger aufgetreten sind (§ 12 Abs. 2 S. 2 UmwG). Als Methoden werden dabei

---

[55] MüKoHGB/*Ebke* § 323 Rn. 14.
[56] Dazu kritisch Lutter/*Drygala* § 11 Rn. 8.
[57] Semler/Stengel/*Zeidler* § 12 Rn. 1.
[58] Semler/Stengel/*Zeidler* § 9 Rn. 25.
[59] Regierungsentwurf eines Gesetzes zur Durchführung der Dritten Richtlinie des Rates der Europäischen Gemeinschaften zur Koordinierung des Gesellschaftsrechts – Verschmelzungsrichtlinie-Gesetz, BT-Drs. 9/1065, 16, linke Spalte.

sowohl die Methoden zur Ermittlung von Unternehmenswerten als auch die der Bewertungsmethode zugrunde liegenden Wertansätze verstanden.[60]

§ 8 Abs. 2 und Abs. 3 UmwG (Grenzen und Ausnahmen von der Berichtspflicht) ist entsprechend anzuwenden (§ 12 Abs. 3 UmwG). 48

B. Fassung der Verschmelzungsbeschlüsse

Zum Schutz der Anteilsinhaber ist die Wirksamkeit des von den Vertretungsorganen der Rechtsträger geschlossenen Verschmelzungsvertrages der Zustimmung der Anteilsinhaberversammlung durch einen Verschmelzungsbeschluss vorbehalten (vgl. § 13 Abs. 1 UmwG), da es sich bei der Verschmelzung um eine die beteiligten Rechtsträger betreffende *Grundlagenentscheidung* handelt. Gegenstand des Beschlusses ist ein konkreter Verschmelzungsvertrag, der bereits geschlossen sein oder noch in der endgültigen schriftlichen Entwurfsfassung vorliegen kann (vgl. Rn. 24).[61] 49

I. Beschlussinhalt

Der Beschluss lautet auf *Zustimmung zum Verschmelzungsvertrag*. Er kann auch Bedingungen oder Befristungen enthalten, etwa des Inhalts, dass der Verschmelzungsbeschluss erst wirksam wird, wenn die Anteilseignerversammlungen der anderen beteiligten Rechtsträger ihrerseits zugestimmt haben. So kann etwa die externe Bindung des Verschmelzungsbeschlusses (vgl. Rn. 26) vermieden werden.[62] 50

Liegt dem Verschmelzungsbeschluss der Vertrag nur im *Entwurf* zugrunde, so umfasst die Zustimmung den später geschlossenen Vertrag nur dann, wenn er dem unveränderten Entwurf entspricht. *Abweichungen* sind nur dann *unschädlich, wenn* es sich um *Schreibfehler oder offensichtliche redaktionelle Mängel* handelt. Bei weitergehenden Änderungen ist ein neuer Verschmelzungsbeschluss erforderlich.[63] 51

II. Förmlichkeiten

Für die Förmlichkeiten des Beschlusses, insbesondere die Vorbereitung und Durchführung der Anteilsinhaberversammlung, gelten grundsätzlich die *allgemeinen Regeln für den betreffenden Rechtsträger*, soweit nicht das UmwG besondere Anforderungen bestimmt.[64] Der Beschluss, dem der Verschmelzungsvertrag oder sein Entwurf als Anlage beizufügen sind, ist *notariell zu beurkunden* (§ 13 Abs. 3 S. 1 und S. 2 UmwG). 52

---

[60] Semler/Stengel/*Zeidler* § 12 Rn. 8.
[61] Semler/Stengel/*Gehling* § 13 Rn. 28.
[62] Semler/Stengel/*Gehling* § 13 Rn. 32.
[63] Semler/Stengel/*Gehling* § 13 Rn. 29.
[64] Vgl. nur Lutter/*Drygala* § 13 Rn. 7.

III. Beschlussmehrheiten

53 Die für die Beschlussfassung erforderlichen Mehrheiten sind *rechtsformspezifisch geregelt*. Soweit nicht das Gesetz die Bestimmung abweichender Mehrheitserfordernisse in den Satzungen der beteiligten Rechtsträger zulässt (so § 43 Abs. 2, § 45d Abs. 2, § 65 Abs. 1 S. 2, § 84 S. 2, § 103 S. 2, § 106, § 112 Abs. 3 S. 2 UmwG), ist für *Personenhandels- und Partnerschaftsgesellschaften Einstimmigkeit* erforderlich (§ 43 Abs. 1, § 45d Abs. 1 UmwG). *Im Übrigen* reicht regelmäßig eine *Mehrheit von drei Vierteln* der abgegebenen Stimmen (GmbH: § 50 Abs. 1 S. 1 UmwG; eG: § 84 S. 1 UmwG), des vertretenen Grundkapitals (AG: § 65 Abs. 1 S. 1 UmwG) oder der erschienenen Mitglieder (eV: § 103 S. 1 UmwG).

54 *Zustimmungsvorbehalte sonstiger Gremien*, etwa des Aufsichtsrats nach § 111 Abs. 4 S. 2 AktG, sind *im Außenverhältnis ohne Bedeutung*, da der Beschluss der Anteilseignerversammlung eine verweigerte Zustimmung des Aufsichtsrats ersetzt (§ 111 Abs. 4 S. 3 und 4 AktG).[65]

C. Vollzug der Verschmelzung

I. Registeranmeldung

55 Die Verschmelzung (nicht etwa der Verschmelzungsvertrag oder -beschluss) muss durch die Vertretungsorgane *jedes der* an der Verschmelzung *beteiligten Rechtsträger* zur Eintragung in das Register (Handels-, Partnerschafts-, Genossenschafts- oder Vereinsregister) des Sitzes ihres Rechtsträgers angemeldet werden (§ 16 Abs. 1 S. 1 UmwG). Das Vertretungsorgan des übernehmenden Rechtsträgers kann dies auch für einen übertragenden Rechtsträger übernehmen (vgl. § 16 Abs. 1 S. 2 UmwG). Die Anmeldung ist grundsätzlich unverzüglich nach Wirksamwerden des Verschmelzungsvertrages vorzunehmen.[66]

1. Negativerklärung

56 Zur Anmeldung muss eine sog. Negativerklärung bzw. ein sog. Negativattest abgegeben werden, nämlich die *Erklärung, dass eine Klage gegen die Wirksamkeit eines*[67] *Verschmelzungsbeschlusses nicht oder nicht fristgemäß erhoben oder* eine solche Klage *rechtskräftig abgewiesen oder zurückgenommen* worden ist (§ 16 Abs. 2 S. 1 UmwG). Ohne die Erklärung darf die Verschmelzung im Register nicht eingetragen werden („*Registersperre*"), es sei denn, die klageberechtigten Anteilsinhaber verzichten durch notariell beurkundete *Verzichtserklärung* auf die Klage gegen die Wirksamkeit des Verschmelzungsbeschlusses

---

[65] Lutter/*Drygala* § 4 Rn. 13; Semler/Stengel/*Schröer* § 4 Rn. 23
[66] Semler/Stengel/*Schwanna* § 16 Rn. 4.
[67] Es sind also Anfechtungs- oder Nichtigkeitsklagen gegen jeden Verschmelzungsbeschluss der beteiligten Rechtsträger zu berücksichtigen.

(§ 16 Abs. 2 S. 2 UmwG). Diese *Eintragungsvoraussetzungen*[68] verhindern, dass eine Verschmelzung trotz unwirksamer Grundlage eingetragen und nach § 20 Abs. 2 UmwG wirksam wird.[69]

Kann die Negativerklärung nicht abgegeben werden, weil eine *fristgemäß erhobene Klage* gegen die Wirksamkeit eines Verschmelzungsbeschlusses (noch) anhängig ist, so kann die Registersperre im Wege des *Unbedenklichkeits-/Freigabeverfahrens* nach § 16 Abs. 3 UmwG beseitigt und die Eintragung herbeigeführt werden. Es handelt sich um einen eigenständigen Rechtsbehelf, der als summarisches Verfahren Rechtsschutz für den durch das eigentliche Hauptsacheverfahren (die Unwirksamkeitsklage nach § 14 Abs. 1 UmwG) belasteten Rechtsträger bietet (vgl. Kap. 7 Rn. 47 ff.).[70]   57

2. Anlagen

Die der Anmeldung beizufügenden Anlagen sind in § 17 UmwG benannt. Dabei handelt es sich im Wesentlichen um   58
– den *Verschmelzungsvertrag,*
– die Niederschriften der *Verschmelzungsbeschlüsse,*
– *Zustimmungserklärungen* einzelner Anteilsinhaber,
– den *Verschmelzungsbericht,*
– den *Prüfungsbericht* oder
– die *Verzichtserklärungen* nach § 8 Abs. 3, § 9 Abs. 3, § 12 Abs. 3, § 54 Abs. 1 S. 3 UmwG oder § 68 Abs. 1 S. 3 UmwG sowie um
– einen Nachweis über die *rechtzeitige Zuleitung* des Verschmelzungsvertrages oder seines Entwurfs an den zuständigen *Betriebsrat* (§ 17 Abs. 1 UmwG).

Beizufügen ist ferner der Anmeldung zum Register des Sitzes jedes der übertragenden Rechtsträger eine Bilanz dieses Rechtsträgers (*Schlussbilanz*). Für sie gelten die Vorschriften über die Jahresbilanz und deren Prüfung (§§ 242 ff., 316 ff. HGB) entsprechend. Sie braucht nicht bekanntgemacht zu werden. Außerdem muss sie auf einen *höchstens acht Monate vor der Anmeldung liegenden Stichtag* aufgestellt worden sein (§ 17 Abs. 2 UmwG). Damit wird in der Regel die Bilanz des letzten Geschäftsjahres als Schlussbilanz dienen können.[71] Die Frist ist bereits bei der Vorbereitung der Verschmelzung zu berücksichtigen. Ist die Schlussbilanz nicht aktuell, fehlt eine *Eintragungsvoraussetzung* (vgl. § 17 Abs. 2 S. 4 UmwG), bis eine aktuelle Bilanz nachgereicht worden ist.   59

Nach dem Gesetz zur Abmilderung der Folgen der COVID-19-Pandemie im Zivil-, Insolvenz- und Strafverfahrensrecht vom 27.3.2020[72] (COVFAG) genügt es bei *Anmeldungen im Jahr 2020* abweichend von § 17 Abs. 2 S. 4 UmwG für   59a

---

[68] Lutter/*Decher* § 16 Rn. 24.
[69] Lutter/*Decher* § 16 Rn. 14.
[70] Schmitt/Hörtnagl/Stratz/*Winter* § 16 Rn. 36.
[71] Lutter/*Decher* § 17 Rn. 11.
[72] BGBl. I 2020 569.

die Zulässigkeit der Eintragung, wenn die Bilanz auf einen höchstens *zwölf Monate* vor der Anmeldung liegenden Stichtag aufgestellt worden ist (Art. 2 §§ 4, 7 Abs. 4 COVFAG). Dadurch soll verhindert werden, dass aufgrund fehlender Versammlungsmöglichkeiten Umwandlungsmaßnahmen an einem Fristablauf scheitern. Denn trotz Erleichterungen für die Durchführung virtueller Versammlungen in Art. 2 §§ 1 und 3 COVFAG wird die erforderliche Planung, technische und organisatorische Vorbereitung und Durchführung der für die Umwandlungsbeschlüsse erforderlichen Versammlungen häufig zu Verzögerungen führen, die eine rechtzeitige Anmeldung der Umwandlung zum Handelsregister erschweren können.[73]

60 Die Schlussbilanz dient der *Bilanzkontinuität*,[74] weil die Jahresbilanzen des übernehmenden Rechtsträgers an sie anknüpfen können (vgl. § 24 UmwG). Sie dient ferner dem *Gläubigerschutz*, weil sie die Prüfung ermöglicht, ob Sicherheitsleistung nach § 22 UmwG (vgl. Rn. 117) verlangt werden soll.[75] Zudem ist sie für die *Prüfung des Werts einer Sacheinlage* bei einer Kapitalerhöhung nach § 69 Abs. 1 S. 1 UmwG maßgeblich (vgl. Rn. 167).[76] Nach h. M. muss der Verschmelzungsstichtag (vgl. § 5 Abs. 1 Nr. 6 UmwG) unmittelbar auf den Stichtag der Schlussbilanz folgen.[77]

3. Firma

61 Der übernehmende Rechtsträger darf grundsätzlich die Firma eines der übertragenden Rechtsträger, dessen Handelsgeschäft er durch die Verschmelzung erwirbt, mit oder ohne Beifügung eines das Nachfolgeverhältnis andeutenden Zusatzes fortführen (§ 18 Abs. 1 UmwG).

II. Anmeldung bei Verschmelzung durch Neugründung

62 Bei der Verschmelzung durch Neugründung (§ 2 Nr. 2 UmwG) ist § 16 Abs. 1 UmwG (Anmeldung der Verschmelzung) nicht anzuwenden (§ 36 Abs. 1 S. 1 UmwG). Da es den übernehmenden Rechtsträger vor der Eintragung noch nicht gibt, obliegt es hier den *Vertretungsorganen der übertragenden Rechtsträger*, die Verschmelzung (§ 38 Abs. 1 UmwG) und den neuen Rechtsträger (§ 38 Abs. 2 UmwG) zur Eintragung beim jeweiligen Register anzumelden.

63 Zusätzlich zu den in § 17 UmwG genannten Anlagen sind die Anlagen beizufügen, die das Gründungsrecht des neu gegründeten Rechtsträgers für die reguläre Gründung verlangt.[78]

---

[73] Vgl. BT-Drs. 19/18110, 29.
[74] Lutter/*Decher* § 17 Rn. 7; *Heidtkamp* NZG 2013, 852, 853 m. w. N.
[75] Lutter/*Decher* § 17 Rn. 7; kritisch *Heidtkamp* NZG 2013, 852, 854 wegen nur eingeschränkter Aussagekraft der Schlussbilanz zu den für Gläubiger interessanten Angaben.
[76] Lutter/*Decher* § 17 Rn. 7.
[77] Vgl. nur den Überblick bei *Heidtkamp* NZG 2013, 852, 854.
[78] Semler/Stengel/*Schwanna* § 17 Rn. 5.

III. Eintragung und Bekanntmachung der Verschmelzung

Die *zeitliche Reihenfolge* der Eintragungen regelt § 19 Abs. 1 UmwG. Danach darf die Verschmelzung in das Register des Sitzes des übernehmenden Rechtsträgers erst eingetragen werden, nachdem sie im Register des Sitzes jedes der übertragenden Rechtsträger eingetragen worden ist. Die dortige Eintragung ist nur *deklaratorisch*[79] und mit dem (sog. „Vorläufigkeits"-)Vermerk zu versehen, dass die Verschmelzung *erst mit der Eintragung im Register des Sitzes des übernehmenden Rechtsträgers wirksam* wird, sofern die Eintragungen in den Registern aller beteiligten Rechtsträger nicht am selben Tag erfolgen (§ 19 Abs. 1 UmwG). Ein Verstoß gegen diese Bestimmungen ist aber unschädlich.[80] Mit der *konstitutiven Eintragung* der Verschmelzung in das Register des Sitzes des übernehmenden Rechtsträgers wird die Verschmelzung wirksam (vgl. § 20 Abs. 1 UmwG). 64

Das Gericht des Sitzes jedes der an der Verschmelzung beteiligten Rechtsträger hat jeweils die von ihm vorgenommene Eintragung der Verschmelzung von Amts wegen nach § 10 HGB bekanntzumachen (§ 19 Abs. 3 UmwG). 65

§ 3 Wirkung der Verschmelzung

Die Wirkungen der Verschmelzung treten mit ihrer Eintragung in das Register des Sitzes des übernehmenden Rechtsträgers ein und ergeben sich aus § 20 Abs. 1 UmwG. 66

A. Gesamtrechtsnachfolge

Die Verschmelzung führt zur Gesamtrechtsnachfolge des übernehmenden Rechtsträgers: Das Vermögen der übertragenden Rechtsträger geht samt der Verbindlichkeiten auf ihn über (§ 20 Abs. 1 Nr. 1 UmwG). Die übertragenden Rechtsträger erlöschen ohne Abwicklung (§ 20 Abs. 1 Nr. 2 S. 1 UmwG) (allgemein zur Gesamtrechtsnachfolge vgl. Kap. 1 Rn. 4 ff.). 67

I. Übergang von Aktiva und Passiva

Sämtliche *Aktiva und Passiva, egal ob bekannt oder unbekannt, ob mit oder ohne Einverständnis der Schuldner und Gläubiger,*[81] gehen vom übertragenden auf den übernehmenden Rechtsträger über. Dies gilt grundsätzlich auch für *öffentlich-rechtliche Rechtspositionen*, wie sie etwa durch Genehmigungen entstanden sein können, sowie für öffentlich-rechtliche Verpflichtungen, etwa Mitteilungspflichten.[82] 68

---

[79] Semler/Stengel/*Schwanna* § 19 Rn. 8.
[80] Semler/Stengel/*Schwanna* § 19 Rn. 10; Semler/Stengel/*Leonard* § 20 Rn. 7.
[81] Lutter/*Grunewald* § 20 Rn. 9.
[82] Lutter/*Grunewald* § 20 Rn. 13; *Heckschen* ZIP 2014, 1605.

69 Auch *Kapitalgesellschaftsanteile* an AGs oder GmbHs gehen über. Dies lässt sich auch nicht durch (auf den Fall der Gesamtrechtsnachfolge erstreckte) *Vinkulierungsklauseln* verhindern.[83] Solche Klauseln können aber *im Einzelfall* in die *Vereinbarung eines Ausschlussrechts* gegenüber einem Gesamtrechtsnachfolger umgedeutet werden.[84]

70 Umstritten ist, ob eine Gesamtrechtsnachfolge auch in *Anteile von Personen(handels)gesellschaften* (GbR, OHG, KG) möglich ist.

Meinungsstand: Vertreten wird, dass die Gesamtrechtsnachfolge hier – mit Ausnahme von Kommanditanteilen oder Anteilen stiller Gesellschafter – *grundsätzlich ausgeschlossen* sei. Nur wenn sich aus dem Gesellschaftsvertrag ergebe, dass die Gesellschafter keinen Wert darauf legen, dass der Gesellschafterkreis unverändert bleibt, gingen auch solche Anteile über. Den allgemeinen Vorschriften (§ 727 Abs. 1 BGB, § 131 Abs. 1 Nr. 1, § 161 Abs. 2 HGB) lasse sich nämlich entnehmen, dass grundsätzlich die Gesellschaft durch den Tod eines Gesellschafters aufgelöst werde bzw. der Tod eines Gesellschafters zu dessen ersatzlosem Ausscheiden führe. Nach der *Gegenansicht* sei das Erlöschen des übertragenden Rechtsträgers nach § 20 Abs. 1 Nr. 2 S. 1 UmwG nicht mit dem Tod eines Gesellschafters vergleichbar, weil der übertragende Rechtsträger nicht ersatzlos wegfalle.[85] Dem ist allerdings entgegenzuhalten, dass § 727 Abs. 1 BGB, § 131 Abs. 1 Nr. 1, § 161 Abs. 2 HGB gar nicht darauf abstellen, ob der verstorbene Gesellschafter durch jemand anderen, etwa einen Erben, ersetzt wird; auch bei einem solchen Ersatz handelt es nicht mehr um dieselbe Person, der allein die Gesellschafterstellung zugedacht war.

71 Maßgeblich ist daher allein, *ob die Gesellschafter ausweislich des Gesellschaftsvertrages mit einer Ersetzung* eines verstorbenen bzw. erloschenen Gesellschafters *durch* dessen *Rechtsnachfolger einverstanden* sind oder nicht. Entsprechendes gilt für den Übergang einer Vereinsmitgliedschaft, da diese grundsätzlich weder übertragbar noch vererblich ist (§ 38 S. 1, § 40 S. 1 BGB).[86]

II. Eintritt in Schuldverhältnisse

72 Der übernehmende Rechtsträger tritt in die Stellung der übertragenden Rechtsträger als Partei von Vertrags- oder sonstigen Schuldverhältnissen ein. Damit besteht der *Anstellungsvertrag eines Organs* (Geschäftsführer, Vorstandsmitglied) des übertragenden Rechtsträgers mit dem übernehmenden Rechtsträger fort, wenn auch die *Organstellung selbst* aufgrund des Erlöschens des übertragenden Rechtsträgers *endet*[87] (zu Arbeitsverhältnissen vgl. Rn. 129 ff.).

73 Nach umstrittener Auffassung findet § 399 BGB (Ausschluss der Abtretung bei Inhaltsänderung oder Vereinbarung) trotz § 412 BGB auf die Gesamtrechtsnachfolge nach § 20 Abs. 1 Nr. 1 UmwG keine entsprechende Anwendung.[88] Kann die *Leistung an den übernehmenden Rechtsträger nicht ohne Verände-

---

[83] Lutter/*Grunewald* § 20 Rn. 16.
[84] Lutter/*Grunewald* § 20 Rn. 16.
[85] Zum Ganzen Lutter/*Grunewald* § 20 Rn. 17 ff.
[86] Lutter/*Grunewald* § 20 Rn. 21.
[87] Lutter/*Grunewald* § 20 Rn. 27; BGH ZIP 2013, 1467 f.
[88] Lutter/*Grunewald* § 20 Rn. 32.

rung ihres Inhalts erfolgen oder wurde die Abtretung durch Vereinbarung mit dem Schuldner ausgeschlossen, kann jedoch ein Recht des Schuldners zur *Kündigung aus wichtigem Grund* in Betracht kommen (vgl. Rn. 83).[89]

Abgegebene *Vertragsangebote* des übertragenden Rechtsträgers nach § 145 BGB *bleiben wirksam* und gelten für den übernehmenden Rechtsträger fort (§ 130 Abs. 2, § 153 BGB). Mit der Auswechslung der Angebotspartei geht allerdings eine inhaltliche Änderung des Angebots einher. In einem laufenden *Vergabeverfahren* führt dies zum Ausschluss des Angebots.[90]

III. Eintritt in Zivil- und Bußgeldverfahren

Anhängige Zivilprozesse, an denen ein übertragender Rechtsträger beteiligt ist, werden nach *Unterbrechung analog § 239 ZPO* mit dem übernehmenden Rechtsträger fortgesetzt.[91]

In *Verfahren zur Verhängung einer Geldbuße gegen juristische Personen* nach § 30 Abs. 1 OWiG tritt der Gesamtrechtsnachfolger bis zur Rechtskraft einer Bußgeldentscheidung schon nach allgemeinen Grundsätzen in die Verfahrensstellung seines Rechtsvorgängers ein. Die *prozessualen Handlungen* der erloschenen Rechtsträgerin wie auch die ihr gegenüber erfolgte *Verjährungsunterbrechung*[92] wirken für und gegen ihre *Rechtsnachfolgerin*.[93] Mit dem Erlöschen des übertragenden Rechtsträgers entfällt allerdings die juristische Person, für die der Täter nach § 30 Abs. 1 OWiG organschaftlich gehandelt hat und gegen die deswegen eine Geldbuße festgesetzt werden konnte.

Die Festsetzung einer *Geldbuße gegen* ihre *Gesamtrechtsnachfolgerin* war *nach früherer Rechtsprechung nur* möglich, *wenn* „zwischen der früheren und der neuen Vermögensverbindung *nach wirtschaftlicher Betrachtungsweise nahezu Identität*" bestand. Dies war der Fall, wenn das „haftende Vermögen" weiterhin in gleicher oder in ähnlicher Weise wie bisher eingesetzt wurde und in der neuen juristischen Person einen wesentlichen Teil des Gesamtvermögens ausmachte.[94] Demgegenüber fehlte es an einer wirtschaftlichen Identität, wenn Unternehmen mit annähernd gleicher Größe und fast identischen Marktanteilen verschmolzen wurden, da die beteiligten Rechtsträger dann auch bei wirtschaftlicher Betrachtung nicht als dieselbe juristische Person angesehen werden konnten.[95] Das Bußgeldverfahren war dann einzustellen. Es bestand deshalb ein

---

[89] Lutter/*Grunewald* § 20 Rn. 32, 53.
[90] OLG Düsseldorf NZBau 2007, 254 ff.; Semler/Stengel/*Leonard* § 20 Rn. 72; ablehnend *Bärwaldt/Hasselbrink* ZIP 2013, 1889, 1895.
[91] Zöller/*Greger* § 239 Rn. 6; BGH NJW 2004, 1528, 1528; Semler/Stengel/*Leonard* § 20 Rn. 66.
[92] OLG Düsseldorf vom 30.3.2009 – VI-2 Kart 10/08, zitiert nach juris, Rz. 121.
[93] BGH NJW 2007, 3652, 3653; *Löbbe* ZHR 177 (2013), 518, 531; Göhler/*Gürtler* § 30 Rn. 38i.
[94] BGH NJW 2012, 164, 165.
[95] BGH NJW 2012, 164, 165.

Anreiz für Unternehmen, sich einer „bußgeldrechtlichen Haftung" durch Umwandlung zu entziehen, wenn – wie häufig im Kartellrecht – erhebliche Geldbußen drohten. Hierauf hat der Gesetzgeber im Jahre 2013 reagiert.

78 Nach § 30 Abs. 2a S. 1 OWiG[96] kann nunmehr *im Falle einer Gesamtrechtsnachfolge* die *Geldbuße* nach § 30 Abs. 1 und 2 OWiG *gegen den oder die Rechtsnachfolger* festgesetzt werden.[97] Die Geldbuße darf den *Wert des übernommenen Vermögens* sowie die *Höhe der gegenüber dem Rechtsvorgänger angemessenen Geldbuße nicht übersteigen* (§ 30 Abs. 2a S. 2 OWiG). Zudem wurde ausdrücklich klargestellt, dass im Bußgeldverfahren der Rechtsnachfolger *in die Verfahrensstellung eintritt*, in der sich der Rechtsvorgänger zum Zeitpunkt des Wirksamwerdens der Rechtsnachfolge befunden hat (§ 30 Abs. 2a S. 3 OWiG).

78a Im Übrigen hat der *EuGH* im Jahre 2015 in ähnlichem Zusammenhang entschieden, dass bei einer Verschmelzung von AGs nach der sog. Verschmelzungsrichtlinie[98] eine *„ordnungswidrigkeitsrechtliche Verantwortlichkeit"* gar bereits als Teil des Passivvermögens auf den übernehmenden Rechtsträger übergehe, so dass gegen ihn Sanktionen wegen bußgeldbewehrter Verstöße verhängt werden können, die noch von seinem Rechtsvorgänger begangen worden sind.[99]

79 Demgegenüber werden *rechtskräftig festgesetzte Geldbußen* ohne Weiteres vom Übergang von Verbindlichkeiten nach § 20 Abs. 1 Nr. 1 UmwG erfasst;[100] § 101 OWiG, der eine Vollstreckung der Geldbuße nach dem Tod des Betroffenen ausschließt, gilt nur für natürliche Personen[101], nicht für erloschene Gesellschaften.

B. Anteilsauswechslung

80 Grundsätzlich werden die Anteilsinhaber der übertragenden Rechtsträger Anteilsinhaber des übernehmenden Rechtsträgers (§ 20 Abs. 1 Nr. 3 S. 1 UmwG). Die Mitgliedschaft an dem durch die Verschmelzung aufgelösten Rechtsträger setzt sich im Zuge des Anteilstauschs am übernehmenden Rechtsträger fort

---

[96] Eingefügt durch das Achte Gesetz zur Änderung des Gesetzes gegen Wettbewerbsbeschränkungen vom 26.6.2013 (BGBl. I 2013 1738 ff.), in Kraft getreten am 30.6.2013.
[97] Zur verschmelzungsrechtlichen Einordnung auf EU-Ebene *Haspl* EuZW 2013, 888 ff.
[98] Konkret nach Art. 19 Abs. 1 der Dritten Richtlinie 78/855/EWG des Rates vom 9.10.1978 gem. Art. 54 Abs. 3 Buchst. g des Vertrags betreffend die Verschmelzung von Aktiengesellschaften (ABl. 1978 L 295, 36) in der durch die Richtlinie 2009/109/EG des Europäischen Parlaments und des Rates vom 16.9.2009 geänderten Fassung; inhaltlich entsprechend Art. 19 der Richtlinie 2011/35/EU des Europäischen Parlaments und des Rates vom 5.4.2011 über die Verschmelzung von Aktiengesellschaften (ABl. 2011 L 110, 1); jetzt Art. 105 EU-GesR-RL.
[99] EuGH EuZW 2015, 348 ff. mit kritischer Anmerkung *Haspl*, 349; ferner kritisch zu solcher Harmonisierung des nationalen Straf-, Bußgeld- und Sanktionenrechts aufgrund (nur) wirtschafts- und verschmelzungsrechtlicher Richtlinienkompetenz bereits *Haspl* EuZW 2013, 888 ff.; *Haspl* NZWiSt 2015, 13 ff.
[100] Vgl. nur *Löbbe* ZHR 177 (2013), 518, 528 ff.
[101] Karlsruher Komm. OWiG/*Mitsch* § 101 Rn. 5; *Krenberger/Krumm* § 101 Rn. 5.

(*Grundsatz der Kontinuität der Mitgliedschaft*).[102] Das Umtauschverhältnis ergibt sich aus dem Verschmelzungsvertrag (vgl. § 5 Abs. 1 Nr. 3 UmwG). Ausgeschlossen wird der Anteilserwerb, wenn der übernehmende Rechtsträger Anteile an sich selbst erwerben würde (vgl. § 20 Abs. 1 Nr. 3 S. 1 UmwG).

Rechte Dritter an den Anteilen oder Mitgliedschaften der übertragenden Rechtsträger bestehen an den an ihre Stelle tretenden Anteilen oder Mitgliedschaften des übernehmenden Rechtsträgers weiter (§ 20 Abs. 1 Nr. 3 S. 2 UmwG; sog. „*dingliche Surrogation*").

C. Heilung und Unbeachtlichkeit von Mängeln

Die Verschmelzung kann eine Vielzahl von Vermögensgegenständen und Beteiligten betreffen. Nach Vermischung der Vermögensmassen der beteiligten Rechtsträger und Auflösung des übertragenden Rechtsträgers wäre eine Rückabwicklung der Verschmelzung schwierig. Es gilt daher der gesellschaftsrechtliche Grundsatz, dass organisationsrechtliche Veränderungen nach ihrem Vollzug nicht mehr rückgängig gemacht werden sollen;[103] die Verschmelzung ist *grundsätzlich bestandsfest*.[104] *Mängel* der notariellen Beurkundung des Verschmelzungsvertrags und gegebenenfalls erforderlicher Zustimmungs- oder Verzichtserklärungen einzelner Anteilsinhaber werden *durch die Verschmelzung geheilt* (§ 20 Abs. 1 Nr. 4 UmwG). Sonstige Mängel der Verschmelzung lassen die in § 20 Abs. 1 UmwG genannten *Wirkungen der Eintragung* unberührt (§ 20 Abs. 2 UmwG). Werden Anteilsinhaber oder Dritte durch die Verschmelzung geschädigt, können sie daher regelmäßig nicht Naturalrestitution in Gestalt der Wiederherstellung des Zustands vor der Verschmelzung verlangen (*Verbot der „Entschmelzung"*), sondern sind auf die Geltendmachung anderer Schadensersatz- oder Ausgleichsansprüche verwiesen.

D. Anpassung von Vertragspflichten

Bestehen nach der Verschmelzung *unerfüllte Vertragspflichten*, die *miteinander unvereinbar* sind oder deren Erfüllung zwar möglich, aber für den übernehmenden Rechtsträger *schwer unbillig* wäre, wird der Umfang der Vertragspflichten *nach Billigkeit unter Würdigung der vertraglichen Rechte aller Beteiligten angepasst* (vgl. § 21 UmwG). Ob sich diese Anpassung nach den Regeln von § 313 Abs. 1 BGB richtet oder analog § 315 BGB erfolgt, ist umstritten.[105] In den sonstigen Fällen, die vom engen Anwendungsbereich des § 21 UmwG (Abnahme-, Lieferungs- oder ähnliche Verpflichtungen aus gegenseitigen Verträgen; schwere Un-

---

[102] Semler/Stengel/*Stengel* § 2 Rn. 40.
[103] Semler/Stengel/*Leonard* § 20 Rn. 84.
[104] Lutter/*Grunewald* § 20 Rn. 77 ff.
[105] Lutter/*Grunewald* § 21 Rn. 10 m. w. N.

Rüdiger Haspl

billigkeit für den übernehmenden Rechtsträger) nicht erfasst werden, bleiben die Regelungen über den *Wegfall der Geschäftsgrundlage* (§ 313 BGB) anwendbar.[106]

§ 4 Schutz der Anteilsinhaber

84   Im Verschmelzungsverfahren müssen die beteiligten Rechtsträger oder deren Organe formale Bestimmungen beachten, die generell den Schutz von Anteilsinhabern erhöhen können (sog. institutioneller Schutz). Daneben bestehen Vorschriften, die dem konkreten individuellen Schutz von Anteilsinhabern dienen, wie etwa materiellrechtliche Haftungsanspruchsgrundlagen (sog. individueller Schutz).[107]

A. Institutioneller Schutz

85   Die besonderen Verschmelzungsvorschriften enthalten jeweils Regelungen über die *Unterrichtung der Anteilsinhaber über den Verschmelzungsvertrag* oder seinen Entwurf *und den Verschmelzungsbericht*, die *regelmäßig zusammen mit der Einberufung der Anteilsinhaberversammlung* erfolgen muss, die den Verschmelzungsbeschluss fassen soll (vgl. § 42 UmwG für Personenhandelsgesellschaften, § 45c S. 2 UmwG für Partnerschaftsgesellschaften, § 47 UmwG für GmbHs, §§ 61, 63 Abs. 1 Nr. 1 UmwG für AGs, §§ 82, 83 Abs. 1 S. 1, § 63 Abs. 1 Nr. 1 UmwG für e. G., § 101 Abs. 1, § 102, § 63 Abs. 1 Nr. 1 UmwG für e. V., §§ 106, 101 f. UmwG für genossenschaftliche Prüfungsverbände, §§ 111 f., 63 Abs. 1 Nr. 1 UmwG für Versicherungsvereine auf Gegenseitigkeit und § 118 UmwG für kleinere Vereine im Sinne des § 53 VAG).

86   Im Übrigen unterfallen der Unterrichtungspflicht verschiedene weitere Unterlagen wie *Jahresabschlüsse, Lageberichte, Zwischenbilanzen* und *Prüfungsberichte*, die zum Teil *ab Einberufung der Anteilsinhaberversammlung auszulegen*, während der Versammlung oder über die Internetseite des Rechtsträgers zugänglich zu machen und von denen den Anteilsinhabern *auf Verlangen Abschriften* zu erteilen sind.

87   Auf Verlangen hat der Rechtsträger außerdem jedem Anteilsinhaber auf dessen Kosten unverzüglich eine *Abschrift des Vertrags* oder seines Entwurfs und der *Niederschrift des Beschlusses* zu erteilen (§ 13 Abs. 3 UmwG).

88   Den Anteilsinhabern steht ferner ein *Frage- und Auskunftsrecht* zu allen für die Verschmelzung wesentlichen Angelegenheiten der anderen beteiligten Rechtsträger *in der Anteilsinhaberversammlung* zu (§ 64 Abs. 2, § 83 Abs. 1 S. 3, § 102 S. 2, §§ 106, 112 Abs. 2 S. 2 UmwG).

---

[106] Lutter/*Grunewald* § 21 Rn. 9; Semler/Stengel/*Leonard* § 21 Rn. 1.

[107] Mit ähnlicher Unterscheidung zwischen institutionellem und individuellem Gläubigerschutz *Petersen*, Der Gläubigerschutz im Umwandlungsrecht, S. 16 ff.

B. Individueller Schutz

I. Organhaftung beim übertragenden Rechtsträger (§ 25 UmwG)

§ 25 UmwG enthält einen *Schadensersatzanspruch für die Anteilsinhaber des übertragenden Rechtsträgers*, wie auch für den *übertragenden Rechtsträger selbst*[108] und für dessen *Gläubiger* (vgl. Rn. 122, Kap. 7 Rn. 164 ff.). Er richtet sich *gegen die Mitglieder des Vertretungs- oder Aufsichtsorgans eines übertragenden Rechtsträgers als Gesamtschuldner*, also etwa die (auch stellvertretenden) Vorstandsmitglieder einer AG, die Geschäftsführer einer GmbH, die vertretungsberechtigten persönlich haftenden Gesellschafter von Personenhandelsgesellschaften und die Mitglieder des Aufsichtsrats einer AG,[109] und setzt voraus, dass die Anspruchsinhaber *durch die Verschmelzung* einen *Schaden* erleiden (§ 25 Abs. 1 S. 1 UmwG). Er kann entstehen, wenn der Verschmelzungsvertrag ein zu niedrig bemessenes Umtauschverhältnis vorsieht.[110]

89

1. Vermutete Sorgfaltspflichtsverletzung

Weitere Anspruchsvoraussetzung ist eine *schuldhafte Verletzung der Sorgfaltspflichten bei der Prüfung der Vermögenslage* der Rechtsträger oder *beim Abschluss des Verschmelzungsvertrages*, die nach der *Beweislastumkehr* in § 25 Abs. 1 S. 2 UmwG vermutet wird.[111] Es obliegt daher jedem einzelnen Anspruchsgegner der Beweis, diesen Sorgfaltspflichten genügt zu haben, wenn er seine Haftung vermeiden will.[112]

90

Zur sorgfältigen Prüfung der Vermögenslage gehört die überlegte Auswahl der Verschmelzungsprüfer, zum sorgfältigen Abschluss des Verschmelzungsvertrages die korrekte Berücksichtigung der rechtlichen Voraussetzungen der Verschmelzung.[113] Im Übrigen kommt es auf die Funktion des jeweiligen Organs an.[114]

Andere als die genannten Sorgfaltspflichten kommen als Grundlage einer Haftung nach § 25 Abs. 1 S. 1 UmwG nicht in Betracht,[115] können allerdings im Einzelfall eine Haftung nach allgemeinen Grundsätzen (etwa § 93 Abs. 1, § 116

91

---

[108] Von *Schnorbus* ZHR 167 (2003), 667, 695 kritisiert als „nicht nur redundant, sondern dogmatisch verfehlt", weil Ansprüche des übertragenden Rechtsträgers nach § 25 Abs. 1 UmwG nicht denkbar seien und es nur sonstige Ansprüche des übertragenden Rechtsträgers geben könne, die aber in § 25 Abs. 2 UmwG geregelt seien.
[109] Kallmeyer/*Marsch-Barner* § 25 Rn. 3 f.
[110] *Schnorbus* ZHR 167 (2003), 667, 693.
[111] Semler/Stengel/*Leonard* § 25 Rn. 8; Kallmeyer/*Marsch-Barner* § 25 Rn. 6; Lutter/*Grunewald* § 25 Rn. 8, 12.
[112] Semler/Stengel/*Leonard* § 25 Rn. 8; Kallmeyer/*Marsch-Barner* § 25 Rn. 6 f.
[113] Semler/Stengel/*Leonard* § 25 Rn. 9; Lutter/*Grunewald* § 25 Rn. 9 f.
[114] Weitere Beispiele bei Lutter/*Grunewald* § 25 Rn. 9 f. und bei *Schnorbus* ZHR 167 (2003), 667, 684 ff.
[115] Semler/Stengel/*Leonard* § 25 Rn. 8; Kallmeyer/*Marsch-Barner* § 25 Rn. 6; *Schnorbus* ZHR 167 (2003), 667, 680.

AktG[116]) begründen (vgl. Rn. 93). Gegenüber den Anteilsinhabern des Rechtsträgers wird eine solche jedoch nur in Sonderfällen denkbar sein.[117]

2. Rechtsfolge

92 Der Anspruch ist auf *finanziellen Ausgleich* des dem Anteilsinhaber entstandenen Schadens gerichtet. Naturalrestitution durch Rückgängigmachung der Verschmelzung ist ausgeschlossen (vgl. § 20 Abs. 2 UmwG, vgl. Rn. 82).[118] Die Höhe des Schadens ist aus einem Vergleich des Vermögens des Anspruchsberechtigten vor und nach der Verschmelzung zu ermitteln.[119] Führt die Pflichtverletzung zur Minderung des Werts des Gesellschaftsanteils am übernehmenden Rechtsträger, liegt kein ersatzfähiger Schaden des Anteilsinhabers vor, soweit dem übernehmenden Rechtsträger deshalb Schadensersatzansprüche zustehen, die die Wertminderung letztlich ausgleichen.[120]

3. Verhältnis zu anderen Ansprüchen / Mitverschulden

93 Andere Anspruchsgrundlagen werden durch § 25 Abs. 1 UmwG *nicht* verdrängt.[121] So können daneben etwa Ansprüche auf Verbesserung des Umtauschverhältnisses nach § 15 UmwG bestehen (vgl. Rn. 112 ff.). Allerdings wird vertreten, dass die *Säumnis*, von deren Geltendmachung *im Spruchverfahren Gebrauch zu machen* (vgl. Kap. 7 Rn. 70), dem Anspruch nach § 25 Abs. 1 UmwG als *Mitverschulden* nach § 254 Abs. 2 BGB entgegengehalten werden kann.[122] Es entspreche den üblichen Gerechtigkeitsvorstellungen, dass vorrangig über das – zudem (angesichts § 26 UmwG, vgl. Kap. 7 Rn. 168 ff.) einfacher zu führende – Spruchstellenverfahren der Ausgleich bei demjenigen zu suchen sei, den das unrichtige Umtauschverhältnis begünstigt habe, nämlich bei den Anteilseignern des übernehmenden Rechtsträgers.[123] Denn ein Geschädigter könne sowohl nach allgemeinen Grundsätzen als auch nach seiner *mitgliedschaftlichen Treuepflicht* gehalten sein, zur Schadensabwendung oder -minderung *Rechtsbehelfe zu ergreifen, um die Korporation* nach Möglichkeit *vor vermeidbaren wirtschaftlichen Schäden zu bewahren*.[124] Ein solches „Verschulden in eigener Angelegenheit" gebe es auch bei unterlassener Inanspruchnahme des umfassend ausgestalteten verwaltungsgerichtlichen Rechtsschutzes durch den Bürger gegen

---

[116] *Schnorbus* ZHR 167 (2003), 667, 670 f., 672 f.
[117] *Schnorbus* ZHR 167 (2003), 667, 672 f.
[118] Semler/Stengel/*Leonard* § 25 Rn. 17; *Schnorbus* ZHR 167 (2003), 66, 691.
[119] *Schnorbus* ZHR 167 (2003), 667, 691.
[120] Semler/Stengel/*Leonard* § 25 Rn. 14.
[121] Semler/Stengel/*Leonard* § 25 Rn. 22 f.
[122] Semler/Stengel/*Leonard* § 25 Rn. 23; Kallmeyer/*Marsch-Barner* § 25 Rn. 11; Lutter/*Grunewald* § 25 Rn. 15; zurückhaltend *Veil*, in: FS Raiser, 2005, S. 453 ff., 464 Fn. 40, S. 465 f.
[123] Lutter/*Grunewald* § 25 Rn. 15; ähnlich *Schnorbus* ZHR 167 (2003), 667, 698 mit Verweis auf BGH NJW 1990, 2877 ff. und BGH NJW 1984, 1169 ff.
[124] BGH NJW 1990, 2877, 2878 f.

rechtswidrige Eingriffe des Staates („enteignungsgleicher Eingriff").[125] Erkennte man mit dieser Auffassung den Mitverschuldenseinwand bei § 25 UmwG an, so käme er den passivlegitimierten Organen der übertragenden Rechtsträger zugute, obwohl eine Treuepflicht aus dem Korporationsverhältnis ihnen gegenüber gerade nicht besteht.

4. Fortbestehensfiktion

§ 25 Abs. 2 S. 1 UmwG bestimmt, dass der übertragende Rechtsträger trotz seines Erlöschens nach § 20 Abs. 1 Nr. 2 UmwG für diese Ansprüche als fortbestehend behandelt wird. Die *Legalfiktion* gilt für die nach § 25 Abs. 1 UmwG begründeten Ansprüche, aber auch *für Ansprüche* kraft anderer Vorschriften, die sich aufgrund der Verschmelzung *für und gegen den übertragenden Rechtsträger* ergeben (§ 25 Abs. 2 S. 1 UmwG). Sie *verhindert, dass* – wie sonst nach den allgemeinen Vorschriften des § 20 Abs. 1 Nr. 1 und Nr. 2 UmwG – die *Forderungen und Verbindlichkeiten des erlöschenden übertragenden Rechtsträgers auf den übernehmenden übergehen* und dort (bei Schuldverhältnissen zwischen den beiden Rechtsträgern) entweder durch Konfusion erlöschen (vgl. § 25 Abs. 2 S. 2 UmwG) oder (bei Ansprüchen Dritter) zur Disposition des übernehmenden Rechtsträgers stehen. Dadurch wird vermieden, dass dieser etwa mit eigenen Gegenforderungen aufrechnen kann, die der übertragende Rechtsträger den Gläubigern nicht entgegenhalten konnte. Zudem soll verhindert werden, dass die Verfolgung von Ansprüchen gegen die Organe wegen Interessenkonflikten unterbleibt, die bestehen können, wenn – wie häufig – die passivlegitimierten Organe des übertragenden Rechtsträgers vom übernehmenden Rechtsträger übernommen werden. *Für Forderungen Dritter gegenüber den Organen* des übertragenden Rechtsträgers hat die Vorschrift nach alldem *keine Bedeutung*.

94

5. Verjährung

Für die sich aus § 25 Abs. 1 UmwG ergebenden Ansprüche gilt eine *fünfjährige Verjährungsfrist*, die mit der Bekanntmachung der Eintragung der Verschmelzung beginnt (§ 25 Abs. 3 UmwG).

95

II. Abfindungsangebot im Verschmelzungsvertrag (§ 29 UmwG)

1. Anwendungsbereich

Bestimmte Verschmelzungskonstellationen stuft das Gesetz als so grundlegende Veränderung der Mitgliedschaftspositionen der Anteilsinhaber des übertragenden Rechtsträgers ein, dass es ihr *Interesse am Erhalt einer vergleichbaren Mitgliedschaft* berührt sieht[126] und ihnen die Möglichkeit einräumt, *anstelle*

96

---

[125] BGH NJW 1984, 1169, 1172.
[126] Lutter/*Grunewald* § 29 Rn. 1.

der Anteile des übernehmenden Rechtsträgers eine *Barabfindung* zu erhalten. Dies ist der Fall bei der Verschmelzung eines Rechtsträgers im Wege der Aufnahme durch einen Rechtsträger anderer Rechtsform (sog. *„Mischverschmelzung"*/*„mangelnde Rechtsformkongruenz"*), ferner bei der Verschmelzung einer börsennotierten auf eine nicht börsennotierte AG (sog. *„verschmelzungsbedingtes Delisting"*). Der *Verschmelzungsvertrag* oder sein Entwurf *muss* dann das *Angebot* des übernehmenden Rechtsträgers *enthalten*, die Anteile der Anteilsinhaber des übertragenden Rechtsträgers zu übernehmen und hierfür (Zug um Zug) eine angemessene Barabfindung zu zahlen (§ 29 Abs. 1 S. 1 UmwG). Das gleiche gilt, wenn zwar die Rechtsformen von übertragendem und übernehmendem Rechtsträger gleich sind, jedoch die Anteile des übernehmenden Rechtsträgers *Verfügungsbeschränkungen* unterworfen sind (vgl. § 29 Abs. 1 S. 2 UmwG).

97 Auf einen Rückzug von der Börse durch Widerruf der Zulassung der Aktie zum Handel im regulierten Markt nach § 39 Abs. 2 BörsenG (sog. *freiwilliges oder reguläres „Delisting"*[127]) ist § 29 Abs. 1 S. 1 Hs. 1 Fall 2 UmwG nicht entsprechend anzuwenden.[128] Ein solches „Delisting" ist keine einer Umwandlung vergleichbare Strukturmaßnahme, die die rechtliche Verkehrsfähigkeit und damit das Eigentumsgrundrecht des Anteilsinhabers beeinträchtigte und ein Barabfindungsangebot erforderte.[129] Der Anteilsinhaber wird durch § 39 Abs. 2 S. 2 BörsenG ausreichend geschützt.[130]

98 Kann der übernehmende Rechtsträger aufgrund seiner Rechtsform eigene Anteile nicht erwerben, so ist das Angebot der Barabfindung nicht für den Fall des Widerspruchs zu machen, sondern für den Fall, dass der Anteilsinhaber sein Ausscheiden aus dem Rechtsträger erklärt (§ 29 Abs. 1 S. 3 UmwG).

2. Widerspruch gegen den Verschmelzungsbeschluss

99 Will der Anteilsinhaber das Angebot annehmen, muss er in der Anteilsinhaberversammlung *zur Niederschrift* (des Notars) *Widerspruch* gegen den Verschmelzungsbeschluss erklären (§ 29 Abs. 1 S. 1 UmwG). Mit dem Widerspruch bringt er zum Ausdruck, dass er nicht Gesellschafter der umgewandelten Gesellschaft werden möchte und dass er sich die Geltendmachung des ihm kraft Gesetzes zustehenden Abfindungsanspruchs vorbehält.[131] Eine *Annahme des Angebots* ist *damit noch nicht* erfolgt (vgl. Rn. 106). Zudem darf nach h. M. der Anteilsinhaber in der Anteilsinhaberversammlung der Verschmelzung nicht zugestimmt haben, weil er sich sonst zur Inanspruchnahme des Austrittsrechts in Widerspruch setzen würde.[132]

---

[127] BVerfG NJW 2012, 3081 ff.
[128] BGH NJW 2014, 146 ff.
[129] Vgl. BGH NJW 2014, 146, 148.
[130] BGH NJW 2014, 146, 148 f.
[131] BGH NJW 1989, 2693, 2693.
[132] *Hirte* Rn. 6.157; *Lieder* 232, 233.

Dem Widerspruch zur Niederschrift steht es gleich, wenn ein nicht erschienener Anteilsinhaber zu der Versammlung der Anteilsinhaber *zu Unrecht nicht zugelassen* worden ist oder die Versammlung *nicht ordnungsgemäß einberufen* oder der Gegenstand der Beschlussfassung *nicht ordnungsgemäß bekanntgemacht* worden ist (§ 29 Abs. 2 UmwG). Dann nämlich kann der Anteilsinhaber aus Umständen am Widerspruch gehindert gewesen sein, die ihren Grund in der Sphäre des Rechtsträgers haben.[133]

100

3. Inhalt des Anspruchs auf Barabfindung

Die Barabfindung muss *angemessen* sein (§ 29 Abs. 1 S. 1 UmwG), also den *vollen wirtschaftlichen Wert der Anteilsrechte* des ausscheidenden Gesellschafters abdecken.[134] Den Stichtag für die Bewertung bestimmt § 30 Abs. 1 S. 1 UmwG. Danach muss die Barabfindung die Verhältnisse des übertragenden Rechtsträgers *im Zeitpunkt der Beschlussfassung* über die Verschmelzung berücksichtigen. § 15 Abs. 2 UmwG ist auf die Barabfindung entsprechend anzuwenden (§ 30 Abs. 1 S. 2 UmwG), so dass die angebotene Barabfindung ab dem Zeitpunkt, zu dem die Eintragung der Verschmelzung bekannt gemacht worden ist, in Höhe von 5 Prozentpunkten über dem Basiszinssatz zu verzinsen ist.

101

4. Prüfung der Barabfindung

Die Angemessenheit der anzubietenden Barabfindung ist stets *durch Verschmelzungsprüfer* zu prüfen. Die § 10 bis § 12 UmwG über die Bestellung der Verschmelzungsprüfer, deren Stellung und Verantwortlichkeit und das Erfordernis ihres schriftlichen Berichts sind entsprechend anzuwenden (§ 30 Abs. 2 S. 1 und S. 2 UmwG).

102

Die *Berechtigten können* durch notariell zu beurkundende Erklärung auf die Prüfung oder den Prüfungsbericht *verzichten* (§ 30 Abs. 2 S. 3 UmwG). Berechtigt sind dabei diejenigen, die aus dem Rechtsträger ausscheiden wollen. Da dieser Personenkreis regelmäßig vor Durchführung der Prüfung noch gar nicht feststeht, werden es im Grundsatz alle Anteilsinhaber sein.[135]

103

Wenn auch § 30 UmwG zum *Zeitpunkt der Prüfung* keine Aussage trifft und die Verhältnisse im Zeitpunkt der Beschlussfassung zu berücksichtigen sind, wird vertreten, dass die Prüfung – wie auch die Verschmelzungsprüfung – vor der Beschlussfassung erfolgen muss, damit die Anteilsinhaber entscheiden können, ob sie in der Hauptversammlung über die Beschlussfassung den Widerspruch nach § 29 UmwG erklären wollen.[136] Es bietet sich daher an, eine Prü-

104

---

[133] Lutter/*Grunewald* § 29 Rn. 16.
[134] Semler/Stengel/*Kalss* § 29 Rn. 25.
[135] Lutter/*Grunewald* § 30 Rn. 8.
[136] Lutter/*Grunewald* § 30 Rn. 6; Kallmeyer/*Lanfermann* § 30 Rn. 18.

Rüdiger Haspl

fung nach § 30 Abs. 2 UmwG *im Rahmen der Verschmelzungsprüfung* nach § 9 UmwG vorzunehmen.[137]

105   Ob das Angebot im Verschmelzungsvertrag ordnungsgemäß enthalten war sowie ob die angebotene Abfindung angemessen, also nicht zu niedrig bemessen war, kann nur im *Spruchverfahren* überprüft werden (vgl. § 34 UmwG, vgl. Kap. 7 Rn. 70); die Anfechtung des Verschmelzungsbeschlusses ist insofern nicht möglich (vgl. § 32 UmwG).

5. Annahme des Angebots

106   § 31 UmwG bestimmt den *Zeitpunkt, bis zu dem* das Angebot nach § 29 UmwG *angenommen werden kann*, und sieht zwei Varianten vor:
– Grundsätzlich kann das Angebot nur *binnen zwei Monaten nach* dem Tage angenommen werden, an dem die *Eintragung der Verschmelzung* in das Register des Sitzes des übernehmenden Rechtsträgers *bekannt gemacht* worden ist (§ 31 S. 1 UmwG).
– Ist nach § 34 UmwG ein *Antrag auf Bestimmung der Barabfindung* durch das Gericht gestellt worden, so kann das Angebot *binnen zwei Monaten nach* dem Tage angenommen werden, an dem die *Entscheidung* im Bundesanzeiger *bekanntgemacht* worden ist (§ 31 S. 2 UmwG). Endet das gerichtliche Verfahren ohne Entscheidung des Gerichts (etwa durch Antragsrücknahme oder Vergleich), so ist auch dies bekannt zu machen, so dass die Frist dann beginnt.[138]

107   Mit der Annahme des Angebots kommt ein *Schuldverhältnis* des annehmenden Anteilsinhabers mit dem anbietenden Rechtsträger zustande, aus dem der *Rechtsträger verpflichtet* ist, die *Anteile* des Anteilsinhabers des übertragenden Rechtsträgers *zu übernehmen* und hierfür (*Zug um Zug*) eine *angemessene Barabfindung* zu zahlen. Für die Rückübertragung der Anteile an den Rechtsträger gelten die allgemeinen Formvorschriften.[139]

108   Ist die Barabfindung für den Fall angeboten, dass der Anteilsinhaber sein Ausscheiden erklärt (§ 29 Abs. 1 S. 3 UmwG), so folgt die Austrittserklärung des Anteilsinhabers den Regelungen der jeweiligen Rechtsform.[140]

109   § 29 Abs. 1 S. 1 a. E. UmwG schließt die Anwendbarkeit von § 71 Abs. 4 S. 2 AktG und § 33 Abs. 2 S. 3 Hs. 2 Alt. 1 GmbHG aus. Dadurch wird der Widerspruch vermieden, der entstünde, wenn zur Übertragung von Anteilen an den Rechtsträger nach § 29 UmwG ein schuldrechtliches Geschäft geschlossen würde, das den Anforderungen nach § 71 Abs. 2 AktG oder § 33 Abs. 2 S. 1 und S. 2 GmbHG nicht genügt und daher nichtig wäre.[141]

---

[137] Lutter/*Grunewald* § 30 Rn. 5.
[138] Lutter/*Grunewald* § 31 Rn. 2.
[139] Semler/Stengel/*Kalss* § 29 Rn. 32.
[140] Semler/Stengel/*Kalss* § 29 Rn. 36.
[141] Lutter/*Grunewald* § 29 Rn. 27, 32.

Rüdiger Haspl

III. Anderweitige Veräußerung (§ 33 UmwG)

Neben dem Austritt nach § 29 UmwG kann ein Anteilsinhaber eine unerwünschte Mitgliedschaft im übernehmenden Rechtsträger auch dadurch vermeiden, dass er seinen *Anteil veräußert*. Ist eine solche Veräußerung zwar grundsätzlich möglich, jedoch *durch gesetzliche oder satzungsmäßige Verfügungsbeschränkungen erschwert* (etwa durch Vinkulierungsbestimmungen wie die Zustimmung der anderen oder einzelner anderer Anteilsinhaber, eines Vertretungs-, Aufsichts- oder sonstigen Organs oder eines gesellschaftsfremden Dritten), bei deren Nichtbeachtung das dingliche Rechtsgeschäft unwirksam ist,[142] so ist die Veräußerung des Anteils gleichwohl binnen eines Zeitraums von der Fassung des Verschmelzungsbeschlusses bis zum Ablauf der in § 31 UmwG bestimmten Frist ungeachtet der Beschränkungen möglich (vgl. § 33 UmwG). Damit soll erreicht werden, dass der Austritt des Anteilsinhabers nicht erschwert wird.

110

Nach verbreiteter Auffassung kann das erleichterte Übertragungsrecht nach § 33 UmwG – wie das Austrittsrecht nach § 29 UmwG – regelmäßig nur in Anspruch genommen werden, wenn in der Haupt- oder sonstigen Gesellschafterversammlung *Widerspruch* erklärt wird.[143]

111

IV. Bare Zuzahlung (§ 15 UmwG)

Der verfassungsrechtlich geschützte Anspruch des Anteilsinhabers des übertragenden Rechtsträgers, für den Verlust seiner Rechtsposition und die Beeinträchtigung seiner vermögensrechtlichen Stellung entschädigt zu werden (vgl. Rn. 20), wird durch § 15 UmwG konkretisiert. Danach steht einem Anteilsinhaber des übertragenden Rechtsträgers ein *schuldrechtlicher Anspruch auf bare Zuzahlung gegen den übernehmenden Rechtsträger* zu, um den Wertnachteil auszugleichen, der sich ergibt, weil das *Umtauschverhältnis der Anteile zu niedrig bemessen* ist oder weil die Mitgliedschaft bei dem übernehmenden Rechtsträger *keinen ausreichenden Gegenwert* für den Anteil oder die Mitgliedschaft bei einem übertragenden Rechtsträger darstellt (vgl. § 15 Abs. 1 S. 1 UmwG).

112

Anteilsinhabern des übernehmenden Rechtsträgers steht der Anspruch nach dem eindeutigen Wortlaut *nicht* zu. Sie bedürfen seiner auch nicht, da sie die Unangemessenheit des sie betreffenden Umtauschverhältnisses durch *Anfechtungs- oder Nichtigkeitsklage* betreffend den Verschmelzungsbeschluss geltend machen können.[144] Den Anteilsinhabern des übertragenden Rechtsträgers ist dies nach § 14 Abs. 2 UmwG verwehrt. Ihr Anspruch auf bare Zuzahlung muss vielmehr in einem gesonderten einheitlichen Verfahren für alle Anteilsinhaber (vgl. § 13 S. 2 SpruchG), dem sog. *Spruchverfahren*, geltend gemacht werden (§ 15 Abs. 1 S. 2 UmwG, vgl. Kap. 7 Rn. 65 ff.).

113

---

[142] Semler/Stengel/*Kalss* § 33 Rn. 6.
[143] Semler/Stengel/*Kalss* § 33 Rn. 12 f.; Lutter/*Grunewald* § 33 Rn. 5.
[144] BGH NJW 1990, 2747, 2748 f.

114   Mit der Eintragung der Verschmelzung in das Register des übernehmenden Rechtsträgers ist der Anspruch mit jährlich 5 Prozentpunkten über dem jeweiligen Basiszinssatz zu verzinsen (§ 15 Abs. 2 S. 1 UmwG). Dies soll einem Anreiz des übernehmenden Rechtsträgers entgegenwirken, das Spruchverfahren zu verzögern. Lässt sich auf dem Kapitalmarkt nur eine deutlich unter diesem Zinssatz liegende Verzinsung erzielen, kann darin allerdings auch ein Anreiz zur Verfahrensverzögerung für Anteilsinhaber liegen.

115   Weitergehende Schäden (§ 15 Abs. 2 S. 2 UmwG) sind nicht im Spruchverfahren, sondern im Wege der Leistungsklage nach § 253 ZPO geltend zu machen.

§ 5 Schutz der Gläubiger

116   Schon die bei der Verschmelzung zu beachtenden formellen Anforderungen, etwa Prüfungs- und Berichtserfordernisse zum Schutz der Kapitalaufbringung und -erhaltung oder Publizitätserfordernisse, dienen dem Schutz des Rechtsverkehrs und können damit auch generell zum Schutz von (Neu-)Gläubigern der beteiligten Rechtsträger beitragen (sog. „institutioneller Gläubigerschutz").[145] Sie sollen hier jedoch nicht erörtert werden. Individueller Gläubigerschutz wird im Wesentlichen durch die Gewährung eines Sicherheitsrechts (§ 22 UmwG) sowie durch die Organhaftung (§ 25 UmwG) gewährleistet.

A. Recht auf Sicherheit (§ 22 UmwG)

I. Inhalt des Anspruchs

117   Die Verschmelzung kann die Position von Gläubigern der beteiligten Rechtsträger verschlechtern, etwa wenn ein Rechtsträger mit einem weniger solventen Rechtsträger oder mit einer Gesellschaft(sform) verschmolzen wird, deren Kapitalschutz geringer ausgeprägt ist. Um eine Gefährdung der Ansprüche von Gläubigern abzumildern, gewährt ihnen § 22 UmwG ein *Recht auf Sicherheitsleistung*, *soweit* sie für ihre Ansprüche *nicht Befriedigung erlangen können*, weil diese *noch nicht fällig* sind. Hierzu müssen sie ihre Ansprüche *binnen sechs Monaten* nach dem Tag, an dem die Eintragung der Verschmelzung in das Register des Sitzes desjenigen Rechtsträgers, dessen Gläubiger sie sind, bekannt gemacht worden ist, nach Grund und Höhe *schriftlich anmelden* (§ 22 Abs. 1 S. 1 UmwG).[146] Es handelt sich um eine *materiell-rechtliche Ausschlussfrist*, nach deren Ablauf der Anspruch untergeht.[147] Die Anmeldung der Ansprüche hat *gegenüber dem*

---

[145] *Petersen*, Der Gläubigerschutz im Umwandlungsrecht, S. 16 ff., 147 ff.
[146] Zu dem weiterreichenden, zeitlich vorverlagerten Sicherungsrecht nach § 122j UmwG bei grenzüberschreitenden Verschmelzungen vgl. Kap. 6 Rn. 79 f.
[147] *Schmitt/Hörtnagl/Stratz/Winter* § 22 Rn. 12.

übernehmenden Rechtsträger zu erfolgen. Die Formen der Sicherheit richten sich nach §§ 232 ff. BGB. Die Höhe der Sicherheit orientiert sich regelmäßig am Nennwert der zu sichernden Forderung.[148] Insolvenzrechtlich vorzugsweise zu befriedigende Gläubiger sind von diesem Schutz ausgenommen (§ 22 Abs. 2 UmwG).

II. Aktivlegitimation

Der Anspruch steht nur *Altgläubigern* zu, also denjenigen, die schon vor der Verschmelzung Gläubiger waren,[149] denn nur Ansprüche, die bereits begründet waren, können „durch die Verschmelzung" gefährdet werden. Nicht betroffen sind daher Ansprüche aufgrund eines Spruchverfahrens, weil diese erst durch die Verschmelzung begründet werden.[150] Ebenso wenig werden nach h. M. Ansprüche der Gesellschafter aus dem Gesellschaftsverhältnis erfasst[151] oder Inhaber von Sonderrechten nach § 23 UmwG.[152]

118

III. Glaubhaftmachung

Das Sicherungsrecht besteht nicht generell. Voraussetzung ist vielmehr, dass der Gläubiger glaubhaft macht (vgl. § 294 ZPO), dass die *Erfüllung seiner Forderung durch die Verschmelzung konkret gefährdet* wird (vgl. § 22 Abs. 1 S. 2 UmwG). Hierzu muss der Anspruch nicht mit Gewissheit ausfallen; allerdings reicht noch nicht jede Verschlechterung der Vermögenslage des Rechtsträgers aus.[153] Als hinreichend wird angesehen, wenn der Rechtsträger am Markt keine Kredite mehr mit Laufzeiten erhalten würde, die den Fälligkeitsfristen der zu sichernden Ansprüche entsprechen.[154] Das Bestehen des Anspruchs selbst muss dagegen voll bewiesen werden, Glaubhaftmachung reicht insoweit nicht.[155]

119

Ist der Anspruch *begründet, aber noch nicht entstanden* (etwa aufschiebend bedingter Anspruch), so ist *Gefährdung* erst dann *glaubhaft, wenn* die *Entstehung des Anspruchs überwiegend wahrscheinlich* ist.[156] Bei aufschiebend bedingten Ansprüchen ist hierzu jedenfalls der Bedingungseintritt erforderlich.[157] Zum Teil wird ein Sicherungsbedürfnis verneint für Ansprüche, die durch ein Dauerschuldverhältnis begründet sind, jedoch erst zu einem Zeitpunkt entstehen, vor dem die Vertragsparteien das Schuldverhältnis kündigen können.[158]

120

---

[148] Schmitt/Hörtnagl/Stratz/*Winter* § 22 Rn. 21.
[149] Semler/Stengel/*Seulen* § 22 Rn. 9.
[150] Semler/Stengel/*Seulen* § 22 Rn. 6.
[151] Semler/Stengel/*Seulen* § 22 Rn. 6; Widmann/Mayer/*Vossius* § 22 UmwG Rn. 14; Schmitt/Hörtnagl/Stratz/*Winter* § 22 Rn. 4.
[152] Semler/Stengel/*Seulen* § 22 Rn. 6.
[153] Semler/Stengel/*Seulen* § 22 Rn. 32.
[154] Semler/Stengel/*Seulen* § 22 Rn. 32.
[155] Semler/Stengel/*Seulen* § 22 Rn. 35.
[156] Semler/Stengel/*Seulen* § 22 Rn. 11.
[157] Semler/Stengel/*Seulen* § 22 Rn. 11.
[158] Semler/Stengel/*Seulen* § 22 Rn. 47.

Hält der Gläubiger bereits ausreichende Sicherheiten, besteht der Anspruch nicht.[159]

IV. Verhältnis zu Schadensersatzansprüchen nach § 25 UmwG

121 Nach vertretener Ansicht obliegt dem Gläubiger die Geltendmachung des Sicherheitsrechts, um den Vorwurf des Mitverschuldens gegenüber Schadensersatzansprüchen nach § 25 UmwG zu vermeiden (vgl. Rn. 93 und Rn. 124).[160]

B. Organhaftung beim übertragenden Rechtsträger (§ 25 UmwG)

122 Der Schadensersatzanspruch gegenüber Organmitgliedern des übertragenden Rechtsträgers nach § 25 UmwG (vgl. Rn. 89 ff.) steht auch den Gläubigern des Rechtsträgers zu, wenn sie durch die Verschmelzung Schaden erleiden. Als Gläubiger kommen auch Arbeitnehmer in Betracht.[161] Zu denken ist in der Regel an Fälle, in denen die Vermögenslage des übernehmenden Rechtsträgers hinter der des übertragenden Rechtsträgers zurückbleibt,[162] so dass der Gläubiger einen teilweisen oder völligen Forderungsausfall erleidet oder die Forderungsdurchsetzung derart erschwert ist, dass dieses Hindernis in einen wirtschaftlich messbaren (Zins-)Schaden umschlägt.[163]

I. Sorgfaltspflichtverletzung

123 Umstritten ist, ob die Organmitglieder den Gläubigern auch dann nach § 25 UmwG haften, wenn sie ihre Sorgfaltspflichten, die Vermögenslage des übernehmenden Rechtsträgers zu prüfen, gegenüber den Anteilsinhabern erfüllt haben und die Verschmelzung deren Interessen, nicht jedoch den Interessen der Gläubiger entspricht. Während vertreten wird, dass diese Sorgfaltspflichten nur gegenüber den Anteilsinhabern bestehen, so dass deren Beachtung gegenüber den Anteilsinhabern eine Haftung gegenüber den Gläubigern ausschließt,[164] erkennt die *wohl h. M.* eine *eigenständige Sorgfaltspflicht* und damit Haftung *gegenüber den Gläubigern* an.[165]

II. Verhältnis zum Recht auf Sicherheit nach § 22 UmwG

124 Soweit die Gläubiger bereits durch § 22 UmwG geschützt werden, ist ihnen noch kein anspruchsbegründender Schaden entstanden. Versäumen sie die Gel-

---

[159] Schmitt/Hörtnagl/Stratz/*Winter* § 22 Rn. 19.
[160] Semler/Stengel/*Leonard* § 25 Rn. 24.
[161] *Schnorbus* ZHR 167 (2003), 667, 674 (Fn. 31).
[162] Semler/Stengel/*Leonard* § 25 Rn. 16.
[163] *Schnorbus* ZHR 167 (2003), 667, 694.
[164] So Semler/Stengel/*Leonard* § 25 Rn. 16.
[165] *Schnorbus* ZHR 167 (2003), 666, 679 f., 685 f.; Lutter/*Grunewald* § 25 Rn. 16; Kallmeyer/*Marsch-Barner* § 25 Rn. 7, 9.

tendmachung des Rechts auf Sicherheitsleistung nach § 22 UmwG, kann ihnen nach vertretener Ansicht der *Vorwurf des Mitverschuldens* entgegengehalten werden.[166]

III. Geltendmachung

Die Geltendmachung des Anspruchs erfolgt nach § 26 UmwG (vgl. Kap. 7 Rn. 168 ff.). Zur *Beantragung des besonderen Vertreters* sind Gläubiger nur dann berechtigt, wenn sie *glaubhaft machen* (§ 294 ZPO), dass sie von dem übernehmenden Rechtsträger *keine Befriedigung* erlangen können (§ 26 Abs. 1 S. 3 UmwG). Für die Anmeldung der Gläubigeransprüche anlässlich der Aufforderung des bereits bestellten besonderen Vertreters ist dies nicht erforderlich.

125

IV. Verhältnis zu sonstigen Ansprüchen

Sonstige allgemeine Vorschriften (Haftung für deliktisches Verhalten; Haftung für Organverschulden nach § 31 BGB) bleiben grundsätzlich anwendbar. Die Ansprüche nach § 25 Abs. 1 S. 1 UmwG treten in Konkurrenz zu anderen Schadensersatzansprüchen gegen die Organe[167] und können neben Ansprüchen gegen die beteiligten Rechtsträger oder Dritte bestehen.

126

§ 6 Schutz der Arbeitnehmer und Arbeitnehmerorganisationen

A. Schutz der Arbeitnehmer

I. Betriebsübergang (§ 613a Abs. 1 BGB)

Nach § 324 UmwG bleibt § 613a Abs. 1, Abs. 4 bis Abs. 6 BGB durch die Wirkungen der Eintragung einer Verschmelzung unberührt. Es handelt sich um eine *Rechtsgrundverweisung*, so dass die *Voraussetzungen des Betriebsübergangs* nach § 613a Abs. 1 BGB selbständig zu prüfen sind.[168] Bei Verschmelzungen sind sie *regelmäßig erfüllt*.[169] Insbesondere wird der verschmelzungsrechtliche Betriebsübergang als Übergang „durch Rechtsgeschäft" angesehen,[170] weil die verschmelzungsrechtliche Gesamtrechtsnachfolge zwar kraft Gesetzes, jedoch aufgrund eines Verschmelzungsvertrages erfolgt.[171]

127

---

[166] Semler/Stengel/*Leonard* § 25 Rn. 24.
[167] Schmitt/Hörtnagl/Stratz/*Winter* § 25 Rn. 33; Widmann/Mayer/*Vossius* § 25 UmwG Rn. 3.
[168] Maulbetsch/Klumpp/Rose/*Tempelmann* § 324 Rn. 3; BAG ZIP 2000, 1630 ff.; Lutter/ *Sagan* § 324 Rn. 3; Erfurter Komm. Arbeitsrecht/*Oetker* § 324 UmwG Rn. 2.
[169] Maulbetsch/Klumpp/Rose/*Tempelmann* § 324 Rn. 5.
[170] Maulbetsch/Klumpp/Rose/*Tempelmann* § 324 Rn. 14.
[171] Lutter/*Sagan* § 324 Rn. 1, 12.

128 Erforderlich ist, dass der *Betrieb* nach der Verschmelzung *tatsächlich fortgeführt* wird.[172] Andernfalls wird die nach der zugrundeliegenden EU-Richtlinie erforderliche Identität der wirtschaftlichen Einheit[173] nicht bewahrt.[174]

II. Rechtsfolgen bei Betriebsübergang

1. Übergang bestehender Arbeitsverhältnisse

129 Der neue Rechtsträger tritt in die Rechte und Pflichten aus den im Zeitpunkt des Übergangs bestehenden Arbeitsverhältnissen ein (§ 613a Abs. 1 S. 1 BGB). Es kommt zu einer *Auswechslung der Vertragspartei des Arbeitgebers kraft Gesetzes*. Der Zeitpunkt des Betriebsübergangs wird regelmäßig durch die Eintragung im maßgeblichen Register festgelegt.[175]

130 Erfasst werden *nur Arbeitsverhältnisse*, also nur Arbeitnehmer des übertragenden Rechtsträgers, nicht hingegen die Organmitglieder juristischer Personen,[176] weil ihr Anstellungsverhältnis kein Arbeits-, sondern ein Dienstvertrag ist.[177] Die *Dienstverhältnisse der Organmitglieder* gehen allerdings nach § 20 Abs. 1 Nr. 1 UmwG über (vgl. Rn. 72).[178]

131 Der *Arbeitnehmer behält seine Rechte aus dem Arbeitsverhältnis mit dem übertragenden Rechtsträger*. Damit bleibt die *Dauer der Betriebszugehörigkeit* eines Arbeitnehmers erhalten, was für die Berechnung von Urlaub, von Kündigungsfristen und der Wartezeit nach dem KSchG bedeutsam ist.[179] Der vom Erreichen des Schwellenwerts der Beschäftigten abhängige *Kündigungsschutz* nach § 23 Abs. 1 KSchG ist hingegen *kein Recht aus dem Arbeitsverhältnis* und geht deshalb nicht über; vielmehr kommt es insofern fortan auf die Verhältnisse beim übernehmenden Rechtsträger an.[180]

132 Zwar erfolgt der in § 613a Abs. 1 S. 1 BGB bestimmte Gesamtrechtsübergang bei einer Verschmelzung ohnehin nach § 20 Abs. 1 Nr. 1 UmwG.[181] Gleichwohl ist der Verweis in § 324 UmwG auf § 613a Abs. 1 S. 1 BGB nicht entbehrlich, da er nicht nur für Verschmelzungen, sondern auch für Spaltungen und Vermögens-

---

[172] Maulbetsch/Klumpp/Rose/*Tempelmann* § 324 Rn. 17.
[173] Art. 1 Abs. 1 lit. a und lit. b der Richtlinie 2001/23/EG des Rates vom 12.3.2001 zur Angleichung der Rechtsvorschriften der Mitgliedstaaten über die Wahrung von Ansprüchen der Arbeitnehmer beim Übergang von Unternehmen, Betrieben oder Unternehmens- oder Betriebsteilen für einen Übergang von Unternehmen, Betrieben oder Unternehmens- bzw. Betriebsteilen auch durch Verschmelzungen.
[174] Zu den weiteren für den Betriebsübergang beachtlichen Kriterien und Indizien vgl. etwa BAG NZA 2007, 927 ff.; Lutter/*Sagan* § 324 Rn. 8.
[175] Lutter/*Sagan* § 324 Rn. 11.
[176] Maulbetsch/Klumpp/Rose/*Tempelmann* § 324 Rn. 22.
[177] BAG NZA 2003, 552 ff.
[178] BAG NZA 2003, 552, 535 f.
[179] Maulbetsch/Klumpp/Rose/*Tempelmann* § 324 Rn. 26; Lutter/*Sagan* § 324 Rn. 14.
[180] BAG NZA 2007, 739 ff.
[181] So wohl auch *Wlotzke* DB 1995, 40, 42.

übertragungen gilt. Zudem ist er als Rechtsgrundverweis für die Anwendbarkeit der weiteren in § 324 UmwG genannten Absätze des § 613a BGB erforderlich.

2. Rechtsübergang bei befristeten Arbeitsverhältnissen

Nach der Rechtsprechung des BAG ist der erloschene *übertragende Rechtsträger nicht derselbe Arbeitgeber* im Sinne des § 14 Abs. 2 S. 2 TzBfG wie der übernehmende Rechtsträger, *wenn das Arbeitsverhältnis* mit dem übertragenden Rechtsträger bereits vor einem verschmelzungsbedingten Betriebsübergang nach § 324 UmwG, § 613a Abs. 1 BGB *beendet war*. Das aus einer befristungsschädlichen Vorbeschäftigung bestehende Befristungsverbot nach § 14 Abs. 2 S. 2 TzBfG gehört nicht zu den im Zuge einer Verschmelzung nach § 20 Abs. 1 Nr. 1 UmwG übertragbaren Rechtspositionen eines übertragenden Rechtsträgers.[182] Geht allerdings das befristete Arbeitsverhältnis vor seiner Beendigung verschmelzungsbedingt über, ist der übernehmende Rechtsträger als derselbe Arbeitgeber anzusehen. 133

3. Veränderungssperre für tarifvertragliche und betriebliche Vereinbarungen

Nach § 613a Abs. 1 S. 2 BGB gelten tarifvertragliche (vgl. § 4 Abs. 1 TVG) oder betriebliche (vgl. § 77 Abs. 4 BetrVG) Vereinbarungen des übertragenden Rechtsträgers für das übergegangene Arbeitsverhältnis mit dem übernehmenden Rechtsträger fort und dürfen grundsätzlich *binnen eines Jahres nicht zum Nachteil des Arbeitnehmers geändert* werden (sog. „Veränderungssperre"). Dies gilt nur dann nicht, wenn der übernehmende Rechtsträger seinerseits tarifvertraglich oder durch Betriebsvereinbarung gebunden ist (vgl. § 613a Abs. 1 S. 3 BGB); dann nämlich wechselt das Arbeitsverhältnis in dessen kollektivrechtliche Bindung. 134

Die Veränderungssperre gilt nicht, wenn die kollektivrechtliche Bindung endet, weil der Tarifvertrag oder die Betriebsvereinbarung nicht mehr gilt (dann greift die Nachwirkung nach § 4 Abs. 5 TVG bzw. § 77 Abs. 6 BetrVG, bis die Bestimmungen des Tarifvertrags bzw. der Betriebsvereinbarung durch eine andere Abmachung ersetzt werden). Sie gilt auch dann nicht, wenn es an einer beiderseitigen Tarifgebundenheit fehlt und die Anwendung eines anderen Tarifvertrags vereinbart wird (vgl. § 613 Abs. 1 S. 4 BGB). 135

4. Kündigungsschutz

Die *Kündigung* des Arbeitsverhältnisses eines Arbeitnehmers durch den bisherigen Arbeitgeber oder durch den neuen Inhaber *wegen des Übergangs* eines Betriebs oder eines Betriebsteils ist *unwirksam* (§ 613a Abs. 4 S. 1 BGB). Das Recht zur Kündigung aus anderen Gründen, also zu einer personen-, verhal- 136

---

[182] BAG NJW 2005, 2474 f.; Maulbetsch/Klumpp/Rose/*Tempelmann* § 324 Rn. 28.

tens-, aber auch betriebsbedingten Kündigung, bleibt unberührt (vgl. § 613a Abs. 4 S. 2 BGB).[183]

> **Hinweis:** Schwierig kann im Einzelfall die Abgrenzung sein, ob der Beweggrund für eine betriebsbedingt begründete Kündigung unzulässigerweise ihre überwiegende Ursache in dem Betriebsübergang hat. Beruht er auf einem *hinreichend greifbaren Rationalisierungskonzept* für den vom Betriebsübergang betroffenen Betrieb, ist die Kündigung zulässig.[184] Denn die Vorschrift bezweckt keinen Schutz vor einer Kündigung aus dringenden betrieblichen Erfordernissen, wenn der Betriebsübergang infolge von Synergieeffekten zu Stellenüberbesetzungen beim Erwerber führt,[185] und keine „künstliche Verlängerung" des Arbeitsverhältnisses bei einer vorhersehbar fehlenden Beschäftigungsmöglichkeit des Arbeitnehmers beim Erwerber. Die Umstrukturierung muss allerdings bereits *bei Ausspruch der Kündigung greifbare Formen* angenommen haben.[186]

5. Informationspflichten

137 Der bisherige Arbeitgeber oder der neue Inhaber hat die von einem Übergang betroffenen Arbeitnehmer *vor dem Übergang in Textform* (§ 126b BGB) zu unterrichten über den Zeitpunkt oder den geplanten Zeitpunkt des Übergangs, den (rechtsgeschäftlichen) Grund für den Übergang (also die Verschmelzung), die rechtlichen, wirtschaftlichen und sozialen Folgen des Übergangs für die Arbeitnehmer und die hinsichtlich der Arbeitnehmer in Aussicht genommenen Maßnahmen (§ 613a Abs. 5 BGB).

138 Die Informationspflicht dient dazu, den Arbeitnehmern die wesentlichen *Grundlagen für ihre Entscheidung* zu vermitteln, *ob sie das Arbeitsverhältnis mit dem neuen Arbeitgeber fortsetzen möchten*.[187] Vertreten wird, dass trotz der eigenständigen Informationspflicht gegenüber den Arbeitnehmervertretungen nach § 5 Abs. 1 Nr. 9 UmwG (vgl. Rn. 19 und Rn. 142 ff.) die Folgen für die Arbeitnehmervertretungen zugleich die Arbeitnehmer betreffen und daher in die Unterrichtung mitaufzunehmen sind.[188]

III. Widerspruch des Arbeitnehmers

1. Widerspruchsrecht

139 Der Arbeitnehmer kann dem Übergang des Arbeitsverhältnisses *innerhalb eines Monats nach Zugang der Unterrichtung* nach § 613a Abs. 5 BGB schriftlich (§ 126 BGB) widersprechen. Der Widerspruch kann *gegenüber dem bisherigen*

---

[183] Lutter/*Sagan* § 324 Rn. 42.
[184] Zu den allgemeinen Kriterien Lutter/*Sagan* § 324 Rn. 42; MüKoBGB/*Müller-Glöge* § 613a Rn. 190 ff.
[185] MüKoBGB/*Müller-Glöge* § 613a Rn. 190.
[186] BAG NZA 2003, 1027 ff.
[187] Näher BAG NZA 2006, 1268 ff.
[188] Lutter/*Sagan* § 324 Rn. 45.

Arbeitgeber oder dem neuen Inhaber erklärt werden (§ 613a Abs. 6 BGB). Geht ihm die Information nicht oder nur unvollständig zu, beginnt die Widerspruchsfrist nicht zu laufen und der Widerspruch ist zeitlich unbefristet möglich.[189] Außerdem können Schadensersatzansprüche des Arbeitnehmers nach § 280 BGB entstehen.[190]

2. Wirkung des Widerspruchs

Grundsätzlich verhindert der Widerspruch den Übergang des Arbeitsverhältnisses, und es bleibt beim Bestehen des Arbeitsvertrages mit dem bisherigen Arbeitgeber. Da dieser nach der Verschmelzung jedoch nicht mehr existiert, kann das Arbeitsverhältnis mit ihm nicht fortgesetzt werden. Es wird daher vertreten, dass bei einer Verschmelzung das Widerspruchsrecht durch ein *Recht zur außerordentlichen Kündigung* ersetzt werde[191] oder dass der Widerspruch das *Arbeitsverhältnis erlöschen* lasse.[192] Nach anderer Ansicht besteht in diesen Fällen weder ein Recht zum Widerspruch noch zur außerordentlichen Kündigung,[193] so dass der Arbeitnehmer auf sein *Recht zur ordentlichen Kündigung* oder einen Aufhebungsvertrag verwiesen ist.

140

IV. Abdingbarkeit

Eine Abbedingung des § 613a Abs. 1 S. 1 BGB ist den an der Verschmelzung beteiligten Rechtsträgern genauso wenig möglich wie eine Abbedingung zwischen dem übertragenden Rechtsträger und dem Arbeitnehmer, da die Vorschrift dem Schutz der Arbeitnehmer dient.[194] Der *Arbeitnehmer* kann aber *mit dem übernehmenden Rechtsträger* vereinbaren, dass das Arbeitsverhältnis beendet wird, da er auch dessen Übergang widersprechen könnte.[195] Auch kann der Arbeitnehmer anlässlich eines konkreten Betriebsübergangs – durch einseitige Erklärung oder im Rahmen eines Vertrages – auf sein Widerspruchsrecht verzichten. Ein „blinder", abstrakt-genereller, nicht anlassbezogener Pauschalverzicht ist hingegen zu seinem Schutze unwirksam.[196]

141

---

[189] Vgl. nur Maulbetsch/Klumpp/Rose/*Tempelmann* § 324 Rn. 76.
[190] Lutter/*Sagan* § 324 Rn. 56.
[191] So *Bachner* NJW 1995, 2881, 2882; Erfurter Komm. Arbeitsrecht/*Oetker* § 324 UmwG Rn. 9; BAG NZA 2008, 815, 818.
[192] *Bauer/Lingemann* NZA 1994, 1057, 1061; Lutter/*Sagan* § 324 Rn. 63; Semler/Stengel/*Simon* § 324 Rn. 51.
[193] So Maulbetsch/Klumpp/Rose/*Tempelmann* § 324 Rn. 88; das Widerspruchsrecht ablehnend *Wlotzke* DB 1995, 40, 43.
[194] So noch Lutter/*Joost*, 5. Aufl., § 324 Rn. 19.
[195] Lutter/*Joost*, 5. Aufl., § 324 Rn. 19; ähnlich Maulbetsch/Klumpp/Rose/*Tempelmann* § 324 Rn. 104 f.
[196] *Pils* BB 2014, 185, 187, 190.

B. Schutz der Arbeitnehmerorganisationen

I. Beteiligung des Betriebsrats

1. Verschmelzungsbedingte Beteiligung (§ 5 Abs. 3 UmwG)

142 Der *Verschmelzungsvertrag* oder sein *Entwurf* muss spätestens *einen Monat vor* der jeweiligen *Versammlung der Anteilsinhaber* der beteiligten Rechtsträger deren jeweils zuständigem *Betriebsrat zugeleitet* werden (§ 5 Abs. 3 UmwG).

143 Der Betriebsrat (nicht die Arbeitnehmer[197]) soll dadurch vor allem über die nach § 5 Abs. 1 Nr. 9 UmwG erforderlichen *Angaben zu den Folgen der Verschmelzung für die Arbeitnehmer und ihre Vertretungen sowie die insoweit vorgesehenen Maßnahmen* (vgl. Rn. 19) informiert werden. Dies sind zum einen rechtliche Folgen wie etwa der Übergang des Arbeitsverhältnisses nach § 613a BGB (vgl. Rn. 129) und zum anderen tatsächliche Auswirkungen, etwa die Veränderung von Anfahrtswegen.[198] Reine Globalbeschreibungen reichen hierzu nicht aus. Vielmehr ist regelmäßig über die für die Arbeitnehmer eintretenden Folgen im Zusammenhang mit dem Tarifrecht, den Betriebsvereinbarungen und Arbeitsverträgen sowie die Folgen für die Arbeitnehmervertretungen und die Zuordnung der Betriebe oder Betriebsteile zu informieren.[199]

144 Gibt es *keinen Betriebsrat*, wird in Analogie zu § 122e UmwG vertreten, stattdessen die *Arbeitnehmer unmittelbar* informieren zu müssen,[200] während die Gegenauffassung aus jener für grenzüberschreitende Verschmelzungen geltenden Sondervorschrift gerade das Gegenteil ableitet (arg. e contr.).[201]

2. Betriebsänderungsbedingte Beteiligung (§ 111 BetrVG)

145 Gesellschaftsrechtliche Veränderungen des Unternehmensträgers betreffen den Betrieb an sich nicht und sind daher von § 111 BetrVG grundsätzlich nicht erfasst.[202] Der Zusammenschluss mit anderen Betrieben[203] stellt regelmäßig eine Betriebsänderung nach § 111 S. 3 Nr. 3 BetrVG dar. Eine solche *Betriebsände-*

---

[197] *Joost* ZIP 1995, 976, 984.
[198] *Joost* ZIP 1995, 976, 979.
[199] Maulbetsch/Klumpp/Rose/*Tempelmann* § 324 Rn. 54; vgl. auch *Joost* ZIP 1995, 976, 979, 984.
[200] Maulbetsch/Klumpp/Rose/*Tempelmann* § 324 Rn. 55.
[201] Maulbetsch/Klumpp/Rose/*Tempelmann* § 324 Rn. 56; auch *Joost* ZIP 1995, 976, 985.
[202] *Joost* ZIP 1995, 976, 977.
[203] Betrieb im Sinne des BetrVG ist die organisatorische Einheit, innerhalb derer ein Unternehmer (bzw. Arbeitgeber) allein oder zusammen mit den von ihm beschäftigten Arbeitnehmern bestimmte arbeitstechnische Zwecke fortgesetzt verfolgt, die sich nicht in der Befriedigung des Eigenbedarfs erschöpfen. Dazu müssen die in einer Betriebsstätte vorhandenen materiellen und immateriellen Betriebsmittel für den oder die verfolgten arbeitstechnischen Zwecke zusammengefasst, geordnet, gezielt eingesetzt und die menschliche Arbeitskraft von einem einheitlichen Leitungsapparat gesteuert werden (BAG Urt. v. 14.5.1997 – 7 ABR 52/96, zitiert nach juris, Rn. 15).

rung kommt *bei einer Verschmelzung nicht zwingend*, aber dann vor, wenn Betriebe übertragender Rechtsträger untereinander oder mit Betrieben des übernehmenden Rechtsträgers zusammengelegt werden. In Unternehmen mit in der Regel mehr als zwanzig wahlberechtigten Arbeitnehmern hat daher der Unternehmer den Betriebsrat über die geplanten *verschmelzungsbedingten Betriebsänderungen*, die wesentliche Nachteile für die Belegschaft oder erhebliche Teile der Belegschaft zur Folge haben können, rechtzeitig und umfassend zu *unterrichten* und die geplanten Betriebsänderungen *mit dem Betriebsrat zu beraten* (vgl. § 111 S. 1 BetrVG). Umstritten ist, ob diese Pflicht bei Betriebsänderungen im Sinne des § 111 S. 3 BetrVG stets und damit unabhängig davon gilt, ob sie tatsächlich wesentliche Nachteile zur Folge haben kann.[204]

II. Sonstige Informationspflichten gegenüber dem Betriebsrat

Im Übrigen bestehen die *allgemeinen Informationspflichten* des Arbeitgebers gegenüber dem Betriebsrat nach § 2 Abs. 1, § 74 Abs. 1 BetrVG.

146

Nach § 92 Abs. 1 S. 1 BetrVG müssen ferner rechtzeitige und umfassende *Unterrichtungen über die Personalplanung*, insbesondere über den gegenwärtigen und künftigen Personalbedarf sowie über die sich daraus ergebenden personellen Maßnahmen und Maßnahmen der Berufsbildung an Hand von Unterlagen erfolgen. Über Art und Umfang der erforderlichen Maßnahmen und über die Vermeidung von Härten ist mit dem Betriebsrat zu beraten (§ 92 Abs. 1 S. 2 BetrVG).

147

III. Beteiligung des Wirtschaftsausschusses (§ 106 BetrVG)

Grundsätzlich muss nach § 106 Abs. 2 S. 1 BetrVG ein bestehender Wirtschaftsausschuss rechtzeitig und umfassend über die *wirtschaftlichen Angelegenheiten* des Unternehmens unter Vorlage der erforderlichen Unterlagen unterrichtet werden. Als wirtschaftliche Angelegenheit sind dabei der *Zusammenschluss von Unternehmen oder Betrieben* und sonstige Vorgänge und Vorhaben anzusehen, welche die Interessen der Arbeitnehmer des Unternehmens wesentlich berühren können (§ 106 Abs. 3 Nr. 8 und Nr. 10 BetrVG). Dies gilt *regelmäßig* für den nach § 613a BGB stattfindenden *Arbeitgeberwechsel*.

148

IV. Auswirkungen auf die Betriebsratszusammensetzung

Der *Betriebsrat* besteht mit dem durch die Verschmelzung übergegangenen Betrieb über den Zeitpunkt der Verschmelzung hinaus fort. Geht ein Betrieb als Ganzes auf einen neuen Rechtsträger über, bleibt der Betriebsrat *grundsätzlich unverändert im Amt*.[205]

149

---

[204] Maulbetsch/Klumpp/Rose/*Tempelmann* § 324 Rn. 57; *Wlotzke* DB 1995, 40, 47; auch Erfurter Komm. Arbeitsrecht/*Kania* § 111 BetrVG Rn. 8 f.
[205] Maulbetsch/Klumpp/Rose/*Tempelmann* § 324 Rn. 60 so noch Lutter/*Joost* 5. Aufl., § 324 Rn. 20 m. w. N.

150   Besteht bei dem übernehmenden Rechtsträger ein *Gesamtbetriebsrat* nach § 47 BetrVG, so entsenden die Betriebsräte der hinzukommenden Betriebe Mitglieder an den bestehenden Gesamtbetriebsrat, so dass sich dieser entsprechend vergrößert.[206]

151   Der *Fortbestand des Gesamtbetriebsrats* kommt aber dann *nicht* in Betracht, wenn *nicht sämtliche Betriebe* eines Unternehmens auf den neuen Inhaber *übertragen* werden oder das übernehmende Unternehmen bereits einen oder mehrere Betriebe hat und sich die *betrieblichen Strukturen im übernehmenden Unternehmen* durch Integration der neuen Betriebe in das Unternehmen entsprechend *ändern*. In diesem Fall entfallen die Grundlagen für die Errichtung dieses Gesamtbetriebsrats. Es muss vielmehr ein *neuer Gesamtbetriebsrat* von den nunmehr wenigstens teilweise neu gewählten Betriebsräten nach den gesetzlichen Vorgaben des § 47 BetrVG errichtet werden. Das gilt bereits dann, wenn die betriebsverfassungsrechtliche Identität eines Betriebs im Zusammenhang mit dem Betriebsübergang verändert wird.[207]

V. Auswirkungen auf die Unternehmensmitbestimmung

152   Die *Beteiligung der Arbeitnehmer im Aufsichtsrat* der beteiligten Unternehmen richtet sich *nach den jeweiligen mitbestimmungsrechtlichen Vorschriften* des MitbestG und des DrittelbG. Führt die Verschmelzung – etwa einer der Mitbestimmung unterfallenden Kapitalgesellschaft auf eine Personengesellschaft – zum Wegfall des bisherigen Mitbestimmungsstatus, so ist eine Mitbestimmung im Aufsichtsrat des übernehmenden Rechtsträgers nicht mehr nötig. § 325 UmwG, wonach die Mitbestimmung in bestimmten Umwandlungsfällen trotz Wegfalls ihrer gesetzlichen voraussetzungen beizubehalten ist, erfasst Verschmelzungen nicht und ist auf sie auch nicht analog anzuwenden.[208]

§ 7 Kapitalerhöhung als flankierende Maßnahme zur Verschmelzung

A. Allgemeines

153   Im Zuge der Verschmelzung müssen den Anteilsinhabern des übertragenden Rechtsträgers im Regelfall Anteile des übernehmenden Rechtsträgers gewährt werden (vgl. § 2 UmwG, vgl. Rn. 80). Diese Verpflichtung kann bei einer Verschmelzung zur Aufnahme nur dann erfüllt werden, wenn der übernehmende Rechtsträger selbst bereits ausreichende Anteile an sich selbst[209] hält oder aber

---

[206] Maulbetsch/Klumpp/Rose/*Tempelmann* § 324 Rn. 60; BAG NZA 2005, 1069, 1071.
[207] BAG NZA 2003, 336 f.
[208] Lutter/*Sagan* § 325 Rn. 2; auf zudem nur geringen Praxisbedarf hinweisend *Wlotzke* DB 1995, 40, 47.
[209] Bei einer AG ist dies nur beschränkt möglich, vgl. § 71 AktG.

weitere Anteile an sich selbst erwirbt oder erschafft.[210] Die Schaffung von Anteilen ist bei Kapitalgesellschaften nicht beliebig möglich, denn ihre Anzahl ist festgelegt und beschränkt durch die satzungsgemäße Aufteilung der Gesellschaft in die einzelnen Gesellschaftsanteile, denen aus Gründen des institutionellen Gläubigerschutzes jeweils ein bestimmter Teilbetrag des Stamm- bzw. Grundkapitals der Gesellschaft zugeordnet sein muss. Die bereits vorhandenen Anteile sind grundsätzlich unteilbar,[211] und Anteile ohne entsprechendes Grund- bzw. Stammkapital sind regelmäßig nicht vorgesehen. Es bedarf daher regelmäßig einer Kapitalerhöhung der übernehmenden Kapitalgesellschaft.[212] Das Kapital ist dabei grundsätzlich so weit zu erhöhen, dass den Anteilsinhabern des übertragenden Rechtsträgers neue Anteile in bestimmter Höhe an der übernehmenden Gesellschaft eingeräumt werden können.[213]

B. Gesetzliche Regelungssystematik

Das UmwG hält in den Abschnitten zur Verschmelzung unter Beteiligung von GmbHs (§§ 46 ff. UmwG) und unter Beteiligung von AGs (§§ 60 ff. UmwG) Sondervorschriften bereit, die die jeweiligen *spezialgesellschaftlichen Vorschriften zur Kapitalerhöhung für den Fall der Verschmelzung modifizieren* (GmbH: §§ 53 ff. UmwG; AG: §§ 66 ff. UmwG). Sie bestimmen insbesondere die Fälle, in denen eine Kapitalerhöhung nicht durchgeführt werden darf (sog. „*Kapitalerhöhungsverbote*") oder in denen sie nicht durchgeführt zu werden braucht (sog. „*Kapitalerhöhungswahlrechte*"; § 54 Abs. 1, § 68 Abs. 1 UmwG). Nach h. M. folgt daraus allerdings nicht der Umkehrschluss, dass in allen sonstigen, dort nicht genannten Fällen eine Kapitalerhöhung erforderlich sei.[214] Es steht vielmehr grundsätzlich im freien Ermessen der beteiligten Rechtsträger, ob und wie weit sie eine Kapitalerhöhung durchführen, es sei denn, die Kapitalerhöhung ist nach dem Gesetz unzulässig oder aber erforderlich, um die Anteilsgewährungspflicht erfüllen zu können.[215]

154

Bei *Verschmelzung durch Neugründung* kommt eine Erhöhung des Grund- bzw. Stammkapitals nicht in Frage, weil eine übernehmende Kapitalgesellschaft mit zu erhöhendem Grund- bzw. Stammkapital noch gar nicht besteht, sondern durch die Verschmelzung erst geschaffen wird. In diesem Fall ist bei der Anwendung der Gründungsvorschriften (vgl. § 36 Abs. 2 S. 1 UmwG) dafür Sorge zu tragen, dass die Gesellschaft mit hinreichendem Grund- bzw. Stammkapital

155

---

[210] Auch Limmer/*Limmer* Teil 2 Rn. 142.
[211] Hüffer/*Koch* § 8 Rn. 26.
[212] Lutter/Vetter § 55 Rn. 1; *Maier-Reimer* GmbHR 2004, 1128, 1128; Widmann/Mayer/ Mayer § 55 UmwG Rn. 7.
[213] Widmann/Mayer/*Mayer* § 55 UmwG Rn. 35.
[214] Für diesen Umkehrschluss allerdings *Petersen* GmbHR 2004, 728 ff.
[215] Dazu noch Semler/Stengel/*Reichert*, 2. Aufl., § 54 Rn. 26 ff.; *Maier-Reimer* GmbHR 2004, 1128, 1129; *Lieder* GmbHR 2014, 232, 233.

ausgestattet wird und ausreichend in Anteile aufgeteilt werden kann, um auch die Anteilsinhaber des übertragenden Rechtsträgers zu bedienen.

C. Verschmelzung ohne Kapitalerhöhung

I. Kapitalerhöhungsverbote

156 Die übernehmende Gesellschaft *darf* eine *Kapitalerhöhung* zur Durchführung der Verschmelzung *nicht vornehmen*, soweit
1. die *übernehmende Gesellschaft Anteile eines übertragenden Rechtsträgers innehat* (§ 54 Abs. 1 S. 1 Nr. 1, § 68 Abs. 1 S. 1 Nr. 1 UmwG); in diesem Fall wäre die Kapitalerhöhung sinnlos, da zur *Vermeidung eigener Anteile einer übernehmenden Gesellschaft* (vgl. Rn. 80) nach § 20 Abs. 1 Nr. 3 S. 1 UmwG keine Geschäftsanteile an der übernehmenden Gesellschaft auf die Anteilsinhaberin der übertragenden Gesellschaft (nämlich die übernehmende Gesellschaft selbst) übergehen;
2. ein *übertragender Rechtsträger eigene Anteile innehat* (§ 54 Abs. 1 S. 1 Nr. 2, § 68 Abs. 1 S. 1 Nr. 2 UmwG); auch in diesem Fall entstünden entgegen dem Zweck des § 20 Abs. 1 Nr. 3 S. 1 UmwG eigene Anteile des übernehmenden Rechtsträgers;[216]
3. ein übertragender Rechtsträger *Geschäftsanteile der übernehmenden Gesellschaft* innehat, auf welche die *Einlagen nicht in voller Höhe bewirkt* sind (§ 54 Abs. 1 S. 1 Nr. 3 UmwG).[217] In diesem Fall würde die *Einlageforderung* der übernehmenden GmbH durch den Erwerb der nicht voll eingezahlten Anteile seitens der übernehmenden GmbH *durch Konfusion erlöschen*. Die übernehmende GmbH würde folglich eigene Anteile erhalten, auf welche die Einlage weder vollständig erbracht worden ist noch zukünftig erbracht werden muss. Dies verstieße gegen § 33 Abs. 1 GmbHG.[218]

II. Kapitalerhöhungswahlrechte

157 § 54 Abs. 1 S. 2, § 68 Abs. 1 S. 2 UmwG bestimmt, wann die übernehmende Gesellschaft ihr Stamm- bzw. Grundkapital *nicht zu erhöhen braucht*. Dies ist der Fall, soweit
1. die *übernehmende Gesellschaft eigene Geschäftsanteile innehat* (§ 54 Abs. 1 S. 2 Nr. 1 UmwG)[219]; in diesem Fall kann ihr *freigestellt* bleiben, *ob sie den Anteilsinhabern* des übertragenden Rechtsträgers *diese Anteile gewährt oder* sie behält und durch Kapitalerhöhung *neue Anteile* zur Gewährung an jene Anteilsinhaber *schafft*;[220]

---
[216] Vgl. nur Semler/Stengel/*Reichert* § 54 Rn. 7; *Lieder* GmbHR 2014, 232, 233.
[217] Ähnlich bei Beteiligung von AGs: § 68 Abs. 1 S. 1 Nr. 3 UmwG.
[218] Semler/Stengel/*Reichert* § 54 Rn. 8.
[219] Ähnlich bei Beteiligung von AGs: § 68 Abs. 1 S. 2 Nr. 1 UmwG
[220] Lutter/*Vetter* § 54 Rn. 50; *Lieder* GmbHR 2014, 232, 233.

Rüdiger Haspl

2. ein *übertragender Rechtsträger Geschäftsanteile der übernehmenden Gesellschaft innehat*, auf welche die *Einlagen* bereits *in voller Höhe bewirkt* sind (§ 54 Abs. 1 S. 2 Nr. 2 UmwG). Auch in diesem Fall bestehen mit der Verschmelzung voll eingezahlte eigene Anteile bei der übernehmenden Gesellschaft, die dann zur Gewährung an die Anteilsinhaber des übertragenden Rechtsträgers verwendet werden können, aber nicht müssen. Welche der Anteile verwendet werden, bestimmt sich nach dem Verschmelzungsvertrag.

Schließlich wird vertreten, dass eine Kapitalerhöhung auch dann nicht erforderlich sei, *wenn Dritte Geschäftsanteile bzw. Aktien* zur Gewährung an die Anteilseigner des übertragenden Rechtsträgers *zur Verfügung stellen*. Dabei ist umstritten, ob hierzu schon eine treuhänderische Verpflichtung des Dritten gegenüber der übernehmenden Gesellschaft, womöglich kombiniert mit einer durch die Eintragung der Verschmelzung aufschiebend bedingten Übereignung an die Anteilsinhaber des übertragenden Rechtsträgers, ausreicht oder ob die Anteile der Gesellschaft übereignet worden sein müssen.[221]

158

Nach § 54 Abs. 1 S. 3, § 68 Abs. 1 S. 3 UmwG darf die übernehmende Gesellschaft auch dann von der Gewährung von Geschäftsanteilen bzw. Aktien absehen, wenn *alle Anteilsinhaber eines übertragenden Rechtsträgers* darauf *verzichten*; die Verzichtserklärungen sind *notariell zu beurkunden*. Der Verzicht auf eine Kapitalerhöhung ist *unabhängig vom Einverständnis der Gläubiger* des Rechtsträgers möglich. Dies zeigt, dass die Kapitalerhöhungsvorschriften zur Durchführung der Verschmelzung nicht dem Gläubigerschutz dienen.[222]

159

III. Weitere Vorschriften

§ 54 Abs. 2, § 68 Abs. 2 UmwG bezieht *Treuhandverhältnisse* betreffend die in § 54 Abs. 1, § 68 Abs. 1 UmwG genannten Anteile in den Anwendungsbereich ein, um Umgehungen zu verhindern.[223]

160

§ 54 Abs. 3 S. 1 UmwG enthält *Erleichterungen*, um bereits *vorhandene eigene Anteile abzubauen* und den Anteilsinhabern des übertragenden Rechtsträgers zu gewähren und stattdessen auf die Schaffung neuer Anteile im Wege der Kapitalerhöhung zu verzichten.[224] *Bestimmungen* des Gesellschaftsvertrags, *die die Teilung* der Geschäftsanteile der übernehmenden Gesellschaft *ausschließen oder erschweren*, sind danach *nicht anzuwenden*, soweit Geschäftsanteile der übernehmenden Gesellschaft, die sie selbst oder ein übertragender Rechtsträger innehat, zur Durchführung der Verschmelzung geteilt werden müssen. Allerdings muss der Nennbetrag jedes Teils der Geschäftsanteile auf volle Euro lauten. Die Regelung gilt entsprechend, wenn ein Dritter treuhänderisch Anteile für eine beteiligte Gesellschaft hält (vgl. § 54 Abs. 3 S. 2 UmwG).

161

---

[221] Lutter/*Vetter* § 54 Rn. 62.
[222] Lutter/*Vetter* § 54 Rn. 81; Limmer/*Limmer* Teil 1 Rn. 176 f.
[223] Lutter/*Vetter* § 54 Rn. 108.
[224] Semler/Stengel/*Reichert* § 54 Rn. 37.

Kapitel 2

162 Nach § 54 Abs. 4, § 68 Abs. 3 UmwG dürfen im Verschmelzungsvertrag festgesetzte *bare Zuzahlungen* (vgl. § 5 Abs. 1 Nr. 3 UmwG) *nicht mehr als 10%* des Gesamtnennbetrags der gewährten Geschäftsanteile der übernehmenden Gesellschaft betragen (vgl. Rn. 20).

D. Verschmelzung mit Kapitalerhöhung

I. Zeitpunkt der Kapitalerhöhung

163 Die Kapitalerhöhung muss *vor der Verschmelzung* durchgeführt werden, denn die Verschmelzung darf erst nach der Eintragung der Kapitalerhöhung im Register eingetragen werden (vgl. §§ 53, 66 UmwG). Dadurch soll sichergestellt werden, dass die Kapitalerhöhung im Zeitpunkt der Verschmelzung auch tatsächlich stattgefunden hat und die dadurch geschaffenen Anteile den Anteilsinhabern des übertragenden Rechtsträgers zur Verfügung stehen.[225]

164 Eine *erforderliche Kapitalerhöhung* nach § 55 UmwG oder § 66 UmwG wird nicht schon mit ihrer Eintragung, sondern *erst mit Eintragung der Verschmelzung wirksam*, weil die neuen Anteile nach § 20 Abs. 1 Nr. 3 UmwG erst in diesem Zeitpunkt entstehen.[226] Nach überwiegend vertretener Ansicht würde bei abweichender Eintragungsreihenfolge die zunächst mangels Kapitalerhöhung unwirksame Verschmelzung im Zeitpunkt der Eintragung der Kapitalerhöhung wirksam.[227]

II. Durchführender Rechtsträger

165 Die Kapitalerhöhung erfolgt *bei der übernehmenden Kapitalgesellschaft*. Auf sie finden grundsätzlich die Vorschriften der §§ 55 ff. GmbHG bzw. §§ 182 ff. AktG Anwendung.[228] Es bedarf daher eines *satzungsändernden Kapitalerhöhungsbeschlusses* ihrer Anteilsinhaberversammlung nach § 53 GmbHG, § 179 AktG, der regelmäßig mit dem Zustimmungsbeschluss zur Verschmelzung verbunden werden wird.[229]

166 Abweichend von den allgemeinen gesellschaftsrechtlichen Kapitalerhöhungsvorschriften werden allerdings die für die neuen Anteile zu erbringenden *Einlagen* nicht von den zukünftigen Gesellschaftern (also den Anteilsinhabern der übertragenden Gesellschaft), sondern *vom übertragenden Rechtsträger erbracht*.[230]

---

[225] Lutter/*Vetter* § 53 Rn. 1, 19.
[226] Lutter/*Vetter* § 53 Rn. 20; Widmann/Mayer/*Mayer* § 53 UmwG Rn. 6; Kallmeyer/*Zimmermann* § 53 Rn. 19; *Lutter*, in: FS für Wiedemann, 2002, S. 1097 ff., 1099 f.
[227] Lutter/*Vetter* § 53 Rn. 24; Widmann/Mayer/*Mayer* § 53 UmwG Rn. 12.
[228] Lutter/*Vetter* § 55 Rn. 1, § 69 Rn. 3.
[229] Lutter/*Vetter* § 55 Rn. 14.
[230] Lutter/*Vetter* § 55 Rn. 1; auch BGH NJW-RR 2007, 1487, 1487.

III. Sacheinlagepflicht

Die Einlage für die ausgegebenen Anteile besteht aus dem übergehenden Vermögen der übertragenden Gesellschaft.[231] Es handelt sich daher um eine *Sacheinlage*.[232] Das *Gebot der realen Kapitalaufbringung* und das *Verbot der sog. Unter-pari-Emission* sind zu beachten.[233] Der Gesamtnennbetrag der durch die Kapitalerhöhung geschaffenen Gesellschaftsanteile muss also vom Wert der Sacheinlage gedeckt sein. Ist der übertragende Rechtsträger *überschuldet*, darf die Verschmelzung nur durchgeführt werden, wenn jedenfalls die bei der Kapitalerhöhung zu gewährenden *Mindesteinlagen abgedeckt* sind.[234] Darüber hinaus *schließt* die *Insolvenzreife* des übertragenden Rechtsträgers und die daraus folgende Pflicht, die Eröffnung des Insolvenzverfahrens zu beantragen (§ 15a InsO), eine *Verschmelzung grundsätzlich nicht aus*.[235] Die Gefahr, dass Umwandlungsmaßnahmen in der Krise der Gesellschaft gleichwohl im Einzelfall nach § 283 Abs. 1 Nr. 1 StGB (Bankrott) strafrechtlich bedeutsam sein können,[236] dürfte bei Verschmelzungen jedenfalls schon deshalb praktisch gering sein, weil die objektive Strafbarkeitsbedingung des § 283 Abs. 6 StGB beim übertragenden Rechtsträger nach dessen Erlöschen kaum mehr eintreten kann.

Entgegen einer bis dato in der Literatur vertretenen Auffassung[237] lässt sich nach einer Entscheidung des BGH[238] bei der Verschmelzung unter Beteiligung von GmbHs keine *Differenzhaftung der Gesellschafter* nach § 56 Abs. 2 UmwG i. V. m. § 9 GmbHG begründen, die sämtliche Gesellschafter des übertragenden Rechtsträgers entsprechend ihrer Beteiligungsquote am Gesamtbetrag der anlässlich der Verschmelzung gewährten Anteile treffe.[239] Allerdings kommt im Einzelfall beim Vorliegen der Voraussetzungen eines existenzvernichtenden Eingriffs eine Haftung nach § 826 BGB in Betracht.[240] Bei der *Beteiligung einer AG* gibt es eine solche Differenzhaftung schon deshalb nicht, weil es an einem Verweis der Verschmelzungsvorschriften auf aktienrechtliche Vorschriften fehlt, aus denen eine solche Haftung hergeleitet werden könnte.[241]

---

[231] *Maier-Reimer* GmbHR 2004, 1128, 1128; *Lutter*, in: FS für Wiedemann, 2002, S. 1097 ff., 1098; Widmann/Mayer/*Mayer* § 55 UmwG Rn. 12.
[232] Lutter/*Vetter* § 55 Rn. 24.
[233] Lutter/*Vetter* § 55 Rn. 26; Widmann/Mayer/*Mayer* § 55 UmwG Rn. 83.6.
[234] Widmann/Mayer/*Mayer* § 55 UmwG Rn. 83.8.
[235] Widmann/Mayer/*Mayer* § 55 UmwG Rn. 83.12 f.
[236] Widmann/Mayer/*Mayer* § 55 UmwG Rn. 83.13.
[237] So noch Widmann/Mayer/*Mayer* § 55 UmwG Rn. 80; Lutter/*Winter/Vetter*, 5. Aufl., § 55 Rn. 35 f.
[238] BGH NZG 2019, 187 ff.
[239] So noch Lutter/*Winter/Vetter*, 5. Aufl., § 55 Rn. 43.
[240] BGH a. a. O.
[241] BGH NJW-RR 2007, 1487 ff.

IV. Kapitalerhöhung bei übernehmender GmbH

169 § 55 UmwG bestimmt *Vorschriften des GmbHG* für unanwendbar, *die bei einer Kapitalerhöhung im Zuge der Verschmelzung nicht passen*. Es handelt sich um die Vorschriften über die *Übernahmeerklärung der Anteilsinhaber* nach § 55 Abs. 1 GmbHG, die durch die Bestimmungen im Verschmelzungsvertrag und die Zustimmungsbeschlüsse ersetzt wird. Unanwendbar sind ferner die Vorschriften über die *Erbringung der Einlage* nach § 56a GmbHG und die *Versicherung über deren Bewirkung* nach § 57 Abs. 2 GmbHG, die angesichts des Übergangs des gesamten Vermögens des übertragenden Rechtsträgers entbehrlich sind.

V. Kapitalerhöhung bei übernehmender AG

170 Für Verschmelzungen mit Kapitalerhöhung bei Beteiligung von AGs werden die *Kapitalerhöhungsvorschriften der §§ 182 ff. AktG durch § 69 UmwG modifiziert*.

171 Nach § 69 Abs. 1 S. 1 bis S. 3 UmwG sind § 182 Abs. 4 AktG („keine Kapitalerhöhung vor Erlangung ausstehender Einlagen"), § 184 Abs. 1 S. 2 AktG (Angaben zu bislang nicht geleisteten Einlagen in Registeranmeldung des Erhöhungsbeschlusses), § 188 Abs. 2 und Abs. 3 Nr. 1 AktG (Erfordernis der Einlageleistung vor Registeranmeldung der Kapitalerhöhung) und § 203 Abs. 3 AktG (Erfordernis der Einlageleistung vor Ausgabe der Aktien bei Kapitalerhöhung mit genehmigtem Kapital) nicht anzuwenden, da *rückständige Einlagen bei der Verschmelzung keine Rolle* spielen.[242] Keine Anwendung finden ferner § 185 AktG (Zeichnung neuer Aktien), § 186 AktG (Bezugsrecht) und 187 Abs. 1 AktG (Zusicherung von Bezugsrechten nur unter Vorbehalt), da die *Anteile nicht* von den Aktionären *aufgrund* gesetzlichen *Bezugsrechts gezeichnet* werden, *sondern kraft Gesetzes* nach § 20 Abs. 1 Nr. 3 S. 1 UmwG auf die Anteilsinhaber des übertragenden Rechtsträgers übergehen.

172 Eine *Prüfung der Sacheinlage* nach § 183 Abs. 3 AktG findet nur in bestimmten Fällen statt (§ 69 Abs. 1 S. 1 a. E. AktG), nämlich
1. soweit der *übertragende Rechtsträger* die Rechtsform einer Personenhandelsgesellschaft, einer Partnerschaftsgesellschaft oder eines rechtsfähigen Vereins hat, da es hier *regelmäßig keinen testierten Jahresabschluss* gibt, der Anhaltspunkte für eine Bewertung der Sacheinlage liefern kann,[243]
2. wenn *Vermögensgegenstände* in der Schlussbilanz eines übertragenden Rechtsträgers *höher bewertet* worden sind als in dessen letzter Jahresbilanz,

---

[242] Kallmeyer/*Marsch-Barner* § 69 Rn. 5, 12 f.
[243] Vgl. Kallmeyer/*Marsch-Barner* § 69 Rn. 6 f.; kritisch zu solcher Begründung Lutter/ *Grunewald* § 69 Rn. 9.

3. wenn die in einer *Schlussbilanz angesetzten* Werte nicht als Anschaffungskosten in den Jahresbilanzen der übernehmenden Gesellschaft angesetzt werden oder
4. wenn das Gericht *Zweifel* hat, ob der *Wert der Sacheinlage* den geringsten Ausgabebetrag der dafür zu gewährenden Aktien erreicht.

In all diesen Fällen hält das Gesetz die *Gefahr, dass der Wert der Sacheinlage den geringsten Ausgabebetrag der dafür zu gewährenden Aktien nicht erreicht*, es also zu einer sog. „*Unter-pari-Emission*" kommt, für so groß, dass eine Sacheinlagenprüfung nach § 183 Abs. 3 AktG gerechtfertigt ist. Zum Prüfer kann der Verschmelzungsprüfer bestellt werden (§ 69 Abs. 1 S. 4 UmwG). 173

VI. AG-Nachgründung

Als *Umgehungsschutz zur Sicherung der Kapitalaufbringung*[244] bei AGs enthält § 52 AktG Vorschriften über die sog. Nachgründung. Dabei handelt es sich entgegen dem nach dem Wortlaut entstehenden Eindruck nicht um gesellschaftsrechtliche Gründungsvorgänge, sondern um *schuldrechtliche Geschäfte*, die sowohl aufgrund ihrer *zeitlichen Nähe zur Gründung* als auch wegen ihrer möglichen *Auswirkungen auf die Kapitalausstattung* der AG als so *risikobehaftet* angesehen werden, dass sie einen Schutz rechtfertigen, der dem bei Gründung entspricht,[245] und daher *besonderen (Wirksamkeits-)Anforderungen* unterliegen. Erfasst sind etwa *Verträge der AG mit Gründern oder Aktionären, die in den ersten zwei Jahren seit Eintragung* der AG geschlossen werden und nach denen die AG *Vermögensgegenstände für eine den zehnten Teil des Grundkapitals übersteigende Vergütung* erwerben soll. 174

Handelt es sich bei der übernehmenden Rechtsträgerin um eine AG, die noch nicht länger als zwei Jahre vor dem Schluss des Verschmelzungsvertrages im Register eingetragen ist, sind die Vorschriften über die Nachgründung des § 52 Abs. 3, Abs. 4, Abs. 6 bis Abs. 9 AktG entsprechend anzuwenden (§ 67 S. 1 UmwG). Dies gilt allerdings nicht, wenn auf die zu gewährenden Aktien nicht mehr als der zehnte Teil des Grundkapitals dieser Gesellschaft entfällt (§ 67 S. 2 UmwG). Bei einem solch geringen Volumen wird der Verschmelzung für die Erhaltung des Grundkapitals der übernehmenden AG keine hinreichende Bedeutung beigemessen.[246] Ebenso wenig bedarf es der Anwendung der Nachgründungsvorschriften, wenn die AG ihre Rechtsform durch Formwechsel einer GmbH erlangt hat, die zuvor bereits seit mindestens zwei Jahren im Handelsregister eingetragen war (§ 67 S. 2 UmwG). Vertreten wird, dass trotz der fehlenden Verweisung auf § 52 Abs. 1 AktG die dort genannten Anwendungsvorausset- 175

---

[244] Hüffer/Koch § 52 Rn. 1.
[245] Hüffer/Koch § 52 Rn. 1 f.
[246] Lutter/*Grunewald* § 67 Rn. 6.

zung vorliegen muss, dass der Verschmelzungspartner oder Gründer mit mehr als 10% am Grundkapital der AG beteiligt ist.[247]

176 Danach hat der Aufsichtsrat den *Verschmelzungsvertrag* vor der Fassung des Verschmelzungsbeschlusses zu *prüfen* und einen schriftlichen Bericht (*Nachgründungsbericht*) zu erstatten (vgl. § 52 Abs. 3 S. 1 AktG). Entsprechend § 32 Abs. 2 und Abs. 3 AktG (vgl. § 52 Abs. 3 S. 2 AktG) sind dabei die *wesentlichen Umstände darzulegen, von denen die Angemessenheit der Berechnung des Umtauschverhältnisses abhängt*, insbesondere die vorausgegangenen Rechtsgeschäfte, die auf den Erwerb durch die Gesellschaft hingezielt haben, und die Betriebserträge aus den letzten beiden Geschäftsjahren anzugeben.[248] Anzugeben ist ferner, ob und in welchem Umfang bei der Verschmelzung für Rechnung eines Mitglieds des Vorstands oder des Aufsichtsrats Aktien übernommen worden sind (§ 32 Abs. 3 AktG).

177 Außerdem hat regelmäßig vor der Beschlussfassung eine *Prüfung der Umstände des Verschmelzungsvertrages* entsprechend den Vorschriften des § 33 Abs. 3 bis Abs. 5, §§ 34, 35 AktG über die *Gründungsprüfung* stattzufinden (§ 52 Abs. 4 AktG).

178 Der *Verschmelzungsvertrag* (als Vertrag zur Nachgründung[249]) ist sodann zur *Eintragung in das Handelsregister* anzumelden (§ 52 Abs. 6 AktG). Bestehen nach Prüfung nach § 52 Abs. 7 AktG keine Bedenken, trägt das Registergericht den Tag des Schlusses des Verschmelzungsvertrages ein (§ 52 Abs. 8 AktG).

§ 8 Besondere Vorschriften bei der Verschmelzung

A. Beteiligung von Personenhandelsgesellschaften

I. Aufgelöste Personenhandelsgesellschaft als übertragender Rechtsträger

179 Personenhandelsgesellschaften sind an Vereinbarungen ihrer Gesellschafter über spezielle Auseinandersetzungsarten gebunden. Aufgelöste Personenhandelsgesellschaften können daher als übertragende Rechtsträger an einer Verschmelzung nur dann beteiligt sein, wenn die Gesellschafter entweder dies oder die Abwicklung der Gesellschaft vereinbart haben (vgl. § 39 UmwG).

II. Personenhandelsgesellschaft als übernehmender Rechtsträger

180 Handelt es sich beim übernehmenden Rechtsträger um eine Personenhandelsgesellschaft, so ist die genaue Gesellschafterstellung der Anteilsinhaber des über-

---

[247] Lutter/*Grunewald* § 67 Rn. 3 m. w. N.; Hüffer/Koch § 52 Rn. 3; a. A. wohl Semler/Stengel/*Diekmann* § 67 Rn. 5.
[248] Lutter/*Grunewald* § 67 Rn. 12.
[249] Semler/Stengel/*Diekmann* § 67 Rn. 23.

tragenden Rechtsträgers (persönlich haftend/Kommanditist) und der Betrag der Einlage jedes Gesellschafters im Verschmelzungsvertrag oder dessen Entwurf zu bestimmen (§ 40 Abs. 1 UmwG).

Anteilsinhaber, die beim übertragenden Rechtsträger für dessen Verbindlichkeiten nicht (etwa nach § 128 HGB) als Gesamtschuldner persönlich unbeschränkt haften, dürfen zu ihrem Schutz *ohne ihre Zustimmung* eine *Anteilsinhaberschaft mit unbeschränkter persönlicher Haftung nicht* erhalten. Nach § 40 Abs. 2 S. 1 UmwG ist ihnen daher grundsätzlich die Stellung eines Kommanditisten zu gewähren (vgl. mit ähnlicher Schutzrichtung auch das Widerspruchsrecht persönlich haftender Gesellschafter nach § 43 Abs. 2 S. 3 UmwG). 181

Bei fehlender Zustimmung besteht ein *Eintragungshindernis*.[250] Erfolgt die Eintragung gleichwohl, ist sie wirksam und die Anteilsinhaber erhalten die im Verschmelzungsvertrag vorgesehene Gesellschafterstellung; ihnen können aber *Schadensersatzansprüche* nach § 25 UmwG zustehen (vgl. Rn. 89).[251] Vertreten wird auch, dass sich in diesem Fall aus der gesellschaftlichen Treuepflicht der Gesellschafter ein *Recht auf Ausscheiden aus der Gesellschaft gegen angemessene Abfindung* ergibt, wenn die Gesellschafter nicht zur Änderung des Gesellschaftsvertrages bereit sind, um den Anteilsinhabern die Stellung eines Kommanditisten einzuräumen.[252] 182

III. Entbehrlichkeit des Verschmelzungsberichts

In Ergänzung zu § 8 Abs. 3 UmwG ist ein Verschmelzungsbericht für eine beteiligte Personenhandelsgesellschaft nicht erforderlich, wenn *alle Gesellschafter* dieser Gesellschaft *zur Geschäftsführung berechtigt* sind (§ 41 UmwG), weil sie sich dann bereits aufgrund ihrer Geschäftsführerstellung über die Verschmelzung unterrichten können,[253] so etwa im Regelfall einer OHG (vgl. § 114 Abs. 1 HGB). 183

IV. Beschlussmehrheit/Verschmelzungsprüfung

Grundsätzlich erfordert der Verschmelzungsbeschluss *Einstimmigkeit aller* (zur Gesellschafterversammlung erschienenen und nicht erschienenen) *Gesellschafter* (vgl. § 43 Abs. 1 UmwG). Hiervon kann aber durch Gesellschaftsvertrag der jeweiligen beteiligten Personenhandelsgesellschaft bis zum *Mindesterfordernis einer ¾-Mehrheit* abgewichen werden (vgl. § 43 Abs. 2 S. 1 und S. 2 UmwG). 184

Ist Einstimmigkeit erforderlich, ist eine *Verschmelzungsprüfung* nicht zwingend vorgeschrieben (vgl. § 44 S. 1 UmwG). Hält ein Gesellschafter eine Verschmelzungsprüfung für erforderlich, so kann er seine Zustimmung zum Ver- 185

---

[250] Lutter/*Schmidt* § 40 Rn. 11.
[251] Lutter/*Schmidt* § 40 Rn. 12.
[252] Lutter/*Schmidt* § 40 Rn. 12 m. w. N.
[253] Lutter/*Schmidt* § 41 Rn. 1.

Rüdiger Haspl

schmelzungsbeschluss davon abhängig machen, dass eine Verschmelzungsprüfung vorgenommen wird.[254] Ansonsten kann die Verschmelzungsprüfung von jedem Gesellschafter binnen Wochenfrist ab Unterrichtung nach § 42 UmwG verlangt werden (vgl. § 44 S. 1 UmwG).

V. Nachhaftung (§ 45 UmwG)

186 § 45 UmwG enthält eine *zeitliche Begrenzung der persönlichen Forthaftung des Gesellschafters einer übertragenden Personenhandelsgesellschaft* ähnlich wie § 160 HGB für den Fall des Ausscheidens eines nach § 128 HGB unbeschränkt persönlich haftenden OHG-Gesellschafters: Wird eine Personenhandelsgesellschaft auf einen Rechtsträger anderer Rechtsform verschmolzen, dessen Anteilsinhaber für die Verbindlichkeiten dieses Rechtsträgers nicht unbeschränkt haften, so *haftet* ein Gesellschafter der Personenhandelsgesellschaft für ihre Verbindlichkeiten, *wenn* sie
– *vor Ablauf von fünf Jahren nach der Verschmelzung fällig* und
– daraus *Ansprüche* gegen ihn in einer in § 197 Abs. 1 Nr. 3 bis Nr. 5 BGB bezeichneten Art *festgestellt* sind oder eine gerichtliche oder behördliche *Vollstreckungshandlung vorgenommen oder beantragt* wird; bei öffentlich-rechtlichen Verbindlichkeiten genügt der Erlass eines Verwaltungsakts (§ 45 Abs. 1 UmwG).

187 Die grundsätzlich unbeschränkt fortgeltende Haftung nach § 128 HGB für Altverbindlichkeiten erlischt demnach, wenn die in § 45 UmwG geregelten Voraussetzungen für die Fortdauer der Haftung nicht mehr vorliegen.[255]

B. Beteiligung von GmbHs

I. Inhalt des Verschmelzungsvertrags

188 Der Verschmelzungsvertrag oder sein Entwurf hat zusätzlich *für jeden Anteilsinhaber* eines übertragenden Rechtsträgers den *Nennbetrag des Geschäftsanteils* zu bestimmen, den die übernehmende GmbH ihm zu gewähren hat (§ 46 Abs. 1 S. 1 UmwG).

II. Gesellschafterversammlung

189 Die Vorbereitung und Durchführung der Gesellschafterversammlung ist in §§ 49 f. UmwG geregelt. Die Verschmelzungsbeschlussfassung erfordert *mindestens eine ¾-Mehrheit*, der Gesellschaftsvertrag kann eine größere Mehrheit und weitere Erfordernisse bestimmen (§ 50 Abs. 1 UmwG).

---

[254] Lutter/*Schmidt* § 44 Rn. 4.
[255] Lutter/*Schmidt* § 45 Rn. 16.

Ein *besonderes Zustimmungserfordernis* für alle bei Beschlussfassung anwesenden Anteilsinhaber eines übertragenden Rechtsträgers bestimmt § 51 Abs. 1 S. 1 UmwG, wenn bei einer übernehmenden GmbH nicht alle zu leistenden Einlagen in voller Höhe bewirkt sind. Dann nämlich besteht das Risiko, nach der Verschmelzung als Gesellschafter der GmbH der Ausfallhaftung nach § 24 GmbHG zu unterfallen.[256] Ist der übertragende Rechtsträger eine Personenhandelsgesellschaft, eine Partnerschaftsgesellschaft oder eine GmbH, so bedarf der Verschmelzungsbeschluss auch der Zustimmung der nicht erschienenen Gesellschafter (§ 51 Abs. 1 S. 2 UmwG).[257] Das Zustimmungserfordernis umfasst schließlich auch alle Gesellschafter der übernehmenden GmbH, wenn die Einlagen einer übertragenden GmbH nicht in voller Höhe bewirkt sind (§ 51 Abs. 1 S. 3 UmwG). Bei der Anmeldung der Verschmelzung ist zu erklären, dass die erforderlichen Zustimmungen erteilt worden sind (vgl. § 52 Abs. 1 UmwG).

190

III. Verschmelzungsprüfung

Entsprechend § 44 UmwG für Personenhandelsgesellschaften können nach § 48 S. 1 UmwG auch GmbH-Gesellschafter binnen Wochenfrist die Verschmelzungsprüfung verlangen.

191

C. Beteiligung von AGs

I. Verschmelzungsprüfung

Für *jede* an der Verschmelzung *beteiligte AG* hat eine Verschmelzungsprüfung zu erfolgen (§ 60 UmwG). Dies gilt allerdings *nicht, wenn* eine *100 %ige Tochtergesellschaft auf die Muttergesellschaft verschmolzen wird* (§§ 60, 9 Abs. 2 UmwG). Vertreten wird, dass über den Verweis in § 60 UmwG auf § 9 Abs. 3 UmwG auch § 8 Abs. 3 UmwG anwendbar ist, so dass auch ein *Verzicht* der Anteilsinhaber auf die Verschmelzungsprüfung *zulässig* sei.[258]

192

II. Treuhänder

Ist als übernehmender Rechtsträger eine AG beteiligt, so hat der übertragende Rechtsträger *für den Empfang der zu gewährenden Aktien und der baren Zuzahlungen* einen Treuhänder zu bestellen (vgl. § 71 Abs. 1 S. 1 UmwG). Hierzu bedarf es des Abschlusses eines entsprechenden Auftrags- oder Geschäftsbesor-

193

---

[256] Vgl. nur Semler/Stengel/*Reichert* § 51 Rn. 10.
[257] Der Verzicht auf dieses Erfordernis bei nicht erschienenen Anteilsinhabern im Falle des § 51 Abs. 1 S. 1 UmwG soll nicht auf deren geringerer Schutzbedürftigkeit, sondern rein auf Praktikabilitätserwägungen beruhen, weil diese Anteilsinhaber nicht zwingend persönlich bekannt sind, Lutter/*Winter/Vetter* § 51 Rn. 25; Semler/Stengel/*Reichert* § 51 Rn. 14.
[258] Vgl. nur Lutter/*Grunewald* § 60 Rn. 2.

gungsvertrages nach §§ 662, 611, 675 BGB.[259] Dem Treuhänder sind vor der Eintragung der Verschmelzung die für die Anteilsinhaber des übertragenden Rechtsträgers bestimmten Aktien (bzw. -urkunden) und baren Zuzahlungen von der übernehmenden AG zu übergeben. Der Treuhänder hat deren Empfang gegenüber dem Gericht des Handelsregisters der übernehmenden AG anzuzeigen, damit die Verschmelzung eingetragen werden kann.[260] Er muss die empfangenen Urkunden und Zuzahlungen verwahren[261] und nach der Verschmelzung den berechtigten Anteilsinhabern unverzüglich aushändigen.[262] Der Übergang der Mitgliedschaftsrechte aus den Aktien erfolgt allerdings nach § 20 Abs. 1 Nr. 3 S. 1 UmwG mit Eintragung der Verschmelzung unabhängig von der körperlichen Übergabe der Aktienurkunden.[263]

III. Konzernverschmelzungen

194 Vorschriften zu sog. Konzernverschmelzungen finden sich in § 62 UmwG. Danach sind bestimmte *Verschmelzungen einer Tochter- auf ihre Muttergesellschaft unter vereinfachten Voraussetzungen* möglich (vgl. Rn. 195 und Rn. 204). Zudem wurde die Regelung durch das am 15.7.2011 in Kraft getretene Dritte Gesetz zur Änderung des UmwG[264] ergänzt, so dass im Zusammenhang mit einer solchen Verschmelzung *Minderheitsaktionäre der Tochtergesellschaft unter vereinfachten Bedingungen ausgeschlossen werden* können (sog. verschmelzungsrechtlicher „Squeeze-out"; vgl. Rn. 206).

1. Entbehrlichkeit des Verschmelzungsbeschlusses der übernehmenden AG

a) Regelung und Hintergrund

195 Befinden sich bei einer Verschmelzung mindestens *90% des Stamm- oder Grundkapitals einer übertragenden Kapitalgesellschaft*[265] in der Hand, also *im Eigentum*[266], *einer übernehmenden AG*, so ist ein Verschmelzungsbeschluss der übernehmenden AG nicht erforderlich (§ 62 Abs. 1 S. 1 UmwG). Erfasst sind mithin nur Fälle, in denen die Muttergesellschaft die Rechtsform einer AG, KGaA[267]

---

[259] Semler/Stengel/*Diekmann* § 71 Rn. 7.
[260] Semler/Stengel/*Diekmann* § 71 Rn. 16 f.
[261] Semler/Stengel/*Diekmann* § 71 Rn. 10.
[262] Semler/Stengel/*Diekmann* § 71 Rn. 18.
[263] Widmann/Mayer/*Rieger* § 71 UmwG Rn. 23, 24.
[264] BGBl. I 2011 1338.
[265] Eigene Anteile der übertragenden Gesellschaft und Anteile, die einem anderen für Rechnung dieser Gesellschaft gehören, sind vom Stammkapital oder Grundkapital abzusetzen (§ 62 Abs. 1 S. 2 UmwG).
[266] Treuhänderisch vermitteltes Halten reicht nicht aus, vgl. Lutter/*Grunewald* § 62 Rn. 4; Kallmeyer/*Marsch-Barner* § 62 Rn. 10.
[267] § 78 S. 1 UmwG.

oder SE[268] und die Tochtergesellschaft die Rechtsform einer GmbH, AG, KGaA oder SE[269] hat.

Als Hintergrund für die Regelung wird genannt, dass die *„Einschmelzung" der Tochtergesellschaft für die Aktionäre der übernehmenden AG nicht besonders bedeutsam* sei, da die AG aufgrund der hohen Mehrheitsbeteiligung ohnehin bereits (überwiegend) das wirtschaftliche Risiko der übertragenden Gesellschaft trage.[270] Kritisch angemerkt wird, dass dies auch auf übernehmende Rechtsträger anderer Rechtsform zutreffe, weshalb es für die Privilegierung von AGs keinen sachlichen Grund gebe.[271]

196

b) Maßgeblicher Zeitpunkt

Wann die erforderliche Anteilsquote vorliegen muss, lässt sich dem Gesetz unmittelbar nicht entnehmen. Vertreten wird, dass sie im Zeitpunkt der *Beschlussfassung* der übertragenden Gesellschaft bestehen müsse, weil die Bindung an den Verschmelzungsvertrag bereits mit diesem Beschluss eintrete; ein Beschluss der übernehmenden AG sei nach § 62 Abs. 1 S. 1 UmwG nicht mehr erforderlich.[272] Nach anderer Auffassung soll es auf den Zeitpunkt der *Anmeldung*,[273] nach wiederum anderer Meinung auf den Zeitpunkt des Wirksamwerdens der *Verschmelzung* ankommen.[274]

197

c) Beschluss auf Minderheitsverlangen

Abweichend von § 62 Abs. 1 S. 1 UmwG bedarf es doch eines *Verschmelzungsbeschlusses der übernehmenden AG, wenn Aktionäre der übernehmenden AG, deren Anteile zusammen 5% des Grundkapitals* erreichen, formlos gegenüber der AG oder deren Vorstand[275] die Einberufung einer Hauptversammlung *verlangen*, in der über die Zustimmung zu der Verschmelzung beschlossen wird (sog. *Minderheitsverlangen*, vgl. § 62 Abs. 2 S. 1 UmwG). Die Satzung der AG kann ein geringeres Quorum vorsehen (vgl. § 62 Abs. 2 S. 2 UmwG). Das Quorum ist erfüllt, wenn die erforderliche Anzahl von Aktien *vom Zeitpunkt des Verlangens an bis zur Einberufung der Hauptversammlung* gehalten wird.[276]

198

Das Verlangen kann *bis zur Anmeldung der Verschmelzung* gestellt werden.[277] Kommt der Vorstand der AG dem Verlangen nicht nach, so können die

199

---

[268] Vgl. dazu oben Rn. 6 (Fn. 3).
[269] Henssler/Strohn/*Junker* § 62 UmwG Rn. 1; Maulbetsch/Klumpp/Rose/*Rose* § 62 Rn. 8.
[270] Kallmeyer/*Marsch-Barner* § 62 Rn. 3; Lutter/*Grunewald* § 62 Rn. 1.
[271] Kallmeyer/*Marsch-Barner* § 62 Rn. 1; Lutter/*Grunewald* § 62 Rn. 1.
[272] Lutter/*Grunewald* § 62 Rn. 7; auch Maulbetsch/Klumpp/Rose/*Rose* § 62 Rn. 12.
[273] So Kallmeyer/*Marsch-Barner* § 62 Rn. 9 m. w. N.
[274] So Semler/Stengel/*Diekmann* § 62 Rn. 20 mit der Begründung, Missbrauchsmöglichkeiten zu verhindern; ferner Widmann/Mayer/*Rieger* § 62 UmwG Rn. 24.
[275] Kallmeyer/*Marsch-Barner* § 62 Rn. 20.
[276] Lutter/*Grunewald*, § 62 Rn. 17; Maulbetsch/Klumpp/Rose/*Rose* § 62 Rn. 19.
[277] Lutter/*Grunewald* § 62 Rn. 19; Maulbetsch/Klumpp/Rose/*Rose* § 62 Rn. 22.

Aktionäre, die das Verlangen gestellt haben, analog § 122 Abs. 3 AktG gerichtlich ermächtigt werden, die Hauptversammlung einzuberufen.[278]

d) Beschluss wegen wesentlicher Bedeutung

200 Nach umstrittener Auffassung ist die *Zustimmung der Hauptversammlung* zudem nach den Grundsätzen der sog. *Holzmüller-Entscheidung* des BGH[279] einzuholen, wenn die *Verschmelzung für die übernehmende AG von wesentlicher Bedeutung* ist.[280] Danach ist zum Schutz der Minderheitsaktionäre vor einer Entwertung ihrer Mitgliedschaft den Aktionären der Obergesellschaft ein Anspruch auf Beteiligung an grundlegenden, für ihre Rechtsstellung bedeutsamen Entscheidungen in der Tochtergesellschaft über ihre Hauptversammlung einzuräumen.[281] Die Aktionäre der Obergesellschaft können verlangen, an wichtigen Grundentscheidungen in der Tochtergesellschaft, die sich auf ihre eigene Rechtsstellung nachhaltig auswirken können, *in denselben Formen und mit denselben Mehrheiten* intern beteiligt zu werden, wie es für entsprechende Entscheidungen in der Obergesellschaft bestimmt ist, bevor sie in der Tochtergesellschaft verwirklicht werden.[282] Der Beschluss der Hauptversammlung erfordert demnach eine *¾-Mehrheit des vertretenen Grundkapitals*.[283]

e) Informationspflichten

201 § 62 Abs. 3 UmwG bestimmt Informationspflichten zum Schutze der Anteilsinhaber des übernehmenden Rechtsträgers. Nur wenn sie erfüllt werden, ist der Beschluss nach § 62 Abs. 1 S. 1 UmwG entbehrlich.[284] Andernfalls besteht ein *Eintragungshindernis*.[285]

202 Demnach sind die in § 63 Abs. 1 UmwG bezeichneten Unterlagen einen Monat vor der Anteilsinhaberversammlung der übertragenden Gesellschaft, die den Verschmelzungsbeschluss fassen soll, im Geschäftsraum der übernehmenden Gesellschaft zur Einsicht auszulegen (§ 62 Abs. 3 S. 1 UmwG). Zugleich muss die übernehmende AG den Verschmelzungsvertrag oder seinen Entwurf zum Register der übernehmenden Gesellschaft einreichen, einen Hinweis auf die bevorstehende Verschmelzung in ihren Gesellschaftsblättern bekanntmachen und die Aktionäre auf ihr Recht hinweisen, ein Minderheitsverlangen zu

---

[278] Lutter/*Grunewald* § 62 Rn. 22.
[279] BGH NJW 1982, 1703 ff.
[280] Kallmeyer/*Marsch-Barner* § 62 Rn. 3; a. A. Maulbetsch/Klumpp/Rose/*Rose* § 62 Rn. 7, weil § 62 Abs. 1 UmwG abschließend sei und andernfalls Rechtsunsicherheit eintrete; ablehnend auch Semler/Stengel/*Diekmann* § 62 Rn. 5, der zwar § 62 Abs. 1 S. 1 UmwG für nicht abschließend hält, aber in diesem Fall keinen „Holzmüller"-Fall sieht.
[281] OLG Köln NJW-RR 1993, 804, 806.
[282] BGH NJW 1982, 1703, 1707.
[283] BGH NZG 2004, 571, 574.
[284] Lutter/*Grunewald* § 62 Rn. 16.
[285] Maulbetsch/Klumpp/Rose/*Rose* § 62 Rn. 42.

stellen (§ 62 Abs. 3 S. 3 UmwG). Ferner besteht die Pflicht, jedem Aktionär der übernehmenden AG auf Verlangen unverzüglich und kostenlos eine Abschrift der in § 63 Abs. 1 UmwG bezeichneten Unterlagen – mit dessen Einwilligung auch nur elektronisch – zu erteilen (§ 62 Abs. 3 S. 6 und S. 7 UmwG). Die Auslage der Unterlagen und deren Erteilung an die Aktionäre kann durch Zugänglichmachung der Unterlagen im maßgeblichen Zeitraum über die Internetseite der Gesellschaft ersetzt werden (§ 62 Abs. 3 S. 8 UmwG).

Der Vorstand hat bei der Anmeldung der Verschmelzung zur Eintragung in das Handelsregister die Bekanntmachung nachzuweisen und zu erklären, ob ein Minderheitsverlangen gestellt worden ist (§ 62 Abs. 3 S. 4 und S. 5 UmwG). 203

2. Entbehrlichkeit des Verschmelzungsbeschlusses der übertragenden AG

Ein Verschmelzungsbeschluss der Anteilsinhaber der übertragenden Kapitalgesellschaft ist nicht erforderlich, wenn sich deren *gesamtes Stamm- oder Grundkapital in der Hand einer übernehmenden AG* befindet (§ 62 Abs. 4 S. 1 UmwG).[286] Bei einem solchen 100 %igen „Upstream Merger", also einer konzerninternen *Verschmelzung einer 100 %igen Tochter- auf die Muttergesellschaft*, bedarf es keines über § 62 Abs. 1 UmwG hinausgehenden Schutzes von Anteilsinhabern. Alleinige Anteilsinhaberin des übertragenden Rechtsträgers ist die übernehmende AG, die bereits vor der Verschmelzung das volle wirtschaftliche Risiko der 100 %igen Tochtergesellschaft trägt (vgl. Rn. 196). Damit droht auch keine Erhöhung des wirtschaftlichen Risikos ihrer Anteilsinhaber, deren Verschmelzungsbeschluss aus den gleichen Gründen schon nach § 62 Abs. 1 S. 1 UmwG entbehrlich ist. Es reicht daher aus, dass eine Minderheit der Aktionäre der übernehmenden AG nach § 62 Abs. 2 UmwG eine Beschlussfassung der Hauptversammlung verlangen kann. 204

Die in § 62 Abs. 3 UmwG bestimmten Informations-, Auslegungs- und Anmeldungspflichten sind auch hier – und zwar für die Dauer eines Monats nach Abschluss des Verschmelzungsvertrages – zu erfüllen (§ 62 Abs. 4 S. 3 UmwG). 205

3. Verschmelzungsrechtlicher Squeeze-out

Gehören der *übernehmenden AG*[287] (Hauptaktionär) *Aktien in Höhe von 90 % des Grundkapitals einer übertragenden AG*[288], so kann die Hauptversammlung einer übertragenden AG *innerhalb von drei Monaten nach Abschluss des Verschmelzungsvertrages* einen Beschluss nach § 327a Abs. 1 S. 1 AktG fassen 206

---

[286] Europarechtlich war die Regelung erforderlich geworden zur Umsetzung der Richtlinie 2009/109/EG des Europäischen Parlaments und des Rates vom 16.9.2009 zur Änderung der Richtlinien 77/91/EWG, 78/855/EWG und 82/891/EWG des Rates sowie der Richtlinie 2005/56/EG hinsichtlich der Berichts- und Dokumentationspflicht bei Verschmelzungen und Spaltungen, ABl. 2009 L 259, 14, vgl. BT-Drs. 17/3122, 12.
[287] Bzw. KGaA oder SE, vgl. Semler/Stengel/*Diekmann* § 62 Rn. 32e; Widmann/Mayer/*Mayer* Einf. UmwG Rn. 65.19.
[288] Bzw. KGaA oder SE, vgl. Widmann/Mayer/*Mayer* Einf. UmwG Rn. 65.18.

(vgl. § 62 Abs. 5 S. 1 UmwG), also die *Übertragung der Aktien der übrigen Aktionäre* (Minderheitsaktionäre) auf den Hauptaktionär *gegen Gewährung einer angemessenen Barabfindung beschließen* (sog. verschmelzungsrechtlicher „Squeeze-out"[289]). Für den Beschluss reicht grundsätzlich die einfache Mehrheit aus (§ 133 Abs. 1 AktG).[290] Eines Verschmelzungsbeschlusses bedarf es in diesem Fall nicht (vgl. § 62 Abs. 1 S. 1, Abs. 4 S. 2 UmwG).

207 Während beim aktienrechtlichen Squeeze-out (§§ 327a ff. AktG) und beim übernahmerechtlichen Squeeze-out (§§ 39a f. WpÜG) eine Schwelle von 95 % erreicht sein muss, reicht hier wegen des sachlichen und zeitlichen Zusammenhangs mit einer nachfolgenden Verschmelzung und dem darin zum Ausdruck kommenden legitimen Umstrukturierungswillen eine geringere Beteiligungsquote aus, um das Herausdrängen der Minderheitsaktionäre zu rechtfertigen.[291]

a) Verschmelzungsvertrag

208 Der *Verschmelzungsvertrag* muss abgeschlossen werden, *bevor* der *Übertragungsbeschluss* gefasst werden kann,[292] und auf den beabsichtigten Squeeze-out hinweisen (vgl. § 62 Abs. 5 S. 2 UmwG). *Angaben zur Anteilsgewährung* nach § 5 Abs. 1 Nr. 2 bis Nr. 5 UmwG *bedarf es* im Verschmelzungsvertrag *nicht*, da es angesichts des Squeeze-out zu keiner Anteilsgewährung an Aktionäre der übertragenden AG kommt.[293] Die Angaben können aber sinnvoll sein, um zu vermeiden, dass ein neuer Vertrag geschlossen werden muss, sollte der Squeeze-out wider Erwarten doch nicht, die Verschmelzung allerdings dennoch durchgeführt werden.[294]

b) Vorbereitung des Übertragungsbeschlusses

209 Das Verfahren richtet sich im Übrigen nach den Vorschriften der § 327a bis § 327f AktG (vgl. § 62 Abs. 5 S. 8 UmwG). Die *übertragende AG* hat daher nach §§ 327c, 327d AktG eine *Hauptversammlung* vorzubereiten und durchzuführen, *in der über die Übertragung der Aktien* der Minderheitsaktionäre gegen Gewährung einer *angemessenen Abfindung* (§ 327a Abs. 1 S. 1 AktG) *zu beschließen ist*. Die übernehmende AG (Hauptaktionär) legt die Höhe der Barabfindung fest (§ 327b Abs. 1 S. 1 AktG).

210 Nach h. M. bedarf es beim umwandlungsrechtlichen Squeeze-out *keines Verschmelzungsberichts* und *keiner Verschmelzungsprüfung* mit entsprechendem Prüfungsbericht.[295] Die Verschmelzung sei hier für Berichts- und Prüfungszwe-

---

[289] Überblick bei *Kiefner/Brügel* AG 2011, 525 ff.
[290] MüKoAktG/*Grunewald* § 327a Rn. 15.
[291] Vgl. auch *Kiefner/Brügel* AG 2011, 525, 526 m. w. N.
[292] *Kiefner/Brügel* AG 2011, 525, 527; *Göthel* ZIP 2011, 1541, 1542.
[293] *Hofmeister* NZG 2012, 688, 689.
[294] *Göthel* ZIP 2011, 1541, 1543.
[295] *Hofmeister* NZG 2012, 688, 694; *Heckschen* NJW 2011, 2390, 2392; *Göthel* ZIP 2011, 1541, 1546.

cke so *zu behandeln, als sei der übernehmende Rechtsträger schon Alleingesellschafter* des übertragenden Rechtsträgers (dann nämlich gälten § 8 Abs. 3, § 9 Abs. 2, § 12 Abs. 3 UmwG), auch wenn der Ausschluss der Minderheitsaktionäre erst mit der Eintragung der Verschmelzung erfolgt (vgl. § 62 Abs. 5 S. 7 UmwG).[296] Die Aktionäre der übertragenden AG würden von der Verschmelzung gar nicht betroffen, sondern nur von dem Squeeze-out; für diesen sind ohnehin nach § 327c Abs. 2 AktG, § 62 Abs. 5 S. 8 UmwG ein gesonderter Übertragungsbericht sowie eine Prüfung einschließlich Prüfungsbericht erforderlich.[297]

Die in § 62 Abs. 3 UmwG enthaltenen Informations- und Auslegungspflichten sind auch hier – und zwar für die Dauer eines Monats nach Abschluss des Verschmelzungsvertrages – zu erfüllen (§ 62 Abs. 5 S. 3 UmwG). 211

c) Vollzug des Übertragungsbeschlusses

Ist der Übertragungsbeschluss gefasst, muss ihn der *Vorstand der übertragenden AG zur Eintragung* in das *Handelsregister der Tochter-AG*[298] anmelden (§ 327e Abs. 1 AktG). Der Anmeldung ist der Verschmelzungsvertrag in Ausfertigung oder öffentlich beglaubigter Abschrift oder sein Entwurf beizufügen (§ 62 Abs. 5 S. 6 UmwG). 212

Die Eintragung des Übertragungsbeschlusses ist mit dem Vermerk zu versehen, dass er *erst gleichzeitig mit der Eintragung der Verschmelzung* im Register des Sitzes der übernehmenden AG *wirksam* wird (§ 62 Abs. 5 S. 7 UmwG). Dadurch wird sichergestellt, dass nicht ein Squeeze-out nach den Voraussetzungen des § 62 Abs. 5 UmwG herbeigeführt werden kann, ohne dass die Verschmelzung tatsächlich durchgeführt wird. 213

Mit der *Eintragung* des Übertragungsbeschlusses in das Handelsregister *gehen alle Aktien* der Minderheitsaktionäre *auf die übernehmende AG über* (§ 327e Abs. 3 S. 1 AktG), *wenn* der *Verschmelzungsvertrag* bereits im Handelsregister der übernehmenden AG *eingetragen* ist. Andernfalls erfolgt der Übergang der Aktien erst mit Eintragung der Verschmelzung.[299] 214

Den *ausgeschlossenen Minderheitsaktionären* steht sodann der *Barabfindungsanspruch* zu. Sind über diese Aktien Aktienurkunden ausgegeben, so verbriefen sie bis zu ihrer Aushändigung an den Hauptaktionär nur den Anspruch auf Barabfindung (§ 327e Abs. 3 S. 2 AktG). 215

Ein *gerichtliche Nachprüfung der Angemessenheit der Abfindung* kann nach § 327f Abs. 1 S. 1 und 2 AktG nur in einem *Spruchverfahren* erfolgen, in dem das Gericht ggf. die angemessene Barabfindung bestimmt (vgl. Kap. 7 Rn. 65 ff.). 216

---

[296] *Hofmeister* NZG 2012, 688, 693.
[297] *Hofmeister* NZG 2012, 688, 693; ähnlich *Kiefner/Brügel* AG 2011, 525, 529.
[298] *Kiefner/Brügel* AG 2011, 525, 528.
[299] Vgl. nur *Göthel* ZIP 2011, 1541, 1548.

D. Verschmelzung von Kapitalgesellschaften mit dem Vermögen eines Alleingesellschafters

217 Natürliche Personen können an einer Verschmelzung nur ausnahmsweise beteiligt sein, wenn sie als Alleingesellschafter einer Kapitalgesellschaft[300] deren Vermögen übernehmen (§ 3 Abs. 2 Nr. 2, § 120 Abs. 1 UmwG). Hält neben dem Alleingesellschafter die *Kapitalgesellschaft selbst Anteile* an sich, *steht* dies einer solchen Verschmelzung *nicht entgegen* (vgl. § 120 Abs. 2 UmwG). Für *Verschmelzungen von Kapitalgesellschaften mit anderen* nach § 3 UmwG verschmelzungsfähigen *Alleingesellschaftern* als natürlichen Personen gelten die *vorrangigen Vorschriften* des Ersten bis Achten Abschnitts des Zweiten Teils des Zweiten Buches, also die *§ 39 bis § 119 UmwG* (vgl. § 120 Abs. 1 UmwG).[301]

218 In diesem Fall handelt es sich um eine *Verschmelzung im Wege der Aufnahme*, bei der allerdings – da natürliche Personen naturgemäß nicht „verschmolzen" werden können – der übertragende Rechtsträger „mit dem Vermögen" des Alleingesellschafters verschmolzen wird (§ 120 Abs. 1 UmwG). Auf die Kapitalgesellschaft sind dabei die für ihre Rechtsform geltenden Vorschriften des Ersten und Zweiten Teils des Zweiten Buches des UmwG anzuwenden (§ 121 UmwG), also sämtliche allgemeinen und rechtsformspezifischen Verschmelzungsvorschriften. Für den Alleingesellschafter gelten die allgemeinen Vorschriften der § 2 bis § 38 UmwG; für ihn passende besondere Vorschriften gibt es im UmwG nicht.[302]

219 Der *Alleingesellschafter* ist grundsätzlich in das Handelsregister *einzutragen* (vgl. § 122 Abs. 1 UmwG), so dass die *Verschmelzung im Regelfall mit* ihrer *Eintragung im Register des Alleingesellschafters wirksam* wird. *Kommt* eine *Eintragung nicht in Betracht*, etwa weil das übertragene Vermögen kein nach den Vorschriften des HGB eintragungspflichtiges Gewerbe betrifft und der Alleingesellschafter eine Eintragung entweder nicht vornehmen möchte oder mangels Eintragungsfähigkeit nicht vornehmen kann,[303] so treten die *Wirkungen der Verschmelzung bereits durch ihre Eintragung in das Register des Sitzes der übertragenden Kapitalgesellschaft* ein (vgl. § 122 Abs. 2 UmwG).

---

[300] Umstritten ist, ob hierfür auch eine SE in Betracht kommt (Art. 9 Abs. 1 lit. c Ziffer ii SE-VO) oder ob Artikel 66 SE-VO (Umwandlung einer SE in eine nationale AG) als abschließende Vorschrift die Umwandlung einer SE nach § 120 UmwG ausschließt, vgl. Lutter/*Karollus/Schwab* § 120 Rn. 18.

[301] Umstritten ist, ob eine Verschmelzung nach § 120 UmwG auf einen VVaG möglich ist oder ob § 109 S. 1 UmwG, wonach VVaG nur miteinander verschmolzen werden können, die Verschmelzung unter Beteiligung von VVaG abschließend regelt. Nach Semler/Stengel/*Seulen* § 120 Rn. 16, 18 ist eine solche Verschmelzung entgegen der h. M. zulässig, da sie „nach den Vorschriften des Ersten bis Achten Abschnitts nicht möglich" sei und es sich auch nicht um eine nach § 109 S. 1 UmwG ausgeschlossene Verschmelzung mit einem anderen Rechtsträger, sondern nur mit dessen „Vermögen" handle.

[302] Lutter/*Karollus/Schwab* § 121 Rn. 2.

[303] Semler/Stengel/*Seulen* § 122 Rn. 9; Lutter/*Karollus/Schwab* § 122 Rn. 4, 6 ff.

Hinweis: Schwierigkeiten können sich ergeben, wenn dem Alleingesellschafter als „Kannkaufmann" ein Eintragungswahlrecht (§ 2 HGB) zusteht. Die Eintragung im Register der übertragenden Kapitalgesellschaft muss der Eintragung des Alleingesellschafters vorausgehen und mit dem Vorläufigkeitsvermerk versehen werden (§ 19 Abs. 1 UmwG; vgl. Rn. 64). Zum Zeitpunkt dieser Eintragung steht jedoch nicht immer bereits fest, ob der Alleingesellschafter von seinem (zeitlich unbeschränkten) Wahlrecht Gebrauch machen wird. Es bleibt damit offen, ob die Verschmelzung – sollte der Alleingesellschafter sich für seine Eintragung entscheiden – erst künftig wirksam werden wird oder ob – sobald er sich gegen seine Eintragung entschließt – die Wirkungen der Verschmelzung bereits in der Vergangenheit eingetreten sind.

Lösungsvorschlag: Bereits bei Anmeldung der Eintragung im Register der übertragenden Gesellschaft obliegt dem Registergericht zu prüfen, ob eine Eintragung des Alleingesellschafters erfolgen wird, und ggf. dazu eine Erklärung des Alleingesellschafters über die Ausübung seines Wahlrechts anzufordern. Kommt dessen Eintragung danach nicht in Betracht, bedarf es des Vorläufigkeitsvermerks nicht, und die Verschmelzung wird mit ihrer Eintragung im Register der Kapitalgesellschaft wirksam. Andernfalls wird die Verschmelzung erst wirksam, wenn der Alleingesellschafter seine Eintragung herbeiführt. Ein dem Vorläufigkeitsvermerk widersprechender rückwirkender Eintritt der Wirksamkeit nach § 122 Abs. 2 UmwG sollte dann nicht mehr möglich sein, auch wenn sich der Alleingesellschafter entgegen seiner Ankündigung später doch gegen seine Eintragung entscheidet und sie gegenüber dem für ihn zuständigen Registergericht nicht mehr beantragt.[304]

§ 9 Kontrollfragen und Lösungen

Kontrollfragen zu Kapitel 2:

1. Was ist eine Verschmelzung und welche Arten gibt es?

2. Was sind die typischen Schritte des Verschmelzungsverfahrens? Welche Vorgänge sind den Verfahrensschritten regelmäßig zuzuordnen?

3. Was ist ein Verschmelzungsvertrag, welchen Zweck und Inhalt hat er und wie kommt er zustande?

4. Wann ist ein Verschmelzungsbeschluss erforderlich und mit welchen Mehrheiten kommt er zustande?

5. Wann und mit welchen Folgen wird eine Verschmelzung wirksam?

6. Bedarf es zur Verschmelzung von Kapitalgesellschaften einer Kapitalerhöhung?

---

[304] Nach a. A. soll eine Rückwirkung nach § 122 Abs. 2 UmwG bei Eintragungsfähigkeit des Alleingesellschafters deshalb nicht in Betracht kommen, weil der Alleingesellschafter sein Wahlrecht durch die Verschmelzung nach § 120 UmwG zwangsläufig stets im Sinne eines Eintragungswillens ausübe, vgl. Maulbetsch/Klumpp/Rose/*Haggeney* § 122 Rn. 9.

7. Die A-GmbH soll nach Zustimmungsbeschluss durch die nach ihrer Satzung erforderliche ¾-Mehrheit der Gesellschafter auf die B-OHG verschmolzen werden. Gesellschafter A1 der A-GmbH ist nicht einverstanden, weil er nicht persönlich haftender Gesellschafter einer Personengesellschaft werden will. Was kann er tun?
8. Wie werden bei einer Verschmelzung unter Beteiligung von Personenhandelsgesellschaften Gesellschafter davor geschützt, gegen ihren Willen persönlich haftende Gesellschafter der übernehmenden Gesellschaft zu werden? Wie werden Gläubiger davor geschützt, dass es bei einer solchen Verschmelzung zu einem für sie unerwünschten Wegfall der persönlichen Haftung der Gesellschafter kommt?

Lösungen zu Kapitel 2:

1. Eine Verschmelzung ist die Übertragung des Vermögens eines oder mehrerer Rechtsträger als Ganzes auf einen anderen Rechtsträger im Wege der Gesamtrechtsnachfolge gegen Gewährung von Anteilen des übernehmenden Rechtsträgers an die Anteilsinhaber des übertragenden Rechtsträgers, der dabei ohne Abwicklung aufgelöst wird. Sie kann im Wege der Aufnahme durch einen bereits bestehenden Rechtsträger oder im Wege der Neugründung eines erst durch die Verschmelzung entstehenden Rechtsträgers geschehen.
2. Das Verfahren gliedert sich in (1) die Vorbereitung der Verschmelzungsbeschlüsse, (2) die Beschlussfassung und (3) den Vollzug der Verschmelzung.
    (1) Zur Vorbereitung der Verschmelzungsbeschlüsse müssen regelmäßig
        1. der Verschmelzungsvertrag entworfen oder geschlossen werden,
        2. die Anteilsinhaber über den Verschmelzungsvertrag bzw. seinen Entwurf informiert werden (ggf. Zusendung, Bekanntmachung im Handelsregister),
        3. der Verschmelzungsbericht erstattet werden,
        4. die Verschmelzungsprüfung durchgeführt werden,
        5. die Anteilsinhaberversammlung einberufen, dabei auf die Verschmelzung als Gegenstand der Beschlussfassung hingewiesen und erforderliche Unterlagen zur Einsicht durch die Anteilsinhaber ausgelegt werden.
        6. Im Übrigen ist zur Vorbereitung des Vollzugs die Schlussbilanz zu erstellen, wobei auf die Einhaltung der 8-Monats-Frist nach § 17 Abs. 2 S. 4 UmwG zu achten ist.
    (2) Sodann muss die Anteilsinhaberversammlung durchgeführt werden, in welcher der Beschluss der Anteilsinhaber zu fassen und notariell zu beurkunden ist. Ebenfalls zu beurkunden sind dabei etwaige Zustimmungserklärungen einzelner Anteilsinhaber.
    (3) Zum Vollzug ist die Verschmelzung bei den zuständigen Registern anzumelden, damit sie eingetragen und veröffentlicht wird.

Rüdiger Haspl

3. Der Verschmelzungsvertrag ist ein Vertrag zwischen den an der Verschmelzung beteiligten Rechtsträgern, der sowohl schuld- als auch körperschaftsorganisationsrechtliche Folgen auslöst. Er bildet die Basis der Verschmelzung und beinhaltet ihre wesentlichen Bedingungen. Sein Mindestinhalt ergibt sich aus § 5 UmwG. Er wird durch die Vertretungsorgane der beteiligten Rechtsträger geschlossen. Bis zur Zustimmung der Anteilsinhaberversammlungen der beteiligten Rechtstwräger durch den Verschmelzungsbeschluss ist er schwebend unwirksam.

4. Der Verschmelzungsbeschluss ist die Zustimmung der Anteilsinhaber der beteiligten Rechtsträger zur im Vertrag oder seinem Entwurf beschriebenen Verschmelzung. Er ist grundsätzlich bei jeder Verschmelzung erforderlich, da die Verschmelzung eine die Anteilsinhaber betreffende Grundlagenentscheidung ist. Ausnahmsweise entbehrlich ist er bei konzerninternen Verschmelzungen für eine übernehmende AG, in deren Hand sich mindestens 90 % des Stamm- oder Grundkapitals einer übertragenden Kapitalgesellschaft befinden, und für eine übertragende Kapitalgesellschaft, deren gesamtes Stamm- oder Grundkapital sich in der Hand einer übernehmenden AG befindet. Im Falle des verschmelzungsrechtlichen Squeeze-out ist er für die übertragende AG auch dann entbehrlich, wenn der übernehmenden AG Aktien in Höhe von 90 % des Grundkapitals der übertragenden AG gehören (vgl. § 62 Abs. 1 S. 1, Abs. 4 S. 2 UmwG). In diesem Fall reicht es aus, dass die Hauptversammlung der übertragenden AG mit einfacher Mehrheit die Übertragung der Aktien ihrer Minderheitsaktionäre auf die übernehmende AG gegen Gewährung einer angemessenen Barabfindung beschließt.
Sofern die Satzung eines beteiligten Rechtsträgers nicht noch strengere Anforderungen stellt, erfordert der Verschmelzungsbeschluss eine Mindestmehrheit von ¾ der abgegebenen Stimmen. Bei Personenhandels- und Partnerschaftsgesellschaften ist ohne abweichende Satzungsbestimmung sogar Einstimmigkeit erforderlich; die Mindestmehrheit von ¾ gilt auch hier.

5. Nach § 20 Abs. 1 UmwG wird die Verschmelzung mit ihrer Eintragung im Register des Sitzes des übernehmenden Rechtsträgers wirksam. Die Gesamtrechtsnachfolge tritt ein, die übertragenden Rechtsträger erlöschen, und es kommt zur automatischen Auswechslung der Anteile der Anteilsinhaber.

6. Eine verschmelzungsbedingte Kapitalerhöhung ist nicht in jedem Fall vorgesehen. Sie ist allerdings erforderlich, wenn es ohne sie nicht ausreichende Anteile des übernehmenden Rechtsträgers gäbe, die den Anteilsinhabern eines übertragenden Rechtsträgers als Ersatz für den Verlust ihrer Anteile zur Verfügung gestellt werden könnten. Die §§ 54, 68 UmwG bestimmen dementsprechend Fälle, in denen eine Kapitalerhöhung unzulässig oder unnötig ist. Eine Kapitalerhöhung darf demnach nicht erfolgen, wenn sie im Ergebnis dazu führen würde, dass der übernehmende Rechtsträger eigene Anteile an sich hält. Sie ist nicht erforderlich, wenn dem übernehmenden Rechtsträ-

ger anderweitig voll eingezahlte Anteile zur Verfügung stehen, die im Zuge der Verschmelzung den Anteilsinhabern des übertragenden Rechtsträgers gewährt werden können.

7. Die Verschmelzung der A-GmbH auf einen Rechtsträger anderer Rechtsform führt zu einer Änderung der Rechtsstellung der Altgesellschafter. Dadurch wird im Fall das Interesse eines GmbH-Gesellschafters berührt, als Anteilsinhaber für Verbindlichkeiten der Gesellschaft nicht persönlich zu haften.
Will A1 die persönliche Haftung als Gesellschafter der B-OHG nach § 128 HGB vermeiden, so kann er gegen Abfindung seines Gesellschaftsanteils aus der OHG ausscheiden. Der Verschmelzungsvertrag muss hierzu ein entsprechendes Abfindungsangebot erhalten (§ 29 Abs. 1 UmwG). Da der OHG ein Erwerb eigener Gesellschaftsanteile nicht möglich ist, hat das Angebot für den Fall zu erfolgen, dass der Anteilsinhaber sein Ausscheiden erklärt (§ 29 Abs. 1 S. 3 UmwG). Hierzu muss A1 bereits in der Anteilsinhaberversammlung der A-GmbH, die über die Verschmelzung beschließt, seinen Widerspruch zur Niederschrift erklären (§ 29 Abs. 1 S. 1 UmwG), es sei denn, es liegen die Voraussetzungen des § 29 Abs. 2 UmwG vor. A1 muss sodann innerhalb der 2-Monats-Frist des § 31 UmwG das Abfindungsangebot annehmen und seinen Austritt aus der OHG erklären. Mit dem Austritt erlischt sein Gesellschaftsanteil und wächst grundsätzlich den verbleibenden Gesellschaftern zu.[305]
Möchte A1 nicht gänzlich auf seine Stellung als Gesellschafter verzichten, kann er sich auch darauf beschränken, in der Gesellschafterversammlung der A-GmbH, die über die Verschmelzung beschließt, der Verschmelzung (formlos gegenüber dem Versammlungsleiter oder einem sonstigen passivvertretungsberechtigten Gesellschafter[306]) zu widersprechen. In diesem Fall ist ihm in der OHG die Stellung eines Kommanditisten zu gewähren (§ 43 Abs. 2 S. 3 UmwG); die OHG würde damit zur KG. Ist dies im Verschmelzungsvertrag bzw. seinem Entwurf noch nicht berücksichtigt, bedarf es dessen Änderung, Beurkundung und nochmaliger Beschlussfassung der Gesellschafterversammlung.[307] Insbesondere kann dadurch im Einzelfall auch eine Änderung des Umtauschverhältnisses erforderlich werden.[308]

8. Nicht persönlich unbeschränkt haftende Anteilsinhaber eines übertragenden Rechtsträgers dürfen beim übernehmenden Rechtsträger nur dann die Stellung eines persönlich haftenden Gesellschafters erhalten, wenn sie dem Verschmelzungsbeschluss zustimmen (vgl. § 40 Abs. 2 UmwG). Persönlich unbeschränkt haftende Anteilsinhaber der beteiligten Rechtsträgers können

---

[305] Widmann/Mayer/*Wälzholz* § 29 UmwG Rn. 58.
[306] Semler/Stengel/*Ihrig* § 43 Rn. 38.
[307] Widmann/Mayer/*Vossius* § 43 UmwG Rn. 141.
[308] Semler/Stengel/*Ihrig* § 43 Rn. 41.

Rüdiger Haspl

die Stellung eines persönlich haftenden Anteilsinhabers beim übernehmenden Rechtsträger vermeiden, indem sie der Verschmelzung widersprechen (vgl. § 43 Abs. 2 S. 3 UmwG).

Nach § 45 UmwG haftet ein persönlich haftender Gesellschafter einer übertragenden Personenhandelsgesellschaft für deren Verbindlichkeiten, die bis zu 5 Jahre nach der Verschmelzung fällig werden, selbst wenn er als Anteilsinhaber des übernehmenden Rechtsträgers nicht mehr unbeschränkt haftet oder wenn er in diesem geschäftsführend tätig wird.

Rüdiger Haspl

Inhaltsverzeichnis Kapitel 3

Kapitel 3. Die Spaltung	125
§ 1 Allgemeines	125
A. Überblick	125
I. Die Spaltungsarten im Überblick	125
II. Wirtschaftlicher Hintergrund	126
B. Spaltungsformen	128
I. Aufspaltung	128
II. Abspaltung	129
III. Ausgliederung	129
IV. Spaltung zur Aufnahme oder zur Neugründung	130
V. Kombination	130
C. Aufbau der Spaltungsvorschriften	131
D. Weitere Grundbegriffe	132
I. Teile des Vermögens	132
II. Die partielle Gesamtrechtsnachfolge	132
III. Anteilsgewährung	133
IV. Verhältniswahrende und nicht-verhältniswahrende Spaltung	133
E. Spaltungen und spaltungsähnliche Vorgänge aufgrund anderer Normen und Gesetze	135
I. Teilübertragung (§ 174 Abs. 2 UmwG)	135
II. Spaltung der von der Treuhandanstalt verwalteten Unternehmen	135
III. „Bad Banks"	135
IV. Bestandsübertragungen bei Versicherungsunternehmen	137
§ 2 Spaltungsverfahren	137
A. Spaltungsfähige Rechtsträger	137
I. Beteiligungsfähige Rechtsträger	137
II. Anzahl der beteiligten Rechtsträger/Kettenumwandlungen	138
III. Rechtsformspezifische Besonderheiten	138
IV. Beteiligungsfähigkeit von SE und SCE	140
V. Beteiligungsfähigkeit von Gesellschaften ausländischer Rechtsformen	140
VI. Beteiligungsfähigkeit von GbR, Vorgesellschaft und fehlerhafter Gesellschaft	141

B. Ablauf der Spaltung im Überblick 141
    I. Spaltungsvertrag oder Spaltungsplan 141
        1. Begriffe 142
        2. Inhalt 142
            a) Mindestangaben 143
            b) Insbesondere: Die Bezeichnung und Aufteilung der Gegenstände 144
            c) Insbesondere: Aufteilung der Anteile an den beteiligten Rechtsträgern 148
        3. Form 148
    II. Spaltungsbericht 149
    III. Spaltungsprüfung 150
    IV. Beachtung des Gründungsrechts 151
    V. Zustimmungsbeschlüsse der Anteilsinhaber 152
    VI. Anmeldung zur Eintragung in das Handelsregister 152
        1. Anmeldeverfahren 152
        2. Inhalt der Anmeldung 153
        3. Insbesondere: Die Schlussbilanz 154

§ 3 Wirkung der Spaltung 155
§ 4 Schutz der Anteilsinhaber 156
    A. Organhaftung 156
    B. Abfindung 157
§ 5 Schutz der Gläubiger 157
    A. Spaltungshaftung 157
        I. Mithaftung 157
        II. Recht auf Sicherheitsleistung 159
    B. Haftung für Ansprüche der Inhaber von Sonderrechten 160
    C. Dingliche Surrogation bei Rechten Dritter an Anteilen oder Mitgliedschaften 160
    D. Organhaftung 161
    E. Haftung wegen Firmenübernahme 162
    F. Schutz der Gläubiger des übernehmenden Rechtsträgers? 162
§ 6 Schutz der Arbeitnehmer und Arbeitnehmerorganisationen 163
    A. Unterrichtung 163
        I. Angaben im Spaltungsvertrag oder -plan 163
        II. Übermittlung des Spaltungsvertrags oder -plans an den Betriebsrat 163
        III. Weitere Unterrichtungspflichten 164
            1. Unterrichtungspflicht nach § 613a Abs. 5 BGB 164
            2. Betriebsänderung (§ 111 BetrVG) 164
            3. Weitere Informationspflichten gegenüber dem Betriebsrat 164
            4. Beteiligung des Wirtschaftsausschusses (§ 106 BetrVG) 165

Dieter Leuering

B. Schutzvorschriften zugunsten der Arbeitnehmer 165
 I. Betriebsübergang, § 613a BGB 165
  1. Tatbestand 165
  2. Rechtsfolge 166
  3. Unterrichtungspflicht 166
  4. Widerspruchsrecht 167
 II. Arbeitnehmerschutz durch besonderen Gläubigerschutz .. 168
  1. Nachhaftung für Versorgungsverbindlichkeiten
   (§ 133 UmwG) 168
  2. Schutz bei Betriebsaufspaltung (§ 134 UmwG) 168
C. Auswirkungen auf die Unternehmensmitbestimmung 168
§ 7 Rechte und Pflichten der Organmitglieder 170
A. Pflichten 170
B. Spezielle Organhaftung 170
 I. Tatbestand 170
 II. Fiktion des Fortbestehens des übertragenden
  Rechtsträgers 171
§ 8 Besondere Vorschriften bei der Spaltung 171
A. Spaltung unter Beteiligung von Personengesellschaften 172
B. Spaltung unter Beteiligung von Kapitalgesellschaften 172
C. Spaltung unter Beteiligung von eingetragenen
 Genossenschaften 173
D. Ausgliederung des Vermögens eines Einzelkaufmanns 174
E. Ausgliederung aus dem Vermögen von Gebietskörperschaften 175
§ 9 Kontrollfragen und Lösungen 175

Dieter Leuering

Kapitel 3

Die Spaltung

§ 1 Allgemeines

Fall: Im Jahr 2000 kam es zu einer Konzentration auf dem deutschen Versorgungsmarkt: Im Gesamtkontext der Neustrukturierung des Energiemarktes wurde zum einen die VEW AG mit der RWE AG verschmolzen, zum anderen die VIAG AG auf die Veba AG, die seitdem als E.ON AG (mittlerweile: E.ON SE) firmiert. Im Rahmen dieses Konzentrationsprozesses verlangten die deutschen und europäischen Kartellbehörden eine Entflechtung der Beteiligungen. Da sowohl der RWE als auch der E.ON-Konzern wesentlich an der rhenag Rheinische Energie AG beteiligt waren, kamen beide Konzerne überein, das Vermögen der rhenag AG „unter sich aufzuteilen".

A. Überblick

§ 1 Abs. 1 UmwG nennt die Spaltung als eine der vier Umwandlungsarten. Die Spaltung kann man sich der Sache nach als spiegelbildlichen Vorgang zur Verschmelzung vorstellen: Bei einer Verschmelzung nach § 2 UmwG wird das Vermögen einer Gesellschaft mit dem einer anderen vereinigt, wobei diese andere als übernehmende Gesellschaft fortbesteht (vgl. Kap. 2 Rn. 2 ff.). Das Spiegelbild oder auch *actus contrarius*[1] hierzu bildet die Spaltung: Bei der Spaltung eines Rechtsträgers wird deren Vermögen auf (mindestens) zwei Rechtsträger aufgeteilt, indem die in der Spaltungsdokumentation definierten Vermögensgegenstände des übertragenden Rechtsträgers auf den übernehmenden Rechtsträger übertragen werden.

1

I. Die Spaltungsarten im Überblick

Nach § 1 Abs. 1 Nr. 2 UmwG „können Rechtsträger durch Spaltung (Aufspaltung, Abspaltung, Ausgliederung) umgewandelt werden". Das Gesetz unterscheidet folglich drei Formen der Spaltung:

2

Bei der *Aufspaltung* spaltet ein Rechtsträger sein *gesamtes Vermögen* in mehrere Teile, überführt diese auf (mindestens zwei) andere Rechtsträger und erlischt dadurch ohne Liquidation; die Mitglieder des aufgespaltenen (und erlöschenden) Rechtsträgers erhalten im Gegenzug Mitgliedschaftsrechte an denjenigen Rechtsträgern, die das Vermögen übernommen haben.

3

---

[1] *Roth/Weller* Rn. 713; *Raiser/Veil* § 49 Rn. 1.

4   Der Aufspaltung stehen die *Abspaltung* und die *Ausgliederung* gegenüber. Beiden ist gemeinsam, dass ein Rechtsträger *einen Teil seines Vermögens* auf (mindestens) einen anderen Rechtsträger überführt und der Rechtsträger mit dem Rest-Vermögen fortbesteht. Abspaltung und Ausgliederung unterscheiden sich dann bei der Frage, wem Anteile an demjenigen Rechtsträger, der das Vermögen übernommen hat, zu gewähren sind: Bei der Abspaltung erhalten die Mitglieder des übertragenden Rechtsträgers die Mitgliedschaftsrechte, bei der Ausgliederung erhält der übertragende Rechtsträger selbst die Mitgliedschaftsrechte.

II. Wirtschaftlicher Hintergrund

5   In der Rechtswirklichkeit kann die Spaltung verschiedenen *wirtschaftlichen Zwecken* dienen.[2] So kann es erforderlich sein, den Geschäftsbetrieb an veränderte wirtschaftliche oder rechtliche Rahmenbedingungen anzupassen. In diesen Zusammenhang fällt auch die Vorbereitung der Veräußerung von Unternehmensteilen im Wege des Verkaufs oder des Börsengangs (*„Carve-out"* oder *„Spin-off"*); solche Abspaltungen sind derzeit als Forderung aktivistischer Aktionäre *en vogue*.

Beispiel: Als Beispiel eine Veröffentlichung der Siemens AG im Bundesanzeiger vom 8.7.2013: „Die Siemens AG als übertragende Gesellschaft und die Osram Licht AG als übernehmende Gesellschaft haben am 28. November 2012 einen Abspaltungs- und Übernahmevertrag geschlossen. Danach überträgt die Siemens AG sämtliche Geschäftsanteile der Osram Beteiligungen GmbH, die ihrerseits als einzigen Vermögensgegenstand 80,5 Prozent der Geschäftsanteile der Osram GmbH hält (die restlichen 19,5 Prozent der Geschäftsanteile der Osram GmbH hält die Osram Licht AG), im Wege der Abspaltung zur Aufnahme gemäß § 123 Abs. 2 Nr. 1 UmwG auf die Osram Licht AG. Als Gegenleistung gewährt die Osram Licht AG den Aktionären der Siemens AG kostenfrei neue Aktien der Osram Licht AG." (Quelle: www.bundesanzeiger.de)

6   Ferner kann die Schaffung kleinerer, am Markt selbstständig auftretender Einheiten oder die Trennung von operativem und nicht betriebsnotwendigem Vermögen angestrebt sein. Solch eine Trennung kann zwecks Konzentration auf das Kerngeschäftsfeld, aus Gründen der Divisionalisierung vom Unternehmen, oder zur Risikoabschirmung innerhalb eines Konzerns angestrebt sein. Ferner kann eine Holdingbildung angestrebt sein.

7   Das Bedürfnis nach einer gesetzlichen Möglichkeit, Rechtsträger spalten zu können, wird schnell klar, wenn man sich die Alternativen anschaut:[3] Zwar lässt sich eine „Realteilung" – so der Begriff des Steuerrechts – auch im Wege der Einzelübertragung jedes einzelnen Vermögensgegenstands durchführen. Der Übertragung des Vermögensteils als Gesamtheit steht jedoch nach dem bürgerlichen

---

[2] Überblick bei Heckschen/Simon/*Heckschen* S. 208 f.; *Jäger* § 49 Rn. 1.
[3] Siehe auch die Erwägungen des Gesetzgebers bei Erlass des SpTrUG BT-Drs. 12/105, 7.

Recht der Grundsatz entgegen, dass Gegenstände des Vermögens (Forderungen, Verbindlichkeiten, bewegliche Sachen, unbewegliche Sachen) nur jeweils *einzeln* auf andere Rechtsträger übergeleitet werden können (*Singularsukzession*).[4] Bei der realen Aufteilung einer Vermögensmasse müssen jede einzelne Forderung für sich abgetreten (§§ 398 ff. BGB), bewegliche Sachen übereignet (§§ 929 ff. BGB) und unbewegliche Sachen (Grundstücke) durch Einigung und Eintragung im Grundbuch auf den anderen Rechtsträger übertragen werden.

Diese Einzelübertragung jedes einzelnen Gegenstandes nach den für ihn geltenden sachenrechtlichen Vorschriften bereitet Kosten und Mühe. Sollen auch Verbindlichkeiten und Vertragsverhältnisse übertragen werden (was bei jeder Betriebs- oder Unternehmensübertragung der Fall ist), geht dies nicht ohne die Einwilligung Dritter: Eine Übertragung von Verbindlichkeiten ist nur mit Zustimmung des betroffenen Gläubigers der jeweiligen Forderung möglich, so § 415 Abs. 1 S. 1 BGB. Auch die Übertragung bestehender Vertragsbeziehungen bedarf der Zustimmung des jeweiligen Vertragspartners.[5] Dass diese Genehmigungen bei der Spaltung nicht erforderlich sind, ist ein nicht zu unterschätzender Vorteil.[6]

Es liegt auf der Hand, dass die Einzelübertragung jedes einzelnen Gegenstandes, insbesondere aber die Überleitung jeder einzelnen Verbindlichkeit und jedes einzelnen Vertragsverhältnisses auf einen anderen Rechtsträger, in der Praxis zu Schwierigkeiten führt und, dass sie insbesondere zeitraubend und kostenaufwendig sein kann. Demgegenüber stellt es eine erhebliche Erleichterung dar, wenn das Vermögen eines Rechtsträgers dergestalt in kleinere, rechtlich selbstständige Einheiten aufgeteilt werden kann, dass der Rechtsträger durch einen einheitlichen Akt in mehrere Teile – oftmals Betriebe oder Teilbetriebe – zerlegt werden kann und diese Vermögensteile jeweils in ihrer Gesamtheit auf einen oder mehrere andere Rechtsträger überführt werden können. Letztlich ist es eine Frage des Einzelfalles, welchen der beiden Gestaltungswege man wählt; die Spaltung nach dem UmwG stellt daher nur ein Angebot an die Gesellschaft dar, über die Umwandlungsform eine partielle Gesamtrechtsnachfolge herbeizuführen.[7]

Ein weiterer Vorzug der Spaltung nach den Vorschriften des Umwandlungsrechts gegenüber der Realteilung liegt im Steuerrecht:[8] Die Spaltung ist steuerlich privilegiert. Bei Beachtung steuerlicher Vorgaben kann sie ohne Aufdeckung stiller Reserven und damit ertragsteuerneutral erfolgen.

---

[4] Eine übersichtliche Darstellung der Einbringung im Wege der Einzelrechtsnachfolge bei Semler/Stengel/*Schlitt* Anh. § 173 (*passim*).
[5] *Larenz* § 35 III.
[6] Hauschild/Kallrath/Wachter/*Flüh* § 22 Rn. 234.
[7] Heckschen/Simon/*Heckschen* S. 53.
[8] Hauschild/Kallrath/Wachter/*Flüh* § 22 Rn. 233.

Dieter Leuering

B. Spaltungsformen

11 § 1 Abs. 1 Nr. 2 UmwG nennt drei Formen der Spaltung, die sodann in § 123 UmwG weiter entfaltet werden:
- Aufspaltung (§ 123 Abs. 1 UmwG),
- Abspaltung (§ 123 Abs. 2 UmwG) und
- Ausgliederung (§ 123 Abs. 3 UmwG).

12 Diese drei Spaltungsformen lassen sich unter verschiedenen Gesichtspunkten systematisieren: zunächst danach, ob der übertragende Rechtsträger nach der Spaltung liquidationslos erlischt (Aufspaltung) oder mit einem Restvermögen weiter besteht (Abspaltung und Ausgliederung); weiter danach, wem die Gegenleistung zukommt, den Anteilseignern des übertragenden Rechtsträgers (Auf- und Abspaltung) oder diesem selbst (Ausgliederung).

I. Aufspaltung

13 Bei der Aufspaltung überführt ein Rechtsträger – man spricht dann von dem „übertragenden Rechtsträger" – sein *gesamtes* Vermögen durch gleichzeitige Übertragung der Vermögensteile jeweils als Gesamtheit auf (mindestens zwei) andere Rechtsträger – das Gesetz nennt sie folglich die „übernehmenden Rechtsträger" – und erlischt dadurch ohne Liquidation (§ 123 Abs. 1 UmwG).

14 An der Aufspaltung müssen mindestens zwei übernehmende Rechtsträger beteiligt sein, die das Vermögen übernehmen. Eine „Aufspaltung" auf nur einen übernehmenden Rechtsträger macht keinen Sinn und stellt der Sache nach eine Verschmelzung dar. Dementsprechend spricht § 123 Abs. 1 UmwG auch im Plural von den anderen Rechtsträgern. Allerdings können auch mehr als zwei vermögensübernehmende Rechtsträger beteiligt sein; nach oben hin ist die Anzahl nicht begrenzt.[9]

15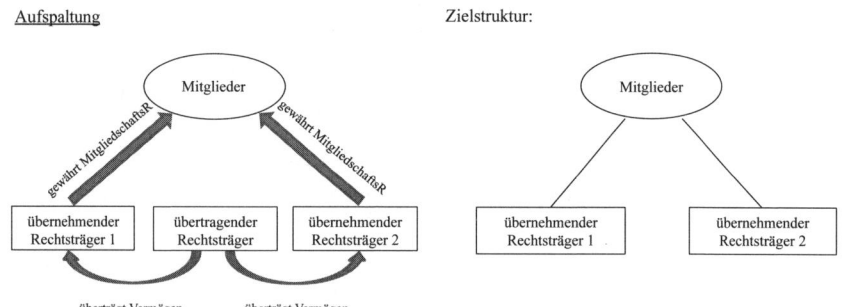

Beispiel: Die X-AG mit den Aktionären A und B wird in die Y-GmbH und Z-GmbH aufgespalten. Gesellschafter sowohl der Y-GmbH als auch der Z-GmbH sind wiederum A und B.

---

[9] Kölner Komm. UmwG/*Simon* § 123 Rn. 18.

II. Abspaltung

Bei einer Abspaltung überführt ein Rechtsträger (der übertragende Rechtsträger) einen *Teil* seines Vermögens als Gesamtheit auf (mindestens) einen anderen Rechtsträger; ein Restvermögen verbleibt bei ihm. Im Gegenzug dafür erhalten die Mitglieder des übertragenden Rechtsträgers Mitgliedschaftsrechte an dem übernehmenden Rechtsträger (§ 123 Abs. 2 UmwG). Da andere Teile des Vermögens bei dem Rechtsträger verbleiben, erlischt er nicht.

16

Abspaltung   Zielstruktur:

17

```
   Mitglieder                                   Mitglieder
   ↗ gewährt MitgliedschaftsR                   /      \
übertragender → übernehmender               übertragender   übernehmender
 Rechtsträger    Rechtsträger                Rechtsträger    Rechtsträger
         überträgt Vermögen
```

Beispiel: Von der X-AG mit den Aktionären A und B wird ein Betrieb abgespalten und damit in der Y-GmbH verselbständigt. Gesellschafter der Y-GmbH sind wiederum A und B.

In der Grundkonstellation überträgt der übertragende Rechtsträger einen Teil seines Vermögens auf *einen* übernehmenden Rechtsträger. Möglich ist aber auch, dass gleichzeitig eine Übertragung auf *mehrere* übernehmende Rechtsträger erfolgt. Ein Teil des Vermögens des übertragenden Rechtsträgers wird dann auf den übernehmenden Rechtsträger A, ein anderer Teil auf den übernehmenden Rechtsträger B übertragen; der übertragende Rechtsträger selbst behält ebenfalls einen Teil seines Vermögens zurück, anderenfalls würde es sich um eine Aufspaltung handeln. Es ist gerade der Umstand, dass das Gesetz sowohl die Übertragung auf einen als auch auf mehrere übernehmende Rechtsträger erlaubt, die die gesetzlichen Vorschriften etwas schwer lesbar macht. Beim Lesen der Normen sollte man sich daher immer auf die Grundkonstellation mit nur *einem* übernehmenden Rechtsträger konzentrieren.

18

III. Ausgliederung

Um eine Ausgliederung handelt es sich, wenn ein Rechtsträger (der übertragende Rechtsträger) aus seinem Vermögen Teile auf (mindestens) einen Rechtsträger überführt und dadurch selbst Anteile oder Mitgliedschaftsrechte erhält. Auch hier gilt: Da der andere Teil des Vermögens bei dem Rechtsträger verbleibt, erlischt er nicht.

19

20 Ausgliederung   Zielstruktur:

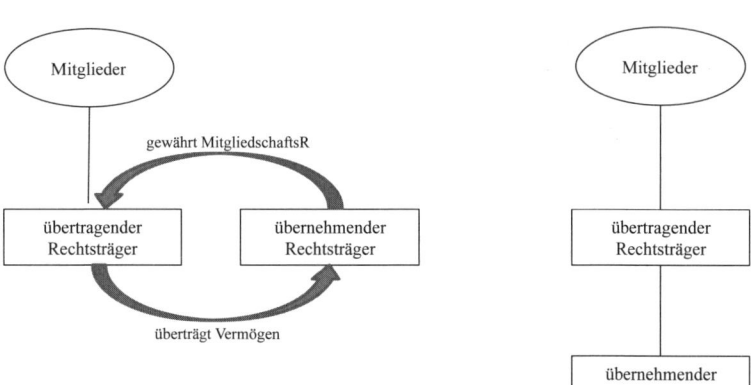

Beispiel: Von der X-AG mit den Aktionären A und B wird ein Betrieb ausgegliedert und damit in der Y-GmbH verselbständigt. Gesellschafterin der Y-GmbH ist die X-AG.

21 Ebenso wie bei der Abspaltung kann es einen oder mehrere übernehmende Rechtsträger geben.

IV. Spaltung zur Aufnahme oder zur Neugründung

22 Jede der Spaltungen kann „*zur Aufnahme*" oder „*zur Neugründung*" erfolgen. Bei der Spaltung „zur Aufnahme" gibt es den übernehmenden Rechtsträger bereits. Es kann sich hierbei um eine seit Jahren oder Jahrzehnten operative Gesellschaft handeln, aber auch um eine Gesellschaft, die speziell für die Zwecke der Spaltung neu gegründet wurde. Entscheidend ist allein, dass sie zum Zeitpunkt der Spaltung bereits besteht.

23 Der Spaltung „zur Aufnahme" steht die Spaltung „zur Neugründung" gegenüber: Hier ist es gerade die Spaltung, die dazu führt, dass eine neue Gesellschaft errichtet wird. Dementsprechend müssen auch im Rahmen der Spaltung Gründungsmaßnahmen getroffen werden, wie beispielsweise die Festsetzung der Satzung des übernehmenden Rechtsträgers.

V. Kombination

24 Nach § 123 Abs. 4 UmwG kann eine Spaltung durch gleichzeitige Vermögensübertragung auf bestehende und neu zu gründende Rechtsträger vorgenommen werden. Folglich kann also ein einheitlicher Spaltungsvorgang teilweise zur Aufnahme, teilweise zur Neugründung erfolgen. Es ist auch möglich, unterschiedliche Spaltungsvorgänge zu kombinieren. So kann eine Abspaltung mit einer Ausgliederung kombiniert werden, wenn die beiden Spaltungsvorgänge unter-

schiedliche Vermögensteile des übertragenden Rechtsträgers betreffen.[10] Hingegen nicht möglich ist die Kombination einer Abspaltung oder Ausgliederung mit einer Aufspaltung, da der übertragende Rechtsträger bei der Aufspaltung erlischt, während die Abspaltung und Ausgliederung gerade den Fortbestand des übertragenden Rechtsträgers voraussetzen.[11]

C. Aufbau der Spaltungsvorschriften

In § 123 UmwG sind die „Arten der Spaltung" festgelegt. Dort ist bestimmt, wie man spalten kann. Möglich sind Aufspaltung, Abspaltung und Ausgliederung. Jede Art der Spaltung ist zur Aufnahme und zur Neugründung möglich. § 124 UmwG legt den Kreis der spaltungsfähigen Rechtsträger fest, bestimmt also, wer die Möglichkeiten der Spaltung wahrnehmen darf.

Wie die Spaltung zur Aufnahme abläuft, regeln § 126 bis § 134 UmwG. Den Ablauf der Spaltung zur Neugründung regeln die § 135 bis § 137 UmwG, die teilweise auf die Vorschriften über die Spaltung zur Aufnahme zurückverweisen.

Wegen der Ähnlichkeit der Spaltung mit der Verschmelzung sind als weitere Regelungsebene die Verschmelzungsvorschriften (mit Ausnahme der §§ 122a ff. UmwG über die grenzüberschreitende Verschmelzung) entsprechend anzuwenden, so § 125 S. 1 UmwG. Das gilt nicht nur für die Allgemeinen Vorschriften des Zweiten Buchs (§ 2 bis § 38 UmwG), sondern auch für dessen besondere Vorschriften für die jeweiligen Rechtsträger (z. B. zur GmbH: § 46 bis § 55 UmwG), wobei jedoch einige für die Spaltung nicht passende Vorschriften von der Anwendung ausgeschlossen sind. § 125 S. 1 UmwG enthält also einen Teilverweis auf das Verschmelzungsrecht.

Zusätzlich zu beachten sind die Allgemeinen Vorschriften für die Spaltung (§ 123 bis § 137 UmwG) und die Besonderen Vorschriften für die jeweiligen beteiligten Rechtsträger (GmbH: § 138 bis § 140 UmwG, AG/KGaA: § 141 bis § 146 UmwG, eG: § 147 bis § 148 UmwG, rechtsfähiger Verein: § 149 UmwG, genossenschaftlicher Prüfverband: § 150 UmwG, VVaG: § 151 UmwG, Einzelkaufmann: § 152 UmwG).

Alles in allem besteht ein anspruchsvolles Regelungsgeflecht, das man mit K. *Schmidt* als „unübersichtlich und spröde" bezeichnen kann.[12]

---

[10] Semler/Stengel/*Stengel* § 123 Rn. 20.
[11] Semler/Stengel/*Stengel* § 123 Rn. 20.
[12] So K. *Schmidt* GesR § 13 I. 1. b.

D. Weitere Grundbegriffe

I. Teile des Vermögens

30 Bei der Aufspaltung wird das gesamte Vermögen des übertragenden Rechtsträgers auf (mindestens) zwei übernehmende Rechtsträger verteilt, bei der Abspaltung und bei der Ausgliederung werden aus dem Vermögen des übertragenden Rechtsträgers Teile herausgenommen. Was muss man sich unter „Teile des Vermögens" vorstellen? Bei der vorzunehmenden Vermögensaufteilung bestehen grundsätzlich keine Schranken, es können sogar einzelne Gegenstände übertragen werden,[13] also theoretisch auch ein einzelner Bleistift (was praktisch sicherlich nur wenig Sinn macht) oder – schon praxisrelevanter – ein einzelnes Grundstück. Zu übertragender Vermögensgegenstand kann auch eine einzelne Verbindlichkeit sein.[14]

31 Regelmäßig[15] handelt es sich aber bei den übertragenden Vermögensgegenständen um Betriebe oder Betriebsteile; § 126 Abs. 1 Nr. 9 UmwG spricht dies an. Neben praktischen Bedürfnissen folgt dies oftmals aus steuerlichen Vorgaben, da nur bei der Übertragung eines (steuerlichen) Teilbetriebs eine Buchwertfortführung in Betracht kommt, womit die Spaltung regelmäßig steuerneutral durchgeführt werden kann (vgl. § 15 UmwStG).

II. Die partielle Gesamtrechtsnachfolge

32 Das wesentliche Prinzip der Spaltung ist die *partielle Gesamtrechtsnachfolge*. Diese beschreibt einen Vorgang, in dem mehrere Gegenstände aus dem Vermögen eines übertragenden Rechtsträgers *uno actu* als Gesamtheit auf einen übernehmenden Rechtsträger übergehen. Eine Einzelrechtsnachfolge muss nicht vorgenommen werden, insbesondere entfallen ansonsten notwendige Zustimmungserklärungen anderer Vertragsteile.

33 Bei der Verschmelzung geht das Vermögen einer oder mehrerer Gesellschaften auf (nur) *eine* Gesellschaft im Wege der Gesamtrechtsnachfolge über (zum Begriff vgl. Kap. 1 Rn. 43 f., Kap. 2 Rn. 67 ff.). Dies ähnelt dem im Erbrecht angeordneten Übergang des Vermögens als Ganzes auf eine oder mehrere andere Personen (Erben) nach § 1922 BGB. Bei der Verschmelzung erlischt der übertragende Rechtsträger außerdem zwingend. Folge hieraus ist, dass das *gesamte* Vermögen einem anderen Rechtsträger zugeordnet wird.

34 Hier unterscheiden sich Verschmelzung und Spaltung grundsätzlich: Im Fall der Abspaltung und Ausgliederung bleibt der übertragende Rechtsträger bestehen, im Fall der Aufspaltung erfolgt die Vermögensübertragung auf mindestens zwei Rechtsträger, so dass das bisherige Gesamtvermögen in jedem Fall fortan mindestens zwei Rechtsträgern zugeordnet ist. Das Vermögen wird nicht als

---
[13] Schmitt/Hörtnagel/Stratz/*Hörtnagel* § 126 Rn. 64.
[14] Schmitt/Hörtnagel/Stratz/*Hörtnagel* § 126 Rn. 64.
[15] Aber keinesfalls zwingend, vgl. LAG Hamburg NZG 2017, 186 Rn. 39.

eine Einheit auf einen anderen übertragen, sondern es werden Vermögens*teile* übertragen. Man spricht daher von einer „partiellen Gesamtrechtsnachfolge": Gesamtrechtsnachfolge insofern, als zur Übertragung der einzelnen Vermögensgegenstände keine Einzelrechtsübertragung erforderlich ist; partiell insofern, als nicht das gesamte Vermögen, sondern eben nur Teile hiervon übergehen.

III. Anteilsgewährung

Im Rahmen der Spaltung überträgt der übertragende Rechtsträger entweder einen Teil (Abspaltung oder Ausgliederung) oder sein gesamtes Vermögen (Aufspaltung) auf einen oder mehrere andere Rechtsträger. Die Gesellschaft des übertragenden Rechtsträgers erleidet dadurch einen mittelbaren Verlust.

Beispiel: A ist zu 50 % an der X-GmbH beteiligt. Die X-GmbH spaltet einen Teil ihres Vermögens im Wert von 100 EUR auf die Y-GmbH ab. Der innere Wert der Beteiligung des A an der X-GmbH reduziert sich folglich um 50 % von 100 EUR = 50 EUR.

Hierfür ist den Gesellschaftern von Gesetzes wegen eine Kompensation zu gewähren. Das Gesetz unterscheidet hier zwei verschiedene Wege: Bei der Abspaltung und bei der Aufspaltung erhalten die Gesellschafter Anteile an dem (den) übernehmenden Rechtsträger(-n), der (die) nunmehr Inhaber des übertragenden Vermögens geworden ist (sind). Bei der Ausgliederung erhalten nicht die Gesellschafter des übertragenden Rechtsträgers eine Beteiligung an dem übernehmenden Rechtsträger, vielmehr geht diese an den übertragenden Rechtsträger, womit übertragender und übernehmender Rechtsträger regelmäßig in einem Mutter-Tochter-Verhältnis stehen.

IV. Verhältniswahrende und nicht-verhältniswahrende Spaltung

Bei der Spaltung können die Anteilsinhaber des übertragenden Rechtsträgers an dem übernehmenden Rechtsträger im selben Verhältnis ihrer bisherigen Beteiligung beteiligt werden. Man spricht von einer *verhältniswahrenden Spaltung*.

Beispiel: A und B sind zu je 50 % an der X-GmbH beteiligt. Die X-GmbH spaltet einen Teil ihres Vermögens auf die dadurch neu gegründete Y-GmbH ab. An der Y-GmbH sind A und B wiederum zu je 50 % beteiligt; ihr Beteiligungsverhältnis wurde gewahrt.

Das Gesetz sieht darüber hinaus die Möglichkeit vor, dass die Anteile oder Mitgliedschaften der übernehmenden Rechtsträger den Anteilsinhabern des übertragenden Rechtsträgers nicht in dem Verhältnis zugeteilt werden, das ihrer Beteiligung an dem übertragenden Rechtsträger entspricht. Man spricht von einer *nicht-verhältniswahrenden Spaltung*.

Beispiel: A und B sind zu je 50 % an der X-GmbH beteiligt. Die X-GmbH spaltet einen Teil ihres Vermögens auf die dadurch neu gegründete Y-GmbH ab. An der Y-GmbH ist A mit 25 % und B mit 75 % beteiligt; die Beteiligungsverhältnisse an der X-GmbH haben sich nicht geändert.

Dieter Leuering

39   Nach dem Wortlaut des § 128 S. 1 UmwG bedarf eine nicht-verhältniswahrende Spaltung der Zustimmung *aller* Anteilsinhaber des übertragenden Rechtsträgers, weswegen sie jedenfalls bei Publikumsgesellschaften nicht durchführbar wäre. Ebenso wie bei §§ 54 Abs. 1 S. 3, 68 Abs. 1 S. 3 UmwG muss jedoch auch hier die Zustimmung nur der benachteiligten Anteilsinhaber genügen.[16]

40   Von der Möglichkeit, eine Spaltung nicht verhältniswahrend durchzuführen, ist auch die sog. *„Spaltung zu Null"* erfasst.[17] Dabei werden einzelnen Anteilsinhabern des übertragenden Rechtsträgers als extremste Variante der nicht-verhältniswahrenden Spaltung gar keine Anteile am übernehmenden Rechtsträger zugewiesen.

Beispiel: A und B sind zu je 50 % an der X-GmbH beteiligt. Die X-GmbH spaltet einen Teil ihres Vermögens auf die Y-GmbH ab. An der Y-GmbH ist allein A mit 100 % beteiligt. B erhält keine Beteiligung an der Y-GmbH. Die Beteiligungsverhältnisse an der X-GmbH haben sich nicht geändert.

41   Streitig ist, ob bei der „Spaltung zu Null" jedenfalls ein Anteilsinhaber des übertragenden Rechtsträgers Anteile am übernehmenden Rechtsträger oder neu gegründeten Rechtsträger erhalten muss.[18]

42   In der Praxis besteht oftmals das Bedürfnis, eine nicht-verhältniswahrende Spaltung oder eine „Spaltung zu Null" mit einer Neuordnung der Beteiligungsverhältnisse an der übertragenden Gesellschaft zu verbinden. Dies kann unmittelbar im Spaltungsvertrag erfolgen. Diese Möglichkeit wird insbesondere zur Trennung von Gesellschafterstämmen genutzt.

Beispiel: Die Familienstämme A und B bilden zwei Gesellschafterkreise, die an der X-GmbH beteiligt sind. Die zwei Betriebsteile der X-GmbH, welche mit der Entwicklung und Produktion jeweils eines Produkts befasst sind, sollen jeweils einem Gesellschafterstamm zugeordnet werden. Einer der beiden Betriebsteile wird auf eine Y-GmbH zur Neugründung aufgespalten, an der nur der Familienstamm B beteiligt wird. Gleichzeitig werden alle Anteile des Familienstammes B an der übertragenden X-GmbH dem Familienstamm A zugeordnet. Nach der Spaltung sind dann der Familienstamm A nur an der X-GmbH und der Familienstamm B nur an der Y-GmbH beteiligt.

43   Bei der Übertragung von GmbH-Geschäftsanteilen ist § 15 Abs. 3 GmbHG zu beachten: Die dingliche Verfügung bedarf der notariellen Beurkundung, geregelt in §§ 6 ff. BeurkG. Da aber auch der Spaltungsvertrag beurkundet wird, ist dieses Formerfordernis in unserem vorstehenden Beispiel auch dann gewahrt, wenn die Anteilsübertragung im Spaltungsvertrag geregelt ist (vgl. Rn. 92).

---

[16] Kölner Komm. UmwG/*Simon* § 128 UmwG Rn. 29 f.; a. A. Lutter/*Priester* § 128 Rn. 17.
[17] OLG München NZG 2013, 951; ausführlich *Weiler* NZG 2013, 1326; Heckschen/Simon/*Heckschen* S. 214.
[18] Bejahend *Weiler* NZG 2013, 1326, 1329; a. A. Kölner Komm. UmwG/*Simon* § 128 Rn. 18.

Dieter Leuering

E. Spaltungen und spaltungsähnliche Vorgänge aufgrund anderer Normen und Gesetze

Eine ganze Reihe weiterer Normen und Gesetze regeln Spaltungen und spaltungsähnliche Vorgänge; diese sollen hier kurz angesprochen werden. Die dort geregelten Spaltungen ähneln im Wesentlichen der Systematik des UmwG.   44

I. Teilübertragung (§ 174 Abs. 2 UmwG)

Das UmwG kennt in §§ 174 Abs. 2, 175 UmwG und § 177 UmwG die *Teil-* 45 *übertragung*. Der Anwendungsbereich ist eng; zugelassen ist die Teilübertragung erstens von einer Kapitalgesellschaft auf den Bund, ein Land, eine Gebietskörperschaft oder einen Zusammenschluss von Gebietskörperschaften, zweitens von einer Versicherungs-Aktiengesellschaft auf Versicherungsvereine auf Gegenseitigkeit (§§ 171 ff. VAG) oder auf öffentlich-rechtliche Versicherungsunternehmen, drittens von einem Versicherungsverein auf Gegenseitigkeit auf Versicherungs-Aktiengesellschaften oder auf öffentlich-rechtliche Versicherungsunternehmen und viertens von einem öffentlich-rechtlichen Versicherungsunternehmen auf Versicherungs-Aktiengesellschaften oder auf Versicherungsvereine auf Gegenseitigkeit. Der Sache nach handelt es sich hierbei um eine Spaltung.[19] Folglich sind die Spaltungsvorschriften auf die Teilübertragung anzuwenden, so § 177 UmwG (vgl. Kap. 4 Rn. 4).

II. Spaltung der von der Treuhandanstalt verwalteten Unternehmen

Noch in Kraft ist das Gesetz über die Spaltung der von der Treuhandanstalt ver- 46 walteten Unternehmen (SpTrUG)[20] sowie das Landwirtschaftsanpassungsgesetz (LAnpG)[21]. Ersteres diente der Spaltung von Kapitalgesellschaften, deren sämtliche Geschäftsanteile oder Aktien sich unmittelbar oder mittelbar in der Hand der Treuhandanstalt befanden, letzteres der Teilung und dem Zusammenschluss von landwirtschaftlichen Produktionsgenossenschaften (LPG).

Es handelt sich also um ein wiedervereinigungsbedingtes Gesetz und damit 47 um eine – mittlerweile historische – Sondermaterie. Nichtsdestotrotz sind zu dem Gesetz eine ganze Reihe obergerichtlicher Entscheidungen ergangen, die auch für das UmwG herangezogen werden können.

III. „Bad Banks"

Als Reaktion auf die Schieflage einer Bank kann es sinnvoll sein, deren „Risiko- 48 gegenstände" („toxische" Vermögenswerte) in einer „Bad Bank" zu separieren.

---

[19] Kölner Komm. UmwG/*Leuering* § 174 Rn. 13.
[20] Gesetz vom 5.4.1991, BGBl. I 1991 854; geschichtliche Einordnung bei Kölner Komm. UmwG/*J. Flume* Einl. B Rn. 77.
[21] Gesetz vom 29.6.1990, GBl. DDR 1990 I 642.

Mit dem Sanierungs- und Abwicklungsgesetz (SAG)[22] und ergänzend dem Restrukturierungsgesetz[23] hat der Gesetzgeber die hoheitlichen Handlungsinstrumente zur Restrukturierung und geordneten Abwicklung eines bestands- und systemgefährdenden Kreditinstituts geschaffen.[24]

49 Diese Übertragung war bis zum 31.12.2014 in den §§ 48a–48s KWG a. F. geregelt; seitdem gilt das Sanierungs- und Abwicklungsgesetz. Anders als die § 48a bis § 48s des KWG a. F. enthalten §§ 107 ff. SAG keinen Bezug zum Umwandlungsgesetz.[25] Vielmehr liegt eine Übertragung *sui generis* vor, sodass z. B. eine Nachhaftung gemäß § 133 UmwG nicht besteht.[26] Die §§ 107 ff. SAG sehen vor, dass Anteile, ein Teil oder die Gesamtheit des Vermögens eines bestandsgefährdeten Instituts auch gegen dessen Willen auf einen Dritten, ein „Brückeninstitut"[27] oder eine Vermögensverwaltungsgesellschaft, übertragen werden kann, wenn sich die Bestandsgefährdung nicht ebenso sicher durch eine andere Abwicklungsmaßnahme beseitigen lässt und die Bestandsgefährdung verhältnismäßig ist.[28] Hierzu kann die Bundesanstalt für Finanzmarktstabilisierung (FMSA) eine „Abwicklungsanordnung" erlassen.

50 Regelungszweck der §§ 107 ff. SAG ist, die erhaltenswerten Teile eines Kreditinstituts bei Insolvenzreife auf einen anderen Rechtsträger übergehen zu lassen, sodass eine systemische Ansteckung des Finanzsektors vermieden wird und die nicht systemrelevanten Vermögenswerte beim übertragenden Rechtsträger zurückbleiben.[29] Der übertragende Rechtsträger kann dann im allgemeinen Insolvenzverfahren liquidiert werden.[30]

51 Eine „Bad Bank" entsteht, wenn die „faulen" Forderungen und Wertpapiere an eine Vermögensverwaltungsgesellschaft i. S. d. § 107 Abs. 1 Nr. 2 SAG übertragen werden.[31] Wird demgegenüber der „gute Teil" der Bank ausgelagert, stellt der zurückbleibende Teil die „Bad Bank" dar.

---

[22] Gesetz vom 10.12.2014 (BGBl. I 2014 2091).
[23] Gesetz zur Restrukturierung und geordneten Abwicklung von Kreditinstituten, zur Errichtung eines Restrukturierungsfonds für Kreditinstitute und zur Verlängerung der Verjährungsfrist der aktienrechtlichen Organhaftung (Restrukturierungsgesetz) vom 9.12.2010 BGBl. I 1900. Zur Entstehungsgeschichte vgl. z. B. *Höche* WM 2011, 49.
[24] *Bauer/Hildner* DZWIR 2015, 251, 252.
[25] *Hübner/Leunert* ZIP 2015, 2259, 2263.
[26] *Hübner/Leunert* ZIP 2015, 2259, 2263.
[27] Dabei handelt es sich um einen Rechtsträger, der im öffentlichen Eigentum und unter der Aufsicht der Abwicklungsbehörde steht – vgl. § 128 SAG; *Hübner/Leunert* ZIP 2015, 2259, 2264.
[28] Vgl. § 62 Abs. 1 SAG.
[29] *Binder* ZHR 2015, 83, 98; *Binder*, in: Binder/Glos/Riepe, Handbuch Bankenaufsichtsrecht, 1. Aufl. 2018, Insolvenzbewältigung bei systemrelevanten Banken, Rn. 62.
[30] *Binder* ZHR 2015, 83, 98; *Binder*, in: Binder/Glos/Riepe, Handbuch Bankenaufsichtsrecht, 1. Aufl. 2018, Insolvenzbewältigung bei systemrelevanten Banken, Rn. 62.
[31] *Hübner/Leunert* ZIP 2015, 2259, 2264.

IV. Bestandsübertragungen bei Versicherungsunternehmen

Die Regelung des § 13 VAG eröffnet die Möglichkeit der Bestandsübertragung (vgl. Kap. 4 Rn. 112): Ein *Versicherungsunternehmen* kann alle oder Teile seiner Versicherungsverträge auf ein anderes Versicherungsunternehmen übertragen.[32] Dabei benötigt es – abweichend von den allgemeinen Regeln des Zivilrechts (namentlich § 415 BGB) – nicht die Zustimmung jedes einzelnen Vertragspartners/ Gläubigers. Der Versicherungsnehmer bekommt einen neuen Vertragspartner, ohne dass er hieran mitwirken müsste. Mit der Bestandübertragung lässt sich bei Versicherungsunternehmen im Ergebnis dasselbe wirtschaftliche Ergebnis erzielen wie mit der Spaltung nach dem UmwG.[33] – Eine Parallelnorm für Bausparkassen findet sich in § 14 des Gesetzes über Bausparkassen.

52

Lösung des Ausgangsfalles: RWE und E.ON entschieden sich für eine Aufspaltung der rhenag AG zur Neugründung. Die rhenag AG wurde in zwei neu gegründete Gesellschaften – die namensgleiche rhenag Rheinische Energie AG einerseits und die Thüga Beteiligungen AG andererseits – gespalten. Das Vermögen der rhenag AG wird auf die beiden neuen Gesellschaften aufgeteilt, die bisherigen Aktionäre der rhenag AG wurden an jeder der beiden neuen Gesellschaften im Verhältnis ihrer Ausgangsbeteiligung an der rhenag AG beteiligt. Später tauschten der RWE- und der E.ON-Konzern ihre Aktienanteile an den beiden neu gegründeten Gesellschaften.

§ 2 Spaltungsverfahren

A. Spaltungsfähige Rechtsträger

I. Beteiligungsfähige Rechtsträger

Welche Rechtsträger an einer Spaltung beteiligt sein können, ergibt sich abschließend aus §§ 124, 3 UmwG. Das Gesetz differenziert hierbei hinsichtlich der spaltungsfähigen Rechtsträger zwischen Aufspaltung und Abspaltung einerseits sowie Ausgliederung andererseits:

53

An einer *Aufspaltung* und *Abspaltung* können als übernehmender Rechtsträger die in § 3 Abs. 1 UmwG genannten Rechtsträger beteiligt sein. Dies sind also Personenhandelsgesellschaften (offene Handelsgesellschaften, Kommanditgesellschaften) und Partnerschaftsgesellschaften, Kapitalgesellschaften (Gesellschaften mit beschränkter Haftung, Aktiengesellschaften, Kommanditgesellschaften auf Aktien), eingetragene Genossenschaften, eingetragene Vereine (§ 21 BGB), genossenschaftliche Prüfungsverbände und Versicherungsvereine

54

---

[32] Dazu detailliert Kölner Komm. UmwG/*Beckmann* Anhang I zu §§ 178 bis 189 (*passim*) sowie Semler/Stengel/*Koerfer* Anh. § 119 (*passim*).
[33] *Entzian/Schleifenbaum* ZVersWiss 1996, 521, 527 f. (dort auch mit dem Beispielsfall „Deutscher Herold").

Dieter Leuering

auf Gegenseitigkeit. Dasselbe gilt auf der Seite des übertragenden Rechtsträgers, wobei hier zusätzlich auch wirtschaftliche Vereine beteiligt sein können.

55 An einer *Ausgliederung* können als übernehmender Rechtsträger ebenfalls die in § 3 Abs. 1 UmwG genannten Rechtsträger und als übertragender Rechtsträger zusätzlich wirtschaftliche Vereine, Einzelkaufleute, Stiftungen sowie Gebietskörperschaften oder Zusammenschlüsse von Gebietskörperschaften beteiligt sein.

56 Nach § 124 Abs. 2 i. V. m. § 3 Abs. 3 UmwG können an einer Spaltung auch aufgelöste Rechtsträger als übertragende Rechtsträger beteiligt sein, wenn die Fortsetzung dieser Rechtsträger beschlossen werden könnte. Ferner ist nach § 124 Abs. 2 i. V. m. § 3 Abs. 4 UmwG eine Spaltung auch unter gleichzeitiger Beteiligung von Rechtsträgern unterschiedlicher Rechtsform möglich.

II. Anzahl der beteiligten Rechtsträger/Kettenumwandlungen

57 Zu beachten ist, dass an einer Spaltung immer nur *ein* übertragender Rechtsträger beteiligt sein kann, während auf „Übernehmerseite" ein oder mehrere übernehmende Rechtsträger sein können.[34] Es ist aber möglich, mehrere Ausgliederungsverfahren hintereinander durchzuführen.

Beispiel: Zunächst gliedert der eingetragene Kaufmann A sein Unternehmen zur Neugründung auf eine GmbH aus. Anschließend gliedert der eingetragene Kaufmann B sein Unternehmen zur Aufnahme durch diese GmbH aus.

58 Angesprochen sind damit auch die *Kettenumwandlungen*, bei denen mehrere Umwandlungsvorgänge hintereinandergeschaltet oder auch mit sonstigen Strukturmaßnahmen kombiniert werden.[35]

Beispiel: Die A-AG wird zur B-GmbH formgewechselt; zugleich wird – aufschiebend bedingt durch das Wirksamwerden des Formwechsels – ein Teil des Vermögens der C-AG auf die B-GmbH abgespalten.

III. Rechtsformspezifische Besonderheiten

59 *Aktiengesellschaften* und *Kommanditgesellschaften auf Aktien* (letztere geregelt in § 278 bis § 290 AktG), die noch nicht zwei Jahre im Register eingetragen sind, können nach § 141 UmwG außer durch Ausgliederung zur Neugründung nicht gespalten werden; als übernehmende Rechtsträger können sie dessen ungeachtet immer fungieren. Die Regelung steht in Zusammenhang mit den Nachgründungsvorschriften des AktG, namentlich §§ 52, 53 AktG, welche einen besonderen Schutz des Vermögens einer neu gegründeten AG (für die KGaA gelten die §§ 52, 53 AktG sinngemäß, § 278 Abs. 3 AktG) für zwei

---

[34] Hauschild/Kallrath/Wachter/*Flüh* § 22 Rn. 232.
[35] Rödder/Herlinghaus/van Lishaut/*M. Winter* Anh. I Rn. 268; Heckschen/Simon/*Simon* S. 141 ff.

Jahre vorsehen. Diese Vorschriften sollen nicht durch eine Auf- oder Abspaltung umgangen werden.³⁶ Die Ausnahme von dem Spaltungsverbot für die Ausgliederung zur Neugründung wird dadurch begründet, dass eine Umgehung der Nachgründungsvorschriften wegen der (wertidentischen) Gegenleistung für die Vermögensübertragung (nämlich Erhalt der Anteile) nicht zu befürchten ist.³⁷

Besonderheiten ergeben sich auch in Bezug auf die *Unternehmergesellschaft (UG)* nach § 5a UmwG. Die UG ist trotz Nichtnennung in § 3 UmwG als bloße Rechtsformvariante der GmbH³⁸ an sich ebenso wie diese grundsätzlich beteiligungsfähig. Soll eine UG als übernehmender Rechtsträger an einer Spaltung beteiligt sein, sind nach § 135 Abs. 2 UmwG bei der Neugründung die Gründungsvorschriften des neuen Rechtsträgers anzuwenden. Für die UG bedeutet dies vor allem die Anwendung des in § 5a Abs. 2 S. 2 GmbHG angeordneten Sacheinlagen- und damit -gründungsverbots. Da es sich bei einer Gründung einer UG im Wege der Spaltung immer um eine Sachgründung handelt, ist jedwede Form der Neugründung im Zuge einer Spaltung ausgeschlossen.³⁹ Bei der Spaltung zur Aufnahme ist zu differenzieren: Wird das Stammkapital der UG im Wege der Spaltung auf mindestens 25.000 EUR erhöht und wandelt sich die UG hierdurch in eine GmbH um, so ist das Sacheinlageverbot gemäß § 5a Abs. 5 GmbHG nicht mehr anwendbar mit der Folge, dass eine Spaltung zur Aufnahme auf die UG möglich ist. Erfolgt die Erhöhung des Stammkapitals nicht in diesem Umfang, kann die UG hingegen nicht übernehmender Rechtsträger sein.⁴⁰

60

Als weitere rechtsformspezifische Besonderheiten sind außerdem unter anderem⁴¹ folgende Regelungen zu nennen: Nach § 149 Abs. 2 UmwG kann ein *eingetragener Verein* als übernehmender Rechtsträger im Wege der Spaltung nur andere eingetragene Vereine aufnehmen oder mit ihnen einen eingetragenen Verein gründen. Gemäß § 152 UmwG kann die Ausgliederung des von einem *Einzelkaufmann* betriebenen Unternehmens, dessen Firma im Handelsregister eingetragen ist, oder von Teilen desselben aus dem Vermögen dieses Kaufmanns nur zur Aufnahme dieses Unternehmens oder von Teilen dieses Unternehmens durch Personenhandelsgesellschaften, Kapitalgesellschaften oder eingetragene Genossenschaften oder zur Neugründung von Kapitalgesellschaften erfolgen.

61

---

³⁶ Kölner Komm. UmwG/*Simon* § 141 Rn. 1.
³⁷ BT-Drs. 16/2919, 19.
³⁸ BT-Drs. 16/6140, 31.
³⁹ OLG Frankfurt NZG 2010, 1429; Semler/Stengel/*Stengel* § 124 Rn. 8a.
⁴⁰ Semler/Stengel/*Stengel* § 124 Rn. 8a.
⁴¹ Eine Auflistung der besonderen Regelungen findet sich z. B. bei Schmitt/Hörtnagl/Stratz/ *Hörtnagl* § 124 Rn. 1.

IV. Beteiligungsfähigkeit von SE und SCE

62 Auch eine *Europäische Gesellschaft* (SE) kann dem Grunde nach an einer Spaltung beteiligt sein.[42] Gemäß Art. 9 Abs. 1 lit. c Ziffer ii SE-VO unterliegt die SE in Bezug auf die nicht durch die SE-VO geregelten Bereiche oder, sofern ein Bereich nur teilweise geregelt ist, in Bezug auf die nicht von der SE-VO erfassten Aspekte den Rechtsvorschriften der Mitgliedstaaten, die auf eine nach dem Recht des Sitzstaats der SE gegründete Aktiengesellschaft Anwendung finden würden. Hat die SE ihren Satzungssitz in Deutschland, so sind auf sie die auf die deutsche AG anwendbaren Normen, einschließlich derer des UmwG, anwendbar. Eine spezielle Regelung in der SE-VO hinsichtlich Spaltungen einer SE besteht nicht. Hieraus folgt für die Spaltung zweierlei:[43] Erstens kann eine SE wie eine AG als übertragender Rechtsträger gespalten werden. Auch kann eine SE als übernehmender Rechtsträger Vermögen aufnehmen.

63 Zweitens ergibt sich eine Besonderheit für die SE als übernehmende Rechtsträgerin, allerdings für den Fall der Spaltung zur Neugründung: Eine Auf- bzw. Abspaltung auf eine dadurch neu gegründete SE scheidet aus, weil die Neugründung einer SE abschließend durch Art. 1 Abs. 1 und Art 3 Abs. 2 SE-VO geregelt ist. Eine Spaltung zur Neugründung durch Ausgliederung ist hingegen wegen Art. 3 Abs. 2 SE-VO in dem Fall möglich, in dem es sich bei dem übertragenden Rechtsträger ebenfalls um eine SE handelt.[44]

64 Bei der *Europäischen Genossenschaft* (SCE) stellt sich dies ähnlich dar, nur dass es keine Gegenaufnahme vom Verbot der Spaltung zur Neugründung gibt: Erstens kann eine SCE wie eine eG als übertragender Rechtsträger gespalten werden. Auch kann eine SCE als übernehmender Rechtsträger Vermögen aufnehmen. Eine Spaltung zur Neugründung einer SCE ist allerdings nicht möglich, da die SCE-VO die Art und Weise der SCE abschließend regelt.[45]

65 Bei der Beteiligung einer SE oder SCE gelten die Vorschriften, die bei der Beteiligung einer AG oder eG gelten würden.

V. Beteiligungsfähigkeit von Gesellschaften ausländischer Rechtsformen

66 Die Anwendbarkeit des UmwG ist auf Gesellschaften mit Sitz im Inland beschränkt, § 1 Abs. 1 UmwG. Dessen ungeachtet wird die Spaltung einer deutschen Gesellschaft auf eine (oder mehrere) Gesellschaften mit ausländischer Rechtsform (Herausspaltung) bzw. die Spaltung einer ausländischen Gesellschaft auf eine deutsche Gesellschaft zur Aufnahme oder Neugründung (Hinein-

---

[42] H. M. Lutter/Hommelhoff/*Seibt* Art. 66 SE-VO Rn. 4; Semler/Stengel/*Drinhausen* Einl. C Rn. 60.
[43] Semler/Stengel/*Drinhausen* Einl. C Rn. 60; Lutter/Hommelhoff/*Seibt* Art. 66 SE-VO Rn. 4.
[44] Überwiegende Meinung: Lutter/*Teichmann* § 124 Rn. 7; Schmitt/Hörtnagl/Stratz/*Hörtnagl* § 124 Rn. 35.
[45] Semler/Stengel/*Stengel* § 124 Rn. 9.

spaltung) als zulässig erachtet.⁴⁶ Da jedoch, anders als für die grenzüberschreitende Verschmelzung in den § 122a bis § 122l UmwG, kein Normengeflecht für die grenzüberschreitende Spaltung besteht, stellt sich eine Durchführung einer solchen derzeit in der Praxis als schwierig dar (vgl. Kap. 6 Rn. 97 ff.). Nachdem das Europäische Parlament am 18.4.2019 dem Kompromiss zum Gesellschaftsrechtspaket (*Company Law Package*) zugestimmt hat, ist demnächst mit Verfahrensregeln in einer neuen Richtlinie (Mobilitätsrichtlinie) zu grenzüberschreitenden Umwandlungen, Verschmelzungen und Spaltungen zu rechnen (vgl. Kap. 1 Rn. 23; Kap. 6 Rn. 99 ff.).⁴⁷

VI. Beteiligungsfähigkeit von GbR, Vorgesellschaft und fehlerhafter Gesellschaft

An einer Spaltung können weder eine Gesellschaft bürgerlichen Rechts noch eine Vor- bzw. Vorgründungsgesellschaft beteiligt sein, so der *numerus clausus* in § 3 UmwG.⁴⁸ 67

Demgegenüber sind fehlerhafte Kapitalgesellschaften⁴⁹ beteiligungsfähig: Für die Beteiligungsfähigkeit von Kapitalgesellschaften genügt das formale Kriterium der Handelsregistereintragung; ist diese erfolgt, so ändert auch die Fehlerhaftigkeit der Gesellschaft nichts an ihrer Beteiligungsfähigkeit.⁵⁰ 68

B. Ablauf der Spaltung im Überblick

Ähnlich der Verschmelzung, durchläuft eine Spaltung im Wesentlichen vier Schritte: 69
(1) Spaltungsvertrag oder -plan
(2) Bericht, Prüfung
(3) Beschlüsse
(4) Eintragung

I. Spaltungsvertrag oder Spaltungsplan

Kernstück jeder Spaltung ist der notariell zu beurkundende Spaltungs- und Übernahmevertrag (§§ 6, 125 UmwG), der zwischen den an der Spaltung beteiligten Rechtsträgern geschlossen wird. Existiert der übernehmende Rechtsträger nicht (Spaltung zur Neugründung), stellt der übertragende Rechtsträger einen 70

---
⁴⁶ Münch. Hdb. GesR VI/*Hoffmann* § 56 Rn. 17 ff.
⁴⁷ *Bormann/Stelmaszczyk* ZIP 2019, 353; *Schurr* EuZW 2019, 539.
⁴⁸ Henssler/Strohn/*Heidinger* § 3 UmwG Rn. 13.
⁴⁹ Zum Begriff *K. Schmidt* GesR § 6 (*passim*); *en detail Kort*, Bestandsschutz fehlerhafter Strukturänderungen im Kapitalgesellschaftsrecht 1998, sowie *Schäfer*, Die Lehre vom fehlerhaften Verband 2002.
⁵⁰ Kölner Komm. UmwG/*Simon* § 3 Rn. 22.

Spaltungsplan durch einseitige, nicht empfangsbedürftige Willenserklärung auf, der an die Stelle des Spaltungsvertrags tritt.[51]

1. Begriffe

71 Bei der Verschmelzung vereinbaren zwei Rechtsträger, ihr Vermögen zusammenzuführen; dies erfolgt auf der Grundlage eines Vertrags zwischen beiden Rechtsträgern, dem Verschmelzungsvertrag. Bei der Spaltung als dem Gegenstück zur Verschmelzung (vgl. Rn. 1) beabsichtigt ein Rechtsträger, einen Teil oder sein gesamtes Vermögen auf einen oder mehrere Rechtsträger zu spalten. Da man mit sich selbst keine Verträge schließen kann, wird terminologisch unterschieden:
– Bei einer Spaltung *zur Aufnahme* gibt es bereits mehrere Rechtsträger, bevor die Spaltung wirksam wird, nämlich den übertragenden Rechtsträger und den oder die übernehmenden Rechtsträger. Diese einigen sich über die Einzelheiten der Spaltung. Dazu schließen sie einen Spaltungs- und Übernahme*vertrag*, § 126 UmwG;
– bei einer Spaltung *zur Neugründung* entsteht der übernehmende Rechtsträger erst, wenn die Spaltung wirksam wird. Mit ihm kann folglich vorher kein Vertrag geschlossen werden. Deshalb stellt der übertragende Rechtsträger in diesem Fall einen Spaltungs*plan* auf, § 136 S. 1 UmwG. Dieser tritt, wie es in § 136 S. 2 UmwG heißt, an die Stelle des Spaltungs- und Übernahmevertrags.

72 An anderer Stelle spricht das Gesetz vom „Ausgliederungs- und Übernahmevertrag" (§ 131 Abs. 1 Nr. 3 S. 3 UmwG sowie § 157 Abs. 1 UmwG). Hierbei handelt es sich um eine terminologische Präzisierung, die sich speziell auf den Fall der Ausgliederung zur Aufnahme bezieht. Dieser stellt kein *aliud* gegenüber dem Spaltungs- und Übernahmevertrag dar, sondern lediglich eine Unterform desselben.[52]

73 Die ursprünglich klare sprachliche Trennung zwischen den Strukturmaßnahmen auf vertraglicher Grundlage, an der (mindestens) zwei Rechtsträger beteiligt sind, und der Strukturmaßnahme auf Basis eines Plans, die ein Rechtsträger allein vornimmt, ist im Laufe der Zeit aufgrund europarechtlicher Vorgaben etwas verwischt worden. So erfolgt die grenzüberschreitende Verschmelzung ebenso auf der Basis eines Verschmelzungs*plans* (§ 122c UmwG) (vgl. Kap. 6 Rn. 67 ff.) wie die Gründung einer SE durch Verschmelzung zweier Aktiengesellschaften (Art. 20 Abs. 1 S. 1 SE-VO).

2. Inhalt

74 § 126 Abs. 1 UmwG enthält einen Katalog derjenigen Angaben, die jeder Vertrag oder Plan mindestens enthalten muss. In der Praxis handhabt man diese Auflistung im Gesetz wie eine Checkliste, anhand der man die Vollständigkeit

---

[51] *Weiler* NZG 2013, 1326, 1328 f.
[52] Kölner Komm. UmwG/*Simon* § 126 Rn. 3.

eines Spaltungsvertrags oder -plans prüfen kann. Aus diesem Charakter einer Checkliste folgt auch die häufige Handhabung, ggf. Negativaussagen aufzunehmen („Besondere Vorteile für Organe, Abschluss- und Spaltungsprüfer werden nicht gewährt").[53]

Die meisten vorstehenden Angaben finden sich entsprechend auch in einem Verschmelzungsvertrag (§ 5 Abs. 1 UmwG) (vgl. Kap. 2 Rn. 19 ff.). Spaltungsspezifisch sind allein die Angaben nach § 126 Abs. 1 Nr. 9 und Nr. 10 UmwG, die daher nachfolgend unter Rn. 82 ff. und Rn. 92 ff. detaillierter dargestellt werden. 75

a) Mindestangaben

Zunächst muss der Spaltungsvertrag oder -plan gemäß § 126 Abs. 1 Nr. 1 UmwG die *Bezeichnung* der an der Spaltung beteiligten Rechtsträger mit Namen oder Firma und Sitz enthalten. 76

Zweitens muss als Kernstück des Spaltungsvertrags die *Spaltungsabrede* enthalten sein, also die Vereinbarung der Vermögensübertragung gegen Gewährung von Anteilen oder Mitgliedschaftsrechten an dem übernehmenden Rechtsträger nach § 126 Abs. 1 Nr. 2 UmwG. Bei der Aufspaltung wird die Übertragung des gesamten Vermögens auf mindestens zwei andere Rechtsträger vereinbart, bei der Abspaltung und Ausgliederung demgegenüber die Übertragung eines Teils des Vermögens, welcher der übernehmende Rechtsträger erhalten soll. 77

Beispiel: Eine typische Spaltungsabrede aus einem Vertrag lautet: „Die A-AG überträgt als übertragender Rechtsträger im Wege der Abspaltung zur Aufnahme gem. § 123 Abs. 2 Nr. 1 UmwG aus ihrem Vermögen den in § 4 dieses Vertrages spezifizierten Betrieb ‚Forschung & Entwicklung' (nachfolgend ‚Abzuspaltendes Vermögen') als Gesamtheit auf die B-GmbH als übernehmenden Rechtsträger."

Ausgefüllt wird diese Spaltungsabrede durch die genaue Bezeichnung und Aufteilung der Gegenstände des Aktiv- und Passivvermögens sowie der ggf. übergehenden Betriebe und Betriebsteile gemäß § 126 Abs. 1 Nr. 9 und Abs. 2 UmwG. Siehe hierzu nachfolgend Rn. 82 ff. 78

Die nächsten fünf Mindestangaben kennen wir bereits aus dem Verschmelzungsvertrag, weswegen auf die dortigen Ausführungen verwiesen werden kann (vgl. Kap. 2 Rn. 19). Dies sind: 79

– Die Angabe des Zeitpunkts der Gewinnberechtigung, also des Zeitpunkts, von dem an diese Anteile oder die Mitgliedschaft einen Anspruch auf einen Anteil am Bilanzgewinn gewähren, sowie alle Besonderheiten in Bezug auf diesen Anspruch (§ 126 Abs. 1 Nr. 5 UmwG);
– die Bestimmung des Spaltungsstichtags, „von dem an die Handlungen des übertragenden Rechtsträgers als für Rechnung jedes der übernehmenden Rechtsträger vorgenommen gelten" (§ 126 Abs. 1 Nr. 6 UmwG);

---

[53] Heckschen/Simon/*Heckschen* S. 220 f.

- die Bestimmung besonderer Rechte und Maßnahmen für einzelne Anteilsinhaber und Inhaber besonderer Rechte, oder, wie das Gesetz wörtlich sagt, „die Rechte, welche die übernehmenden Rechtsträger einzelnen Anteilsinhabern sowie den Inhabern besonderer Rechte wie Anteile ohne Stimmrecht, Vorzugsaktien, Mehrstimmrechtsaktien, Schuldverschreibungen und Genussrechte gewähren, oder die für diese Personen vorgesehenen Maßnahmen" (§ 126 Abs. 1 Nr. 7 UmwG);
- die Bestimmung jeden besonderen Vorteil, der einem Mitglied eines Vertretungs- oder eines Aufsichtsorgans der an der Spaltung beteiligten Rechtsträger, einem geschäftsführenden Gesellschafter, einem Partner, einem Abschlussprüfer oder einem Spaltungsprüfer gewährt wird (§ 126 Abs. 1 Nr. 8 UmwG);
- die Beschreibung der Folgen der Spaltung für die Arbeitnehmer und ihre Vertretungen sowie die insoweit vorgesehenen Maßnahmen (§ 126 Abs. 1 Nr. 11 UmwG); diese Angaben haben keinen echten Regelungscharakter, sondern sind rein deklaratorisch.[54]

80 Bei *Aufspaltung* und *Abspaltung* sind in den Vertrag oder Plan zusätzlich auch umtauschbezogene Angaben aufzunehmen:
- Das Umtauschverhältnis der Anteile und gegebenenfalls die Höhe der baren Zuzahlung oder Angaben über die Mitgliedschaft bei den übernehmenden Rechtsträgern (§ 126 Abs. 1 Nr. 3 UmwG);
- die Einzelheiten für die Übertragung der Anteile der übernehmenden Rechtsträger oder über den Erwerb der Mitgliedschaft bei den übernehmenden Rechtsträgern; die Einzelheiten zur Anteilsübertragung (§ 126 Abs. 1 Nr. 4 UmwG);
- die Aufteilung der Anteile oder Mitgliedschaften jedes der beteiligten Rechtsträger auf die Anteilsinhaber des übertragenden Rechtsträgers sowie den Maßstab für die Aufteilung; die Aufteilung der Anteile an den beteiligten Rechtsträgern (§ 126 Abs. 1 Nr. 10 UmwG).

81 Bei der *Spaltung zur Neugründung* hat der Spaltungsplan (§ 136 UmwG) auch den Gesellschaftsvertrag des neuen Rechtsträgers (§§ 135 Abs. 1 S. 1, 125 S. 1 UmwG i. V. m. § 37 UmwG) zu enthalten. Zudem sind die Gesellschaftsorgane zu bestellen.

b) Insbesondere: Die Bezeichnung und Aufteilung der Gegenstände

82 Durch die Spaltung gehen Aktiva und Passiva des übertragenden Rechtsträgers entsprechend der im Spaltungs- und Übernahmevertrag vorgesehenen Aufteilung jeweils als Gesamtheit auf die übernehmenden Rechtsträger über (§ 131 Abs. 1 Nr. 1 UmwG). Der Spaltungsvertrag oder -plan muss daher eine Auftei-

---

[54] Semler/Stengel/*Schröer* § 126 Rn. 73.

lung der Gegenstände des Aktiv- und Passivvermögens enthalten, § 126 Abs. 1 Nr. 9 UmwG. Bei der Aufteilung der Gegenstände sind die beteiligten Rechtsträger grundsätzlich frei, es gilt also der Grundsatz der Spaltungsfreiheit.[55]

§ 126 Abs. 1 Nr. 9 UmwG verlangt deshalb die *genaue Bezeichnung der Gegenstände* des Aktiv- und Passivvermögens, die an den oder die übernehmenden Rechtsträger übertragen werden. Für die Bezeichnung gilt der *sachenrechtliche Bestimmtheitsgrundsatz* (§ 126 Abs. 2 S. 1 UmwG), wobei freilich Bestimmbarkeit ausreicht (anders bei Grundstücken, vgl. sogleich Rn. 89). Letztlich kann man sich an den Grundsätzen orientieren, die zur Sicherungsübereignung von Warenbeständen entwickelt wurden und die auch bei einem Asset Deal Anwendung finden.[56]

Es kann zunächst[57] auf Bilanzen und Inventare Bezug genommen werden, die eine Zuweisung des einzelnen Gegenstandes ermöglichen und dem Vertrag bzw. Plan als Anlage beigefügt werden (§ 126 Abs. 2 S. 3 UmwG). Üblich und völlig ausreichend ist es, in derartigen Inventaren die Gegenstände des Anlagevermögens z. B. über ihre Inventarnummern zu bezeichnen und Geschäftspartner und Arbeitnehmer des Unternehmens durch ihre jeweilige Kunden-, Lieferanten- oder Personalnummer statt durch ihre Namen zu identifizieren.[58] Dies ist auch sinnvoll, weil derartige Unternehmensinterna sonst als Vertragsbestandteil zum Handelsregister eingereicht werden und dort der Registerpublizität des § 9 HGB unterliegen.

Bei der Abspaltung eines Betriebs kann die Bezeichnung und Aufteilung der Gegenstände nach § 126 Abs. 1 Nr. 9 und Abs. 2 UmwG in der Praxis viele hundert Seiten, manchmal sogar mehrere Aktenordner umfassen. Sie werden dann praktischerweise in die Anlage zum Vertrag genommen. Wird nur ein oder werden nur wenige Vermögensgegenstände abgespalten, können diese unmittelbar im Vertragstext bezeichnet werden.

Beispiel: Als Beispiel mag § 5 „Abzuspaltendes Vermögen" aus dem Abspaltungs- und Übernahmevertrag zwischen der Siemens AG als übertragender Rechtsträger und der Osram Licht AG als übernehmender Rechtsträger (vgl. Rn. 5) dienen: „Die Siemens AG überträgt auf die Osram Licht AG sämtliche Geschäftsanteile an der Osram Beteiligungen GmbH, bestehend aus 25.100 Geschäftsanteilen mit den Nummern 1 bis 25.100 und einem Nennbetrag von je 1 Euro. Die Übertragung erfolgt unter Einschluss sämtlicher damit verbundener Rechte und Pflichten, einschließlich des Anspruchs auf Gewinnausschüttung für die Zeit ab dem Abspaltungsstichtag."

Beschreiben die Anlagen ein lebendes Unternehmen, sind sie notwendigerweise immer nur eine *Momentaufnahme* auf einen in der Vergangenheit liegenden Zeitpunkt. Selbst wenn sie per Stichtag des Vertragsschlusses erstellt würden,

---
[55] Sagasser/Bula/Brünger/*Sagasser/Bultmann* § 18 Rn. 50 ff.
[56] Heckschen/Simon/*Heckschen* S. 221.
[57] Alleine wird die Bilanz nur selten ausreichen, siehe Heckschen/Simon/*Heckschen* S. 221.
[58] LG Essen ZIP 2002, 893, 895; Lutter/*Priester* § 126 Rn. 56.

wären sie zum Zeitpunkt der Handelsregistereintragung (also dem Tag des Wirksamwerdens der Spaltung, vgl. § 131 Abs. 1 UmwG) schon wieder einige Tage oder Wochen alt. Der Vertrag oder Plan wird daher in aller Regel bestimmen, wie zwischenzeitliche Vermögensab- und -zugänge zu behandeln sind (*Surrogationsklausel*). In der Praxis scheidet eine Anlagenerstellung per Stichtag des Vertragsschlusses ab einer gewissen Größenordnung der Spaltung schon aus tatsächlichen Gründen aus. Man wählt stattdessen einen zwei oder drei Monate zurückliegenden Stichtag für die Anlagenerstellung; auch ist es möglich, je Anlage einen eigenen Stichtag zu bestimmen.

87 Zusätzlich enthält der Vertrag oder Plan in aller Regel eine sog. *All-Klausel*, durch die nicht besonders genannte Aktiva und Passiva, die bei wirtschaftlicher Betrachtung einem bestimmten Betrieb oder Unternehmensteil zuzurechnen sind, diesem auch für Zwecke der Spaltung zugeordnet werden. Dadurch lassen sich zum einen „vergessene Aktiva und Passiva" auffangen und durch Vertragsauslegung (§§ 133, 157 BGB), hilfsweise ein Bestimmungsrecht gem. § 315 BGB, nachträglich sinnvoll zuordnen. Gerade bei der Aufspaltung, für die § 131 Abs. 3 UmwG sonst einen verhältnisweisen Übergang auf alle übernehmenden Rechtsträger anordnet, ist dies unerlässlich. Zum anderen werden bei der Spaltung häufig große Sachgesamtheiten übertragen, bei denen eine Einzelauflistung aller hierzu gehörenden Gegenstände unzumutbar und wegen der Veränderungen im Zeitablauf auch praktisch nicht leistbar wäre (vgl. Rn. 86).[59]

88 Soll eine *Totalabspaltung oder -ausgliederung* erfolgen, kann auch umgekehrt das zurückbleibende Vermögen (beispielsweise die Firma und Beteiligungen) positiv beschrieben und „alles andere" abgespalten bzw. ausgegliedert werden.[60]

89 Eine Ausnahme gilt für *Grundstücke* (§ 126 Abs. 2 S. 2 UmwG): Sie sind gem. § 28 GBO grundbuchmäßig zu bezeichnen, d.h. so genau, wie dies der Notar übereinstimmend mit dem Grundbuch auch bei Veräußerung durch Auflassung tun würde. Denn mit dem Wirksamwerden der Spaltung wird das Grundbuch unrichtig; der Spaltungsvertrag bzw. -plan bildet die Grundlage für die erforderliche Berichtigung. Der BGH lässt deshalb bei im Vertrag versehentlich nicht aufgeführten Grundstücken auch keinen Übergang durch Auslegung zu.[61]

90 Bei der Spaltung gilt der Grundsatz der *Spaltungs-* oder auch *Übertragungsfreiheit*. Dies heißt folgendes:
– *Vinkulierte Anteile* an Kapitalgesellschaften (§ 15 Abs. 5 GmbHG, § 68 Abs. 2 AktG) können ohne Beachtung der Vinkulierung im Wege der Spaltung übertragen werden; dasselbe gilt nach zutreffender Ansicht auch für Anteile an Personengesellschaften;[62]

---

[59] Positiv zu All-Klauseln daher BGH NZG 2003, 1172, 1174.
[60] *H. Schmidt* AG 2005, 26; Widmann/Mayer/*Mayer* § 126 UmwG Rn. 203.
[61] BGH NZG 2008, 436.
[62] Kölner Komm. UmwG/*Simon* § 131 Rn. 21 f.

– auch *Forderungen* können unabhängig von einem etwaigen Abtretungsverbot (§ 399 BGB mit Gegenausnahme in § 354a HGB) im Wege der Spaltung übertragen werden und können, sofern sie – wie z. B. Geldforderungen – inhaltlich teilbar sind, auch je zum Teil verschiedenen Rechtsträgern zugewiesen werden;[63]
– *Vertragsverhältnisse* gehen ohne Zustimmung des jeweiligen Vertragspartners über, jedoch kann diesem – namentlich bei Dauerschuldverhältnissen – ausnahmsweise ein Recht zur Kündigung aus wichtigem Grund erwachsen. In diesem Rahmen ist es auch zulässig, bisher einheitliche Vertragsverhältnisse (ohne Mehrung der Leistungspflichten des anderen Vertragspartners) aufzuteilen;[64]

Beispiel: Die A-GmbH spaltet einen Betriebsteil auf die B-GmbH ab. Die zugehörige Teilfläche des durch A angemieteten Grundstücks soll künftig durch B genutzt werden. Hier ist neben einer etwaigen Untervermietung der benötigten Flächen auch eine Aufteilung des Mietverhältnisses im Spaltungs- und Übernahmevertrag zulässig.

– *Verbindlichkeiten* können abweichend von §§ 414 f. BGB ohne Zustimmung des Gläubigers übertragen werden[65];

Beispiel: Die A-AG, Konzernobergesellschaft eines international tätigen Industriekonzerns, will die bestehenden Darlehensverträge mit verschiedenen Banken auf eine Finanzierungstochter in der Rechtsform einer GmbH übertragen. Da die Banken für die individualvertragliche Übertragung im Wege der Vertragsänderung eine stattliche „handling fee" verlangen, entscheidet sich die A-AG, sämtliche Darlehensverträge auf ihre 100%ige Tochtergesellschaft B-Finance-GmbH auszugliedern. Später unterrichtet sie die Banken hierüber.

– es können auch nur Schulden oder jedenfalls mehr Passiva als Aktiva übertragen werden – es sei denn, der übernehmende Rechtsträger ist eine Kapitalgesellschaft und soll als Gegenleistung für die Vermögensübertragung neue Anteile gewähren; dann muss wegen des Verbots der Unterpari-Emission per saldo ein positives Vermögen übertragen werden;[66]
– *Prozessrechtsverhältnisse* sind durch Spaltung als solche nicht übertragbar. Bei *Aktivprozessen* bewirkt die partielle Gesamtrechtsnachfolge keinen gesetzlichen Parteiwechsel; sofern das eingeklagte Recht dem übernehmenden Rechtsträger zugewiesen wurde, wird der übertragende Rechtsträger zum Prozessstandschafter (§ 265 Abs. 2 ZPO) und ist der Leistungsantrag auf Leistung an den übernehmenden Rechtsträger umzustellen.[67] Beim *Passivprozess* haftet der übertragende Rechtsträger im Fall der Abspaltung

---

[63] Kölner Komm. UmwG/*Simon* § 131 Rn. 27; zu § 399 BGB differenzierend Lutter/*Teichmann* § 131 Rn. 36 ff.
[64] *Berner/Klett* NZG 2008, 601; Widmann/Mayer/*Mayer* § 126 UmwG Rn. 227 ff.
[65] Dazu lesenswert BAG NZA 2009, 790.
[66] Schmitt/Hörtnagl/Stratz/*Hörtnagl* § 126 Rn. 50; Lutter/*Priester* § 126 Rn. 71; allgemein zu dem Verbot der Unterpari-Emission *Raiser/Veil* § 8 Rn. 35.
[67] BFH NJW 2003, 1479, 1480; zu wettbewerbsrechtlichen Ansprüchen BGHZ 172, 165; OLG Hamburg BeckRS 2010, 26123.

oder Ausgliederung dagegen weiter als Gesamtschuldner (§ 131 Abs. 1 S. 1 UmwG); die Spaltung hindert den Kläger daher nicht, seine Ansprüche nach wie vor (auch) gegen den übertragenden Rechtsträger geltend zu machen.[68]

91 Eine Ausnahme von der Spaltungsfreiheit besteht in Hinblick auf *Arbeitsverhältnisse*. Diese können im Vertrag bzw. Plan nicht konstitutiv, d. h. nicht ohne Rücksicht auf § 613a BGB, zugeordnet werden. Vor diesem Hintergrund des § 613a BGB verlangt § 126 Abs. 1 Nr. 9 UmwG auch die genaue Bezeichnung der übergehenden Betriebe und Betriebsteile unter Zuordnung zu den übernehmenden Rechtsträgern (vgl. Rn. 167).

c) Insbesondere: Aufteilung der Anteile an den beteiligten Rechtsträgern

92 Bei Auf- und Abspaltung muss der Vertrag bzw. Plan auch die *Aufteilung der Anteile jedes der beteiligten Rechtsträger* auf die Anteilsinhaber des übertragenden Rechtsträgers sowie den Maßstab für die Aufteilung enthalten (§ 126 Abs. 1 Nr. 10 UmwG). Nach § 128 S. 1 UmwG ist jedenfalls mit Zustimmung aller Anteilsinhaber des übertragenden Rechtsträgers auch eine *nicht-verhältniswahrende Spaltung* erlaubt (oben Rn. 37 ff.). Dass in § 126 Abs. 1 Nr. 10 UmwG von den „beteiligten" statt nur von den „übernehmenden" Rechtsträgern die Rede ist, zeigt, dass im Zuge einer Spaltung auch die Anteile am *übertragenden Rechtsträger* dinglich neu zugeordnet werden können. Dies ermöglicht u. a. die Trennung von Gesellschafterstämmen. Mit dem Wirksamwerden der Spaltung werden die Anteilsinhaber des übertragenden Rechtsträgers entsprechend der im Spaltungsvertrag bzw. -plan vorgesehenen Aufteilung Anteilsinhaber der *beteiligten* Rechtsträger (§ 131 Abs. 1 Nr. 3 S. 1 Hs. 1 UmwG).

3. Form

93 Spaltungsvertrag und -plan bedürfen der notariellen Beurkundung, §§ 125 S. 1, 135 Abs. 1 UmwG i. V. m. § 6 UmwG, geregelt in §§ 6 ff. BeurkG.

94 Der Spaltungsvertrag kann den Gesellschaftern auch nur im Entwurf zur Zustimmung vorgelegt werden, §§ 125 S. 1, 4 Abs. 2 UmwG. Diesen Weg wird man gehen, wenn die Zustimmung der Gesellschafter zweifelhaft ist, da so Beurkundungskosten vermieden werden können.[69] Für den Spaltungsplan ist dies nach dem Wortlaut des Gesetzes nicht möglich, weil § 4 Abs. 2 UmwG auf die Spaltung zur Neugründung nicht anwendbar ist, so § 135 Abs. 1 S. 1 UmwG. Hierin wird jedoch gemeinhin ein Redaktionsversehen des Gesetzgebers gesehen.[70]

95 Der dem Spaltungsbeschluss zugrunde liegende Entwurf muss in jedem Fall, d. h. bei Spaltungen zur Aufnahme und zur Neugründung, mit dem später be-

---

[68] BGH NJW 2001, 1217; vgl. auch *Bork/Jacoby* ZHR 167 (2003), 440; *Stöber* NZG 2007, 574.
[69] Semler/Stengel/*Schröer* § 4 Rn. 18.
[70] Semler/Stengel/*Schröer* § 136 Rn. 5 m. w. N.

urkundeten Vertrag oder Plan übereinstimmen; allein redaktionelle Aktualisierungen sind zulässig (vgl. Kap. 2 Rn. 51).

II. Spaltungsbericht

Nach § 127 S. 1 UmwG haben die Vertretungsorgane jedes der an der Spaltung beteiligten Rechtsträger „einen ausführlichen schriftlichen Bericht zu erstatten, in dem die Spaltung, der Vertrag oder sein Entwurf im einzelnen und bei Aufspaltung und Abspaltung insbesondere das Umtauschverhältnis der Anteile oder die Angaben über die Mitgliedschaften bei den übernehmenden Rechtsträgern, der Maßstab für ihre Aufteilung sowie die Höhe einer anzubietenden Barabfindung rechtlich und wirtschaftlich erläutert und begründet werden (*Spaltungsbericht*)." Der Spaltungsbericht ist das Gegenstück zum Verschmelzungsbericht nach § 8 UmwG (vgl. zum Letzteren bereits Kap. 2 Rn. 33 ff.).

Beispiel: Wenn Sie nach den Begriffen „Spaltungsbericht Siemens Osram" googeln, sollten Sie den 258 Seiten umfassenden „Gemeinsamen Spaltungsbericht der Vorstände der Siemens AG und der Osram Licht AG über die Abspaltung einer Mehrheitsbeteiligung an Osram gemäß § 127 S. 1 Umwandlungsgesetz" finden (Stand: Oktober 2014). Er vermittelt Ihnen einen guten Überblick über die praktische Umsetzung des Berichtserfordernisses. Alternativ können Sie auch nach den Begriffen „Spaltungsbericht E.ON Uniper" suchen.

Inhalt und Umfang der Berichterstattung lassen sich aus dem Gesetzeswortlaut nicht abschließend entnehmen. Die Gesetzesformulierung regelt keinen festen Berichtsstandard, der Begriff des „ausführlichen Berichts" ist unbestimmt. Diese Offenheit der gesetzlichen Regelung erschwert die rechtssichere Anwendung.[71] Jedenfalls hat der Bericht den Grundsätzen einer *gewissenhaften und getreuen Rechenschaft* zu entsprechen.[72] Die für die Beurteilung der Spaltung wesentlichen Tatsachen und Sachverhalte müssen vollständig und richtig dargestellt werden.[73] Unternehmerische Bewertungen und Einschätzungen des Vertretungsorgans müssen zutreffend so wiedergegeben werden, wie sie der Auffassung des Vertretungsorgans entsprechen; es ist allerdings kein Berichtsfehler, wenn sie sich *ex post* als nicht zutreffend erweisen.[74]

Die Mitglieder sollen durch den Bericht in die Lage versetzt werden, „sich ein *erstes Plausibilitätsurteil* zu bilden, das gegebenenfalls in der Hauptversammlung durch Nachfragen vertieft werden kann".[75] Er hat daher über die wesent-

---

[71] Semler/Stengel/*Gehling* § 8 Rn. 11; Kölner Komm. UmwG/*Simon* § 8 Rn. 14.
[72] Vgl. § 131 Abs. 2 AktG zur AG.
[73] Semler/Stengel/*Gehling* § 8 Rn. 14.
[74] Semler/Stengel/*Gehling* § 8 Rn. 14.
[75] OLG Hamm NZG 1999, 560, 561 („Krupp/Thyssen III"); gleichsinnig bereits BGH AG 1991, 102, 103, wonach Sinn des Berichts sei, „die Voraussetzungen dafür zu schaffen, dass sie [*scil.* die Aktionäre] sich auf die Durchführung der Hauptversammlung ordnungsgemäß vorbereiten können und dort in der Lage sind, ihr Fragerecht in sachgemäßer Weise auszuüben" (jeweils zum Umwandlungsbericht); Kölner Komm. UmwG/*Simon* § 8 Rn. 18.

lichen entscheidungsrelevanten Umstände und Sachverhalte aufzuklären. Dem Vertretungsorgan kommt dabei ein Darstellungsspielraum zu. Der Bericht ist daher nur unzureichend und fehlerhaft, wenn er nach Art, Umfang und Tiefe der Darstellung bei einer Gesamtwürdigung aus Sicht eines verständigen Anteilsinhabers keine geeignete Informationsgrundlage mehr bietet.[76]

99 *Berichtsgegenstand* ist die Spaltung. Ihr Zweck ist darzulegen, andere Möglichkeiten anzusprechen und Vor- sowie Nachteile der verschiedenen Maßnahmen abzuwägen.[77] Der Maßstab für die Aufteilung der Anteile muss erläutert und begründet werden, weil hierfür eine erhebliche Freiheit der vertraglichen Gestaltung eingeräumt wird. Der Spaltungsbericht muss ferner ausführlich zu den Verbindlichkeiten Stellung nehmen, für welche die übernehmenden Gesellschaften als Gesamtschuldner nach § 133 UmwG haften. Das ist so zwar nicht ausdrücklich in § 127 UmwG angeordnet, ergibt sich aber aus § 127 UmwG i. V. m. § 126 Abs. 1 Nr. 9 UmwG, wonach der Spaltungsbericht u. a. den Spaltungsvertrag zu erläutern und zu begründen hat und damit auch die auf jede Übernehmerin übertragenen Schulden.[78]

100 § 127 S. 2 UmwG i. V. m. § 8 Abs. 2 UmwG ordnet an, dass in den Bericht keine Tatsachen aufgenommen werden müssen, deren Bekanntwerden geeignet ist, einem der beteiligten Rechtsträger oder einem verbundenen Unternehmen einen nicht unerheblichen Nachteil zuzufügen. Im Bericht sind dann die Gründe, aus denen heraus die Tatsachen nicht aufgenommen worden sind, darzulegen. Der Anteilsinhaber muss in die Lage versetzt werden, die Gründe, die das Vertretungsorgan zur Geheimhaltung näherer Angaben veranlassen, in plausibler Weise nachzuvollziehen und von sich aus zu beurteilen.[79]

101 Der Spaltungsbericht ist gem. § 127 S. 1 UmwG *schriftlich* abzufassen. Ausreichend ist die Unterschrift durch Vertreter des Rechtsträgers in vertretungsberechtigter Zahl.[80]

102 Der Bericht kann daher von den Vertretungsorganen auch gemeinsam erstattet werden. Im Übrigen kann auch bei der Spaltung auf die Erstattung eines Berichts *verzichtet* werden, § 127 S. 2 UmwG i. V. m. § 8 S. 3 UmwG.

III. Spaltungsprüfung

103 Zum Schutz der Gesellschafter sieht das Gesetz vor, dass der Umwandlungsvertrag oder -plan durch einen oder mehrere sachverständige Prüfer zu prüfen ist (§ 9 UmwG, vgl. Kap. 1 Rn. 121, Kap. 2 Rn. 36 ff.). Bei der Spaltung ist zu differenzieren:

---

[76] Semler/Stengel/*Gehling* § 8 Rn. 11.
[77] Hüffer/Koch § 319 Rn. 11 (zum Eingliederungsbericht).
[78] Rowedder/Schmidt-Leithoff/*Schnorbus* Anh. § 77 Rn. 349.
[79] Semler/Stengel/*Gehling* § 8 Rn. 65; Kölner Komm. UmwG/*Simon* § 8 Rn. 59.
[80] So BGH AG 2007, 625 Tz. 27; jetzt auch Hüffer/Koch § 293a Rn. 10.

- Für die *Aufspaltung* und *Abspaltung* gelten über § 125 S. 1 UmwG die §§ 9 bis § 12, § 30 Abs. 2 UmwG und die rechtsformspezifischen Vorschriften, die bei der Verschmelzung generell oder auf Verlangen eine Prüfung anordnen, entsprechend. Bei der Beteiligung einer GmbH erfolgt daher eine Prüfung, wenn ein Gesellschafter dies verlangt (§ 48 S. 1 UmwG), und bei Beteiligung einer AG in allen Fällen einer Aufspaltung oder Abspaltung (§ 60 UmwG) (zu den Einzelheiten der Prüferbestellung, der Prüfung selbst und dem Prüfungsbericht vgl. Kap. 2 Rn. 36 ff.);
- bei der *Ausgliederung* findet keine Spaltungsprüfung statt, § 125 S. 2 UmwG. Hintergrund dieser Regelung ist die Sicht des Gesetzgebers, dass bei der Ausgliederung kein Anteilstausch stattfindet, weswegen es kein Umtauschverhältnis im technischen Sinne gibt.[81] Allerdings muss man sehen, dass auch bei der Ausgliederung eine Gegenleistung für das übertragende Vermögen gewährt wird, nämlich Anteile/Mitgliedschaftsrechte am übernehmenden Rechtsträger, die dem übertragenden Rechtsträger gewährt werden. Auch hier besteht sehr wohl eine Gefahrenlage, die eine Prüfung gerechtfertigt hätte; nichtsdestotrotz ist die Entscheidung des Gesetzgebers in § 125 S. 2 UmwG zu respektieren.[82]

Beispiel: Wird das Vermögen der A-GmbH auf die B-GmbH verschmolzen, erhalten die Gesellschafter der A-GmbH Anteile an der B-GmbH. Das Umtauschverhältnis der Anteile unterliegt der Prüfung nach § 9 UmwG. Wird demgegenüber das Vermögen der A-GmbH auf die B-GmbH ausgegliedert, erhält die A-GmbH Anteile an der B-GmbH; die Gesellschafter der A-GmbH sind indirekt, vermittelt über die A-GmbH, an der B-GmbH beteiligt. Die Ausgliederung unterliegt nach § 125 S. 2 UmwG nicht der Prüfung nach § 9 UmwG.

IV. Beachtung des Gründungsrechts

Bei der Spaltung zur Neugründung sind die Gründungsvorschriften der neuen Gesellschaft anzuwenden, soweit sich nicht aus den Vorschriften über die Spaltung etwas anderes ergibt, so § 135 Abs. 2 UmwG. Dies entspricht der Sache nach der Regelung zur Verschmelzung in § 36 Abs. 2 UmwG, weswegen auch hier auf die Ausführungen in Kap. 2 Rn. 12, 155 verwiesen werden kann.

Gründer des neuen Rechtsträgers ist der übertragende Rechtsträger, § 135 Abs. 2 S. 2 UmwG. Daher stellt die Neugründung eines Rechtsträgers im Wege der Spaltung zur Neugründung stets eine Einpersonengründung dar.[83]

Wird eine AG oder eine GmbH gegründet, ist stets ein Gründungsbericht (§ 32 AktG) oder ein Sachgründungsbericht (§ 5 Abs. 4 GmbHG) zu erstellen, § 138 UmwG. Bei der AG ist auch eine Gründungsprüfung erforderlich, § 144 UmwG i. V. m. § 33 Abs. 2 AktG.

---
[81] Kölner Komm. UmwG/*Simon* § 125 Rn. 36.
[82] Kölner Komm. UmwG/*Simon* § 125 Rn. 36.
[83] Kölner Komm. UmwG/*Simon* § 135 Rn. 25.

V. Zustimmungsbeschlüsse der Anteilsinhaber

107 Über die Spaltung ist in allen beteiligten Rechtsträgern Beschluss zu fassen: Gemäß §§ 125 S. 1, 13 Abs. 1 UmwG wird der Spaltungsvertrag oder -plan nur wirksam, wenn die Anteilsinhaber der beteiligten Rechtsträger ihm jeweils in einer Anteilsinhaberversammlung durch notariell beurkundeten[84] *Spaltungsbeschluss* zustimmen. Im Einzelnen gilt hier das zur Verschmelzung Gesagte (vgl. Kap. 2 Rn. 49 ff.). Spaltungsspezifisch ordnet § 128 S. 1 UmwG an, dass eine nicht-verhältniswahrende Spaltung der Zustimmung aller Anteilsinhaber bedarf.

108 Dies bedeutet im Einzelnen: Im Vorfeld der Beschlussfassung sind die Gesellschafter einer beteiligten *GmbH* gem. § 125 S. 1 UmwG i. V. m. §§ 47, 49, 56 UmwG zu informieren. Bei Beteiligung einer *AG* gelten für die Information der Aktionäre über § 125 S. 1 UmwG die §§ 61, 63, 64, 73 UmwG. Die Zustimmungsbeschlüsse der Gesellschafter- oder der Hauptversammlung bedürfen einer Mehrheit von drei Viertel, so § 125 S. 1 UmwG i. V. m. §§ 50, 56, 65 I, 73 UmwG.

109 Bei *Personenhandelsgesellschaften* sind der Spaltungsvertrag oder -plan und der Bericht den nicht geschäftsführenden Gesellschaftern (in der Regel also den Kommanditisten, § 164 HGB) mit der Einberufung zu übersenden (§ 125 S. 1 UmwG i. V. m. § 42 UmwG). Die Spaltung bedarf grundsätzlich der Zustimmung aller Gesellschafter; jedoch kann der Gesellschaftsvertrag eine Mehrheit von drei Viertel der abgegebenen Stimmen genügen lassen (§ 125 S. 1 UmwG i. V. m. § 43 UmwG). Nicht erschienene Gesellschafter müssen bei Geltung des Einstimmigkeitsprinzips gesondert zustimmen.

VI. Anmeldung zur Eintragung in das Handelsregister

110 Die Spaltung bedarf, wie man aus § 131 UmwG ersehen kann, zu ihrer Wirksamkeit der Eintragung in das Handelsregister. Die Eintragung erfolgt auf Grund einer Anmeldung zur Eintragung, § 12 Abs. 1 S. 1 HGB. § 125 S. 1 UmwG regelt im Zusammenspiel mit § 16 UmwG und § 17 UmwG die Registeranmeldungen, welche die erforderlichen Registerverfahren auslösen.[85]

1. Anmeldeverfahren

111 Die Anmeldung zur Eintragung erfolgt *durch die Vertretungsorgane* jedes beteiligten Rechtsträgers bei „seinem" Register, §§ 125 S. 1, 16 Abs. 1 S. 1 UmwG. Das Vertretungsorgan jedes übernehmenden Rechtsträgers darf die Spaltung auch beim Register des übertragenden Rechtsträgers zur Eintragung anmelden, §§ 125 S. 1, 16 Abs. 1 S. 2, 129 UmwG. Diese Möglichkeit der Fremdanmeldung soll der Beschleunigung des Verfahrens dienen. Praktisch fehlen dem Vertretungsorgan des übernehmenden Rechtsträgers allerdings meist die

---

[84] §§ 6 ff. BeurkG.
[85] Henssler/Strohn/*Heidinger* § 16 UmwG Rn. 1.

erforderlichen Anlagen für eine vollständige Anmeldung, wie insbesondere die Schlussbilanz aller übertragenden Rechtsträger nach § 17 Abs. 2 UmwG.[86]

Örtlich zuständig ist das Registergericht am Sitz des jeweiligen Rechtsträgers. Die *sachliche Zuständigkeit* richtet sich nach der Rechtsform des betreffenden Rechtsträgers (Handelsregister, Partnerschaftsregister, Genossenschaftsregister, Vereinsregister). 112

2. Inhalt der Anmeldung

Gegenstand der Anmeldung ist die Spaltung, nicht der Spaltungsvertrag/-plan oder die Spaltungsbeschlüsse.[87] Die Form der Spaltung (Aufspaltung, Abspaltung oder Ausgliederung zur Aufnahme oder zur Neugründung), die beteiligten Rechtsträger und die Grundlagen der Spaltung (Spaltungsvertrag/-plan, Spaltungsbeschlüsse) sind anzugeben. Anmeldungen zum Handels-, Genossenschafts- und Partnerschaftsregister erfolgen elektronisch in öffentlich beglaubigter *Form*, § 12 Abs. 1 und Abs. 2 HGB. 113

Die erforderlichen Anlagen zur Anmeldung ergeben sich maßgeblich aus § 17 UmwG. Im Einzelnen sind bei der übertragenden und bei der übernehmenden Gesellschaft folgende Unterlagen beizufügen: 114
– Spaltungs-/Ausgliederungs- und Übernahmevertrag gemäß § 126 UmwG (vgl. Rn. 70 ff.);
– Niederschriften der Spaltungsbeschlüsse (vgl. Rn. 107 ff.);
– etwa erforderliche Zustimmungserklärungen einzelner Anteilsinhaber (vgl. Rn. 39);
– Spaltungsbericht oder eine entsprechende Verzichtserklärung (vgl. Rn. 96 ff.);
– Spaltungsprüfungsbericht, sofern eine Prüfung zu erfolgen hat (vgl. Rn. 103 ff.);
– Nachweis über die Zuleitung des Spaltungsvertrags an den Betriebsrat (vgl. Rn. 157 ff.);
– Schlussbilanz der übertragenden Gesellschaft (vgl. Rn. 114 ff.).

Der Besondere Teil des Umwandlungsrechts enthält teilweise ergänzende Vorschriften in Hinblick auf die beizufügenden Anlagen und Erklärungen (so z. B. §§ 52, 62 Abs. 3 S. 5, 86 UmwG).

Der Anmeldung zur Eintragung folgt unter Umständen das Freigabeverfahren gem. §§ 125 S. 1, 16 Abs. 2 und Abs. 3 UmwG (vgl. Rn. 117).

Nach § 125 S. 1 UmwG i. V. m. § 16 Abs. 2 UmwG wird von den Vertretungsorganen in vertretungsberechtigter Anzahl bei der Anmeldung der Spaltung eine Erklärung verlangt, dass eine Klage gegen die Wirksamkeit eines Umwandlungsbeschlusses nicht oder nicht fristgerecht erhoben oder dass eine solche Klage rechtskräftig abgewiesen oder zurückgenommen worden ist (*Negativerklärung*).[88] 115

---

[86] Kölner Komm. UmwG/*Simon* § 16 Rn. 18.
[87] Kölner Komm. UmwG/*Simon* § 129 Rn. 10.
[88] Kölner Komm. UmwG/*Simon* § 129 Rn. 14.

Diese Negativerklärung bezieht sich auf die Verschmelzungsbeschlüsse aller beteiligten Rechtsträger. Vorgänge, die Gegenstand der Negativerklärung sein können, aber erst nach der Anmeldung eintreten, müssen dem Registergericht nachträglich mitgeteilt werden, so § 16 Abs. 2 S. 1 UmwG. Fehlt diese Negativerklärung, besteht ein Eintragungsverbot (*Registersperre*) (vgl. Kap. 1 Rn. 110).

116 Die Negativerklärung ist entbehrlich, wenn alle klageberechtigten Anteilsinhaber ausdrücklich in notarieller Form auf die Anfechtungsklage verzichten, so § 16 Abs. 2 S. 2 Hs. 2 UmwG. Da ein Anteilsinhaber, der der Spaltung zugestimmt hat, nicht mehr zur Anfechtung befugt ist, gilt dasselbe, wenn alle Anteilsinhaber dem Umwandlungsbeschluss zugestimmt haben.[89]

117 Wurde ein Spaltungsbeschluss angefochten, kann die Spaltung unter bestimmten Voraussetzungen aber trotzdem ohne Negativerklärung über bestehende Anfechtungsklagen und schon vor Abschluss des Anfechtungsprozesses eingetragen werden, so § 125 S. 1 UmwG i. V. m. § 16 Abs. 3 S. 1. UmwG. Voraussetzung ist ein entsprechender Beschluss in einem vorgeschalteten *Freigabeverfahren*, in dem das Gericht rechtskräftig festgestellt hat, dass die Erhebung einer Klage gegen die Wirksamkeit des Verschmelzungsbeschlusses der Eintragung der Verschmelzung nicht entgegensteht (vgl. Kap. 7 Rn. 47 ff.). Eine diesbezügliche Entscheidung des Gerichts ist für den Registerrichter verbindlich.[90]

3. Insbesondere: Die Schlussbilanz

118 Der Anmeldung ist eine Schlussbilanz des übertragenden Rechtsträgers beizufügen, so § 125 S. 1 UmwG i. V. m. § 17 Abs. 2 UmwG.[91] Sie darf höchstens auf einen acht Monate vor der Anmeldung liegenden Stichtag aufgestellt worden sein, § 17 Abs. 2 S. 4 UmwG (vgl. Kap. 2 Rn. 59 f.).

119 Bei der Abspaltung und Ausgliederung werden zudem oftmals *Teilbilanzen* (auch Spaltungsbilanzen genannt) erstellt, in denen jeweils das zurückbleibende und das übertragende Vermögen bilanziell abgebildet werden. Zweck einer solchen Bilanz ist die Veranschaulichung der bilanziellen Spaltungsfolgen.[92] Eine gesetzliche Verpflichtung zur Aufstellung oder gar Einreichung zum Handelsregister besteht nicht.[93] Je nach Registerpraxis kann eine Teilbilanz, die nur das übergehende Vermögen zeigt, auch als Schlussbilanz dienen.[94]

120 Bei der Anmeldung der Spaltung zur Eintragung in das Register des aufnehmenden Rechtsträgers ist weder eine Schlussbilanz dieses Rechtsträgers noch die Schlussbilanz eines übertragenden Rechtsträgers einzureichen.[95]

---

[89] Henssler/Strohn/*Heidinger* § 16 UmwG Rn. 16.
[90] Henssler/Strohn/*Heidinger* § 16 UmwG Rn. 19.
[91] Ausführlich zur Schlussbilanz *Bertram* WPg 2014, 410 ff.
[92] Kölner Komm. UmwG/*Simon* § 129 Rn. 16.
[93] Kölner Komm. UmwG/*Simon* § 129 Rn. 16.
[94] Rödder/Herlinghaus/van Lishaut/*M. Winter* Anh. I Rn. 205.
[95] BayObLG NZG 1999, 321.

§ 3 Wirkung der Spaltung

§ 130 UmwG regelt die Reihenfolge der Eintragung der Spaltung: Die Spaltung wird zunächst im Register des Sitzes jedes der übernehmenden und dann erst in dem des übertragenden Rechtsträgers eingetragen. Handelt es sich um eine Spaltung zur Neugründung, müssen erst der oder die neugegründeten Rechtsträger eingetragen sein, bevor die Spaltung eingetragen wird, § 137 Abs. 3 UmwG. Dann erfolgt die Eintragung im Register am Sitz des übertragenden Rechtsträgers, § 130 UmwG.

121

§ 131 UmwG knüpft sodann an die Eintragung der Spaltung in das Register des Sitzes des übertragenden Rechtsträgers, also die zeitlich letzte, an, und bestimmt die Wirkungen der Eintragung (vgl. Kap. 1 Rn. 113). Da § 133 Abs. 1 Nr. 1 bis Nr. 3 UmwG alle drei Formen der Spaltung (Aufspaltung, Abspaltung und Ausgliederung) zusammen behandelt, hat der Text eine gewisse Komplexität. Teilt man die Rechtsfolgen auf die unterschiedlichen Spaltungsformen auf, ergibt sich folgendes:

122

– Bei der *Aufspaltung* geht das Vermögen des übertragenden Rechtsträgers einschließlich der Verbindlichkeiten entsprechend der im Spaltungs- und Übernahmevertrag vorgesehenen Aufteilung als Gesamtheit auf die übernehmenden Rechtsträger über, § 133 Abs. 1 Nr. 1 UmwG. Der übertragende Rechtsträger erlischt, ohne dass es einer besonderen Löschung bedarf, § 133 Abs. 1 Nr. 2 UmwG. Die Anteilsinhaber des übertragenden Rechtsträgers werden entsprechend der im Spaltungs- und Übernahmevertrag vorgesehenen Aufteilung Anteilsinhaber der beteiligten Rechtsträger, § 133 Abs. 1 Nr. 3 S. 1 UmwG. In § 133 Abs. 3 UmwG findet sich eine Zuteilungsregelung für „vergessene Vermögensgegenstände", die bereits oben bei Rn. 87 besprochen wurde;

– bei der *Abspaltung* gehen der oder die abgespaltenen Teile des Vermögens einschließlich der Verbindlichkeiten entsprechend der im Spaltungs- und Übernahmevertrag vorgesehenen Aufteilung als Gesamtheit auf die übernehmenden Rechtsträger über, § 133 Abs. 1 Nr. 1 UmwG. Die Anteilsinhaber des übertragenden Rechtsträgers werden entsprechend der im Spaltungs- und Übernahmevertrag vorgesehenen Aufteilung Anteilsinhaber der beteiligten Rechtsträger, § 133 Abs. 1 Nr. 3 S. 1 UmwG;

– bei der *Ausgliederung* gehen der oder die ausgegliederten Teile des Vermögens einschließlich der Verbindlichkeiten entsprechend der im Spaltungs- und Übernahmevertrag vorgesehenen Aufteilung als Gesamtheit auf die übernehmenden Rechtsträger über, § 133 Abs. 1 Nr. 1 UmwG. Der übertragende Rechtsträger wird entsprechend dem Ausgliederungs- und Übernahmevertrag Anteilsinhaber der übernehmenden Rechtsträger, § 133 Abs. 1 Nr. 3 S. 3 UmwG.

Für alle drei Formen der Spaltung ist also in § 133 Abs. 1 Nr. 1 UmwG ein Vermögensübergang auf den oder die übernehmenden Rechtsträger im Wege der

123

Gesamtrechtsnachfolge (Universalsukzession) angeordnet. Anders als in § 20 Abs. 1 Nr. 1 UmwG (vgl. Kap. 1 Rn. 4, 43 f., Kap. 2 Rn. 67 ff.) ist sie nur *partiell*, d. h. lediglich ein Teil des Vermögens des übertragenden Rechtsträgers geht auf einen bestimmten übernehmenden Rechtsträger über, während der andere Teil beim übertragenden Rechtsträger verbleibt (Abspaltung oder Ausgliederung) oder auf einen anderen übernehmenden Rechtsträger übertragen wird (Aufspaltung). Ansonsten gelten die Ausführungen zur Verschmelzung (vgl. Kap. 2 Rn. 67 ff.) hier entsprechend.

124 § 131 Abs. 1 Nr. 4 UmwG bestimmt für alle drei Formen der Spaltung, dass ein *Mangel der notariellen Beurkundung* des Spaltungs- und Übernahmevertrags und gegebenenfalls erforderlicher Zustimmungs- oder Verzichtserklärungen einzelner Anteilsinhaber geheilt wird. Auch sonstige Mängel der Spaltung lassen die Wirkungen der Eintragung nach Abs. 1 unberührt, so § 131 Abs. 2 UmwG. Hierbei handelt es sich um eine Parallelregelung zu § 20 Abs. 1 Nr. 4 und Abs. 2 UmwG (vgl. Kap. 1 Rn. 115, Kap. 2 Rn. 82). Für eine Differenzierung nach Art und Schwere der Mängel ist kein Raum. Der Gesetzgeber folgt der Tendenz, gesellschaftsrechtliche Akte möglichst zu erhalten, und hat dementsprechend Einwendungen gegen die Wirksamkeit eines Formwechsels nach der Eintragung in das Register abgeschnitten.[96]

§ 4 Schutz der Anteilsinhaber

125 § 125 S. 1 UmwG ordnet die „entsprechende Anwendung" der Vorschriften des Ersten bis Neunten Abschnittes des Zweiten Buches, also der § 2 bis § 122 UmwG, an. Anwendung finden damit auch die Vorschriften des Verschmelzungsrechts, die dem Schutz der Anteilsinhaber dienen. Davon umfasst ist auch der *institutionelle Schutz* der Anteilsinhaber (vgl. Kap. 2 Rn. 84).

A. Organhaftung

126 Anwendung findet damit zunächst die Vorschrift des § 25 UmwG über die *Schadensersatzpflicht* der Verwaltungsträger der übertragenden Rechtsträger. Danach sind die Mitglieder des Vertretungsorgans und, wenn ein Aufsichtsorgan vorhanden ist, des Aufsichtsorgans eines übertragenden Rechtsträgers als Gesamtschuldner zum Ersatz des Schadens verpflichtet, den dieser Rechtsträger, seine Anteilsinhaber oder seine Gläubiger durch die Spaltung erleiden, § 25 Abs. 1 S. 1 UmwG (vgl. Rn. 148 f., 183, Kap. 2 Rn. 89 ff., Kap. 7 Rn. 164 ff.).

---

[96] BAG NZA 2009, 790 Rn. 31.

B. Abfindung

Findet im Rahmen einer *Aufspaltung* oder einer *Abspaltung* ein Wechsel der Rechtsform statt, sind die Anteile oder Mitgliedschaften an dem übernehmenden Rechtsträger Verfügungsbeschränkungen unterworfen oder ist der übernehmende Rechtsträger – anders als der übertragende Rechtsträger – nicht börsennotiert, muss der Spaltungsvertrag nach § 125 S. 1 i. V. m. § 29 UmwG ein Abfindungsangebot an diejenigen Anteilsinhaber des übertragenden Rechtsträgers enthalten, die gegen den Spaltungsbeschluss Widerspruch zur Niederschrift erklärt haben. Im Fall der Abspaltung bezieht sich die Barabfindung nur auf die am übernehmenden bzw. neuen Rechtsträger zu gewährenden Anteile; die Beteiligung am übertragenden Rechtsträger bleibt von der Annahme der Barabfindung unberührt.

Bei der *Ausgliederung* entfällt die Barabfindung bereits mangels Anteilsgewährung an die Anteilsinhaber des übertragenden Rechtsträgers (§ 125 S. 1 UmwG).

§ 5 Schutz der Gläubiger

Der Gesetzgeber hatte bei der Ausgestaltung des Spaltungsverfahrens auch den Schutz der Gläubiger im Auge (sog. institutioneller Gläubigerschutz, vgl. Kap. 1 Rn. 128 ff., Kap. 2 Rn. 116 ff.). Bei einer Spaltung zur Neugründung ergibt sich der institutionelle Gläubigerschutz vor allem aus den Kapitalschutzvorschriften des Gründungsrechts der jeweiligen Gesellschaftsform.[97] Diese Verfahrensvorschriften sollen hier nicht besprochen werden; der individuelle Gläubigerschutz wird im Wesentlichen durch die Vorschriften zur Spaltungshaftung (§ 133 UmwG), die Gewährung eines Sicherheitsrechts (§ 22 UmwG) sowie durch die Organhaftung (§ 25 UmwG) gewährleistet. Der Schutz der Arbeitnehmer als „Gläubiger in besonderen Fällen" (§ 134 UmwG) wird im Rahmen des Arbeitnehmerschutzes ab Rn. 175 erörtert.

A. Spaltungshaftung

I. Mithaftung

§ 133 Abs. 1 S. 1 UmwG ordnet den Schutz der Gläubiger von Verbindlichkeiten des übertragenden Rechtsträgers, die vor dem Wirksamwerden der Spaltung begründet worden sind, an. Für diese Verbindlichkeiten haften alle an der Spaltung beteiligten Rechtsträger als Gesamtschuldner.[98]

---

[97] BAG NZA 2009, 790 Rn. 37.
[98] BGH NJW 2015, 3373 Rn. 36 ff.

Dieter Leuering

Beispiel: Die A-AG schuldet ihrem Gläubiger G 1.000 EUR. Die A-AG gliedert einen Betrieb auf ihre 100 %ige Tochtergesellschaft B-GmbH aus; zum ausgegliederten Vermögen gehört laut Spaltungsvertrag auch die Schuld gegenüber G. Anschließend veräußert die A-AG die B-GmbH an den C. Drei Jahre später fällt die B-GmbH in die Insolvenz. Da G die 1.000 EUR nicht mehr von der B-GmbH erlangen kann, wendet er sich an die A-AG. Zu Recht, wie § 133 Abs. 1 S. 1 UmwG zeigt!

131 Eine Beschränkung der Haftung findet sich in § 133 Abs. 3 UmwG: Diejenigen Rechtsträger, denen die Verbindlichkeiten im Spaltungs- und Übernahmevertrag nicht zugewiesen worden sind, haften nur dann, wenn die Verbindlichkeiten vor Ablauf von fünf Jahren nach der Spaltung fällig und daraus Ansprüche gegen sie in einer in § 197 Abs. 1 Nr. 3 bis Nr. 5 BGB bezeichneten Art festgestellt sind oder eine gerichtliche oder behördliche Vollstreckungshandlung vorgenommen oder beantragt wird.[99] Handelt es sich um Versorgungsverpflichtungen aufgrund des Betriebsrentengesetzes, beträgt die Frist zehn Jahre (vgl. Rn. 174).

132 Die Haftungsfolgen lassen sich bei getrennter Betrachtung des Innen- und Außenverhältnisses in einzelne Stufen abschichten: Zunächst haften (im Außenverhältnis) alle an der Spaltung beteiligten Rechtsträger für sämtliche Verbindlichkeiten gegenüber den Gläubigern. Den Gläubigern steht also ein Wahlrecht hinsichtlich der in Anspruch genommenen Gesellschaft zu. Diese Rechtsfolge ergibt sich je nach Literaturauffassung aus einer Anwendung der §§ 421 ff. BGB oder der Annahme einer akzessorischen Haftung.[100] Hinsichtlich dieser Haftung ist sodann jedoch eine Einschränkung vorzunehmen: Diejenigen Gesellschaften, denen die Verbindlichkeiten nicht zugewiesen wurden, haften nur fünf Jahre lang unter den Voraussetzungen des § 133 Abs. 3 UmwG *(Nachhaftung)*.

133 Im Innenverhältnis haften die Gesellschaften während der Fünfjahresfrist hingegen nicht gleichermaßen: Diejenige Gesellschaft, der die Verbindlichkeiten zugewiesen wurde, haftet als Hauptschuldner vollständig, während die mithaftenden anderen Gesellschaften im Innenverhältnis nicht haften. Zahlt eine mithaftende Gesellschaft, steht ihr gegen den Hauptschuldner ein Ausgleichsanspruch zu.

Beispiel: Die A-AG (übertragender Rechtsträger) überträgt ihr Vermögen im Wege der Aufspaltung zur Neugründung auf die B-GmbH, die C-GmbH und die D-GmbH. Im Spaltungsplan wird eine Darlehensverbindlichkeit der B-GmbH zugewiesen. Die B-GmbH ist Hauptschuldnerin, die C-GmbH und D-GmbH sind Mithafterinnen hinsichtlich dieser Darlehensverbindlichkeit; da die A-AG bei der Aufspaltung erloschen ist, haftet sie nicht. Zahlen die C-GmbH oder die D-GmbH auf die Verbindlichkeit, so steht ihnen ein Ausgleichsanspruch gegen die B-GmbH zu.

134 Entsprechend dieser Differenzierung haben die beteiligten Gesellschaften bei der Bilanzierung zu verfahren: Nur in der Bilanz des Hauptschuldners wirkt sich

---

[99] Ein ähnlicher Rechtsgedanke findet sich in § 160 HGB für den ausscheidenden OHG-Gesellschafter, welcher gemäß § 161 Abs. 2 HGB auf den Kommanditisten und gemäß § 736 Abs. 2 BGB auf den BGB-Gesellschafter entsprechend anzuwenden ist.

[100] Zu diesem Meinungsstreit ausführlich: Schmitt/Hörtnagl/Stratz/*Hörtnagl* § 133 Rn. 2.

Dieter Leuering

die Verbindlichkeit aus; die mithaftenden Gesellschaften haben nur unter deren weiteren Voraussetzungen eine Rückstellung zu bilden und – sofern dieser werthaltig ist – einen Freistellungsanspruch gegen den Hauptschuldner zu aktivieren.

II. Recht auf Sicherheitsleistung

Neben dem Anspruch aus § 133 Abs. 1 S. 1 UmwG steht Gläubigern von Altverbindlichkeiten außerdem ein Anspruch auf *Sicherheitsleistung* zu. § 133 Abs. 1 S. 2 UmwG spricht dies an; angeordnet ist dies in § 125 S. 1 UmwG i. V. m. § 22 UmwG. 135

Die Gläubiger der an der Spaltung beteiligten Rechtsträger, deren Forderungen noch nicht fällig sind, sind unter den Voraussetzungen des § 22 UmwG berechtigt, Sicherheitsleistung zu verlangen. Dieses Recht steht nicht nur den Gläubigern des übertragenden, sondern auch denjenigen der übernehmenden Rechtsträger zu (vgl. Kap. 2 Rn. 117 ff.). Adressat der Sicherungspflicht ist nur derjenige beteiligte Rechtsträger, „gegen den sich der Anspruch richtet". Damit ist hinsichtlich der Gläubiger des übertragenden Rechtsträgers der Hauptschuldner aufgrund der Bestimmungen des Spaltungsvertrags gemeint.[101] 136

Dieses Recht auf Sicherheitsleistung steht den Gläubigern gemäß § 22 Abs. 1 S. 2 UmwG nur zu, wenn sie glaubhaft machen, dass durch die Verschmelzung die Erfüllung ihrer Forderung gefährdet wird. Diese Gläubigergefährdung kann sich im Fall der Spaltung zunächst aus den gleichen Gründen wie im Fall der Verschmelzung ergeben; hinzu kommen aber noch weitere, spaltungsspezifische Gefährdungsgründe:[102] 137

Eine Gefährdung für die Gläubiger kann sich zunächst daraus ergeben, dass ihr Schuldner als Folge der Spaltung gemäß § 133 Abs. 1 UmwG für die Verbindlichkeiten aller Beteiligten haftet. Dieser Gefährdungsgrund kann gerade bei den Gläubigern des übernehmenden Rechtsträgers akut werden. 138

Des Weiteren ermöglicht die Spaltungsfreiheit es den Beteiligten, Aktiv- und Passivvermögen des übertragenden Rechtsträgers disproportional zu verteilen. Hieraus können sich Gefährdungen der Gläubiger sowohl des übertragenden als auch der übernehmenden Rechtsträger ergeben. Zwar schützt die gesamtschuldnerische Haftung aus § 133 UmwG die Gläubiger, allerdings nur für fünf Jahre. Werden ihre Ansprüche erst nach Ablauf von fünf Jahren fällig, schützt sie die Haftung nicht. Gläubiger, deren Ansprüche erst nach Ablauf der Fünfjahresfrist fällig werden, können deshalb durch die Enthaftungsregelung gefährdet sein und Sicherheit verlangen. 139

Das Gericht weist die Gläubiger auf ihr Recht, Sicherheitsleistung zu verlangen, in der Bekanntmachung der Eintragung der Spaltung nach § 10 HGB hin, so § 125 S. 1 UmwG i. V. m. § 22 Abs. 1 S. 3 UmwG. 140

---

[101] Semler/Stengel/*Maier-Reimer*/*Seulen* § 133 Rn. 120.
[102] Semler/Stengel/*Maier-Reimer*/*Seulen* § 133 Rn. 121 f.

Als **Beispiel** die Bekanntmachung des Registergerichts München vom 28.2.2013 zum Spaltungsvertrag zwischen der Siemens AG und der Osram Licht AG (vgl. Rn. 5): „Den Gläubigern der an der Spaltung beteiligten Rechtsträger ist, wenn sie binnen sechs Monaten nach dem Tag, an dem die Eintragung der Spaltung in das Register des Sitzes desjenigen Rechtsträgers, dessen Gläubiger sie sind, nach §§ 125, 19 Abs. 3 UmwG bekannt gemacht worden ist, ihren Anspruch nach Grund und Höhe schriftlich anmelden, Sicherheit zu leisten, soweit sie nicht Befriedigung verlangen können. Dieses Recht steht ihnen jedoch nur zu, wenn sie glaubhaft machen, dass durch die Spaltung die Erfüllung ihrer Forderung gefährdet wird." (Quelle: www.handelsregisterbekanntmachungen.de)

B. Haftung für Ansprüche der Inhaber von Sonderrechten

141 Nach § 23 UmwG sind den Inhabern von Rechten in einem übertragenden Rechtsträger, die kein Stimmrecht gewähren, insbesondere den Inhabern von Anteilen ohne Stimmrecht, von Wandelschuldverschreibungen, von Gewinnschuldverschreibungen und von Genussrechten, gleichwertige Rechte in dem übernehmenden Rechtsträger zu gewähren (vgl. Kap. 1 Rn. 126). Dieser Schutz für Inhaber von Sonderrechten findet über § 125 S. 1 UmwG auch bei der Spaltung Anwendung, d. h. die Inhaber von Sonderrechten haben auch bei der Spaltung Anspruch auf Gewährung gleichwertiger Rechtspositionen; § 133 Abs. 2 S. 1 UmwG spricht dies an.

142 Für die Spaltung enthält § 133 Abs. 2 UmwG zwei Abweichungen: Die Parteien der Spaltung dürfen den Rechtsträger, in dem die gleichwertigen Sonderrechte einzuräumen sind, frei bestimmen. Daher dürfen die Sonderrechte auch in dem übertragenden Rechtsträger gewährt werden, § 133 Abs. 2 S. 2 UmwG. Da nach einer Spaltung mehrere Rechtsträger vorhanden sind, sind diese nach § 133 Abs. 2 S. 1 UmwG Gesamtschuldner.

C. Dingliche Surrogation bei Rechten Dritter an Anteilen oder Mitgliedschaften

143 Soweit Rechte Dritter an den Anteilen oder Mitgliedschaften des übertragenden Rechtsträgers bestehen, findet *dingliche Surrogation* statt: Diese Rechte bestehen an den Anteilen am übernehmenden Rechtsträger fort, die an die Stelle der Anteile am übertragenden Rechtsträger treten, so § 131 Abs. 1 Nr. 3 S. 2 UmwG. Eine Parallelregelung findet sich in § 20 Abs. 1 Nr. 3 S. 2 UmwG (vgl. Kap. 2 Rn. 81).

144 Ist der Anwendungsbereich von § 20 Abs. 1 Nr. 3 S. 2 UmwG im Verschmelzungsrecht relativ unproblematisch, stellt sich dies bei § 131 Abs. 1 Nr. 3 S. 2 UmwG anders dar. Unzweifelhaft findet die Norm auf die *Aufspaltung* Anwendung. Hier verlieren die Gesellschafter des übertragenden Rechtsträgers mit dessen Erlöschen ihre Anteile; sie erhalten dafür Anteile an dem (oder den) übernehmenden Rechtsträger(n). An ihnen setzen sich die Rechte Dritter fort.

Problematischer ist der Fall der *Abspaltung*: Hier behalten die Inhaber ihre 145
Anteile an dem übertragenden Rechtsträger, da dieser fortbesteht. Die Anteile
verlieren freilich an Wert, da ein Teil des Vermögens auf den übernehmenden
Rechtsträger übergeht. Die Anteilsinhaber des übertragenden Rechtsträgers werden durch den Erwerb von Anteilen am übernehmenden Rechtsträger entschädigt. An diesem Ausgleich sind auch die Nießbrauchsberechtigten und Pfandgläubiger zu beteiligen; deshalb findet die dingliche Surrogation auch hier statt.[103]

Anders verhält es sich bei der *Ausgliederung*. Hier erwirbt der übertragende 146
Rechtsträger die Anteile an dem übernehmenden Rechtsträger; deshalb kommt
es anders als bei der Abspaltung nicht zu einem Wertverlust der Anteile am
übertragenden Rechtsträger. § 131 Abs. 1 Nr. 3 S. 2 UmwG findet keine Anwendung.[104]

Die dingliche Surrogation tritt nur dort ein, wo die Beteiligungen mit „ding- 147
lichen" Rechten wie Pfandrechte oder Nießbrauch belastet sind.[105] Sind sie Gegenstand schuldrechtlicher Abreden (Put- und Calloptionen, Unterbeteiligungen, Stimmbindungen, Vorkaufsrechte), ist durch Auslegung der Vereinbarung zu ermitteln, inwieweit sie auch die Anteile an dem übernehmenden Rechtsträger
erfassen sollen bzw. ein Anspruch auf Abschluss einer entsprechenden Vereinbarung bezüglich dieser Anteile besteht; dasselbe gilt für Treuhandverhältnisse.[106]

D. Organhaftung

Die Gläubiger können ferner einen *Schadensersatzanspruch aus § 25 UmwG* 148
gegen die Verwaltungsmitglieder der übertragenden Rechtsträger haben. Nach
dieser Norm sind die Mitglieder des Vertretungsorgans und, wenn ein Aufsichtsorgan vorhanden ist, des Aufsichtsorgans eines übertragenden Rechtsträgers als Gesamtschuldner zum Ersatz des Schadens verpflichtet, den dieser
Rechtsträger, seine Anteilsinhaber oder seine Gläubiger durch die Spaltung erleiden (vgl. Rn. 183, Kap. 1 Rn. 132, Kap. 2 Rn. 122 ff.). Die Besonderheit der
Norm liegt darin, dass sie – rechtspolitisch wenig überzeugend – den Gläubigern einen unmittelbaren Anspruch gegen die Verwaltungsmitglieder, also eine
echte *Außenhaftung*, begründet.[107]

In der Sache ist zu beachten, dass kein ersatzfähiger Schaden vorliegt, soweit 149
die Gläubiger nach § 22 UmwG Sicherheit verlangen können.[108]

---

[103] Semler/Stengel/*Kübler* § 131 Rn. 62a.
[104] Kölner Komm. UmwG/*Simon* § 131 Rn. 55.
[105] Semler/Stengel/*Kübler* § 131 Rn. 63.
[106] Semler/Stengel/*Kübler* § 131 Rn. 63; Kölner Komm. UmwG/*Simon* § 20 Rn. 41.
[107] Semler/Stengel/*Kübler* § 25 Rn. 1; zur systematischen Einordnung in das Haftungssystem *Baums*, Gutachten F für den 63. DJT 2000, S. F 228 ff.
[108] Semler/Stengel/*Kübler* § 25 Rn. 24 („ein die Haftung minderndes oder ausschließendes Mitverschulden").

Dieter Leuering

E. Haftung wegen Firmenübernahme

150 Nach § 25 HGB haftet für alle im Betriebe des Geschäfts begründeten Verbindlichkeiten des früheren Inhabers, wer ein unter Lebenden erworbenes Handelsgeschäft unter der bisherigen Firma mit oder ohne Beifügung eines das Nachfolgeverhältnis andeutenden Zusatzes fortführt. § 133 Abs. 1 S. 2 UmwG stellt klar, dass diese Regelung „unberührt bleibt", also dem Grunde nach Anwendung findet. Übernimmt also ein übernehmender Rechtsträger den Unternehmenskern des übertragenden Rechtsträgers und führt dessen Firma fort, haftet er den betroffenen Gläubigern gemäß § 25 HGB.[109]

151 Die Parteien des Spaltungsvertrags können Abweichendes regeln; den Gläubigern gegenüber ist dies indes nur wirksam, wenn dies in das Handelsregister eingetragen und bekanntgemacht oder von dem Erwerber oder dem Veräußerer dem Dritten mitgeteilt worden ist, so § 25 Abs. 2 HGB.

F. Schutz der Gläubiger des übernehmenden Rechtsträgers?

152 Eine Spaltung kann die Vermögenslage des übernehmenden Rechtsträgers in doppelter Weise berühren: Zunächst ist dessen Vermögen in der Mithaft für Verbindlichkeiten des übertragenden Rechtsträgers, die vor dem Wirksamwerden der Spaltung begründet worden sind, § 133 Abs. 1 S. 1 UmwG. Darüber hinaus haftet der übernehmende Rechtsträger auch mit seinem zum Zeitpunkt des Wirksamwerdens der Spaltung bereits vorhandenen Vermögen für die im Rahmen der Spaltung übertragenen Verbindlichkeiten.

153 Trotz dieser Möglichkeit der Gefährdung sieht das Gesetz keinen besonderen Haftungsschutz für die Gläubiger des übernehmenden Rechtsträgers vor. Sie haben nur den Schutz der allgemeinen Vorschriften: Sie können Sicherheitsleistung nach Maßgabe der § 125 S. 1 UmwG i. V. m. § 22 UmwG verlangen. Dieses Recht steht den Gläubigern jedoch nur zu, wenn sie glaubhaft machen können, dass durch die Spaltung die Erfüllung ihrer Forderung gefährdet wird, so § 22 Abs. 1 S. 2 UmwG. Die Gefährdung muss durch die Spaltung verursacht sein. Sie kann auf rein faktischen Gründen, auf der neuen Rechtsform und Kapitalstruktur des übernehmenden Rechtsträgers oder unmittelbar auf den Rechtsfolgen der Spaltung beruhen. § 133 Abs. 1 S. 1 Hs. 2 UmwG stellt klar, dass nur der an der Spaltung beteiligte Rechtsträger zur Sicherheitsleistung verpflichtet ist, gegen den sich der Anspruch richtet. Gläubiger des übernehmenden Rechtsträgers können also nur von diesem Sicherheit verlangen.

---

[109] Zu Einzelheiten der Firmenübernahme siehe *Roth/Weller* Rn. 716 ff.

§ 6 Schutz der Arbeitnehmer und Arbeitnehmerorganisationen

A. Unterrichtung

I. Angaben im Spaltungsvertrag oder -plan

Nach § 126 Abs. 1 Nr. 11 UmwG ist im Spaltungsvertrag oder -plan zu den Folgen der Spaltung für die Arbeitnehmer und ihre Vertretungen Stellung zu nehmen. In diesem Zusammenhang ist insbesondere darauf einzugehen, ob und inwieweit die Spaltung mit einer Aufteilung von Betrieben oder Betriebsteilen einhergeht und welche betrieblichen Einheiten den jeweiligen Rechtsträgern zugeordnet werden.[110] Die sich daraus ergebenden Konsequenzen für die bestehenden Arbeitnehmervertretungen sind im Einzelnen darzustellen, wie dies bereits aus dem Verschmelzungsvertrag bekannt ist. Hier werden nur die spaltungsbedingten Besonderheiten angesprochen:[111]

154

– Gehen infolge der Spaltung des Unternehmens ein Betrieb oder mehrere Betriebe als Ganzes auf einen oder mehrere andere Rechtsträger über, ist anzugeben, dass die zu dem jeweiligen Betrieb gehörenden Arbeitnehmer auf den oder die übernehmenden Rechtsträger übergehen;
– anzugeben ist, dass die kündigungsrechtliche Stellung der Arbeitnehmer nach § 323 Abs. 1 UmwG für die Dauer von zwei Jahren erhalten bleibt;
– ferner ist darzulegen, ob und wie sich die Aufteilung und Neuzuordnung der Betriebe und Betriebsteile auf die Betriebsräte auswirkt. Im Fall eines Übergangsmandats ist anzugeben, welcher Betriebsrat das Übergangsmandat für welche Betriebsteile ausübt. Entfallen Beteiligungsrechte des Betriebsrats, weil die Betriebe nach der Spaltung nicht mehr die entsprechenden Größenordnungen erreichen, ist darauf hinzuweisen;
– entfallen durch Abspaltung oder Ausgliederung beim übertragenden Rechtsträger die gesetzlichen Voraussetzungen für die Beteiligung der Arbeitnehmer im Aufsichtsrat, ist anzugeben, ob die Mitbestimmung der Arbeitnehmer im Aufsichtsrat nach § 325 Abs. 1 UmwG noch für fünf Jahre beibehalten wird.

155

Diese Angaben sind beschreibend, also rein deklaratorisch.[112] Unzutreffende Angaben ändern also nicht die tatsächlichen Folgen der Spaltung für die Arbeitnehmer oder ihre Vertretungen.

156

II. Übermittlung des Spaltungsvertrags oder -plans an den Betriebsrat

Nach § 126 Abs. 3 UmwG ist der Spaltungsvertrags oder -plans (nicht – wie bei der grenzüberschreitenden Verschmelzung, vgl. § 122e S. 2 UmwG – der Spaltungsbericht) spätestens einen Monat vor dem Tag der Versammlung der

157

---

[110] Kölner Komm. UmwG/*Simon* § 126 Rn. 79.
[111] Kölner Komm. UmwG/*Simon* § 126 Rn. 85 bis 91.
[112] Semler/Stengel/*Schröer* § 126 Rn. 73.

Anteilsinhaber jedes beteiligten Rechtsträgers, die über die Zustimmung zum Spaltungs- und Übernahmevertrag beschließen soll, dem zuständigen Betriebsrat dieses Rechtsträgers zuzuleiten. Liegt der Spaltungsvertrag oder -plan zu diesem Zeitpunkt nur als Entwurf vor, ist dieser zuzuleiten. Diese Regelung ist inhaltsgleich mit der Regelung in § 5 Abs. 3 UmwG zum Verschmelzungsvertrag (vgl. Kap. 2 Rn. 142 ff.).

158 Durch die Übersendung an den Betriebsrat soll dieser über die nach § 126 Abs. 1 Nr. 11 UmwG erforderlichen Angaben zu den Folgen der Verschmelzung für die Arbeitnehmer und ihre Vertretungen sowie die insoweit vorgesehenen Maßnahmen informiert werden.

159 Der Nachweis der rechtzeitigen Zuleitung des Spaltungsvertrags oder -plans ist gemäß § 125 S. 1 UmwG i. V. m. § 17 Abs. 1 UmwG Voraussetzung für die Eintragung der Spaltung. Hierdurch stellt der Gesetzgeber sicher, dass der Pflicht zur Zuleitung nachgekommen wird, womit wiederum die Unterrichtungsfunktion des § 126 Abs. 1 Nr. 11 UmwG abgesichert wird.

III. Weitere Unterrichtungspflichten

1. Unterrichtungspflicht nach § 613a Abs. 5 BGB

160 Die Unterrichtungspflicht nach § 613a Abs. 5 BGB wird im Gesamtzusammenhang des § 613a BGB dargestellt (vgl. Rn. 169).

2. Betriebsänderung (§ 111 BetrVG)

161 In Unternehmen mit in der Regel mehr als zwanzig Arbeitnehmern hat der Unternehmer den Betriebsrat über geplante Betriebsänderungen, die wesentliche Nachteile für die Belegschaft oder erhebliche Teile der Belegschaft zur Folge haben können, rechtzeitig und umfassend zu unterrichten und die geplanten Betriebsänderungen mit dem Betriebsrat zu beraten, so § 111 S. 1 BetrVG. Als solch eine Betriebsänderung gelten u. a. Zusammenschluss mit anderen Betrieben oder die Spaltung von Betrieben sowie grundlegende Änderungen der Betriebsorganisation, des Betriebszwecks oder der Betriebsanlagen, § 111 S. 2 BetrVG. Eine solche Betriebsänderung kommt bei einer Spaltung oftmals vor, so wenn Betriebe übertragender Rechtsträger untereinander oder mit Betrieben des übernehmenden Rechtsträgers zusammengelegt werden. Umstritten ist dabei, ob diese Pflicht stets und damit unabhängig davon gilt, ob sie tatsächlich wesentliche Nachteile zur Folge haben kann.[113]

3. Weitere Informationspflichten gegenüber dem Betriebsrat

162 Im Übrigen bestehen die allgemeinen Informationspflichten des Arbeitgebers gegenüber dem Betriebsrat nach §§ 2 Abs. 1, 74 Abs. 1 BetrVG.

---

[113] *Wlotzke* DB 1995, 40 ff., 47; Erfurter Komm. Arbeitsrecht/*Kania* § 111 BetrVG Rn. 8 f.

Dieter Leuering

4. Beteiligung des Wirtschaftsausschusses (§ 106 BetrVG)

Nach § 106 Abs. 2 S. 1 BetrVG muss ein bestehender Wirtschaftsausschuss rechtzeitig und umfassend über die wirtschaftlichen Angelegenheiten des Unternehmens unter Vorlage der erforderlichen Unterlagen unterrichtet werden. Als wirtschaftliche Angelegenheit sind dabei auch der Zusammenschluss von Unternehmen oder Betrieben und sonstige Vorgänge und Vorhaben anzusehen, welche die Interessen der Arbeitnehmer des Unternehmens wesentlich berühren können (§ 106 Abs. 3 Nr. 8 und Nr. 10 BetrVG). Dies gilt regelmäßig für den nach § 613a BGB stattfindenden Arbeitgeberwechsel.

B. Schutzvorschriften zugunsten der Arbeitnehmer

I. Betriebsübergang, § 613a BGB

Nach § 324 UmwG bleibt § 613a Abs. 1, Abs. 4 bis Abs. 6 BGB durch die Wirkungen der Eintragung einer Verschmelzung unberührt. Hierin liegt eine *Rechtsgrundverweisung*, nicht eine Rechtsfolgenverweisung.[114] Die Voraussetzungen des Betriebsübergangs nach § 613a Abs. 1 BGB müssen daher selbstständig geprüft werden. Voraussetzung ist daher zunächst, dass im Wege der Spaltung ein Betrieb(-steil) auf einen anderen Rechtsträger übertragen wird. Ob dies der Fall ist, bestimmt sich nach den zu § 613a Abs. 1 S. 1 BGB entwickelten Kriterien.[115]

1. Tatbestand

Während dies bei einer Verschmelzung in aller Regel der Fall ist (vgl. Kap. 2 Rn. 127), ist im Fall der Spaltung zu ermitteln, ob überhaupt ein Betriebsübergang i. S. v. § 613a BGB vorliegt und welche Arbeitnehmer diesem Betrieb zuzuordnen sind. § 613a BGB definiert die Begriffe Betrieb und Betriebsteil nicht; sie sind jedoch entsprechend dem Zweck des § 613a BGB sowie richtlinienkonform auszulegen.[116] Das EU-Recht unterscheidet nicht zwischen einem Betrieb und einem Betriebsteil, sondern definiert den Übergang in Anlehnung an die ständige Rechtsprechung des EuGH als „Übergang einer ihre Identität bewahrenden wirtschaftlichen Einheit im Sinne einer organisierten Zusammenfassung von Ressourcen zur Verfolgung einer wirtschaftlichen Haupt- oder Nebentätigkeit".[117] Ferner setzt ein Betriebs(-teil)-übergang die Wahrung der Identität der betreffenden wirtschaftlichen Einheit voraus.[118]

---

[114] BAG ZIP 2000, 1630, 1634; Kölner Komm. UmwG/*Hohenstatt/Schramm* § 324 Rn. 5; Erfurter Komm. Arbeitsrecht/*Preis* § 613a BGB Rn. 181.
[115] Kölner Komm. UmwG/*Hohenstatt/Schramm* § 324 Rn. 7.
[116] Semler/Stengel/*Simon* § 324 Rn. 6.
[117] Semler/Stengel/*Simon* § 324 Rn. 6 m. w. N.
[118] Semler/Stengel/*Simon* § 324 Rn. 6 m. w. N. und Details.

166   Erfasst werden die zum Zeitpunkt des Betriebsübergangs bestehenden Arbeitsverhältnisse. In Hinblick auf beendete Arbeitsverhältnisse greift § 613a BGB nicht ein. Da Ruhestandsverhältnisse nicht erfasst werden, steht den Betriebsrentnern auch kein Widerspruchsrecht nach § 613a Abs. 6 BGB i. V. m. § 324 UmwG zu.[119]

167   Bei der Spaltung und Teilübertragung stellt sich die Frage, welche Arbeitnehmer welchem Rechtsträger zuzuordnen sind. Zwar können die Rechtsträger Betriebe und Betriebsteile insbesondere bei der Spaltung frei zuordnen. Den beteiligten Rechtsträgern ist es jedoch nicht gestattet, gegen den Willen der Arbeitnehmer eine von § 613a BGB abweichende Zuordnung der Arbeitnehmer zu Betrieben oder Betriebsteilen vorzunehmen.[120] Sofern die Zuordnung von Arbeitnehmern zu einem bestimmten Betrieb oder Betriebsteil zweifelhaft ist, ermöglicht § 323 Abs. 2 UmwG die Zuordnung in einem Interessenausgleich.[121]

2. Rechtsfolge

168   Kommt es bei der Verschmelzung, Spaltung und Vermögensübertragung zu einem Betriebs(-teil)-übergang, gehen die Arbeitsverhältnisse als Rechtsfolge des § 613a BGB auf den übernehmenden Rechtsträger über. Da § 613a BGB zwingendes Recht darstellt, kann hiervon nicht zum Nachteil der Arbeitnehmer abgewichen werden.

3. Unterrichtungspflicht

169   § 613a Abs. 5 BGB verpflichtet den bisherigen Arbeitgeber (übertragenden Rechtsträger) oder den neuen Inhaber (übernehmenden Rechtsträger), die von einem Betriebsübergang betroffenen Arbeitnehmer vor dem Übergang in Textform zu unterrichten. Die Zuleitung des Umwandlungsvertrags an den Betriebsrat ersetzt die Unterrichtung der Arbeitnehmer nach § 613a Abs. 5 BGB nicht.[122] Aufgrund der Unterrichtung soll jeder Arbeitnehmer entscheiden können, ob er dem Übergang seines Arbeitsverhältnisses widerspricht. Die Unterrichtungspflicht und das Widerspruchsrecht sind miteinander verknüpft; die Widerspruchsfrist von einem Monat beginnt erst mit der Unterrichtung nach § 613a Abs. 5 BGB.

170   *Inhaltlich* sind die Arbeitnehmer über den (geplanten) Zeitpunkt des Übergangs zu informieren. Da sich bei Umwandlungen der Zeitpunkt der Eintragung ins Handelsregister nicht genau vorher bestimmen lässt, ist die Angabe des angestrebten Eintragungstermins ausreichend.[123] Als Grund für den Übergang

---

[119] BAG NZA 2009, 790 Rn. 17.
[120] Semler/Stengel/*Simon* § 324 Rn. 14.
[121] BAG NZA 2018, 370.
[122] Semler/Stengel/*Simon* § 324 Rn. 39 in Fn. 149.
[123] Semler/Stengel/*Simon* § 324 Rn. 40.

i. S. v. Rechtsgrund für den Betriebsübergang ist die Art der Spaltung anzugeben. Ausgehend vom Sinn und Zweck der Unterrichtung, dem Arbeitnehmer eine sachgerechte Entscheidung über die Ausübung des Widerspruchs zu ermöglichen, müssen nach Auffassung des BAG zudem jene unternehmerischen Gründe zumindest schlagwortartig mitgeteilt werden, die sich im Falle eines Widerspruchs auf den Arbeitsplatz auswirken können.[124] Die rechtlichen, wirtschaftlichen und sozialen Folgen des Übergangs für die Arbeitnehmer ergeben sich ausweislich der Gesetzesbegründung „vor allem" aus § 613a BGB.[125] Gegebenenfalls kann dabei auch über mittelbare Folgen (beispielsweise etwaige Sozialplanansprüche nach einem Widerspruch und anschließender betriebsbedingter Kündigung durch den Betriebsveräußerer) zu informieren sein.

4. Widerspruchsrecht

Die Arbeitnehmer haben ein Widerspruchsrecht gegen den Übergang ihres Arbeitsverhältnisses im Rahmen des Betriebsübergangs, § 613a Abs. 6 BGB. Der Zweck des Widerspruchsrechts besteht demnach darin, dem Arbeitnehmer nicht gegen seinen Willen einen neuen Arbeitgeber aufzudrängen und das Arbeitsverhältnis mit dem bisherigen Arbeitgeber fortbestehen zu lassen. Die rechtzeitige Ausübung des Widerspruchsrechts führt dazu, dass das Arbeitsverhältnis nicht auf den neuen Betriebsinhaber übergeht, sondern mit dem bisherigen Arbeitgeber fortgesetzt wird.

171

Erlischt der übertragende Rechtsträger im Rahmen der Umwandlung, scheidet ein Widerspruchsrecht des Arbeitnehmers aus; stattdessen steht ihm ein Recht zur außerordentlichen Kündigung des Arbeitsverhältnisses zu.[126] Dies ist bei der Verschmelzung der Fall (vgl. Kap. 2 Rn. 140), aber auch bei der Aufspaltung (§ 123 Abs. 1 UmwG).

172

Der Widerspruch kann binnen einer Frist von einem Monat erklärt werden. Die Widerspruchsfrist beginnt, wenn der bisherige Arbeitgeber oder der neue Inhaber den Arbeitnehmer ordnungsgemäß nach § 613a Abs. 5 BGB über den Betriebsübergang und dessen Folgen in Textform unterrichtet hat.

173

Beispiel (nach BAG NZA 2010, 89): Zum 1.8.2005 veräußert die Siemens AG weltweit sämtliche Geschäftsaktivitäten ihrer Mobilfunksparte an den taiwanischen Konzern BenQ. In Deutschland werden die Vermögensgegenstände samt der zugehörigen Arbeitsverhältnisse im Wege des Betriebsübergangs auf die BenQ Mobile GmbH & Co. OHG übertragen. Vor der Übertragung werden die Mitarbeiter in einem Unterrichtungsschreiben über den Übergang ihres Arbeitsverhältnisses informiert. Darin befinden sich neben generellen Angaben zu der Geschäftätigkeit von BenQ auch Aussagen zu der Fortgeltung von Tarifverträgen und Betriebsvereinbarungen. Als die deutsche Erwerbergesellschaft im September 2006 Insolvenzantrag stellt, widerspricht ein Arbeitnehmer nachträglich

---

[124] BAG NZA 2006, 1268, 1271.
[125] Semler/Stengel/*Simon* § 324 Rn. 40.
[126] BAG NZA 2008, 815.

dem Übergang seines Arbeitsverhältnisses und verlangt Weiterbeschäftigung bei der Siemens AG. Das BAG hält den Widerspruch für zulässig: Nach seiner Ansicht war die einmonatige Widerspruchsfrist des § 613a Abs. 6 BGB zum Zeitpunkt des Widerspruchs nicht abgelaufen, da die Arbeitgeberin die Beschäftigten nicht in der gesetzlich vorgeschriebenen Form über den Betriebsübergang unterrichtet hatte. Insoweit sind insbesondere die hinsichtlich der Erwerbergesellschaft und ihrer Einbindung in die weltweiten Geschäftsaktivitäten von BenQ gemachten Angaben unzureichend. Die Unterrichtung nach § 613a Abs. 6 BGB soll den Beschäftigten ermöglichen, Erkundigungen über den künftigen Betriebserwerber einzuholen. Dazu gehören etwa die Angabe eines Firmensitzes, einer Geschäftsadresse und einer natürlichen Person mit Personalkompetenz als Ansprechpartner. Hieran fehlte es im vorliegenden Fall.

II. Arbeitnehmerschutz durch besonderen Gläubigerschutz

1. Nachhaftung für Versorgungsverbindlichkeiten (§ 133 UmwG)

174 Für die Verbindlichkeiten des übertragenden Rechtsträgers, die vor dem Wirksamwerden der Spaltung begründet worden sind, haften die an der Spaltung beteiligten Rechtsträger als Gesamtschuldner, § 133 Abs. 1 S. 1 UmwG. Grundsätzlich wird der Mithaftende nach fünf Jahren enthaftet, § 133 Abs. 3 S. 1 UmwG (vgl. Rn. 130). Für vor dem Wirksamwerden der Spaltung begründete Versorgungsverpflichtungen auf Grund des *Betriebsrentengesetzes* beträgt die Mithaft zehn Jahre, § 133 Abs. 3 S. 2 UmwG.

2. Schutz bei Betriebsaufspaltung (§ 134 UmwG)

175 Wird im Wege der Spaltung eine Betriebsaufspaltung herbeigeführt,[127] erweitert § 134 UmwG die Haftung der Anlagegesellschaft in mehrfacher Hinsicht gegenüber der gesamtschuldnerischen Haftung aus § 133 UmwG: Die Anlagegesellschaft haftet auch für die Forderungen der Arbeitnehmer der Betriebsgesellschaft als Gesamtschuldner, die binnen fünf Jahren nach dem Wirksamwerden der Spaltung auf Grund der § 111 bis § 113 BetrVG begründet werden.

176 Die Erweiterung gilt für Sozialplanansprüche und Ansprüche auf Nachteilsausgleich, auch wenn sie erst nach der Spaltung, nämlich binnen fünf Jahren nach der Spaltung, begründet worden sind. Weiterhin verlängert sie die Haftungsfrist für solche Ansprüche von fünf Jahren auf zehn Jahre.

C. Auswirkungen auf die Unternehmensmitbestimmung

177 Hat eine Aktiengesellschaft, eine Kommanditgesellschaft auf Aktien, eine GmbH, ein Versicherungsverein auf Gegenseitigkeit oder eine Genossenschaft in der Regel mehr als 500 Arbeitnehmer, haben die Arbeitnehmer ein Mitbestimmungsrecht im Aufsichtsrat nach Maßgabe des Drittelbeteiligungsgesetzes,

---

[127] Zu den Hintergründen Semler/Stengel/*Maier-Reimer/Seulen* § 134 Rn. 1.

so § 1 DrittelbG. Der Aufsichtsrat der fraglichen Gesellschaft muss dann zu einem Drittel aus Arbeitnehmervertretern bestehen, § 4 Abs. 1 DrittelbG. Ist ein Unternehmen in der Rechtsform einer Aktiengesellschaft, einer Kommanditgesellschaft auf Aktien, einer Gesellschaft mit beschränkter Haftung oder einer Genossenschaft verfasst *und* sind dort in der Regel mehr als 2.000 Arbeitnehmer beschäftigt, haben die Arbeitnehmer ein Mitbestimmungsrecht nach Maßgabe des Mitbestimmungsgesetzes. Der Aufsichtsrat ist dann zur Hälfte mit Vertretern der Arbeitnehmer zu besetzen, so § 7 Abs. 1 MitbestG.[128]

Eine Spaltung kann nun dazu führen oder sogar dazu dienen, dass die Zahl der Arbeitnehmer unter die genannten Schwellenwerte sinkt. 178

Beispiel: Die A-AG beschäftigt 600 Arbeitnehmer. Ihr Aufsichtsrat ist daher zu einem Drittel mit Arbeitnehmervertretern besetzt. Nunmehr gliedert die A-AG einen Betrieb mit 300 Arbeitnehmern in eine 100%ige Tochter-GmbH aus. Weder die A-AG noch die Tochter-GmbH beschäftigen fortan „in der Regel mehr als 500 Arbeitnehmer" (§ 1 Abs. 1 DrittelbG). Da zwischen der A-AG und ihrer Tochter-GmbH auch kein Beherrschungsvertrag besteht, werden die Arbeitnehmer der Tochter-GmbH auch nicht der A-AG zugerechnet, vgl. § 2 DrittelbG.

Der Gesetzgeber hat hierauf reagiert: Entfallen durch eine *Abspaltung* oder eine *Ausgliederung* bei einem übertragenden Rechtsträger die gesetzlichen Voraussetzungen für die Beteiligung der Arbeitnehmer im Aufsichtsrat, so finden die vor der Spaltung geltenden Vorschriften noch für einen Zeitraum von fünf Jahren nach dem Wirksamwerden der Abspaltung oder Ausgliederung Anwendung, so § 325 Abs. 1 S. 1 UmwG. 179

Der bisherige Mitbestimmungsstatus wird allerding nur dann aufrecht erhalten, wenn die Zahl der beim übertragenden Rechtsträger beschäftigten Arbeitnehmer nach der Spaltung in der Regel wenigstens 25 % der jeweiligen gesetzlichen Mindestzahl entspricht, so § 325 Abs. 1 S. 2 UmwG. 180

Beispiel: Die A-AG beschäftigt 600 Arbeitnehmer. Ihr Aufsichtsrat ist daher zu einem Drittel mit Arbeitnehmervertretern besetzt. Nunmehr gliedert die A-AG einen Betrieb mit 300 Arbeitnehmern in eine 100%ige Tochtergesellschaft, die B-GmbH, sowie einen weiteren Betrieb mit 250 Arbeitnehmern auf eine zweite 100%ige Tochtergesellschaft, die C-GmbH, aus. Weder die A-AG noch die beiden Tochter-GmbH beschäftigen fortan „in der Regel mehr als 500 Arbeitnehmer" (§ 1 Abs. 1 DrittelbG). Zwischen der A-AG und ihren Tochter-Gesellschaften bestehen keine Beherrschungsverträge, weswegen eine Zurechnung der Arbeitnehmer der Tochter-Gesellschaften zur A-AG nicht stattfindet, vgl. § 2 DrittelbG. § 325 Abs. 1 S. 1 UmwG führt nicht zu einer Beibehaltung der bisherigen Unternehmensmitbestimmung, da § 325 Abs. 1 S. 2 UmwG eingreift, da die Zahl der Arbeitnehmer der A-AG auf weniger als 25 % der Mindestzahl gesunken ist.

---

[128] Ferner noch beachtlich sind an sich das Montan-MitbestG sowie das Montan-MitbestErgG, die hier aber aufgrund ihrer geringen Praxisrelevanz außen vor bleiben sollen.

Dieter Leuering

§ 7 Rechte und Pflichten der Organmitglieder

A. Pflichten

181 Nach § 347 Abs. 1 HGB hat derjenige, der „aus einem Geschäft, das auf seiner Seite ein Handelsgeschäft ist, einem anderen zur Sorgfalt verpflichtet ist, [hat] für die Sorgfalt eines ordentlichen Kaufmanns einzustehen." § 347 HGB gilt nicht nur für einen Einzelkaufmann, sondern auch für die Geschäftsführer der Handelsgesellschaften (OHG, KG, AG, KGaA, GmbH) und anderer am Handelsverkehr teilnehmender juristischer Personen und Vereinigungen (insbesondere der eingetragenen Genossenschaft).[129] Hiermit inhaltlich übereinstimmend verlangen §§ 93 Abs. 1 S. 1, 116 S. 1 AktG vom Vorstands-, Aufsichtsratsmitglied der AG und KGaA sowie § 34 Abs. 1 GenG die „Sorgfalt eines ordentlichen und gewissenhaften Geschäftsleiters" und § 43 GmbHG von Geschäftsführern der GmbH die „Sorgfalt eines ordentlichen Geschäftsmannes".

182 Bezogen auf den Abschluss eines Spaltungsvertrags sind die Organmitglieder verpflichtet, auf der Grundlage sorgfältig ermittelter Informationen unter Beachtung der rechtlichen Rahmenbedingungen eine wirtschaftlich sinnvolle Verhandlungsführung einzuhalten und eine unzweckmäßige Spaltung zu verhindern.[130]

B. Spezielle Organhaftung

183 § 25 Abs. 1 UmwG ordnet eine Schadensersatzpflicht der Mitglieder der Vertretungsorgane und – soweit vorhanden – der Aufsichtsorgane des übertragenden Rechtsträgers gegenüber dem übertragenden Rechtsträger, seinen Anteilsinhabern und seinen Gläubigern für die Schäden, die sie aufgrund eines schuldhaften Verhaltens der genannten Organmitglieder durch die Verschmelzung erleiden (vgl. Kap. 2 Rn. 89 ff.). Über § 125 S. 1 UmwG gilt dasselbe auch für die Spaltung.

I. Tatbestand

184 Die Anteilsinhaber können insbesondere durch ein ungünstiges Umtauschverhältnis geschädigt werden. Gläubiger können insbesondere dann einen Schaden erleiden, wenn die Verschmelzung dazu führt, dass sie sich einem zahlungsunfähigen übernehmenden Rechtsträger gegenübersehen.[131] Keine Gläubiger i. S. v. § 25 Abs. 1 S. 1 UmwG sind diejenigen Personen, die ein dingliches Recht an Anteilen des übertragenden Rechtsträgers innehaben, denn es handelt sich dabei nicht um Gläubiger des übertragenden Rechtsträgers.

---

[129] Baumbach/Hopt/*Hopt* § 347 Rn. 4.
[130] Henssler/Strohn/*C. Müller* § 25 UmwG Rn. 9.
[131] BAG NZA 2009, 780 Rn. 38.

Ersatzfähig ist nur der „durch die Verschmelzung" (über § 125 S. 1 UmwG hier also: durch die Spaltung) verursachte Schaden, wobei dieser Schaden auf einer Pflichtverletzung der betreffenden Organmitglieder beruhen muss. Ein Schaden besteht nicht, soweit nach § 22 UmwG Sicherheit geleistet wird.[132]

Der Schadensersatzanspruch setzt, wie sich aus § 25 Abs. 1 S. 2 UmwG ergibt, eine Pflichtverletzung des betreffenden Organmitglieds voraus. Diese muss sich auf die Prüfung der Vermögenslage der Rechtsträger oder den Abschluss des Verschmelzungsvertrages beziehen. Bei sonstigen Pflichtverletzungen, etwa nach Vertragsschluss, kommt eine Haftung aus anderen Rechtsgründen in Betracht, die aber regelmäßig nicht zu Ansprüchen der Anteilsinhaber und der Gläubiger führen.[133]

Die Schadensersatzpflicht tritt nicht ein, wenn die betroffenen Organmitglieder nachweisen können, dass sie nicht pflichtwidrig gehandelt haben. Die Zustimmung der Anteilsinhaber zur Verschmelzung als solche entlastet die betroffenen Organmitglieder nicht. Weiter setzt ein Schadensersatzanspruch ein Verschulden der betroffenen Organmitglieder voraus. Hierfür reicht mangels abweichender Regelung im Gesetz nach § 276 Abs. 1 S. 1 BGB einfache Fahrlässigkeit. Auch das Verschulden wird vermutet.

II. Fiktion des Fortbestehens des übertragenden Rechtsträgers

Gemäß § 25 Abs. 2 S. 1 UmwG wird für bestimmte Ansprüche des übertragenden Rechtsträgers das Fortbestehen dieses Rechtsträgers fingiert (vgl. Kap. 2 Rn. 94).

Von dem Übergang auf den übernehmenden Rechtsträger sind zunächst einmal auf der Spaltung beruhende Ansprüche des übertragenden Rechtsträgers gegen den übernehmenden Rechtsträger ausgenommen. Diese würden anderenfalls durch Konfusion untergehen. In Betracht kommen sowohl Schadensersatzansprüche aus der Verletzung von Pflichten bei Abschluss des Spaltungsvertrages, als auch Schadensersatz- und Erfüllungsansprüche aus dem Spaltungsvertrag selbst.

§ 8 Besondere Vorschriften bei der Spaltung

Die § 138 bis § 173 UmwG enthalten besondere Vorschriften zur Spaltung, die an die Rechtsform der beteiligten Rechtsträger anknüpfen. Auf diese soll hier in der gebotenen Kürze eingegangen werden. Nicht dargestellt werden hier die besonderen Vorschriften in § 149 bis § 151 UmwG über die Spaltung unter Beteiligung rechtsfähiger Vereine, über die Spaltung unter Beteiligung genos-

---

[132] Henssler/Strohn/*C. Müller* § 25 UmwG Rn. 8.
[133] Henssler/Strohn/*C. Müller* § 25 UmwG Rn. 9.

senschaftlicher Prüfungsverbände und über die Spaltung unter Beteiligung von Versicherungsvereinen auf Gegenseitigkeit sowie die besonderen Vorschriften in § 161 bis § 167 UmwG über die Ausgliederung aus dem Vermögen rechtsfähiger Stiftungen.

A. Spaltung unter Beteiligung von Personengesellschaften

191 Sind an einer Spaltung Personengesellschaften beteiligt, gelten die §§ 39 ff. UmwG über § 125 S. 1 UmwG entsprechend. Hier kann also auf die Ausführungen über die Verschmelzung verwiesen werden (vgl. Kap. 2 Rn. 179 ff.).

192 Ist die Personengesellschaft übertragender Rechtsträger, wird ihre Haftung nach § 133 UmwG somit durch die persönliche Haftung ihrer früheren Gesellschafter nach § 45 UmwG ergänzt.[134] Der Besondere Teil des Spaltungsrechts enthält dagegen keine besonderen Regelungen für eine Spaltung unter Beteiligung von Personengesellschaften.

B. Spaltung unter Beteiligung von Kapitalgesellschaften

193 Die § 138 bis § 140 UmwG enthalten besondere Vorschriften über die Spaltung unter Beteiligung von Gesellschaften mit beschränkter Haftung, die § 141 bis § 146 UmwG besondere Vorschriften über die Spaltung unter Beteiligung von Aktiengesellschaften und Kommanditgesellschaften auf Aktien (KGaA, geregelt in § 278 bis § 290 AktG).

194 Für Kapitalgesellschaften ist zur Durchführung einer Abspaltung oder Ausgliederung ausdrücklich die Möglichkeit einer *vereinfachten Kapitalherabsetzung* vorgesehen, die erst im Handelsregister eingetragen sein muss, bevor die Abspaltung oder die Ausgliederung eingetragen werden darf (§§ 139, 145 UmwG).

195 Bei der Registeranmeldung einer Abspaltung oder Ausgliederung aus dem Vermögen einer Kapitalgesellschaft[135] haben die Vertreter der Gesellschaft (Geschäftsführer, Vorstand oder Komplementäre) zu erklären, dass die durch Gesetz und Satzung vorgesehenen Gründungsvoraussetzungen unter Berücksichtigung der Abspaltung oder Ausgliederung im Zeitpunkt der Anmeldung vorliegen (sog. *Soliditätserklärung*, geregelt in §§ 140, 146 Abs. 1 UmwG). Dies meint im Wesentlichen die bilanzielle Deckung des gesetzlichen Mindestkapitals sowie weitergehend auch eines ggf. in der Satzung bestimmten höheren Stamm- oder Grundkapitals.[136] Die Richtigkeit der Erklärung ist strafbewehrt, siehe § 313 Abs. 2 UmwG. Die Soliditätserklärung soll nachprüfbar sicherstel-

---

[134] *Jäger* § 49 Rn. 40.
[135] Siehe die Definition in § 3 Abs. 1 Nr. 2 UmwG.
[136] Rödder/Herlinghaus/van Lishaut/*M. Winter* Anh. I Rn. 203.

len, dass auch nach Abspaltung und Ausgliederung die rechtsformspezifischen Voraussetzungen für die Weiterführung der Gesellschaft erfüllt sind.

Bei der Beteiligung einer *GmbH* ist stets ein Sachgründungsbericht nach § 5 Abs. 4 GmbHG erforderlich, so § 138 UmwG.

Bei der Beteiligung einer *AG oder KGaA* ist zunächst zu beachten, dass diese außer durch Ausgliederung zur Neugründung nicht gespalten werden dürfen, sofern sie noch nicht zwei Jahre im Register eingetragen sind, so § 141 UmwG (vgl. Rn. 59). Bei der Beteiligung einer AG oder KGaA muss generell eine Sacheinlageprüfung nach § 183 Abs. 3 AktG erfolgen, so § 142 Abs. 1 UmwG; im Spaltungsbericht ist dann auf den Bericht über die Sacheinlageprüfung bei der übernehmenden AG sowie auf das Register hinzuweisen, bei dem dieser Bericht hinterlegt wird (§ 142 Abs. 2 UmwG). Für AG und KGaA schreibt § 144 UmwG zudem einen Gründungsbericht nach § 32 AktG sowie eine Gründungsprüfung nach § 33 Abs. 2 AktG vor, so § 144 UmwG.

Jedwede Form der Neugründung einer *Unternehmergesellschaft (haftungsbeschränkt)* im Wege der Spaltung ist ausgeschlossen. Bei der Spaltung zur Aufnahme ist zu differenzieren: Wird das Stammkapital der UG im Wege der Spaltung auf mindestens 25.000 EUR erhöht und wandelt sich die UG hierdurch in eine GmbH um, ist eine Spaltung zur Aufnahme auf die UG möglich; erfolgt die Erhöhung des Stammkapitals nicht in diesem Umfang, kann die UG hingegen nicht übernehmender Rechtsträger sein (vgl. Rn. 60).

Auch eine *Europäische Gesellschaft (SE)* kann an einer Spaltung beteiligt sein (vgl. Rn. 62). Nicht möglich ist indes eine Auf- oder Abspaltung zur Neugründung einer SE; eine Spaltung zur Neugründung durch Ausgliederung ist hingegen möglich, wenn es sich bei dem übertragenden Rechtsträger ebenfalls um eine SE handelt (vgl. Rn. 63).

C. Spaltung unter Beteiligung von eingetragenen Genossenschaften

Die § 147 und § 148 UmwG enthalten besondere Vorschriften über die zur Spaltung unter Beteiligung von eingetragenen Genossenschaften.

Fungiert eine eingetragene Genossenschaft im Rahmen der Spaltung eines Rechtsträgers anderer Rechtsform als übernehmender Rechtsträger, kann die Spaltung nur erfolgen, wenn eine etwaig erforderliche Änderung der Satzung der Genossenschaft gleichzeitig mit der Spaltung beschlossen wird, so § 147 UmwG. Ob eine Satzungsänderung bei der übernehmenden Genossenschaft erforderlich ist, unterliegt der pflichtgemäßen Prüfung der Beteiligten.[137]

Bei der Registeranmeldung einer Abspaltung oder Ausgliederung aus dem Vermögen einer eG hat der Vorstand der Genossenschaft zu erklären, dass die durch Gesetz und Satzung vorgesehenen Gründungsvoraussetzungen unter Be-

---

[137] Kölner Komm. UmwG/*Schöpflin* § 147 Rn. 19.

rücksichtigung der Abspaltung oder Ausgliederung im Zeitpunkt der Anmeldung vorliegen (§ 148 Abs. 1 UmwG). Dadurch soll nachprüfbar sichergestellt werden, dass auch nach Abspaltung und Ausgliederung die rechtsformspezifischen Voraussetzungen für die Weiterführung der Gesellschaft erfüllt sind.

D. Ausgliederung des Vermögens eines Einzelkaufmanns

203 Ein Einzelkaufmann kann ein von ihm betriebenes Unternehmen oder Teile hiervon ausgliedern.[138] Die § 152 bis § 160 UmwG enthalten hierfür besondere Vorschriften. Während § 152 UmwG die allgemeinen Voraussetzungen regelt, werden in den § 153 bis § 157 UmwG Einzelheiten für die Ausgliederung zur Aufnahme und in den § 158 bis § 160 UmwG für die Ausgliederung zur Neugründung geregelt, für welche dann wiederum die § 153 bis § 157 UmwG entsprechend gelten, so § 158 UmwG. Im Übrigen gelten die allgemeinen Vorschriften über die Ausgliederung (§ 123 bis § 137 UmwG und § 138 bis § 146 UmwG) sowie nach § 125 S. 1 UmwG weite Teile des Verschmelzungsrechts.

204 Diese Ausgliederung kann nur zur Aufnahme durch Personenhandelsgesellschaften, Kapitalgesellschaften[139] oder eingetragene Genossenschaften oder zur Neugründung von Kapitalgesellschaften erfolgen, § 152 S. 1 UmwG. Die Aufspaltung oder Abspaltung kann es beim Einzelkaufmann nicht geben.

205 Ausgangsrechtsträger muss ein Einzelkaufmann sein. Diese Eigenschaft erfüllt eine natürliche Person, die ein Handelsgewerbe i. S. der §§ 1, 2 oder § 3 HGB ausübt und unter ihrer Firma Geschäfte betreibt. Hierzu gehören auch Kleinunternehmer, also die Personen, deren Unternehmen nach Art oder Umfang keinen in kaufmännischer Weise eingerichteten Geschäftsbetrieb erfordern. Für die Ausgliederung muss die Firma des Kaufmanns im Handelsregister eingetragen sein (§ 17 HGB). Maßgeblicher Zeitpunkt ist die Eintragung der Ausgliederung im Handelsregister, weil sie zu diesem Zeitpunkt gemäß § 131 Abs. 1 UmwG wirksam wird.[140]

206 Ausgliederungsgegenstand muss das von dem Kaufmann „betriebene Unternehmen" oder Teile hiervon sein. Die Ausgliederung ist allerdings nicht auf das unternehmensgebundene Vermögen beschränkt. Der Ausgliedernde kann vielmehr auch Privatvermögen einbeziehen, weil durch dessen Aufnahme in den Spaltungsplan eine Unternehmensbezogenheit hergestellt wird.[141]

207 Eine Ausgliederung ist ausgeschlossen, wenn der Einzelkaufmann überschuldet ist, wenn also die Verbindlichkeiten des Einzelkaufmanns sein Vermögen übersteigen, so § 152 S. 2 UmwG. Deckt dagegen sein verbleibendes Vermögen erst infolge der Ausgliederung nicht mehr seine Schulden, besteht kein Spal-

---

[138] Heckschen/Simon/*Heckschen* S. 229 ff.
[139] In § 3 Abs. 1 Nr. 2 UmwG definiert als GmbH, AG und KGaA.
[140] Henssler/Strohn/*Büteröwe* § 152 UmwG Rn. 14.
[141] Henssler/Strohn/*Büteröwe* § 152 UmwG Rn. 22.

tungsverbot, da die Privatgläubiger dadurch ausreichend geschützt sind, dass sie in die aufgrund der Ausgliederung erhaltenen Geschäftsanteile des Einzelkaufmanns vollstrecken können.[142]

E. Ausgliederung aus dem Vermögen von Gebietskörperschaften

§§ 168 ff. UmwG regelt die *Ausgliederung* eines Unternehmens, das von einer Gebietskörperschaft oder von einem Zusammenschluss von Gebietskörperschaften betrieben wird. Gebietskörperschaften sind der Bund, die Länder, die Gemeinden, kreisfreie Städte, Gemeindeverbände wie Kreise und Landkreise sowie ähnliche Kommunalkörperschaften nach dem jeweiligen Landesrecht.[143]

Mittels dieser Ausgliederung nach §§ 168 ff. UmwG kann Vermögen von der öffentlichen Hand auf einen privaten Rechtsträger im Wege der Gesamtrechtsnachfolge übertragen werden.[144] Aufnehmender Rechtsträger für das ausgegliederte Unternehmen muss eine Personenhandelsgesellschaft, eine Kapitalgesellschaft oder eine eingetragene Genossenschaft sein, so § 168 UmwG.

Die Umwandlung öffentlicher Rechtsträger ist durch § 168 UmwG zweifach beschränkt: Erstens sind Ab- und Aufspaltung unzulässig, zweitens muss das ausgegliederte Vermögen ein Unternehmen darstellen.[145] Ansonsten gilt das allgemeine Spaltungsrecht.

§ 9 Kontrollfragen und Lösungen

Kontrollfragen zu Kapitel 3:

1. Wie verhält sich die Spaltung zur Verschmelzung?
2. Welche Formen der Spaltung gibt es?
3. Bei welcher Art der Spaltung erlischt der übertragene Rechtsträger, bei welcher Art besteht er fort?
4. Was ist der wesentliche praktische Vorteil der Spaltung gegenüber der Einzelrechtsübertragung?
5. Wie unterscheiden sich Spaltung zur Aufnahme und Spaltungsneugründung?
6. Was beschreibt das Prinzip der partiellen Gesamtrechtsnachfolge?
7. Wie unterscheiden sich verhältniswahrende und nicht-verhältniswahrende Spaltung zueinander?

---

[142] *Jäger* § 49 Rn. 45.
[143] Kölner Komm. UmwG/*Leuering* § 168 Rn. 12.
[144] Kölner Komm. UmwG/*Leuering* § 168 Rn. 1.
[145] Kölner Komm. UmwG/*Leuering* § 168 Rn. 8.

Lösungen zu Kapitel 3:

1. Eine Spaltung ist der Sache nach der spiegelbildliche Vorgang zur Verschmelzung. Während bei einer Verschmelzung nach § 2 UmwG das Vermögen einer Gesellschaft mit dem einer anderen vereinigt wird, wird bei einer Spaltung eines Rechtsträgers deren Vermögen auf (mindestens) zwei Rechtsträger aufgeteilt.

2. Nach § 1 Abs. 1 Nr. 2 UmwG „können Rechtsträger (Aufspaltung, Abspaltung, Ausgliederung) umgewandelt werden". Dies sind die drei Formen der Spaltung.

3. Bei der Aufspaltung spaltet ein Rechtsträger sein gesamtes Vermögen in mehrere Teile, überführt diese auf (mindestens) zwei andere Rechtsträger und erlischt dadurch ohne Liquidation. Demgegenüber überführt ein Rechtsträger bei der Abspaltung und Ausgliederung einen Teil seines Vermögens auf (mindestens) einen anderen Rechtsträger und besteht mit dem Rest-Vermögen fort.

4. Nach allgemeinen bürgerlich-rechtlichen Regeln kann ein Vermögensteil nicht als Gesamtheit übertragen werden. Vielmehr müssen die Gegenstände des Vermögens (Forderungen, Verbindlichkeiten, bewegliche und unbewegliche Sachen) jeweils einzeln auf den anderen Rechtsträger übergeleitet werden (Singularsukzession). Sollen Verbindlichkeiten oder Verträge übertragen werden, ist dies nicht ohne die Zustimmung des betroffenen Gläubigers oder Vertragspartners möglich.

5. Bei der Spaltung „zur Aufnahme" gibt es den übernehmenden Rechtsträger bereits, bei der Spaltung „zur Neugründung" ist es gerade die Spaltung, die dazu führt, dass eine neue Gesellschaft errichtet wird. Dementsprechend müssen auch im Rahmen der Spaltung Gründungsmaßnahmen getroffen werden, wie beispielsweise die Festsetzung der Satzung des übernehmenden Rechtsträgers.

6. Die partielle Gesamtrechtsnachfolge beschreibt den Vorgang, in dem mehrere Gegenstände aus dem Vermögen eines übertragenden Rechtsträgers *uno actu* als Gesamtheit auf einen übernehmenden Rechtsträger übergehen. Ebenso wie bei der Verschmelzung erfolgt eine Gesamtrechtsnachfolge, weil zur Übertragung der einzelnen Vermögensgegenstände keine Einzelrechtsübertragung erforderlich ist; anders als bei der Verschmelzung ist diese jedoch partiell, weil nicht das gesamte Vermögen, sondern nur Teile hiervon übergehen.

7. Bei der Spaltung können die Anteilsinhaber des übertragenden Rechtsträgers an dem übernehmenden Rechtsträger in demselben Verhältnis ihrer bisherigen Beteiligung beteiligt werden; dann liegt eine verhältniswahrende Spaltung vor. Das Gesetz sieht jedoch auch die Möglichkeit vor, dass die Anteile oder Mitgliedschaften der übernehmenden Rechtsträger den Anteilsinhaber des übertragenden Rechtsträgers nicht in dem Verhältnis zugeteilt werden, dass ihre Beteiligung an dem übertragenden Rechtsträger entspricht; man spricht dann von einer nicht-verhältniswahrenden Spaltung.

Dieter Leuering

Inhaltsverzeichnis Kapitel 4

Kapitel 4. Die Vermögensübertragung 179
§ 1 Allgemeines 179
  A. Funktionsweise der Vermögensübertragung 179
    I. Einleitung 179
    II. Inhalt und Regelungstechnik des Vierten Buches 180
    III. Anlass für die Regelung der Vermögensübertragung 181
    IV. Arten und Rechtsfolgen der Vermögensübertragung 182
      1. Vollübertragung 182
      2. Teilübertragung 184
        a) Allgemeines 184
        b) Aufspaltende Teilübertragung 184
        c) Abspaltende Teilübertragung 185
        d) Ausgliedernde Teilübertragung 185
      3. Abgrenzung: Einzelübertragungen
        des Unternehmensvermögens 186
    V. Europarechtlicher Einfluss 187
  B. Grundlagen zu den beteiligten Rechtsträgern 188
    I. Fähigkeit zur Vermögensübertragung 188
    II. Bestehender oder aufgelöster Rechtsträger 188
  C. Die Gegenleistung bei der Vermögensübertragung 189
    I. Art der Gegenleistung 189
      1. Festlegung im Übertragungsvertrag 189
      2. Ausschluss einer Anteilsgewährung 190
      3. Gewährung eines Vermögensvorteils 190
      4. Mitgliedschaften in anderen Unternehmen 191
      5. Angemessenheit der Gegenleistung 192
    II. Empfang der Gegenleistung 193
      1. Anteilsinhaber oder übertragender Rechtsträger 193
      2. Vertragliche Konstruktion, Fälligkeit und Erfüllung ... 193
      3. Bestellung eines Treuhänders 194
  D. Praktische Bedeutung 195
    I. Öffentliche Hand 195
    II. Versicherungsunternehmen 195

Christian Altgen

§ 2 Vermögensübertragung auf die öffentliche Hand 196
  A. Einführung 196
     I. Ausgangssituation 196
     II. Organisationsformen öffentlich-rechtlicher Unternehmen 197
     III. Beteiligte Rechtsträger einer Vermögensübertragung 199
         1. Kapitalgesellschaften (übertragender Rechtsträger) . . . 199
         2. Öffentliche Hand (übernehmender Rechtsträger) 199
  B. Vollübertragung des Vermögens 201
     I. Verweis auf die Verschmelzungsvorschriften 201
     II. Verfahren 202
         1. Übertragungsvertrag 202
         2. Übertragungsbericht 203
         3. Übertragungsprüfung 204
         4. Übertragungsbeschluss 204
         5. Eintragung in das Handelsregister und Bekanntmachung 207
     III. Wirkung der Vollübertragung 207
     IV. Schutz der Gläubiger und Anteilsinhaber 208
  C. Teilübertragung des Vermögens 208
     I. Anzuwendendes Recht 208
     II. Verfahren 209
     III. Übertragungsbericht, -prüfung und -beschluss 210
     IV. Rechtsfolgen der Eintragung im Handelsregister 210
     V. Schutz der Gläubiger und Anteilsinhaber 211
§ 3 Vermögensübertragung zwischen Versicherungsunternehmen 211
  A. Einführung 211
     I. Die beteiligten Rechtsträger 211
         1. Versicherungsverein auf Gegenseitigkeit 211
         2. Versicherungs-AG 212
         3. Öffentlich-rechtliche Versicherungsunternehmen 212
         4. Vorhandensein zweier verschiedener Rechtsträger 213
     II. Vermögensübertragungen in der Versicherungswirtschaft 213
         1. Abgrenzung zur Bestandsübertragung 213
         2. Auswirkungen auf Versicherungsverträge 214
         3. Genehmigung der Aufsichtsbehörde 214
  B. Die Versicherungs-AG als übertragender Rechtsträger 215
     I. Vollübertragung des Vermögens 215
     II. Teilübertragung des Vermögens 216
  C. Der VVaG als übertragender Rechtsträger 216
     I. Vollübertragung des Vermögens 216
     II. Teilübertragung des Vermögens 217
  D. Öffentlich-rechtliche Versicherungsunternehmen
     als übertragende Rechtsträger 217
§ 4 Kontrollfragen und Lösungen 218

Christian Altgen

Kapitel 4

Die Vermögensübertragung

§ 1 Allgemeines

Fall: Die nordrhein-westfälische Stadt S ist Eigentümerin der florierenden Abfallwirtschaft-GmbH, die für die Abfallentsorgung im Stadtgebiet sorgt. S besitzt 80 % der Anteile der GmbH, die übrigen Anteile halten verschiedene Privatpersonen. S will nach einem politischen Umschwung die Abfallbeseitigung zukünftig nicht mehr durch eine Kapitalgesellschaft, sondern selbst (als Eigenbetrieb organisiert) wahrnehmen.
    a) Der Bürgermeister fragt sich, ob eine solche „Fusion" der Abfallwirtschaft-GmbH mit der S stattfinden kann.
    b) Insbesondere fragt sich der Bürgermeister, was dann mit den übrigen Gesellschaftern der GmbH passiert. Diesen würde er gerne eine Beteiligung an der gemeindeeigenen Stadthallen-AG zukommen lassen, die ohnehin ständig Verluste einfährt.

A. Funktionsweise der Vermögensübertragung

I. Einleitung

Die Vermögensübertragung stellt gemäß § 1 Abs. 1 Nr. 3 UmwG eine der vier enumerativ aufgezählten Umwandlungsarten dar. Sie ist in den § 174 bis § 189 UmwG geregelt, die zugleich das Vierte Buch des UmwG bilden. Unter den weiteren Umwandlungsarten stellt sie einen *Sonderfall* dar, denn die Vermögensübertragung ist auf die Beteiligung der öffentlichen Hand sowie auf Umwandlungsvorgänge unter Versicherungsunternehmen begrenzt.[1] Die hierauf zugeschnittene Regelung fußt auf Besonderheiten dieser Rechtsträger. Diese stehen einer Anteilsgewährung entgegen. Der Gesetzgeber hat aber dennoch ein Bedürfnis für eine Erleichterung von Unternehmensumstrukturierungen durch eine Gesamt- oder Sonderrechtsnachfolge ausgemacht.[2] Die Vermögensübertragung wird insofern auch als „Ersatzrechtsinstitut" bezeichnet.[3]

1

---

[1] Auch nach der Vorstellung des Gesetzgebers dient die Vermögensübertragung „in der Regel als Auffangtatbestand für Sonderfälle", vgl. RegE UmwBerG, BR-Drs. 75/94, 72.
[2] RegE UmwBerG, BR-Drs. 75/94, 133.
[3] Widmann/Mayer/*Heckschen* § 174 UmwG Rn. 3; Semler/Stengel/*Stengel* § 174 Rn. 2; Habersack/Wicke/*Scheel/Harzenetter* § 174 Rn. 5; vgl. auch OLG Dresden NotBZ 2015, 313, wonach ein Umwandlungsvertrag, der als Verschmelzung auf eine Gemeinde als Alleingesellschafterin bezeichnet wird, als eine Vollübertragung nach § 174 Abs. 1 UmwG ausgelegt werden könne; zust. *Heckschen* GmbHR 2018, 779, 792.

2   Die Vermögensübertragung steht deshalb regelungstechnisch *eigenständig* neben der Verschmelzung, der Spaltung und dem Rechtsformwechsel. Die nach § 175 UmwG abschließend aufgeführten Umwandlungsvorgänge sind zum einen die Vermögensübertragung von einer Kapitalgesellschaft auf den Bund, ein Land oder eine Gebietskörperschaft (Nr. 1). Zum anderen besteht die Möglichkeit einer Vermögensübertragung zwischen Versicherungsunternehmen, deren Rechtsträger in verschiedenen Rechtsformen organisiert sind (Nr. 2).

II. Inhalt und Regelungstechnik des Vierten Buches

3   Das Vierte Buch führt die generelle Regelungstechnik des UmwG konsequent fort (vgl. Kap. 1 Rn. 24 ff.). Es ist streng systematisch in einen allgemeinen und in mehrere besondere Teile aufgegliedert. § 174 UmwG und § 175 UmwG enthalten einen knappen *allgemeinen Teil*, der die Arten der Vermögensübertragung und die beteiligten Rechtsträger abschließend festlegt. Die beiden *besonderen Teile* befassen sich zunächst in § 176 bis § 177 UmwG mit der Übertragung des Vermögens oder von Vermögensteilen einer Kapitalgesellschaft auf die öffentliche Hand. Daneben behandeln § 178 bis § 189 UmwG die Vermögensübertragung zwischen Versicherungsunternehmen. Jeweils regeln einzelne Abschnitte verschiedene Konstellationen einer Vermögensübertragung rechtsformspezifisch und abhängig von den beteiligten Rechtsträgern.

4   Das Vierte Buch ist vergleichsweise kurz gefasst und durch eine sehr umfangreiche *Verweisungstechnik* geprägt (vgl. Kap. 1 Rn. 32 ff.). Dies gilt zunächst innerhalb des Vierten Buches selbst. Beispielsweise verweisen §§ 178 Abs. 2, 179 Abs. 2, 180 Abs. 2, 184 Abs. 2, 188 Abs. 2 UmwG und § 189 Abs. 2 UmwG auf § 176 Abs. 2 bis Abs. 4 UmwG. Überdies erfolgen umfangreiche Verweisungen auf die Verschmelzungs- sowie die Spaltungsvorschriften. Denn während die Vollübertragung dem Leitbild der Verschmelzung folgt, ist die Teilübertragung an das Regelungskonzept der Spaltung angelehnt. Diese Verweisungen lauten nicht auf konkret benannte Normen, sondern auf Vorschriftengruppen und gelten, sofern nicht in §§ 176 ff. UmwG Sondervorschriften existieren. So sind beispielsweise bei einer Vollübertragung nach §§ 176 Abs. 1, 178 Abs. 1, 180 Abs. 1, 188 Abs. 1 UmwG „die für die Verschmelzung durch Aufnahme geltenden Vorschriften des Zweiten Buches" und bei einer Teilübertragung nach §§ 177 Abs. 1, 179 Abs. 1, 184 Abs. 1, 189 Abs. 1 UmwG „die für die Aufspaltung, Abspaltung oder Ausgliederung geltenden Vorschriften des Dritten Buches" anzuwenden. Diese verweisen wiederum umfangreich auf die Vorschriften der Verschmelzung (vgl. Kap. 3 Rn. 27). Insofern kommt es letztlich zu einer weitreichenden Kaskade von Verweisungen. Im Folgenden ist daher häufig auf die Darstellung der Verschmelzung und der Spaltung zurückzugreifen.

Christian Altgen

III. Anlass für die Regelung der Vermögensübertragung

Vermögensübertragungen sind ihrem Wesen nach keine isoliert neben den übrigen Umwandlungsformen stehenden eigenständigen Umwandlungsarten. Auf die nahe Verwandtschaft zur Verschmelzung zur Aufnahme und zur Spaltung wurde bereits hingewiesen (vgl. Rn. 4). Die gesonderte Regelung in den §§ 174 ff. UmwG trägt vielmehr strukturellen Besonderheiten der beteiligten Rechtsträger Rechnung. Diese stehen einer *Anteilsgewährung als Gegenleistung* eines Umwandlungsvorgangs entgegen. Da die Verschaffung von Anteilen am übernehmenden oder neu gegründeten Rechtsträger aber regelmäßig den Ausgleich für die Mitglieder des übertragenden Rechtsträgers darstellt (vgl. §§ 2, 5 Abs. 1 Nr. 2, 20 Nr. 3, 36, 123, 126 Nr. 3, 4, 131 Nr. 3, 135 UmwG), kommt eine Verschmelzung oder Spaltung unter Beteiligung eines Rechtsträgers, der keine Anteile gewähren kann, grundsätzlich nicht in Betracht.[4]

Sofern eine juristische Person des öffentlichen Rechts, also die *öffentliche Hand* übernehmender Rechtsträger ist, scheidet eine Anteilsgewährung offensichtlich aus. Gleiches trifft auf *öffentlich-rechtliche Versicherungsunternehmen* zu. Denn zu gewährende Anteile oder Mitgliedschaften existieren nicht. Juristische Personen des öffentlichen Rechts haben zwar durchaus Mitglieder.[5] Diese mitgliedschaftliche Strukturierung ermöglicht aber keine Gegenleistung in Form von Mitgliedschaften, weil diese Mitgliedschaft nicht wie ein Anteil an einer Gesellschaft des Privatrechts übertragbar ist.

Beispiel: Die Stromversorger-AG hat bundesweit Aktionäre. Ihr Vermögen soll auf die Gemeinde G übertragen werden. Diese kann den Aktionären der Stromversorger-AG nicht als Gegenleistung eine Mitgliedschaft gewähren. Denn der Status des Bürgers einer Gemeinde ist unter anderem untrennbar an den Wohnort, das Alter und die Nationalität geknüpft.[6]

Bei einem VVaG wiederum wäre zwar die Gewährung einer Mitgliedschaft theoretisch möglich. Mitglied eines VVaG kann aber nach § 176 S. 2 VAG nur werden (und nach S. 3 grundsätzlich auch nur bleiben), wer ein Versicherungsverhältnis mit dem VVaG unterhält. Es entbehrt jedoch einer sachlichen Rechtfertigung, die Anteilsinhaber des übertragenden Rechtsträgers (bzw. den übertragenden Rechtsträger bei der ausgliedernden Teilübertragung) zum Abschluss eines Versicherungsvertrags mit dem übernehmenden Rechtsträger zu zwingen, wenn sie ihre Mitgliedschaft im übertragenden Rechtsträger nicht kompensationslos aufgeben wollen.[7] Die Beteiligung an einer Versicherungs-AG erfolgt in der Regel aus finanziellen Gründen, während die Mitgliedschaft in einem VVaG

---
[4] Mit Ausnahme der Konstellationen des § 109 UmwG.
[5] Das gilt nicht für öffentlich-rechtliche Versicherungsunternehmen, vgl. Widmann/Mayer/Heckschen § 175 UmwG Rn. 7.
[6] Vgl. z. B. § 21 Abs. 2 GO NRW i. V. m. § 7 KWG NRW.
[7] Lutter/*H. Schmidt* § 174 Rn. 1.

wegen des Versicherungsverhältnisses eingegangen wird.[8] Die Verschmelzung unter Beteiligung eines VVaG ist aber nach § 109 S. 1 UmwG zugelassen, wenn zwei VVaG miteinander verschmolzen werden.[9]

8 Eine *Versicherungs-AG* hingegen kann Anteile gewähren, ohne dass dies an die Begründung eines Versicherungsverhältnisses gekoppelt ist. Sie kann dennoch sowohl als übertragender, als auch als übernehmender Rechtsträger an einer Vermögensübertragung beteiligt sein. Möglich ist allerdings auch die Verschmelzung eines VVaG auf eine Versicherungs-AG, vgl. § 109 S. 2 UmwG (sog. Mischverschmelzung).[10] In diesem Fall erhalten die Mitglieder des VVaG nach den Regeln der Verschmelzung als Gegenleistung entsprechend ihrer Beteiligung am VVaG Aktien der Versicherungs-AG.[11] Versicherungs-AGs können unter Anteilsgewährung auch miteinander verschmolzen werden.[12] Die dennoch erfolgte umfassende Einbeziehung der Versicherungs-AG in die Vermögensübertragung ist von einem Streben nach Einheitlichkeit getragen.[13]

9 Ungeachtet der Besonderheiten der beteiligten Rechtsträger stellen sich die *allgemeinen Schutzprobleme* des Umwandlungsrechts bei der Vermögensübertragung ebenso wie bei den übrigen drei Umwandlungsarten des UmwG (vgl. Kap. 1 Rn. 116 ff.). Es sind dies der Gläubigerschutz und der Schutz von Minderheiten, namentlich der Mitglieder des übertragenden Rechtsträgers, die aus der Übertragung als solcher keinen wirtschaftlichen Vorteil erzielen.

IV. Arten und Rechtsfolgen der Vermögensübertragung

10 Zu unterscheiden sind die Vollübertragung (§ 174 Abs. 1 UmwG) und die Teilübertragung (§ 174 Abs. 2 UmwG). Abzugrenzen ist die umwandlungsrechtliche Vermögensübertragung von Vermögensübertragungen im Wege der Einzelrechtsnachfolge.

1. Vollübertragung

11 Die *Ausgangssituation* einer Vollübertragung stellt sich beispielsweise wie folgt dar:

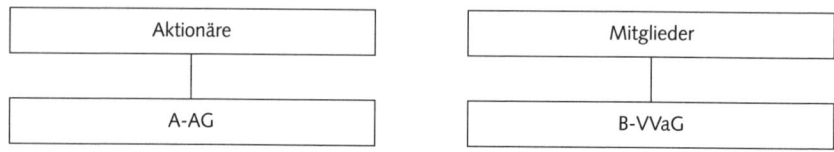

---

[8] Widmann/Mayer/*Heckschen* § 175 UmwG Rn. 3.
[9] Vgl. auch § 151 UmwG mit Sonderregeln für eine Spaltung unter Beteiligung eines VVaG.
[10] Zur Spaltung vgl. wiederum § 151 S. 1 UmwG.
[11] Semler/Stengel/*Stengel* § 174 Rn. 2.
[12] Semler/Stengel/*Stengel* § 175 Rn. 3. Möglich sind ebenso Spaltungen nach den allgemeinen Vorschriften.
[13] Schmitt/Hörtnagl/Stratz/*Winter* § 174 Rn. 6; *Timmerbeil/Reinhard* Rn. 351.

Die *Zielsituation* einer Vollübertragung ist in diesem Beispiel die folgende: 12

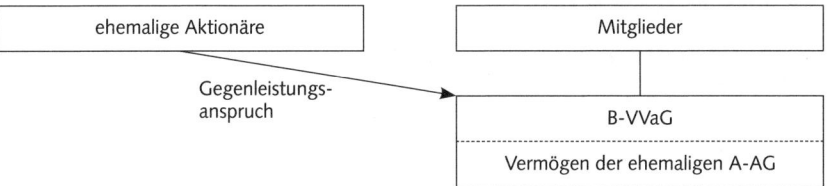

Gemäß § 174 Abs. 1 UmwG haben die Spielarten einer Vollübertragung zur 13
Folge, dass der übertragende Rechtsträger ohne eine Abwicklung *aufgelöst* wird.
Er erlischt liquidationslos. Es kommt im gleichen Zuge zu einer *Universalsukzession* beim übernehmenden Rechtsträger (§§ 176 Abs. 3, 178 Abs. 2, 186 UmwG,
vgl. Kap. 1 Rn. 4 ff.). Die gesamten Aktiva und Passiva gehen also auf den übernehmenden Rechtsträger über. Dies eint die Vermögensübertragung mit der Verschmelzung zur Aufnahme (vgl. Kap. 2 Rn. 2 f.), die das Regelungsvorbild der
Vollübertragung ist (vgl. Rn. 4). Die Rechtsfolgen treten mit dem Wirksamwerden der Vermögensübertragung ein. Diese ist an deren Eintragung in das Handelsregister des Sitzes der übertragenden Gesellschaft geknüpft (§ 176 Abs. 3 S. 1
UmwG, auf den für alle Vermögensübertragungen jeweils ein Verweis erfolgt).

Anders als bei einer Verschmelzung (§ 2 Nr. 1 UmwG) kann bei einer Voll- 14
übertragung nach § 174 Abs. 1 UmwG nur *ein einziger* übertragender (und
ein übernehmender) Rechtsträger beteiligt sein.[14] Ein der Vollübertragung auf
mehrere Rechtsträger gleichkommendes Ergebnis ist aber durch eine aufspaltende Teilübertragung zu erzielen (vgl. Rn. 18).[15] Ein weiterer Unterschied zur
Verschmelzung (§ 2 Nr. 2 UmwG) ist, dass die Vermögensübertragung nur auf
einen bereits bestehenden Rechtsträger erfolgen kann (vgl. Rn. 31).

Sind nach dem Übertragungsvertrag *nicht alle Vermögensgegenstände* zu 15
übertragen, ist der Übertragungsvertrag unwirksam, wenn nicht die Teilübertragung (hierzu sogleich) gewählt wird.[16] Es können also nicht einzelne Vermögensgegenstände von der Vermögensübertragung ausgeschlossen werden; diese
erfasst sogar nicht bilanzierte Vermögensgegenstände. Der Vertrag kann allerdings, abhängig vom Einzelfall, bei der AG in eine Verpflichtung zur Übertragung des Gesellschaftsvermögens im Ganzen nach § 179a AktG (vgl. Rn. 26 ff.)
umgedeutet werden.[17]

Auf eine Vollübertragung ist, vorbehaltlich verschiedener Sondervorschriften 16
in §§ 176 ff. UmwG, das *Verschmelzungsrecht* anwendbar. Dies sind die allgemeinen Vorschriften zur Verschmelzung zur Aufnahme in § 4 bis § 35 UmwG
sowie die rechtsformabhängigen Vorschriften gemäß §§ 46 ff. UmwG.

---

[14] Kallmeyer/*Sickinger* § 174 Rn. 3; Semler/Stengel/*Stengel* § 174 Rn. 11.
[15] Lutter/*H. Schmidt* § 174 Rn. 6.
[16] Semler/Stengel/*Stengel* § 174 Rn. 12.
[17] Semler/Stengel/*Stengel* § 174 Rn. 12.

2. Teilübertragung

a) Allgemeines

17 Bei allen Fällen der *Teilübertragung* können, im Gegensatz zur Vollübertragung nach § 174 Abs. 1 UmwG, mehrere übernehmende Rechtsträger Beteiligung finden. Zu unterscheiden sind nach dem Vorbild des § 123 Abs. 1 bis Abs. 3 UmwG die aufspaltende, die abspaltende und die ausgliedernde Teilübertragung (vgl. zur Spaltung Kap. 3 Rn. 2 ff.). Gemein ist allen Fällen der Teilübertragung, dass ein Teil des Vermögens jeweils als Gesamtheit auf den oder die bestehenden anderen Rechtsträger übergeht. Es findet also eine *partielle Gesamtrechtsnachfolge* (Sonderrechtsnachfolge) statt.[18] Es bedarf daher auch hier keiner Einzelrechtsübertragungen (vgl. Kap. 1 Rn. 44). Keine besonderen Anforderungen bestehen an den Umfang oder die Eigenschaften des teilweise übertragenen Vermögens. Dieses kann auch aus einem einzelnen Vermögensgegenstand bestehen (vgl. Kap. 3 Rn. 30).[19]

b) Aufspaltende Teilübertragung

18 Es kommt bei der Teilübertragung nur dann zu einer *Auflösung* des übertragenden Rechtsträgers, wenn dieser sein Vermögen aufspaltet, indem die Vermögensteile gleichzeitig auf mehrere bestehende Rechtsträger übertragen werden (aufspaltende Teilübertragung, § 174 Abs. 2 Nr. 1 UmwG). Mit der Vollübertragung hat die aufspaltende Teilübertragung gemein, dass das gesamte Vermögen des übertragenden Rechtsträgers übergeht; es verbleibt kein Vermögen beim aufspaltenden Rechtsträger. Im Unterschied zur Vollübertragung sind aber mindestens *zwei* übernehmende Rechtsträger beteiligt, auf die die Vermögensteile im Wege der *partiellen Gesamtrechtsnachfolge* übergehen. Die aufspaltende Teilübertragung ist damit der Sache nach eine Vollübertragung auf mehrere Rechtsträger.[20] Das Beispiel in Rn. 11 ist damit lediglich insofern zu ergänzen, als dass die A-AG ihr Vermögen zu einem Teil auf den B-VVaG, und den übrigen Teil auf einen C-VVaG überträgt.

19 Es steht den Vertragsparteien frei, wie sie im Übertragungsvertrag die Aufteilung der Vermögensgegenstände auf die übernehmenden Rechtsträger bestimmen.[21] Diese Aufteilung muss allerdings genau erfolgen.

Beispiel: Die Bundesländer A und B betreiben in der Rechtsform einer AG ein Energieversorgungsunternehmen mit mehreren Kraftwerken. Jedem Bundesland gehören 50 % der Aktien. Nach einem Regierungswechsel kommen A und B überein, dass dieses Unternehmen zukünftig in die öffentliche Hand überführt werden und dass A und B weiterhin jeweils die Hälfte des Energieversorgers zustehen soll. Sie zergliedern diesen in der Folge

---

[18] Semler/Stengel/*Stengel* § 174 Rn. 14.
[19] Lutter/*H. Schmidt* § 174 Rn. 12.
[20] *Gaß*, Die Umwandlung gemeindlicher Unternehmen, 2003, 281.
[21] *Timmerbeil/Reinhard* Rn. 354.

durch eine aufspaltende Teilübertragung, bei der A und B jeweils die Hälfte des Unternehmens übertragen bekommen.[22] Der Übertragungsvertrag sieht unter anderem vor, wer welche Kraftwerke bekommt.

c) Abspaltende Teilübertragung

Jenseits der aufspaltenden Teilübertragung bleibt der übertragende Rechtsträger bestehen. Es kommt nicht zu einer vollständigen Universalsukzession ohne Liquidation, sondern nur zu einer partiellen Universalsukzession, bei der ein Vermögensteil beim übertragenden Rechtsträger verbleibt. Dies gilt für die Abspaltung eines oder mehrerer Teile des Vermögens des übertragenden Rechtsträgers durch Übertragung dieses Teils bzw. dieser Teile auf einen oder mehrere andere Rechtsträger (abspaltende Teilübertragung, § 174 Abs. 2 Nr. 2 UmwG). Bei der abspaltenden Teilübertragung erhalten die *Anteilsinhaber* des übertragenden Rechtsträgers die Gegenleistung als Kompensation ihres Rechtsverlusts in Form der Wertverwässerung ihrer Beteiligung (vgl. hierzu näher in Rn. 34 ff.).

20

Würden die Vertragsparteien im Beispiel aus Rn. 11 eine abspaltende Teilübertragung durchführen, dann sähe die *Zielsituation* so aus:

21

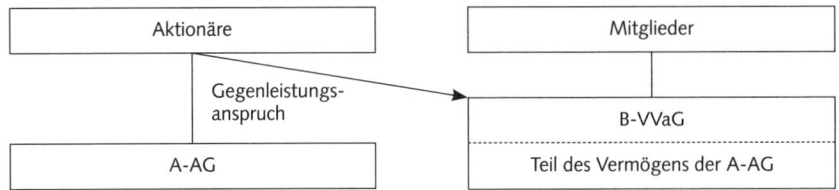

d) Ausgliedernde Teilübertragung

Ebenfalls bestehen bleibt der übertragende Rechtsträger bei der Ausgliederung durch Übertragung eines oder mehrerer Teile seines Vermögens auf einen oder mehrere andere Rechtsträger (ausgliedernde Teilübertragung, § 174 Abs. 2 Nr. 3 UmwG). Auch in diesen Fällen kommt es zu einer Sonderrechtsnachfolge und ist die Aufteilung der Vermögensteile im Übertragungsvertrag bestimmt festzuhalten. Anders als bei der abspaltenden Teilübertragung erhält bei der ausgliedernden Teilübertragung allerdings der *übertragende Rechtsträger* selbst die Gegenleistung. Wirtschaftlich betrachtet kommt es deshalb bei den Anteilsinhabern des übertragenden Rechtsträgers nicht zu einer auszugleichenden Wertverwässerung ihrer Beteiligung.

22

Nach ganz h. M. kann die ausgliedernde Teilübertragung sogar das *gesamte Vermögen* des übertragenden Rechtsträgers erfassen.[23] Dieser Vorgang unter-

23

---

[22] Beispiel angelehnt an Schmitt/Hörtnagl/Stratz/*Stratz* 6. Aufl. 2013 Vor §§ 174 ff. Rn. 4 sowie RegE UmwBerG, BR-Drs. 75/94, 134.
[23] Semler/Stengel/*Stengel* § 174 Rn. 19; Lutter/*H. Schmidt* § 174 Rn. 16; ders. AG 2005, 26 ff.; Kölner Komm. UmwG/*Leuering* § 174 Rn. 17; Widmann/Mayer/*Heckschen* § 174 UmwG Rn. 37.

scheidet sich von der Vollübertragung dadurch, dass der übertragende Rechtsträger bestehen bleibt und Empfänger der Gegenleistung ist. Indem dem übertragenden Rechtsträger die Gegenleistung vom übernehmenden Rechtsträger zufließt, bleibt er auch nicht als vermögenslose Hülle zurück. Es ist also sichergestellt, dass der übertragende Rechtsträger nicht wegen Vermögenslosigkeit aufgelöst wird.[24] Auch der Wortlaut „aus seinem Vermögen" in § 174 Abs. 2 Nr. 3 UmwG steht der ausgliedernden Teilübertragung des gesamten Vermögens nicht entgegen. Denn „mehrere Teile" dieses Vermögens können auch das gesamte Vermögen darstellen.

24 Diese „ausgliedernde Total-Vermögensübertragung" ist nicht nur dann zulässig, wenn die Übertragung auf mehrere, sondern auch, wenn sie auf nur *einen* übernehmenden Rechtsträger erfolgt.[25] Strengere Anforderungen wären durch die Gründung einer weiteren Tochtergesellschaft ohnehin relativ einfach auszuhebeln.[26] Eine andere Frage ist, ob überhaupt ein praktisches Bedürfnis einer Ausgliederung des gesamten Vermögens entstehen kann. Denn anders als bei der spaltenden Ausgliederung kommt es vorliegend mangels einer Anteilsgewährung am übernehmenden Rechtsträger nicht zur Etablierung einer Holdingstruktur.[27]

25 Würden die Vertragsparteien im Beispiel aus Rn. 11 eine ausgliedernde Teilübertragung durchführen, dann sähe die *Zielsituation* so aus:

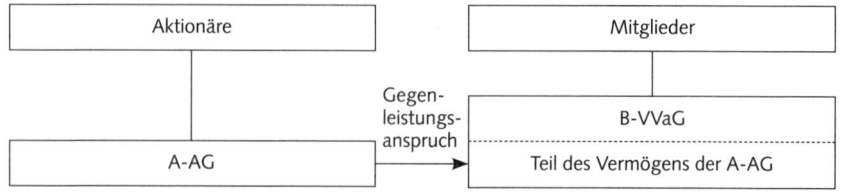

3. Abgrenzung: Einzelübertragungen des Unternehmensvermögens

26 Nicht zu verwechseln ist die Vermögensübertragung mit einer Übertragung des Gesellschaftsvermögens im Wege der *Einzelrechtsnachfolge*. Diese erfolgt durch einzelne, ggf. parallele Übertragungen aller Vermögensgegenstände nach den verschiedenen einschlägigen Übertragungstatbeständen (z. B. gemäß §§ 398 ff., 929 ff., 873 ff., 925 BGB, vgl. Kap. 1 Rn. 6). Sie ist durch die §§ 174 ff. UmwG weder modifiziert noch ausgeschlossen. Eine solchermaßen erfolgende Übertragung des Gesellschaftsvermögens im Ganzen hat, im Unterschied zur umwandlungsrechtlichen Vermögensübertragung, nicht die liquidationslose Auflösung des übertragenden Rechtsträgers zur Folge (*arg. ex* § 179a Abs. 3 AktG).[28] Die-

---

[24] Lutter/*H. Schmidt* § 174 Rn. 16.
[25] Vgl. die Nachweise in Fn. 23.
[26] Semler/Stengel/*Stengel* § 174 Rn. 19.
[27] Kölner Komm. UmwG/*Leuering* § 174 Rn. 17 a. E.
[28] Spindler/Stilz/*Holzborn* AktG § 179a Rn. 9; Hüffer/Koch § 179a Rn. 20.

ser bleibt vielmehr bestehen. Deshalb ist es unschädlich, wenn ein unwesentlicher Vermögensteil bei der übertragenden Gesellschaft verbleibt.[29] Zur Auflösung des Rechtsträgers muss nach den jeweiligen rechtsformspezifischen Regeln des Gesellschaftsrechts gegebenenfalls ein gesonderter Auflösungsbeschluss der Gesellschafter nach § 262 Abs. 1 Nr. 2 AktG, § 60 Abs. 1 Nr. 2 GmbHG gefasst werden. In Betracht kommt auch eine spätere Auflösung wegen Vermögenslosigkeit nach § 262 Abs. 1 Nr. 6 AktG bzw. § 60 Abs. 1 Nr. 7 GmbHG i. V. m. § 394 FamFG. Aus steuerrechtlicher Sicht hat die Einzelübertragung zum Nachteil, dass es zur Aufdeckung stiller Reserven kommt und z. B. Grunderwerbsteuer anfallen kann (vgl. Kap. 8 Rn. 5 ff.).

Bei der Einzelübertragung des Unternehmensvermögens sind ferner etwaige Sondervorschriften für die beteiligten Unternehmen zu beachten. Dies gilt namentlich für die „gesellschaftsrechtliche Kompetenzregel"[30] des § 179a AktG, nach dem die Verpflichtung einer AG zur Übertragung ihres Vermögens im Ganzen eines zustimmenden Beschlusses der Hauptversammlung mit qualifizierter Mehrheit bedarf.[31] Auf die dinglichen Rechtsgeschäfte zur Erfüllung dieser Verpflichtung zur Übertragung des ganzen Vermögens findet § 179a AktG jedoch keine Anwendung. Diese sind – grundsätzlich auch ohne entsprechende Verpflichtung und damit ohne Zustimmung der Anteilseigner – von der Vertretungsmacht des Vorstands gedeckt.[32]

§ 179a AktG findet ausdrücklich keine Anwendung, wenn die Übertragung unter die Vorschriften des UmwG fällt und hat damit auf die Vermögensübertragung nach §§ 174 ff. UmwG keinen Einfluss. Umgekehrt ist streitig, ob die Regelungen des *UmwG im Einzelfall analog* auf Einzelrechtsübertragungen Anwendung finden oder in diesem Rahmen zumindest eine Ausstrahlungswirkung entfalten (vgl. Kap. 1 Rn. 97).[33] Nach h. M. finden die §§ 174 ff. UmwG auf Vermögensübertragungen im Sinne des § 179a AktG keine, auch nicht entsprechende, Anwendung.[34]

V. Europarechtlicher Einfluss

Europarechtlich ist die Vermögensübertragung *nicht* vorgegeben.[35] Insbesondere enthält die Richtlinie (EU) 2017/1132 des Europäischen Parlamentes und des Rates vom 14.6.2017 über bestimmte Aspekte des Gesellschaftsrechts (ABl. Nr. L 169/46), die die Dritte gesellschaftsrechtliche Richtlinie (Fusionsricht-

---

[29] RG JW 1929, 1371; BGHZ 83, 122, 1287; Hüffer/Koch § 179a Rn. 4.
[30] *K. Schmidt* GesR § 13 V. 2. c.
[31] § 179a AktG beinhaltet ein allgemeines Prinzip, das auch auf andere Gesellschaften Anwendung findet, vgl. *K. Schmidt* GesR § 13 I. 4. b.
[32] LG Mainz AG 1998, 538; Hüffer/Koch § 179a Rn. 4, 18.
[33] Hierzu *Lutter/Leinekugel* ZIP 1999, 261 ff.
[34] Widmann/Mayer/*Heckschen* § 174 UmwG Rn. 9; Semler/Stengel/*Stengel* § 174 Rn. 7; zum Meinungsbild bei der sog. „übertragenden Auflösung" vgl. MüKoAktG/*Stein* § 179a Rn. 79 ff.
[35] Lutter/*H. Schmidt* Vor § 174 Rn. 3; Schmitt/Hörtnagl/Stratz/*Winter* Vor §§ 174 ff. Rn. 1.

linie)³⁶ und die Sechste gesellschafsrechtliche Richtlinie (Spaltungsrichtlinie)³⁷ konsolidiert, keine Vorgaben hierzu. Diese Richtlinie befasst sich jedoch ausführlich mit der Verschmelzung und der Spaltung. Angesichts der bereits erwähnten Verweisungskaskaden (vgl. Rn. 4) kann eine mitunter erforderliche *richtlinienkonforme Auslegung* der deutschen Verschmelzungs- und Spaltungsvorschriften durchaus auch Wirkungen auf die Vermögensübertragung zeitigen.³⁸

B. Grundlagen zu den beteiligten Rechtsträgern

I. Fähigkeit zur Vermögensübertragung

30   Dem eingangs umrissenen Regelungshintergrund folgend, können Kapitalgesellschaften, der Bund, ein Land, Gebietskörperschaften oder ein Zusammenschluss aus solchen, eine Versicherungs-AG, ein VVaG und öffentlich-rechtliche Versicherungsunternehmen beteiligte Rechtsträger sein. Diese Aufzählung in § 175 UmwG ist, wie auch in §§ 3, 124 UmwG, *abschließend*.³⁹ Es ist nicht möglich, die Vorschriften der Vermögensübertragung auf andere Rechtsträger im Wege der Analogie zur Anwendung zu bringen. Dies wird durch das Analogieverbot des § 1 Abs. 2 UmwG (vgl. Kap. 1 Rn. 62) ausgeschlossen und ist auch angesichts der Besonderheiten der geregelten Rechtsträger (vgl. Rn. 1, 5 ff.) nicht angezeigt. Einzelheiten zu den beteiligten Rechtsträgern werden bei den verschiedenen Arten der Vermögensübertragung behandelt (vgl. Rn. 61 ff. sowie Rn. 106 ff.).

II. Bestehender oder aufgelöster Rechtsträger

31   Vermögensübertragungen können stets nur auf einen vor dem Umwandlungsvorgang bereits *bestehenden* Rechtsträger erfolgen.⁴⁰ Im Gegensatz zu einer solchen Vermögensübertragung zur Aufnahme sieht das Gesetz eine Übertragung zur Neugründung nicht vor. Dies versteht sich angesichts der in § 175 Nr. 1 UmwG aufgezählten Rechtsträger von selbst für die öffentliche Hand, gilt aber auch für Versicherungsunternehmen. Dies macht bereits § 174 Abs. 1 UmwG deutlich, nach dem der übertragende Rechtsträger sein Vermögen auf einen anderen bestehenden Rechtsträger überträgt (vgl. ebenso § 174 Abs. 2 Nr. 1 bis Nr. 3 UmwG). Die Vermögensübertragung unterscheidet sich auch an dieser

---

³⁶ Dritte Richtlinie Nr. 78/855/EWG des Rates vom 9.10.1978, ABl EG Nr. L 295, 36 ff. Sie wurde gem. Art. 32 der Richtlinie 2011/35/EU des Europäischen Parlaments und des Rates vom 5.4.2011 über die Verschmelzung von Aktiengesellschaften mit Wirkung vom 1.7.2011 aufgehoben und durch diese neu kodifiziert, ABl. 2011 L 110, 1.
³⁷ Sechste Richtlinie Nr. 82/891/EWG des Rates vom 17.12.1982, ABl. EG 1982 Nr. L 378, 47 ff.
³⁸ Lutter/*H. Schmidt* Vor § 174 Rn. 3; Widmann/Mayer/*Heckschen* § 174 UmwG Rn. 14; Habersack/Wicke/*Scheel/Harzenetter* § 174 UmwG Rn. 7.
³⁹ RegE UmwBerG, BR-Drs. 75/94, 133.
⁴⁰ Widmann/Mayer/*Heckschen* § 174 UmwG Rn. 2.

Stelle trotz vielfach vorhandener Ähnlichkeiten von der Verschmelzung und der Spaltung, die jeweils nicht nur zur Aufnahme, sondern auch zur Neugründung erfolgen können (vgl. Kap. 2 Rn. 2, Kap. 3 Rn. 22 f.).

Auch im Wege einer (Gesamt-)Analogie zu verschmelzungsrechtlichen Vorschriften sowie zu §§ 174 ff. UmwG kommt eine Vermögensübertragung *zur Neugründung* nicht in Frage. Dem steht wiederum der *numerus clausus* der Umwandlungsarten entgegen (vgl. Kap. 1 Rn. 62 ff.). Der Gesetzgeber ist zudem ausdrücklich davon ausgegangen, dass kein weitergehender Bedarf für eine Vermögensübertragung besteht.[41]

32

Der übertragende Rechtsträger kann auch bereits *aufgelöst* sein. Nach § 176 Abs. 1 UmwG[42] i. V. m. § 3 Abs. 3 UmwG steht dies der Vermögensübertragung nicht entgegen, sofern die Fortsetzung des Rechtsträgers beschlossen werden könnte (vgl. Kap. 2 Rn. 8). Dies erfordert nach § 274 AktG oder § 206 VAG einen Fortsetzungsbeschluss.[43] Der übernehmende Rechtsträger hingegen darf nicht aufgelöst sein (was ohnehin nur bei Versicherungsunternehmen in Betracht kommt).[44] In dem Beschluss über die Zustimmung zur Vermögensübertragung kann freilich ein konkludenter Fortsetzungsbeschluss liegen.[45]

33

C. Die Gegenleistung bei der Vermögensübertragung

I. Art der Gegenleistung

1. Festlegung im Übertragungsvertrag

Der Übertragungsvertrag muss Regelungen über eine *bestimmte Gegenleistung* enthalten, die einen Ausgleich für die Vermögensübertragung darstellt. Anderenfalls würde der übernehmende Rechtsträger bzw. würden dessen Mitglieder ein unverhofftes Geschenk auf Kosten des übertragenden Rechtsträgers und seiner Mitglieder erhalten. Denkbar ist auch, dass nach dem Übertragungsvertrag ein *Dritter*, z. B. in einem Schiedsgutachten, die Gegenleistung bestimmen soll (§ 317 BGB). Hierdurch ändern sich die Anforderungen an die Gegenleistung aber nicht; diese muss insbesondere sowohl bei der Festsetzung im Vertrag, als auch bei der Bestimmung durch einen Dritten angemessen sein (vgl. Rn. 41 ff.).[46] Bei der Versicherungs-AG ist nach dem Rechtsgedanken der §§ 54 Abs. 1 S. 3, 68 Abs. 1 S. 3 UmwG ein Verzicht auf die Gewährung einer Gegenleistung möglich.[47]

34

---

[41] RegE UmwBerG, BR-Drs. 75/94, 133.
[42] Bzw. i. V. m. den weiteren Verweisungsvorschriften in das Verschmelzungsrecht (vgl. Rn. 4).
[43] Zudem muss der Auflösungsgrund beseitigt sein, woran es bei einem laufenden Insolvenzverfahren fehlt, vgl. Kölner Komm. UmwG/*Simon* § 3 Rn. 54.
[44] H. M.; zur Streitfrage vgl. Kölner Komm. UmwG/*Simon* § 3 Rn. 58 m. w. N.
[45] Lutter/*H. Schmidt* § 174 Rn. 6; Widmann/Mayer/*Heckschen* § 174 UmwG Rn. 20.
[46] Widmann/Mayer/*Heckschen* § 174 UmwG Rn. 25; Semler/Stengel/*Stengel* § 174 Rn. 27.
[47] Widmann/Mayer/*Heckschen* § 174 UmwG Rn. 30.

2. Ausschluss einer Anteilsgewährung

35 Charakteristisch für die Vermögensübertragung ist das eingeschränkte Spektrum möglicher Gegenleistungen. Diese unterscheidet sich fundamental von der Gegenleistung bei der Verschmelzung oder Spaltung. Dort erhalten die Anteilseigner (bzw. bei der Ausgliederung der übertragende Rechtsträger) gemäß §§ 2, 123 UmwG Mitgliedschaften bzw. Anteile an dem übernehmenden oder neu gegründeten Rechtsträger (vgl. Kap. 2 Rn. 3, Kap. 3 Rn. 35 f.). Für die Vermögensübertragung sieht § 174 Abs. 1, 2 UmwG hingegen ausdrücklich vor, dass die Gegenleistung *nicht in Anteilen oder Mitgliedschaften an dem anderen, übernehmenden Rechtsträger* bestehen darf. Dies liegt, wie bereits dargestellt, in Besonderheiten der beteiligten Rechtsträger begründet (vgl. Rn. 1, 5 ff). Die Vermögensübertragung existiert als rechtliches Gestaltungsinstrument, um Rechtsträgern, die aus verschiedenen Gründen keine Anteile oder Mitgliedschaften an Mitglieder des übertragenden Rechtsträgers gewähren können, eine der Verschmelzung oder Spaltung gleichkommende Umstrukturierung zu ermöglichen.

3. Gewährung eines Vermögensvorteils

36 Der vom übernehmenden Rechtsträger zu gewährende Vermögensvorteil wird gesetzlich nicht positiv definiert. § 174 Abs. 1, Abs. 2 UmwG schließt lediglich die Gewährung von Anteilen oder Mitgliedschaften aus. Anstelle der bei anderen Umwandlungsarten üblichen Anteilsgewährung ist damit bei der Vermögensübertragung jeder andere Vermögensvorteil als Gegenleistung erbringbar.[48] Dieser Verzicht auf eine positive Definition der möglichen Gegenleistungen soll nach dem erklärten Willen des Gesetzgebers einen weiten Gestaltungsspielraum für die beteiligten Rechtsträger eröffnen.[49] Die geläufige und naheliegende Gegenleistung ist eine *Barabfindung*.[50] Wirtschaftlich gesehen kann die Vollübertragung damit eine Ähnlichkeit zum Unternehmenskauf aufweisen.[51] Gleiches gilt für die ausgliedernde Teilübertragung.[52] Denn alternativ könnte der übertragende Rechtsträger das fragliche Vermögen im Wege von Einzelübertragungen an den übernehmenden Rechtsträger übertragen; ein Unternehmenskauf wird durch §§ 174 ff. UmwG keineswegs ausgeschlossen.[53] Die Erleichterung dieses Vorgangs durch eine ausgliedernde Teilübertragung mit der Rechtsfolge der Sonderrechtsnachfolge bringt im Vergleich zum Unternehmenskauf allerdings die Erschwernis einer Bindung an die Zustimmung der Anteilsinhaber mit sich.

---

[48] Semler/Stengel/*Stengel* § 174 Rn. 15.
[49] RegE UmwBerG, BR-Drs. 75/94, 133; *Timmerbeil/Reinhard* Rn. 352.
[50] Skeptisch für öffentlich-rechtliche Versicherungsunternehmen Lutter/*Wilm* § 178 Rn. 27.
[51] *Beisel*/Klumpp Kap. 6 Rn. 77.
[52] RegE UmwBerG, BR-Drs. 75/94, 133 f.; Lutter/*H. Schmidt* § 174 Rn. 15; Widmann/Mayer/*Heckschen* § 174 UmwG Rn. 36; *Timmerbeil/Reinhard* Rn. 356.
[53] RegE UmwBerG, BR-Drs. 75/94, 133; Lutter/*H. Schmidt* § 174 Rn. 15.

Daneben sind dem *Spektrum möglicher Gegenleistungen* grundsätzlich keine Grenzen gesetzt. Denkbar ist etwa im Hinblick auf Versicherungsunternehmen die temporäre Freistellung der Anteilsinhaber des übertragenden Versicherungsunternehmens von der Pflicht zur Zahlung von Versicherungsprämien.[54] Auch sind eine Anpassung der Versicherungssumme oder eine Steigerung des Gewinnanteils des Anteilsinhabers eine Option. Ferner können Wertpapiere gewährt werden (freilich nicht Aktien des übernehmenden Rechtsträgers, dies schließt das Gesetz selbst für Versicherungs-AGs aus). 37

Hat sich zwischen dem Abschluss des Übertragungsvertrags und dem Wirksamwerden der Vermögensübertragung die *Vermögensmasse verändert*, ist zu unterscheiden. War die Veränderung im Rahmen dessen, was bei einer Weiterführung des übertragenden Rechtsträgers zu erwarten war, bleibt es beim Übergang des Vermögens gegen die im Vertrag festgesetzte Gegenleistung. Geht die Veränderung darüber hinaus, kommen Anpassungen der Gegenleistung sowie Schadensersatzansprüche und Rücktrittsrechte in Betracht, weil die Gegenleistung nun nicht mehr angemessen ist.[55] 38

4. Mitgliedschaften in anderen Unternehmen

Ob die Gewährung von Mitgliedschaften in anderen Unternehmen eine taugliche Gegenleistung einer Vermögensübertragung darstellt, ist *umstritten*. 39

Beispiel: Die A-AG überträgt ihr Vermögen auf die Gemeinde G. Die Aktionäre der A-AG erhalten als Ausgleich Geschäftsanteile an der B-GmbH.

Hiergegen wird eingewendet, dass § 174 Abs. 1 UmwG klar ausdrückt, dass die Gegenleistung *„nicht in Anteilen oder Mitgliedschaften"* bestehen darf.[56] An wem diese Anteile oder Mitgliedschaften bestehen, lässt das Gesetz unerwähnt, so dass auf den ersten Blick auch davon ausgegangen werden könnte, dass der Ausschluss absolut gilt. Allerdings ist dieser Ausschluss unter Berücksichtigung von *Sinn und Zweck* der Vermögensübertragung (vgl. Rn. 5 ff.) zu lesen.[57] Anteile am übernehmenden Rechtsträger können nur aufgrund von Besonderheiten dieses Rechtsträgers nicht gewährt werden.[58] Dies berührt aber die Gewährung von Anteilen an anderen Unternehmen nicht. Deshalb ist mit der h. M. davon auszugehen, dass Anteile an anderen Unternehmen eine taugli- 40

---

[54] Lutter/*Wilm* § 181 Rn. 5. Dies gilt allerdings nicht für die Versicherungs-AG, da deren Aktionäre nicht in jedem Fall ein Versicherungsverhältnis mit der AG unterhalten, vgl. Semler/Stengel/*Stengel* § 174 Rn. 21.
[55] Kölner Komm. UmwG/*Leuering* § 174 Rn. 7; Semler/Stengel/*Stengel* § 174 Rn. 13.
[56] Semler/Stengel/*Fonk* 3. Aufl. 2012 § 174 Rn. 20.
[57] Lutter/*H. Schmidt* § 174 Rn. 7 mit Fn. 10; Widmann/Mayer/*Heckschen* § 174 UmwG Rn. 23.
[58] Dass dies auf die Versicherungs-AG nicht zutrifft (vgl. Rn. 8), ändert nichts am gesetzgeberischen Grundgedanken.

Christian Altgen

che Gegenleistung darstellen.⁵⁹ Deren Rechtsform ist unerheblich; natürlich nur, sofern es sich nicht ebenfalls um eine Rechtsform handelt, aufgrund derer die Vermögensübertragung eigens normiert wurde.

5. Angemessenheit der Gegenleistung

41 Das Gesetz enthält im allgemeinen Teil der Vermögensübertragung keine Regelung dazu, ob die Gegenleistung der Vermögensübertragung angemessen sein muss. Allerdings ist dies in § 181 Abs. 1 UmwG für die Übertragung des Vermögens eines VVaG auf eine Versicherungs-AG oder auf öffentlich-rechtliche Versicherungsunternehmen ausdrücklich vorgesehen. Letztlich gilt das Erfordernis einer angemessenen Gegenleistung in allen Fällen einer Vermögensübertragung. Denn dieses bildet einen *allgemeinen Grundsatz* des Umwandlungsrechts, der unter anderem in §§ 12 Abs. 2 S. 1, 29 Abs. 1 S. 1, 207 S. 1 UmwG verwirklicht ist.⁶⁰ Anderenfalls würde dem im Anteil verkörperten Eigentumsrecht des Mitglieds des übertragenden Rechtsträgers, und damit den Anforderungen des Art. 14 Abs. 1 GG, nicht ausreichend Rechnung getragen.⁶¹

42 Angemessen ist eine Gegenleistung bei der Vollübertragung, wenn sie den *Verkehrswert der aufgegebenen Anteile* am übertragenden Rechtsträger widerspiegelt. Nicht hingegen ist auf die Ausgeglichenheit von Gegenleistung und übertragenem Vermögen abzustellen.⁶² Eine Ausnahme gilt für die ausgliedernde Teilübertragung, weil dort der übertragende Rechtsträger Empfänger der Gegenleistung ist (vgl. Rn. 44). Hier muss die Gegenleistung wertmäßig dem *übertragenen Vermögen* entsprechen.⁶³ Diese Betrachtung macht in der Regel keinen Unterschied, weil sich der Anteilswert vom Unternehmenswert ableitet. Allerdings ist ein Gleichlauf nicht zwingend, so etwa, wenn die Bewertung der Beteiligung von einem Börsenwert bestimmt wird.⁶⁴

43 Die *Methode der Unternehmensbewertung* gibt das Gesetz nicht vor. Im Hinblick auf die AG und öffentlich-rechtliche Versicherungsunternehmen gelten für die Angemessenheit keine Besonderheiten gegenüber der Verschmelzung und der Spaltung. Hinsichtlich des VVaG sind allerdings rechtsformspezifische Besonderheiten zu berücksichtigen, die darin wurzeln, dass der VVaG nicht auf eine Gewinnmaximierung angelegt ist.⁶⁵ Die Angemessenheit der Gegenleistung ist im Spruchverfahren gerichtlich überprüfbar (vgl. Kap. 7 Rn. 65 ff.).

---

⁵⁹ Kölner Komm. UmwG/*Leuering* § 174 Rn. 9; Lutter/*H. Schmidt* § 174 Rn. 7; Schmitt/Hörtnagl/Stratz/*Winter* § 174 Rn. 7; Habersack/Wicke/*Scheel/Harzenetter* § 174 Rn. 31.
⁶⁰ Semler/Stengel/*Stengel* § 174 Rn. 22, § 178 Rn. 13; Lutter/*H. Schmidt* § 174 Rn. 9.
⁶¹ Zum VVaG vgl. BVerfG NJW 2005, 2363, 2372.
⁶² Lutter/*H. Schmidt* § 174 Rn. 9.
⁶³ Lutter/*H. Schmidt* § 174 Rn. 15, § 177 Rn. 7; Semler/Stengel/*Stengel* § 177 Rn. 9 mit Fn. 28.
⁶⁴ Semler/Stengel/*Stengel* § 177 Rn. 9 mit Fn. 28.
⁶⁵ Für Details sei auf Semler/Stengel/*Stengel* § 181 Rn. 8 ff. verwiesen.

Christian Altgen

II. Empfang der Gegenleistung

1. Anteilsinhaber oder übertragender Rechtsträger

Bei der Vollübertragung und bei der aufspaltenden und abspaltenden Teilübertragung erhalten die *Anteilsinhaber* des übertragenden Rechtsträgers die Gegenleistung. Nur bei der ausgliedernden Teilübertragung ist der *übertragende Rechtsträger* der Empfänger der Gegenleistung; wie bei der Ausgliederung liegt hierin der entscheidende Unterschied zur abspaltenden Vermögensübertragung (bzw. zur Abspaltung, vgl. Kap. 3 Rn. 4). Per Saldo wird, anders als bei der aufspaltenden oder abspaltenden Teilübertragung, das Vermögen des übertragenden Rechtsträgers durch den Empfang der Gegenleistung nur umgeschichtet. Streitig ist vor diesem Hintergrund, ob auch eine ausgliedernde Übertragung des *gesamten Vermögens* möglich ist (vgl. Rn. 23). 44

Hält der zur Gewährung der Gegenleistung verpflichtete Rechtsträger *selbst Anteile* am übertragenden Rechtsträger, muss sich dieser nicht selbst eine Gegenleistung zahlen.[66] Ist der übertragende Rechtsträger eine 100 %ige Tochtergesellschaft des übernehmenden Rechtsträgers, so entfällt die Gegenleistung also ganz, ansonsten wird sie anteilig gewährt.[67] Dies folgt zum einen aus einer Parallele zu §§ 5 Abs. 2, 20 Nr. 3 UmwG, nach denen der übernehmende Rechtsträger einer Verschmelzung keine Anteile an sich selbst erwirbt.[68] Zum anderen folgt dies aus dem allgemeinen bürgerlich-rechtlichen Grundsatz der Konfusion, nach dem ein Anspruch grundsätzlich nicht bestehen kann, wenn Gläubiger und Schuldner eines Anspruchs in einer Person zusammenfallen. 45

Beispiel: Der M-VVaG hält 75 % der Anteile an der T-Versicherungs-AG. Diese ist übertragender Rechtsträger einer Vermögensübertragung auf den M-VVaG. Dieser muss nur eine Gegenleistung an die Inhaber der restlichen 25 % der Anteile erbringen, die ihm nicht gehören.

2. Vertragliche Konstruktion, Fälligkeit und Erfüllung

Rechtstechnisch hat der Anspruch auf Gewährung einer Gegenleistung seine Grundlage in dem jeweiligen *Übertragungsvertrag*. Diesen schließen allerdings nur die auf beiden Seiten beteiligten Rechtsträger. Der übertragende Rechtsträger kann damit von dem übernehmenden Rechtsträger eine Leistung an die Anteilsinhaber verlangen (vgl. auch § 335 BGB). Jedoch ist der Übertragungsvertrag nach ganz h. M. mangels entgegenstehender Anhaltspunkte als ein echter *Vertrag zugunsten Dritter* im Sinne des § 328 Abs. 1 BGB auszulegen.[69] 46

---

[66] Kallmeyer/*Sickinger* § 174 Rn. 2. Anders in der entgegengesetzten Situation, in der eine Vollübertragung von der Mutter auf die Tochter erfolgt.
[67] Lutter/*H. Schmidt* § 174 Rn. 8.
[68] Lutter/*H. Schmidt* § 174 Rn. 8.
[69] Schmitt/Hörtnagl/Stratz/*Winter* § 176 Rn. 6; Semler/Stengel/*Stengel* § 174 Rn. 28; Lutter/*H. Schmidt* § 174 Rn. 10; Kölner Komm. UmwG/*Leuering* § 174 Rn. 11.

Die Anteilsinhaber bzw. Mitglieder des übertragenden Rechtsträgers erwerben deshalb aus dem Übertragungsvertrag einen eigenen, unmittelbaren Anspruch gegen den übernehmenden Rechtsträger. Dieser Anspruch erlischt auch nicht dadurch, dass der übertragende Rechtsträger, und damit der Vertragspartner des Vertrags zugunsten Dritter, bei der Vollübertragung mit deren Wirksamwerden erlischt (was bei der Bestellung eines Treuhänders ohnehin kein Problem darstellt, vgl. Rn. 50).[70]

47 Die *Fälligkeit* des Gegenleistungsanspruchs richtet sich nach § 271 BGB.[71] Sie tritt mit dem Wirksamwerden des Übertragungsvertrags ein – vorher ist der Anspruch auch noch gar nicht entstanden.[72] Wirksam ist der Vertrag mit den jeweils erforderlichen Zustimmungsbeschlüssen der Mitglieder der beteiligten Rechtsträger. Die Gegenleistung kann aber auch bereits vorher erbracht werden.

48 Ist ein *Treuhänder* bestellt (vgl. Rn. 50), so ist nach § 176 Abs. 1 UmwG i. V. m. § 71 Abs. 1 S. 2 UmwG die Anzeige des Treuhänders, dass er im Besitz der Gegenleistung ist, Eintragungs- und damit Wirksamkeitsvoraussetzung der Vermögensübertragung.[73] Die Fälligkeit ist daher an die Anmeldung zum Handelsregister geknüpft. Ist kein Treuhänder bestellt, ist die Vermögensübertragung ungeachtet der Erbringung der Gegenleistung mit der Handelsregistereintragung wirksam.

49 *Erfüllt* wird der Anspruch auf die Gegenleistung durch gesonderte Erfüllungsgeschäfte. Diese richten sich nach den allgemeinen Regeln des bürgerlichen Rechts (z. B. nach §§ 398 ff., 929 ff., 873 ff., 925 BGB).

3. Bestellung eines Treuhänders

50 Für den *Empfang* der Gegenleistung ist nach §§ 176 Abs. 1, 178 Abs. 1 UmwG i. V. m. §§ 71 Abs. 1 S. 1, 78 S. 1 UmwG ein Treuhänder zu bestellen, wenn eine AG, SE oder KGaA übertragender Rechtsträger ist, nicht aber eine GmbH. Für den VVaG folgt das Erfordernis einer Treuhänderbestellung aus § 183 UmwG. Ist ein Treuhänder bestellt, ist die Vermögensübertragung erst dann einzutragen, wenn die Gegenleistung an diesen erbracht ist (§ 71 Abs. 1 S. 2 UmwG). Der Treuhänder *verteilt* die Gegenleistung sodann an die Aktionäre des übertragenden Rechtsträgers. Wegen weiterer Einzelheiten wird auf die Darstellung der Verschmelzung verwiesen (vgl. Kap. 2 Rn. 193).

---

[70] Lutter/*H. Schmidt* § 174 Rn. 10.
[71] Semler/Stengel/*Stengel* § 174 Rn. 28; Lutter/*H. Schmidt* § 174 Rn. 10a.
[72] Kölner Komm. UmwG/*Leuering* § 174 Rn. 11.
[73] Kölner Komm. UmwG/*Leuering* § 174 Rn. 11.

D. Praktische Bedeutung

I. Öffentliche Hand

Gegenüber einer „*Wiederverstaatlichung*" auf dem Wege der Vermögensübertragung nach einer vorher erfolgten Privatisierung hat die öffentliche Hand bislang äußerste Zurückhaltung geübt.[74] Eine bedeutendere Rolle könnte den §§ 174 ff. UmwG zukommen, wenn sich die öffentliche Hand zukünftig dazu entschließen sollte, ihre Eigengesellschaften (an denen sie alle Anteile hält) oder Beteiligungsgesellschaften (an denen auch Dritte Anteile halten) nunmehr wieder vermehrt als Eigen- oder Regiebetriebe (zu den Begriffen vgl. Rn. 58) zu führen.[75] Dies würde insofern nicht verwundern, als dass der Trend der 1980er und 1990er Jahre, gemeindliche Betriebe in kommunalen GmbHs zu privatisieren, augenscheinlich abgeschwächt ist. Auch die Nachteile einer Privatisierung, etwa im Bereich der Verwaltungskosten, sind inzwischen vermehrt ins Bewusstsein gerückt.[76] Die jüngere Literatur erwägt daher die Vollübertragung (nicht aber die Teilübertragung) durchaus als Gestaltungsinstrument für eine „Re-Integration" von Kapitalgesellschaften, die zur Erbringung öffentlicher Daseinsfürsorge gegründet worden waren, in die öffentliche Hand.[77]

51

Allerdings wäre dieses Vorhaben einer Wiederverstaatlichung auch durch *andere Gestaltungen* zu erreichen. In Betracht kommen etwa eine Auflösung der Gesellschaft sowie zeit- und kostenintensive Einzelrechtsübertragungen auf die öffentliche Hand. Die Vorteile der Vermögensübertragung würden dann allerdings nicht greifen.[78] Ob nach alledem die Vermögensübertragung aus ihrem Dornröschenschlaf wachgeküsst wird, bleibt abzuwarten und ist derzeit eher unwahrscheinlich.

52

II. Versicherungsunternehmen

Versicherungsunternehmen greifen in der Praxis nur sehr selten auf die Vermögensübertragung zurück. Dies hat zwei wesentliche Gründe. Erstens bedienen sich Versicherungsunternehmen lieber der *Bestandsübertragung* (vgl. Rn. 112). Diese löst geringere Formerfordernisse aus und ermöglicht im Ergebnis dennoch

53

---

[74] Widmann/Mayer/*Heckschen* § 174 UmwG Rn. 10; Semler/Stengel/*Stengel* § 174 Rn. 10.
[75] *Gaß*, Die Umwandlung gemeindlicher Unternehmen, 2003, 276 f.; *von Rummel*, Rechtliche Aspekte der Rekommunalisierung, 2018, 1 ff., 124 ff.; Lutter/*H. Schmidt* Vor § 174 Rn. 1; Widmann/Mayer/*Heckschen* § 174 UmwG Rn. 10; *Stopp* SächsVBl. 1999, 197 f., 199 ff.; *Münch* DB 1995, 550; skeptisch Kölner Komm. UmwG/*Leuering* § 174 Rn. 4.
[76] *Kronawitter* VersorgW 2010, 140.
[77] *Borsch/Gruben* DVP 2011, 49, 50; *Stopp* SächsVBl. 1999, 197, 199 ff.; *Münch* DB 1995, 550 f.; zum „Zukunftsthema ‚Rekommunalisierung'" vgl. *Bauer* DÖV 2012, 329 ff. mit einer Auflistung der verschiedenen Gestaltungsmöglichkeiten auf S. 337.
[78] *Gaß*, Die Umwandlung gemeindlicher Unternehmen, 2003, 293 sowie 309 f. zu den damit verbundenen Nachteilen gegenüber der Vermögensübertragung (z. B. Auflösung stiller Reserven).

eine partielle Gesamtrechtsnachfolge. Ein zweiter Nachteil der Vermögensübertragung ist, dass die Gegenleistung nicht in Anteilen oder Mitgliedschaften erfolgt. *Steuerneutral* ist eine Umwandlung aber nur, wenn entweder keine Gegenleistung erbracht wird oder die Gegenleistung in Anteilen oder Mitgliedschaften besteht.[79]

Lösung zum Fall: Dem Bürgermeister ist die folgende Auskunft zu erteilen:
a) Eine „Fusion" der Abfallwirtschaft-GmbH mit der Stadt S ist nicht als Verschmelzung zur Aufnahme nach §§ 4 ff. UmwG möglich. S ist kein nach § 3 Abs. 1, Abs. 2 UmwG verschmelzungsfähiger Rechtsträger. Dies liegt daran, dass es der S als übernehmendem Rechtsträger nicht möglich ist, an die Gesellschafter der GmbH Anteile oder Mitgliedschaften zu gewähren. Möglich ist vielmehr eine Vermögensübertragung in Form der Vollübertragung nach §§ 174 f., 176 UmwG. Die S ist als Gebietskörperschaft ein tauglicher übernehmender Rechtsträger und die GmbH als Kapitalgesellschaft ein übertragender Rechtsträger im Sinne des § 175 Nr. 1 UmwG. Die Organisation als Eigenbetrieb nach einer Vermögensübertragung unterliegt dem öffentlichen Recht (vgl. auch den folgenden Abschnitt zur Vermögensübertragung auf die öffentliche Hand).

b) Rechtsfolge einer Vermögensübertragung ist, dass das gesamte Vermögen der Abfallwirtschaft-GmbH im Wege der Gesamtrechtsnachfolge auf S übergeht und die GmbH liquidationslos erlischt. Sowohl S, als auch die übrigen, mit 20 % an der GmbH beteiligten Gesellschafter verlieren damit ihre Geschäftsanteile an der GmbH. Den übrigen Gesellschaftern ist durch S eine Gegenleistung zu gewähren, die im Übertragungsvertrag, den S mit der GmbH schließt, festgelegt wird. Diese darf nach § 174 Abs. 1 UmwG „nicht in Anteilen oder Mitgliedschaften" bestehen. Nach h. M. ist damit aber nur eine Mitgliedschaft an der S gemeint (vgl. Rn. 39 ff.). Es ist daher grundsätzlich denkbar, dass S den GmbH-Gesellschaftern Geschäftsanteile an der Stadthallen-GmbH gewährt. Diese Gegenleistung müsste aber auch angemessen sein, indem sie dem Verkehrswert der bislang gehaltenen Geschäftsanteile an der Abfallwirtschaft-GmbH entspricht. Hiervon ist nicht auszugehen, da die Stadthallen-GmbH ständig Verluste verbucht.

§ 2 Vermögensübertragung auf die öffentliche Hand

A. Einführung

I. Ausgangssituation

54 In der deutschen Rechtsordnung sind – jenseits des Binnenrechts öffentlich-rechtlicher Rechtsträger (z. B. nach der jeweiligen Gemeindeordnung)[80] – Regelungen, die das Verhältnis der öffentlichen Hand zu ihren in privatrechtlicher

---

[79] Semler/Stengel/*Stengel* § 178 Rn. 6 („Damit wird die Vermögensübertragung für Versicherungsunternehmen in vielen Fällen zur Bedeutungslosigkeit verurteilt."); Lutter/*Wilm* § 178 Rn. 1, 3 mit dem Hinweis, dass dieser Nachteil mangels Leistung einer Gegenleistung nur bei konzerninternen Übertragungen (z. B. Tochter-Versicherungs-AG auf Mutter-VVaG) entfällt.

[80] Exemplarisch seien die Regelungen zur wirtschaftlichen Betätigung von Gemeinden in §§ 107 ff. GO NRW genannt.

Rechtsform betriebenen Unternehmen regeln, relativ rar.[81] Dieser insbesondere für das Konzernrecht geltende Befund trifft auf das Umwandlungsrecht allerdings nur eingeschränkt zu. §§ 176 f. UmwG sehen eine Möglichkeit vor, Kapitalgesellschaften zu verstaatlichen, z. B. zu „rekommunalisieren", indem eine Vermögensübertragung von der Kapitalgesellschaft auf die öffentliche Hand durchgeführt wird.

Nach §§ 175 Nr. 1, 176, 177 UmwG ist die Vermögensübertragung von einer Kapitalgesellschaft auf den Bund, ein Land, eine Gebietskörperschaft oder einen Zusammenschluss von Gebietskörperschaften möglich. Hierzu kann es kommen, wenn die öffentliche Hand bestimmte Aufgaben bislang mittels einer Kapitalgesellschaft wahrgenommen hat und nunmehr eine öffentlich-rechtliche Aufgabenwahrnehmung bevorzugt (*Verstaatlichung von Vermögen*). Die Alternative einer Auflösung und Liquidation der Kapitalgesellschaft nach dem jeweils anwendbaren Gesellschaftsrecht (§§ 60 ff. GmbHG, §§ 262 ff. AktG) birgt in einer solchen Situation nicht nur den Nachteil der Dauer des Verfahrens, sondern führt auch dazu, dass bestehende (ggf. langfristige) Verträge nicht auf die öffentliche Hand übergehen.[82]   55

Die Vermögensübertragung ist damit ein *Gegenpol zu Privatisierungsvorgängen*, der auf andere Weise nach dem UmwG nicht zu bewerkstelligen ist. Ein Rechtsformwechsel von einer Kapitalgesellschaft in eine Rechtsform der öffentlichen Hand ist nicht möglich. Denn nach § 191 Abs. 1 Nr. 6 UmwG können Körperschaften und Anstalten des öffentlichen Rechts zwar Ausgangs-, nicht aber Zielrechtsträger eines Formwechsels sein (vgl. Kap. 5 Rn. 8 ff.). Und nach § 124 Abs. 1 UmwG kann die öffentliche Hand nur als übertragender, nicht aber als übernehmender Rechtsträger an einer Ausgliederung teilnehmen.[83] Die Ausgliederung stellt den „privatisierenden Kontrapunkt" der Vermögensübertragung dar.[84]   56

II. Organisationsformen öffentlich-rechtlicher Unternehmen

Der Staat, insbesondere in Gestalt der Gemeinden und kreisfreien Städte, kann die Organisationsform seiner wirtschaftlichen Betätigung im Grundsatz frei wählen.[85] Die verfassungsrechtliche Garantie der kommunalen Selbstverwaltung (Art. 28 Abs. 2 S. 1 GG) umfasst auch die *Organisationshoheit*. In deren Rahmen stehen öffentlich-rechtliche und privatrechtliche Organisationsformen   57

---

[81] *Emmerich*/Habersack, Konzernrecht, § 2 Rn. 21. Vgl aber beispielsweise §§ 394 ff. AktG (Sondervorschriften bei Beteiligung von Gebietskörperschaften an einer AG oder KGaA).
[82] *Stopp* SächsVBl. 1999, 197, 199.
[83] Daneben existieren für prominente Privatisierungen der Vergangenheit Sonderregeln, z. B. das Deutsche Bahn Gründungsgesetz vom 27.12.1993 (Deutsche Bahn AG) sowie das Postumwandlungsgesetz vom 14.9.1994 (Deutsche Post AG, Deutsche Postbank AG und Deutsche Telekom AG); weitere Beispiele bei Lutter/*H. Schmidt* Vor § 168 Rn. 7.
[84] Kölner Komm. UmwG/*Leuering* § 174 Rn. 2 a. E.; zum Regelungshintergrund der Privatisierung von Regie- und Eigenbetrieben der öffentlichen Hand auch RegE UmwBerG, BR-Drs. 75/94, 132; Lutter/*H. Schmidt* Vor § 168 Rn. 4.
[85] *Ehlers* ZHR 167 (2003), 546, 548.

zur Auswahl. Nimmt die öffentliche Hand eine Aufgabe durch eine privatrechtliche Organisationsform wahr und will die Aufgabe zukünftig in einer öffentlich-rechtlichen Organisationsform wahrnehmen, ist die Vermögensübertragung ein probates Mittel.

58 Gemeinden können auf *öffentlich-rechtliche Organisationsformen* zurückgreifen. Dies ist zum einen der *Eigenbetrieb*, ein nicht rechtsfähiges, im Innenbereich der Gemeinde organisatorisch verselbstständigtes Sondervermögen, das außerhalb der allgemeinen Gemeindeverwaltung steht. Zum anderen gibt es den *Regiebetrieb*, der unselbstständiger Teil der Gemeindeverwaltung ist und im Gemeindehaushalt geführt wird. Daneben existieren selbstständige Unternehmen als rechtsfähige Anstalten des öffentlichen Rechts, die Teil der mittelbaren Staatsverwaltung sind.[86]

59 Die öffentliche Hand kann sich stattdessen aber auch *privatrechtlicher Unternehmensformen* bedienen. Insbesondere Gemeinden haben in den vergangenen Jahrzehnten die ihnen obliegenden Aufgaben zumindest formell privatisiert (sog. Organisationsprivatisierung), indem sie sich der Rechtsformen der GmbH oder der AG bedient haben, um ihre Aufgaben zu erfüllen.[87] Die hierbei dominierende Rechtsform ist die GmbH, da deren Geschäftsführer nach § 37 Abs. 1 GmbHG im Gegensatz zum Vorstand einer AG intern gegenüber den Gesellschaftern weisungsgebunden ist.[88]

Beispiel: Schwimmbad-GmbH, Stadthallen-GmbH.

60 Die *Gründe für die Organisationswahl* sind vielgestaltig. Privatrechtliche Rechtsformen sind gemeinhin flexibler und auf unternehmerische Tätigkeit unter Nutzung betriebswirtschaftlicher Maßnahmen nach kaufmännischen Grundsätzen hin ausgerichtet.[89] Beteiligungen sind grundsätzlich veräußerlich.[90] Privatrechtliche Rechtsformen ermöglichen überdies die Zufuhr privater Investitionen und privaten Know-Hows (in sog. Public-Private-Partnerships).[91] Öffentlich-rechtliche Organisationsformen bieten hingegen den Vorteil, dass Kontroll- und Einflussmöglichkeiten gesicherter erscheinen, Gründungskosten nicht anfallen, die Dienstherrenfähigkeit gegeben ist (Beamte) und das Gesellschaftsrecht nicht be-

---

[86] Instruktiv *Geis/Madeja* JA 2013, 248, 251 f.; zur Umwandlung eines bestehenden Regie- oder Eigenbetriebs in eine Anstalt des öffentlichen Rechts vgl. z. B. § 114a GO NRW.
[87] *Geis/Madeja* JA 2013, 248, 252. Abzugrenzen ist die formelle Privatisierung von der materiellen Privatisierung (Aufgabenprivatisierung), bei der sich die öffentliche Hand zugunsten der Privatwirtschaft umfassend aus der Aufgabenwahrnehmung zurückzieht.
[88] *Zugmaier* BayVBl. 2001, 233, 236 f. Ausschlaggebend sind zudem Vorgaben des öffentlichen Rechts; vgl. z. B. § 108 Abs. 1 S. 1 Nr. 3 GO NRW, wonach für die Kommune eine Haftungsbeschränkung gewährleistet sein muss.
[89] Zu Vor- und Nachteilen etwa *Hauser*, Die Wahl der Organisationsform kommunaler Einrichtungen, 1987, 19 ff.; *Müller*, Rechtsformenwahl bei der Erfüllung öffentlicher Aufgaben, 1993, 299 ff.
[90] *Geis/Madeja* JA 2013, 248, 252.
[91] *Ehlers* ZHR 167 (2003), *Geis/Madeja* JA 2013, 248, 254.

achtet werden muss.⁹² Im Einzelfall können auch öffentlich-rechtliche Vorgaben für die Unternehmensorganisation sowie das Haushalts- und Vergaberecht ausschlaggebend sein.⁹³

III. Beteiligte Rechtsträger einer Vermögensübertragung

Wer an einer Vermögensübertragung beteiligt sein kann, ist der abschließenden Aufzählung in § 175 Nr. 1 UmwG zu entnehmen. 61

1. Kapitalgesellschaften (übertragender Rechtsträger)

Nur Kapitalgesellschaften können übertragender Rechtsträger bei einer Vermögensübertragung auf die öffentliche Hand sein. Dies umfasst die *AG*, *KGaA*, *GmbH* (einschließlich ihrer Ausprägung als *UG*) sowie die *SE*.⁹⁴ Andere Gesellschaften, namentlich Personengesellschaften, können ihr Vermögen nicht nach §§ 176 f. UmwG auf die öffentliche Hand übertragen. In diesem Zusammenhang ist daran zu erinnern, dass eine GmbH & Co. KG eine Kommanditgesellschaft, und damit eine Personengesellschaft ist, deren einziger persönlich haftender Gesellschafter (Komplementär) eine GmbH ist. Eine GmbH & Co. KG kann damit ihr Vermögen nicht nach §§ 176 f. UmwG auf die öffentliche Hand übertragen. 62

Gemäß § 175 Nr. 1 UmwG kann nur *eine einzige* Kapitalgesellschaft übertragender Rechtsträger sein; nicht möglich ist die parallele Übertragung von mehreren Kapitalgesellschaften auf die öffentliche Hand in einem umfassenden Übertragungsvertrag.⁹⁵ Stattdessen müssen mehrere Vermögensübertragungen durchgeführt werden. 63

2. Öffentliche Hand (übernehmender Rechtsträger)

Nach §§ 175 Nr. 1, 176 f. UmwG ist die Vermögensübertragung von einer Kapitalgesellschaft auf die öffentliche Hand als übernehmender Rechtsträger möglich. Die öffentliche Hand umfasst den *Bund* und die *Länder* sowie *Gebietskörperschaften* (z. B. Gemeinden, kreisfreie Städte, Landkreise, zudem auch kirchliche Gebietskörperschaften)⁹⁶ und *Zusammenschlüsse von Gebietskörperschaften* (z. B. kommunale Zweckverbände). Nicht erfasst sind hingegen Personal- und Verbandskörperschaften (z. B. Industrie- und Handelskammern, Berufsgenossenschaften) als ebenfalls rechtsfähige juristische Personen des öffentlichen Rechts.⁹⁷ 64

---

⁹² *Stopp* SächsVBl. 1999, 197, 198; *Gaß*, Die Umwandlung gemeindlicher Unternehmen, 2003, 276.
⁹³ *Geis/Madeja* JA 2013, 248, 252.
⁹⁴ RegE UmwBerG, BR-Drs. 75/94, 133; zur SE Widmann/Mayer/*Heckschen* § 175 UmwG Rn. 15.
⁹⁵ Schmitt/Hörtnagl/Stratz/*Winter* § 175 Rn. 3, § 174 Rn. 2.
⁹⁶ Zu kirchlichen Gebietskörperschaften vgl. Lutter/*H. Schmidt* § 175 Rn. 4, § 168 Rn. 6; Widmann/Mayer/*Heckschen* § 175 UmwG Rn. 14.
⁹⁷ *Borsch/Gruben* DVP 2011, 49, 50.

65 Gleiches gilt für Stiftungen und Anstalten des öffentlichen Rechts. Es ist also nicht möglich, z. B. eine Kommunal-GmbH nach §§ 174 ff. UmwG *unmittelbar in eine Anstalt des öffentlichen Rechts* zu überführen.[98] Dieses Ziel ist aber durch die Staffelung zweier Umwandlungsvorgänge zu erreichen. Zunächst erfolgt eine Vermögensübertragung nach §§ 174 ff. UmwG von der Kommunal-GmbH auf die Gemeinde. Sodann wandelt die Gemeinde den entstandenen Eigenbetrieb nach landesrechtlichen Vorschriften in eine Anstalt des öffentlichen Rechts um.[99] Mitunter enthält auch das Landesrecht entsprechende (und nach § 1 Abs. 2 UmwG zulässige) Umwandlungsregelungen (vgl. Kap. 1 Rn. 64). So kann nach Art. 89 Abs. 2a GO Bay ein Unternehmen in der Rechtsform einer Kapitalgesellschaft, an dem ausschließlich die Gemeinde beteiligt ist, durch Formwechsel in eine Anstalt des öffentlichen Rechts („Kommunalunternehmen") umgewandelt werden.

66 Ist die öffentliche Hand *an einer privatrechtlichen Gesellschaft beteiligt*, kann diese Gesellschaft nicht übernehmender Rechtsträger nach §§ 174 ff. UmwG sein. Vielmehr ist in einem solchen Fall – wie für andere privatrechtliche Gesellschaften auch – die Verschmelzung, die Spaltung oder der Rechtsformwechsel eröffnet, um die gewünschte Umstrukturierung zu erreichen.[100]

Beispiel: Gemeinde G hält alle Geschäftsanteile der Stadthallen-GmbH (S). Daneben ist sie Alleingesellschafterin der Restaurant-GmbH (R). G will beide Unternehmen in einem Rechtsträger vereinen und das Vermögen der R auf die S übertragen. Hierzu steht nicht die Vermögensübertragung offen, weil die S nach § 175 Nr. 1 UmwG nicht übernehmender Rechtsträger sein kann. G kann vielmehr die R nach §§ 4 ff., 46 ff. UmwG auf die S verschmelzen.

67 Die öffentliche Hand ist nur als *übernehmender* Rechtsträger beteiligt. Nur in einem Fall kann ein in einer öffentlich-rechtlichen Rechtsform geführtes Unternehmen *übertragender* Rechtsträger sein, nämlich ein öffentlich-rechtliches Versicherungsunternehmen nach §§ 175 Nr. 2 lit. c, 188 f. UmwG (vgl. Rn. 109, 126 ff.). Ansonsten ist es bei einer Vollübertragung und einer aufspaltenden Teilübertragung bereits konstruktiv ausgeschlossen, dass die öffentliche Hand den übertragenden Rechtsträger darstellt. Anderenfalls würde der öffentlich-rechtliche Rechtsträger (also z. B. eine Gemeinde) untergehen.

68 Sind schließlich sowohl der übertragende als auch der übernehmende Rechtsträger öffentlich-rechtliche Rechtsträger, so findet das UmwG von vornherein keine Anwendung.[101] Vielmehr ist eine solche Umwandlung Regelungsgegenstand des *öffentlichen Rechts*. Insbesondere die Gemeindeordnungen enthalten entsprechende Regelungen.[102]

---

[98] *Ehlers* ZHR 167 (2003), 547, 577; *Gaß*, Die Umwandlung gemeindlicher Unternehmen, 2003, 294 f.
[99] *Gaß*, Die Umwandlung gemeindlicher Unternehmen, 2003, 298 f.
[100] Semler/Stengel/*Stengel* § 175 Rn. 1 ff.
[101] Kölner Komm. UmwG/*Leuering* § 175 Rn. 1.
[102] Vgl. z. B. § 114a Abs. 1 GO NRW (Umwandlung eines nicht rechtsfähigen Regie- oder Eigenbetriebs in eine rechtsfähige Anstalt des öffentlichen Rechts).

Christian Altgen

B. Vollübertragung des Vermögens

I. Verweis auf die Verschmelzungsvorschriften

Die Vollübertragung ist in § 176 UmwG geregelt. Dieser verweist in Abs. 1 für die Kapitalgesellschaft als *übertragenden Rechtsträger* im Grundsatz global auf die allgemeinen Vorschriften der Verschmelzung zur Aufnahme (§§ 4 ff. UmwG) sowie auf die rechtsformspezifischen Sonderregeln für die GmbH (§§ 46 ff. UmwG), AG (§§ 60 ff. UmwG) und KGaA (§ 78 UmwG).[103] Hintergrund ist, dass die Verschmelzung das Regelungsvorbild der Vollübertragung ist und die Vermögensübertragung nur auf bestehende Rechtsträger möglich ist (vgl. Rn. 4, Rn. 16 und Rn. 31).

Nicht alle Vorschriften der Verschmelzung finden freilich Anwendung. § 176 Abs. 2 UmwG enthält teilweise *abweichende Regelungen*. Es ergibt sich aus den Besonderheiten der Vermögensübertragung (vgl. Rn. 1, 5 ff.), dass teilweise die Vorschriften über die Verschmelzung nicht passen. Dies gilt insbesondere für § 20 Abs. 1 Nr. 3 UmwG, denn die öffentliche Hand gewährt keine Anteile, sondern eine andere Gegenleistung (vgl. Rn. 6, 34 ff.).[104] Dementsprechend sind die Angaben im Übertragungsvertrag modifiziert (§ 176 Abs. 2 S. 1, 3 UmwG).[105]

Für die ausschließlich den *übernehmenden Rechtsträger* betreffenden Vorschriften gilt der Verweis in § 176 Abs. 1 UmwG nicht, da die Regelungen des Zweiten Buches nicht auf die öffentliche Hand zugeschnitten sind.[106] Dies gilt beispielsweise für die Kapitalerhöhung beim übernehmenden Rechtsträger nach §§ 53 ff., 68 ff. UmwG. Überdies trägt das Gesetz dem jeweils auf den übernehmenden Rechtsträger anwendbaren Staats- und Verwaltungsrecht Rechnung. Nach § 176 Abs. 4 UmwG richtet sich die Beteiligung der übernehmenden öffentlichen Hand nach den für sie geltenden Vorschriften. Die Norm enthält lediglich eine Klarstellung; selbstverständlich befreit das UmwG nicht von den öffentlich-rechtlich festgelegten Form- und Verfahrenserfordernissen für einen öffentlich-rechtlichen Rechtsträger.[107]

Beispiel: Nach Art. 96 Abs. 1 S. 1 Nr. 1 GO Bay muss eine Gemeinde der Rechtsaufsichtsbehörde die Änderung der Rechtsform gemeindlicher Unternehmen rechtzeitig anzeigen.

---

[103] Vgl. Kap. 2 Rn. 188 ff., Rn. 192 ff.
[104] Semler/Stengel/*Stengel* § 176 Rn. 3.
[105] Vgl. RegE UmwBerG, BR-Drs. 75/94, 133.
[106] Lutter/*H. Schmidt* § 176 Rn. 3.
[107] RegE UmwBerG, BR-Drs. 75/94, 134.

Christian Altgen

II. Verfahren

72 Die Vermögensübertragung gliedert sich verfahrenstechnisch ähnlich den übrigen Umwandlungsarten (vgl. Kap. 1 Rn. 98 ff.) in die folgenden Verfahrensschritte:
- Übertragungsvertrag
- Übertragungsbericht
- Übertragungsprüfung
- Übertragungsbeschluss
- Anmeldung, Eintragung und Bekanntmachung.[108]

Die folgende Darstellung ist exemplarisch für alle Konstellationen einer Vermögensübertragung.

1. Übertragungsvertrag

73 Ausgangspunkt der Vollübertragung ist der *Abschluss eines Übertragungsvertrags* nach § 176 Abs. 1 UmwG i. V. m. § 4 Abs. 1 UmwG, den die satzungsmäßigen Vertreter der beteiligten Kapitalgesellschaften sowie die nach landesrechtlichen Vorschriften zuständigen Vertretungsorgane des übernehmenden Rechtsträgers (§ 176 Abs. 4 UmwG) schließen. Gemeinden werden in der Regel vom Bürgermeister vertreten; oftmals bedarf es ferner eines Gemeinderatsbeschlusses.[109] Sofern nach dem Landesrecht weitere Zustimmungsvorbehalte bestehen, haben diese nach h. M. keine Außenwirkung und stehen einem Vertragsschluss nicht entgegen.[110] Beim Vertragsschluss sind rechtsformspezifische Besonderheiten sowie das allgemeine Vertragsrecht zu beachten.

Beispiel: Bürgermeister B der Gemeinde G ist gleichzeitig Geschäftsführer der gemeindeeigenen IT-Service-GmbH. Deren Vermögen soll auf die G übertragen werden. Damit B beim Vertragsschluss nach § 35 Abs. 1 S. 1 GmbHG auch die IT-Service-GmbH vertreten kann, muss er vom Verbot des Selbstkontrahierens gemäß § 181 BGB i. V. m. § 35 Abs. 3 S. 1 GmbHG befreit werden (was auch bereits im Gesellschaftsvertrag erfolgen kann).

74 Der *Vertragsinhalt* entspricht im Grundsatz dem Verschmelzungsvertrag nach § 176 Abs. 1 UmwG i. V. m. § 5 Abs. 1 Nr. 1, Nr. 2, Nr. 6, Nr. 8 und Nr. 9 UmwG (vgl. Kap. 2 Rn. 16 ff.). Anzugeben sind damit die beteiligten Rechtsträger mit Firma bzw. Name und Sitz bzw. Ort (Nr. 1), das Ziel einer Übertragung des Vermögens als Ganzes (Nr. 2), der Stichtag, ab dem im Innenverhältnis Handlungen der übertragenden Kapitalgesellschaft als für Rechnung der öffentlichen Hand vorgenommen gelten (Nr. 6), Sondervorteile (Nr. 8) sowie die Folgen der Vermögensübertragung für die Arbeitnehmer (Nr. 9).

---

[108] Bei Versicherungsgesellschaften kommt noch eine Genehmigung der Aufsichtsbehörde hinzu, vgl. Rn. 114.
[109] So in NRW nach § 63 Abs. 1 S. 1 GO NRW (Bürgermeister) und § 41 Abs. 1 S. 2 lit. l), m), n) GO NRW (Gemeinderat).
[110] Widmann/Mayer/*Heckschen* § 168 UmwG Rn. 204; Semler/Stengel/*Stengel* § 176 Rn. 8.

Gegenüber dem Verschmelzungsvertrag ist der Vertragsinhalt allerdings in verschiedener Weise modifiziert. Wie bereits erwähnt, ist der Tatsache Rechnung zu tragen, dass anders als bei der Verschmelzung kein Anteilstausch stattfindet. Angaben zur Anteilsgewährung (§ 5 Abs. 1 Nr. 4, Nr. 5 UmwG) sind damit nach § 176 Abs. 2 S. 1 UmwG entbehrlich. Vielmehr sind nach § 176 Abs. 2 S. 3 UmwG Angaben zur Art und Höhe der zu gewährenden *Gegenleistung* zu machen (zur Gegenleistung vgl. bereits Rn. 34 ff.; zum Entfallen der Gegenleistung, sofern die öffentliche Hand selbst Anteile am übertragenden Rechtsträger hält, vgl. Rn. 45). Zweckmäßig ist es auch, dass der Vertrag Angaben über den Zeitpunkt der Erbringung der Gegenleistung, sowie, falls erforderlich (vgl. Rn. 50), zur Benennung eines Treuhänders enthält.[111]

75

Ferner funktioniert der Verwässerungsschutz für Inhaber von *Sonderrechten* nicht, wie bei der Verschmelzung nach § 23 UmwG, durch die Gewährung von gleichwertigen Rechten im übernehmenden Rechtsträger. Denn die Gewährung von gleichwertigen Sonderrechten an der öffentlichen Hand ist nicht möglich.[112] Der Vertrag muss folglich anders als bei der Verschmelzung nach § 5 Abs. 1 Nr. 7 UmwG keine Angaben zu diesen Rechten enthalten. Stattdessen ist den Inhabern von Sonderrechten im Übertragungsvertrag ein Anspruch auf Gewährung einer angemessenen Barabfindung zu verschaffen. Da dieser Anspruch der bei der Verschmelzung gegebenenfalls an Anteilsinhaber des übertragenden Rechtsträgers zu leistenden Barabfindung ähnelt, erklärt § 176 Abs. 2 S. 4 UmwG die §§ 29 Abs. 1, 30 UmwG und § 34 UmwG (vgl. Kap. 2 Rn. 96 ff.) für entsprechend anwendbar. Demnach muss die Barabfindung angemessen sein, die Vermögensverhältnisse im Zeitpunkt der Beschlussfassung über die Vermögensübertragung berücksichtigen und mit der Eintragung in das Handelsregister des übertragenden Rechtsträgers verzinst werden.

76

Trotz der Beteiligung der öffentlichen Hand bedarf der Übertragungsvertrag gemäß § 176 Abs. 1 UmwG i. V. m. § 6 UmwG der *notariellen Beurkundung*. Unerheblich ist, ob die Beurkundung vor oder nach dem Beschluss der Mitglieder der übertragenden Kapitalgesellschaft und etwaig erforderlichen Zustimmungserteilungen innerhalb der öffentlichen Hand erfolgt.[113]

77

2. Übertragungsbericht

Nach § 176 Abs. 1 UmwG i. V. m. § 8 Abs. 1 UmwG muss das Vertretungsorgan des *übertragenden Rechtsträgers* einen schriftlichen Übertragungsbericht vorlegen. Wie bei der Verschmelzung sollen hierdurch die Anteilsinhaber vor einem Zustimmungsbeschluss über die Details der Vermögensübertragung unterrichtet werden, so dass sie sich eine Meinung über Zweck und Gesetzmäßigkeit

78

---

[111] Lutter/*H. Schmidt* § 176 Rn. 15a; Semler/Stengel/*Stengel* § 176 Rn. 11.
[112] RegE UmwBerG, BR-Drs. 75/94, 134.
[113] Semler/Stengel/*Schröer* § 6 Rn. 13.

Christian Altgen

des Vertrags bilden können.[114] Während bei der Verschmelzung ein besonderes Augenmerk auf die Ausführungen zum Umtauschverhältnis und zur Barabfindung zu legen ist, steht bei der Vermögensübertragung die *Angemessenheit der Gegenleistung* im Mittelpunkt. Keines Übertragungsberichts bedarf es, wenn sich alle Anteile in der Hand des öffentlich-rechtlichen Rechtsträgers befinden oder alle Anteilseigner formgerecht verzichten (§ 176 Abs. 1 UmwG i. V. m. § 8 Abs. 3 Alt. 2 UmwG).

79 Der *übernehmende Rechtsträger* muss nach dem UmwG keinen Übertragungsbericht vorlegen – die öffentliche Hand hat keine zu schützenden Anteilsinhaber. Allerdings kann sich ein Berichtserfordernis aus dem jeweils anzuwendenden öffentlichen Recht ergeben.

3. Übertragungsprüfung

80 Ebenfalls wie bei der Verschmelzung ist der Übertragungsvertrag oder ein Vertragsentwurf von einem oder mehreren sachverständigen Prüfern zu prüfen (§ 176 Abs. 1 UmwG i. V. m. § 9 Abs. 1 UmwG), sofern es sich bei dem übertragenden Rechtsträger um eine AG oder KGaA handelt. Bei der GmbH ist eine Übertragungsprüfung nach § 176 Abs. 1 UmwG i. V. m. § 48 S. 1 UmwG nur auf Verlangen eines Gesellschafters erforderlich. Wiederum bedarf es auch bei der AG oder KGaA keiner Übertragungsprüfung, wenn die öffentliche Hand Alleingesellschafterin des übertragenden Rechtsträgers ist oder ein entsprechender allseitiger, formgerechter Verzicht erklärt wurde (§ 176 Abs. 1 UmwG i. V. m. § 9 Abs. 2, Abs. 3 UmwG i. V. m. § 8 Abs. 3 UmwG).

81 Gegenstand der Prüfung ist vor allem die Vereinbarkeit des Vertrags mit den gesetzlichen Vorschriften und die Angemessenheit der Gegenleistung. Der Prüfungsbericht muss daher insbesondere angeben, nach welchen Methoden die Angemessenheit der Gegenleistung ermittelt wurde (§ 176 Abs. 1 UmwG i. V. m. § 12 Abs. 2 Nr. 1 UmwG). Wiederum ist also ein Schutz der Anteilsinhaber des übertragenden Rechtsträgers bezweckt. Ist den Inhabern von Sonderrechten eine Barabfindung zu zahlen (vgl. Rn. 76), so erstreckt sich die Prüfung auch auf deren Angemessenheit (§ 176 Abs. 2 S. 4 UmwG i. V. m. § 30 Abs. 2 S. 1 UmwG).

4. Übertragungsbeschluss

82 Die Vermögensübertragung ist nur dann wirksam, wenn die Anteilsinhaber des *übertragenden Rechtsträgers* einen zustimmenden Beschluss fassen (§ 176 Abs. 1 UmwG i. V. m. § 13 Abs. 1 S. 1 UmwG). Anders als nach § 62 Abs. 4 UmwG für die Verschmelzung unter Beteiligung einer AG gilt dies selbst dann, wenn die öffentliche Hand Alleingesellschafterin des übertragenden Rechtsträ-

---

[114] Semler/Stengel/*Stengel* § 176 Rn. 18.

gers (Eigengesellschaft) ist.[115] Die öffentliche Hand wird als Gesellschafterin des übertragenden Rechtsträgers bei der Beschlussfassung von ihren Organen vertreten.[116] Es bedarf schließlich der notariellen Beurkundung des Übertragungsbeschlusses (§ 176 Abs. 1 UmwG i. V. m. § 13 Abs. 3 S. 1 UmwG).

Die *Vorbereitung und Durchführung* der Beschlussfassung unterscheidet sich nicht von der Vorbereitung eines Verschmelzungsbeschlusses, so dass auf die Ausführungen hierzu verwiesen werden kann (vgl. Kap. 2 Rn. 49 ff., 85 ff.). Dies gilt namentlich für die im Vorfeld der Hauptversammlung bzw. der Gesellschafterversammlung zu erfüllenden rechtsformspezifischen Offenlegungspflichten (§ 176 Abs. 1 UmwG i. V. m. §§ 47, 61, 63, 78 UmwG) sowie für Offenlegungs- und Auskunftspflichten in der Versammlung selbst (§ 176 Abs. 1 UmwG i. V. m. §§ 49 Abs. 3, 64, 78 UmwG). Eine Besonderheit gilt erneut im Hinblick auf die Beteiligung der öffentlichen Hand am Übertragungsvorgang. Über § 176 Abs. 1 UmwG gelangt nicht auch § 64 Abs. 2 UmwG zur Anwendung, nach dem einem Aktionär des übertragenden Rechtsträgers auf Verlangen Auskunft über die für eine Verschmelzung wesentlichen Angelegenheiten des anderen Rechtsträgers zu erteilen ist.[117] Den Anteilsinhabern ist also nicht über die wesentlichen Angelegenheiten der öffentlichen Hand Auskunft zu geben, es sei denn, ein solcher Auskunftsanspruch ergibt sich aus allgemeinen Vorschriften, insbesondere aus § 131 AktG. 83

Die *Mehrheitserfordernisse* bei der Beschlussfassung entsprechen denen bei der Verschmelzung (Dreiviertelmehrheit, vgl. § 176 Abs. 1 UmwG i. V. m. § 50 Abs. 1, 65 Abs. 1, 78 S. 1, S. 3 UmwG sowie Kap. 2 Rn. 53). 84

Umstritten ist, ob bei einer GmbH als übertragendem Rechtsträger auch § 50 Abs. 2 UmwG entsprechend anzuwenden ist, wonach ein Gesellschafter einer Verschmelzung zustimmen muss, wenn hierdurch seine statutarischen *Minderheits- oder Sonderrechte* beeinträchtigt werden. 85

Beispiel: Gesellschafter A der B-GmbH hat als einziger Gesellschafter ein Vorkaufsrecht für Geschäftsanteile an der B-GmbH. Die B-GmbH schließt mit der Gemeinde G einen Vertrag über die Übertragung ihres gesamten Vermögens.

Nach *einer Ansicht* ist § 50 Abs. 2 UmwG auf die Vermögensübertragung nicht anwendbar, da eine solche Beeinträchtigung letztlich immer gegeben sei.[118] Erwerbe ein Gesellschafter mangels eines Anteilstausches ohnehin keine Beteiligung am übernehmenden Rechtsträger, sei er auch nicht schutzwürdig im Hinblick auf bislang bestehende spezielle Einwirkungsrechte auf die Gesellschaft. Die 86

---

[115] Kölner Komm. UmwG/*Leuering* § 176 Rn. 8; Semler/Stengel/*Stengel* § 176 Rn. 21; kritisch *Stopp* SächsVBl 1999, 197, 201.
[116] Vgl. *Stopp* SächsVBl 1999, 197, 200 f. zu der Frage, ob der Bürgermeister einer Gemeinde bei der Beschlussfassung nach der SächsGemO in eigener Zuständigkeit handelt oder ob es eines Gemeinderatsbeschlusses bedarf.
[117] Semler/Stengel/*Stengel* § 176 Rn. 26; Kölner Komm. UmwG/*Leuering* § 175 Rn. 7.
[118] Lutter/H. Schmidt § 176 Rn. 22; Widmann/Mayer/*Heckschen* § 176 UmwG Rn. 29.

Christian Altgen

Gegenansicht wendet ein, dass es nach dem Wortlaut des § 176 Abs. 1 UmwG i. V. m. § 50 Abs. 2 UmwG nicht darauf ankomme, ob es überhaupt vermeidbar ist, dass Minderheits- oder Sonderrechte beeinträchtigt werden.[119] An einer Vermeidbarkeit fehle es auch z. B. bei einer Verschmelzung einer GmbH auf eine AG, bei der aufgrund der Satzungsstrenge des § 23 Abs. 5 AktG vergleichbare Sonderrechte mitunter auch nicht zu begründen sind.[120] Der betroffene Gesellschafter solle selber darüber urteilen können, ob die Gegenleistung hoch genug ist, um sein Sonderrecht aufzugeben. Einem hieraus folgenden Blockadepotential könne durch den Gesellschafterausschluss als letztem Mittel begegnet werden.

87 Umstritten ist ferner, ob der Übertragungsbeschluss des übertragenden Rechtsträgers einer *sachlichen Rechtfertigung* bedarf. Hier ist zunächst auf den auch im Rahmen der Verschmelzung geführten allgemeinen Streit zu verweisen. Bei der Vermögensübertragung kommt erschwerend hinzu, dass die Anteilsinhaber der übertragenden Kapitalgesellschaft anders als bei der Verschmelzung keine Mitgliedschaft am übernehmenden Rechtsträger erhalten. Aus diesem Grund geht eine Ansicht jedenfalls für die Vermögensübertragung vom Erfordernis einer sachlichen Rechtfertigung aus.[121] Diese bilde ein Korrektiv zu einer ansonsten gegebenen Missbrauchsgefahr. Anderenfalls sei es einer qualifizierten Mehrheit jederzeit möglich, der Minderheit ihre Beteiligung gegen eine Geldleistung zu entziehen.[122] Nach der wohl überwiegend vertretenen Gegenansicht ändert dies im Vergleich zur Verschmelzung, bei der es nach h. M. keiner sachlichen Rechtfertigung des Verschmelzungsbeschlusses bedarf, nichts.[123] In jedem Fall bleibt es bei der horizontalen *Treuepflichtbindung* der Gesellschafter untereinander.[124] Diese kann im Extremfall dazu führen, dass eine Vermögensübertragung unterbleiben muss, wenn selbst eine angemessene Gegenleistung einen Gesellschafter nicht schadlos stellt.

88 Für den *übernehmenden Rechtsträger* gilt erneut § 176 Abs. 4 UmwG. Inwiefern es der Beteiligung verschiedener Organe bedarf und ob andere (übergeordnete) Behörden ihre Zustimmung zur Vermögensübertragung erteilen müssen, richtet sich nach dem jeweils anwendbaren öffentlichen Recht.[125] Im Rahmen einer Fachaufsicht kann dann auch die Frage eine Rolle spielen, ob die Vermögensübertragung zweckmäßig ist.[126] Da es sich bei dem UmwG um ein Bundesgesetz handelt, kann das Landesrecht allerdings nur Einzelheiten der Beteiligung

---

[119] Semler/Stengel/*Fonk* 3. Aufl. 2012 § 176 Rn. 28.
[120] Kölner Komm. UmwG/*Leuering* § 176 Rn. 8 mit Fn. 27; Kallmeyer/*Zimmermann*, § 50 Rn. 23.
[121] Semler/Stengel/*Fonk* 3. Aufl. 2012 § 176 Rn. 29.
[122] Semler/Stengel/*Fonk* 3. Aufl. 2012 § 176 Rn. 29.
[123] Widmann/Mayer/*Heckschen* § 176 UmwG Rn. 32, Semler/Stengel/*Stengel* § 176 Rn. 29.
[124] Semler/Stengel/*Stengel* § 174 Rn. 3 mit Verweis auf BGHZ 103, 194, 194 f. („Linotype") und BGHZ 129, 136, 142 f. („Girmes").
[125] Semler/Stengel/*Stengel* § 176 Rn. 24.
[126] Kölner Komm. UmwG/*Leuering* § 176 Rn. 8 mit Fn. 24 mit einer Parallele zum Streit um die sachliche Rechtfertigung eines Zustimmungsbeschlusses beim übertragenden Rechtsträger.

des übernehmenden Rechtsträgers ausgestaltet. Seine grundsätzliche Fähigkeit, übernehmender Rechtsträger zu sein, ist hingegen durch § 175 Nr. 1 UmwG bundesgesetzlich vorgegeben.[127]

5. Eintragung in das Handelsregister und Bekanntmachung

Umwandlungsvorgänge bedürfen allgemein der Eintragung (vgl. Kap. 1 Rn. 112 ff.). Öffentlich-rechtliche Rechtsträger sind aber nicht in ein Register eingetragen. Die in §§ 16 Abs. 1, 19 Abs. 1, Abs. 2 UmwG vorgesehene Anmeldung und Eintragung auch im Handelsregisters des übernehmenden Rechtsträgers ist daher nicht möglich. Deshalb sieht § 176 Abs. 1 S. 2 UmwG vor, dass das Register am Sitz des *übertragenden Rechtsträgers* an die Stelle des Registers des übernehmenden Rechtsträgers tritt.[128] Sowohl die Vertretungsorgane des übertragenden Rechtsträgers als auch die des übernehmenden Rechtsträgers können die Anmeldung nach § 176 Abs. 1 UmwG i. V. m. § 16 Abs. 1 UmwG vornehmen. Die Negativerklärung nach § 176 Abs. 1 UmwG i. V. m. § 16 Abs. 2 UmwG (vgl. Kap. 1 Rn. 109) ist naturgemäß nicht im Hinblick auf den öffentlich-rechtlichen Rechtsträger erforderlich.[129]

89

Die Anlagen der *Anmeldung* entsprechen denen der Verschmelzung (§ 176 Abs. 1 UmwG i. V. m. § 17 UmwG (vgl. Kap. 2 Rn. 58). Ist nach öffentlichem Recht eine aufsichtsbehördliche Genehmigung auf Seiten des übernehmenden Rechtsträgers einzuholen, ist auch diese der Anmeldung beizufügen. Da es sich hierbei allerdings um ein Verwaltungsinternum handelt, ist davon auszugehen, dass das Registergericht keine hierauf gerichtete Prüfungspflicht hat.[130]

90

Die Eintragung im Handelsregister ist der entscheidende Zeitpunkt für die Wirksamkeit der Vermögensübertragung, vgl. § 176 Abs. 3 S. 1 UmwG. Beurkundungsmängel oder fehlende Zustimmungs- oder Verzichtserklärungen werden nach § 176 Abs. 1 UmwG i. V. m. § 20 Abs. 1 Nr. 4 UmwG *geheilt*. Stellt sich nach der Eintragung heraus, dass die Vermögensübertragung mit *sonstigen Mängeln* behaftet ist, so hindert das nach § 176 Abs. 1 UmwG i. V. m. § 20 Abs. 2 UmwG die Wirksamkeit der Übertragung nicht.[131] Auch hierin unterscheidet sich die Vermögensübertragung nicht von der Verschmelzung (vgl. Kap. 1 Rn. 115, Kap. 2 Rn. 82). Hier wie dort ist der Umwandlungsvorgang nach der Eintragung nicht rückgängig zu machen.

91

III. Wirkung der Vollübertragung

Durch eine Vollübertragung kommt es zu einer Auflösung und zum liquidationslosen *Erlöschen* der übertragenden Kapitalgesellschaft, ohne dass es einer ge-

92

---

[127] Semler/Stengel/*Fonk* 3. Aufl. 2012 § 176 Rn. 24 a. E.
[128] RegE UmwBerG, BR-Drs. 75/94, 133.
[129] Kölner Komm. UmwG/*Leuering* § 175 Rn. 9.
[130] Semler/Stengel/*Stengel* § 176 Rn. 32.
[131] Semler/Stengel/*Stengel* § 176 Rn. 33.

sonderten Löschung bedarf (§ 176 Abs. 3 S. 2 UmwG sowie Rn. 13). Ferner tritt eine *Universalsukzession* bei der übernehmenden öffentlichen Hand ein (§ 176 Abs. 3 S. 1 UmwG, vgl. bereits Rn. 13). Wenn der Übertragungsvertrag einen Mangel enthält, erfährt dieser durch die Eintragung in das Handelsregister eine *Heilung* (§ 176 Abs. 1 UmwG i. V. m. § 20 Abs. 2 UmwG, vgl. auch Kap. 1 Rn. 115, Kap. 2 Rn. 82). Dies betrifft nicht nur die notarielle Beurkundung oder fehlende Zustimmungserklärungen von Anteilsinhabern, sondern auch die nach § 176 Abs. 4 UmwG zu beachtenden Vorschriften für die Beteiligung des übernehmenden Rechtsträgers.[132]

IV. Schutz der Gläubiger und Anteilsinhaber

93 Wie bei der Verschmelzung steht den *Gläubigern* des übertragenden Rechtsträgers ein Anspruch auf Sicherheitsleistung nach § 176 Abs. 1 UmwG i. V. m. § 22 Abs. 1 S. 1 UmwG zu.[133] Praxisrelevanz kommt diesem Anspruch allerdings kaum zu. Denn die gemäß S. 2 gebotene Glaubhaftmachung einer Gefährdung der Forderungserfüllung durch die – nicht insolvenzfähige – öffentliche Hand kann einem Gläubiger eigentlich nicht gelingen.[134]

94 Die *Anteilsinhaber* des übertragenden Rechtsträgers werden durch den Anspruch auf eine angemessene Gegenleistung (vgl. Rn. 34 ff.) geschützt. Die Anteilsinhaber sind allerdings nicht Partei des Übertragungsvertrags. Halten sie die dort vereinbarte Gegenleistung für nicht angemessen, so steht ihnen nach § 1 Nr. 4 SpruchG als Rechtsschutzmöglichkeit das Spruchverfahren offen (vgl. Kap. 7 Rn. 65 ff.).

C. Teilübertragung des Vermögens

I. Anzuwendendes Recht

95 Die Teilübertragung ist in § 177 UmwG geregelt. Die Regelung demonstriert die Baukasten- und Verweisungsmethode des UmwG (vgl. Kap. 1 Rn. 32 ff.) in einer ihrer kompliziertesten Ausprägungen.[135] § 177 Abs. 1 UmwG verweist auf das Dritte Buch (Spaltung), das wiederum in großem Umfang auf das Zweite Buch (Verschmelzung) verweist, § 125 UmwG.[136] Aus dem Dritten Buch sind die allgemeinen Vorschriften der Spaltung zur Aufnahme (§§ 123 ff. UmwG) sowie die rechtsträgerspezifischen Sondervorschriften für die AG, KGaA und die GmbH (§§ 141 ff. UmwG und §§ 138 ff. UmwG) anzuwenden. Hieraus folgt z. B., dass

---

[132] Lutter/*H. Schmidt* § 176 Rn. 12.
[133] Zu den Inhabern von Sonderrechten vgl. bereits Rn. 76.
[134] Schmitt/Hörtnagl/*Winter* § 176 Rn. 10; Kölner Komm. UmwG/*Leuering* § 175 Rn. 9; Lutter/*H. Schmidt* § 176 Rn. 27; *Stopp* SächsVBl 1999, 197, 202.
[135] So Lutter/*H. Schmidt* § 177 Rn. 3; Schmitt/Hörtnagl/*Winter* § 177 Rn. 1.
[136] Zu den verschiedenen Arten der Teilübertragung vgl. bereits oben unter Rn. 17 ff.

eine AG oder KGaA mindestens zwei Jahre bestehen muss, um an einer Teilübertragung teilnehmen zu können (§ 177 Abs. 1 UmwG i. V. m. § 141 UmwG). Regelungsvorbild der Teilübertragung ist, wie dargestellt (vgl. Rn. 4, 17), die Spaltung, so dass zwischen der aufspaltenden, der abspaltenden und der ausgliedernden Teilübertragung zu unterscheiden ist.

§ 177 Abs. 2 S. 1 UmwG verweist daneben auf die Modifikationen der in Bezug genommenen Vorschriften für die Vermögensübertragung in § 176 Abs. 2 bis Abs. 4 UmwG. Dies bedeutet wiederum, dass sich Vorschriften über die Beteiligung des übernehmenden Rechtsträgers im öffentlichen Recht finden (§ 176 Abs. 4 UmwG, vgl. Rn. 88). Die folgende Darstellung beschränkt sich im Wesentlichen auf die Besonderheiten der Teilübertragung gegenüber der Spaltung einerseits und der Vollübertragung andererseits.[137]

II. Verfahren

Ausgangspunkt ist wiederum ein *Vertrag*, hier über die Teilübertragung und -übernahme. Anders als bei der Vollübertragung (vgl. Rn. 14) können mehrere Rechtsträger als übernehmende Rechtsträger beteiligt sein. Diese können verschiedenen Typen angehören, müssen also z. B. nicht beide eine Gemeinde sein.[138] In jedem Fall ist dennoch ein einheitlicher Vertrag abzuschließen.[139] Denn die Anteilsinhaber des übertragenden Rechtsträgers sollen auf Basis des Vertrags nicht nur über Teilaspekte der Vermögensübertragung informiert werden.

Der *Inhalt* des Vertrags gleicht dem der Vollübertragung (§ 177 Abs. 1 UmwG i. V. m. § 126 UmwG, der § 5 UmwG ähnelt), wobei der Vertragsgegenstand naturgemäß die Übertragung von Vermögensteilen ist. Als weitere Besonderheit der Teilübertragung kommt hinzu, dass der Vertrag genau festhalten muss, welche Aktiva und Passiva des übertragenden Rechtsträgers an welchen übernehmenden Rechtsträger übergehen. Dieses *Bestimmtheitserfordernis* betrifft auch die übergehenden Betriebe und Betriebsteile.[140] Hintergrund ist, dass keine Zweifel darüber bestehen dürfen, wem welcher Vermögensbestandteil zustehen soll. Weitergehende Einschränkungen macht das Gesetz nicht, sondern gewährt den Vertragsparteien eine umfassende Freiheit zur Aufteilung der Vermögensgegenstände.

Im Hinblick auf die *Angemessenheit* der im Vertrag festzulegenden Gegenleistung gelten keine Besonderheiten. Das gilt auch für die ausgliedernde Teilübertragung, obwohl in diesem Fall der übertragende Rechtsträger der Empfänger der Gegenleistung ist.[141] Auch hierin unterscheidet sich die Vermögensübertra-

---

[137] Im Übrigen sei auf Rn. 72 ff. verwiesen.
[138] Kölner Komm. UmwG/*Leuering* § 175 Rn. 4; Widmann/Mayer/*Heckschen* § 175 UmwG Rn. 17.
[139] Lutter/*H. Schmidt* § 177 Rn. 7; Semler/Stengel/*Stengel* § 177 Rn. 7.
[140] Maulbetsch/Klumpp/Rose/*Findeisen* § 177 Rn. 11; Semler/Stengel/*Stengel* § 177 Rn. 8.
[141] Semler/Stengel/*Stengel* § 177 Rn. 9; Lutter/*H. Schmidt* § 177 Rn. 7.

Christian Altgen

gung nicht von der Spaltung. Bei der aufspaltenden und abspaltenden Teilübertragung ist der Verkehrswert der Anteile am übertragenden Rechtsträger und bei der ausgliedernden Teilübertragung ist das übertragene Vermögen die Messlatte der Angemessenheit (ausführlich bereits in Rn. 42).

100 Keine Besonderheiten ergeben sich für die *Barabfindung*, die den Inhabern von Sonderrechten im Sinne von § 23 UmwG anzubieten ist. Zwar wäre es bei der ausgliedernden und der abspaltenden Teilübertragung wie bei der Spaltung gemäß § 133 Abs. 2 S. 2 UmwG konstruktiv möglich, in dem übertragenden Rechtsträger gleichwertige Rechte für die Inhaber von Sonderrechten einzuräumen. Dieser besteht in jenen Fällen ja weiter (vgl. Rn. 20 ff.). Allerdings wird der Anspruch auf Gewährung gleichwertiger Rechte nach § 177 Abs. 2 S. 1 UmwG i. V. m. § 176 Abs. 2 S. 4 UmwG ausnahmslos durch einen Anspruch auf Barabfindung ersetzt.[142]

III. Übertragungsbericht, -prüfung und -beschluss

101 Wie bei der Vollübertragung ist vom übertragenden Rechtsträger ein *Übertragungsbericht* zu erstellen (§ 177 Abs. 1 UmwG i. V. m. § 127 UmwG). Anders als bei der Vollübertragung kommt bei der Teilübertragung hinzu, dass der Bericht Ausführungen zu den wirtschaftlichen und finanziellen Risiken enthalten muss, die eine Aufteilung der Aktiva und Passiva für die beteiligten Rechtsträger mit sich bringt.[143] Dies betrifft etwa die Fähigkeit zur Erfüllung der Verbindlichkeiten. Wie auch der Übertragungsvertrag, so muss der Übertragungsbericht auch bei der ausgliedernden Teilübertragung Erläuterungen zur Art und Höhe der Gegenleistung enthalten, weil das Informationsbedürfnis der Anteilseigner nicht geringer ist als bei den anderen Arten der Teilübertragung.[144] Bei der ausgliedernden Teilübertragung entfällt allerdings die ansonsten für die AG und die KGaA zwingend gebotene *Übertragungsprüfung* (§ 177 Abs. 1 UmwG i. V. m. § 125 S. 2 UmwG). Keine Besonderheiten betreffen die *Beschlussfassung*. Wiederum bei der ausgliedernden Teilübertragung entfällt die vorbereitende Offenlegung eines Prüfungsberichts. Die Sondervorschriften zur nicht-verhältniswahrenden Spaltung (vgl. Kap. 3 Rn. 39) spielen keine Rolle, weil die Gegenleistung nicht in Anteilen besteht und damit unproblematisch verhältniswahrend auszugestalten ist.[145]

IV. Rechtsfolgen der Eintragung im Handelsregister

102 Mit der *Eintragung* in das Handelsregister des übertragenden Rechtsträgers ist die Teilübertragung wirksam und werden etwaige Mängel des Übertragungs-

---

[142] Lutter/H. *Schmidt* § 177 Rn. 5.
[143] Semler/Stengel/*Stengel* § 177 Rn. 10.
[144] Lutter/H. *Schmidt* § 177 Rn. 8, obschon sich dies aus § 177 Abs. 1 UmwG i. V. m. § 127 UmwG nicht ergibt.
[145] Lutter/H. *Schmidt* § 177 Rn. 10.

vorgangs unerheblich (§ 177 Abs. 2 S. 1 UmwG i. V. m. § 176 Abs. 3 S. 1 UmwG sowie § 177 Abs. 1 UmwG i. V. m. § 133 Abs. 2 UmwG).

Die Teilübertragung führt in jedem Fall zu einer *partiellen Gesamtrechtsnachfolge* des übernehmenden Rechtsträgers (§ 177 Abs. 2 S. 1 UmwG i. V. m. § 176 Abs. 3 S. 1 UmwG, vgl. Rn. 17 ff.). Der übertragende Rechtsträger erlischt aber nur im Falle der aufspaltenden Teilübertragung liquidationslos und ohne Löschung. Ansonsten besteht er weiter, und zwar auch in dem Fall, dass das gesamte Vermögen erfasst ist (vgl. Rn. 23).

V. Schutz der Gläubiger und Anteilsinhaber

Gläubiger werden wie bei der Vollübertragung durch einen Anspruch auf *Sicherheitenbestellung* nach § 177 Abs. 1 UmwG i. V. m. § 125 S. 1 UmwG i. V. m. § 22 Abs. 1 S. 1 UmwG geschützt. Wie bei der Vollübertragung (vgl. Rn. 93) ist dieser aber praxisfern. Ergänzend ordnet § 177 Abs. 1 UmwG i. V. m. § 133 UmwG eine gesamtschuldnerische Haftung der an der Vermögensübertragung beteiligten Rechtsträger für Verbindlichkeiten des übertragenden Rechtsträgers an, die vor dem Wirksamwerden der Vermögensübertragung begründet worden sind (für Details vgl. Kap. 3 Rn. 130 ff.).

Den *Anteilsinhabern* haftet für die Gegenleistung nur der übernehmende Rechtsträger. Eine Besonderheit liegt hinsichtlich der ausgliedernden Teilübertragung darin, dass eine unangemessene Gegenleistung ausnahmsweise nicht im Spruchverfahren überprüft und gegebenenfalls korrigiert wird, sondern eine Klage gegen den Übertragungsbeschluss möglich ist (§ 177 Abs. 1, Abs. 2 UmwG i. V. m. §§ 176 Abs. 2, 125 S. 1 UmwG).

§ 3 Vermögensübertragung zwischen Versicherungsunternehmen

A. Einführung

I. Die beteiligten Rechtsträger

1. Versicherungsverein auf Gegenseitigkeit

Versicherungsvereine auf Gegenseitigkeit (*VVaG*) sind als Sonderform des rechtsfähigen wirtschaftlichen Vereins nach § 22 BGB eine eigenständige Organisationsform nur für Versicherer. Gemäß § 171 VAG betreiben sie erstens die Versicherung ihrer Mitglieder nach dem Grundsatz der Gegenseitigkeit und haben zweitens von der Aufsichtsbehörde, der Bundesanstalt für Finanzdienstleistungsaufsicht (BaFin), die Erlaubnis zum Betrieb der Geschäfte als VVaG. Nach § 176 S. 2, S. 3 VAG ist die Mitgliedschaft im VVaG an das Bestehen eines Versicherungsverhältnisses gekoppelt (vgl. Rn. 7 zum Regelungshintergrund der Vermögensübertragung). Nach heute wohl h. M. handelt es sich bei dem Mitgliedschaftsverhältnis und dem Versicherungsverhältnis um zwei unterschiedliche Rechtsverhältnisse.[146]

107 Aufsichtsrechtliche Sonderregeln bestehen für *kleinere VVaG*. Dies sind nach § 210 Abs. 1 S. 1 VAG Vereine, die bestimmungsgemäß einen sachlich, örtlich oder dem Personenkreis nach eng begrenzten Wirkungskreis haben. Ob ein VVaG ein kleinerer Verein ist, bestimmt nach § 210 Abs. 4 VAG die BaFin. Das UmwG enthält in §§ 185 ff. UmwG Sondervorschriften für die Vermögensübertragung unter Beteiligung eines kleineren VVaG als übertragender Rechtsträger. *Streitig* ist, ob ein kleinerer VVaG auch *übernehmender Rechtsträger* sein kann. Hiergegen sprechen ein Umkehrschluss aus § 185 UmwG sowie der Umstand, dass kleinere VVaG nicht in das Handelsregister eingetragen werden und daher daran anknüpfende Normen des Umwandlungsrechts leer laufen.[147] Die wohl herrschende Gegenansicht wendet ein, dass § 118 S. 2 UmwG einen zur Handelsregistereintragung alternativen Anknüpfungspunkt – den Genehmigungsantrag bei der BaFin sowie die Bekanntmachung im Bundesanzeiger – aufzeigt.[148]

2. Versicherungs-AG

108 Eine *Versicherungs-AG* ist keine eigenständige Rechtsform, sondern im Grundsatz eine „normale" AG. Sie zeichnet sich dadurch aus, dass der Betrieb von Versicherungsgeschäften zu ihrem satzungsmäßigen Unternehmensgegenstand gehört (§ 109 S. 2 UmwG).[149] Aufgrund der Erteilung der Erlaubnis zum Betrieb eines Versicherungsunternehmens durch die BaFin nach § 8 Abs. 1 VAG wird die AG zur Versicherungs-AG. Anderen Kapitalgesellschaften als der AG (und der SE) darf die Erlaubnis zum Betrieb von Versicherungsgeschäften nicht erteilt werden, § 8 Abs. 2 VAG. Neben Versicherungsgeschäften darf ein Versicherungsunternehmen aufgrund aufsichtsrechtlicher Beschränkungen nach § 15 Abs. 1 S. 1 VAG nur Geschäfte betreiben, die mit diesen in einem unmittelbaren Zusammenhang stehen.

3. Öffentlich-rechtliche Versicherungsunternehmen

109 Als dritte Form eines Versicherungsunternehmens nennt die Aufzählung in § 175 Abs. 2 UmwG die *öffentlich-rechtlichen Versicherungsunternehmen*. Dies sind Unternehmen in der Rechtsform einer Anstalt oder Körperschaft des öffentlichen Rechts. Wenn die öffentliche Hand stattdessen Versicherungsgeschäfte durch

---

[146] Zum Meinungsstreit vgl. Prölss/Dreher/*Weigel* § 176 Rn. 12 ff.
[147] Lutter/*Wilm* § 178 Rn. 5 (mit dem Hinweis in Fn. 6, dass sich der kleine VVaG vor der Vermögensübertragung als großer VVaG anerkennen lassen kann (§ 210 Abs. 4 VAG); Lutter/*H. Schmidt* § 175 Rn. 8.
[148] Semler/Stengel/*Stengel* § 175 Rn. 11; Widmann/Mayer/*Heckschen* § 175 UmwG Rn. 23; Henssler/Strohn/*Decker* § 175 UmwG Rn. 2; tendenziell auch Kölner Komm. UmwG/*Leuering* § 175 Rn. 7.
[149] Lutter/*H. Schmidt* § 175 Rn. 7.

eine AG betreibt, handelt es sich nicht um ein öffentlich-rechtliches Versicherungsunternehmen im Sinne des UmwG, sondern um eine Versicherungs-AG.[150]

4. Vorhandensein zweier verschiedener Rechtsträger

Zwar müssen auf beiden Seiten der Vermögensübertragung Versicherungsunternehmen an dem Umwandlungsvorgang beteiligt sein, doch dürfen der übertragende und der übernehmende Rechtsträger *nicht rechtsformgleich* sein.[151] Ist dies der Fall, ist auf die Verschmelzung (vgl. Kap. 2) oder die Bestandsübertragung (vgl. Rn. 112) auszuweichen.[152]   110

Zu beachten ist ferner der versicherungsaufsichtsrechtliche Grundsatz der *Spartentrennung*. Es ist nicht möglich, zugleich die Erlaubnis zum Betrieb der Lebensversicherung oder der Krankenversicherung und die Erlaubnis zum Betrieb anderer Versicherungssparten zu erhalten, § 8 Abs. 4 S. 2 VAG. Folglich ist es auch nicht möglich, das Vermögen zwischen Gesellschaften, die solche sich gegenseitig ausschließenden Versicherungssparten betreiben, zu übertragen.[153]   111

Beispiel: Die A-AG betreibt die Lebensversicherung. Sie will ihr Vermögen auf den B-VVaG übertragen, der die Haftpflichtversicherung betreibt. Dies ist nicht möglich. Der C-VVaG betreibt ebenfalls die Lebensversicherung. Auf diesen könnte die A-AG ihr Vermögen übertragen.

II. Vermögensübertragungen in der Versicherungswirtschaft

1. Abgrenzung zur Bestandsübertragung

Die Bestandsübertragung ist gemäß §§ 13, 200 Abs Abs. 1 S. 1 VAG ein der staatlichen Genehmigung bedürftiger Vertrag, durch den der Versicherungsbestand eines Versicherungsunternehmens ganz oder teilweise auf ein anderes Versicherungsunternehmen übertragen werden soll (vgl. Kap. 3 Rn. 52). Wie bei der Vermögensübertragung nach dem UmwG gehen Rechte und Pflichte eines Versicherungsunternehmens im Wege der *Gesamtrechtsnachfolge* auf ein anderes Versicherungsunternehmen über. Bei der Bestandsübertragung ist diese Universalsukzession aber auf die *Rechte und Pflichten aus den Versicherungsverträgen* beschränkt (§ 13 Abs. 5 VAG). Die Bestandsübertragung gilt gemeinhin als unkomplizierter und flexibler als die Vermögensübertragung.[154] Sie bedarf lediglich der einfachen Schriftform (§ 13 Abs. 6 VAG i. V. m. § 126 BGB), löst keine Offenlegungen im Vorfeld aus und kann auch zwischen zwei rechtsformgleichen Versicherungsunternehmen vollzogen werden. Einer Zustimmung   112

---

[150] Semler/Stengel/*Stengel* § 175 Rn. 16; Lutter/*H. Schmidt* § 175 Rn. 9 a. E.
[151] Semler/Stengel/*Stengel* § 174 Rn. 5.
[152] Kölner Komm. UmwG/*Beckmann* § 178 Rn. 1.
[153] Semler/Stengel/*Stengel* § 175 Rn. 9.
[154] *Hasselbach/Komp* VersR 2005, 1651, 1659; Lutter/*Wilm* Anh. 1 nach § 189 Rn. 17 ff.; Semler/Stengel/*Stengel* § 178 Rn. 4.

der Mitglieder bedarf es nach §§ 200 VAG nur beim übertragenden VVaG, bei einer Versicherungs-AG nur nach allgemeinem Aktienrecht.[155] Auch führt die Bestandsübertragung *nicht* zum liquidationslosen Erlöschen des Versicherungsunternehmens.[156]

2. Auswirkungen auf Versicherungsverträge

113 Infolge der Gesamtrechtsnachfolge gehen von der Vermögensübertragung erfasste Versicherungsverträge *auf den übernehmenden Rechtsträger über*, ohne dass die Versicherten dem zustimmen müssen. Ist der übernehmende Rechtsträger ein VVaG, werden die Versicherungsnehmer aber nicht automatisch Mitglieder des VVaG.[157] Die Versicherten haben infolge der Vermögensübertragung grundsätzlich auch kein Recht zur außerordentlichen *Kündigung* ihres Versicherungsvertrags.[158] Aus § 314 BGB kann sich bei einer Unzumutbarkeit der Vertragsfortführung freilich anderes ergeben.[159] Der übernehmende Rechtsträger ist nicht an *Anträge* gebunden, die Versicherte gegenüber dem übertragenden Rechtsträger gestellt haben.[160] Lediglich angebahnte Verträge gehen nicht auf den übernehmenden Rechtsträger über.[161]

3. Genehmigung der Aufsichtsbehörde

114 Jede Umwandlung eines Versicherungsunternehmens bedarf nach § 14 Abs. 1 S. 1 VAG der Genehmigung der *Aufsichtsbehörde* (i. d. R. die BaFin). Dies betrifft den VVaG, die Versicherungs-AG sowie öffentlich-rechtliche Versicherungsunternehmen. Es ist sowohl die Vollübertragung als auch die Teilübertragung genehmigungsbedürftig. Die Aufsichtsbehörde *prüft*, ob versicherungsspezifischen Erfordernissen Rechnung getragen wurde. Sie kann gemäß § 14 Abs. 2 VAG aber auch dann die Genehmigung verweigern, wenn die *Vorschriften über die Umwandlung* nicht eingehalten worden sind. Dies wirft die Frage auf,[162] ob die Aufsichtsbehörde damit auch die *Angemessenheit der Gegenleistung* prüft.[163] Hiergegen spricht, dass hierfür das Spruchverfahren der rechte Ort ist. Außerdem ist der Sinn und Zweck des Genehmigungserforder-

---

[155] Semler/Stengel/*Niemeyer* Anh. § 119 Rn. 40.
[156] Lutter/*Hübner* 4. Aufl. 2009 Anh. 1 nach § 189 Rn. 12.
[157] Lutter/*Wilm* § 178 Rn. 20.
[158] Schmitt/Hörtnagl/Stratz/*Winter* § 174 Rn. 5; Lutter/*Wilm* § 178 Rn. 20, § 180 Rn. 11 f.
[159] Kölner Komm. UmwG/*Beckmann* § 178 Rn. 31 mit Fn. 31.
[160] AG Mannheim VersR 1982, 481; Lutter/*Wilm* § 178 Rn. 20; § 180 Rn. 11 f.; Schmitt/Hörtnagl/Stratz/*Winter* § 174 Rn. 5.
[161] Lutter/*Wilm* § 178 Rn. 20.
[162] Nach *Wolff* VersR 2008, 1441, 1446 darf die Versagung der Genehmigung nur bei der Verletzung von Normen erfolgen, „die unmittelbar Versichertenbelange betreffen".
[163] So das BVerfG für eine Bestandsübertragung, BVerfG NJW 2005, 2363 ff. Unklar ist, ob diese Entscheidung die Vermögensübertragung ebenfalls berührt, vgl. Lutter/*Wilm* § 181 Rn. 20; Kölner Komm. UmwG/*Beckmann* § 178 Rn. 13 f.

Christian Altgen

nisses zu betrachten. Dieses soll die Interessen der Versicherungsnehmer schützen. Die Angemessenheit der Gegenleistung ist aber eine Frage, die den Schutz der Mitglieder des übertragenden Rechtsträgers betrifft.[164] Jedenfalls bei der Versicherungs-AG stellt sich die Frage nach der Prüfung der Angemessenheit daher abgemindert. Anderes gilt für den VVaG, bei dem Versichertenbelange aufgrund der Kopplung der Mitgliedschaft mit dem Versicherungsverhältnis zu wahren sind.[165]

B. Die Versicherungs-AG als übertragender Rechtsträger

Nach §§ 178f. UmwG ist eine Vermögensübertragung von einer Versicherungs-AG auf einen VVaG oder ein öffentlich-rechtliches Versicherungsunternehmen als übernehmenden Rechtsträger möglich. Das Gesetz unterscheidet erneut zwischen der Vollübertragung (§ 178 UmwG) und der Teilübertragung (§ 179 UmwG). 115

I. Vollübertragung des Vermögens

Auf die Vollübertragung finden die Vorschriften des Zweiten Buches über die *Verschmelzung durch Aufnahme* und die Sondervorschriften für die AG Anwendung. Ferner verweist § 178 Abs. 2 UmwG auf § 176 Abs. 2 bis Abs. 4 UmwG (vgl. Rn. 4). 116

Der *Vertragsinhalt* entspricht dem einer Vermögensübertragung auf die öffentliche Hand (vgl. Rn. 74 ff.). Alle beteiligten Rechtsträger haben durch ihre Vertretungsorgane überdies einen *Übertragungsbericht* zu erstellen, wobei auch ein gemeinsamer Bericht genügt (§ 178 Abs. 1 UmwG i. V. m. § 8 Abs. 1 UmwG). Das Erfordernis einer *Übertragungsprüfung* greift nach § 178 Abs. 1 UmwG i. V. m. § 60 UmwG nur für die übertragende Versicherungs-AG. Obendrein ist ein *Übertragungsbeschluss* der Versicherungs-AG mit qualifizierter Mehrheit zu fassen (vgl. Rn. 82 ff., auch hinsichtlich der Vorbereitung des Beschlusses); Gleiches gilt für den VVaG (§ 178 Abs. 1 UmwG i. V. m. § 65 UmwG bzw. § 112 Abs. 3 UmwG). Inwiefern es bei einem öffentlich-rechtlichen Versicherungsunternehmen der Zustimmung eines weiteren Organs oder einer anderen Stelle (z. B. der Aufsichtsbehörde) bedarf, bestimmt sich gemäß § 178 Abs. 3 UmwG nach dem jeweils anwendbaren, landesspezifischen öffentlichen Recht. Fehlen gesonderte Vorschriften, geht ein Teil der Literatur davon aus, dass die Beschlussorgane des öffentlich-rechtlichen Versicherungsunternehmens zur Zustimmung berufen sind.[166] Schließlich ist nach § 178 Abs. 1 UmwG i. V. m. § 71 Abs. 1 UmwG ein Treuhänder zum Empfang der Gegenleistung zu bestellen (vgl. 117

---

[164] Kölner Komm. UmwG/*Beckmann* § 178 Rn. 13; Lutter/*Wilm* § 178 Rn. 15.
[165] Kölner Komm. UmwG/*Beckmann* § 180 Rn. 13.
[166] Lutter/*Wilm* § 178 Rn. 25; a. A. Semler/Stengel/*Stengel* § 178 Rn. 9.

Rn. 50) und die Vermögensübertragung zum Handelsregister anzumelden und einzutragen (§ 178 Abs. 1 UmwG i. V. m. § 16 UmwG). Letzteres gilt wiederum nicht für ein öffentlich-rechtliches Versicherungsunternehmen als übernehmenden Rechtsträger (§ 178 Abs. 2 UmwG i. V. m. § 176 Abs. 2 S. 2 UmwG). Mit der *Eintragung*[167] geht auch in diesem Fall die Bestandskräftigkeit der Vermögensübertragung nach § 178 Abs. 1 UmwG i. V. m. § 20 Abs. 2 UmwG einher.

II. Teilübertragung des Vermögens

118   Die Teilübertragung folgt in § 179 UmwG wieder einem u. a. aus § 177 UmwG bekannten Muster und verweist in Abs. 1 auf die allgemeinen und für die AG rechtsformspezifischen Vorschriften über die *Spaltung zur Aufnahme*. Ferner erfolgt nach Abs. 2 ein „interner" Verweis auf die Spezialregelungen der Vermögensübertragung.

119   Im Hinblick auf das *Verfahren* ergeben sich kaum Besonderheiten gegenüber der Vollübertragung und der Teilübertragung nach § 177 UmwG (vgl. Rn. 95 ff.). Ergänzend ist darauf hinzuweisen, dass es nur bei der Versicherungs-AG (nach § 179 Abs. 1 UmwG i. V. m. § 144 UmwG, mit Ausnahme der ausgliedernden Teilübertragung nach § 125 S. 2 UmwG), nicht aber beim VVaG oder einem öffentlich-rechtlichen Versicherungsunternehmen einer Übertragungsprüfung bedarf.

C. Der VVaG als übertragender Rechtsträger

120   Die Vermögensübertragung von einem VVaG auf eine Versicherungs-AG oder ein öffentlich-rechtliches Versicherungsunternehmen ist in den §§ 180 ff. UmwG geregelt, wobei §§ 185 ff. UmwG Sondervorschriften für den kleineren VVaG enthalten.

I. Vollübertragung des Vermögens

121   Das Verfahren entspricht ganz wesentlich dem bei einer Vermögensübertragung unter Beteiligung einer Versicherungs-AG als übertragendem Rechtsträger. Der *Übertragungsvertrag* muss, wie auch sonst bei der Vermögensübertragung, eine Gegenleistung enthalten, ansonsten wird diese gerichtlich im Spruchverfahren bestimmt (§§ 181 Abs. 4, 34 UmwG i. V. m. § 1 Nr. 4 SpruchG). Denn bei einer Auflösung des VVaG hätten seine Mitglieder einen Anteil am Liquidationserlös erhalten (§ 205 Abs. 2 VAG).[168] Für den VVaG regelt § 181 UmwG das ohnehin geltende Erfordernis einer Angemessenheit der Gegenleistung (vgl. Rn. 41 ff.). Die Besonderheit der Norm liegt in § 181 Abs. 2 UmwG, die abschließende An-

---

[167] Für kleinere VVaG vgl. §§ 186 S. 2, 187 UmwG.
[168] Lutter/*Wilm* § 181 Rn. 1.

forderungen an einen möglichen Verteilungsschlüssel aufstellt und bestimmt, dass nur Mitglieder zu berücksichtigen sind, die dem VVaG seit mindestens drei Monaten angehören.

Die *Beschlussfassung* der „obersten Vertretung" (§§ 184, 191 VAG) des VVaG bedarf vorbehaltlich anderweitiger Satzungsbestimmungen einer qualifizierten Mehrheit von drei Viertel der abgegebenen Stimmen (§ 180 Abs. 1 UmwG i. V. m. § 112 Abs. 3 S. 1 UmwG). Nach der Satzung eines VVaG kann einem Mitglied oder einem Dritten ein unentziehbares Recht auf den Abwicklungsüberschuss eingeräumt worden sein. Dieser Anspruchsinhaber muss dann der Vermögensübertragung nach § 180 Abs. 3 UmwG notariell beurkundet zustimmen. 122

Wie bei der Versicherungs-AG (vgl. Rn. 117 sowie Rn. 50), so ist auch beim VVaG für den Empfang (und die Verteilung) der Gegenleistung ein *Treuhänder* zu bestellen (§ 183 UmwG). Obendrein sind die Mitglieder des übertragenden VVaG nach Maßgabe des § 182 UmwG über die Vermögensübertragung *zu unterrichten*. 123

II. Teilübertragung des Vermögens

Die Teilübertragung ist nicht für einen *kleineren VVaG* eröffnet, da § 185 UmwG für diesen nur die Möglichkeit der Vollübertragung vorsieht.[169] 124

Im Übrigen bestehen im Hinblick auf das *Verfahren* der Teilübertragung keinerlei Besonderheiten (vgl. Rn. 95 ff.). Fraglich ist im Hinblick auf die Teilübertragung aber, ob diese auch im Wege der ausgliedernden Teilübertragung möglich ist, sofern auch Versicherungsverträge übergehen sollen.[170] Hiergegen wird eingewendet, dass hierdurch Versicherungsnehmer auch ihre Beteiligung am übertragenden VVaG verlieren, weil ihr Versicherungsvertrag übertragen wird (§ 176 S. 3 VAG, vgl. Rn. 106, 7). Sie erhalten hierfür aber keine Gegenleistung. Diese erhält der VVaG und damit profitieren (nur) dessen verbliebene Mitglieder.[171] 125

D. Öffentlich-rechtliche Versicherungsunternehmen als übertragende Rechtsträger

Auch die dritte und letzte Konstellation einer Vermögensübertragung unter Versicherungsunternehmen birgt kaum Besonderheiten. Im Vergleich zu den bereits erörterten Vermögensübertragungen gilt wieder, dass sich *Zustimmungserfordernisse* auf Ebene der öffentlichen Hand aus dem jeweils anwendbaren öffent- 126

---

[169] RegE UmwBerG BR-Drs. 75/94, 135; Lutter/*H. Schmidt* § 175 Rn. 8; Semler/Stengel/ *Stengel* § 175 Rn. 13.
[170] Dass diese nicht nur im engen Korsett des § 151 S. 2 UmwG möglich sein sollte, zeigt der pauschale Verweis in § 184 Abs. 1 UmwG auch auf die Ausgliederung, vgl. Lutter/*Wilm* § 184 Rn. 2; Kölner Komm. UmwG/*Beckmann* § 179 Rn. 2.
[171] Semler/Stengel/*Stengel* § 184 Rn. 5; Kölner Komm. UmwG/*Beckmann* § 184 Rn. 2.

lichen Recht ergeben (§ 188 Abs. 2 UmwG bzw. § 189 Abs. 2 UmwG i. V. m. § 178 Abs. 3 UmwG).

127 Ungeregelt und ungelöst erscheint, was die *materiellen Voraussetzungen* sind, die einen öffentlich-rechtlichen Rechtsträger zu der Vermögensübertragung berechtigen.[172] Das UmwG trifft hierzu keine Regelungen.

128 Da öffentlich-rechtliche Rechtsträger überdies in kein Register eingetragen werden, tritt nach §§ 189 Abs. 2, 188 Abs. 3 UmwG die nach der Genehmigungserteilung durch die Aufsichtsbehörde erfolgende Bekanntmachung im Bundesanzeiger *an die Stelle der Eintragung* im Handelsregister des übernehmenden Rechtsträgers.

§ 4 Kontrollfragen und Lösungen

Kontrollfragen zu Kapitel 4:

1. Warum regelt das UmwG die Vermögensübertragung?

2. An welche Umwandlungsarten sind die verschiedenen Varianten der Vermögensübertragung angelehnt?

3. Welche Anforderungen bestehen an die Gegenleistung? Können auch Anteile gewährt werden?

4. Was sind die Rechtsfolgen einer Vermögensübertragung?

5. In welchen Konstellationen kann die öffentliche Hand an einer Umwandlung nach dem UmwG beteiligt sein?

Lösungen zu Kapitel 4:

1. Die Mitglieder des übertragenden Rechtsträgers (bzw. dieser selbst bei der Ausgliederung) erhalten bei Verschmelzungen und Spaltungen als Ausgleich Anteile des übernehmenden Rechtsträgers. Weil solche Anteile an der öffentlichen Hand nicht bestehen, sind die Vorschriften des Zweiten und Dritten Buches nicht ohne Weiteres anzuwenden, wenn die öffentliche Hand der übernehmende Rechtsträger ist. Die Mitgliedschaft in einem VVaG wiederum geht mit der Unterhaltung eines Versicherungsverhältnisses einher, so dass eine Mitgliedschaft im VVaG kein tauglicher Ausgleich für die Mitglieder des übertragenden Rechtsträger ist. Weil der Gesetzgeber aber auch für diese Rechtsträger die Möglichkeit schaffen wollte, Umstrukturierungen durch eine (partielle) Gesamtrechtsnachfolge zu erleichtern, hat er in §§ 174 ff. UmwG eine eigenständige Umwandlungsart geschaffen.

---

[172] Schmitt/Hörtnagl/Stratz/*Winter* § 188 Rn. 1, 189 Rn. 1, der eine praktische Anwendung derzeit gar ausschließt; Maulbetsch/Klumpp/Rose/*Findeisen* § 188 Rn. 3, 189 Rn. 4, 5.

2. Die Vollübertragung, also die Übertragung des gesamten Vermögens, ist an die Verschmelzung (zur Aufnahme, da der übernehmende Rechtsträger bereits vor der Vermögensübertragung bestehen muss) angelehnt. Die aufspaltende Teilübertragung entspricht der Aufspaltung zur Aufnahme nach § 123 Abs. 1 UmwG. Die abspaltende Teilübertragung ist das Pendant der Abspaltung zur Aufnahme nach § 123 Abs. 2 Nr. 1 UmwG. Das Vorbild der ausgliedernden Teilübertragung ist schließlich die Ausgliederung zur Aufnahme nach § 123 Abs. 3 Nr. 1 UmwG.

3. Die Gegenleistung darf nach § 174 Abs. 1 UmwG nicht in Anteilen oder Mitgliedschaften am übernehmenden Rechtsträger bestehen. Dies ist bei der öffentlichen Hand ohnehin nicht möglich. Nach h. M. ist dagegen nicht ausgeschlossen, Anteile an dritten Gesellschaften als Gegenleistung zu gewähren. Ferner muss die Gegenleistung angemessen sein; § 181 UmwG enthält insofern einen allgemeinen Rechtsgedanken. Weitere Vorgaben für die Gegenleistung macht das Gesetz nicht. Der praktisch naheliegendste Fall ist die Gewährung einer Barabfindung. Bei Versicherungsunternehmen kommen auch Erleichterungen im Rahmen des Versicherungsverhältnisses in Betracht.

4. Bei einer Vollübertragung und einer aufspaltenden Teilübertragung erlischt der übertragende Rechtsträger ohne Liquidation. Bei der abspaltenden und der ausgliedernden Teilübertragung besteht der übertragende Rechtsträger fort. Bei der Vollübertragung geht das gesamte Vermögen durch Universalsukzession auf den übernehmenden Rechtsträger über. Bei der Teilübertragung kommt es zur partiellen Universalzukzession beim übernehmenden Rechtsträger bzw. bei den übernehmenden Rechtsträgern. Die Anteilsinhaber bzw. Mitglieder des übertragenden Rechtsträgers haben gegen den übernehmenden Rechtsträger einen Anspruch auf Leistung der im Übertragungsvertrag festgelegten Gegenleistung. Nur bei der ausgliedernden Teilübertragung steht dieser Anspruch dem übertragenden Rechtsträger zu.

5. Nimmt die öffentliche Hand Aufgaben durch einen privatrechtlich organisierten Rechtsträger (GmbH, AG) wahr, kann sie die Aufgabe „verstaatlichen", indem eine Vermögensübertragung nach §§ 174 ff., 176 f. UmwG durchgeführt wird. Die gegenteilige Situation einer Privatisierung, in der eine bislang öffentlich-rechtlich wahrgenommene Aufgabe auf eine privatrechtliche Rechtsform übertragen werden soll, ist durch eine Ausgliederung nach §§ 168 ff. UmwG zu bewerkstelligen. Möglich ist auch ein Rechtsformwechsel von einer Körperschaft oder Anstalt des öffentlichen Rechts in eine Kapitalgesellschaft nach §§ 301 ff. UmwG.

Christian Altgen

Inhaltsverzeichnis Kapitel 5

Kapitel 5. Der Formwechsel	223
§ 1 Allgemeines	223
A. Systematik des Fünften Buches	223
B. Wahrung der Identität des Rechtsträgers	224
I. Wirtschaftliche Identität	224
II. Rechtliche Identität	224
III. Diskontinuität der Rechtsordnung	225
C. Möglichkeiten des Formwechsels	225
I. Formwechsel nach dem Fünften Buch des Umwandlungsgesetzes	225
II. Formwechsel außerhalb des Umwandlungsgesetzes	228
III. Formwechsel durch Verschmelzung	229
D. Motive für einen Formwechsel	229
§ 2 Verfahren zum Formwechsel	231
A. Vorbereitungsphase	231
I. Umwandlungsbericht (§ 192 UmwG)	231
II. Prüfung	232
B. Beschlussfassung	233
I. Anwendbares Recht	233
II. Quoren	233
III. Zustimmungserfordernis bestimmter Anteilsinhaber	234
IV. Inhalt des Umwandlungsbeschlusses	237
C. Vollziehung	237
I. Anmeldung zur Eintragung (§ 198 UmwG)	237
II. Eintragung (§ 202 UmwG)	238
III. Bekanntmachung (§ 201 UmwG)	238
§ 3 Schutz der Anteilsinhaber	239
A. Zustimmungserfordernisse	240
I. Zustimmungserfordernis bei erforderlicher Genehmigung der Abtretung (§ 193 Abs. 2 UmwG)	240
II. Zustimmungserfordernis beim nicht-verhältniswahrenden Formwechsel (§ 241 Abs. 1 UmwG, § 242 UmwG)	241
III. Zustimmung bei der Beeinträchtigung von Minderheits- und Sonderrechten (§ 241 Abs. 2 UmwG)	241

	IV.	Zustimmungserfordernis aufgrund des Wegfalls von Nebenleistungspflichten (§ 241 Abs. 3 UmwG)	242
	V.	Fehlen der Zustimmung	243
B.		Finanzieller Ausgleich	243
	I.	Angebot der Barabfindung (§ 207 UmwG)	243
		1. Abfindungsangebot	244
		2. Erwerb eigener Anteile	245
		3. Rechtsschutz	245
	II.	Bare Zuzahlung (§ 196 UmwG)	246
C.		Beschränkte Geltung des Gründungsrechts	246

§ 4 Schutz der Gläubiger 247
    A. Leistung von Sicherheit (§§ 204, 22 UmwG) 247
    B. Schutz von Sonderrechtsinhabern (§§ 204, 23 UmwG) 248
    C. Nachhaftung 249
    D. Entsprechende Anwendung der Gründungsvorschriften
       (§ 197 S. 1 UmwG) 250
    E. Kapitalschutz 251

§ 5 Schutz der Arbeitnehmer und Arbeitnehmerorganisationen 253

§ 6 Rechte und Pflichten der Organmitglieder 253
    A. Amtsdauer von Aufsichtsratsmitgliedern (§ 203 UmwG) 253
    B. Schadensersatzpflicht der Verwaltungsträger (§§ 205 f. UmwG) 255
       I. Fälle 256
       II. Geltendmachung des Schadensersatzanspruchs
          (§ 206 UmwG) 256

§ 7 Kontrollfragen und Lösungen 257

Nikolaus Bunting

Kapitel 5

Der Formwechsel

§ 1 Allgemeines

Der Formwechsel ist neben der Verschmelzung, der Spaltung und der Vermögensübertragung die vierte Art der Umwandlung nach dem UmwG (siehe § 1 Abs. 1 Nr. 4 UmwG). Durch den Formwechsel erhält ein Rechtsträger eine neue Rechtsform. Im Gegensatz zur Verschmelzung oder zur Spaltung ist nur ein Rechtsträger beteiligt, der Formwechsel ist somit lediglich „*gesellschaftsinterner Organisationsakt*".[1]

Fall 1a: Die Aktionäre der A-AG planen einen Formwechsel in die Rechtsform der GmbH & Co. KG. Die spätere Komplementär-GmbH soll aus wirtschaftlichen Gründen[2] nicht bereits am Vermögen der AG beteiligt sein. Aus Haftungsgründen[3] möchten die Aktionäre der A-AG auch nicht, dass die Komplementär-GmbH erst nach dem Formwechsel beitritt. Sie beabsichtigen daher, dass eine neu gegründete GmbH bereits während des Formwechsels beitritt. Ist dieses Vorgehen möglich?

Fall 1b: Die Gesellschafter der B-GmbH & Co. KG planen einen Formwechsel in eine GmbH. Die ursprünglich persönlich haftende Komplementär-GmbH soll mit Wirksamwerden des Formwechsels aus der Gesellschaft ausscheiden. Diese ist an dem Vermögen der B-GmbH & Co. KG nicht beteiligt.[4] Ist dieses Vorgehen möglich?

A. Systematik des Fünften Buches

Das Fünfte Buch des UmwG ist in zwei Hauptabschnitte gegliedert. Den ersten Teil bilden die Allgemeinen Vorschriften (§ 190 bis § 213 UmwG), der zweite Teil umfasst die Besonderen Vorschriften (§ 214 bis § 304 UmwG). Die Allgemeinen Vorschriften gelten für alle Fälle des Formwechsels. Der Besondere Teil ist in Einzelabschnitte zu den verschiedenen Möglichkeiten des Formwechsels unterteilt. Dort wird den rechtsformspezifischen Besonderheiten Rechnung getragen (vgl. zur Gesetzessystematik (Kap. 1 Rn. 32 ff.).

---

[1] Sagasser/Bula/Brünger/*Sagasser/Luke* § 26 Rn. 4.
[2] Verlust der Möglichkeit der vollständigen Verlustzuweisung an die späteren Kommanditisten; Gefahr verdeckter Gewinnausschüttungen, vgl. *Binz/Sorg* § 16 Rn. 148; Semler/Stengel/*Bärwaldt* § 197 Rn. 13 Fn. 45.
[3] Anderenfalls persönliche Haftung sämtlicher Gesellschafter nach § 128 HGB, vgl. Semler/Stengel/*Bärwaldt* § 197 Rn. 13.
[4] Nach KG DStR 2019, 294.

3   Für die Spaltung und die Vermögensübertragung verweist das UmwG auf die Vorschriften der Verschmelzung. Für den Formwechsel erfolgt dieser Verweis hingegen nur vereinzelt. Der Formwechsel unterscheidet sich nämlich strukturell von den anderen Möglichkeiten der Umwandlung nach dem Umwandlungsgesetz, sodass eine entsprechende Anwendung der Verschmelzungsvorschriften in den meisten Fällen nicht in Betracht kommt (vgl. Kap. 1 Rn. 35).

B. Wahrung der Identität des Rechtsträgers

4   § 190 Abs. 1 UmwG bestimmt: „Ein Rechtsträger kann durch Formwechsel eine andere Rechtsform erhalten." Der Formwechsel ändert also nur die Rechtsform. Der Rechtsträger selbst hingegen bleibt wirtschaftlich und rechtlich identisch (Identitätsprinzip) (vgl. Kap. 1 Rn. 7 ff.).[5] Bildlich gesprochen ist der Formwechsel also nur ein „Wechsel des rechtlichen Kleides".[6] Dies ist prägend für den Formwechsel und ein entscheidender Unterschied zu den anderen Arten der Umwandlung.

I. Wirtschaftliche Identität

5   Die wirtschaftliche Identität des Rechtsträgers kommt insbesondere darin zum Ausdruck, dass eine Vermögensübertragung während des Formwechsels nicht stattfindet.[7] Hierin unterscheidet sich der Formwechsel von der Verschmelzung, der Spaltung und der Vermögensübertragung, bei denen das Vermögen im Wege der Gesamtrechtsnachfolge oder der Sonderrechtsnachfolge übertragen wird. Außerdem bleibt das Vermögen vor und nach dem Formwechsel gleich.[8]

II. Rechtliche Identität

6   Die rechtliche Identität des Rechtsträgers äußert sich vor allem in der *Kontinuität der Mitgliedschaft* und der *Kontinuität von Rechten Dritter* (vgl. § 202 Abs. 1 Nr. 2 UmwG). Der Bestand der Anteilsinhaber bleibt durch den Formwechsel nämlich grundsätzlich unverändert. Etwas anderes gilt nur in den Fällen des Formwechsels einer Personenhandelsgesellschaft in die Rechtsform der KGaA und umgekehrt, sowie in den Fällen des Formwechsel eines Versicherungsvereins auf Gegenseitigkeit in eine Aktiengesellschaft.[9] Im Falle der KGaA können persönlich haftende Gesellschafter der formwechselnden KGaA mit

---

[5] Siehe BT-Drs. 12/6699, 136; Semler/Stengel/*Semler/Stengel* Einl. A Rn. 51 ff.; a. A. („modifizierte Neugründung") *Bärwaldt/Schabacker* ZIP 1998, 1293 ff.; BeckHdb. Personengesellschaften/*Bärwaldt/Wisniewski* § 9 Rn. 61.

[6] Lutter/*Hoger* Vor § 190 Rn. 2.

[7] Semler/Stengel/*Schwanna* § 190 Rn. 1; Schmitt/Hörtnagl/Stratz/*Winter* § 190 Rn. 5 f.; *Lüttge* NJW 1995, 417, 422.

[8] BT-Drs. 12/6699, 136.

[9] Für den strittigen Fall des Wechsels einer Kapitalgesellschaft in eine GmbH & Co. KG siehe Fall 1.

Wirksamwerden des Formwechsels durch Erklärung aus dem Rechtsträger ausscheiden (§ 236 UmwG), oder es können Gesellschafter als Komplementäre beitreten, auch wenn sie zuvor nicht dem Rechtsträger angehörten (§ 221 UmwG). Beim formwechselnden Verein auf Gegenseitigkeit können Mitglieder, die dem formwechselnden Verein weniger als drei Jahre vor der Beschlussfassung über den Formwechsel angehören, von der Beteiligung an der Aktiengesellschaft ausgeschlossen werden (§ 294 Abs. 1 S. 2 UmwG). Ausprägung der rechtlichen Identität ist zudem die Fortführung der Firma (sog. Grundsatz der Firmenkontinuität) (§ 200 UmwG), unter Berücksichtigung allgemeiner firmenrechtlicher Grundsätze (§ 200 Abs. 1 Satz 2, Abs. 2 und 3 UmwG).[10]

III. Diskontinuität der Rechtsordnung

Die Grenze der rechtlichen Identität ist die Geltung der für die neue Rechtsform einschlägigen Rechtsordnung. Der Wahrung der Identität des Rechtsträgers steht also die „Diskontinuität der Rechtsordnung"[11] gegenüber. Der Formwechsel führt zur alleinigen Geltung des Rechts der neuen Rechtsform. Dies hat die Änderung der Rechte aller Beteiligten zur Folge: der Gesellschaft, der Gesellschafter, der Organe, der Gläubiger und der Arbeitnehmer. Mit der Beeinträchtigung dieser Rechte gehen entsprechende Interessenkonflikte einher. Aufgabe des Fünften Buches des UmwG ist es, diese Konflikte zu lösen.

7

> **Hinweis:** Das Identitätsprinzip ist ein prägender Grundsatz des Formwechsels.

C. Möglichkeiten des Formwechsels

I. Formwechsel nach dem Fünften Buch des Umwandlungsgesetzes

§ 191 UmwG enthält eine abschließende Aufzählung der Rechtsträger, die zulässigerweise ihre Rechtsform nach dem UmwG wechseln können (Abs. 1) sowie eine abschließende Aufzählung der möglichen neuen Rechtsformen (Abs. 2). Mögliche *formwechselnde Rechtsträger* sind demgemäß:

8

– Personenhandelsgesellschaften (die OHG, deren besondere Form der EWIV und die KG, inklusive der GmbH & Co. KG und der Stiftung & Co. KG) sowie Partnerschaftsgesellschaften (§ 3 Abs. 1 Nr. 1 UmwG),
– Kapitalgesellschaften i. S. d. § 3 Abs. 1 Nr. 2 UmwG,
– eingetragene Genossenschaften,
– rechtsfähige Vereine,
– Versicherungsvereine auf Gegenseitigkeit,
– Körperschaften und Anstalten des öffentlichen Rechts.

---

[10] MüKoHGB/*Kindler* § 21 Rn. 18.
[11] Lutter/*Hoger* § 190 Rn. 2.

9 Nicht erfasst und damit unzulässig ist der Formwechsel der Gesellschaft bürgerlichen Rechts, der Stiftung, der Erbengemeinschaft, der ehelichen Gütergemeinschaft, des einzelkaufmännischen Unternehmens, der stillen Gesellschaft, des nicht rechtsfähigen Vereins, des Vereins des § 53 VAG sowie der Partnerreederei.

10 Mögliche Rechtsträger *neuer Rechtsform* sind:
– Gesellschaften bürgerlichen Rechts,
– Personenhandelsgesellschaften und Partnerschaftsgesellschaften,
– Kapitalgesellschaften,
– eingetragene Genossenschaften.

11 Allerdings sind nicht alle Kombinationsmöglichkeiten zwischen den in Abs. 1 und Abs. 2 genannten Rechtsformen zulässig. Vielmehr schränken die einzelnen Abschnitte des Besonderen Teils des Fünften Buches für jeden Rechtsträger die jeweils möglichen neuen Rechtsformen weiter ein. Gemäß § 191 UmwG i. V. m. §§ 214, 225a, 226, 258, 272, 291, 301 UmwG sind damit allein folgende Varianten des Formwechsels zulässig:
– Personenhandelsgesellschaft in Kapitalgesellschaft und umgekehrt (also OHG oder KG in GmbH, AG oder KGaA und umgekehrt) sowie Personenhandelsgesellschaft in eingetragene Genossenschaft,
– Partnerschaftsgesellschaft in Kapitalgesellschaft und umgekehrt sowie Partnerschaftsgesellschaft in eingetragene Genossenschaft und umgekehrt,
– Kapitalgesellschaft in Gesellschaft bürgerlichen Rechts,
– Kapitalgesellschaft in andere Form der Kapitalgesellschaft,
– Kapitalgesellschaft in eingetragene Genossenschaften und umgekehrt,
– Rechtsfähiger Verein (also Idealverein nach § 21 BGB oder wirtschaftlicher Verein nach § 22 BGB) in Kapitalgesellschaft oder in eingetragene Genossenschaft,
– Versicherungsverein auf Gegenseitigkeit in Aktiengesellschaft,
– Körperschaft oder Anstalt des öffentlichen Rechts in Kapitalgesellschaft.

12 Nicht im Fünften Buch geregelt ist der „Formwechsel" des Einzelkaufmanns. Das UmwG behandelt den Wechsel des Einzelkaufmannes in eine Ein-Mann-Kapitalgesellschaft nämlich als Ausgliederung (siehe § 152 bis § 160 UmwG) sowie den umgekehrten Fall als Verschmelzung (§ 120 bis § 122 UmwG) (vgl. Kap. 2 Rn. 217ff., Kap. 3 Rn. 203ff.).

13 Abbildung 1 veranschaulicht die nach dem UmwG zulässigen und nicht zulässigen Formwechsel; Abbildung 2 gibt eine Übersicht über die jeweils anwendbaren Normen.

Abbildung 1

Rechtsform Alt \ Neu	GbR	PartG	OHG	KG	GmbH	AG	KGaA	e.G.	e.V.	VVaG	K.ö.R.
GbR	(–)	(–)	HGB	HGB	(–)	(–)	(–)	(–)	(–)	(–)	(–)
PartG	(–)	(–)	(+)	(–)	(+)	(+)	(+)	(+)	(–)	(–)	(–)
OHG	HGB	(–)	(–)	HGB	(+)	(+)	(+)	(+)	(–)	(–)	(–)
KG	HGB	(–)	HGB	(–)	(+)	(+)	(+)	(+)	(–)	(–)	(–)
GmbH	(+)	(+)	(+)	(+)	(–)	(+)	(+)	(+)	(–)	(–)	(–)
AG	(+)	(+)	(+)	(+)	(+)	(–)	(+)	(+)	(–)	(–)	(–)
KGaA	(+)	(+)	(+)	(+)	(+)	(+)	(–)	(+)	(–)	(–)	(–)
e.G.	(–)	(–)	(–)	(–)	(+)	(+)	(+)	(–)	(–)	(–)	(–)
e.V.	(–)	(–)	(–)	(–)	(+)	(+)	(+)	(+)	(–)	(–)	(–)
VVaG	(–)	(–)	(–)	(–)	(–)	(–)	(–)	(–)	(–)	(–)	(–)
K.ö.R.	(–)	(–)	(–)	(–)	(+)	(+)	(+)	(–)	(–)	(–)	(–)

HGB = Formwechsel erfolgt nach den Vorschriften des HGB; (+) = Formwechsel nach UmwG möglich; (–) = Formwechsel nach UmwG nicht möglich

Abbildung 2

Alte Rechtsform	Neue Rechtsform	Anwendbare Normen des Besonderen Teils
AG	KGaA	§§ 238–250
	GmbH	§§ 238–250
	PhG	§§ 228–237
	PartG	§§ 228–237
	e.G.	§§ 251–257
	GbR	§§ 228–237
KGaA	AG	§§ 238–250
	GmbH	§§ 238–250
	PhG	§§ 228–237
	PartG	§§ 228–237
	e.G.	§§ 251–257
	GbR	§§ 228–237
GmbH	AG	§§ 238–250
	KGaA	§§ 238–250
	PhG	§§ 228–237
	PartG	§§ 228–237
	e.G.	§§ 251–257
	GbR	§§ 228–237
PhG	AG	§§ 214–225
	KGaA	§§ 214–225
	GmbH	§§ 214–225
	e.G.	§§ 214–225
PartG	AG	§§ 225a–225c
	KGaA	§§ 225a–225c
	GmbH	§§ 225a–225c
	e.G.	§§ 225a–225c
e.V.	AG	§§ 272–282
	KGaA	§§ 272–282
	GmbH	§§ 272–282
	e.G.	§§ 283–290
e.G.	AG	§§ 258–271
	KGaA	§§ 258–271
	GmbH	§§ 258–271

Alte Rechtsform	Neue Rechtsform	Anwendbare Normen des Besonderen Teils
VVaG	AG	§§ 291–300
Wirtschaftlicher Verein	AG	§§ 272–282
	KGaA	§§ 272–282
	GmbH	§§ 272–282
	e. G.	§§ 283–289
Öffentlich-rechtliche Körperschaften/Anstalten	AG	§§ 301–304
	KGaA	§§ 301–304
	GmbH	§§ 301–304

II. Formwechsel außerhalb des Umwandlungsgesetzes

16 Der Katalog des § 191 UmwG und der Besondere Teil des Fünften Buches regeln abschließend alle Möglichkeiten des Formwechsels nach dem UmwG (sog. *numerus clausus* der Umwandlungsfälle[12], vgl. Kap. 1 Rn. 62). Eine analoge Anwendung des UmwG auf dort nicht geregelte Fälle ist demnach nicht möglich.[13] Ein Formwechsel außerhalb des UmwG kommt daher nur in Betracht, wenn er durch Bundes- oder Landesgesetz ausdrücklich vorgesehen ist (§ 1 Abs. 1 Nr. 4, Abs. 2 UmwG) (vgl. Kap. 1 Rn. 64).

17 Fälle des *identitätswahrenden Formwechsels kraft Gesetzes* außerhalb des UmwG sind insbesondere (vgl. Kap. 1 Rn. 89 ff.):
- Gesellschaft bürgerlichen Rechts zu OHG durch Aufnahme eines Handelsgewerbes oder durch Eintragung ins Handelsregister,
- OHG zu KG, falls beschränkt haftender Gesellschafter beitritt,
- KG zu OHG, falls einziger Komplementär ausscheidet und KG nicht liquidiert wird,[14]
- KGaA zu AG, falls einziger persönlich haftender Gesellschafter ausscheidet und die anderen Gesellschafter die Gesellschaft fortsetzen,
- Vor-AG und Vor-GmbH zu AG und GmbH durch Eintragung ins Handelsregister,
- Nicht rechtsfähiger Verein zu rechtsfähiger Vereins durch Eintragung ins Vereinsregister,
- Gesellschaft bürgerlichen Rechts, OHG und KG zu einzelkaufmännischem Unternehmen, falls alle bis auf einen persönlich haftenden Gesellschafter ausscheiden,
- AG in SE nach Art. 17, Art. 66 SE-VO und e. G. in Europäische Genossenschaft (Societas Cooperativa Europaea – SCE) nach Art. 17 ff. SCE-VO.

---

[12] Kallmeyer/*Meister/Klöcker* § 190 Rn. 12; Lutter/*Hoger* § 190 Rn. 9; Semler/Stengel/*Stengel* § 190 Rn. 24.

[13] Lutter/*Hoger* § 190 Rn. 11; Semler/Stengel/*Schwanna* § 190 Rn. 24; *Schnorbus* DB 2001, 1654, 1656; a. A. *Kießling* WM 1999, 2391, 2398; kritisch: *K. Schmidt*, in: FS Kropff, 1997, 259; *Zöllner* ZGR 1993, 335, 340.

[14] Siehe BGHZ 68, 12.

III. Formwechsel durch Verschmelzung

Ein Formwechsel kann außerhalb des Fünften Buches auch erfolgen, indem zunächst eine Gesellschaft mit der angestrebten Zielrechtsform gegründet wird und im zweiten Schritt der Ausgangsrechtsträger auf die neu gegründete Gesellschaft verschmolzen wird („*Mischverschmelzung*").[15] Ein solches Vorgehen kann sich anbieten, wenn das UmwG eine bestimmte Form des Formwechsels nicht zulässt (z. B. Genossenschaft zu Personengesellschaft). In diesen Fällen kann der Wechsel der Rechtsform durch eine Mischverschmelzung erreicht werden. Vorteilhaft kann ein solcher mittelbarer Wechsel der Rechtsform außerdem sein, wenn in der Jahresbilanz des übernehmenden Rechtsträgers als Anschaffungskosten i. S. d. § 253 Abs. 1 HGB die in der Schlussbilanz des übertragenden Rechtsträgers angesetzten Werte angesetzt werden sollen (§ 24 UmwG). Denn dies ist im Falle des Formwechsels nach dem Fünften Buch nicht möglich. Dort ist die Bilanz nämlich grundsätzlich fortzuführen.[16]

18

D. Motive für einen Formwechsel

Dem Formwechsel können verschiedene Motive zugrunde liegen (vgl. Kap. 1 Rn. 2). In Betracht kommt etwa, dass eine Personengesellschaft die Vorteile der Kapitalgesellschaft nutzen möchte. Zu denken ist hier vor allem an die beschränkte Haftung sowie an die Möglichkeit der Fremdorganschaft. Ein Wechsel einer GmbH in die Rechtsform der AG kann sich insbesondere anbieten, falls ein Börsengang geplant ist, um den Kapitalmarkt zur Eigenkapitalaufnahme in Anspruch zu nehmen. Außerdem erlaubt die Rechtsform der Aktiengesellschaft eine Minderheit der Anteilsinhaber durch einen *squeeze-out* aus der Gesellschaft zu drängen (§§ 327a ff. AktG). Zudem hat der Vorstand der AG eine größere Handlungsfreiheit als die Geschäftsführer der GmbH, die an Weisungen der Gesellschafter gebunden sind (§§ 37, 45 GmbHG). Zuletzt kann der Wechsel einer GmbH in die Rechtsform der Aktiengesellschaft ein Seriositätssignal für Fremdkapitalgeber und sonstige Gläubiger bedeuten. Umgekehrt kann ein Wechsel einer Aktiengesellschaft in die Rechtsform der GmbH gewünscht sein, um vom flexiblen GmbH-Recht Gebrauch machen zu können. Ein Motiv für den Wechsel einer Kapitalgesellschaft in die Rechtsform einer Personengesellschaft kann etwa darin liegen, durch das Aufleben der persönlichen Haftung die Kreditwürdigkeit zu verbessern. Außerdem sind Personengesellschaften generell weniger streng reguliert. Es bestehen beispielsweise geringere Publizitätsanforderungen und keine zwingende Mitbestimmung. Zuletzt kann ein Formwechsel auch steuerliche Gründe haben.[17]

19

---

[15] Sagasser/Bula/Brünger/*Sagasser* § 25 Rn. 9.
[16] Zu diesem Motiv der Mischverschmelzung siehe Sagasser/Bula/Brünger/*Sagasser* § 25 Rn. 9.
[17] Ausführlich zu steuerlichen Motiven des Formwechsels siehe Sagasser/Bula/Brünger/*Sagasser* § 25 Rn. 2 ff.; Lutter/*Schumacher* Anh. 1 nach § 304 Rn. 6 ff.

Nikolaus Bunting

Lösung zu Fall 1a: Im Fall 1a planen die Aktionäre der A-AG einen Formwechsel in eine GmbH & Co. KG. Sie möchten, dass eine neu gegründete GmbH, die zuvor nicht am Vermögen der A-AG beteiligt war, bereits während und nicht erst nach der Umwandlung als Komplementär-GmbH beitritt. Es stellt sich die Frage, ob ein solches Vorgehen möglich ist.

Gegen den Beitritt der GmbH während des Formwechsels könnte der Identitätsgrundsatz sprechen.[18] Denn dieser äußert sich auch darin, dass der Bestand der Anteilsinhaber vor und nach dem Formwechsel gleich ist (Kontinuität der Mitgliedschaft, vgl. § 202 Abs. 1 Nr. 2 UmwG). Im Falle des Beitritts einer zuvor nicht am Vermögen einer formwechselnden Kapitalgesellschaft beteiligten Komplementär-GmbH während des Umwandlungsvorgangs würde sich entgegen des Identitätsgrundsatzes jedoch der Bestand der Anteilsinhaber ändern. Man könnte allerdings auch der Ansicht sein, dass der Identitätsgrundsatz nicht so weit reicht, den Beitritt von Gesellschaftern während des Formwechsels auszuschließen.[19] So lässt sich §§ 202 Abs. 1 Nr. 2 S. 1, 194 Abs. 1 Nr. 3 UmwG nur entnehmen, dass alle Anteilsinhaber auch nach dem Formwechsel am Rechtsträger neuer Rechtsform beteiligt sind, soweit deren Beteiligung nicht nach dem Fünften Buch entfällt. Der *Gesellschafterbeitritt* hingegen ist dort nicht ausdrücklich ausgeschlossen. Auch der Umstand, dass allein für den Formwechsel in die KGaA der Beitritt persönlich haftender Gesellschafter (§ 221 UmwG) ausdrücklich normiert ist, bedeutet nicht, dass in anderen Fällen des Formwechsels ein Beitritt ausgeschlossen wäre. Vielmehr spricht der Charakter des Formwechsels als modifizierte Neugründung dafür, die „privatautonome Kombination von Formwechsel und Gesellschafterbeitritt"[20] nicht auszuschließen. Im Ergebnis ist damit das von den Aktionären der A-AG beabsichtigte Vorgehen möglich.

Lösung zu Fall 1b: Im Fall 1b planen Gesellschafter der B-GmbH & Co. KG einen Formwechsel in eine GmbH. Die nicht an dem Vermögen der B-GmbH & Co. KG beteiligte Komplementär GmbH soll mit Wirksamwerden des Formwechsels aus der B-GmbH & Co. KG ausscheiden. Es stellt sich die Frage, ob ein solches Vorgehen möglich ist.

Gegen das Ausscheiden der GmbH könnte auch hier der Identitätsgrundsatz sprechen. Wie bereits erwähnt ergibt sich aus §§ 202 Abs. 1 Nr. 2 S. 1, 194 Abs. 1 Nr. 3 UmwG, dass alle Anteilsinhaber auch nach dem Formwechsel am Rechtsträger neuer Rechtsform beteiligt sind. Durch das Gebot der Kontinuität der Mitgliedschaft soll aber lediglich gewährleistet werden, dass kein unfreiwilliger Ausschluss von Gesellschaftern stattfindet.[21] Darüber hinaus ist der persönlich haftende Gesellschafter nicht am Kapital der KG beteiligt. Damit entfällt eine wesentliche Prämisse, die dem Gedanken der Kontinuität der Mitgliedschaft zugrunde liegt.[22] Zuletzt wäre es inkonsequent, wenn ein persönlich haftender Gesellschafter zwar eintreten, aber nicht austreten darf. Der Grundsatz der Kontinuität der Mitgliedschaft ist in beiden Fällen gleichermaßen tangiert.[23] Im Ergebnis ist damit das von den Gesellschaftern der B-GmbH & Co. KG beabsichtigte Vorgehen möglich.

---

[18] So *Bärwaldt/Schabacker* ZIP 1998, 1293, 1294; *Lohlein* ZIP 1995, 426; *Priester* DNotZ 1995, 427, 449; *v. der Osten* GmbHR 1995, 438, 439.

[19] So *orbita dicta* BGH DB 2005, 1843; *K. Schmidt* GmbHR 1995, 693, 695; *Kallmeyer* GmbHR 1996, 80, 82; *Priester* DB 1997, 560, 566; *Wiedemann* ZGR 1999, 568, 578; *Veil* DB 1996, 2529, 2530; Semler/Stengel/*Bärwaldt* § 197 Rn. 9, 13; Lutter/*Hoger* § 202 Rn. 12; Schmitt/Hörtnagl/Stratz/*Westerburg* § 226 Rn. 3.

[20] Schmitt/Hörtnagl/Stratz/*Stratz* § 226 Rn. 3.

[21] *Wiedemann* ZGR 1999, 568, 578.

[22] *K. Schmidt* GmbHR 1995, 693, 694.

[23] Kallmeyer/*Blasche* § 218 Rn. 14; Semler/Stengel/*Schlitt* § 218 Rn. 21.

Nikolaus Bunting

§ 2 Verfahren zum Formwechsel

Das Verfahren zum Formwechsel lässt sich in drei Phasen gliedern: Die Vorbereitungsphase, die Beschlussfassung und die Vollziehung des Beschlusses (vgl. Kap. 1 Rn. 98 ff.). 20

Fall 2: Die Mehrheit der Gesellschafter der B-AG beabsichtigt einen Formwechsel in die Rechtsform der GmbH. Dazu wäre grundsätzlich eine Mehrheit von mindestens ¾ des bei der Beschlussfassung vertretenen Grundkapitals erforderlich (§ 240 Abs. 1 UmwG). Aktionär A fragt sich jedoch, wie es sich auswirkt, dass die Satzung der B-AG für Satzungsänderungen eine Mehrheit von 90 % vorsieht. Kann der Umwandlungsbeschluss trotzdem mit einer ¾-Mehrheit gefasst werden?

A. Vorbereitungsphase

Zu Beginn der Vorbereitungsphase steht die Prüfung, ob der geplante Formwechsel nach dem UmwG überhaupt zulässig ist. Rechtsträger und beabsichtigte Zielrechtsform müssen dazu vom abschließenden Katalog des § 191 UmwG und dem Besonderen Teil des Fünften Buches (siehe §§ 214, 226, 225a, 258, 272, 291, 301 UmwG) erfasst sein. Ist dies der Fall, so ist im nächsten Schritt ein Umwandlungsbericht anzufertigen. 21

I. Umwandlungsbericht (§ 192 UmwG)

Bevor die Anteilsinhaber den Beschluss zum Formwechsel fassen können, ist es zunächst erforderlich, dass das Vertretungsorgan des formwechselnden Rechtsträgers einen schriftlichen Umwandlungsbericht verfasst. Dieser ist in § 192 Abs. 1 S. 1 UmwG legaldefiniert als ein Bericht, der den „Formwechsel und insbesondere die künftige Beteiligung der Anteilsinhaber an dem Rechtsträger rechtlich und wirtschaftlich erläutert und begründet". Der Umwandlungsbericht muss insbesondere darauf eingehen, weshalb der Formwechsel rechtlich und wirtschaftlich zweckmäßig ist. Außerdem ist den Anteilsinhabern die Auswirkung des Formwechsels auf ihre Mitgliedschaft zu erläutern.[24] Der Umwandlungsbericht dient damit der Information der Gesellschafter als „standardisierte Informationsquelle"[25]. Die Anteilsinhaber sollen sich durch den Umwandlungsbericht eine durchdachte Meinung über den Formwechsel bilden können, um dann in Kenntnis aller relevanten Umstände für oder gegen den Formwechsel zu stimmen.[26] Der Umwandlungsbericht muss den Anteilsinhabern insbesondere die Möglichkeit eröffnen, die Entscheidung der Geschäftsleiter einer Plausibilitätskontrolle zu unterziehen. Nicht erforderlich ist hingegen, 22

---

[24] BT-Drs. 12/6699, 138; Lutter/*Hoger* § 192 Rn. 22.
[25] Sagasser/Bula/Brünger/*Sagasser*/*Luke* § 26 Rn. 79; Semler/Stengel/*Schwanna* § 190 Rn. 14.
[26] OLG Frankfurt GmbHR 2003, 1274, 1275; Lutter/*Hoger* § 192 Rn. 2.

dass die Anteilsinhaber jedes Detail und die inhaltliche Richtigkeit überprüfen können.[27] Als standardisierte Informationsquelle ist der Umwandlungsbericht vor allem praktisch relevant für Gesellschaften mit großem Gesellschafterkreis, bei denen eine individuelle Information aller Gesellschafter nicht in Betracht kommt.[28]

23 Dem Informationszweck entsprechend, muss ein Umwandlungsbericht nicht verfasst werden, wenn nur ein Anteilsinhaber beteiligt ist (§ 192 Abs. 2 S. 1 Hs. 1 UmwG) oder wenn alle Anteilsinhaber auf seine Erstattung durch notariell beurkundete Erklärung nach § 192 Abs. 2 S. 2 UmwG verzichten (§ 192 Abs. 2 S. 1 Hs. 2 UmwG). Außerdem ist in den Fällen des Formwechsels von Personengesellschaften ein Umwandlungsbericht entbehrlich, wenn alle Gesellschafter der formwechselnden Gesellschaft zur Geschäftsführung berechtigt sind (§ 215 UmwG).

24 Der Umwandlungsbericht muss einen Entwurf des später anzufertigenden Umwandlungsbeschlusses enthalten (§ 192 Abs. 1 S. 3 UmwG). Auch im Falle der Entbehrlichkeit des Umwandlungsberichts ist zur Wahrung der frühzeitigen Information der Arbeitnehmer ein Entwurf des Umwandlungsbeschlusses anzufertigen, wenn der formwechselnde Rechtsträger einen Betriebsrat hat.[29] Der Entwurf ist spätestens einen Monat vor dem Tag der Versammlung der Anteilsinhaber dem zuständigen Betriebsrat zuzuleiten (§ 194 Abs. 2 UmwG).

II. Prüfung

25 Im Gegensatz zur Verschmelzung und zur Spaltung ist eine Prüfung des Formwechsels selbst nicht vorgesehen. Erforderlich ist jedoch die Prüfung der Angemessenheit der Barabfindung nach den Verschmelzungsregeln (§§ 207, 208, 30 Abs. 2 UmwG i. V. m. § 10 bis § 12 UmwG). Ist Zielrechtsform die AG oder die KGaA, so ist eine Gründungsprüfung nach dem Gründungsrecht des AktG durchzuführen (§ 220 Abs. 3 S. 1 UmwG, § 33 Abs. 2 AktG). Beim Wechsel einer Personengesellschaft in die Rechtsform der GmbH ist ein Sachgründungsbericht nach dem Gründungsrecht der GmbH erforderlich (§§ 219, 220 Abs. 2 UmwG, § 5 Abs. 4 S. 2 GmbHG) (zur grundsätzlich entsprechenden Anwendung des Gründungsrechts vgl. Rn. 66 ff.).

---

[27] LG Wiesbaden AG 1999, 47, 48; *Meyer-Landrut/Kiem* WM 1997, 1413, 1416; Lutter/ *Hoger* § 192 Rn. 10.
[28] BT-Drs. 12/6699, 138; Widmann/Mayer/*Vossius* § 190 UmwG Rn. 45; Semler/Stengel/ *Schwanna* § 190 Rn. 14.
[29] Semler/Stengel/*Schwanna* § 190 Rn. 15.

B. Beschlussfassung

Der Vorbereitungsphase schließt sich die Beschlussfassung an. Der Formwechsel erfordert einen notariell beurkundeten Beschluss der Anteilsinhaber (§ 193 Abs. 1, Abs. 3 S. 1 UmwG). Der Beschluss kann nur in einer Versammlung der Anteilsinhaber gefasst werden (§ 193 Abs. 1 S. 2 UmwG). Demzufolge sind insbesondere keine Umlaufbeschlüsse möglich.[30] Wie der Umwandlungsbericht dient auch der Umwandlungsbeschluss der Information der Anteilsinhaber.[31] Vor allem verdeutlicht der Pflichtkatalog des Inhalts des Umwandlungsbeschlusses (§ 194 Abs. 1 UmwG) den Anteilsinhabern die Bedeutung ihrer Beschlussfassung.[32]

I. Anwendbares Recht

Die Einberufung zur Versammlung der Anteilsinhaber und der Ablauf erfolgt nach den Regeln des formwechselnden Rechtsträgers.[33] Bei der AG erfolgt die Bekanntmachung der Einladung zur Hauptversammlung etwa in den Gesellschaftsblättern (§ 121 Abs. 4 AktG). Die Mitteilung von Umwandlungsbericht und Abfindungsangebot richtet sich hingegen nach dem UmwG (siehe §§ 216, 230 bis §§ 232, 238, 239, 251, 260, 261, 274, 283, 292 UmwG). Außerdem sieht das UmwG vor, dass der unterzeichnete Umwandlungsbericht in der Versammlung auszulegen und gegebenenfalls mündlich zu erläutern ist (§§ 232, 239, 261 Abs. 1, 274 Abs. 2 UmwG).

II. Quoren

Die erforderlichen Quoren sind sowohl abhängig von der Rechtsform des wechselnden Rechtsträgers als auch von der Rechtsform des neuen Rechtsträgers (§§ 217, 233, 240 bis §§ 242, 252, 262, 275, 284 und § 293 UmwG). Ist formwechselnder Rechtsträger eine Personengesellschaft, ist stets Einstimmigkeit erforderlich. Davon Abweichend kann der Gesellschaftsvertrag Mehrheitsentscheidungen vorsehen, wobei allerdings ein Quorum von ¾ nicht unterschritten werden darf (§ 218 Abs. 1 UmwG). Beim Formwechsel einer Kapitalgesellschaft genügt grundsätzlich eine ¾-Mehrheit (§§ 233 Abs. 2, 240 Abs. 1, 252 Abs. 2 UmwG). Etwas anderes gilt jedoch, wenn die neue Rechtsform die der GbR, OHG, oder Genossenschaft mit Nachschusspflicht sein soll. In diesen Fällen ist Einstimmigkeit erforderlich (§§ 233 Abs. 1, 252 Abs. 1 UmwG).

---

[30] Semler/Stengel/*Schwanna* § 190 Rn. 20; Lutter/*Hoger* § 193 Rn. 3.
[31] Widmann/Mayer/*Vossius* § 194 UmwG Rn. 4; Semler/Stengel/*Bärwaldt* § 194 Rn. 2.
[32] Lutter/*Hoger* § 194 Rn. 1.
[33] Widmann/Mayer/*Vossius* § 190 UmwG Rn. 66; Semler/Stengel/*Schwanna* § 190 Rn. 19, 20.

III. Zustimmungserfordernis bestimmter Anteilsinhaber

29   In gewissen Fällen ist die Beschlussfassung neben dem Erreichen des erforderlichen Quorums auch von der Zustimmung besonders betroffener Anteilsinhaber abhängig. Dem liegt der in § 35 BGB niedergelegte Gedanke zugrunde, dass Sonderrechte nicht ohne Zustimmung des Betroffenen beeinträchtigt werden dürfen.[34] Ein solches Zustimmungserfordernis besteht:
1. im Falle der Vinkulierung (§ 193 Abs. 2 UmwG),
2. wenn der Anteilsinhaber durch den Formwechsel persönlich haftender Gesellschafter wird (§§ 217 Abs. 3, 233 Abs. 1, Abs. 2 S. 3 UmwG) und
3. wenn der Anteilsinhaber durch den Formwechsel Einbußen hinsichtlich seiner Beteiligung hinnehmen muss (§§ 241 Abs. 1 und Abs. 2, §§ 50 Abs. 2, 242 UmwG) (ausführlich zum Zustimmungserfordernis im Falle des nichtverhältniswahrenden Formwechsels vgl. Rn. 45).

30   Abbildung 3 stellt in einer Übersicht sämtliche Quoren und Zustimmungserfordernisse dar.

---

[34] BT-Drs. 12/6699, 138; Semler/Stengel/*Bärwaldt* § 193 Rn. 18.

Abbildung 3

Formwechselnder Rechtsträger	Neue Rechtsform	Erforderliche Mehrheiten und Zustimmungen	Normen
OHG, EWIV, KG	Kapitalgesellschaft, e. G.	alle Gesellschafter; Gesellschaftsvertrag kann Mehrheitserfordernis bis auf drei Viertel der abgegebenen Stimmen absenken	§§ 217 Abs. 1; 252 Abs. 1
PartG	Kapitalgesellschaft, e. G.	alle Gesellschafter; Gesellschaftsvertrag kann Mehrheitserfordernis bis auf drei Viertel der abgegebenen Stimmen absenken	§§ 225 c; 217 Abs. 1; 252 Abs. 1
GmbH, AG	GbR, OHG, EWIV, PartG	alle Gesellschafter/Aktionäre	§ 233 Abs. 1
GmbH/AG	KG	GmbH: mind. drei Viertel der abgegebenen Stimmen; AG: mind. drei Viertel des vertretenen Grundkapitals; Gesellschaftsvertrag/Satzung kann strengeres Mehrheitserfordernis vorsehen; Zustimmung aller künftigen Komplementäre	§ 233 Abs. 2
GmbH/AG	AG, GmbH	GmbH: mind. drei Viertel der abgegebenen Stimmen; AG: mind. drei Viertel des vertretenen Grundkapitals; Gesellschaftsvertrag/Satzung kann strengeres Mehrheitserfordernis vorsehen	§ 240 Abs. 1
GmbH/AG	KGaA	GmbH: mind. drei Viertel der abgegebenen Stimmen; AG: mind. drei Viertel des vertretenen Grundkapitals; Gesellschaftsvertrag/Satzung kann strengeres Mehrheitserfordernis vorsehen; Zustimmung aller künftigen Komplementäre	§ 240 Abs. 1, 2
GmbH/AG	e. G.	bei Nachschusspflicht lt. Statut: alle Gesellschafter/Aktionäre; sonst: bei GmbH mind. drei Viertel der abgegebenen Stimmen; bei AG mind. drei Viertel des vertretenen Grundkapitals; Gesellschaftsvertrag/Satzung kann strengeres Mehrheitserfordernis vorsehen	§ 252 Abs. 1, 2
KGaA	GbR, OHG, EWIV, PartG	alle Komplementäre und Kommanditaktionäre	§ 233 Abs. 1, 3 S. 1
KGaA	KG	mind. drei Viertel des vertretenen Grundkapitals; Satzung kann strengeres Mehrheitserfordernis vorsehen; Zustimmung aller bisherigen Komplementäre; Satzung kann Mehrheitserfordernis insoweit bis auf einfache Mehrheit absenken; Zustimmung aller künftigen Komplementäre	§ 233 Abs. 2, 3
KGaA	GmbH	mind. drei Viertel des vertretenen Grundkapitals; Satzung kann strengeres Mehrheitserfordernis vorsehen; Zustimmung aller Komplementäre; Satzung kann Mehrheitserfordernis insoweit bis auf einfache Mehrheit absenken	§ 240 Abs. 1, 3

Formwechselnder Rechtsträger	Neue Rechtsform	Erforderliche Mehrheiten und Zustimmungen	Normen
KGaA	AG	mind. drei Viertel des vertretenen Grundkapitals; Satzung kann strengeres Mehrheitserfordernis vorsehen oder Mehrheitserfordernis bis auf einfache Mehrheit absenken; Zustimmung aller Komplementäre; Satzung kann Mehrheitserfordernis insoweit bis auf einfache Mehrheit absenken	§ 240 Abs. 1, 3
KGaA	e. G.	bei Nachschusspflicht lt. Statut: alle Komplementäre und Kommanditaktionäre; sonst: mind. drei Viertel des vertretenen Grundkapitals; Satzung kann strengeres Mehrheitserfordernis vorsehen; Zustimmung aller Komplementäre; Satzung kann Mehrheitserfordernis insoweit bis auf einfache Mehrheit absenken	§ 252 i. V. m. § 240 Abs. 3
e. G.	GmbH, AG	mind. drei Viertel, bei Widerspruch 9/10 der abgegebenen Stimmen; Satzung kann strengeres Mehrheitserfordernis vorsehen	§ 262 Abs. 1
e. G.	KGaA	mind. drei Viertel, bei Widerspruch mind. 9/10 der abgegebenen Stimmen; Satzung kann strengeres Mehrheitserfordernis vorsehen; Zustimmung aller künftigen Komplementäre	§ 262 i. V. m. § 240 Abs. 2
rechtsfähiger Verein	GmbH, AG	bei Zweckänderung: alle Mitglieder; sonst: mind. drei Viertel, bei Widerspruch mind. 9/10 der erschienenen Mitglieder; Satzung kann strengeres Mehrheitserfordernis vorsehen	§ 275 Abs. 1, 2
rechtsfähiger Verein	KGaA	bei Zweckänderung: alle Mitglieder; sonst: mind. drei Viertel, bei Widerspruch mind. 9/10 der erschienenen Mitglieder; Satzung kann strengeres Mehrheitserfordernis vorsehen; Zustimmung aller künftigen Komplementäre	§ 275 i. V. m. § 240 Abs. 2
rechtsfähiger Verein	e. G.	bei Zweckänderung oder Nachschusspflicht lt. Statut: alle Mitglieder; sonst: mind. drei Viertel, bei Widerspruch mind. 9/10 der erschienenen Mitglieder; Satzung kann strengeres Mehrheitserfordernis vorsehen	§ 284 i. V. m. § 275 Abs. 2
VVaG	AG	mind. drei Viertel, bei Widerspruch mind. 9/10 der abgegebenen Stimmen; Satzung kann strengeres Mehrheitserfordernis vorsehen	§ 293
Körperschaften und Anstalten des öffentlichen Rechts	GmbH, AG, KGaA	Mehrheitserfordernis richtet sich nach öffentlich-rechtlichem Umwandlungsrecht; bei Formwechsel in KGaA jedenfalls Zustimmung der künftigen Komplementäre	§§ 302; 193 Abs. 2

IV. Inhalt des Umwandlungsbeschlusses

Nach § 194 Abs. 1 UmwG muss der Umwandlungsbeschluss mindestens folgenden Inhalt haben: 32
1. die Rechtsform, die der Rechtsträger durch den Formwechsel erlangen soll;
2. den Namen oder die Firma des Rechtsträgers neuer Rechtsform;
3. eine Beteiligung der bisherigen Anteilsinhaber an dem Rechtsträger nach den für die neue Rechtsform geltenden Vorschriften, soweit ihre Beteiligung nicht nach den Vorschriften des Fünften Buches des UmwG entfällt;
4. Zahl, Art und Umfang der Anteile oder der Mitgliedschaften, welche die Anteilsinhaber durch den Formwechsel erlangen sollen oder die einem beitretenden persönlich haftenden Gesellschafter eingeräumt werden sollen;
5. die Rechte, die einzelnen Anteilsinhabern sowie den Inhabern besonderer Rechte wie Anteile ohne Stimmrecht, Vorzugsaktien, Mehrstimmrechtsaktien, Schuldverschreibungen und Genussrechte in dem Rechtsträger gewährt werden sollen, oder die Maßnahmen, die für diese Personen vorgesehen sind;
6. ein Abfindungsangebot nach § 207 UmwG, sofern nicht der Umwandlungsbeschluss zu seiner Wirksamkeit der Zustimmung aller Anteilsinhaber bedarf oder an dem formwechselnden Rechtsträger nur ein Anteilsinhaber beteiligt ist;
7. die Folgen des Formwechsels für die Arbeitnehmer und ihre Vertretungen sowie die insoweit vorgesehenen Maßnahmen.

Dieser Mindestinhalt des Umwandlungsbeschlusses wird ergänzt durch die Bestimmungen des Besonderen Teils (siehe dazu §§ 218, 234, 243, 253, 263, 276, 285, 294 UmwG). 33

C. Vollziehung

Der Beschlussfassung folgt die Vollziehung des Formwechsels.

I. Anmeldung zur Eintragung (§ 198 UmwG)

Nach § 198 Abs. 1 UmwG ist die neue Rechtsform des Rechtsträgers zur Eintragung in das Register, in dem der formwechselnde Rechtsträger eingetragen ist, anzumelden. Ist der formwechselnde Rechtsträger nicht eingetragen, so ist maßgebliches Register dasjenige für die neue Rechtsform (§ 198 Abs. 2 S. 1 UmwG). Gleiches gilt für den Fall, dass sich durch den Formwechsel das maßgebende Register ändert (§ 198 Abs. 2 S. 3 UmwG). Zusätzlich ist dann die Umwandlung auch zur Eintragung in das Register anzumelden, in dem der formwechselnde Rechtsträger eingetragen ist (§ 198 Abs. 2 S. 3 UmwG). Diese Eintragung ist mit dem Vermerk zu versehen, dass die Umwandlung erst mit der Eintragung des Rechtsträgers neuer Rechtsform in das für diese maßgebende Register wirksam wird, sofern die Eintragungen in den Registern aller beteiligten Rechtsträger nicht am selben Tag erfolgen (§ 198 Abs. 2 S. 4 UmwG). Der Rechtsträger neuer 34

Rechtsform darf erst eingetragen werden, nachdem die Umwandlung nach den Sätzen 3 und 4 eingetragen worden ist (§ 198 Abs. 2 S. 5 UmwG). Trotz Geltung des Gründungsrechts (§ 197 UmwG) sind die Regeln zum Inhalt der Anmeldung der Gesellschaft zur Eintragung ins Handelsregister (siehe etwa § 8 Abs. 1 GmbHG, § 37 Abs. 1 AktG) nicht anzuwenden (§ 246 Abs. 3 UmwG).

35 Der Anmeldung zur Eintragung sind gemäß § 199 UmwG folgende Unterlagen beizufügen:
1. die Niederschrift des Umwandlungsbeschlusses,
2. die nach diesem Gesetz erforderlichen Zustimmungserklärungen einzelner Anteilsinhaber einschließlich der Zustimmungserklärungen nicht erschienener Anteilsinhaber,
3. der Umwandlungsbericht oder die Erklärungen über den Verzicht auf seine Erstellung sowie
4. ein Nachweis über die Zuleitung nach § 194 Abs. 2 UmwG.

36 Außerdem muss das Vertretungsorgan bei der Anmeldung erklären, dass eine Klage gegen die Wirksamkeit eines Verschmelzungsbeschlusses nicht oder nicht fristgemäß erhoben oder eine solche Klage rechtskräftig abgewiesen oder zurückgenommen worden ist (§ 198 Abs. 3 UmwG i. V. m. § 16 Abs. 2 S. 1 Hs. 1 UmwG) (zur Möglichkeit des Freigabeverfahrens im Falle der Klage vgl. Kap. 7 Rn. 47 ff.). Fehlt die Erklärung, so darf das Registergericht die Eintragung nicht vornehmen (§ 198 Abs. 3 UmwG i. V. m. § 16 Abs. 2 S. 2 Hs. 1 UmwG). Etwas anderes gilt nur dann, wenn alle klageberechtigten Anteilsinhaber notariell beurkundet ihren Verzicht auf die Klage erklären (§ 198 Abs. 3 UmwG i. V. m. § 16 Abs. 2 S. 2 Hs. 2 UmwG).

37 Der Besondere Teil enthält Ergänzungen zu den anmeldepflichtigen Personen (siehe §§ 222, 235 Abs. 2, 246 Abs. 1, 254 Abs. 1, 265 S. 1, 278 Abs. 1, 286, 296 UmwG) und zum Inhalt der Anmeldung (siehe §§ 222 Abs. 1, 235 Abs. 1 S. 1, 246 Abs. 2, 3, 265 S. 1 UmwG).

II. Eintragung (§ 202 UmwG)

38 Die Eintragung hat folgende Wirkungen: Der Rechtsträger besteht in der neuen Rechtsform fort (§ 202 Abs. 1 Nr. 1 UmwG). Die Anteilsinhaber sind nach den für die neue Rechtsform geltenden Vorschriften an dem Rechtsträger beteiligt (§ 202 Abs. 1 Nr. 2 S. 1 UmwG). Rechte Dritter an den Anteilen oder Mitgliedschaften bestehen fort (§ 202 Abs. 1 Nr. 2 S. 2 UmwG). Mängel der Form oder erforderlicher Zustimmungs- oder Verzichtserklärungen einzelner Anteilsinhaber werden geheilt (§ 202 Abs. 1 Nr. 3 UmwG) (vgl. Kap. 1 Rn. 115).

III. Bekanntmachung (§ 201 UmwG)

39 Das für die Eintragung zuständige Gericht macht die Eintragung gemäß § 10 HGB ihrem ganzen Inhalt nach bekannt (§ 201 UmwG). Die Norm dient

der Publizität des Formwechsels. Darüber hinaus hat die Bekanntmachung Bedeutung für:
1. den Beginn der sechsmonatigen Frist, innerhalb derer die Gläubiger Sicherheitsleistung verlangen können (§§ 204, 22 Abs. 1 S. 1 UmwG),
2. den Beginn der fünfjährigen Verjährungsfrist der Schadensersatzansprüche gegen den Verwaltungsträger des formwechselnden Rechtsträgers (§ 205 Abs. 2 UmwG),
3. den Beginn der zweimonatigen Frist zur Annahme des Angebots auf Barabfindung (§ 209 S. 1 UmwG) und der anderweitigen Veräußerung des Anteils durch den Anteilsinhaber (§§ 211, 209 UmwG),
4. die Fortdauer und zeitliche Begrenzung der persönlichen Haftung (§§ 224 Abs. 3, 237, 249, 257 UmwG) sowie
5. die Fortdauer der Nachschusspflicht beim Formwechsel e. G. (§ 271 UmwG).

Lösung zu Fall 2: Im Fall 2 fragt sich Aktionär A, ob die von § 240 Abs. 1 UmwG vorgesehene erforderliche Mehrheit von ¾ für den Formwechsel einer AG in die Rechtsform der GmbH ausreicht, obwohl die Satzung der B-AG für Satzungsänderungen eine Mehrheit von 90 % statuiert.

Der Beschluss über den Formwechsel ist gleichzeitig immer auch eine Satzungsänderung („Doppelcharakter des Umwandlungsbeschlusses"[35]). Dies führt dazu, dass neben dem Quorum für den Umwandlungsbeschluss auch ein etwaig weitergehendes Quorum für die Satzungsänderung eingehalten werden muss. Sieht die Satzung für ihre Änderung – wie im Fall 2 – etwa ein Mehrheitserfordernis von 90 %, so muss auch der Umwandlungsbeschluss mit dieser Mehrheit gefasst werden. Die von § 240 Abs. 1 UmwG vorgesehene ¾-Mehrheit genügt also nicht.

§ 3 Schutz der Anteilsinhaber

Die mit dem Formwechsel verbundene Diskontinuität der Rechtsordnung kann zu einer Beeinträchtigung der Rechte der Anteilsinhaber führen. Das UmwG sieht daher verschiedene Mechanismen vor, um die Interessen der Anteilsinhaber zu schützen. Im Vorfeld der Beschlussfassung dient zunächst der Umwandlungsbericht der Information der Anteilsinhaber (vgl. Rn. 22 ff.). Während der Beschlussfassung werden die Anteilsinhaber durch Quoren und Zustimmungserfordernisse geschützt. Darüber hinaus sieht das UmwG in gewissen Fällen einen finanziellen Ausgleich beeinträchtigter Anteilsinhaber vor. 40

Fall 3: (nach OLG Stuttgart, Beschluss v. 19.3.2008 – 20 W 3/06)
Die A-AG wird in die A-GmbH umgewandelt. Gesellschafter B fordert eine bare Zuzahlung gemäß § 196 UmwG. Er ist der Ansicht, die Mitgliedschaft in der A-GmbH sei kein ausreichender Gegenwert für die Aktien, die er in der A-AG hielt. Sein Anteil am Gesellschaftsvermögen sei zwar auch nach dem Formwechsel gleich. Die GmbH-Geschäftsanteile seien aber deshalb kein ausreichender Gegenwert für seine Aktien, da nun die Fungibilität der Anteile erheblich eingeschränkt sei. Hat B Recht? Ist ihm eine bare Zuzahlung zu gewähren?

---
[35] BGH NZG 2005, 722, 725; Lutter/*Göthel* § 230 Rn. 32; Lutter/*Hoger* § 193 Rn. 8.

A. Zustimmungserfordernisse

41 Die Zustimmung bestimmter Anteilsinhaber ist in folgenden Fällen erforderlich:
1. Wenn die Abtretung der Anteile von deren Genehmigung abhängt (§ 193 Abs. 2 UmwG),
2. im Falle des nicht-verhältniswahrenden Formwechsels zwischen GmbH und AG (§ 241 Abs. 1 UmwG, § 242 UmwG),
3. bei der Beeinträchtigung von Minderheits- und Sonderrechten beim Formwechsel einer GmbH in eine AG oder KGaA (§ 241 Abs. 2 UmwG) und
4. beim Wegfall von Nebenleistungspflichten beim Formwechsel einer GmbH in eine AG oder KGaA (§ 241 Abs. 3 UmwG).

42 Im Falle des Formwechsels von Personengesellschaften spielen solche Zustimmungserfordernisse keine Rolle. Denn dort bedarf der Umwandlungsbeschluss der Gesellschafterversammlung stets der Zustimmung aller anwesenden Gesellschafter (§ 217 Abs. 1 S. 1 Hs. 1 UmwG). Außerdem müssen auch alle nicht erschienenen Gesellschafter zustimmen (§ 217 Abs. 1 S. 1 Hs. 2 UmwG). Stimmen alle anwesenden Gesellschafter zu, so ist der Beschluss schwebend unwirksam, bis auch alle nicht anwesenden Gesellschafter ihre Zustimmung erteilt haben.

I. Zustimmungserfordernis bei erforderlicher Genehmigung der Abtretung (§ 193 Abs. 2 UmwG)

43 Eine Zustimmung ist von denjenigen Gesellschaftern erforderlich, welche die Abtretung der Anteile des formwechselnden Rechtsträgers genehmigen müssen (§ 193 Abs. 2 UmwG). Das ist insbesondere dann der Fall, wenn der Gesellschaftsvertrag, die Satzung oder das Statut eine solche Zustimmung vorsieht.[36] Die Norm ist inhaltsgleich mit § 13 Abs. 2 UmwG (vgl. Kap. 1 Rn. 118).

44 Die Beschränkung der Übertragung von vinkulierten Namensaktien nach § 68 Abs. 2 S. 1 AktG ist hingegen kein Fall des § 193 Abs. 2 UmwG. Denn dort ist die Übertragung der Anteile grundsätzlich nicht von der Zustimmung einzelner Aktionäre abhängig, sondern von der Zustimmung der Gesellschaft selbst. Bestimmt die Satzung jedoch, dass die Hauptversammlung über die Erteilung der Zustimmung beschließt (§ 68 Abs. 2 S. 3 AktG), so ist § 193 Abs. 2 UmwG hingegen einschlägig.[37] Nach allgemeiner Auffassung ist § 193 Abs. 2 UmwG entgegen des Wortlauts zudem auch dann anwendbar, wenn nicht bloß die Genehmigung „einzelner" sondern die Genehmigung aller Gesellschafter erforderlich ist.[38]

---

[36] Semler/Stengel/*Bärwaldt* § 193 Rn. 20.
[37] So auch *Reichert* GmbHR 1995, 176, 180; Lutter/*Hoger* § 193 Rn. 13.
[38] *Reichert* GmbHR 1995, 176, 180; Semler/Stengel/*Bärwaldt* § 193 Rn. 20; Lutter/*Hoger* § 193 Rn. 15.

II. Zustimmungserfordernis beim nicht-verhältniswahrenden Formwechsel (§ 241 Abs. 1 UmwG, § 242 UmwG)

Führt der Formwechsel einer GmbH in eine AG oder KGaA (und umgekehrt) dazu, dass Anteilsinhaber sich nach dem Formwechsel nicht mehr in gleicher Weise anteilsmäßig am Rechtsträger beteiligen können wie vor dem Formwechsel, so ist die Zustimmung dieser Anteilsinhaber erforderlich (§ 241 Abs. 1 UmwG und § 242 UmwG).[39] Folgender Fall verdeutlicht die Regelung:

45

Die ABC-GmbH hat ein Stammkapital i. H. v. 100.000 EUR. A hält Geschäftsanteile von 50.000 EUR, B von 12.500 EUR und C von 37.500 EUR. Die Gesellschafterversammlung setzt die Nennbeträge der Aktien auf 1.000 EUR fest. A kann sich entsprechend dem Gesamtnennbetrag seiner Geschäftsanteile am Grundkapital der AG beteiligen. Er erhält 50 Aktien zu je 1.000 EUR. B und C können sich indes nicht entsprechend dem Gesamtnennbetrag ihrer Geschäftsanteile beteiligen. B erhält 12 Aktien zu je 1.000 EUR und C erhält 37 Aktien zu je 1.000 EUR. Es verbleibt bei beiden ein Rest i. H. v. 500 EUR.

In diesem Fall greift § 241 Abs. 1 UmwG. B und C, die sich nicht dem Gesamtnennbetrag ihrer Geschäftsanteile entsprechend beteiligen können, müssen der Festsetzung der Stückelung (nicht hingegen dem Formwechsel selbst)[40] zustimmen. Die Zustimmung bedarf der notariellen Beurkundung (§ 193 Abs. 3 S. 1 UmwG) und ist Eintragungsvoraussetzung. Fehlt die Zustimmung, so hat das Registergericht die Eintragung abzulehnen.[41] Wird dennoch eingetragen, bleibt die Wirkung der Eintragung unberührt. Allerdings wird der Mangel nicht geheilt,[42] sodass Schadensersatzansprüche möglich sind. Die verbleibende Aktie, die sich aus den Spitzen der Anteile von B und C zusammensetzt (500 EUR x 2), steht B und C gemeinsam zu. Diese verbleibende Aktie kann durch öffentliche Versteigerung verwertet und der Erlös zwischen B und C verteilt werden (§ 248 Abs. 1 UmwG i. V. m. § 225 AktG).

III. Zustimmung bei der Beeinträchtigung von Minderheits- und Sonderrechten (§ 241 Abs. 2 UmwG)

Wie bei der Verschmelzung und der Spaltung erfordert der Formwechsel einer GmbH die Zustimmung von Inhabern bestimmter Minderheits- und Sonderrechte soweit diese Sonderrechte durch den Formwechsel beeinträchtigt werden (§§ 241 Abs. 2, 50 Abs. 2 UmwG).

46

Die nach § 50 Abs. 2 UmwG geschützten Rechtspositionen sind:
1. auf dem Gesellschaftsvertrag beruhende Minderheitsrechte,
2. besondere Rechte in der Geschäftsführung,
3. besondere Rechte bei der Bestellung der Geschäftsführer und
4. Vorschlagsrechte für die Geschäftsführung.

---

[39] Ausführlich zum nicht-verhältniswahrenden Formwechsel siehe *Veil* DB 1996, 2529.
[40] Schmitt/Hörtnagl/Stratz/*Westerburg* § 241 Rn. 6; Widmann/Mayer/*Rieger* § 241 UmwG Rn. 56.
[41] Lutter/*Göthel* § 241 Rn. 21 f.; Schmitt/Hörtnagl/Stratz/*Westerburg* § 241 Rn. 7.
[42] Lutter/*Göthel* § 241 Rn. 22; Schmitt/Hörtnagl/Stratz/*Westerburg* § 241 Rn. 7.

47 Wechselt eine GmbH beispielsweise in die Rechtsform der AG und steht einem GmbH-Gesellschafter aufgrund des Gesellschaftsvertrages das Recht zu, die Geschäftsführer der GmbH zu bestellen, so würde der GmbH-Gesellschafter dieses Sonderrecht verlieren. Denn ein solches Recht kann die Satzung der AG dem Gesellschafter nicht einräumen. Dem steht das zwingende Aktienrecht entgegen, das die Kompetenz über die Bestellung des Vorstandes dem Aufsichtsrat zuweist (§ 84 Abs. 1 S. 1 AktG). Der Formwechsel der GmbH in die AG ist in diesem Fall daher nur möglich, wenn der GmbH-Gesellschafter, der das Sonderrecht innehat, zustimmt.

IV. Zustimmungserfordernis aufgrund des Wegfalls von Nebenleistungspflichten (§ 241 Abs. 3 UmwG)

48 Schulden Gesellschafter der GmbH Nebenleistungspflichten, so kann der Formwechsel auch deren Zustimmung erfordern. Dies ist dann der Fall, wenn die Nebenleistungspflichten aufgrund der einschränkenden Bestimmung von § 55 AktG bei dem Formwechsel nicht fortbestehen würden. Den GmbH-Gesellschaftern können sämtliche Arten von Nebenleistungspflichten auferlegt werden. Das GmbH-Recht macht hier keine Einschränkung (§ 3 Abs. 2 GmbHG). Nach § 55 Abs. 1 S. 1 AktG hingegen, können Aktionären nur dann Nebenpflichten auferlegt werden, wenn die Übertragung der Aktien an die Zustimmung der Gesellschaft gebunden ist (vinkulierte Namensaktien, § 68 Abs. 2 S. 1 AktG). Außerdem kommen als Nebenleistungen nach § 55 Abs. 1 S. 1 AktG nur solche Leistungen in Betracht, die wiederkehrend sind und nicht in Geld bestehen. Schulden die GmbH-Gesellschafter eine Nebenleistung, die nicht von § 55 Abs. 1 AktG erfasst wird, oder wird die Übertragung der Aktien nicht an die Zustimmung der Gesellschaft gebunden, kommt es zu einem Wegfall der Nebenleistungspflichten. Für diesen Fall statuiert § 241 Abs. 3 UmwG das Erfordernis der Zustimmung der betroffenen Gesellschafter.

49 Auf den ersten Blick ist nicht ersichtlich, weshalb dem Gesellschafter ein Zustimmungsrecht eingeräumt wird, obwohl dieser doch von einer Verpflichtung frei wird. Häufig gehen mit der Pflicht zur Erfüllung der Nebenleistung jedoch auch Rechte einher. Schuldet ein Gesellschafter etwa die wiederkehrende Lieferung von Ware und erhält er hierfür eine Vergütung in Geld, so würde er durch den Wegfall der Nebenleistungspflicht auch seinen Anspruch auf die Gegenleistung verlieren. Telos der Norm ist also der Schutz der Gesellschafter vor dem Verlust der aus der Nebenpflicht resultierenden Gegenleistung.[43] Folgerichtig ist die Zustimmung nicht erforderlich, wenn der betroffene Gesellschafter durch den Formwechsel keine Rechte einbüßt, sondern nur begünstigt wird.[44]

---

[43] Vgl. Lutter/*Göthel* § 241 Rn. 12; Semler/Stengel/*Mutter* § 241 Rn. 24; Kallmeyer/*Blasche* § 241 Rn. 8.
[44] Lutter/*Göthel* § 241 Rn. 14; Semler/Stengel/*Mutter* § 241 Rn. 25; Widmann/Mayer/*Rieger* § 241 UmwG Rn. 45; Henssler/Strohn/*Drinhausen/Keinath* § 241 UmwG Rn. 7.

Der Zustimmung bedarf es außerdem dann nicht, wenn es sich bei den aus den Nebenleistungspflichten resultierenden Rechten um solche handelt, welche die Gesellschaft dem Gesellschafter ohne dessen Mitwirkung (durch satzungsändernden Gesellschafterbeschluss) entziehen könnte.[45]

V. Fehlen der Zustimmung

Beim Fehlen der Zustimmung ist danach zu differenzieren, ob eine Zustimmung nach §§ 241 Abs. 1, 242 UmwG oder eine Zustimmung nach §§ 193 Abs. 2, 241 Abs. 2 und Abs. 3 UmwG fehlt. In den Fällen der §§ 241 Abs. 1, 242 UmwG wird die Zustimmung für die Festsetzung des Nennbetrags der Aktien beziehungsweise der Geschäftsanteile und nicht für den Formwechsel selbst erteilt.[46] Wird die Zustimmung verweigert, ist somit auch nicht der Umwandlungsbeschluss selbst, sondern nur die Festsetzung der Nennbeträge unwirksam.[47] Dennoch ist die fehlende Zustimmung Eintragungshindernis.[48] Wird trotzdem eingetragen, so bleibt zwar die Wirkung der Eintragung unberührt (§ 202 Abs. 3 UmwG), eine Heilung erfolgt aber nicht[49], sodass Schadensersatzansprüche (insb. nach § 205 UmwG gegenüber den Organen oder Amtshaftungsansprüche gegen das Registergericht) in Betracht kommen.[50] Die Zustimmung nach den §§ 193 Abs. 2, 241 Abs. 2 bis Abs. 3 UmwG ist hingegen auf den Umwandlungsbeschluss selbst gerichtet. Bei Fehlen der Zustimmung ist der Umwandlungsbeschluss daher schwebend unwirksam.[51] Wird die Zustimmung auch nur eines Zustimmungsberechtigten letztlich verweigert, ist der Umwandlungsbeschluss endgültig unwirksam.[52]

50

B. Finanzieller Ausgleich

I. Angebot der Barabfindung (§ 207 UmwG)

Erklärt ein Anteilsinhaber gegen den Umwandlungsbeschluss seinen Widerspruch zur Niederschrift, so hat der formwechselnde Rechtsträger dem Anteilsinhaber gegen eine angemessene Barabfindung den Erwerb dessen umgewandel-

51

---

[45] Semler/Stengel/*Mutter* § 241 Rn. 26; Henssler/Strohn/*Drinhausen/Keinath* § 241 UmwG Rn. 7; Widmann/Mayer/*Rieger* § 241 UmwG Rn. 48 f.
[46] Schmitt/Hörtnagl/Stratz/*Westerburg* § 241 Rn. 6; Widmann/Mayer/*Rieger* § 241 UmwG Rn. 56.
[47] Lutter/*Göthel* § 242 Rn. 14; Widmann/Mayer/*Rieger* § 242 UmwG Rn. 20; Schmitt/Hörtnagl/Stratz/*Westerburg* § 242 Rn. 3.
[48] Schmitt/Hörtnagl/Stratz/*Westerburg* § 241 Rn. 7; Widmann/Mayer/*Rieger* § 241 UmwG Rn. 59.
[49] Schmitt/Hörtnagl/Stratz/*Westerburg* § 241 Rn. 7; Semler/Stengel/*Mutter* § 241 Rn. 36.
[50] Lutter/*Göthel* § 241 Rn. 22; Semler/Stengel/*Mutter* § 241 Rn. 36.
[51] Semler/Stengel/*Mutter* § 241 Rn. 33; Widmann/Mayer/*Rieger* § 241 UmwG Rn. 58; Kallmeyer/*Blasche* § 241 Rn. 12.
[52] Semler/Stengel/*Mutter* § 241 Rn. 33; Widmann/Mayer/*Rieger* § 241 UmwG Rn. 58.

ter Anteile anzubieten (§ 207 Abs. 1 Hs. 1 UmwG). Das Recht auf Abfindung haben Anteilsinhaber außerdem, wenn sie zu Unrecht nicht zur Versammlung zugelassen wurden, wenn die Versammlung nicht ordnungsgemäß einberufen wurde oder, wenn der Gegenstand der Beschlussfassung nicht ordnungsgemäß bekannt gemacht wurde (§§ 207 Abs. 2, 29 Abs. 2 UmwG). Der Widerspruch muss in der Versammlung erfolgen.[53] Außerdem muss der Anteilsinhaber auch gegen den Formwechsel gestimmt haben.[54] § 207 UmwG schützt durch die Barabfindung diejenigen Anteilsinhaber, die in der Beschlussfassung überstimmt wurden und deren Zustimmung darüber hinaus für die Beschlussfassung nicht erforderlich ist. Auch diesen Anteilsinhabern wird eine Beteiligung am Rechtsträger neuer Rechtsform nicht aufgedrängt, sondern sie erhalten die Option ihre Anteile gegen Barzahlung zu veräußern.[55] Für den Inhalt des Anspruchs auf Barabfindung und für die Prüfung der Barabfindung verweist § 208 UmwG auf die entsprechende Anwendung der Verschmelzungsvorschrift (§ 30 UmwG). Auch die Prüfung der Angemessenheit der Barabfindung erfolgt nach den Verschmelzungsregeln (§§ 207, 208, 30 Abs. 2, 10 bis § 12 UmwG) (vgl. Kap. 2 Rn. 96 ff.).

1. Abfindungsangebot

52 Das Abfindungsangebot ist im Umwandlungsbeschluss enthalten (§ 194 Abs. 1 Nr. 6 UmwG). Es ist den Anteilsinhabern spätestens mit der Einladung zur beschlussfassenden Versammlung mitzuteilen (siehe §§ 216, 231, 238, 251, 260, 274, 283, 292 UmwG). Die Mitteilung erfolgt durch Übersendung, durch Bekanntmachung im Bundesanzeiger oder in sonst bestimmten Geschäftsblättern.[56] Der Entwurf des Umwandlungsbeschlusses im Umwandlungsbericht muss die Höhe der Barabfindung bereits konkret benennen.[57]

53 Der Anteilsinhaber, dem ein Abfindungsanspruch zusteht, muss das Abfindungsangebot innerhalb von zwei Monaten nach der Bekanntmachung des Formwechsels annehmen (§ 209 S. 1 UmwG). Im Falle der gerichtlichen Nachprüfung der Abfindung (§ 212 UmwG) ist das Angebot innerhalb von zwei Monaten nach der Veröffentlichung der gerichtlichen Entscheidung im Bundesanzeiger anzunehmen (§ 209 S. 2 UmwG).

54 Ein Abfindungsangebot muss dann nicht erfolgen, wenn der Umwandlungsbeschluss einstimmig gefasst werden muss (§ 194 Abs. 1 Nr. 6, 1. Fall UmwG). Dies ist insbesondere der Fall beim Wechsel einer Kapitalgesellschaft in eine GbR oder eine OHG sowie, wenn formwechselnder Rechtsträger eine Personengesellschaft ist und der Gesellschaftsvertrag Mehrheitsentscheidungen nicht

---

[53] Semler/Stengel/*Kalss* § 207 Rn. 7.
[54] Streitig, dafür Schmitt/Hörtnagl/Stratz/*Winter* § 207 Rn. 4; Semler/Stengel/*Kalss* § 207 Rn. 7; a. A. Lutter/*Hoger* § 207 Rn. 8; Kallmeyer/*Meister/Klöcker* § 207 Rn. 15.
[55] BT-Drs. 12/6699, 146; Henssler/Strohn/*Drinhausen/Keinath* § 207 UmwG Rn. 2.
[56] Semler/Stengel/*Kalss* § 207 Rn. 8; Kallmeyer/*Meister/Klöcker* § 207 Rn. 20.
[57] Semler/Stengel/*Kalss* § 207 Rn. 8; Lutter/*Hoger* § 207 Rn. 6.

zulässt.[58] Ein Abfindungsangebot ist in diesen Fällen entbehrlich, da die Anteilsinhaber bereits durch das Erfordernis der Einstimmigkeit bei der Beschlussfassung geschützt sind.[59] Ebenfalls entbehrlich ist ein Abfindungsangebot, wenn am formwechselnden Rechtsträger nur ein Anteilsinhaber beteiligt ist (§ 194 Abs. 1 Nr. 6, 2. Fall UmwG) oder, wenn die Interessen des Anteilsinhabers durch Vinkulierung seiner Anteile geschützt sind (§ 193 Abs. 2 UmwG). Ausgeschlossen ist die Abfindung nach § 207 UmwG zudem beim Wechsel einer AG in eine KGaA und umgekehrt; außerdem im Falle der Umwandlung eines körperschaftssteuerbefreiten rechtsfähigen Vereins (§ 282 Abs. 2 UmwG) sowie im Falle der Umwandlung von Körperschaften und von Anstalten des öffentlichen Rechts (§ 302 S. 2 UmwG). Zuletzt ist § 207 UmwG außerdem ausgeschlossen für Komplementäre einer rechtsformwechselnden KGaA (§ 227 UmwG).

2. Erwerb eigener Anteile

Bei AG und GmbH ist der Erwerb eigener Anteile für die Fälle der Barabfindung nach § 207 UmwG ausnahmsweise zulässig (§ 71 Abs. 1 Nr. 3 AktG, § 33 Abs. 3 GmbHG). Beim Formwechsel in die Rechtsform der AG oder KGaA sind allerdings die Einschränkungen des Erwerbs eigener Aktien zu beachten: 1.) Die Gesamtheit der erworbenen Aktien darf 10 % des Grundkapitals nicht übersteigen[60] (§ 71 Abs. 2 S. 1 AktG); 2.) die Gesellschaft muss im Zeitpunkt des Erwerbs eine Rücklage in Höhe der Aufwendungen für den Erwerb bilden können, ohne das Grundkapital oder eine nach Gesetz oder Satzung zu bildende Rücklage zu mindern, die nicht zur Zahlung an die Aktionäre verwendet werden darf (§ 71 Abs. 2 S. 2 AktG). Verbietet die neue Rechtsform den Erwerb eigener Anteile (Personengesellschaften, e. G.), so kann der Anteilsinhaber sein Ausscheiden aus der Gesellschaft erklären. Auch in diesem Fall ist dem Anteilsinhaber eine entsprechende Barabfindung anzubieten (§ 207 Abs. 1 S. 2 UmwG).

55

3. Rechtsschutz

Eine Klage gegen die Wirksamkeit des Umwandlungsbeschlusses kann nicht darauf gestützt werden, dass das Angebot nach § 207 UmwG zu niedrig bemessen oder dass die Barabfindung im Umwandlungsbeschluss nicht oder nicht ordnungsgemäß angeboten worden ist (§ 210 UmwG). Jedoch ist eine gerichtliche Überprüfung der Angemessenheit der Abfindung im Spruchverfahren möglich (§ 212 UmwG) (vgl. Kap. 7 Rn. 65 ff.).

56

---

[58] Semler/Stengel/*Kalss* § 207 Rn. 3.
[59] Semler/Stengel/*Kalss* § 207 Rn. 3.
[60] A. A. (10 % Hürde gilt nicht. Dies ergäbe sich aus der Nichtanwendbarkeit von § 71 Abs. 4 S. 2 AktG) Schmitt/Hörtnagl/Stratz/*Winter* § 207 Rn. 7.

II. Bare Zuzahlung (§ 196 UmwG)

57 Neben dem Angebot der Barabfindung kommt ein finanzieller Ausgleich beeinträchtigter Gesellschafterinteressen auch in Betracht, wenn die in dem Beschluss bestimmten Anteile an dem Rechtsträger neuer Rechtsform zu niedrig bemessen sind oder die Mitgliedschaft kein ausreichender Gegenwert für die Anteile oder die Mitgliedschaft bei dem formwechselnden Rechtsträger ist. In diesen Fällen kann der Anteilsinhaber einen Ausgleich durch bare Zuzahlung verlangen (§ 196 S. 1 UmwG). Benachteiligungen des Anteilseigners in diesem Sinne müssen in einem gesonderten Spruchverfahren nach den Vorschriften des SpruchG gerichtlich festgestellt werden (§ 196 S. 2 UmwG) (vgl. Kap. 7 Rn. 70). Eine Klage gegen die Wirksamkeit des Umwandlungsbeschlusses ist hingegen ebenfalls ausgeschlossen (§ 195 Abs. 2 UmwG).

C. Beschränkte Geltung des Gründungsrechts

58 Grundsätzlich sind auf den Formwechsel die für den neuen Rechtsträger geltenden Gründungsvorschriften anzuwenden (vgl. Rn. 66 ff.). Dies führt dazu, dass die Anteilsinhaber auch wie die Gründer haften. Ist Zielrechtsform die GmbH oder die AG, so ist an die Haftung für Falschangaben im Gründungsbericht (§ 82 GmbHG, § 399 AktG), die Differenzhaftung, die Unterbilanzhaftung und die Handelndenhaftung (§ 11 Abs. 2 GmbHG, § 41 Abs. 1 S. 2 AktG) zu denken.

59 Das UmwG schützt jedoch bestimmte Anteilsinhaber, indem es diese nicht als Gründer behandelt. Für den Wechsel von Personenhandelsgesellschaften heißt es gemäß § 219 S. 1 UmwG zunächst, dass den Gründern die Gesellschafter der formwechselnden Gesellschaft gleichstehen. Ist der Formwechsel jedoch durch einen Mehrheitsentscheid zustande gekommen (vgl. § 217 Abs. 1 S. 2 und S. 3 UmwG), so gelten als Gesellschafter im Sinne des § 219 S. 1 UmwG hingegen nur diejenigen, die für den Formwechsel gestimmt haben (§ 219 S. 2 Hs. 1 UmwG). Die Gesellschafter, die gegen den Formwechsel gestimmt haben, trifft daher auch keine Gründerverantwortlichkeit (auch dann nicht, wenn sie ein Abfindungsangebot nicht annehmen und in der Gesellschaft bleiben). Beim Formwechsel einer GmbH in eine AG oder KGaA trifft das Gründungsrecht ebenfalls nur diejenigen Gesellschafter, die für den Formwechsel gestimmt haben (§ 245 Abs. 1 S. 1 Hs. 1 UmwG). § 219 UmwG schützt also diejenigen Anteilsinhaber, die gegen den Formwechsel gestimmt haben, aber überstimmt wurden. Zwar sind sie durch den Mehrheitsentscheid gezwungen, an dem Rechtsträger neuer Rechtsform als Anteilsinhaber beteiligt zu sein. Ihnen wird jedoch die Gründerverantwortung genommen.[61]

---

[61] Vgl. Widmann/Mayer/*Vossius* § 190 UmwG Rn. 75; Semler/Stengel/*Stengel* § 190 Rn. 20 Fn. 63.

Lösung zu Fall 3: Im Fall 3 behauptet Gesellschafter B, dass die Geschäftsanteile an der A-GmbH aufgrund der Beeinträchtigung der Fungibilität kein hinreichender Gegenwert für die Aktien seien, die er vor dem Formwechsel an der A-AG hielt. Er fordert deshalb als Ausgleich eine bare Zuzahlung gemäß § 196 UmwG.

Eine bare Zuzahlung ist B im Ergebnis zu versagen. Eine solche ist nämlich insbesondere dann nicht zu gewähren, wenn der Formwechsel für alle Anteilseigner in gleicher Weise Nachteile herbeiführt. Erforderlich ist vielmehr eine individuelle Benachteiligung in dem Sinne, dass einzelne Anteilsinhaber benachteiligt werden, etwa indem ihnen Sonderrechte genommen werden.[62] Der Wortlaut des § 196 UmwG ist insoweit teleologisch zu reduzieren. Für die Fälle, in denen die Mitgliedschaft aller Anteilseigner gleichermaßen beeinträchtigt wird, sorgt nämlich bereits die Möglichkeit dem Umwandlungsbeschluss zu widersprechen und das Angebot der Barabfindung nach § 207 UmwG wahrzunehmen für hinreichenden Schutz.[63] Dem liegt der allgemeine Gedanke des UmwG zugrunde, dass die Anteilsinhaber sich entscheiden müssen, entweder in der Gesellschaft zu verbleiben und mit dem Formwechsel einhergehende systematische Nachteile hinzunehmen oder dem Formwechsel zu widersprechen und nach Barabfindung gemäß § 207 UmwG aus der Gesellschaft auszuscheiden.[64]

§ 4 Schutz der Gläubiger

Fall 4: Die C-OHG soll in eine Aktiengesellschaft umgewandelt werden. Das Grundkapital der Aktiengesellschaft soll 50.000 EUR betragen. Die C-OHG hat Barmittel in Höhe von 10.000 EUR sowie Maschinen, die für 10.000 EUR angeschafft wurden, heute jedoch nur noch 5.000 EUR wert sind. Den Restbetrag wollen die Gesellschafter durch weitere Barmittel aufbringen. Sie fragen sich allerdings, welcher Wert der Maschinen angesetzt werden muss, der Buchwert in Höhe von 10.000 EUR oder der Verkehrswert in Höhe von 5.000 EUR. Außerdem sind sich die Gesellschafter darüber im Unklaren, ob sie den Restbetrag sofort vollständig leisten müssen, oder ob – wie bei der Neugründung einer AG – zunächst die Einzahlung eines Viertels der Bareinlagen genügt (§ 36a Abs. 1 AktG).

A. Leistung von Sicherheit (§§ 204, 22 UmwG)

Zwar besteht beim Formwechsel im Gegensatz zur Verschmelzung und zur Vermögensübertragung nicht die Gefahr, dass den Gläubigern unmittelbar durch die Umwandlung Haftungsmasse entzogen wird. Dennoch birgt der Formwechsel Gefahren für die Gläubiger, die ihre Stellung als Gläubiger verschlechtern können. So gelten etwa beim Wechsel von Kapitalgesellschaften in Perso-

60

---

[62] OLG Stuttgart Beschluss v. 19.3.2008 – 20 W 3/06, OLG Düsseldorf NZG 2005, 280, 282; Semler/Stengel/*Bärwaldt* § 196 Rn. 11; Lutter/*Hoger* § 196 Rn. 10f.; *Meyer-Landrut/Kiem* WM 1997, 1413, 1420; *Wittgens/Redeke* ZIP 2007, 2015, 2019.
[63] Vgl. OLG Stuttgart Beschluss v. 19.3.2008 – 20 W 3/06.
[64] OLG Stuttgart Beschluss v. 19.3.2008 – 20 W 3/06, OLG Düsseldorf NZG 2005, 280, 282; Lutter/*Hoger* § 196 Rn. 11; zum Verlust der Fungibilität im Falle des Börsenrückzugs siehe *Kruse* WM 2003, 38 ff.

nengesellschaften die Kapitalerhaltungsvorschriften (insbesondere § 57 AktG, § 30 GmbHG) nicht mehr. Es besteht dann für die Gläubiger die Gefahr, dass die Gesellschafter der Gesellschaft Kapital entziehen, das zuvor zwingend gebunden war. Im umgekehrten Fall, dem Wechsel einer Personengesellschaft in eine Kapitalgesellschaft ändert sich die Haftung der Gesellschafter von einer unbeschränkten persönlichen Haftung zu einer auf das Gesellschaftsvermögen begrenzten Haftung, was ebenfalls nachteilig für die Gläubiger sein kann – vor allem dann, wenn die Kapitalgesellschaft nur ein geringes satzungsmäßiges Kapital aufweist. Auch der Wechsel einer AG in eine GmbH kann die Gläubiger benachteiligen. Denn die GmbH unterliegt einer weniger strengen Kapitalbindung (vgl. § 30 GmbHG und § 57 AktG). Aufgrund solcher Gefahren besteht für die Gläubiger die Möglichkeit, Sicherheit für ihre Ansprüche zu fordern.

61   Nach §§ 204, 22 Abs. 1 S. 2 UmwG erfordert die Sicherheitsleistung, dass der Gläubiger glaubhaft macht, durch den Formwechsel werde die Erfüllung seiner Forderung gefährdet. Erforderlich ist der Nachweis einer konkreten Gefährdung.[65] Beim Formwechsel wird diese Glaubhaftmachung regelmäßig schwerer gelingen, als im Falle der Verschmelzung oder der Vermögensübertragung. Denn aufgrund der wirtschaftlichen Identität des Rechtsträgers vor und nach dem Formwechsel kommt es nicht zu einem unmittelbaren Entzug der Haftungsmasse.[66]

B. Schutz von Sonderrechtsinhabern (§§ 204, 23 UmwG)

62   §§ 204, 23 UmwG schützen die Inhaber bestimmter Sonderrechte. Erfasst sind insbesondere Inhaber von Anteilen ohne Stimmrecht, Inhaber von Wandelschuldverschreibungen, Gewinnschuldverschreibungen sowie Inhaber von Genussrechten. Den Sonderrechtsinhabern sind in dem Rechtsträger neuer Rechtsform gleichwertige Rechte zu gewähren. Anders als bei der Verschmelzung geht es nicht um den Schutz vor Verwässerung[67] der Anteile. Denn aufgrund der wirtschaftlichen und rechtlichen Identität sind die Anteilsinhaber vor und nach dem Formwechsel grundsätzlich[68] anteilsmäßig gleichgestellt.[69] Die Sonderrechtsinhaber hingegen werden vor der Beeinträchtigung ihrer Sonderrechte durch den Formwechsel geschützt.[70] §§ 204, 23 UmwG präzisieren insoweit den Identitätsgrundsatz. Aufgrund des Identitätsgrundsatzes sind beim Rechts-

---

[65] BGH NJW 2002, 2168, 2169; Lutter/*Hoger* § 204 Rn. 13.
[66] So auch Schmitt/Hörtnagl/Stratz/*Winter* § 204 Rn. 1; Henssler/Strohn/*Drinhausen/Keinath* § 204 UmwG Rn. 3.
[67] Dazu BT-Drs. 12/6699, 92 f.
[68] Zu den Fällen des nicht-verhältniswahrenden Formwechsels vgl. Rn. 45.
[69] So auch Lutter/*Hoger* § 204 Rn. 21.
[70] Kallmeyer/*Meister/Klöcker* § 204 Rn. 11; Semler/Stengel/*Kalss* § 204 Rn. 4; Henssler/Strohn/*Drinhausen/Keinath* § 204 UmwG Rn. 8.

träger neuer Rechtsform nämlich auch gleiche Sonderrechte zu gewähren.[71] Für den Fall, dass die neue Rechtsform gleiche Sonderrechte nicht zulässt, sind gleichwertige (oder höherwertige[72]) Rechte zu gewähren. Ist auch dies nicht möglich, kommt eine bare Zuzahlung entsprechend § 196 UmwG oder ein Barabfindungsangebot entsprechend §§ 207, 29 UmwG in Betracht.[73]

C. Nachhaftung

Im Falle des Formwechsels von Personengesellschaften schützt außerdem die Nachhaftung der persönlich haftenden Gesellschafter und Partner die Gläubiger (siehe §§ 224 Abs. 1, 225c, 237, 249, 257 UmwG). Die umwandlungsrechtliche Nachhaftung folgt dem allgemeinen personengesellschaftsrechtlichen Grundsatz, dass ausscheidende Gesellschafter für die Verbindlichkeiten der Gesellschaft in bestimmtem Umfang weiterhin persönlich haften (vgl. § 160 HGB).

§ 224 Abs. 1 UmwG bestimmt, dass im Falle des Formwechsels einer Personengesellschaft die persönliche Haftung der Gesellschafter (§ 128, § 161 Abs. 2 HGB) grundsätzlich fortbesteht. Erfasst sind sowohl vertragliche als auch gesetzliche Ansprüche – allerdings nur solche, die bereits vor dem Formwechsel begründet wurden.[74] Die Nachhaftung trifft nach allgemeiner Ansicht auch die Kommanditisten einer KG hinsichtlich ihrer Pflichten zur Leistung der Einlage nach den §§ 171, 172 Abs. 4, S. 1 und S. 2, 176 HGB.[75]

Begrenzt wird die Nachhaftung durch § 224 Abs. 2 bis Abs. 4 UmwG. Der Gesellschafter haftet nur für solche Verbindlichkeiten, die innerhalb von fünf Jahren nach dem Formwechsel fällig werden (§ 224 Abs. 2 UmwG). Die Haftung entspricht damit derjenigen von aus der Gesellschaft ausscheidenden Gesellschaftern (§ 160 HGB). Außerdem muss es sich um Ansprüche i. S. d. § 197 Abs. 1 Nr. 3 bis Nr. 5 UmwG handeln (§ 224 Abs. 2 UmwG). Das heißt, der Anspruch muss entweder (1.) rechtskräftig festgestellt worden sein, oder (2.) aus einem vollstreckbaren Vergleich oder einer vollstreckbaren Urkunde herrühren, oder (3.) durch die im Insolvenzverfahren erfolgte Feststellung vollstreckbar geworden sein. Neben den Ansprüchen i. S. d. § 197 Abs. 1 Nr. 3 bis Nr. 5 UmwG haftet der Gesellschafter zudem für Ansprüche, die er schriftlich anerkannt hat (§ 224 Abs. 4 UmwG). Bei öffentlich-rechtlichen Verbindlichkeiten genügt der Erlass eines Verwaltungsakts (§ 224 Abs. 2 Hs. 2 UmwG).

---

[71] Lutter/*Hoger* § 204 Rn. 21.
[72] BT-Drs. 12/6699, 93.
[73] Kallmeyer/*Meister/Klöcker* § 204 Rn. 18; Lutter/*Hoger* § 204 Rn. 28; Henssler/Strohn/*Drinhausen/Keinath* § 204 UmwG Rn. 11.
[74] Lutter/*Hoger* § 224 Rn. 4 f.; Widmann/Mayer/*Vossius* § 224 UmwG Rn. 9 f.; Semler/Stengel/*Schlitt* § 224 Rn. 10 f.
[75] Widmann/Mayer/*Vossius* § 224 UmwG Rn. 38; Henssler/Strohn/*Drinhausen/Keinath* § 224 UmwG Rn. 6.

D. Entsprechende Anwendung der Gründungsvorschriften (§ 197 S. 1 UmwG)

66 Aufgrund des Fortbestehens der rechtlichen und wirtschaftlichen Identität des Rechtsträgers wird der Rechtsträger neuer Rechtsform durch den Formwechsel nicht neu gegründet.[76] Das Umwandlungsrecht zielt zum Zweck der Vereinfachung des Erlangens einer neuen Rechtsform nämlich gerade darauf ab, dass der Rechtsträger nicht liquidiert und anschließend neu gegründet werden muss (vgl. Kap. 1 Rn. 7).[77] Allerdings sind zum Schutz der Gläubiger auf den Formwechsel die für die neue Rechtsform geltenden Gründungsvorschriften entsprechend anzuwenden (§ 197 S. 1 UmwG).

67 Die Norm ist allein relevant in den Fällen, in denen der formwechselnde Rechtsträger geringere Anforderungen an die Gründung stellt als die neue Rechtsform. Würde das Gründungsrecht des neuen Rechtsträgers nicht zur Anwendung kommen, würde dessen Gründungsrecht unterlaufen. Zu denken ist insbesondere an den Formwechsel von Rechtsträgern, die keine Kapitalgesellschaften sind, in die Rechtsform der Kapitalgesellschaft oder an den Rechtsformwechsel einer GmbH in eine AG oder KGaA.[78] Das Gründungsrecht der Kapitalgesellschaften ist geprägt vom Grundsatz der realen Kapitalaufbringung und daher strenger als das Gründungsrecht etwa der Personengesellschaften. Indes gibt es auch Unterschiede bei den jeweiligen Gründungsrechten der verschiedenen Kapitalgesellschaften. Das Gründungsrecht der AG etwa berücksichtigt neben den Gläubigerinteressen auch die Interessen der Anleger. Durch die Anwendung der Gründungsvorschriften auf den Formwechsel werden die Interessen der jeweils besonders geschützten Gruppen gewahrt.

68 Insbesondere wird der Formwechsel wie eine Sachgründung behandelt, um die reale Kapitalaufbringung sicherzustellen. Allerdings ist das (Sach-)Gründungsrecht nicht vollständig anzuwenden. Dies hätte nämlich zur Folge, dass der Formwechsel letztlich doch wie eine Neugründung behandelt würde, was der Gesetzgeber aus Gründen der Vereinfachung vermeiden wollte.[79] § 197 Abs. 1 UmwG ist daher restriktiv auszulegen. Erforderlich ist nur die Anwendung derjenigen Gründungsnormen, deren Umgehung im Interesse der realen Kapitalaufbringung verhindert werden soll.[80] Für den Wechsel in die Rechtsform der Personenhandelsgesellschaft spielt der Verweis auf das Gründungs-

---

[76] OLG Frankfurt DB 1999, 733; *Breuninger*, in: FS Widmann, 2000, 203; Widmann/Mayer/*Mayer* § 197 UmwG Rn. 89; Lutter/*Hoger* § 197 Rn. 5.
[77] BT-Drs. 12/6699, 139.
[78] BT-Drs. 12/6699, 141.
[79] BT-Drs. 12/6699, 139.
[80] *DAV-Handelsrechtsausschuss* NZG 2006, 737, 743; Widmann/Mayer/*Mayer* § 197 UmwG Rn. 2; Lutter/*Hoger* § 197 Rn. 6; siehe etwa zur teilweisen Nichtanwendbarkeit der Sachgründungsvorschriften (§ 7 Abs. 3 GmbHG) beim Formwechsel einer GmbH & Co. KG in eine GmbH: OLG Frankfurt NJW-RR 2016, 414.

recht mithin keine Rolle.[81] Ein statutarisches Kapital ist bei den Personenhandelsgesellschaften schließlich nicht aufzubringen.

Beim Formwechsel in eine Kapitalgesellschaft sind grundsätzlich anzuwenden:[82] Die Normen über die Leistung der Einlagen (§ 7 Abs. 2 GmbHG, §§ 36a, 36 Abs. 2 AktG), die Regeln zur Festsetzung in der Satzung von Sacheinlagen (§ 5 Abs. 4 S. 1 GmbHG, § 27 Abs. 1 AktG), zu Sondervorteilen und Gründungsaufwand (§ 26 AktG; für die GmbH § 26 AktG analog), die Normen zum Gründungsbericht (§ 32 AktG), zum Sachgründungsbericht (§ 5 Abs. 4 S. 2 GmbHG) und der Gründungsprüfung (§§ 33, 34 AktG), die Regeln zur Prüfung durch das Gericht (§ 9c GmbHG, § 38 AktG) sowie die Normen zur Gründerhaftung (§ 9a GmbHG, § 46 AktG), zur Differenzhaftung (§ 9 GmbHG) und zur Handelndenhaftung (§ 11 Abs. 2 GmbHG, § 41 Abs. 1 S. 2 AktG) sowie zuletzt die Regeln zur Nachgründung (§§ 52, 53 AktG). 69

Nicht anwendbar sind hingegen Vorschriften, die für die Gründung eine Mindestzahl der Gründer vorschreiben, sowie Vorschriften über die Bildung und Zusammensetzung des ersten Aufsichtsrats (§ 197 S. 2 UmwG). Der allgemeine Grundsatz der entsprechenden Anwendung des Gründungsrechts wird zudem durch die Vorschriften des Besonderen Teils des Fünften Buches für die einzelnen Möglichkeiten des Formwechsels eingeschränkt oder konkretisiert (siehe §§ 219, 220, § 243 Abs. 1 S. 2, S. 3, § 245 Abs. 1 bis Abs. 3, § 246 UmwG, § 264 Abs. 1, Abs. 3, § 277, § 295, § 303 UmwG). 70

E. Kapitalschutz

Der Wechsel einer Personengesellschaft in eine GmbH, AG oder KGaA darf zum Schutz der Gläubiger zudem nur erfolgen, wenn das Reinvermögen der Gesellschaft (das nach Abzug der Schulden verbleibende Vermögen) das Stammkapital bzw. das Grundkapital erreicht oder übersteigt (§ 220 UmwG). 71

Ist die Voraussetzung des § 220 Abs. 1 UmwG nicht erfüllt (besteht also eine „materielle Unterbilanz"[83]), so haben die Gesellschafter die Möglichkeit, durch Bar- oder Sacheinlagen das Vermögen des Rechtsträgers auf das erforderliche Maß zu erhöhen („Vermögensauffüllung"[84]).[85] Aufgrund der entsprechenden 72

---

[81] So auch *DAV-Handelsrechtsausschuss* NZG 2006, 737, 743; Widmann/Mayer/*Mayer* § 197 UmwG Rn. 3.1; Lutter/*Hoger* § 197 Rn. 7; Schmitt/Hörtnagl/Stratz/*Winter* § 197 Rn. 4.
[82] Ausführlich dazu siehe Lutter/*Hoger* § 197 Rn. 12 ff.
[83] Henssler/Strohn/*Drinhausen/Keinath* § 220 UmwG Rn. 5; Kallmeyer/*Blasche* § 220 Rn. 5.
[84] Semler/Stengel/*Schlitt* § 220 Rn. 17.
[85] Semler/Stengel/*Schlitt* § 220 Rn. 17; *Priester*, in: FS Zöllner, 1999, 449, 466; *K. Schmidt* ZIP 1995, 1385, 1389.

Anwendung des Gründungsrechts genügt bei Bareinlagen die Einzahlung zu einem Viertel.[86]

73 § 220 Abs. 2 UmwG ergänzt die Vorschrift des GmbHG zum Sachgründungsbericht (§ 5 Abs. 4 S. 2 GmbHG) und die Vorschrift des AktG zum Gründungsbericht (§ 32 Abs. 2 AktG). Neben den nach dem GmbHG und dem AktG erforderlichen Maßnahmen verlangt § 220 Abs. 2 UmwG auch die Darlegung des bisherigen Geschäftsverlaufs und der Lage der formwechselnden Gesellschaft. Außerdem bestimmt § 220 Abs. 3 S. 1 UmwG, dass die aktienrechtliche Gründungsprüfung in jedem Fall durch Gründungsprüfer i. S. d. § 33 Abs. 2, Abs. 4 AktG stattzufinden hat.

Lösung zu Fall 4: Im Fall 4 soll die C-OHG in eine AG umgewandelt werden. Die Gesellschafter fragen sich zunächst, ob bei der Ermittlung des Vermögens der C-OHG deren Maschinen zum Buchwert oder zum Verkehrswert anzusetzen sind. Außerdem fragen sich die Gesellschafter der C-OHG, ob sie den zur Auffüllung des Grundkapitals erforderlichen Restbetrag vollständig leisten müssen oder ob zunächst die Einzahlung in Höhe eines Viertels der zugesagten Bareinlagen genügt.

Zum Vermögen der formwechselnden Gesellschaft zählen sämtliche Vermögensgegenstände, deren Wert messbar ist – die Bilanzierungsfähigkeit ist nicht erforderlich.[87] Zur Wertermittlung sind nicht die Buchwerte heranzuziehen[88] (bilanzielle Betrachtung); sondern es ist stets der nach dem Zeitwert tatsächliche Verkehrswert anzusetzen (Verkehrswertbetrachtung). Hinsichtlich der Kapitalaufbringung entspricht der Formwechsel nämlich der Sachgründung. Bei der Sachgründung können Sacheinlagen ebenfalls nur mit ihrem tatsächlichen Verkehrswert eingebracht werden und nicht mit dem Buchwert. Anderenfalls bestünde die Gefahr, dass der Gesellschaft tatsächlich weniger Kapital zugeführt würde, als dies das gezeichnete Kapital ausweist. Dies wäre dann der Fall, wenn der Buchwert den aktuellen Verkehrswert übersteigen würde. Folgerichtig muss zum Schutz der Gläubiger und Mitgesellschafter als Maßstab der Bewertung des Vermögens des formwechselnden Rechtsträgers der Verkehrswert maßgeblich sein.[89]

Aufgrund der entsprechenden Anwendung des Gründungsrechts genügt bei der Leistung von Bareinlagen zur Aufstockung des Gesellschaftsvermögens während des Formwechsels die Einzahlung zu einem Viertel.[90] Anderenfalls würde der Formwechsel gegenüber der Neugründung unangemessen benachteiligt, was dem Gedanken der Vereinfachung des Formwechsels im Gegensatz zur Neugründung widersprechen würde.

---

[86] Semler/Stengel/*Schlitt* § 220 Rn. 17; Kallmeyer/*Blasche* § 220 Rn. 9; *K. Schmidt* ZIP 1995, 1385, 1389; *Priester*, in: FS Zöllner, 1999, 449, 466; *Timmermanns* DB 1999, 948 ff.; Lutter/*Hoger* § 220 Rn. 16.

[87] Henssler/Strohn/*Drinhausen/Keinath* § 220 UmwG Rn. 3; Semler/Stengel/*Schlitt* § 220 Rn. 9.

[88] So aber *K. Schmidt* ZIP 1995, 1385, 1386; *Kallmeyer* GmbHR 1995, 888, 889.

[89] So im Ergebnis auch OLG Frankfurt NJW-RR 2016, 414; Schmitt/Hörtnagl/Stratz/*Westerburg* § 220 Rn. 6; Semler/Stengel/*Schlitt* § 220 Rn. 13; Henssler/Strohn/*Drinhausen/Keinath* § 220 UmwG Rn. 4; Lutter/*Hoger* § 220 Rn. 10; Kallmeyer/*Blasche* § 220 Rn. 6; Widmann/Mayer/*Vossius* § 220 UmwG Rn. 16; Goutier/Knopf/Tulloch/*Laumann* § 220 Rn. 10; Sagasser/Bula/Brünger/*Sagasser/Luke* § 26 Rn. 95; *Mertens* AG 1995, 561; *Priester*, in: FS Zöllner, 1999, 449, 457; *Wolfsteiner*, in: FS Bezzenberger, 2000, 467.

[90] Semler/Stengel/*Schlitt* § 220 Rn. 17; Kallmeyer/*Blasche* § 220 Rn. 9; *K. Schmidt* ZIP 1995, 1385, 1389; *Priester*, in: FS Zöllner, 1999, 449, 466; a. A. Lutter/*Hoger* § 220 Rn. 16.

Im Fall 4 sind die Maschinen der OHG mit ihrem Verkehrswert in Höhe von 5.000 EUR anzusetzen. Darüber hinaus verfügt die OHG über Barmittel in Höhe von 10.000 EUR. Verbindlichkeiten bestehen nicht. Die OHG hat also ein Gesamtvermögen in Höhe von 15.000 EUR. Das Grundkapital der AG soll 50.000 EUR betragen. Es besteht daher eine „materielle Unterbilanz" i. S. d. § 220 UmwG in Höhe von 35.000 EUR. Die Differenz können die Gesellschafter durch Bareinlagen ausgleichen. Dabei genügt zunächst die Einzahlung in Höhe von einem Viertel, also ein Betrag von 8.750 EUR.

§ 5 Schutz der Arbeitnehmer und Arbeitnehmerorganisationen

Durch den Formwechsel sind die Arbeitnehmer und deren Vertretungen regelmäßig weniger betroffen, als in den Fällen der Verschmelzung oder der Spaltung (zu den Auswirkungen von Verschmelzung und Spaltung auf Arbeitnehmer und Arbeitnehmervertretungen, vgl. Kap. 2 Rn. 127 ff., Kap. 3 Rn. 164 ff.). Denn aufgrund der wirtschaftlichen und rechtlichen Identität des Rechtsträgers vor und nach der Umwandlung kommt es grundsätzlich zu geringeren Auswirkungen auf die Arbeitsverhältnisse oder das Betriebsverfassungsrecht.[91] Es kann allerdings zur Beeinträchtigung der Mitbestimmung kommen. Durch den Formwechsel in die Rechtsform der Personengesellschaften entfällt nämlich regelmäßig die Pflicht zur Mitbestimmung (Ausnahmen: §§ 4, 5 MitbestG). Insbesondere deshalb ist ein ausdrücklicher Hinweis über die Folgen des Formwechsels für Arbeitnehmer und ihrer Vertretungen sowie insoweit vorgesehene Maßnahmen im Umwandlungsbeschluss aufzunehmen (§ 194 Abs. 1 Nr. 7 UmwG). Außerdem ist der Entwurf des Umwandlungsbeschlusses dem Betriebsrat spätestens einen Monat vor der Beschlussfassung vorzulegen (§ 194 Abs. 2 UmwG). Dies soll die rechtzeitige Unterrichtung der Arbeitnehmer über den Formwechsel sicherstellen. Ein Nachweis über diese Vorlage ist Voraussetzung der Eintragung des Formwechsels (§ 199 UmwG).

74

§ 6 Rechte und Pflichten der Organmitglieder

A. Amtsdauer von Aufsichtsratsmitgliedern (§ 203 UmwG)

Besteht auch nach dem Formwechsel beim neuen Rechtsträger weiterhin ein Aufsichtsrat und zwar in gleicher Weise wie er bereits beim formwechselnden Rechtsträger bestand, so bleiben die Mitglieder des Aufsichtsrats alter Rechtsform für den Rest ihrer Wahlzeit auch beim Aufsichtsrat neuer Rechtsform im Amt (§ 203 S. 1 UmwG, sog. *Amtskontinuität*[92]). Die Norm dient der Vereinfachung des Formwechsels für die Fälle, in denen mit der Umwandlung keine Än-

75

---

[91] Kallmeyer/*Meister/Klöcker* § 194 Rn. 58; Lutter/*Hoger* § 194 Rn. 25.
[92] Henssler/Strohn/*Drinhausen/Keinath* § 203 UmwG Rn. 5.

derung der rechtlichen Voraussetzungen für die Bildung und Zusammensetzung des Aufsichtsrats einhergeht.[93] Außerdem führt die Amtskontinuität dazu, dass die Gesellschaft nach dem Formwechsel sofort handlungsfähig ist.[94]

76 Das Erfordernis der Bildung und Zusammensetzung „in gleicher Weise" ist nur erfüllt, wenn die Errichtung des Aufsichtsrats den gleichen gesetzlichen Vorschriften folgt. Dazu ist es erforderlich, dass sowohl der formwechselnde Rechtsträger, als auch der Rechtsträger neuer Rechtsform aufgrund zwingender gesetzlicher Regelung einen Aufsichtsrat bilden müssen. Beim Wechsel von einer Rechtsform mit obligatorischem Aufsichtsrat (z. B. AG) in eine Rechtsform mit fakultativem Aufsichtsrat (z. B. GmbH) – oder umgekehrt – ist dieses Merkmal daher nicht erfüllt.[95] Es müssen außerdem die gleichen mitbestimmungsrechtlichen Regeln anwendbar sein und auch die gesetzlich vorgeschriebene zahlenmäßige Zusammensetzung muss übereinstimmen.[96] Amtskontinuität besteht aber auch dann, wenn sich die zahlenmäßige oder die personelle Zusammensetzung nicht durch den Formwechsel, sondern lediglich anlässlich des Formwechsels ändert.[97]

77 Fälle der Kontinuität des Aufsichtsrats nach § 203 S. 1 UmwG sind:
– der Formwechsel einer AG in eine KGaA und umgekehrt,
– der Formwechsel einer AG oder KGaA in eine GmbH und umgekehrt, sofern bei der Gesellschaft mehr als 500 Arbeitnehmer beschäftigt sind,
– der Formwechsel eines VVaG mit mehr als 500 Arbeitnehmern und nicht mehr als 2000 Arbeitnehmern in eine AG oder KGaA (siehe § 25 Abs. 2 MitbestG, § 1 Abs. 1 Nr. 4 DrittelbG),
– der Formwechsel einer von § 4 Abs. 1 oder § 5 Abs. 2 MitbestG erfassten Kapitalgesellschaft & Co. KG mit mehr als 2000 Arbeitnehmern in eine Kapitalgesellschaft und umgekehrt,
– der Formwechsel einer AG in eine GmbH und umgekehrt, sofern das MitbestG 1976, MontanMitbestG oder das MitbestErgG anzuwenden ist,
– außerdem immer dann, wenn der Rechtsträger vor und nach dem Formwechsel § 1 DrittelbG untersteht (z. B. Formwechsel von GmbH in e. G. und umgekehrt, sofern Rechtsträger i. d. R. mehr als 500 Arbeitnehmer beschäftigt).[98]

---

[93] BT-Drs. 12/6699, 145; Henssler/Strohn/*Drinhausen/Keinath* § 203 UmwG Rn. 1; Lutter/*Hoger* § 203 Rn. 1; Semler/Stengel/*Simon* § 203 Rn. 1.
[94] Widmann/Mayer/*Vossius* § 203 UmwG Rn. 24; Henssler/Strohn/*Drinhausen/Keinath* § 203 UmwG Rn. 1.
[95] Lutter/*Hoger* § 203 Rn. 10; Semler/Stengel/*Simon* § 203 Rn. 3; Kallmeyer/*Meister/Klöcker* § 203 Rn. 11; Henssler/Strohn/*Drinhausen/Keinath* § 203 UmwG Rn. 2.
[96] BT-Drs. 12/6699, 145.
[97] Kallmeyer/*Meister/Klöcker* § 203 Rn. 8; Henssler/*Drinhausen/Keinath* § 203 UmwG Rn. 3.
[98] Vgl. Semler/Stengel/*Simon* § 203 Rn. 6; Schmitt/Hörtnagl/Stratz/*Stratz* § 203 Rn. 2.

Die Kontinuität des Aufsichtsrats führt dazu, dass ein Statusverfahren nach 78
§§ 97 ff. AktG[99] nicht durchgeführt werden muss.[100] Ändert sich nach dem
Formwechsel indes die Bildung und Zusammensetzung des Aufsichtsrats, so
muss das Statusverfahren nach §§ 97 ff. AktG eingeleitet werden.[101]

Das Fortdauern der Amtszeit der Aufsichtsratsmitglieder kann allerdings von 79
den Anteilsinhabern des formwechselnden Rechtsträgers verhindert werden.
Dazu ist es erforderlich, dass die Anteilsinhaber im Umwandlungsbeschluss die
Aufsichtsratsmitglieder abberufen (§ 203 S. 2 UmwG). Die Anteilsinhaber können jedoch nur ihre Vertreter abberufen, nicht diejenigen der Arbeitnehmer.[102]

Liegt kein Fall der Amtskontinuität vor, so führt der Formwechsel *ipso iure* – 80
also ohne das Erfordernis der Abberufung – zur Beendigung der Amtszeit.[103]
Keine Amtskontinuität ist gegeben, wenn beim formwechselnden Rechtsträger
ein Aufsichtsrat zu bilden war, beim Rechtsträger neuer Rechtsform hingegen
nicht. So etwa beim Formwechsel einer AG oder KGaA in eine GmbH, e. G.
oder Personengesellschaft mit 500 oder weniger Arbeitnehmern. Außerdem
kommt die Amtskontinuität nicht in Betracht, wenn nach dem Formwechsel
erstmals ein Aufsichtsrat zu bilden ist: So etwa im Falle des Formwechsels einer
GmbH & Co. KG mit über 500 oder über 2000 Arbeitnehmern (soweit §§ 4, 5
MitbestG nicht einschlägig sind) in eine AG, KGaA oder GmbH.

B. Schadensersatzpflicht der Verwaltungsträger (§§ 205 f. UmwG)

Die Mitglieder des Vertretungsorgans und (soweit vorhanden) des Aufsichts- 81
organs des formwechselnden Rechtsträgers haften als Gesamtschuldner für
Schäden, die der Rechtsträger, die Anteilsinhaber oder die Gläubiger aufgrund
des Formwechsels erleiden (§ 205 Abs. 1 S. 1 UmwG) (vgl. Kap. 7 Rn. 164 ff.).
Haben die Mitglieder der Organe bei der Prüfung der Vermögenslage der
Rechtsträger und beim Abschluss des Vertrages zum Formwechsel die erforderliche Sorgfalt angewendet, so entfällt die Haftung (§ 205 Abs. 1 S. 2 UmwG
i. V. m. § 25 Abs. 1 S. 2 UmwG). Die Beweislast trifft die Organmitglieder.

---

[99] Die Regeln über das Statusverfahren nach §§ 97 ff. AktG gelten entsprechend auch für die KGaA (§ 278 Abs. 3 AktG), die GmbH (§ 27 EGAktG, § 1 Abs. 1 Nr. 3 DrittelbG, § 6 Abs. 2 S. 1 MitbestG 1976, § 3 Abs. 2 MontanMitbestG, § 3 Abs. 1 S. 2 MitBestErgG), die e. G. (§ 1 Abs. 1 Nr. 5 DrittelbG, § 6 Abs. 2 S. 1 MitbestG 1976), den VVaG (§ 35 Abs. 3 VAG) und die SE (Art. 3 Abs. 1, Art. 9 Abs. 1 lit. c Ziffer ii, Art. 10 SE-VO).
[100] Kallmeyer/*Meister*/*Klöcker* § 203 Rn. 15; Lutter/*Hoger* § 203 Rn. 12; Semler/Stengel/*Simon* § 203 Rn. 9.
[101] Kallmeyer/*Meister*/*Klöcker* § 203 Rn. 15; Lutter/*Hoger* § 203 Rn. 12; Semler/Stengel/*Simon* § 203 Rn. 10.
[102] Semler/Stengel/*Simon* UmwG, § 203 Rn. 8; Henssler/Strohn/*Drinhausen*/*Keinath* § 203 UmwG Rn. 6.
[103] Henssler/Strohn/*Drinhausen*/*Keinath* § 203 UmwG Rn. 5; Kallmeyer/*Meister*/*Klöcker* § 203 Rn. 2.

82 Anders als im Falle der Haftung der Organe nach allgemeinen gesellschaftsrechtlichen Normen (etwa § 93 AktG, § 43 GmbHG) haften die Organe nach § 205 UmwG nicht nur gegenüber der Gesellschaft, sondern auch unmittelbar gegenüber den Anteilsinhabern und den Gläubigern. Laut des Gesetzgebers dient diese Haftungsverschärfung der Kompensation der besonderen Risiken, die daraus resultieren, dass mit der Eintragung etwaige Mängel des Formwechsels geheilt werden (§ 202 Abs. 3 UmwG).[104] Der besondere umwandlungsrechtliche Haftungstatbestand lässt Ansprüche nach allgemeinen haftungsrechtlichen Vorschriften unberührt.[105]

83 Machen Anteilsinhaber ihnen zustehende Ansprüche auf Zuzahlung (§§ 1 ff. SpruchG) nicht geltend, oder unterlassen Gläubiger es, Sicherheit zu verlangen (§§ 204, 22 UmwG), kann ein Mitverschulden i. S. d. § 254 BGB vorliegen (vgl. Kap. 2 Rn. 93, Rn. 121).[106] Die Ansprüche verjähren in fünf Jahren. Beginn der Verjährung ist die Bekanntmachung des Formwechsels (§ 205 Abs. 2 UmwG).

I. Fälle

84 Ein Anspruch des Rechtsträgers auf Schadensersatz kommt etwa in Betracht: 1.) im Falle der Beeinträchtigung der Kundenbeziehungen bei grob unangemessener gesellschaftsrechtlicher Planung, 2.) bei Steuernachteilen oder 3.) bei unzulässigen Gewährungen besonderer Vorteile im Sinne des § 194 Abs. 1 Nr. 5 UmwG für Anteilsinhaber oder Inhaber besonderer Rechte. Anteilsinhabern kann ein Schadensersatzanspruch beispielsweise zustehen, wenn 1.) deren Beteiligungsverhältnis beim Rechtsträger neuer Rechtsform zu niedrig bemessen wurde oder 2.) diese Sonderrechte verlieren, ohne dafür (hinreichend) kompensiert zu werden. Ein Schadensersatzanspruch von Gläubigern käme etwa in Betracht, falls es zu einer Minderung der Vermögensmasse des Rechtsträgers kommt.[107]

II. Geltendmachung des Schadensersatzanspruchs (§ 206 UmwG)

85 Die Ansprüche nach § 205 Abs. 1 UmwG kann nur ein besonderer Vertreter geltend machen (§ 206 Abs. 1 S. 1 UmwG). Dieser wird auf Antrag eines Anteilsinhabers oder eines Gläubigers vom Gericht des Sitzes des Rechtsträgers neuer Rechtsform bestellt. § 26 Abs. 1 S. 3 und S. 4, Abs. 2, Abs. 3 S. 2 und S. 3 und Abs. 4 UmwG gelten entsprechend. Die Norm ermöglicht es, eine Vielzahl von Schadensersatzansprüchen in einem Verfahren zu konzentrieren und dient damit der Prozessökonomie.[108] Des Weiteren wird ein Wettlauf der Gläubiger verhindert und somit eine gerechte Verteilung des Erlöses gesichert.[109]

---

[104] BT-Drs. 12/6699, 145; siehe auch Lutter/*Hoger* § 205 Rn. 1.
[105] BT-Drs. 12/6699, 145.
[106] Dazu siehe Semler/Stengel/*Leonard* § 205 Rn. 20 ff.
[107] Für Fälle des § 205 UmwG siehe zudem Henssler/Strohn/*Drinhausen/Keinath* § 205 UmwG Rn. 5; Lutter/*Hoger* § 205 Rn. 7 ff.
[108] BT-Drs. 12/6699, 145; Henssler/Strohn/*Drinhausen/Keinath* § 206 UmwG Rn. 1.
[109] Semler/Stengel/*Leonard* § 206 Rn. 1.

§ 7 Kontrollfragen und Lösungen

Kontrollfragen zu Kapitel 5:

1. Was besagt das Identitätsprinzip?
2. Was besagt der sog. *numerus clausus* der Umwandlungsfälle?
3. Was ist Zweck des Umwandlungsberichtes?
4. Inwiefern kann ein Formwechsel die Forderungen von Gläubigern gefährden?

Lösungen zu Kapitel 5:

1. Das Identitätsprinzip besagt, dass der Rechtsträger durch den Formwechsel nur die Rechtsform ändert, darüber hinaus aber wirtschaftlich und rechtlich identisch bleibt (§§ 190 Abs. 1, 202 Abs. 1 Nr. 2 UmwG).
2. Der sog. *numerus clausus* der Umwandlungsfälle besagt, dass der Katalog des § 191 UmwG sowie der Besondere Teil des Fünften Buches alle Möglichkeiten des Formwechsels nach dem UmwG abschließend regeln.
3. Der Umwandlungsbericht dient der Information der Gesellschafter als „standardisierte Informationsquelle". Die Anteilsinhaber sollen sich durch den Umwandlungsbericht eine durchdachte Meinung über den Formwechsel bilden können, um dann in Kenntnis aller relevanten Umstände für oder gegen den Formwechsel zu stimmen.
4. Im Falle des Formwechsels einer Kapitalgesellschaft in eine Personengesellschaft gelten die Kapitalerhaltungsvorschriften nicht mehr. Es besteht dann für die Gläubiger die Gefahr, dass die Gesellschafter der Gesellschaft Kapital entziehen, das zuvor zwingend gebunden war. Im umgekehrten Fall, dem Wechsel einer Personengesellschaft in eine Kapitalgesellschaft ändert sich die Haftung der Gesellschafter von einer unbeschränkten persönlichen Haftung zu einer auf das Gesellschaftsvermögen begrenzten Haftung, was ebenfalls nachteilig für die Gläubiger sein kann.

Inhaltsverzeichnis Kapitel 6

Kapitel 6. Grenzüberschreitende Umwandlungsvorgänge 263
§ 1 Grundlagen 264
   A. Einführung 264
      I. Motive und Interessen 264
      II. Rechtsgrundlagen im Europarecht 265
         1. Sekundärrecht: supranationale Rechtsformen
           und Gesellschaftsrechtsrichtlinie 265
           a) SE-VO und SCE-VO 265
           b) Gesellschaftsrechtsrichtlinie 266
         2. Primärrecht: die Niederlassungsfreiheit nach
           Art. 49 AEUV und Art. 54 AEUV und ihre Prägung
           durch den EuGH 267
           a) „Daily Mail" (1988) 268
           b) „Centros" (1999) 269
           c) „Überseering" (2002) 269
           d) „Inspire Art" (2003) 269
           e) „SEVIC Systems" (2005) 270
           f) „Cartesio" (2008) 270
           g) „National Grid Indus" (2011) 271
           h) „VALE" (2012) 272
           i) „Polbud" (2017) 272
      III. Rechtsgrundlagen im deutschen Recht 272
   B. Grundzüge der kollisionsrechtlichen Anknüpfung
   grenzüberschreitender Umwandlungen 273
      I. Bestimmung des Gesellschaftsstatuts 274
         1. Mögliche Anknüpfungsregeln:
           Sitztheorie und Gründungstheorie 274
         2. Gewohnheitsrechtliche Geltung der Sitztheorie
           im Verhältnis zu Drittstaaten 275
         3. Geltung der Gründungstheorie im Geltungsbereich
           der Niederlassungsfreiheit nach Art. 49 AEUV
           und Art. 54 AEUV 276
         4. Geltung der Gründungstheorie aufgrund
           staatsvertraglicher Regelungen 277

		5.	Insbesondere: Bestimmung des Gesellschaftsstatuts von Gesellschaften aus dem Vereinigten Königreich nach dem „Brexit"	277

        II. Zusammentreffen mehrerer Gesellschaftsstatute bei grenzüberschreitender Umwandlung – Einzeltheorien und Vereinigungstheorie 279
   C. Überblick über die sachrechtliche Zulässigkeit grenzüberschreitender Umwandlungen nach deutschem Recht   281
§ 2 Grenzüberschreitende Verschmelzung 286
   A. Innereuropäische Verschmelzung 286
        I.   Innereuropäische Verschmelzung nach §§ 122a ff. UmwG   287
             1. Anwendungsbereich 287
                  a) Sachlicher Anwendungsbereich 287
                  b) Persönlicher Anwendungsbereich 288
             2. Überblick über das Verfahren 288
                  a) Verschmelzungsplan 289
                  b) Verschmelzungsbericht 290
                  c) Verschmelzungsprüfung 290
                  d) Verschmelzungsbeschluss 291
                  e) Vollzug der Verschmelzung 291
                  f) Gläubigerschutz 292
                  g) Erleichterungen bei Konzernsachverhalten 293
                  h) Arbeitnehmermitbestimmung 293
        II. Innereuropäische Verschmelzung außerhalb von §§ 122a ff. UmwG 294
             1. Zulässigkeit 294
             2. Durchführung und Verfahren aus deutscher Sicht 296
   B. Außereuropäische Verschmelzung 297
§ 3 Grenzüberschreitende Spaltung 299
   A. Innereuropäische Spaltung 299
        I.   Zulässigkeit 299
        II. Durchführung aus deutscher Sicht 300
   B. Außereuropäische Spaltung 301
§ 4 Grenzüberschreitender Formwechsel (Satzungssitzverlegung) 302
   A. Innereuropäischer Formwechsel (innereuropäische Satzungssitzverlegung) 303
        I.   Zulässigkeit 303
        II. Durchführung und Verfahren aus deutscher Sicht 305
   B. Außereuropäischer Formwechsel (außereuropäische Satzungssitzverlegung) 307

Alexander von Rummel

§ 5 Umwandlungsvorgänge unter Beteiligung von SE oder SCE 308
   A. Umwandlung nationaler Gesellschaften bzw. Genossenschaften in eine SE oder eine SCE 309
      I. Grenzüberschreitende Verschmelzung zur SE/SCE 310
      II. Grenzüberschreitender Formwechsel zur SE/SCE 311
   B. Umwandlungsvorgänge unter Beteiligung bestehender SE oder SCE 312
      I. Umwandlung bestehender SE/SCE nach der SE-VO bzw. SCE-VO 312
          1. „Rückumwandlung": Formwechsel bestehender SE/SCE in Aktiengesellschaft/Genossenschaft nationalen Rechts 312
          2. Verschmelzung unter Beteiligung bestehender SE zur Gründung einer (neuen) SE 313
      II. Umwandlungen bestehender SE/SCE nach dem Umwandlungsgesetz 314
§ 6 Kontrollfragen und Lösungen 316

Alexander von Rummel

Kapitel 6

Grenzüberschreitende Umwandlungsvorgänge

Während Gegenstand der vorangegangenen Kapitel Umwandlungsvorgänge ohne Auslandsbezug, also rein nationale Vorgänge waren, geht es in diesem Kapitel um die *Grundzüge internationaler Umwandlungen.* 1

Alle für das Inland vorgestellten Umwandlungsvorgänge können auch im grenzüberschreitenden Kontext vorkommen – man denke etwa an eine französische „Société Anonyme", die mit einer deutschen Aktiengesellschaft verschmolzen wird, an eine schwedische „AB", die in eine deutsche GmbH umgewandelt wird, oder an eine niederländische „NV", die mit einer italienischen „S.p.a." eine Europäische Aktiengesellschaft bilden soll. Neben solche *innereuropäische Fälle* treten weltweite *außereuropäische Konstellationen*. Die Vorgänge sind dabei grenzüberschreitend, weil Rechtsträger aus verschiedenen Rechtsordnungen am Umwandlungsvorgang beteiligt sind. Nicht Gegenstand der vorliegenden Darlegungen sind dagegen bloße nationale Umwandlungen mit sonstigem Auslandsbezug. Denkbar ist etwa, dass ausschließlich inländische Rechtsträger beteiligt sind, diese aber ausländische Gesellschafter oder im Ausland belegenes Vermögen haben (oder umgekehrt); ein solcher Vorgang ist keine „grenzüberschreitende Umwandlung". 2

Bei grenzüberschreitenden Umwandlungen ist – wie bei allen Fällen mit Auslandsbezug – zunächst zu klären, nach welcher Rechtsordnung oder welchen Rechtsordnungen der jeweilige Vorgang zu beurteilen ist, welches also das *anwendbare Recht* ist. Anschließend stellt sich die Frage, ob sowie unter welchen Voraussetzungen die Umwandlung nach der jeweils anzuwendenden Rechtsordnung *materiellrechtlich zulässig* und durchzuführen ist. 3

Diesem Gedanken folgend werden in diesem Kapitel nach einer Einführung zunächst die Grundzüge der kollisionsrechtlichen Behandlung grenzüberschreitender Umwandlungen und die Eckdaten der sachrechtlichen Zulässigkeit verschiedener Umwandlungsmaßnahmen im Überblick vorgestellt (vgl. Rn. 5 ff.). Sodann werden jeweils einzeln die Zulässigkeit und Voraussetzungen grenzüberschreitender Verschmelzungen (vgl. Rn. 61 ff.), grenzüberschreitender Spaltungen (vgl. Rn. 97 ff.) und grenzüberschreitender Formwechsel (vgl. Rn. 109 ff.) besprochen. Abschließend wird ein Blick auf grenzüberschreitende Umwandlungsvorgänge unter Einbindung europäischer supranationaler Rechtsformen (Europäische Aktiengesellschaft und Europäische Genossenschaft) geworfen (vgl. Rn. 123 ff.). 4

Alexander von Rummel

§ 1 Grundlagen

Fall 1: Ferran ist erfolgreicher Koch und einziger Gesellschafter und Geschäftsführer der Ferran S. L., einer spanischen „Sociedad Unipersonal de Responsabilidad Limitada". Die Ferran S. L. betreibt ein bei Feinschmeckern beliebtes Restaurant an der Costa Brava. Ihr Satzungssitz befindet sich in Ferrans Wohnung in Barcelona, von wo aus er sich um die Angelegenheiten der Ferran S. L. kümmert.

a) Ferran erkennt, dass seine internationale Bekanntheit durch ein Restaurant in Deutschland enorm gefördert würde. Mitten in Berlin eröffnet er daher „Bullis Berlin", in dem er Klassiker der Berliner Küche als experimentelle Avantgard-Gastronomie anbietet. „Bullis Berlin" wird von der Ferran S. L. betrieben. Ferran selbst ist nur sporadisch in Berlin. Meistens kümmert er sich von Barcelona aus auch um die Berliner Angelegenheiten. Welches Recht ist auf die Ferran S. L. anzuwenden?

b) Ferran ist begeistert von Berlin. Er zieht nach Berlin um. Er kauft eine Wohnung in Charlottenburg und richtet dort auch sein Büro ein. Ab und zu sieht er noch an der Costa Brava nach dem Rechten, zumeist klärt er die Dinge aber von seinem Berliner Büro aus. Welches Recht ist auf die Ferran S. L. anzuwenden?

c) Lägen die Dinge in b) anders, wenn es sich nicht um die Ferran S. L. handelte, sondern um die Ferran S. A., eine togoische Gesellschaft mit Satzungssitz in Lomé/Togo?

d) Aufgrund des riesigen Erfolgs von „Bullis Berlin" will Ferran bundesweit expandieren. Hierzu baut er auch auf die Erfahrungen seines Berliner Freundes Tim. Auch Tim ist Koch. Er ist außerdem einziger Gesellschafter und Geschäftsführer der Tim GmbH, einer deutschen Gesellschaft, die in Deutschland eine große Restaurantkette betreibt. Ferran und Tim wollen gemeinsame Sache machen und alle Restaurants unter dem Namen „F & T" betreiben. Ferran und Tim einigen sich darauf, dass hierzu die Ferran S. L. auf die Tim GmbH verschmolzen werden soll. Nach welchem Recht sind Zulässigkeit und Verfahren der geplanten Verschmelzung zu beurteilen?

A. Einführung

I. Motive und Interessen

5   Eine zunehmende Globalisierung des Wirtschaftslebens lässt auch die praktische Bedeutung internationaler Zusammenarbeit wachsen. Damit einher geht ein Bedürfnis für die internationale Reorganisation von Unternehmen und für grenzüberschreitende Umwandlungsvorgänge. Insbesondere innerhalb des europäischen Binnenmarkts machen Umstrukturierungsvorhaben natürlich nicht an Staats- und Rechtsgrenzen halt. Die *Gründe für Umstrukturierungen* sind dabei im internationalen Kontext weitgehend dieselben wie bei rein nationalen Umwandlungsvorgängen (vgl. bereits Kap. 1 Rn. 1):[1] So geht es aus Sicht der beteiligten Unternehmen um die Vorteile, die mit der (vollständigen oder teilweisen) Gesamtrechtsnachfolge bei Verschmelzung und Spaltung bzw. mit der Rechtsträgeridentität beim Formwechsel einhergehen. Von Bedeutung ist weiter,

---

[1] Im Überblick auch Sagasser/Bula/Brünger/*Gutkès* § 12 Rn. 3. Zu den Gründen für Umwandlungen im Allgemeinen vgl. Kap. 1 Rn. 1 f.

dass umwandlungsrechtliche Umstrukturierungen auch gegen den Widerspruch einzelner Beteiligter (z. B. Gläubiger oder Anteilsinhaber) durchgeführt werden können. Je nach Konstellation mögen schließlich auch in internationalen Konstellationen steuerliche Aspekte relevant sein.

Aus Sicht der betroffenen Rechtsordnungen folgen aus dem grenzüberschreitenden Charakter eines Umwandlungsvorgangs dagegen besondere *Regelungsinteressen*.[2] Bei einer Umwandlung aus der eigenen Rechtsordnung hinaus geht es beispielsweise darum zu verhindern, dass sich eine bestehende Gesellschaft des nationalen Rechts ohne Ausgleich den nach dieser Rechtsordnung geltenden Schutzvorschriften zugunsten Außenstehender (etwa Gläubiger, Minderheitsgesellschafter oder Arbeitnehmer) entzieht. Im umgekehrten Fall einer Umwandlung in die eigene Rechtsordnung hinein besteht beispielsweise ein Mitwirkungsbedürfnis, wenn für die Umwandlung Strukturmaßnahmen beim übernehmenden Rechtsträger erforderlich sind. Hinzu kommt etwa das Bedürfnis, dafür zu sorgen, dass die für eine Neugründung geltenden Gründungsvorschriften nicht durch eine möglicherweise einfachere Auslandsgründung mit anschließender „Hinein-Umwandlung" unterlaufen werden.

II. Rechtsgrundlagen im Europarecht

Der rechtliche Rahmen für grenzüberschreitende Umwandlungen innerhalb Europas ist heute maßgeblich durch das Europarecht geprägt. Nur in Teilbereichen bestehen allerdings konkrete Regelungen des Sekundärrechts (vgl. Rn. 8 ff.). Entscheidende Vorgaben macht dagegen das Primärrecht, vor allem die in Art. 49 AEUV und Art. 54 AEUV verankerte Niederlassungsfreiheit (vgl. Rn. 16 ff.).

1. Sekundärrecht: supranationale Rechtsformen und Gesellschaftsrechtsrichtlinie

Im europäischen Sekundärrecht bestehen nur für Teilbereiche grenzüberschreitender Umwandlungen konkrete Regelungen.

a) SE-VO und SCE-VO

Grenzüberschreitende Umwandlungsvorgänge sind innerhalb der EU unter anderem unter Einbindung einer Europäischen Aktiengesellschaft (*Societas Europaea*, „SE") oder einer Europäischen Genossenschaft (*Societas Cooperativa Europaea*, „SCE") möglich.[3]

Die Verordnung über das Statut der Europäischen Gesellschaft[4] („*SE-VO*") und flankierend die Richtlinie zur Ergänzung des Statuts der Europäischen Ge-

---

[2] Hierzu auch Eidenmüller/*Eidenmüller* § 4 Rn. 63.
[3] Dazu unten Rn. 123 ff.
[4] Verordnung (EG) Nr. 2157/2001 des Rates vom 8.10.2001 über das Statut der Europäischen Gesellschaft (SE), ABl. 2001 L 294, 1.

sellschaft hinsichtlich der Beteiligung der Arbeitnehmer[5] wurden am 8.10.2001 nach jahrzehntelangen Vorarbeiten verabschiedet. Die Regelungen traten im Oktober 2004 in Kraft. In Deutschland gelten für die SE zusätzlich das SE-Ausführungsgesetz (SEAG) und das SE-Beteiligungsgesetz (SEBG).

11 Zwei Jahre nach der SE wurde auf europäischer Ebene mit der Verordnung über das Statut der Europäischen Genossenschaft vom 22.7.2003 („*SCE-VO*")[6] sowie einer flankierenden Richtlinie über die Arbeitnehmermitbestimmung[7] die rechtliche Grundlage für die SCE geschaffen. Diese Regelungen gelten seit August 2006. In Deutschland finden sich Ausführungsvorschriften im SCE-Ausführungsgesetz (SCEAG) und im SCE-Beteiligungsgesetz (SCEBG).

12 Während die SE durchaus praktische Bedeutung erlangt hat, gibt es europaweit nur sehr wenige SCE.[8] Schwerpunkt der nachfolgenden Erörterungen ist daher auch die SE.

13 Die umwandlungsrechtliche Bedeutung dieser supranationalen Rechtsformen besteht darin, dass SE und SCE unter anderem durch Verschmelzung nationaler Aktiengesellschaften bzw. Genossenschaften oder durch einen Formwechsel nationaler Gesellschaften gegründet werden können. Umwandlungsvorgänge unter Beteiligung von SE und SCE werden in § 5 (vgl. Rn. 123 ff.) besprochen.

b) Gesellschaftsrechtsrichtlinie

14 Im Dezember 2005 trat die Richtlinie 2005/56/EG über die Verschmelzung von Kapitalgesellschaften aus verschiedenen Mitgliedstaaten[9] („Richtlinie über grenzüberschreitende Verschmelzungen") in Kraft, die mittlerweile in der „Gesellschaftsrechtsrichtlinie" (Richtlinie 2017/1132/EU über bestimmte Aspekte des Gesellschaftsrechts) aufgegangen ist. Mit Einführung der §§ 122a ff. UmwG setzte der deutsche Gesetzgeber die entsprechenden Vorgaben um. Wie aus dem Titel der ursprünglichen Richtlinie ersichtlich betrifft das aber nur die *grenzüberschreitende Verschmelzung von Kapitalgesellschaften*. Weder die Verschmelzung anderer Gesellschaften (insbesondere Personengesellschaften) noch andere Umwandlungsformen (insbesondere grenzüberschreitende Spaltungen oder grenzüberschreitende Formwechsel) waren zunächst europarechtlich geregelt.

15 Mit der Richtlinie (EU) 2019/2121 vom 27.11.2019 zur Änderung der der Richtlinie (EU) 2017/1132 in Bezug auf grenzüberschreitende Umwandlungen, Verschmelzungen und Spaltungen („Mobilitätsrichtlinie")[10] gibt es nun erstmals

---

[5] Richtlinie (EG) Nr. 2001/86 des Rates vom 8.10.2001 zur Ergänzung des Statuts der Europäischen Gesellschaft hinsichtlich der Beteiligung der Arbeitnehmer, ABl. 2001 L 294, 22.
[6] Verordnung (EG) Nr. 1435/2003 des Rates vom 22.7.2003 über das Statut der Europäischen Genossenschaft (SCE), ABl. 2003 L 207, 1.
[7] Richtlinie 2003/72/EG des Rats vom 22.7.2003 zur Ergänzung des Statuts der Europäischen Genossenschaft hinsichtlich der Beteiligung der Arbeitnehmer, ABl. 2003 L 207, 25.
[8] *Habersack/Verse* § 13 Rn. 6 und § 14 Rn. 1; zur SE: Habersack/Drinhausen/*Drinhausen* Einl. SE-VO Rn. 31.
[9] ABl. 2005 L 310, 1.
[10] ABl. 2019 L 321, 1.

sekundärrechtliche Vorgaben für den bisher nicht weiter geregelten *grenzüberschreitenden Formwechsel* (in EU-Texten stets als „Umwandlung" bezeichnet) und *grenzüberschreitende Spaltungen.* Zusätzlich bringt die Mobilitätsrichtlinie Änderungen für die bereits bestehenden Regelungen über grenzüberschreitende Verschmelzungen von Kapitalgesellschaften, damit alle sekundärrechtlich geregelten „grenzüberschreitenden Vorhaben" einem einheitlichen Regime unterliegen.[11]

Die Mobilitätsrichtlinie ist Teil des sog. *Company Law Package*, mit dem die EU-Kommission im April 2018 neben der genannten Richtlinie eine Richtlinie zur Einführung digitaler Werkzeuge und Verfahren im Gesellschaftsrecht vorschlug.[12] Die Mobilitätsrichtlinie muss bis zum 31.1.2023 in nationales Recht umgesetzt werden. 15a

Die Mobilitätsrichtlinie *schließt erhebliche Lücken* im Netz des Europäischen Sekundärrechts zu grenzüberschreitenden Umwandlungsvorgängen. Zuvor waren – wie gesehen (vgl. Rn. 14) – nur grenzüberschreitende Verschmelzungen von Kapitalgesellschaften sekundärrechtlich geregelt, obwohl zahlreiche weitere Vorgänge primärrechtlich zulässig sind (vgl. ausführlich unten, Rn. 16 ff.). Das führte insbesondere in Bezug auf Formwechsel durch identitätswahrende grenzüberschreitende Sitzverlegungen zu intensiven Diskussionen und rechtspraktischen Problemen. Spätestens seit dem EuGH-Urteil in der Sache „Polbud" (vgl. Rn. 27a) ist klar, dass der grenzüberschreitende Formwechsel primärrechtlich zulässig ist, obwohl mangels sekundärrechtlicher Vorgaben mitgliedstaatliche Regelungen hierzu in der Regel fehlen. Diese Regelungslücke wirkte in der Praxis häufig als ein Umwandlungshindernis, das mit der Mobilitätsrichtlinie beseitigt werden sollte. Zukünftig wird es einen harmonisierten Rechtsrahmen auch für grenzüberschreitende Formwechsel und grenzüberschreitende Spaltungen geben. Gewisse Lücken bleiben aber: Insbesondere grenzüberschreitende Umwandlungsvorgänge unter Einschluss von Personengesellschaften, die primärrechtlich zulässig sind, werden weiterhin nicht geregelt sein. 15b

2. Primärrecht: die Niederlassungsfreiheit nach Art. 49 AEUV und Art. 54 AEUV und ihre Prägung durch den EuGH

Mehr als durch die noch immer nicht lückenlosen konkreten Vorgaben des Sekundärrechts (vgl. Rn. 8 ff.) ist das Recht grenzüberschreitender (innereuropäischer) Umwandlungen von den Vorgaben des europäischen Primärrechts geprägt. Aufgrund der in Art. 49, 54 AEUV verankerten *Niederlassungsfreiheit* haben die Staatsangehörigen der EU-Mitgliedstaaten sowie die nach den Vorschriften dieser Staaten gegründeten und innerhalb der Gemeinschaft ansässigen 16

---

[11] Ausführlich zur supranationalen Sicht der europarechtlichen Regelung *de Raet*, in: Kindler/Lieder (Hrsg.), Corporate Law, Gesellschaftsrechtsrichtlinie, Art. 118 ff., 2020 (im Erscheinen).
[12] Vgl. etwa *Kraft* BB 2019, 1864; *Teichmann* NZG 2019, 241.

Alexander von Rummel

Gesellschaften das Recht, sich in einem anderen Mitgliedstaat niederzulassen und dort einer selbständigen Tätigkeit nachzugehen.

17 Die *Niederlassungsfreiheit* besteht zum einen als *Diskriminierungsverbot*, das in Art. 49 Abs. 2 AEUV positiv als Gebot zur Inländergleichbehandlung ausgedrückt ist. Die Niederlassungsfreiheit geht aber darüber hinaus. Sie besteht zum anderen auch als umfassendes *Beschränkungsverbot*. Sie betrifft potentiell also auch Maßnahmen, die alle Wirtschaftsteilnehmer unterschiedslos in nicht diskriminierender Weise treffen.[13]

18 Diese Niederlassungsfreiheit umfasst als *„primäre Niederlassungsfreiheit"* das Recht, den Schwerpunkt der unternehmerischen Tätigkeit in das Gebiet eines anderen Mitgliedstaats zu verlagern. Die *„sekundäre Niederlassungsfreiheit"* betrifft Konstellationen, in denen zwar der Schwerpunkt der Tätigkeit im Heimatland verbleibt, die unternehmerische Tätigkeit aber beispielsweise durch Gründung einer Tochtergesellschaft in andere Mitgliedstaaten oder durch Beteiligung an einer bestehenden ausländischen Gesellschaft ausgedehnt wird.[14]

19 Der EuGH hat in einer Reihe von wichtigen Urteilen die Bedeutung der Niederlassungsfreiheit für die *Mobilität von Gesellschaften in Europa* herausgearbeitet. Diese EuGH-Urteile prägen die Entwicklung des Rechts der grenzüberschreitenden Umwandlungen ganz maßgeblich. Sie sind elementar für das Verständnis der folgenden Darstellungen. Es ist daher unerlässlich, die wichtigsten EuGH-Entscheidungen zu kennen.[15]

a) „Daily Mail" (1988)

20 Ausgangspunkt der Entwicklung ist das EuGH-Urteil „Daily Mail"[16] aus dem Jahr 1988. In diesem Fall ging es um eine englische Gesellschaft, die aus steuerlichen Gründen ihre Geschäftsleitung (und damit ihren Verwaltungssitz) in die Niederlande verlegen wollte. Das Finanzministerium erteilte jedoch nicht die hierfür nach englischem Steuerrecht erforderliche Genehmigung. Der EuGH entschied, dass dies die Niederlassungsfreiheit nicht verletze. Gesellschaften existierten nur aufgrund und nach den Vorgaben der nationalen Rechtsordnung. Die nationale Rechtsordnung könne selbst bestimmen, was eine Gesellschaft vorweisen muss, um den Status als Gesellschaft dieser Rechtsordnung zu behalten. Eine nationale Rechtsordnung könne daher auch den Wegzug einer Gesellschaft verweigern, ohne gegen die Niederlassungsfreiheit zu verstoßen.

---

[13] Etwa *Habersack/Verse* § 3 Rn. 3 ff. mit zahlreichen Nachweisen.
[14] *Habersack/Verse* § 3 Rn. 1 ff.; ähnlich *Lutter/Bayer/Schmidt* § 4 Rn. 4 ff.
[15] Für eine ausführlichere Zusammenstellung der Urteile beispielsweise *Habersack/Verse* § 3 Rn. 13 ff.; *Lutter/Bayer/Schmidt* § 7 Rn. 13 ff.; *Hennrichs/Pöschke/v. d. Laage/Klavina* WM 2009, 2009; im Überblick auch *Rauscher/Loose* JuS 2013, 683, 684 f. und Widmann/Mayer/*Heckschen* § 1 UmwG Rn. 159 ff.
[16] EuGH NJW 1989, 2186 (*Daily Mail*).

b) „Centros" (1999)

In der Rechtssache „Centros"[17] aus dem Jahr 1999 ging es um eine von einem in Dänemark ansässigen Ehepaar gegründete englische Gesellschaft, die in Dänemark eine Zweigniederlassung eintragen lassen wollte. Dies wurde in Dänemark mit der Begründung verweigert, die Gesellschaft wolle in England gar keine Geschäftstätigkeit entfalten, tatsächlich solle die dänische Niederlassung der Hauptsitz sein; es gehe nur um eine Umgehung der dänischen Gründungsvorschriften. Der EuGH entschied, dass die Verweigerung der Eintragung der dänischen Zweigniederlassung gegen die Niederlassungsfreiheit verstoße. Dänemark musste die Existenz der englischen Kapitalgesellschaft anerkennen und durfte ihren Zuzug nicht beschränken.

21

c) „Überseering" (2002)

Klägerin in der Sache „Überseering"[18] aus dem Jahr 2002 war eine niederländische Gesellschaft, die ihren Verwaltungssitz nach Deutschland verlegt hatte. Die Gesellschaft machte vor deutschen Gerichten Mängelgewährleistungsansprüche geltend. In Anwendung der „Sitztheorie" (vgl. Rn. 33) entschieden die Gerichte, dass die klagende Gesellschaft wegen ihres Verwaltungssitzes in Deutschland nach deutschem Recht zu beurteilen sei. Nach den deutschen Regeln war die Gesellschaft jedoch nicht wirksam gegründet. Die deutschen Gerichte versagten ihr daher die Rechts- und Parteifähigkeit und wiesen ihre Klage ab. Der EuGH entschied dagegen, dass die Aberkennung der Rechts- und Parteifähigkeit und damit die Verhinderung des Zuzugs von nach ausländischem Recht wirksam bestehenden Gesellschaften die Niederlassungsfreiheit verletze.

22

d) „Inspire Art" (2003)

Die Entwicklung setzte sich mit dem EuGH-Urteil in der Sache „Inspire Art"[19] aus dem Jahr 2003 fort. In diesem Fall wollte eine Gesellschaft englischen Rechts, deren einziger Geschäftsführer in den Niederlanden wohnte, eine Zweigniederlassung in den Niederlanden errichten. Das niederländische Recht verpflichtete jedoch ausländische Gesellschaften, die ihre Geschäftstätigkeit vollständig in den Niederlanden ausüben, als „formal ausländische Gesellschaft" zu firmieren, was mit gewissen Offenlegungspflichten und vor allem der Anwendung niederländischer Mindestkapital- und Haftungsregeln einherging. Der EuGH sah hierin eine nicht gerechtfertigte Beschränkung der Niederlassungsfreiheit.

23

---

[17] EuGH NJW 1999, 2027 (*Centros*).
[18] EuGH NJW 2002, 3614 (*Überseering*).
[19] EuGH NJW 2003, 3331 (*Inspire Art*).

e) „SEVIC Systems" (2005)

24 In der Sache „SEVIC Systems"[20] aus dem Jahr 2005 ging es um das deutsche Umwandlungsrecht. Eine deutsche Aktiengesellschaft beantragte die Eintragung ihrer Verschmelzung als aufnehmender Rechtsträger mit einer luxemburgischen Gesellschaft als übertragendem Rechtsträger. Das deutsche Registergericht wies den Antrag unter Verweis auf § 1 Abs. 1 UmwG ab. Nach dieser Vorschrift können nur „Rechtsträger mit Sitz im Inland" umgewandelt werden. Mit der damals herrschenden Ansicht in Literatur und Rechtsprechung argumentierte das Gericht, dass § 1 Abs. 1 UmwG erfordere, dass alle am Umwandlungsvorgang beteiligten Unternehmen ihren Sitz in Deutschland haben. Der EuGH wies in seinem Urteil zunächst darauf hin, dass „grenzüberschreitende Verschmelzungen [...] wie andere Gesellschaftsumwandlungen [...] besondere, für das reibungslose Funktionieren des Binnenmarktes wichtige Modalitäten der Ausübung der Niederlassungsfreiheit" darstellten. Die Tatsache, dass das deutsche Recht nur inländische, nicht aber (innereuropäische) grenzüberschreitende Verschmelzungen gestatte, stelle eine nicht gerechtfertigte Beschränkung der Niederlassungsfreiheit dar. Die Verhinderung der „Hineinverschmelzung" verletze daher die Niederlassungsfreiheit.

f) „Cartesio" (2008)

25 Erstmals seit dem Daily-Mail-Urteil (vgl. Rn. 20) hatte sich der EuGH im Jahr 2008 in der Sache „Cartesio"[21] wieder mit Wegzugsbeschränkungen zu befassen. In diesem Fall wollte eine ungarische Gesellschaft ihren Sitz nach Italien verlegen, dabei aber als ungarische Gesellschaft organisiert bleiben. Das ungarische Handelsregister hat ihren Antrag auf Eintragung des neuen italienischen Sitzes abgelehnt. Die ungarische Gesellschaft sah sich daher in ihrer Niederlassungsfreiheit verletzt. Der EuGH entschied jedoch, dass die Niederlassungsfreiheit nicht betroffen sei. Das Gericht knüpfte an seine Daily-Mail-Entscheidung (vgl. Rn. 20) an und stellte fest, dass eine Gesellschaft jenseits der nationalen Rechtsordnung, die ihre Gründung und Existenz regelt, „keine Realität" habe.[22] Ein Mitgliedstaat habe die Befugnis zu bestimmen, was eine nach innerstaatlichem Recht gegründete Gesellschaft vorweisen muss, um die Eigenschaft als Gesellschaft dieser Rechtsordnung zu behalten. Ein Mitgliedstaat könne es einer „eigenen" Gesellschaft daher untersagen, ihren Sitz ins Ausland zu verlegen, ohne damit die Niederlassungsfreiheit zu verletzen.[23] Die eigentliche umwandungsrechtliche Bedeutung des Urteils „Cartesio" liegt aber in einem *obiter dictum* des EuGH. Der EuGH stellte fest, dass die dort streit-

---

[20] EuGH NJW 2006, 425 (*SEVIC Systems*).
[21] EuGH NJW 2009, 569 (*Cartesio*).
[22] EuGH NJW 2009, 569 (*Cartesio*) Rn. 104.
[23] EuGH NJW 2009, 569 (*Cartesio*) Rn. 110.

gegenständliche Sitzverlegung *ohne Statutenwechsel* davon zu unterscheiden ist, „dass eine Gesellschaft aus einem Mitgliedstaat in einen anderen Mitgliedstaat unter Änderung des anwendbaren nationalen Rechts verlegt und dabei in eine dem nationalen Recht des zweiten Mitgliedstaats unterliegende Gesellschaftsform umgewandelt wird." Im Gegensatz zur rechtsformwahrenden Sitzverlegung müsse eine *rechtsformwechselnde Sitzverlegung* europarechtlich zugelassen werden, denn die Befugnis eines Mitgliedstaats zu bestimmen, was vorgewiesen werden muss, um den Status als bestehende Gesellschaft dieser Rechtsordnung zu behalten, rechtfertige es nicht, dass der Gründungsstaat die Gesellschaft daran hindert, sich in eine Gesellschaft nach dem nationalen Recht eines anderen Mitgliedstaats umzuwandeln, sofern dies nach dem Recht des Aufnahmestaats möglich sei.[24]

g) „National Grid Indus" (2011)

Ende 2011 erging das Urteil in der Sache „National Grid Indus"[25], mit dem der EuGH eine Unterscheidung zwischen Wegzugsverboten wie in „Cartesio" (vgl. Rn. 25) und sonstigen Wegzugsbeschränkungen einführte. Es ging um eine niederländische Gesellschaft mit beschränkter Haftung, die ihren Verwaltungssitz – unter Beibehaltung ihres niederländischen Satzungssitzes – nach London verlegte. Das war nach niederländischem Kollisions- und Sachrecht zulässig.[26] Der niederländische Fiskus besteuerte jedoch anlässlich der Verwaltungssitzverlegung die stillen Reserven. Unter Verweis auf „Cartesio" ist argumentiert worden, dass Wegzugsbeschränkungen nicht in den Anwendungsbereich der Niederlassungsfreiheit fielen; wenn der Wegzug – wie in „Cartesio" – sogar vollständig untersagt werden könne, müssten weniger einschränkende Wegzugserschwerungen wie die Besteuerung der stillen Reserven erst recht möglich sein. Diesem Argument ist der EuGH indessen nicht gefolgt. Er hat die Wegzugssteuer als Beschränkung der Niederlassungsfreiheit auf ihre Rechtfertigung überprüft und für (teilweise) europarechtswidrig erklärt. Insoweit kehrt der EuGH seinem Urteil „Daily Mail" (vgl. Rn. 20) den Rücken, denn das dem Urteil „Daily Mail" zugrunde liegende – und vom EuGH als europarechtskonform akzeptierte – Erfordernis, die Sitzverlegung von den Finanzbehörden genehmigen zu lassen, dient gerade der Durchsetzung und Sicherstellung der nun im Urteil „National Grid Indus" in Frage gestellten Wegzugsbesteuerung.[27]

26

---

[24] EuGH NJW 2009, 569 (*Cartesio*) Rn. 111 f.
[25] EuGH NZG 2012, 114 (*National Grid Indus*).
[26] Gleiches gilt nach dem MoMiG auch für das deutsche Recht, vgl. § 4a GmbHG und § 5 AktG.
[27] *Verse* ZEuP 2013, 458, 464; *Schall/Barth* ZGR 2012, 414, 418 f., auch zu der Frage, inwiefern das Urteil „National Grid Indus" damit in Einklang zu bringen ist, dass „Cartesio" noch viel einschneidendere Beschränkungen gestattet.

Alexander von Rummel

h) „VALE" (2012)

27 In dem Urteil „VALE"[28] aus dem Jahr 2012 ging es um eine italienische Gesellschaft, die sich aus dem römischen Handelsregister löschen ließ, um ihren Satzungssitz und ihre Tätigkeit unter Umwandlung in eine ungarische Gesellschaft nach Ungarn zu verlegen. Das ungarische Handelsregister verweigerte die Eintragung der Gesellschaft als ungarische Gesellschaft unter Angabe der italienischen Gesellschaft als Rechtsvorgängerin, da das ungarische Recht nur nationale, nicht aber grenzüberschreitende Umwandlungen vorsehe. Der EuGH knüpfte an sein *obiter dictum* aus dem Urteil „Cartesio" (vgl. Rn. 25) an und entschied, dass eine nationale Regelung des Aufnahmestaats, nach der die grenzüberschreitende Umwandlung unzulässig ist, mit der Niederlassungsfreiheit nicht vereinbar sei.

i) „Polbud" (2017)

27a Ähnlich wie in „VALE" ging es auch im EuGH-Urteil in der Sache „Polbud"[29] um einen Sitzverlegungssachverhalt: Die Gesellschafter der Polbud Wykonawstwo sp. z o. o., einer polnischen Gesellschaft mit beschränkter Haftung, beschlossen die Verlegung des Satzungssitzes der Gesellschaft von Łąck (Polen) nach Luxemburg und den anschließenden Formwechsel in eine Gesellschaft mit beschränkter Haftung luxemburgischen Rechts. Der Verwaltungssitz sollte weiterhin in Polen verbleiben. Die Gesellschaft beantragte ihre Löschung beim polnischen Handelsregister unter Verweis auf die erfolgte Sitzverlegung. Das Handelsregister lehnte die Löschung ab, weil die Löschung nach polnischem Recht die vorherige Durchführung eines ordnungsgemäßen Liquidationsverfahrens erfordere. Der EuGH entschied, dass die Niederlassungsfreiheit auch die mit einem Rechtsformwechsel verbundene isolierte Satzungssitzverlegung umfasse. Einer nach dem Recht eines Mitgliedstaats gegründete Gesellschaft müsse möglich sein, sich auch ohne Verlegung der tatsächlichen Tätigkeit in eine dem Recht eines anderen Mitgliedstaats unterliegende Gesellschaft umzuwandeln, wenn die Anforderungen des Zuzugsstaats an eine hinreichende Verbundenheit der Gesellschaft mit dem Zuzugsstaat erfüllt sind. Eine Sitzverlegung mit dem Ziel, in den Genuss günstigerer Rechtsvorschriften zu kommen, stelle keinen Rechtsmissbrauch dar.

III. Rechtsgrundlagen im deutschen Recht

28 Im deutschen Recht finden sich Regelungen zu grenzüberschreitenden Umwandlungen lediglich in den europarechtlich geprägten Ausführungsvorschriften zur SE im SEAG bzw. zur SCE im SCEAG sowie in den §§ 122a ff. UmwG, die die Richtlinie über grenzüberschreitende Verschmelzungen umsetzten. Alle ande-

---

[28] EuGH NJW 2012, 2715 (*VALE*); vgl. hierzu *Streinz* JuS 2012, 1142; *Böttcher/Kraft* NJW 2012, 2701.
[29] EuGH NJW 2017, 3639 (*Polbud*).

ren Formen grenzüberschreitender Umwandlungsvorgänge unterliegen keinen ausdrücklichen Regelungen im deutschen Recht. Bis zum 31.1.2023 müssen allerdings die Vorgaben der Mobilitätsrichtlinie umgesetzt sein (vgl. Rn. 15 ff.).

B. Grundzüge der kollisionsrechtlichen Anknüpfung grenzüberschreitender Umwandlungen

Die erste Frage bei allen Fällen mit Auslandsberührung, also auch bei grenzüberschreitenden Umwandlungen, ist, nach welcher Rechtsordnung der Sachverhalt zu beurteilen ist. Die Antwort auf diese Frage ist dem Internationalen Privatrecht (IPR) zu entnehmen. 29

Im deutschen IPR gibt es *keine geschriebenen Regeln* über das auf grenzüberscheitende Umwandlungen anzuwendende Recht.[30] Es gibt nicht einmal kodifizierte Regeln über das insgesamt auf juristische Personen und Gesellschaften anzuwendende Recht (das sog. „Internationale Gesellschaftsrecht"). Zwar hat das Bundesministerium der Justiz im Januar 2008 einen Referentenentwurf für ein „Gesetz zum Internationalen Privatrecht der Gesellschaften, Vereine und juristischen Personen" veröffentlicht, der auch umwandlungsbezogene Regelungen vorsieht.[31] Die Arbeiten an dem Gesetzentwurf sind aber bislang nicht fortgesetzt worden. So bleibt es einstweilen dabei, dass das deutsche IPR in Bezug auf das auf Umwandlungsvorgänge anzuwendende Recht auf *Gewohnheitsrecht* beruht. 30

Vieles ist dabei umstritten. Einigkeit besteht noch darüber, dass im Ausgangspunkt für die durch eine Umwandlung bewirkte Strukturänderung – genauso wie für Fragen der Entstehung, Existenz und Auflösung einer Gesellschaft – das Personalstatut der Gesellschaft (das sog. *„Gesellschaftsstatut"*) maßgeblich ist.[32] Nachfolgend wird daher zunächst der Frage nachgegangen, wie das Gesellschaftsstatut im Allgemeinen bestimmt wird (vgl. Rn. 32 ff.). Im Fall der grenzüberschreitenden Umwandlung sind sodann Gesellschaften verschiedener Herkunft betroffen und damit regelmäßig unterschiedliche Gesellschaftsstatute; es ist daher die Folgefrage zu klären, welches der verschiedenen in Frage kommenden Gesellschaftsstatute zur Sachentscheidung berufen ist, wenn mehrere Gesellschaftsstatute zusammentreffen (vgl. Rn. 43 ff.). 31

---

[30] Insbesondere stellt § 1 Abs. 1 UmwG, nach dem nur Rechtsträger „mit Sitz im Inland" umgewandelt werden können, keine Kollisionsnorm dar, sondern eine Sachnorm, die die Anwendbarkeit deutschen Rechts nicht anordnet, sondern voraussetzt, vgl. MüKoBGB/*Kindler* IntGesR Rn. 791; Semler/Stengel/*Drinhausen* Einl. C Rn. 5.

[31] Der Entwurfstext ist online abrufbar beispielsweise über gesetzgebung.beck.de. Der Entwurf basiert im Wesentlichen auf den Vorarbeiten der Kommission „Internationales Gesellschaftsrecht" des Deutschen Rates für Internationales Privatrecht, vgl. Sonnenberger/*Bauer* RIW 2006, Beilage 1 zu Heft 4.

[32] MüKoBGB/*Kindler* IntGesR Rn. 794; Semler/Stengel/*Drinhausen* Einl. C Rn. 6; Münch. Hdb. GesR VI/*Thölke* § 1 Rn. 60; Kölner Komm. UmwG/*Simon/Rubner* Vor §§ 122a ff. Rn. 4.

I. Bestimmung des Gesellschaftsstatuts

32 Mögliche Anknüpfungsregeln für die Bestimmung des Gesellschaftsstatuts sind – neben zahlreichen vermittelnden Modellen – vor allem die „Sitztheorie" und die „Gründungstheorie" (vgl. Rn. 33 ff.). In Deutschland gilt heute ein gespaltenes Kollisionsrecht, nämlich grundsätzlich die Sitztheorie (vgl. Rn. 36 ff.), für Gesellschaften aus EU-/EWR-Staaten dagegen die Gründungstheorie (vgl. Rn. 39 ff.). Gleiches gilt für Gesellschaften, die unter dem Schutz zweiseitiger Staatsverträge stehen (wie vor allem US-Gesellschaften) (vgl. Rn. 42).

1. Mögliche Anknüpfungsregeln: Sitztheorie und Gründungstheorie

33 Die seit langer Zeit geführte Diskussion über das *Personalstatut der Gesellschaft* läuft im Wesentlichen auf die Streitfrage hinaus, ob der „Sitztheorie" oder der „Gründungstheorie" zu folgen ist.[33] Die *Sitztheorie* unterstellt die Gesellschaft derjenigen Rechtsordnung, in deren Bereich die Gesellschaft ihren Sitz hat. Dabei wird auf den effektiven, tatsächlichen Verwaltungssitz der Gesellschaft (und nicht ihren Satzungssitz) abgestellt. Maßgeblich ist also der Tätigkeitsort der Geschäftsführung und der dazu berufenen Vertretungsorgane. Die *Gründungstheorie* erklärt dagegen diejenige Rechtsordnung für maßgeblich, nach der die Gesellschaft gegründet worden ist, wobei hierbei teilweise auf das Recht, nach dem die Gesellschaft ursprünglich errichtet wurde („Inkorporationsrecht"), auf das Recht nach dem die Gesellschaft organisiert ist („Organisationsrecht"), das Recht am Ort der Eintragung („Registrierungsrecht") oder das Recht am Satzungssitz abgestellt wird.[34]

34 Die *Gründungstheorie* wurde im 18. Jahrhundert in England entwickelt. Sie beruhte auf den wirtschaftlichen Bedürfnissen des „Empire". Ziel war, die überseeischen Wirtschaftsaktivitäten zu fördern und die englische Kapitalmacht in den überseeischen Gebieten zu stärken, indem Kolonialgesellschaften nach englischem Recht gegründet und betrieben werden konnten, obwohl sie nur außerhalb Englands tätig waren.[35] Die Gründungstheorie ist entsprechend vor allem im anglo-amerikanischen Rechtskreis herrschend.[36] Sie betont den Parteiwillen der Gesellschaftsgründer und fördert die Rechtssicherheit, weil das Land, nach dessen Recht die Gesellschaft gegründet worden ist, vergleichsweise leicht feststellbar ist. Die Gründungstheorie birgt aber auch Missbrauchsrisiken, weil

---

[33] MüKoBGB/*Kindler* IntGesR Rn. 351; Erman/*Hohloch* Anhang II zu Art. 12, Rn. 2 f.; Palandt/*Thorn* Anh EGBGB 12 (IPR) Rn. 1.
[34] Im Überblick Eidenmüller/*Eidenmüller* § 1 Rn. 2 ff.; Widmann/Mayer/*Heckschen* § 1 UmwG Rn. 99 ff.
[35] MüKoBGB/*Kindler* IntGesR Rn. 359 f.; Münch. Hdb. GesR VI/*Thölke* § 1 Rn. 88 ff.; Eidenmüller/*Eidenmüller* § 1 Rn. 2 ff.
[36] Die Gründungstheorie gilt – in unterschiedlichen Ausformungen – beispielsweise auch in den Niederlanden, der Schweiz, Dänemark, Italien und Japan, vgl. MüKo/*Kindler* IntGesR Rn. 360; Eidenmüller/*Eidenmüller* § 1 Rn. 3; Widmann/Mayer/*Heckschen* § 1 UmwG Rn. 99 ff.

Alexander von Rummel

die Interessen der unmittelbar betroffenen Rechtsordnung (nämlich des Staates, in dem die tatsächlichen Geschäftstätigkeiten stattfinden) kaum berücksichtigt werden.[37] Nationale Schutz- und Ordnungsvorschriften können umgangen werden, wenn die Gründer – vielleicht sogar bewusst – eine (Gründungs-)Rechtsordnung wählen, in der der Schutz Dritter schwächer ausgestaltet ist als in dem Staat, in dem die Geschäftsaktivität entfaltet werden soll.[38]

Die *Sitztheorie* wurde im 19. Jahrhundert in Belgien und Frankreich entwickelt und gilt dort noch heute. Auch in Deutschland gilt sie im Grundsatz (vgl. Rn. 36 ff.). Die Sitztheorie hat den Vorteil der Sachnähe, weil das Recht desjenigen Landes gilt, in dem die Gesellschaft den Schwerpunkt ihrer geschäftlichen Aktivitäten hat. Sie hat zum Ziel, die Gründer zu zwingen, für ihre Geschäftstätigkeiten im Inland eine inländische Gesellschaftsform zu wählen. Der Staat will damit die Kontrolle über die auf seinem Territorium tätigen Gesellschaften sicherstellen, um seine Schutzinteressen zu verwirklichen.[39] Die Folge der Anwendung der Sitztheorie ist vor allem, dass das kapitalgesellschaftsrechtliche Privileg beschränkter Haftung nur dann gewährt wird, wenn die inländischen Anforderungen (beispielsweise in Bezug auf die Kapitalaufbringung und die Gesellschaftsgründung insgesamt) eingehalten sind.[40]

2. Gewohnheitsrechtliche Geltung der Sitztheorie im Verhältnis zu Drittstaaten

Das Reichsgericht folgte seit Beginn des 20. Jahrhunderts der *Sitztheorie*.[41] Der Bundesgerichtshof schloss sich dieser Ansicht an.[42] Die Sitztheorie wurde (und wird) in ständiger Rechtsprechung angewandt. Sie gilt als *Gewohnheitsrecht*.[43]

Die Sitztheorie kam zwischenzeitlich unter Druck. Insbesondere musste die Sitztheorie aufgrund europa- und völkerrechtlicher Vorgaben eingeschränkt werden. Nicht wenige forderten, nicht nur aufgrund solcher Vorgaben, sondern gleich insgesamt von der Sitztheorie abzukehren.[44] Auch im – bislang nicht weiterverfolgten – Referentenentwurf für die Kodifizierung des Internationalen Gesellschaftsrechts (vgl. Rn. 30) war vorgesehen, die Gründungstheorie zu kodi-

---

[37] Palandt/*Thorn* Anh EGBGB 12 (IPR) Rn. 1; Eidenmüller/*Eidenmüller* § 1 Rn. 2.
[38] MüKoBGB/*Kindler* IntGesR Rn. 368.
[39] Erman/*Hohloch* Anhang II zu Art. 12 Rn. 2; MüKoBGB/*Kindler* IntGesR Rn. 421, 423 f.; Eidenmüller/*Eidenmüller* § 1 Rn. 6.
[40] Eidenmüller/*Eidenmüller* § 1 Rn. 6; MüKoBGB/*Kindler* IntGesR Rn. 421, 423 f.
[41] RG JW 1904, 231; RGZ 77, 19, 22; RGZ 117, 215, 217.
[42] BGHZ 25, 134, 144; BGHZ 51, 27, 28; BGHZ 53, 181, 183; BGHZ 78, 318, 334; BGHZ 97, 269, 271 f.; weitere Nachweise bei MüKoBGB/*Kindler* IntGesR Rn. 358.
[43] Erman/*Hohloch* Anhang II zu Art. 12 Rn. 2; Henssler/Strohn/*Servatius* IntGesR Rn. 5; Münch. Hdb. GesR VI/*Thölke* § 1 Rn. 61; Kölner Komm. UmwG/*Simon/Rubner* Vor §§ 122a ff. Rn. 16.
[44] Etwa *Eidenmüller* ZIP 2002, 2233, 2244; *Behrens* IPrax 2003, 193, 205; vgl. auch Kölner Komm. UmwG/*Simon/Rubner* Vor §§ 122a ff. Rn. 17.

fizieren.⁴⁵ Schließlich enthielt das MoMiG Regelungen über Gesellschaften mit Auslandsbezug, die teilweise als Aufgabe der Sitztheorie verstanden wurden.⁴⁶

38 Die Rechtsprechung hat diesen Ansätzen eine Absage erteilt. Grundsätzlich, also außerhalb europa- oder völkerrechtlich erforderlicher Sonderregelungen, gilt im deutschen Internationalen Gesellschaftsrecht weiterhin die Sitztheorie.⁴⁷ Instruktiv ist insoweit das BGH-Urteil „Trabrennbahn"⁴⁸ aus dem Jahr 2008. In diesem Urteil hat der BGH betont, dass nicht nur die europarechtliche Entwicklung nichts an der grundsätzlichen Geltung der Sitztheorie ändert, sondern auch das MoMiG keine Abkehr von der Sitztheorie enthält.⁴⁹ Hiervon ist der BGH in der Folge auch nie abgerückt.

3. Geltung der Gründungstheorie im Geltungsbereich der Niederlassungsfreiheit nach Art. 49 AEUV und Art. 54 AEUV

39 Die europäische Niederlassungsfreiheit nach Art. 49 AEUV und Art. 54 AEUV zwang zu einer immer stärkeren Einschränkung der Sitzanknüpfung. Der EuGH hat verschiedene Auswirkungen der Anwendung der Sitztheorie für nicht gerechtfertigte Beschränkungen der *Niederlassungsfreiheit* angesehen. So urteilte der EuGH insbesondere in der Sache „Überseering" (vgl. Rn. 22), dass es der Niederlassungsfreiheit widerspreche, wenn einer wirksam nach dem Recht eines Mitgliedstaats gegründeten Gesellschaft die Rechts- und Parteifähigkeit in einem anderen Mitgliedstaat (unter Verweis auf die Sitztheorie und den inländischen Verwaltungssitz) aberkannt wird.⁵⁰ Auch dem Urteil „Inspire Art" (vgl. Rn. 23) ist zu entnehmen, dass eine in einem anderen Mitgliedstaat gegründete Gesellschaft trotz eines inländischen Verwaltungssitzes grundsätzlich nach dem Recht des Gründungsmitgliedstaats zu behandeln ist.⁵¹

40 Heute wird aus der Gesamtschau der oben zusammengefassten (vgl. Rn. 20 ff.) grundlegenden Urteile des EuGH, vor allem den Urteilen „Centros", „Überseering" und „Inspire Art", geschlossen, dass die Sitztheorie innerhalb des Anwendungsbereichs der Niederlassungsfreiheit insgesamt von der *Gründungs-*

---

⁴⁵ Art. 10 EGBGB-E des „Referentenentwurfs eines Gesetzes zum Internationalen Privatrecht der Gesellschaften, Vereine und juristischen Personen", online abrufbar etwa unter gesetzgebung.beck.de.
⁴⁶ So etwa *DAV-Handelsrechtsausschuss* NZG 2007, 211, 212; a. A. *Kindler* AG 2007, 721, 725.
⁴⁷ Aus der neueren Rechtsprechung etwa BGH NZG 2017, 347; BGH NZG 2016, 1187; BGHZ 190, 242, 245 ff.; BGH ZIP 2010, 1003 (Rn. 15); BGH ZIP 2009, 2385, 2386; BGHZ 178, 192, 194 ff. (*Trabrennbahn*); BGH ZIP 2004, 1549; BGHZ 153, 353, 355; BGHZ 151, 204, 206; weitere Nachweise bei MüKoBGB/*Kindler* IntGesR Rn. 5 (Fn. 15).
⁴⁸ BGHZ 178, 192 (*Trabrennbahn*).
⁴⁹ BGHZ 178, 192, 198 (*Trabrennbahn*).
⁵⁰ EuGH NJW 2002, 3614 (*Überseering*).
⁵¹ EuGH NJW 2003, 3331 (*Inspire Art*).

theorie abgelöst wurde.⁵² Das wurde auch durch spätere Urteile des EuGH unterstrichen und, gerade auch mit umwandlungsrechtlichem Bezug, weiter ausdifferenziert.⁵³ Der BGH hat sich dieser Sicht ausdrücklich angeschlossen.⁵⁴

In räumlicher Hinsicht umfasst dies zunächst die Mitgliedstaaten der EU und – jedenfalls innerhalb eines Übergangszeitraums bis Ende 2020 – das Vereinigte Königreich.⁵⁵ Hinzu kommen aufgrund der Übereinkunft über den Europäischen Wirtschaftsraum (*EWR*)⁵⁶ Island, Liechtenstein und Norwegen (nicht aber die Schweiz, die zwar Mitglied der Europäischen Freihandelsassoziation (EFTA), aber anders als die übrigen EFTA-Staaten nicht auch Partei der EWR-Übereinkunft ist⁵⁷).

41

4. Geltung der Gründungstheorie aufgrund staatsvertraglicher Regelungen

Die Anwendung der Gründungstheorie kann auch aufgrund Staatsvertrags angeordnet sein. So liegen die Dinge insbesondere hinsichtlich der USA. Es ist weitgehend anerkannt, dass in Folge des deutsch-amerikanischen Freundschafts-, Handels- und Schiffahrtsvertrags vom 29.10.1954⁵⁸ das Gesellschaftsstatut US-amerikanischer Gesellschaften nach der Gründungstheorie zu bestimmen ist.⁵⁹ Welche kollisionsrechtliche Bedeutung anderen Staatsverträgen zukommt, ist im Einzelfall zu untersuchen und häufig umstritten.⁶⁰

42

5. Insbesondere: Bestimmung des Gesellschaftsstatuts von Gesellschaften aus dem Vereinigten Königreich nach dem „Brexit"

Nach dem Austritt des Vereinigten Königreichs (UK) aus der EU (und ohne Mitgliedschaft im EWR) zum 31.1.2020 können sich Gesellschaften aus dem UK nicht mehr unmittelbar auf die Niederlassungsfreiheit berufen. Art. 49 und 54 AEUV gelten nur für Gesellschaften aus Mitgliedstaaten der EU.

42a

---

⁵² Erman/*Hohloch* Anhang II zu Art. 12, Rn. 6 ff., Rn. 23 ff.; MüKoBGB/*Kindler* IntGesR Rn. 427 ff.; Palandt/*Thorn* Anh EGBGB 12 (IPR) Rn. 5; Kölner Komm. UmwG/*Simon/Rubner* Vor §§ 122a ff. Rn. 15; Spindler/Stilz/*Müller* IntGesR Rn. 15.
⁵³ *Verse* ZEuP 2013, 458.
⁵⁴ BGHZ 154, 185, 190; BGH NJW 2005, 1648; BGHZ 164, 148, 151; BGHZ 178, 192; BGH NJW 2011, 844; BGH NJW 2011, 3372, 3373; BGH NZG 2016, 1187; BGH NZG 2019, 873.
⁵⁵ Siehe unten Rn. 42 zur Behandlung von Gesellschaften aus dem Vereinigten Königreich nach einem Austritt aus der EU.
⁵⁶ ABl. 1994 L 1, 1.
⁵⁷ Auch aus den übrigen mit der Schweiz geschlossenen Verträgen folgt nach BGHZ 178, 192, 195 (*Trabrennbahn*) nichts anderes.
⁵⁸ BGBl. 1956 II 487.
⁵⁹ BGHZ 153, 353, 355 ff.; BGH DStR 2004, 2113; Münch. Hdb. GesR VI/*Thölke* § 1 Rn. 104; a. A. *Laeger*, Deutsch-amerikanisches internationales Gesellschaftsrecht, 2008.
⁶⁰ Ausführlich Münch. Hdb. GesR VI/*Thölke* § 15 Rn. 22; Spahlinger/*Wegen* IntGesR Rn. 230 ff.

42b Nach Art. 126 f. des zwischen der EU und dem UK geltenden Austrittsabkommens[61], gilt ein Übergangszeitraum bis Ende 2020, in dem das Unionsrecht – auch im Gesellschaftsrecht – für das UK und im UK fortgelten soll, sich also erst einmal nichts ändert. Weitere Regeln enthält das Austrittsabkommen zum Gesellschaftsrecht nicht. Es kommt dann darauf an, ob innerhalb des Übergangszeitraums möglicherweise im Rahmen eines Freihandelsabkommens eine Vereinbarung über die Behandlung ausländischer Gesellschaften zustande kommt und welchen Inhalt eine solche Vereinbarung hat.

42c Läuft der Übergangszeitraum ohne Folgevereinbarung aus, ist das UK grundsätzlich (wieder) als Drittstaat anzusehen. Für UK-Gesellschaften käme dann im Grundsatz wieder die *Sitztheorie* zur Anwendung. Das anwendbare Recht richtete sich mithin nach dem Ort des Verwaltungssitzes: Für Gesellschaften, die nicht nur ihren Satzungs-, sondern auch ihren Verwaltungssitz im UK haben, änderte sich zunächst nichts; auf sie wäre weiterhin das Recht des UK anzuwenden. Für Gesellschaften, die zwar ihren Satzungssitz im UK, ihren Verwaltungssitz aber in Deutschland haben, wäre jedoch grundsätzlich nicht mehr UK-Recht, sondern deutsches Recht zur Anwendung berufen. Das betrifft insbesondere die immer noch zahlreichen englischen „Limiteds" mit Verwaltungssitz in Deutschland. Eine solche Gesellschaft würde in Deutschland dann grundsätzlich nicht mehr als haftungsbeschränkte „Limited" anerkannt, sondern als Personengesellschaft ohne Haftungsbeschränkung gelten.

42b Es wird zwar mit beachtlichen Argumenten vorgebracht, dass solchen Gesellschaften nach dem Brexit zumindest für eine gewisse Zeit auf bestehender gesetzlicher Grundlage eine Art „Bestandsschutz" zukommt oder jedenfalls durch gesetzliche Maßnahmen gewährt werden sollte.[62] Viele lehnen das aber ab.[63] Der deutsche Gesetzgeber hat sich ausdrücklich dagegen ausgesprochen, einen Bestandschutz gesetzlich zu schaffen.[64] Auch wenn nicht vollkommen ausgeschlossen ist, dass die deutschen Gerichte oder der EuGH irgendeine Art von Bestandsschutz anerkennen, so erscheint dies doch eher unwahrscheinlich.

---

[61] Abkommen über den Austritt des Vereinigten Königreichs Großbritannien und Nordirland aus der Europäischen Union und der Europäischen Atomgemeinschaft, ABl. 2020 L 27, 7.

[62] Vgl. mit unterschiedlichen Ansätzen etwa *Weller/Thomale/Benz* NJW 2016, 2378, 2381; *Mäsch/Gausing/Peters* IPRax 2017, 49, 53 ff.; *Bayer/J. Schmidt* BB 2016, 1923, 1934; *J. Schmidt* ZIP 2019, 1093, 1098.

[63] Etwa *Heckschen* NotBZ 22017, 401, 403; *Lieder/Bialluch* NJW 2019, 805, 806; *Schröder* BB 2018, 2755, 2756; s. auch DNotV, Stellungnahme v. 18.9.2018, S. 6.

[64] Vgl. Begründung des Regierungsentwurfs zum Vierten Gesetz zur Änderung des Umwandlungsgesetzes v. 19.12.2018, BT-Drucks. 19/5463, S. 8.

Alexander von Rummel

II. Zusammentreffen mehrerer Gesellschaftsstatute bei grenzüberschreitender Umwandlung – Einzeltheorien und Vereinigungstheorie

Unproblematisch ist die Ermittlung des anzuwendenden Rechts, wenn alle am Umwandlungsvorgang beteiligten Rechtsträger demselben Gesellschaftsstatut unterliegen. Die Umwandlung richtet sich dann nach diesem Recht. Schwieriger ist es, wenn die beteiligten Gesellschaften unterschiedlichen Gesellschaftsstatuten unterliegen.[65] Um zu klären, welches der verschiedenen betroffenen Gesellschaftsstatute für die rechtliche Beurteilung des Umwandlungsvorgangs maßgeblich sein soll, sind zwei Herangehensweisen denkbar. Einerseits könnte man die Umwandlung insgesamt einer der berührten Rechtsordnungen unterstellen; das sehen verschiedene *„Einzeltheorien"* vor. Denkbar ist andererseits, in einem Zusammenspiel der verschiedenen Gesellschaftsstatute alle betroffenen Rechtsordnungen zu berücksichtigen; so unternimmt es die *„Vereinigungstheorie"*. 43

Nach ganz herrschender Ansicht sind die *Einzeltheorien abzulehnen*.[66] Hier könnte man entweder einheitlich an das Recht der neu zu bildenden oder aufnehmenden Gesellschaft anknüpfen („Aufnahmetheorie") oder umgekehrt insgesamt an das Recht der übertragenden Gesellschaft („Übertragungstheorie"). Beides griffe jedoch zu kurz, da die Interessen der jeweils insgesamt nicht berücksichtigten Rechtsordnung außen vor blieben. Beurteilte man den grenzüberschreitenden Umwandlungsvorgang mit der Aufnahmetheorie ausschließlich nach dem Gesellschaftsstatut der übernehmenden beziehungsweise aufnehmenden Gesellschaft, bliebe unberücksichtigt, dass die Rechtsordnung der übertragenden Gesellschaft beispielsweise ein Interesse daran hat zu verhindern, dass sich eine Gesellschaft folgenlos aus den von dieser Rechtsordnung aufgestellten Schutzmechanismen (beispielsweise zugunsten von Gläubigern) entfernen kann.[67] Hielte man hingegen umgekehrt mit der Übertragungstheorie ausschließlich das Recht der übertragenden Gesellschaft für anwendbar, führte dies jedenfalls dann zu Brüchen, wenn mit dem Umwandlungsvorgang auf Seiten der aufnehmenden Gesellschaft Organisationsakte wie beispielsweise eine Kapitalerhöhung oder die Ausgabe neuer Aktien verbunden sind. Solche Vorgänge können nicht nach einer fremden Rechtsordnung beurteilt werden. 44

Vorzugswürdig ist daher die *Vereinigungstheorie*.[68] Danach ergeben sich die Regeln einer grenzüberschreitenden Umwandlung grundsätzlich für jede der beteiligten Gesellschaften aus ihrem jeweiligen Gesellschaftsstatut. Das bedeutet 45

---
[65] Eidenmüller/*Engert* § 4 Rn. 68 ff.; Semler/Stengel/*Drinhausen* Einl. C Rn. 15 ff.
[66] Eidenmüller/*Engert* § 4 Rn. 68 ff.; MüKoBGB/*Kindler* IntGesR § 869 ff.; Beck. Hdb. Umw. Int/*Krüger* S. 16; Semler/Stengel/*Drinhausen* Einl. C Rn. 16; Kölner Komm. UmwG/ *Simon/Rubner* Vor §§ 122a ff. Rn. 21.
[67] MüKoBGB/*Kindler* IntGesR Rn. 795; Eidenmüller/*Engert* § 4 Rn. 68.
[68] Ganz h.M., vgl. OLG München NZG 2006, 513, 514 und Eidenmüller/*Engert* § 4 Rn. 68 ff.; MüKoBGB/*Kindler* IntGesR Rn. 799 ff.; Beck. Hdb. Umw. Int./*Krüger* 1. Teil Rn. 47; Semler/Stengel/*Drinhausen* Einl. C Rn. 16. Auch der Referentenentwurf für das Internationale Gesellschaftsrecht (vgl. Rn. 30) folgt der Vereinigungstheorie, vgl. Art. 10a EGBGB-E.

Alexander von Rummel

freilich nicht, dass die Anforderungen aller betroffenen Rechtsordnungen uneingeschränkt nebeneinander gelten. Es soll vielmehr ein ausdifferenziertes Zusammenspiel zwischen den verschiedenen Rechtsordnungen gelten. Hier sind viele Einzelheiten nicht abschließend geklärt. Die Mehrzahl der Autoren will zwischen verschiedenen typischen Rechtsproblemen einer grenzüberschreitenden Umwandlung unterscheiden. Häufig differenziert man zwischen den *Voraussetzungen*, dem *Verfahren* und den *Wirkungen* einer Umwandlung.[69]

46 Zu den *Voraussetzungen* zählt insbesondere die sachrechtliche Zulässigkeit der geplanten Umwandlung. Alle betroffenen Sachrechte müssen die in Frage stehende grenzüberschreitende Umwandlung gestatten.

47 In Bezug auf das *Verfahren* muss jede am Umwandlungsvorgang beteiligte Gesellschaft grundsätzlich die nach ihrem Gesellschaftsstatut erforderlichen Schritte unternehmen. Wo gemeinsames Handeln nötig ist (beispielsweise beim Abschluss eines Verschmelzungs-, Spaltungs- oder Übernahmevertrags), sind die betroffenen Rechtsordnungen zu kumulieren. Wenn unterschiedliche Anforderungen gelten, setzt sich grundsätzlich das strengere Recht durch. Wenn beispielsweise die eine Rechtsordnung für den Vertrag eine notarielle Beurkundung vorsieht, während die andere Rechtsordnung die Schriftform ausreichen lässt, setzt sich mit der Beurkundung die strengste Formvorschrift durch.

48 Hinsichtlich der *Wirkungen* der Umwandlung ist zu unterscheiden:[70] Die Vermögensübertragung im Wege der Gesamtrechtsnachfolge richtet sich grundsätzlich nach dem Gesellschaftsstatut der übertragenden Gesellschaft.[71] Für die Frage, wie die Anteilsinhaber der übertragenden Gesellschaft Anteile am übernehmenden Rechtsträger erhalten, ist dagegen allein das Gesellschaftsstatut der übernehmenden Gesellschaft berufen. Das Erlöschen des übertragenden Rechtsträgers richtet sich wiederum nach dessen Gesellschaftsstatut. Unter welchen Voraussetzungen eine Umwandlung Bestandsschutz erfährt, soll schließlich unter kumulativer Anwendung aller Gesellschaftsstatute ermittelt werden.

49 Schon dieser kurze Blick auf die Einzelfragen der Anwendung der Vereinigungstheorie verdeutlicht, dass in der Praxis große Unsicherheiten in Bezug auf die Details bestehen. In der Praxis empfehlen Ratgeber mithin regelmäßig, die Zweifelsfragen im Einzelfall mit den jeweils zuständigen Behörden zu klären.[72]

---

[69] Etwa MüKoBGB/*Kindler* IntGesR Rn. 801 ff.; Eidenmüller/*Engert* § 4 Rn. 101 ff.; Beck. Hdb. Umw. Int./*Krüger* 1. Teil Rn. 50 ff.; Semler/Stengel/*Drinhausen* Einl. C Rn. 16 f.; Kölner Komm. UmwG/*Simon/Rubner* Vor §§ 122a ff. Rn. 22 ff.

[70] Insgesamt Eidenmüller/*Engert* § 4 Rn. 106 ff.; MüKoBGB/*Kindler* IntGesR Rn. 811 ff.; Beck. Hdb. Umw. Int./*Krüger* 1. Teil Rn. 51.

[71] MüKoBGB/*Kindler* IntGesR Rn. 811 ff. und Eidenmüller/*Engert* § 4 Rn. 106 ff., beide insbesondere auch zu der Frage, wonach sich der Übergang von Vermögen richtet, das außerhalb des Geltungsbereichs des zur Anwendung berufenen Gesellschaftsstatuts belegen ist (beispielsweise ein der Gesellschaft gehörendes Grundstück in einem Drittstaat).

[72] Beck. Hdb. Umw. Int./*Krüger* 1. Teil Rn. 52.

Alexander von Rummel

C. Überblick über die sachrechtliche Zulässigkeit grenzüberschreitender Umwandlungen nach deutschem Recht

Soweit nach den eben dargestellten Grundsätzen des Internationalen Gesellschaftsrechts (vgl. Rn. 29 ff.) deutsches Sachrecht anzuwenden ist, stellt sich als Erstes die Frage, ob das deutsche Recht den fraglichen Umwandlungsvorgang überhaupt gestattet, denn nach der Vereinigungstheorie muss – wie gesehen (vgl. Rn. 46) – die grenzüberschreitende Umwandlung nach allen anzuwendenden Sachrechten zulässig sein. Inwieweit das deutsche Umwandlungsrecht grenzüberschreitende Umwandlungsvorgänge zulässt, ist lebhaft umstritten. Dreh- und Angelpunkt der Diskussion ist § 1 Abs. 1 UmwG. Danach können nur Rechtsträger „*mit Sitz im Inland*" umgewandelt werden. Hieraus schloss die herrschende Ansicht lange, dass grenzüberschreitende Umwandlungen nach deutschem Recht insgesamt ausgeschlossen seien, weil stets alle am Umwandlungsvorgang beteiligten Gesellschaften ihren Sitz in Deutschland haben müssten.[73] § 1 Abs. 1 UmwG wird aber durch die Anforderungen der Niederlassungsfreiheit nach Art. 49, 54 AEUGV überlagert, nach der innereuropäische Umwandlungen (jedenfalls teilweise) zugelassen werden müssen. Wie weit das im Einzelnen geht und ob darüber hinaus sogar außereuropäische Umwandlungsvorgänge zulässig sind, ist umstritten. 50

Im Überblick zeigt sich eine grobe Zweiteilung: Grenzüberschreitende Umwandlungsvorgänge, für die die Anforderungen der Niederlassungsfreiheit zu beachten sind („*innereuropäische Umwandlungsvorgänge*"), sind – jedenfalls nach wohl herrschender Ansicht – weitgehend zulässig. Die Zulässigkeit grenzüberschreitender Umwandlungsvorgänge, für die die Niederlassungsfreiheit nicht gilt („*außereuropäische Umwandlungsvorgänge*"), ist dagegen sehr umstritten und wird von der wohl noch herrschenden Ansicht abgelehnt. Im Einzelnen gilt Folgendes: 51

Von – erstens – den *innereuropäischen* Umwandlungsvorgängen sind bislang nur *innereuropäische Verschmelzungen von Kapitalgesellschaften* nach §§ 122a ff. UmwG geregelt und damit ausdrücklich zulässig. Es ist jedoch davon auszugehen, dass auch außerhalb von §§ 122a ff. UmwG alle Arten innereuropäischer grenzüberschreitender Umwandlungen aufgrund der europarechtlichen Vorgaben zulässig sind. Das gilt unabhängig vom umstrittenen Verständnis des § 1 Abs. 1 UmwG. Der EuGH hat die Zulässigkeit für einige innereuropäische Umwandlungsvorgänge bereits ausdrücklich festgestellt, für andere ist anzunehmen, dass dies in Zukunft noch erfolgen wird. Dass der EuGH wohl nicht zwischen verschiedenen Umwandlungsarten unterscheiden wird, ist in seinem Urteil „SEVIC Systems" (vgl. Rn. 24) angedeutet. In den Entscheidungsgründen heißt es: 52

---

[73] Vgl. etwa MüKoBGB/*Kindler* IntGesR § 855 ff. m.w.N.; Semler/Stengel/*Drinhausen* Einl. C Rn. 21; Eidenmüller/*Engert* § 4 Rn. 74; vgl. auch Rn. 55 ff.

"Grenzüberschreitende Verschmelzungen entsprechen wie andere Gesellschaftsumwandlungen den Zusammenarbeits- und Umgestaltungsbedürfnissen von Gesellschaften mit Sitz in verschiedenen Mitgliedstaaten. Sie stellen besondere, für das reibungslose Funktionieren des Binnenmarktes wichtige Modalitäten der Ausübung der Niederlassungsfreiheit dar und gehören damit zu den wirtschaftlichen Tätigkeiten, hinsichtlich deren die Mitgliedstaaten die Niederlassungsfreiheit nach Artikel 43 EG beachten müssen."[74]

53 Es spricht danach viel dafür, dass alle Umwandlungsvorgänge, die innerhalb des Anwendungsbereichs der Niederlassungsfreiheit liegen, zulässig sind, auch wenn sie nicht unter §§ 122a ff. UmwG fallen. Das betrifft zunächst grenzüberschreitende Formwechsel (aller Gesellschaftsformen), sodann grenzüberschreitende Verschmelzungen von Nicht-Kapitalgesellschaften und schließlich grenzüberschreitende Spaltungen (aller Gesellschaftsformen). All das bestätigt die „Mobilitätsrichtlinie", die sekundärrechtliche Regelungen über (innereuropäische) grenzüberschreitende Formwechsel und Spaltungen bringen wird (vgl. oben Rn. 15 ff.).

54 Die Zulässigkeit *innereuropäischer Formwechsel* folgt schon vor Inkrafttreten der Mobilitätsrichtlinie (vgl. Rn. 15 ff.) aus der EuGH-Rechtsprechung zur Niederlassungsfreiheit, vor allem aus den EuGH-Urteilen „Cartesio" (vgl. Rn. 25), „VALE" (vgl. Rn. 27) und „Polbud" (vgl. Rn. 27a). Im Urteil „Cartesio" führte der EuGH in einem *obiter dictum* aus, dass es eine rechtfertigungsbedürftige Beschränkung der Niederlassungsfreiheit darstelle, wenn eine inländische Gesellschaft daran gehindert wird, sich in eine Gesellschaft des Rechts eines anderen Mitgliedstaats umzuwandeln, soweit dies nach dessen Recht möglich ist.[75] Dass nicht nur ein solcher „Hinausformwechsel", sondern auch der umgekehrte Fall eines „Hineinformwechsels" aufgrund der Niederlassungsfreiheit zulässig sein muss, bestätigte der EuGH sodann im Urteil „VALE".[76] Im Urteil „Polbud" entschied der EuGH schließlich, dass auch ein Formwechsel ohne Verwaltungssitzverlegung (also eine isolierte Satzungssitzverlegung) der Niederlassungsfreiheit unterliegt.[77] An der Zulässigkeit innereuropäischer Formwechsel besteht mithin schon vor Inkrafttreten der Mobilitätsrichtlinie (vgl. Rn. 15 ff.) kein Zweifel.

In Bezug auf (innereuropäische) *grenzüberschreitende Verschmelzungen*, die nicht von §§ 122a ff. UmwG erfasst sind (also insbesondere Verschmelzungen von Personengesellschaften), hat der EuGH im Jahr 2005 im Urteil „SEVIC Systems"[78] (vgl. Rn. 24) festgehalten, dass eine „Hineinverschmelzung" einer ausländischen auf eine inländische Gesellschaft aufgrund der Niederlassungsfreiheit geduldet werden müsse. Während für die Zulässigkeit des „Hinausform-

---

[74] EuGH WM 2006, 92 (*SEVIC Systems*) Rn. 19.
[75] EuGH NJW 2009, 569 (*Cartesio*) Rn. 111 ff.
[76] EuGH NJW 2012, 2715 (*VALE*).
[77] EuGH, NJW 2017, 3639 (*Polbud*).
[78] EuGH NJW 2006, 425 (*SEVIC Systems*).

Alexander von Rummel

wechsels" immerhin noch das *obiter dictum* im Urteil „Cartesio"[79] (vgl. Rn. 25) angeführt werden kann, gibt es noch keine Aussagen des EuGH in Bezug auf die Zulässigkeit von „Hinausverschmelzungen". Es liegt jedoch nahe, dass das *obiter dictum* im Urteil „Cartesio" auch im Sinne der Zulässigkeit einer „Hinausverschmelzung" zu verstehen ist, denn in beiden Fällen entledigt sich die Gesellschaft letztlich des alten Rechtskleids mit der Folge, dass die Regelungsautonomie des Herkunftsstaats endet.[80] Für (innereuropäische) *grenzüberschreitende Spaltungen* gilt letztlich nichts anderes. EuGH-Urteile zu Spaltungen liegen zwar nicht vor. Es gibt aber keinen Grund, warum Spaltungen als „Gegenstück" zu Verschmelzungen (vgl. Kap. 3 Rn. 1) anders als Letztere behandelt werden sollten.[81] Die Mobilitätsrichtlinie (vgl. Rn. 15 ff.) wird denn auch Regelungen für grenzüberschreitende Spaltungen bringen.

Die Zulässigkeit – zweitens – *außereuropäischer* Umwandlungsvorgänge ist dagegen lebhaft umstritten. Für solche Fälle gelten die aus der Niederlassungsfreiheit gemäß Art. 49, 54 AEUV folgenden Besonderheiten nicht. Die Zulässigkeit außereuropäischer grenzüberschreitender Umwandlungsvorgänge richtet sich daher allein nach deutschem Recht (soweit nicht im Einzelfall andere staatsvertragliche Regelungen gelten). Entscheidend ist insoweit § 1 Abs. 1 UmwG. Nach dieser Vorschrift können (nur) „Rechtsträger mit Sitz im Inland" umgewandelt werden. Weitgehende Einigkeit besteht noch darin, dass § 1 Abs. 1 UmwG auf den Satzungssitz (und nicht auf den Verwaltungssitz) abstellt.[82] Ausländische Gesellschaften mit Verwaltungssitz im Inland unterliegen daher nicht dem UmwG, während auf inländische Gesellschaften mit Verwaltungssitz im Ausland (was § 5 AktG und § 4a GmbHG gestatten) das UmwG anwendbar ist. Umstritten ist aber, welche Wirkung § 1 Abs. 1 UmwG darüber hinaus entfaltet. 55

Manche entnehmen § 1 Abs. 1 UmwG, dass (soweit nicht das Europarecht anderes fordert) alle an der Umwandlung beteiligten Rechtsträger ihren Sitz im Inland haben müssen.[83] Folgt man dieser Ansicht, sind außereuropäische Umwandlungsvorgänge grundsätzlich ausgeschlossen. Andere argumentieren dagegen, § 1 Abs. 1 UmwG bringe lediglich zum Ausdruck, dass bei grenzüber- 56

---

[79] EuGH NJW 2009, 569 (*Cartesio*) Rn. 111 ff.
[80] Etwa *Lutter/Bayer/Schmidt* § 7 Rn. 42; Semler/Stengel/*Drinhausen* Einl. C Rn. 30; Beck. Hdb. Umw. Int./*Krüger* 2. Teil Rn. 10; a. A. MüKoBGB/*Kindler* IntGesR Rn. 847 ff.
[81] Etwa Beck. Hdb. Umw. Int./*Krüger* 1. Teil Rn. 39 m. w. N. Für die Zulässigkeit sprechen sich außerdem etwa aus Beck. Hdb. Umw. Int./*Veith* 2. Teil Rn. 57; Semler/Stengel/*Drinhausen* Einl. C Rn. 28, 30; *Lutter/Bayer/Schmidt* § 6 Rn. 76; *Haritz/v. Wolff* GmbHR 2006, 341, 344; Lutter/*Drygala* § 1 Rn. 19; Widmann/Mayer/*Heckschen* Vor §§ 122a ff. UmwG Rn. 96.
[82] Kölner Komm. UmwG/*Dauner-Lieb*, § 1 Rn. 24; Kallmeyer/*Kallmeyer* § 1 Rn. 2; Semler/Stengel/*Drinhausen* Einl. C Rn. 20; Widmann/Mayer/*Heckschen* § 1 UmwG Rn. 104 f.
[83] Etwa MüKoBGB/*Kindler* IntGesR Rn. 860 m. w. N.; Kölner Komm./*Dauner-Lieb* § 1 Rn. 29; Widmann/Mayer/*Heckschen* § 1 UmwG Rn. 18; Eidenmüller/*Engert* § 4 Rn. 79; Kölner Komm. UmwG/*Simon/Rubner* Vor §§ 122a ff. Rn. 40.

Alexander von Rummel

schreitenden Umwandlungen (nur) der inländische, nicht aber der ausländische Rechtsträger dem UmwG unterliege.[84] Danach verhinderte § 1 Abs. 1 UmwG außereuropäische Umwandlungsvorgänge nicht, sondern wiederholte nur das, was die Vereinigungstheorie (vgl. Rn. 45 ff.) kollisionsrechtlich anordnet.

57 Die – wohl noch herrschende – erstgenannte Ansicht kann für sich vor allem die historische Auslegung des § 1 Abs. 1 UmwG in Anspruch nehmen. Die Vorgängervorschriften vor Einführung des UmwG enthielten nämlich keine entsprechende Regelung, und bei Einführung des UmwG im Jahr 1994 wollte der Gesetzgeber grenzüberschreitende Umwandlungen ausdrücklich nicht regeln. In der Begründung zum RegE heißt es insoweit:

„Die Beschränkung der Umwandlungsmöglichkeiten auf Rechtsträger mit Sitz im Inland entspricht in fast allen Fällen dem geltenden Recht. Angesichts der Bemühungen der Europäischen Gemeinschaften um eine Regelung grenzüberschreitender Vorgänge, insbesondere der internationalen Fusion, sollte eine Regelung dieses Komplexes zurückgestellt werden."

58 Die – im Vordringen befindliche – zweitgenannte Auffassung beruft sich insbesondere darauf, dass der Gesetzgeber inzwischen durch Einführung der §§ 122a ff. UmwG deutlich gemacht habe, dass ein genereller Ausschluss grenzüberschreitender Umwandlungen gerade nicht beabsichtigt sei.[85] Wäre der Gesetzgeber davon ausgegangen, dass grenzüberschreitende Umwandlungen (weiterhin) grundsätzlich unzulässig seien, hätte er die §§ 122a ff. UmwG deutlich als Ausnahme zu § 1 Abs. 1 UmwG ausgestaltet. Im Übrigen sei dem Wortlaut des § 1 Abs. 1 UmwG ein generelles Verbot nicht zu entnehmen.[86]

59 Dieser Auffassung wird wiederum entgegengehalten, dass auch das traditionelle Verständnis von § 1 Abs. 1 UmwG dem Wortlaut nicht widerspreche.[87] Außerdem führte die zweitgenannte Auffassung dazu, dass § 1 Abs. 1 UmwG letztlich gänzlich ohne Aussage wäre, weil die Vorschrift nur die kollisionsrechtliche Wirkung der Vereinigungstheorie (vgl. Rn. 45 ff.) wiederholte.[88] Schließlich wird dem Argument, die Einführung der §§ 122a ff. UmwG spreche gegen die traditionelle Auffassung, entgegengehalten, dass der Gesetzgeber bei Einführung dieser Vorschriften gerade davon abgesehen hat, grenzüberschreitende Umwandlungen insgesamt (also über den eingeschränkten Anwendungsbereich der §§ 122a ff. UmwG hinausgehend) zu regeln; der Gesetzgeber habe damit letztlich die traditionelle Auffassung bestätigt.[89]

---

[84] Etwa Münch. Hdb. GesR VI/*Hoffmann* § 53 Rn. 10; Schmitt/Hörtnagl/Stratz/*Hörtnagl* § 1 Rn. 24 f.; Lutter/*Drygala* § 1 Rn. 31.
[85] Münch. Hdb. GesR VI/*Hoffmann* § 53 Rn. 10; Semler/Stengel/*Drinhausen* Einl. C Rn. 3.
[86] Beck. Hdb. Umw. Int./*Krüger* 2. Teil Rn. 318.
[87] Kölner Komm. UmwG/*Simon/Rubner* Vor §§ 122a ff. Rn. 40.
[88] Eidenmüller/*Engert* § 4 Rn. 79.
[89] Kallmeyer/*Kallmeyer* § 1 Rn. 3.

Die Diskussion verläuft insgesamt uneinheitlich. Die Grenzen zwischen den 60
vertretenen Auffassungen sind fließend, und aus übereinstimmenden Annahmen werden zuweilen unterschiedliche Schlussfolgerungen gezogen.[90] Rechtsprechung ist zu diesem Fragenkreis nicht ersichtlich. Festzuhalten bleibt daher einstweilen nicht viel mehr, als dass die Rechtslage insgesamt unklar ist. Solange nicht die Rechtsprechung (oder der Gesetzgeber) für Klarheit sorgt, dürfte eher mit der traditionellen Auffassung von der Unzulässigkeit außereuropäischer Umwandlungsvorgänge auszugehen sein.

Lösung zu Fall 1: a) Auf die Ferran S. L. ist spanisches Recht anzuwenden. Sowohl die Sitztheorie als auch die Gründungstheorie kommen zu diesem Ergebnis. Folgt man der Gründungstheorie, ist entscheidend, dass die Ferran S. L. als spanische Gesellschaft gegründet wurde und organisiert ist. Folgt man der Sitztheorie, kommt es auf den effektiven Verwaltungssitz der Gesellschaft an. Auch dieser befindet sich in Spanien, denn Ferran, der Geschäftsführer der Ferran S. L., führt die Geschäfte der Gesellschaft von seiner Wohnung in Barcelona aus. Daran ändert sich auch nichts, nur weil die Ferran S. L. auch ein Restaurant in Berlin betreibt und Ferran als Geschäftsführer ab und zu in Berlin ist.

b) Auch in dieser Situation ist auf die Ferran S. L. grundsätzlich spanisches Recht anzuwenden. Eigentlich folgt Deutschland gewohnheitsrechtlich jedoch der Sitztheorie. Danach wäre auf die Ferran S. L. deutsches Recht anzuwenden, denn ihr effektiver Verwaltungssitz liegt nunmehr in Berlin, wo sich der Ort ihrer Geschäftsführung (nämlich Ferrans Berliner Wohnung) befindet. Die Folge wäre insbesondere, dass die Ferran S. L. nicht als haftungsbeschränkte Kapitalgesellschaft anerkannt würde, weil sie nicht wirksam als deutsche Kapitalgesellschaft gegründet worden ist. Für Gesellschaften aus der EU verstieße dies aber nach der EuGH-Rechtsprechung – vor allem nach den Urteilen „Centros", „Überseering" und „Inspire Art" – gegen die Niederlassungsfreiheit der Art. 49, 54 AEUV. In Bezug auf Gesellschaften aus der EU gilt daher die Gründungstheorie. Auf die Ferran S. L. ist mithin auch in der Situation b) spanisches Recht anzuwenden, weil sie nach spanischem Recht gegründet wurde.

c) Auf die Ferran S. A. wäre deutsches Recht anzuwenden. Dies folgte aus der Sitztheorie, die für Gesellschaften, die sich nicht auf die europäische Niederlassungsfreiheit berufen können, grundsätzlich weiterhin gilt. Maßgeblich ist danach das Recht des Staates, in dem sich der Verwaltungssitz der Gesellschaft befindet – hier also deutsches Recht, denn der Ort der Geschäftsführung der Ferran S. A. ist Berlin (nämlich Ferrans Wohnung). Da die Ferran S. A. nach deutschem Recht nicht wirksam errichtet ist, wird sie hier nicht als solche anerkannt.

d) Nach der ganz herrschenden Vereinigungstheorie sind sowohl das spanische Recht (Gesellschaftsstatut der Ferran S. L.) als auch das deutsche Recht (Gesellschaftsstatut der Tim GmbH) anzuwenden. Grundsätzlich ergeben sich die Regeln für die Verschmelzung für jede beteiligte Gesellschaft aus dem jeweils eigenen Gesellschaftsstatut. Daraus folgt, dass die geplante Verschmelzung sowohl nach englischem als auch nach deutschem Recht zulässig sein muss. Auch in Bezug auf das Verschmelzungsverfahren gilt ganz grundsätzlich, dass jede Gesellschaft die nach dem jeweils eigenen Gesellschaftsstatut erforderlichen Schritte unternehmen muss. Teilweise gibt es hierfür europarechtliche Vorgaben.

---

[90] Beck. Hdb. Umw. Int./*Krüger* 2. Teil Rn. 317.

Alexander von Rummel

§ 2 Grenzüberschreitende Verschmelzung

Fall 2: a) Tim (vgl. Fall 1) ist nicht nur Inhaber der Tim GmbH, sondern – gemeinsam mit seiner Frau Katharina – auch der Tim & Katharina OHG, die keine Angestellten hat. Ferran und Tim erwägen, die Ferran S. L. nun doch nicht auf die Tim GmbH, sondern auf die Tim & Katharina OHG zu verschmelzen. Wäre das aus deutscher Sicht zulässig?

b) Wie lägen die Dinge, wenn es sich nicht um die Tim & Katharina OHG, sondern um die Tim & Katharina GbR handelte?

c) Wäre es zulässig, die togoische Gesellschaft Ferran S. A. mit Sitz in Lomé/Togo (vgl. Fall 1) auf die Tim GmbH oder auf die Tim & Katharina OHG zu verschmelzen?

61 Nach der kollisionsrechtlichen Vereinigungstheorie (vgl. Rn. 45 ff.) richten sich Voraussetzungen, Verfahren und Wirkung einer Verschmelzung für jede beteiligte Gesellschaft nach ihrem jeweiligen Gesellschaftsstatut. Deutsches Sachrecht ist daher auf eine Verschmelzung anzuwenden, soweit eine Gesellschaft, die dem deutschen Recht unterliegt, an der Verschmelzung beteiligt ist. Ob das deutsche Sachrecht grenzüberschreitende Verschmelzungen überhaupt gestattet, ist – wie oben skizziert (vgl. Rn. 50 ff.) – angesichts § 1 Abs. 1 UmwG, nach dem Rechtsträger „mit Sitz im Inland" umgewandelt werden können, Gegenstand intensiver Diskussion. Zu unterscheiden ist wegen der Auswirkungen der europarechtlichen Vorgaben zwischen der Verschmelzung mit Gesellschaften anderer Mitgliedstaaten der EU bzw. des EWR („innereuropäische Verschmelzung") (vgl. Rn. 62 ff.) und der Verschmelzung mit einer Gesellschaft, die nicht dem Recht eines EU/EWR-Mitgliedstaats unterliegt („außereuropäische Verschmelzung") (vgl. Rn. 93 ff.).

A. Innereuropäische Verschmelzung

62 Im Dezember 2005 ist die Richtlinie über grenzüberschreitende Verschmelzungen in Kraft getreten[91], die inzwischen in der *Gesellschaftsrechtsrichtlinie* aufgegangen ist.[92] Deutschland ist der Pflicht zur Umsetzung dieser Vorgaben durch Einführung der §§ 122a ff. UmwG nachgekommen; aufgrund der Mobilitätsrichtlinie ergeben sich Änderungen, die bis Ende 2023 ins deutsche Recht umzusetzen sind (vgl. Rn. 15 ff.). Neben dieser innereuropäischen Verschmelzung von Kapitalgesellschaften nach § 122a ff. UmwG (vgl. Rn. 63 ff.) werden nachfolgend andere, nicht unter §§ 122a ff. UmwG fallende innereuropäische Verschmelzungen erörtert (vgl. Rn. 85 ff.).

---

[91] Richtlinie 2005/56/EG über die Verschmelzung von Kapitalgesellschaften aus verschiedenen Mitgliedstaaten, ABl. 2005 L 310, 1, vgl. Rn. 14.
[92] Richtlinie 2017/1132/EU, ABl. 2017 L 169, 46.

Alexander von Rummel

I. Innereuropäische Verschmelzung nach §§ 122a ff. UmwG

1. Anwendungsbereich

a) Sachlicher Anwendungsbereich

Der sachliche Anwendungsbereich der §§ 122a ff. UmwG ist in § 122a Abs. 1 UmwG geregelt. Eine grenzüberschreitende Verschmelzung im Sinne dieser Vorschrift liegt vor, wenn mindestens eine der beteiligten Gesellschaften dem *Recht eines anderen Mitgliedstaats der EU oder des EWR* unterliegt. Das UmwG ist nach der Vereinigungstheorie (vgl. Rn. 45 ff.) wiederum nur anzuwenden, wenn (auch) eine dem deutschen Recht unterliegende Gesellschaft beteiligt ist.[93] Eine grenzüberschreitende Verschmelzung liegt also nicht nur dann vor, wenn etwa eine (dem französischen Recht unterliegende) SARL mit Satzungs- und Verwaltungssitz in Paris auf eine (dem deutschen Recht unterliegende) GmbH mit Satzungs- und Verwaltungssitz in Berlin verschmolzen werden soll. Denkbar ist beispielsweise auch, dass eine GmbH mit Verwaltungssitz in Paris (vgl. § 4a GmbHG) mit einer SARL verschmolzen wird, die ihren Verwaltungssitz ebenso in Paris hat, denn die GmbH unterliegt deutschem und die SARL französischem Recht. Entscheidend sind also die *unterschiedlichen Gesellschaftsstatute*, nicht die lokale Verortung einer Gesellschaft oder ihr Verwaltungssitz.[94]

63

Umstritten ist, ob es für den grenzüberschreitenden Charakter i. S. d. § 122a Abs. 1 UmwG genügt, wenn bei einer Verschmelzung zur Neugründung nur die neu zu gründende aufnehmende Gesellschaft ihren Sitz in einem anderen Mitgliedstaat hat, wenn also beispielsweise zwei deutsche Aktiengesellschaften auf eine neu zu gründende französische SA verschmolzen werden sollen. Zwar erfasst die Richtlinie (vgl. Rn. 14 f.) diesen Fall wohl nicht, weil in der Richtlinie für den grenzüberschreitenden Charakter der Verschmelzung nur auf die Gesellschaften abgestellt wird, die bereits gegründet sind, also gerade nicht auf eine noch zu gründende aufnehmende Gesellschaft.[95] § 122a Abs. 1 UmwG geht aber – wohl bewusst[96] – darüber hinaus. Danach wird gerade nicht nur auf die Ausgangsgesellschaften abgestellt, sondern auf die „beteiligten Gesellschaften". Auch eine im Zuge der Verschmelzung zur Neugründung erst noch zu gründende aufnehmende Gesellschaft ist beteiligt. Aus dem klaren Wortlaut des § 122a UmwG schließt man, dass es aus deutscher Sicht genügt, wenn nur die neu zu gründende Gesellschaft dem Recht eines anderen Mitgliedstaats unterliegt.[97]

64

---

[93] Widmann/Mayer/*Heckschen* § 122a UmwG Rn. 17; Schmitt/Hörtnagel/Stratz/*Hörtnagel* § 122a Rn. 15; Semler/Stengel/*Drinhausen* § 122a Rn. 7; Beck. Hdb. Umw. Int./*Krüger* 2. Teil Rn. 1; Münch. Hdb. GesR VI/*Hoffmann* § 53 Rn. 21.

[94] Kallmeyer/*Marsch-Barner* § 122a Rn. 2; Lutter/*Bayer* § 122a Rn. 23; Semler/Stengel/*Drinhausen* § 122a Rn. 10.

[95] Lutter/*Bayer* § 122a Rn. 25; Beck. Hdb. Umw. Int./*Krüger* 2. Teil Rn. 19; Kallmeyer/*Marsch-Barner* § 122a Rn. 4; Semler/Stengel/*Drinhausen* § 122a Rn. 10.

[96] Lutter/*Bayer* § 122a Rn. 26.

[97] Etwa Kallmeyer/*Marsch-Barner* § 122a Rn. 4; Lutter/*Bayer* § 122a Rn. 26; Semler/Stengel/*Drinhausen* § 122a Rn. 10.

b) Persönlicher Anwendungsbereich

65 Der persönliche Anwendungsbereich der §§ 122a ff. UmwG ist in § 122b UmwG geregelt. Nach § 122b Abs. 1 Nr. 1 UmwG können zunächst „*Kapitalgesellschaften*" gemäß der Gesellschaftsrechtsrichtlinie (vgl. Rn. 14 f.) beteiligt sein. Das sind nach deutschem Recht die AG, die KGaA, die GmbH (einschließlich der UG (haftungsbeschränkt)) und die SE mit Sitz in Deutschland.[98]

65a *Personengesellschaften* konnten früher gar *nicht* an einer Verschmelzung nach §§ 122a ff. UmwG beteiligt sein. Das wurde aber Ende 2018 angesichts des nahenden Brexit zumindest teilweise geändert. Nunmehr sieht § 122b Abs. 1 Nr. 2 UmwG vor, dass deutsche OHGs oder KGs mit in der Regel nicht mehr als 500 Arbeitnehmern als übernehmende oder neue (also nicht als übertragende) Gesellschaften an einer grenzüberschreitenden Verschmelzung beteiligt sein können. Damit geht das deutsche Recht über die Vorgaben der Gesellschaftsrechtsrichtlinie hinaus, die auch nach der Mobilitätsrichtlinie keine grenzüberschreitende Verschmelzung von Personengesellschaften vorsieht.[99] Weiterhin sind die GbR und die PartG aber auch nach deutschem Recht nicht als Zielrechtsträger, und Personengesellschaften insgesamt nicht als Ausgangsrechtsträger vorgesehen.

65b Nach § 122b Abs. 2 UmwG sind ferner auch *Genossenschaften* vom Anwendungsbereich *ausgeschlossen*. § 122a Abs. 2 UmwG verweist zudem auf die in § 3 Abs. 1 UmwG genannten Gesellschaften deutscher Rechtsform und unterstreicht damit, was nach der Vereinigungstheorie ohnehin gilt, nämlich dass das deutsche Recht (nur) den Teil der grenzüberschreitenden Verschmelzung regelt, der die dem deutschen Recht unterliegende Gesellschaft betrifft. Die beteiligten ausländischen Gesellschaften unterliegen ihrem jeweiligen Heimatrecht.[100]

2. Überblick über das Verfahren

66 Auf eine grenzüberschreitende Verschmelzung sind nach § 122a Abs. 2 UmwG grundsätzlich die für innerstaatliche Verschmelzungen geltenden Vorschriften anzuwenden, soweit sich nicht aus den §§ 122a ff. UmwG etwas anderes ergibt. Grundsätzlich gilt also das, was in Kapitel 2 mit Bezug zur rein nationalen Verschmelzung beschrieben ist, auch für die grenzüberschreitende Verschmelzung nach §§ 122a ff. UmwG. Der Ablauf einer solchen grenzüberschreitenden Verschmelzung entspricht im Wesentlichen dem Ablauf einer rein nationalen Verschmelzung (vgl. Kap. 2 Rn. 14 ff.). An verschiedenen Stellen sind jedoch Mechanismen vorgesehen, die dem grenzüberschreitenden Charakter der Umwandlung Rechnung tragen sollen.[101] Soweit es dabei um eine Verschmelzung von Kapital-

---

[98] Limmer/*Limmer* Teil 6 Rn. 87; Semler/Stengel/*Drinhausen* § 122b Rn. 4 f. Zu Umwandlungsvorgängen unter Beteiligung von SE und der Diskussion, inwieweit die SE-VO eine Sperrwirkung für Umwandlung bestehender SE nach dem UmwG hat, im Einzelnen vgl. Rn. 146 ff.
[99] Hierzu Bormann/Stelmaszczyk ZIP 2019, 300, 302.
[100] Semler/Stengel/*Drinhausen* § 122a Rn. 8; Beck. Hdb. Umw. Int./*Krüger* 2. Teil Rn. 2.
[101] Für einen praxisbezogenen Überblick etwa Limmer/*Limmer* Teil 6 Rn. 98.

gesellschaften geht, gehen die Vorschriften auf die Gesellschaftsrechtsrichtlinie zurück, weshalb es insoweit in jedem Mitgliedstaat passende Regelungen gibt, die die Durchführung der grenzüberschreitenden Verschmelzung sicherstellen. Die Möglichkeit grenzüberschreitender Verschmelzungen von Personenhandelsgesellschaften (vgl. § 122b Abs. 1 Nr. 2 UmwG) ist hingegen eine rein nationale Erweiterung, die keiner Vorgabe in der Gesellschaftsrechtsrichtlinie folgt; ob eine solche Verschmelzung praktisch durchführbar ist, hängt daher davon ab, ob sie die jeweils andere betroffene Rechtsordnung gestattet.[102]

a) Verschmelzungsplan

Nach § 122c UmwG müssen die Vertretungsorgane der beteiligten Gesellschaften einen gemeinsamen „Verschmelzungsplan" aufstellen. Der Verschmelzungsplan entspricht funktional dem Verschmelzungsvertrag nach § 4 UmwG.[103] Anders als der Verschmelzungsvertrag nach § 4 UmwG ist der Verschmelzungsplan aber ausschließlich ein *gesellschaftsrechtlicher Organisationsakt* und entfaltet keine schuldrechtlichen Wirkungen.[104] 67

Die *inhaltlichen Mindestangaben* für den Verschmelzungsplan sind in § 122c Abs. 2 UmwG aufgezählt. Es besteht dabei eine weitgehende Überschneidung mit den nach § 5 Abs. 2 UmwG im Verschmelzungsvertrag erforderlichen Angaben. Besonderheiten sind vor allem § 122c Abs. 2 Nr. 9 bis Nr. 12 UmwG (vgl. Kap. 2 Rn. 19) zu entnehmen. Die Satzung der übernehmenden oder neuen Gesellschaft ist beizufügen (Nr. 9), was bei innerstaatlichen Verschmelzungen nur bei Verschmelzung durch Neugründung erforderlich ist (vgl. §§ 5, 37 UmwG). Der Verschmelzungsplan muss, anders als der Verschmelzungsvertrag, ggf. Angaben zu dem Verfahren machen, nach dem die Mitbestimmung der Arbeitnehmer geregelt wird (Nr. 10). Erforderlich sind weiter Angaben zur Bewertung des übergehenden Aktiv- und Passivvermögens (Nr. 11) sowie zum Stichtag der verwendeten Bilanzen (Nr. 12).[105] 68

Von zentraler Bedeutung ist die Angabe des *Umtauschverhältnisses der Gesellschaftsanteile* (§ 122c Abs. 2 Nr. 2 UmwG), denn hierdurch wird letztlich festgelegt, welche Gegenleistung für die Übertragung des Vermögens erbracht wird. Die Vorschrift entspricht zwar inhaltlich § 5 Abs. 1 Nr. 3 UmwG für nationale Verschmelzungen.[106] Die Ermittlung des Umtauschverhältnisses ist aber in grenzüberschreitenden Konstellationen besonders schwierig. Es gibt keine Vorgaben dazu, nach welcher Methode die jeweiligen Unternehmenswerte zu bestimmen sind. Zudem ist problematisch, eine international anerkannte Bewertungsme- 69

---

[102] Vgl. Widmann/Mayer/*Heckschen* § 122b UmwG Rn. 3.
[103] Münch. Hdb. GesR VI/*Hoffmann* § 53 Rn. 36; Kallmeyer/*Marsch-Barner* § 122c Rn. 1.
[104] Kallmeyer/*Marsch-Barner* § 122c Rn. 4; Münch. Hdb. GesR VI/*Hoffmann* § 53 Rn. 36; Schmitt/Hörtnagel/Stratz/*Hörtnagel* § 122c Rn. 5; Widmann/Mayer/*Mayer* § 122c UmwG Rn. 17.
[105] Zu den Einzelheiten etwa Lutter/*Bayer* § 122c Rn. 11 ff.; Münch. Hdb. GesR VI/*Hoffmann* § 53 Rn. 39 ff.; Schmitt/Hörtnagel/Stratz/*Hörtnagel* § 122c Rn. 11 ff.
[106] Schmitt/Hörtnagel/Stratz/*Hörtnagel* § 122c Rn. 11 ff.

thode festzustellen.¹⁰⁷ Wichtig ist jedenfalls, dass die Wertrelation der verschiedenen Gesellschaften nach vergleichbaren Kriterien ermittelt wird.¹⁰⁸ Es wird empfohlen, im Verschmelzungsplan eine Bewertungsmethode festzulegen.¹⁰⁹

70 Im Fall einer „*Hinausverschmelzung*" – wenn also die übernehmende oder die neu zu gründende Gesellschaft nicht dem deutschen Recht unterliegt – muss der Verschmelzungsplan zudem nach § 122i UmwG ein *Abfindungsangebot* enthalten. Die Gesellschafter haben bei der „Hinausverschmelzung" also ein Austrittsrecht; sie sind nicht gezwungen, Gesellschafter der Gesellschaft ausländischen Rechts zu werden. § 122i UmwG stellt bislang eine rein nationale Erweiterung des von der Gesellschaftsrechtsrichtlinie vorgesehenen, in § 122c UmwG umgesetzten Mindestkatalogs dar. Die Mobilitätsrichtlinie (vgl. Rn. 15 ff.) erweitert den Katalog aber und erhebt Angaben zum Barabfindungsangebot zukünftig zu einer Pflichtangabe auch auf europäischer Ebene.

71 Die *Form* des Verschmelzungsplans regelt § 122c Abs. 4 UmwG. Danach ist die notarielle Beurkundung erforderlich. Das entspricht § 6 UmwG für nationale Verschmelzungen.

72 Der Verschmelzungsplan muss nach § 122d UmwG spätestens einen Monat vor der Versammlung der Anteilsinhaber beim zuständigen Registergericht eingereicht werden. Das Registergericht macht sodann einen Hinweis auf die Einreichung bekannt.

b) Verschmelzungsbericht

73 Die Vertretungsorgane der beteiligten Gesellschaften müssen einen ausführlichen Verschmelzungsbericht erstellen, wenn nicht alle Gesellschafter darauf verzichten. Sein Inhalt bestimmt sich grundsätzlich nach § 8 UmwG (vgl. § 122a Abs. 2 UmwG).¹¹⁰ Nach § 122e UmwG sind über das nach § 8 UmwG Erforderliche hinausgehend auch die Auswirkungen der Verschmelzung auf die Gläubiger und Arbeitnehmer zu erläutern. Der Verschmelzungsbericht ist den Anteilsinhabern und dem Betriebsrat oder, falls es keinen Betriebsrat gibt, den Arbeitnehmern spätestens einen Monat vor Verschmelzungsbeschluss offenzulegen (§ 122e S. 2 UmwG).

c) Verschmelzungsprüfung

74 Nach § 122f UmwG unterliegt der Verschmelzungsplan einer Verschmelzungsprüfung, die weitgehend dem allgemeinen Recht folgt.¹¹¹ Der anzufertigende

---

¹⁰⁷ Münch. Hdb. GesR VI/*Hoffmann* § 53 Rn. 49; Kallmeyer/*Müller* § 122c Rn. 11.
¹⁰⁸ Kallmeyer/*Müller* § 122c Rn. 11.
¹⁰⁹ Kallmeyer/*Müller* § 122c Rn. 11.
¹¹⁰ Schmitt/Hörtnagel/Stratz/*Hörtnagel* § 122e Rn. 1; Kallmeyer/*Marsch-Barner* § 122e Rn. 7, § 8 Rn. 6 ff.
¹¹¹ Widmann/Mayer/*Mayer* § 122f UmwG Rn. 1, 9; Kölner Komm. UmwG/*Simon/Rubner* § 122f Rn. 1.

Prüfungsbericht muss spätestens einen Monat vor Beschlussfassung über die Verschmelzung vorliegen (§ 122f S. 2 UmwG). Eine Verschmelzungsprüfung ist entbehrlich, wenn alle Gesellschafter hierauf verzichten.

d) Verschmelzungsbeschluss

Die Anteilsinhaber der beteiligten Gesellschaften müssen über die Verschmelzung beschließen. Hierfür gelten weitestgehend die allgemeinen Anforderungen (§ 122a Abs. 2 UmwG, § 13 UmwG). Das gilt insbesondere für die Mehrheitserfordernisse.[112] § 122g Abs. 1 UmwG sieht jedoch die Besonderheit vor, dass die Anteilsinhaber ihre Zustimmung davon abhängig machen können, dass die Art und Weise der Arbeitnehmermitbestimmung der übernehmenden oder neuen Gesellschaft von ihnen bestätigt wird.

75

e) Vollzug der Verschmelzung

Für den registermäßigen Vollzug der grenzüberschreitenden Verschmelzung ist ein *zweistufiges Verfahren* vorgesehen. Auf der ersten Stufe werden die Verfahrensschritte überprüft, die die beteiligten Gesellschaften jeweils nach ihrem nationalen Recht im Vorfeld der Verschmelzung zu beachten haben. Hierüber erteilt die zuständige nationale Stelle eine Verschmelzungsbescheinigung. Auf der zweiten Stufe überprüft die zuständige Stelle des Sitzstaats der aufnehmenden bzw. neu zu gründenden Gesellschaft die ordnungsgemäße Durchführung der Verschmelzung. Für das deutsche Recht sehen § 122k UmwG (für die „Hinausverschmelzung" einer deutschen auf eine ausländische Gesellschaft) und § 122l UmwG (für die „Hineinverschmelzung" einer ausländischen auf eine deutsche Gesellschaft) die maßgeblichen Bestimmungen vor.

76

Für die *„Hinausverschmelzung"* einer deutschen auf eine (aufnehmende oder neu zu gründende) ausländische Gesellschaft muss das deutsche Recht nur die erste Stufe regeln. Die zweite Stufe unterliegt dem ausländischen Recht. Für die deutsche Seite gilt § 122k UmwG. Liegen alle Voraussetzungen des deutschen Rechts für die grenzüberschreitende Verschmelzung vor, stellt das deutsche Registergericht hierüber nach § 122k Abs. 2 UmwG eine Verschmelzungsbescheinigung aus. Im Handelsregister der deutschen Gesellschaft wird die Tatsache der grenzüberschreitenden Verschmelzung mit dem Vermerk eingetragen, dass die Verschmelzung nach den Voraussetzungen des Rechts des Staats, dem die übernehmende bzw. aufnehmende Gesellschaft unterliegt, wirksam wird. Die übernehmende (ausländische) Gesellschaft legt diese Verschmelzungsbescheinigung bei dem für sie zuständigen Register vor und kann damit dort die Eintragung der Verschmelzung erreichen. Das ausländische Register teilt dem deutschen Registergericht sodann von Amts wegen mit, wann die Verschmelzung

77

---

[112] Schmitt/Hörtnagel/Stratz/*Hörtnagel* § 122g Rn. 2; Widmann/Mayer/*Heckschen* § 122g UmwG Rn. 2.

Alexander von Rummel

aus seiner Sicht wirksam geworden ist. Dieser Tag wird anschließend auch im deutschen Register vermerkt (§ 122k Abs. 4 UmwG).

78 Für den umgekehrten Fall einer *„Hineinverschmelzung"* einer ausländischen auf eine (aufnehmende oder neu zu gründende) deutsche Gesellschaft ist das deutsche Registergericht auch für die auf der zweiten Stufe vorzunehmende Prüfung der Ordnungsmäßigkeit der Verschmelzung zuständig. Hierfür gilt § 122l UmwG. Zuständig ist das Registergericht am Sitz der aufnehmenden bzw. neu zu gründenden Gesellschaft. Mit der Anmeldung sind insbesondere die (auf der ersten Stufe erteilten) Verschmelzungsbescheinigungen aller beteiligten ausländischen (übertragenden) Rechtsträger vorzulegen. Das deutsche Registergericht prüft die Rechtmäßigkeit der Verschmelzung in Bezug auf die Verfahrensschritte, die die Durchführung der Verschmelzung und ggf. die Gründung einer neuen Gesellschaft betreffen. Es prüft aber nicht die Verfahrensschritte des ausländischen Rechts, die bereits Gegenstand der Prüfung des ausländischen Registers zur Erteilung der Verschmelzungsbescheinigung waren. Liegen alle Voraussetzungen vor, wird die Verschmelzung eingetragen und hierdurch wirksam. Das deutsche Registergericht informiert dann das ausländische Register von Amts wegen über den Tag der Wirksamkeit der Eintragung (§ 122l Abs. 3 UmwG).

f) Gläubigerschutz

79 Aus Sicht der Gläubiger der übertragenden Gesellschaft geht die *„Hinausverschmelzung"* einer inländischen auf eine ausländische Gesellschaft mit der Besonderheit einher, dass die Gläubiger nach der Verschmelzung keine inländische, sondern eine ausländische Schuldnerin haben. Nach der dann maßgeblichen ausländischen Rechtsordnung kann die Schuldnerin anderen Gläubigerschutzmechanismen unterliegen als zuvor. Dem hieraus folgenden speziellen Schutzbedürfnis der Gläubiger einer inländischen übertragenden Gesellschaft trägt § 122j UmwG Rechnung. Wie aufgrund § 22 UmwG bei innerstaatlichen Verschmelzungen ist den Gläubigern auch bei einer „Hinausverschmelzung" nach § 122j UmwG unter gewissen Voraussetzungen *Sicherheit zu leisten*. Der maßgebliche Unterschied zwischen diesen beiden Normen besteht darin, dass der hierdurch bewirkte Schutz bei § 122j UmwG früher greift als bei § 22 UmwG: Nach § 22 UmwG können die Gläubiger die Leistung einer Sicherheit *nach* dem Vollzug der Verschmelzung verlangen (vgl. Kap. 2 Rn. 117). Bei einer „Hinausverschmelzung", bei der der aus der Verschmelzung hervorgehende Rechtsträger seinen Sitz im Ausland hat, müssten Gläubiger diese Rechte im Ausland geltend machen. Um dies zu vermeiden, können die Gläubiger nach § 122j UmwG ihre Rechte bereits *vor* dem Vollzug der Verschmelzung, also noch gegenüber dem alten Rechtsträger im Inland geltend machen.

80 § 122j UmwG gilt nur, wenn die übernehmende oder neue Gesellschaft nicht dem deutschen Recht unterliegt, also nur für die „Hinausverschmelzung". Bei

der „Hineinverschmelzung", wenn also die übernehmende oder neue Gesellschaft dem deutschen Recht unterliegt, bedarf es des vorgelagerten Schutzes aus inländischer Sicht nicht. Bei der *„Hineinverschmelzung"* bleibt es also bei der allgemeinen Regel des § 22 UmwG, die über § 122a Abs. 2 UmwG anzuwenden ist.[113]

g) Erleichterungen bei Konzernsachverhalten

Umstrukturierungen kommen besonders häufig in Konzernsachverhalten vor. Das gilt national wie international. Viele Fälle grenzüberschreitender Verschmelzungen betreffen daher Konzernverschmelzungen.[114] Insbesondere wenn in solchen Konstellationen keine außenstehenden Gesellschafter betroffen sind, bedarf es der Schutzmechanismen für solche Gesellschafter nicht. Von den denkbaren Konzern-Konstellationen (Verschmelzung einer Tochtergesellschaft auf die Muttergesellschaft, Verschmelzung der Muttergesellschaft auf eine Tochtergesellschaft, Verschmelzung von Schwestergesellschaften) sind Sonderregelungen jedoch nur für die Verschmelzung der Tochter- auf die Muttergesellschaft (sog. „upstream merger") und (zukünftig mit Umsetzung der Mobilitätsrichtlinie) für die Verschmelzung von Schwestergesellschaften („sidestream merger") ausdrücklich erwähnt. In den §§ 122a ff. UmwG finden sich entsprechende Vorschriften bei den jeweiligen Sachthemen.[115]   81

h) Arbeitnehmermitbestimmung

Im Vorfeld der Verabschiedung der Richtlinie über grenzüberschreitende Verschmelzungen (vgl. Rn. 14) gab es intensive Diskussionen über die Regelung der Arbeitnehmermitbestimmung. In Anlehnung an die entsprechenden Regeln in der SE-VO sind Modalitäten und Verfahren der Arbeitnehmermitbestimmung bei grenzüberschreitenden Verschmelzungen in der Richtlinie niedergelegt worden. Diese Vorgaben hat der deutsche Gesetzgeber wiederum im Gesetz über die Mitbestimmung der Arbeitnehmer bei einer grenzüberschreitenden Verschmelzung (*MgVG*) umgesetzt.   82

Nach der Richtlinie gilt für die Arbeitnehmermitbestimmung grundsätzlich das Recht der „aus der grenzüberschreitenden Verschmelzung hervorgehenden Gesellschaft". Das MgVG findet also Anwendung, wenn die übernehmende bzw. neu zu gründende Gesellschaft eine deutsche Gesellschaft ist, also bei einer Hineinverschmelzung.   83

Im Überblick[116] geht es den Mitbestimmungsregeln in erster Linie um die Sicherung bestehender Mitbestimmung, nicht um die Schaffung eines einheit-   84

---

[113] Limmer/*Limmer* Teil 6 Rn. 190.
[114] Sagasser/Bula/Brünger/*Gutkès* § 13 Rn. 241.
[115] Zur Konzernverschmelzung ausführlich etwa *Egel/Klett* GWR 2011, 399.
[116] Ausführlicher Münch. Hdb. GesR VI/*Brandes* § 57 ff.; Beck. Hdb. Umw. Int./*Krüger* 2. Teil Rn. 191 ff. und Rn. 440 ff.; *Lunk/Hinrichs* NZA 2007, 773.

Alexander von Rummel

lichen europäischen Mitbestimmungsstandards. Grundgedanke ist das „*Vorher-Nachher-Prinzip*", nach dem sich die vor der Verschmelzung vorhandenen Mitbestimmungsrechte auch danach wiederfinden sollen.[117] Primär wird jedoch eine im Verhandlungswege getroffene Mitbestimmungsvereinbarung zwischen den beteiligten Gesellschaften und den Arbeitnehmern angestrebt. Kommt keine *Verhandlungslösung* zustande, greift eine gesetzliche *Auffangregelung*, die sich am höchsten Niveau der Mitbestimmung einer der beteiligten Gesellschaften orientiert. Abweichend von den entsprechenden Vorschriften der SE-VO ist bei grenzüberschreitenden Verschmelzungen die Durchführung des zeit- und kostenintensiven Verhandlungsverfahrens jedoch nicht obligatorisch; die Organe der beteiligten Gesellschaften können sich auch unmittelbar auf die Auffangregelung verständigen.

II. Innereuropäische Verschmelzung außerhalb von §§ 122a ff. UmwG

85 Nach § 122b UmwG gelten die §§ 122a ff. UmwG – wie eben gesehen (vgl. Rn. 63 ff.) – nur für die innereuropäische grenzüberschreitende Verschmelzung von Kapitalgesellschaften und Personenhandelsgesellschaften. Nicht erfasst sind Verschmelzungen anderer Rechtsträger. Der deutsche Gesetzgeber hat bei Einführung der §§ 122a ff. UmwG zunächst – im Anschluss an die Richtlinie – davon abgesehen, den Anwendungsbereich dieser Vorschriften auf Nicht-Kapitalgesellschaften zu erstrecken, im Zuge der Brexit-Diskussionen aber (über die Richtlinie hinausgehend) Personenhandelsgesellschaften ergänzt. Ob innereuropäische Verschmelzungen außerhalb von §§ 122a ff. UmwG – also insbesondere innereuropäische Verschmelzungen von *sonstigen Personengesellschaften* – zulässig sind und wie sie ggf. durchzuführen sind, ist daher nach allgemeinem Recht zu klären.

1. Zulässigkeit

86 § 1 Abs. 1 UmwG bestimmt, dass nur „Rechtsträger mit Sitz im Inland" umgewandelt werden können. Die früher herrschende Ansicht, dass damit grenzüberschreitende Umwandlungen (außerhalb ausdrücklicher Vorschriften wie §§ 122a UmwG) unzulässig seien,[118] ist – wie bereits oben im Überblick dargestellt (vgl. Rn. 50 ff.) – angesichts der europarechtlichen Entwicklungen, vor allem der Judikatur des EuGH, innerhalb der EU nicht mehr haltbar. Da auch Personengesellschaften niederlassungsberechtigte Gesellschaften i. S. v. Art. 54 AEUV sind, ist heute weitgehend anerkannt, dass innereuropäische grenzüberschreitende Verschmelzungen von Personengesellschaften jedenfalls grundsätzlich wie in-

---

[117] Etwa *Lunk/Hinrichs* NZA 2007, 773, 774; Sagasser/Bula/Brünger/*Gutkès* § 13 Rn. 258; *Leuering*, S. 5.
[118] Aus der früheren restriktiven Rechtsprechung etwa OLG Zweibrücken NJW 1990, 3092.

nerstaatliche Verschmelzungen zuzulassen sind. Das ist auch nicht auf Personenhandelsgesellschaften i. S. d. (neuen) § 122b Abs. 1 Nr. 2 UmwG beschränkt.

Die Zulässigkeit einer „*Hineinverschmelzung*" einer ausländischen auf eine deutsche Gesellschaft wird allgemein dem „SEVIC"-Urteil des EuGH (vgl. Rn. 24) entnommen.[119] In diesem Urteil ging es zwar um eine Verschmelzung einer luxemburgischen SA auf eine deutsche GmbH, also um eine Verschmelzung von Kapitalgesellschaften. In seiner Entscheidung stellte der EuGH indessen in keiner Weise auf die Rechtsform der dort beteiligten Gesellschaften ab, sondern begründete sein Ergebnis mit allgemeinen, *rechtsformunabhängigen Erwägungen*. Es ist daher davon auszugehen, dass die Entscheidung des EuGH nicht anders ausgefallen wäre, wenn es sich um Personengesellschaften gehandelt hätte. Die Zulässigkeit von Hineinverschmelzungen von Nicht-Kapitalgesellschaften wird mithin allgemein bejaht.[120]

87

Für den umgekehrten Fall einer „*Hinausverschmelzung*" einer deutschen auf eine ausländische Gesellschaft sind die Dinge etwas weniger deutlich. Einerseits hat der EuGH im Urteil „Cartesio" (vgl. Rn. 25) festgestellt, dass es einer nationalen Rechtsordnung unbenommen ist zu bestimmen, was eine Gesellschaft vorweisen muss, um den Status als Gesellschaft dieser Rechtsordnung zu behalten.[121] Es verstoße daher, so der EuGH in diesem Urteil, nicht gegen die Niederlassungsfreiheit, dass das ungarische Recht den „eigenen" Gesellschaften nicht ermögliche, einen ausländischen Satzungssitz unter Wahrung der Identität als inländische Gesellschaft einzunehmen. Der rechtsform*wahrende* Wegzug ist daher nicht von der Niederlassungsfreiheit geschützt. Andererseits hat der EuGH im Urteil „Cartesio" auch festgehalten, dass es einer nationalen Gesellschaft nicht untersagt werden darf, sich im Zuge der Sitzverlegung in eine Rechtsform des ausländischen Staats umzuwandeln. Der rechtsform*wechselnde* Wegzug ist also von der Niederlassungsfreiheit geschützt. Dieses *obiter dictum* in Bezug auf einen „Hinausformwechsel" legt sehr nahe, dass ebenso auch die „Hinausverschmelzung" zulässig sein muss.[122] Denn wie beim „Hinausformwechsel" ist auch bei der „Hinausverschmelzung" der im Sinne des *obiter dictum* im Fall „Cartesio" entscheidende Aspekt, dass sich die inländische Gesellschaft des bisherigen Rechtskleides entledigen will, um zukünftig als Gesellschaft der Rechtsordnung eines anderen Mitgliedstaats organisiert zu sein.

88

---

[119] EuGH WM 2006, 92 (*SEVIC Systems*).
[120] OLG München NZG 2006, 513, 514; Kallmeyer/*Marsch-Barner* Vor §§ 122a–122l Rn. 9; Lutter/*Drygala* § 1 Rn. 12; Lutter/*Bayer* Einl. I Rn. 45; Semler/Stengel/*Drinhausen* Einl. C Rn. 27; Widmann/Mayer/*Heckschen* Vor §§ 122a ff. Rn. 13 f.; Kölner Komm. UmwG/*Simon*/*Rubner* Vor §§ 122a ff. Rn. 47.
[121] EuGH NJW 2009, 569 (*Cartesio*).
[122] So auch die absolut h. M., etwa Kallmeyer/*Marsch-Barner* Vor §§ 122a–122l Rn. 10; Semler/Stengel/*Drinhausen* Einl. C Rn. 30 m. w. N.; Lutter/*Drygala* § 1 Rn. 15; Widmann/Mayer/*Heckschen* Vor § 122a UmwG Rn. 13, 90 f.; Kölner Komm. UmwG/*Simon*/*Rubner* Vor §§ 122a ff. Rn. 50.

Alexander von Rummel

2. Durchführung und Verfahren aus deutscher Sicht

89 Wie eine solche – zulässige – innereuropäische Verschmelzung außerhalb des Anwendungsbereiches des §§ 122a ff. UmwG nach deutschem Recht durchgeführt werden soll, ist offen.[123] Im deutschen Sachrecht gibt es keine Normen, die den Vorgang regeln. Es herrscht Rechtsunsicherheit in Bezug auf die *Voraussetzungen* und die *Durchführung* einer derartigen Verschmelzung.[124]

90 Manche wollen für solche Fälle die §§ 122a ff. UmwG analog anwenden.[125] Das erscheint jedoch nicht unproblematisch. Eine planwidrige Regelungslücke ist kaum ersichtlich. Vielmehr hat der Gesetzgeber den Anwendungsbereich der §§ 122a ff. UmwG ganz bewusst auf Kapitalgesellschaften und (neuerdings) gewissen Personenhandelsgesellschaften begrenzt (vgl. § 122b Abs. 1 UmwG).[126] Andere favorisieren daher die Anwendung der §§ 2 ff., 39 ff. UmwG, also die Anwendung der Vorschriften für eine rein innerstaatliche Verschmelzung, oder wollen – vermittelnd – diese Vorschriften zwar im Grundsatz anwenden, dies aber allenfalls durch eine „partielle" Analogie zu den §§ 122a ff. UmwG anreichern.[127]

91 In seinem Urteil „VALE" (vgl. Rn. 27) hat der EuGH (dort für einen grenzüberschreitenden Formwechsel) angedeutet, dass die entsprechenden Parallelregeln des nationalen Rechts für den innerstaatlichen Vorgang so weit wie möglich zur Anwendung zu bringen sind.[128] Entsprechend hat sich etwa auch das OLG Nürnberg für den Fall eines grenzüberschreitenden Formwechsels auf Grundlage der EuGH-Rechtsprechung für eine analoge Anwendung (nur) der nationalen Vorschriften des UmwG ausgesprochen.[129] Es kann vermutet werden, dass die Rechtsprechung zukünftig für alle nicht ausdrücklich geregelten, aber europarechtlich zulässigen Umwandlungsvorgänge dieser Linie folgt. Dann wären für die hier fragliche grenzüberschreitende Verschmelzung von Nicht-Kapitalgesellschaften die §§ 2 ff., 39 ff. UmwG anzuwenden. Noch ist das aber ungeklärt.

92 Letztlich begegnet die praktische Durchführung einer grenzüberschreitenden europäischen Verschmelzung außerhalb von § 122a ff. UmwG noch so vielen Zweifelsfragen, dass derzeit häufig davon abgeraten wird, diesen Weg zu beschreiten. Um *Transaktionssicherheit* zu erlangen, könnte man eine (wenn auch kompliziertere und zuweilen steuerlich nachteilhafte) Alternativlösung wählen. Geht es beispielsweise um eine „Hinausverschmelzung" einer deutschen Partnerschaftsgesellschaft auf eine ausländische Gesellschaft, könnte

---

[123] So ausdrücklich auch OLG München NZG 2006, 513, 514.
[124] Lutter/*Drygala* § 1 Rn. 33; Lutter/*Lutter/Bayer* Einl. I Rn. 45.
[125] Lutter/*Drygala* § 1 Rn. 35; Kallmeyer/*Marsch-Barner* Vor §§ 122a–122l Rn. 12.
[126] Münch. Hdb. GesR VI/*Hoffmann* § 53 Rn. 118; Schmitt/Hörtnagel/Stratz/*Hörtnagel* § 122a Rn. 1, § 122b Rn. 4.
[127] So etwa Lutter/*Bayer/Schmidt*, § 6 Rn. 75 m. w. N.
[128] EuGH EuZW 2012, 621 (*VALE*); zu diesem Gedanken auch Lutter/*Drygala* § 1 Rn. 34.
[129] OLG Nürnberg DNotZ 2014, 150; ähnlich OLG Frankfurt NZG 2017, 423; wohl auch OLG Düsseldorf NZG 2017, 1354

die Personengesellschaft (statt einer „direkten" Verschmelzung auf die ausländische Gesellschaft) zunächst in eine GmbH umgewandelt und sodann – als Kapitalgesellschaft – nach §§ 122a ff. UmwG verschmolzen werden. Eine weitere Ausweichstrategie wäre die Nutzung eines „Anwachsungsmodells". Eine ausländische Zielgesellschaft könnte einer inländischen GbR zunächst als weitere Gesellschafterin beitreten. Wenn sodann alle anderen Gesellschafter aus der GbR austreten, führt das zur Auflösung der GbR und zur Anwachsung des gesamten Vermögens der GbR bei der verbleibenden Alleingesellschafterin, also bei der ausländischen Zielgesellschaft.[130] Davon abgesehen werden sich die praktischen Zweifelsfragen zukünftig reduzieren. Einstweilen wird man eine innereuropäische Verschmelzung außerhalb von §§ 122a ff. UmwG in der Praxis nur in enger Abstimmung mit den zuständigen Registern unternehmen.

B. Außereuropäische Verschmelzung

Ob das deutsche Sachrecht die Verschmelzung einer inländischen Gesellschaft (als übertragender oder aufnehmender Rechtsträger) mit einer ausländischen Gesellschaft, die nicht dem Recht eines EU/EWR-Mitgliedstaats unterliegt („*außereuropäische Verschmelzung*"), gestattet, ist – wie bereits oben (vgl. Rn. 55 ff.) skizziert – umstritten. 93

§ 1 Abs. 1 UmwG bestimmt, dass „Rechtsträger mit Sitz im Inland" umgewandelt werden können. Hieraus schließt die wohl noch herrschende Ansicht unter Berufung vor allem auf den historischen Willen des Gesetzgebers, dass grenzüberschreitende außereuropäische Umwandlungen nach deutschem Sachrecht unzulässig sind.[131] Folgt man dieser Ansicht, würde eine „Hineinverschmelzung" einer außereuropäischen auf eine inländische Gesellschaft als unzulässig angesehen und nicht vollzogen werden. Eine „Hinausverschmelzung" einer inländischen auf eine außereuropäische Gesellschaft würde in Bezug auf die inländische Gesellschaft als Auflösungsbeschluss gewertet werden.[132] 94

Folgt man der im Vordringen befindlichen Gegenauffassung, sind außereuropäische Verschmelzungen nicht ausgeschlossen. § 1 Abs. 1 UmwG wiederholt dieser Ansicht nach lediglich einen Teil der kollisionsrechtlichen Aussage der Vereinigungstheorie (vgl. Rn. 45), nämlich dass das UmwG nur auf den inländischen Teil der Verschmelzung, also auf die inländische Gesellschaft anzuwenden ist.[133] Für den ausländischen Rechtsträger wäre nach der Vereinigungstheorie 95

---

[130] Zu Umwandlungsalternativen auch Widmann/Mayer/*Heckschen* § 1 UmwG Rn. 321 ff. und oben Kap. 1 Rn. 94.
[131] Etwa MüKoBGB/*Kindler* IntGesR Rn. 857 m. w. N.; Kölner Komm. UmwG/*Dauner-Lieb* § 1 Rn. 29; Eidenmüller/*Engert* § 4 Rn. 79.
[132] MüKoBGB/*Kindler* IntGesR Rn. 857.
[133] Etwa Münch. Hdb. GesR VI/*Hoffmann* § 53 Rn. 10; Schmitt/Hörtnagl/Stratz/*Hörtnagl* § 1 Rn. 24; Kallmeyer/*Marsch-Barner* Vor §§ 122a–122l Rn. 8.

sein jeweiliges eigenes nationales Umwandlungsrecht anzuwenden.[134] Für die Durchführung der deutschen Seite einer solchen Verschmelzung befürworten die meisten die Anwendung der §§ 2 ff. UmwG und nicht etwa der §§ 122a ff. UmwG.[135] Was aber im Einzelnen gelten würde, ist nicht geklärt.

96 Die Rechtslage ist insgesamt so unklar, dass in der Praxis Ausweichlösungen gesucht (und gefunden) werden, die zivilrechtlich vergleichbare Ergebnisse auf anderem Weg erreichen. Denkbar ist insbesondere der Umweg über eine Anwachsung (vgl. bereits Rn. 92).[136]

Lösung zu Fall 2: a) Die Verschmelzung der Ferran S. L. auf die Tim & Katharina OHG wäre nach deutschem Recht zulässig. Personenhandelsgesellschaften mit in der Regel weniger als 500 Arbeitnehmer können inzwischen nach § 122b Abs. 1 Nr. 2 UmwG ausdrücklich als übernehmende Gesellschaft an einer grenzüberschreitenden Verschmelzung beteiligt sein.

b) Auch die Verschmelzung der Ferran S. L. auf die Tim & Katharina GbR wäre nach deutschem Recht zulässig. Auszugehen ist davon, dass die Tim & Katharina GbR deutschem Recht unterliegt, weshalb nach der Vereinigungstheorie die geplante Verschmelzung jedenfalls auch nach deutschem Recht zulässig sein muss. Die geplante Verschmelzung unterliegt aber nicht §§ 122a ff. UmwG, denn diese Vorschriften regeln nur die grenzüberschreitende Verschmelzung von Kapitalgesellschaften und Personenhandelsgesellschaften, nicht aber die Verschmelzung von BGB-Gesellschaften. Die Frage ist daher nach allgemeinen Regeln zu beantworten. Nach § 1 Abs. 1 UmwG können nur „Rechtsträger mit Sitz im Inland" umgewandelt werden. Wenn man – wie manche – hieraus schließt, dass alle beteiligten Rechtsträger ihren Sitz in Deutschland haben müssen, wäre die Verschmelzung angesichts des spanischen Sitzes der Ferran S. L. unzulässig. Dies wäre aber nicht mit der europäischen Niederlassungsfreiheit nach Art. 49, 54 AEUV vereinbar. Im „SEVIC-Urteil" hat der EuGH entschieden, dass das deutsche Recht die „Hineinverschmelzung" einer ausländischen auf eine deutsche Gesellschaft zulassen müsse. Beteiligt war hier zwar eine deutsche GmbH. In der Begründung stellte der EuGH aber in keiner Weise darauf ab, dass es sich um eine Kapitalgesellschaft handelte. Es ist daher davon auszugehen, dass die innereuropäische grenzüberschreitende Verschmelzung auch außerhalb des Anwendungsbereichs der §§ 122a ff. UmwG zulässig ist.

c) Die wohl noch herrschende Ansicht würde die Verschmelzung der Ferran S. A. auf die Tim GmbH oder die Tim & Katharina OHG für unzulässig erachten. In der wegen der Beteiligung der togoischen Ferran S. A. außereuropäischen Konstellation gibt die Niederlassungsfreiheit und die EuGH-Rechtsprechung für die Zulässigkeitsdiskussion nichts her. Entscheidend ist daher, wie § 1 Abs. 1 UmwG zu verstehen ist. Die wohl herrschende Ansicht würde die Umwandlung für unzulässig erachten, da die Ferran S. A. keine Gesellschaft „mit Sitz im Inland" (§ 1 Abs. 1 UmwG) ist. Die Gegenansicht würde darauf verweisen, dass § 1 Abs. 1 UmwG lediglich besage, dass das deutsche Umwandlungsrecht im Sinne der „Vereinigungstheorie" die deutsche Seite eines Umwandlungsvorgangs regelt.

---

[134] Beck. Hbd. Umw. Int./*Krüger* 2. Teil Rn. 322 ff.; Schmitt/Hörtnagl/Stratz/*Hörtnagl* § 1 Rn. 60.
[135] Ausführlich Beck. Hdb. Umw. Int./*Krüger* 2. Teil Rn. 324 ff.
[136] Etwa Beck. Hdb. Umw. Int./*Krüger* 2. Teil Rn. 5.

§ 3 Grenzüberschreitende Spaltung

Die grenzüberschreitende Spaltung ist in der Sache nichts anderes als eine umgekehrte Verschmelzung. Sie ist weitgehend nach den für die grenzüberschreitende Verschmelzung dargestellten Grundsätzen zu behandeln.[137]   97

Kollisionsrechtlich ist auch bei der grenzüberschreitenden Spaltung – wie bei anderen Formen grenzüberschreitender Umwandlung – von der Vereinigungstheorie (vgl. Rn. 45 ff.) auszugehen. Danach sind Voraussetzungen, Verfahren und Wirkung einer grenzüberschreitenden Spaltung nach deutschem Recht zu beurteilen, soweit eine Gesellschaft, die dem deutschen Recht unterliegt, an der Verschmelzung beteiligt ist. Es wurde bereits oben (vgl. Rn. 50 ff.) skizziert, dass aber lebhaft diskutiert wird, ob das deutsche Sachrecht grenzüberschreitende Spaltungen überhaupt gestattet. Insgesamt ist jedoch davon auszugehen, dass grenzüberschreitende Spaltungen, an denen nur Rechtsträger beteiligt sind, die dem Recht (verschiedener) Mitgliedstaaten der EU bzw. des EWR unterliegen („innereuropäische Spaltungen"), zulässig sind (vgl. Rn. 99 ff.). Die Zulässigkeit grenzüberschreitender Spaltungen, an denen (auch) Rechtsträger beteiligt sind, die nicht dem Recht eines EU/EWR-Mitgliedstaats unterliegen („außereuropäische Spaltung"), ist dagegen problematischer (vgl. Rn. 106 ff.).   98

A. Innereuropäische Spaltung

I. Zulässigkeit

Bislang gab es weder auf EU-Ebene noch im nationalen Recht einen speziellen Rechtsrahmen für grenzüberschreitende Spaltungen. Das hat sich auf EU-Ebene mit der Mobilitätsrichtlinie (vgl. Rn. 15) geändert, die die Gesellschaftsrechtsrichtlinie um einen Abschnitt über grenzüberschreitende Spaltungen ergänzt. Die entsprechenden Vorschriften sind bis 2023 ins nationale Recht umzusetzen. Aber innereuropäische Spaltungen sind bereits heute zulässig. Allgemein geht man – wie oben skizziert (vgl. Rn. 54) – davon aus, dass die innereuropäische Spaltung aufgrund der Vorgaben der Niederlassungsfreiheit gestattet werden muss. Zwar gibt es bislang keine EuGH-Urteile zu Spaltungen. Im Urteil „SEVIC Systems" (vgl. Rn. 24) hat der EuGH aber deutlich gemacht, dass die dort behandelten grenzüberschreitenden Verschmelzungen „wie andere Gesellschaftsumwandlungen" der Niederlassungsfreiheit unterfallen.[138] Letztlich ist eine Spaltung auch nur eine umgekehrte Verschmelzung (vgl. Kap. 3 Rn. 1). Entsprechend der Rechtslage bei innereuropäischen Verschmelzungen werden daher sowohl innereuropäische „Hineinspaltungen" als auch innereuropäische   99

---

[137] Hierzu Rn. 61 ff.
[138] EuGH WM 2006, 92 (*SEVIC Systems*) Rn. 19.

"Hinausspaltungen" als *zulässig* angesehen.[139] Das gilt insbesondere auch für (Hinein- oder Hinaus-)Spaltungen zur Aufnahme wie für (Hinein- oder Hinaus-)Spaltungen zur Neugründung.

100 *Spaltungen zur Aufnahme* sind wertungsmäßig unmittelbar mit Verschmelzungen vergleichbar. Wie bei der Verschmelzung geht es auch bei der Spaltung zur Aufnahme um die Vermögensübertragung auf die bereits bestehende aufnehmende Gesellschaft. Soweit der übertragende Rechtsträger (bei einer Abspaltung) fortbesteht, sind keine besonderen Rechtsprobleme angesprochen. Soweit der übertragende Rechtsträger (bei einer Aufspaltung) aufgelöst wird, entspricht das der Situation bei einer Verschmelzung.

101 *Spaltungen zur Neugründung* liegen insoweit anders, als diese Form der Spaltung – anders als die Spaltung zur Aufnahme – die Entstehung eines neuen Rechtsträgers voraussetzt. Manche halten diesen Fall daher für eher vergleichbar mit einem grenzüberschreitenden Formwechsel als mit einer Verschmelzung.[140] Das ändert aber nichts an der grundsätzlichen Zulässigkeit auch solcher Spaltungen, denn auch der grenzüberschreitende Formwechsel wird, wie noch zu zeigen sein wird (vgl. Rn. 112), überwiegend für zulässig gehalten.

102 Grenzüberschreitende (innereuropäische) Spaltungen sind daher insgesamt zulässig, jedenfalls soweit sie die jeweils anzuwendenden nationalen Rechtsordnungen für innerstaatliche Vorgänge ermöglichen.

II. Durchführung aus deutscher Sicht

103 Ebenso wenig wie für grenzüberschreitende Verschmelzungen außerhalb der §§ 122a ff. UmwG kennt das deutsche Recht spezielle Regeln für grenzüberschreitende Spaltungen. Die Vorgaben der Mobilitätsrichtlinie, die Regeln für innereuropäische grenzüberschreitende Spaltungen bringen wird, sind erst bis 2023 umzusetzen. Zwar verweist § 125 UmwG heute für die Spaltung grundsätzlich auf die Vorschriften zur Verschmelzung. Dieser Verweis umfasst aber nicht die §§ 122a ff. UmwG. Mit Einführung dieser Vorschriften ist der Verweis in § 125 S. 1 UmwG auf den Ersten bis Neunten Abschnitt des Zweiten Teils des UmwG beschränkt worden, um sicherzustellen, dass der neue Zehnte Abschnitt (also die §§ 122a ff. UmwG) nicht entsprechend auf grenzüberschreitende Spaltungen angewandt wird.[141] Wie in Bezug auf grenzüberschreitende Verschmelzungen außerhalb der §§ 122a ff. UmwG herrscht daher Unklarheit darüber, wie eine innereuropäische Spaltung im Einzelnen durchgeführt wird. Rechtsprechung deutscher Gerichte unmittelbar zu grenzüberschreitenden Spal-

---

[139] Beck. Hdb. Umw. Int./*Veith* 2. Teil Rn. 57; Semler/Stengel/*Drinhausen* Einl. C Rn. 28, 30; Lutter/Bayer/*Schmidt*, § 7 Rn. 105; Haritz/*v. Wolff* GmbHR 2006, 341, 344; Lutter/*Drygala* § 1 Rn. 19; Widmann/Mayer/*Heckschen* Vor §§ 122a ff. UmwG Rn. 96; *Lutter/Bayer* Einl. I Rn. 46.
[140] Münch. Hdb. GesR VI/*Hoffmann* § 56 Rn. 20.
[141] Lutter/Bayer/*Schmidt* § 7 Rn. 106; Semler/Stengel/*Drinhausen* § 122a Rn. 6.

Alexander von Rummel

tungen ist nicht ersichtlich. Die Frage ist daher nach denselben Grundsätzen zu beantworten wie bei grenzüberschreitenden Verschmelzungen.[142]

Ebenso wie dort sprechen sich auch hier manche für eine umfassende Analogie zu den §§ 122a ff. UmwG aus.[143] Dem lässt sich entgegenhalten, dass zweifelhaft ist, ob die Regelungslücke tatsächlich als planwidrig bezeichnet werden kann. Die Mehrzahl der Autoren will daher im Grundsatz die Vorschriften zur nationalen Spaltung, also die §§ 123 ff. UmwG, anwenden und für spezifische Aspekte partielle Analogien zu den §§ 122a ff. UmwG bilden.[144] Die grundsätzliche *Anwendung der Vorschriften über nationale Spaltungen* läge wohl auch auf der Linie des EuGH, der im Urteil „VALE" (vgl. Rn. 27) darauf verwiesen hat, dass (für einen grenzüberschreitenden Formwechsel) die entsprechenden Vorschriften des nationalen Rechts für den innerstaatlichen Vorgang so weit wie möglich angewandt werden sollen.[145] 104

Für die Praxis fehlt es jedoch an Transaktionssicherheit, weil letztlich noch ungeklärt ist, nach welchen Vorschriften eine innereuropäische Spaltung durchgeführt werden muss. Soll gleichwohl eine grenzüberschreitende Spaltung durchgeführt werden, ist zu empfehlen, die einzelnen Schritte mit den zuständigen Registern eng abzustimmen. 105

Die Mobilitätsrichtlinie (vgl. Rn. 15 ff.) gibt ein einheitliches Regime für Verschmelzungen, Spaltungen und Formwechsel vor. Die Umsetzung dieser Vorgaben, die bis 2023 zu erfolgen hat, wird daher ähnliche Regelungen für die grenzüberschreitende Spaltung bringen, wie sie bereits heute nach § 122a ff. UmwG für grenzüberschreitende Verschmelzungen gelten (vgl. Rn. 166 ff.). 105a

B. Außereuropäische Spaltung

Ebenso wie die Zulässigkeit außereuropäischer Verschmelzungen (vgl. Rn. 93 ff.) ist auch die Zulässigkeit außereuropäischer Spaltungen nach deutschem Sachrecht umstritten. Die für und gegen eine Zulässigkeit angeführten Argumente entsprechen weitgehend den in Bezug auf eine außereuropäische Verschmelzung angeführten Erwägungen. 106

Entscheidend ist auch hier, wie man § 1 Abs. 1 UmwG versteht. Die wohl noch herrschende Ansicht entnimmt dieser Vorschrift, dass alle am Umwandlungsvorgang beteiligten Gesellschaften ihren Satzungssitz in Deutschland haben müssen. Außereuropäische Spaltungen wären danach genauso wie andere 107

---

[142] Hierzu Rn. 89 ff.; vgl. auch Lutter/*Bayer* Einl. I Rn. 46.
[143] Lutter/*Drygala* § 1 Rn. 36.
[144] Etwa Lutter/*Bayer*/*Schmidt* § 7 Rn. 107; Münch. Hdb. GesR VI/*Hoffmann* § 56 Rn. 46 ff.
[145] EuGH NJW 2012, 2715 (*VALE*); zu diesem Gedanken auch Lutter/*Drygala* § 1 Rn. 34. Entsprechend hat sich auch das OLG Nürnberg für den Fall eines grenzüberschreitenden Formwechsels für eine Anwendung der nationalen Vorschriften des UmwG ausgesprochen, vgl. OLG Nürnberg DNotZ 2014, 150; ähnlich auch OLG Frankfurt NZG 2017, 423; wohl auch OLG Düsseldorf NZG 2017, 1354.

grenzüberschreitende Umwandlungsvorgänge unzulässig. Die Gegenansicht entnimmt § 1 Abs. 1 UmwG lediglich die Aussage, dass das deutsche Recht nur den inländischen Teil einer grenzüberschreitenden Umwandlung regelt. Folgt man dieser Ansicht, sind grenzüberschreitende Spaltungen grundsätzlich möglich.

108 Unklar wäre dann allerdings, wie eine solche außereuropäische Spaltung im Einzelnen durchgeführt würde. Im Grundsatz gelten für die beteiligte inländische Gesellschaft nach der Vereinigungstheorie (vgl. Rn. 45 ff.) die §§ 123 ff. UmwG, während für den oder die ausländischen Rechtsträger die jeweiligen eigenen nationalen Vorschriften anzuwenden sind. Welchen Vorschriften eine solche Spaltung im Einzelnen folgen würde, ist aber ungeklärt. Aus praktischer Sicht wird man daher aus Gründen der Transaktionssicherheit eher zu Alternativgestaltungen raten.

§ 4 Grenzüberschreitender Formwechsel (Satzungssitzverlegung)

Fall 3: Ferran und Tim (vgl. Fall 1) haben sich überworfen und wollen nun doch nicht gemeinsame Sache machen.
a) Ferran plant, sein Geschäft in Deutschland alleine groß aufzuziehen. Er ist bereits nach Berlin umgezogen, von wo aus er die Geschäfte der Ferran S. L. betreibt. Nun will er in Spanien alle Zelte abbrechen. Er will daher auch den Satzungssitz der Ferran S. L. nach Deutschland verlegen und diese Gesellschaft zukünftig als Gesellschaft deutschen Rechts führen. Wie ist das möglich?
b) Ferran zieht sich nach Spanien zurück. Über die Ferran S. L., die er von seinem Büro in Barcelona aus verwaltet, betreibt er nur noch Restaurants in Spanien. Die Berührung mit dem deutschen Recht hat ihn aber tief beeindruckt. Er überlegt, den Satzungssitz der Ferran S. L. nach Berlin zu verlegen und die Gesellschaft zukünftig als „Ferdinand GmbH" zu führen. Das will er aber weiter von Barcelona aus machen. Ist das möglich?

109 Bei einem Formwechsel wird die Rechtsform einer Gesellschaft unter Beibehaltung der rechtlichen und wirtschaftlichen Identität geändert (vgl. Kap. 5 Rn. 1, 4 ff.). Der Formwechsel ist grenzüberschreitend, wenn in eine Rechtsform einer anderen Rechtsordnung gewechselt wird. Regelmäßig erfordern die nationalen Gesellschaftsrechte, dass die ihnen unterstellten Gesellschaften zumindest einen Satzungssitz im Inland haben. Ein grenzüberschreitender Formwechsel geht daher in der Regel mit der Verlegung des Satzungssitzes einher.[146] Die Begriffe des *„grenzüberschreitenden Formwechsels"* und der *„Satzungssitzverlegung"* werden aus diesem Grund häufig synonym verwendet.[147] Das wird auch hier so gehandhabt.

---

[146] Die Verlegung des Satzungssitzes führt jedenfalls in allen Mitgliedstaaten der EU zum Ende der Anwendbarkeit des eigenen Gesellschaftsrechts, vgl. *Weller*, S. 13 ff.; *Verse* ZEuP 2013, 458, 460.
[147] Münch. Hdb. GesR VI/*Hoffmann* § 54 Rn. 1; Lutter/*Drygala* § 1 Rn. 21; auch *Leuering*, S. 2; *Lutter/Bayer/Schmidt* § 7 Rn. 85.

Alexander von Rummel

Der in diesem Abschnitt thematisierten Verlegung des Satzungssitzes kann die Verlegung des *Verwaltungs*sitzes (unter Beibehaltung des Satzungssitzes) gegenübergestellt werden.[148] Eine solche reine Verwaltungssitzverlegung erfolgt, sofern zulässig, rechtsform*wahrend*, also ohne Formwechsel. Ein solcher Vorgang hat keinen umwandlungsrechtlichen Bezug. Die reine Verwaltungssitzverlegung wird daher hier nicht besprochen.

110

Die Zulässigkeit eines grenzüberschreitenden Formwechsels war in Deutschland lange Zeit sehr umstritten. Ist Deutschland als „Zuzugsstaat" oder als „Wegzugsstaat" betroffen, will sich eine ausländische Gesellschaft also in eine deutsche Gesellschaft umwandeln oder umgekehrt eine deutsche Gesellschaft in eine ausländische, hat das deutsche Recht mitzureden. Denn nach der Vereinigungstheorie (vgl. Rn. 45 ff.) ist in diesem Fall deutsches Recht entweder auf den formwechselnden Rechtsträger oder den Rechtsträger neuer Rechtsform anzuwenden. Überwiegend wurde dem deutschen Recht früher entnommen, dass grenzüberschreitende Formwechsel unzulässig seien.[149] Jedenfalls für innereuropäische Formwechsel unterliegt das deutsche Recht jedoch den Vorgaben der Niederlassungsfreiheit. Auch in diesem Abschnitt wird daher zwischen dem grenzüberschreitenden Formwechsel innerhalb von EU bzw. EWR („innereuropäischer Formwechsel") (vgl. Rn. 112 ff.) und dem grenzüberschreitenden Formwechsel unter Beteiligung von Rechtsordnungen außerhalb von EU bzw. EWR („außereuropäische Formwechsel") (vgl. Rn. 120 ff.) unterschieden.

111

A. Innereuropäischer Formwechsel (innereuropäische Satzungssitzverlegung)

I. Zulässigkeit

Der EuGH hat mit den Urteilen „Cartesio" (vgl. Rn. 25), „VALE" (vgl. Rn. 27) und „Polbud" (vgl. Rn. 27a) deutlich gemacht, dass innereuropäische Formwechsel zugelassen werden müssen, und damit eine jahrelang kontrovers geführte Diskussion jedenfalls grundsätzlicher Klärung zugeführt. In dem der Entscheidung „Cartesio" zugrunde liegenden Sachverhalt ging es eigentlich gar nicht um einen grenzüberschreitenden Formwechsel. In diesem Fall wollte nämlich eine ungarische Gesellschaft ihren Sitz nach Italien verlegen, dabei aber als ungarische Gesellschaft organisiert bleiben. Der EuGH entschied, dass die Weigerung des ungarischen Handelsregisters, diese Sitzverlegung einzutragen, nicht gegen europäisches Recht verstoße. Ein Mitgliedstaat könne die Anknüpfung bestimmen, die eine Gesellschaft vorweisen muss, um den Status als Gesellschaft dieses Mitgliedstaates zu bewahren; ein Mitgliedstaat könne damit

112

---

[148] Hierzu etwa *Verse* ZEuP 2013, 458, 460 ff.; ausführlich Münch. Hdb. GesR VI/*Kieninger* § 52; MüKoBGB/*Kindler* IntGesR Rn. 820 ff.; *Leuering*, S. 8 ff.; *Lutter/Bayer/Schmidt* § 7 Rn. 61 ff.

[149] Etwa Kölner Komm. UmwG/*Simon/Rubner* Vor §§ 122a ff. Rn. 20, 56.

einen inländischen Sitz als Bedingung für die Gewährung und Aufrechterhaltung dieses Status vorsehen, ohne dadurch gegen die Niederlassungsfreiheit zu verstoßen.[150] Der „Heimatstaat" einer Gesellschaft muss also die rechtsform*wahrende* Sitzverlegung nicht aufgrund der Niederlassungsfreiheit dulden.

113 Anders liegen die Dinge indessen, wenn mit der Sitzverlegung – anders als im Cartesio-Sachverhalt – auch ein Wechsel des Gesellschaftsstatuts einhergeht, wenn es sich also um eine rechtsform*wechselnde* Sitzverlegung, mithin um einen grenzüberschreitenden Formwechsel handelt: In einem vielbeachteten *obiter dictum* führte der EuGH in demselben Urteil aus, dass der Anwendungsbereich der Niederlassungsfreiheit eröffnet sei, wenn die Sitzverlegung von einem Mitgliedstaat in einen anderen Mitgliedstaat mit der Umwandlung der Gesellschaft in eine Gesellschaft des Rechts des zweiten Mitgliedstaats einhergehe. Die Befugnis des ersten Mitgliedstaates, selbst zu regeln, unter welchen Voraussetzungen eine inländische Gesellschaft den Status als inländische Gesellschaft behalten darf, rechtfertige es nicht, eine inländische Gesellschaft daran zu hindern, sich in eine Gesellschaft des zweiten Mitgliedstaats umzuwandeln, soweit dies nach dessen Recht möglich ist. Hemmnisse, die der Wegzugsstaat für eine solche Umwandlung aufstellt, stellten eine rechtfertigungsbedürftige Beschränkung der Niederlassungsfreiheit dar.[151]

114 Nach diesen deutlichen Aussagen des EuGH im Urteil „Cartesio" war klar, dass der Wegzugsstaat den „*Hinausformwechsel*" in die Rechtsform eines anderen Mitgliedstaats grundsätzlich ermöglichen muss. Nicht vollends geklärt war dagegen, ob auch der Zuzugsstaat den umgekehrten Fall eines „*Hineinformwechsels*" gestatten muss, denn in „Cartesio" stellte der EuGH für den Hinausformwechsel die Bedingung auf, dass dieser nach dem Recht des Zuzugsstaat möglich ist. Dass auch der Zuzugsstaat den „Hineinformwechsel" gestatten muss, machte der EuGH sodann aber im Urteil „VALE" (vgl. Rn. 27) deutlich. Wieder ging es um einen ungarisch-italienischen Sachverhalt. Diesmal wollte eine italienische Gesellschaft ihren Satzungssitz und ihre Tätigkeit nach Ungarn verlagern. Hierzu begehrte sie in Ungarn die Eintragung als Gesellschaft ungarischen Rechts und Rechtsnachfolgerin der italienischen Gesellschaft. Das ungarische Register lehnte dies ab, weil nach ungarischem Recht der grenzüberschreitende Formwechsel unzulässig sei. Der EuGH entschied, dass die Weigerung des Zuzugsstaat (Ungarn), den „Hineinformwechsel" zu ermöglichen, mit der Niederlassungsfreiheit unvereinbar sei.[152] Schon nach dem Urteil „VALE" konnte also festgehalten werden, dass der grenzüberschreitende innereuropäische Formwechsel grundsätzlich insgesamt zulässig ist.[153]

---

[150] EuGH NJW 2009, 569 (*Cartesio*) Rn. 110.
[151] EuGH NJW 2009, 569 (*Cartesio*) Rn. 111 ff.
[152] EuGH NJW 2012, 2715 (*VALE*).
[153] Für einen deutschen Anwendungsfall der VALE-Grundsätze OLG Nürnberg DNotZ 2014, 150; das OLG Nürnberg hatte den Fall vor VALE noch andersherum beurteilt, vgl. OLG Nürnberg WM 2012, 993.

Alexander von Rummel

Zweifelhaft war nach den Urteilen „Cartesio" und „VALE" noch, ob auch 115
eine *isolierte Satzungssitzverlegung*", also ein grenzüberschreitender Formwechsel, bei dem ausschließlich der Satzungssitz als Anknüpfungspunkt für das Gesellschaftsstatut, nicht aber die tatsächliche Geschäftstätigkeit in den anderen Staat verlegt wird, zulässig ist. Im Urteil „VALE" hatte der EuGH unter Rückgriff auf eine ähnliche Formulierung in seinem Urteil „Cadbury Schweppes"[154] betont, dass sich die den Formwechsel durchführende Gesellschaft nur dann auf die Niederlassungsfreiheit berufen kann, wenn sie „eine tatsächliche Ausübung einer wirtschaftlichen Tätigkeit mittels einer festen Einrichtung im Aufnahmemitgliedstaat auf unbestimmte Zeit" anstrebt.[155] Hieraus schlossen viele, dass die isolierte Satzungssitzverlegung nicht von der Niederlassungsfreiheit umfasst ist.[156] Im Urteil „Polbud" (vgl. Rn. 27a) entschied der EuGH dann aber, dass auch die isolierte Satzungssitzverlegung zulässig sei. Einer nach dem Recht eines Mitgliedstaats gegründeten Gesellschaft müsse möglich sein, sich auch ohne Verlegung der tatsächlichen Tätigkeit in eine dem Recht eines anderen Mitgliedstaats unterliegende Gesellschaft umzuwandeln, wenn die Anforderungen des Zuzugsstaats an eine hinreichende Verbundenheit der Gesellschaft mit dem Zuzugsstaat erfüllt sind. Eine Sitzverlegung mit dem Ziel, in den Genuss günstigerer Rechtsvorschriften zu kommen, stelle keinen Rechtsmissbrauch dar.

II. Durchführung und Verfahren aus deutscher Sicht

Wenn eine deutsche Gesellschaft in eine ausländische Gesellschaft umgewan- 116
delt werden soll (aus deutscher Sicht ein „Hinausformwechsel") oder – umgekehrt – eine ausländische Gesellschaft in eine deutsche Gesellschaft (aus deutscher Sicht ein „Hineinformwechsel"), ist nach der Vereinigungstheorie (vgl. Rn. 45 ff.) auch das deutsche Recht zur Anwendung berufen. Zwar ist – wie gesehen – klar, dass der (innereuropäische) grenzüberschreitende Formwechsel aufgrund der Vorgaben der Niederlassungsfreiheit grundsätzlich ermöglicht werden muss. Im deutschen Recht gibt es jedoch keine ausdrücklichen Regeln über grenzüberschreitende Formwechsel. Die §§ 190 ff. UmwG regeln nur inländische Formwechsel, und die neuen Vorgaben der Mobilitätsrichtlinie (vgl. Rn. 15 ff.) sind noch nicht umgesetzt. Nach welchen Regeln ein grenzüberschreitender Formwechsel im deutschen Recht zu vollziehen ist, ist daher umstritten. Wegen der teilweise noch *fehlenden Rechtssicherheit* wird für die Praxis häu-

---

[154] EuGH EuZW 2006, 633 (*Cadbury Schweppes*) Rn. 54.
[155] EuGH NJW 2012, 2715 Rn. 34; vgl. hierzu auch *Böttcher/Kraft* NJW 2012, 2701.
[156] Etwa *Hushahn* RNotZ 2014, 137, 139; *Verse* ZEuP 2013, 458, 478 ff.; *Mörsdorf/Jopen* ZIP 2012, 1398, 1399; *Teichmann* DB 2012, 2085, 2088; *Wicke* DStR 2012, 1756, 1758; *Böttcher/Kraft* NJW 2012, 2701, 2703; wohl auch Münch. Hdb. GesR VI/*Hoffmann*, § 54 Rn. 8; zweifelnd *Drygala* EuZW 2013, 569; a. A. *Bayer/Schmidt* ZIP 2012, 1481, 1486; *Lutter/Bayer/Schmidt* § 7 Rn. 86.

fig davon abgeraten, grenzüberschreitende Formwechsel überhaupt vorzunehmen. Alternativ könnte die Gesellschaft des Wegzugsstaats nach den Regeln der §§ 122a ff. UmwG (vgl. Rn. 63 ff.) auf eine existierende (ggf. als Vorratsgesellschaft erworbene oder neu gegründete) Gesellschaft im Zuzugsstaat verschmolzen werden.[157] Das gesellschaftsrechtliche Ergebnis ist identisch. Unter Umständen sind aber die Transaktionskosten höher (z. B. wegen der erforderlichen Neugründung einer Gesellschaft im Zuzugsstaat bzw. wegen des Kaufs einer Vorratsgesellschaft).

117 In Bezug auf die maßgeblichen Vorschriften im deutschen Recht für die Durchführung eines grenzüberschreitenden Formwechsels sprechen gute Argumente für die *Anwendung der §§ 190 ff. UmwG*, also für die Anwendung der nationalen Vorschriften für innerstaatliche Formwechsel. Jedenfalls deutet die EuGH-Rechtsprechung in diese Richtung. In seinem Urteil „VALE" (vgl. Rn. 27) hat es der EuGH nicht beanstandet, dass der grenzüberschreitende Formwechsel im Grundsatz nach den nationalen Regeln für innerstaatliche Formwechsel beurteilt wurde.[158] Auch viele Stimmen in der Literatur gehen von einer grundsätzlichen Anwendung der §§ 190 ff. UmwG aus.[159] Methodisch wird dies teilweise mit einer analogen Anwendung der Vorschriften des UmwG begründet.[160] Andere stellen auf die kollisionsrechtlichen Figuren der „Anpassung", also einer Adaption des inländischen Rechts an das Auslandsproblem, und der „Substitution", also der Ersetzung der inländischen Rechtsform im Tatbestand der §§ 190 ff. UmwG durch die ausländische Rechtsform, ab.[161] Auch die Rechtsprechung spricht sich für die Anwendung der §§ 190 ff. UmwG aus.[162] Ergänzend soll nach verbreiteter Ansicht in der Literatur auf die Vorschriften zur grenzüberschreitenden Verschmelzung (§§ 122a ff. UmwG) und/oder auf die Sitzverlegungsvorschriften der SE-VO und der SCE-VO (sowie die entsprechenden Normen aus den deutschen Ausführungsgesetzen) zurückgegriffen werden.[163] Die Rechtsprechung tendiert aber wohl dazu, nur §§ 190 ff. UmwG anzuwenden.[164] Die Einzelheiten sind aber noch ungeklärt.

118 Das OLG Nürnberg entschied jedoch, dass der grenzüberschreitende Formwechsel einer luxemburgischen in eine deutsche GmbH allein „unter einer euro-

---

[157] Etwa *Holzborn/Mayston* ZIP 2012, 2380; *Herrler/Schneider* DStR 2009, 2433, 2439.
[158] EuGH NJW 2012, 2715 (*VALE*) Rn. 42 ff.
[159] Münch. Hdb. GesR VI/*Hoffmann*, § 54 Rn. 11; *Verse* ZEuP 2013, 458, 484 ff.; *Kindler* EuZW 2012, 888, 890; *Wicke* DStR 2012, 1756, 1758.
[160] Münch. Hdb. GesR VI/*Hoffmann* § 54 Rn. 11; *Verse* ZEuP 2013, 458, 484 ff.; *Lutter/Bayer/Schmidt* § 59 Rn. 67.
[161] So etwa *Kindler* EuZW 2012, 888, 890.
[162] OLG Nürnberg DNotZ 2014, 150, Rn. 34; OLG Frankfurt NZG 2017, 423; wohl auch OLG Düsseldorf NZG 2017, 1354.
[163] Mit Unterschieden im Detail Münch. Hdb. GesR VI/*Hoffmann* § 54 Rn. 11; *Verse* ZEuP 2013, 458, 484 ff.; *Kindler* EuZW 2012, 888, 890; *Lutter/Bayer/Schmidt* § 59 Rn. 67.
[164] OLG Nürnberg DNotZ 2014, 150 Rn. 34; OLG Frankfurt NZG 2017, 423; OLG Düsseldorf NZG 2017, 1354.

parechtskonformen Anwendung der §§ 190 ff. UmwG" zu behandeln ist. Andere Vorschriften – wie etwa §§ 122a ff. UmwG und/oder die Sitzverlegungsvorschriften der SE-VO bzw. der SCE-VO – zog das OLG Nürnberg nicht heran. Die Einzelheiten sind daher noch ungeklärt.

Die Mobilitätsrichtlinie (vgl. Rn. 15 ff.) gibt zukünftig ein einheitliches Regime für Verschmelzungen, Spaltungen und Formwechsel vor. Die Umsetzung dieser Vorgaben, die bis 2023 zu erfolgen hat, wird daher ähnliche Regelungen für den grenzüberschreitenden Formwechsel bringen, wie sie bereits heute nach § 122a ff. UmwG für grenzüberschreitende Verschmelzungen gelten (vgl. Rn. 166 ff.). 119

B. Außereuropäischer Formwechsel (außereuropäische Satzungssitzverlegung)

Der außereuropäische Formwechsel folgt – wie oben skizziert (vgl. Rn. 55 ff.) – denselben Grundsätzen wie die außereuropäische Verschmelzung und die außereuropäische Spaltung. 120

Nach (wohl noch herrschender) Auffassung gestattet § 1 Abs. 1 UmwG einen grenzüberschreitenden außereuropäischen Formwechsel nicht. Mangels anwendbaren Umwandlungsrechts wird der Gesellschafterbeschluss über die Verlegung des Satzungssitzes einer inländischen Gesellschaft in ein außereuropäisches Ausland nach dieser Ansicht als Auflösungsbeschluss gewertet.[165] Umgekehrt kann auch eine außereuropäische Gesellschaft nicht aufgrund bloßer Satzungssitzverlegung in das deutsche Handelsregister als deutsche Gesellschaft eingetragen werden.[166] 121

Nach anderer Auffassung besagt § 1 Abs. 1 UmwG lediglich, dass die Vorschriften des UmwG nur auf den inländischen Teil des Formwechsels anzuwenden sind. Der ausländische Teil des Umwandlungsvorgangs folgt nach der „Vereinigungstheorie" (vgl. Rn. 45 ff.) dem ausländischen Recht. Ein grenzüberschreitender Formwechsel wäre nach dieser Ansicht nicht *per se* ausgeschlossen. Unter welchen Voraussetzungen ein solcher Vorgang im Einzelnen zulässig wäre und nach welchen Verfahrensvorschriften vorzugehen wäre, ist aber nicht geklärt. 122

Lösung zu Fall 3: a) Der innereuropäische Formwechsel ist nach der EuGH-Rechtsprechung zulässig. Im Urteil „Cartesio" hatte der EuGH bereits in einem *obiter dictum* deutlich gemacht, dass die formwechselnde Sitzverlegung von einem Mitgliedstaat in einen anderen Mitgliedstaat der Niederlassungsfreiheit unterfalle. Im Urteil „VALE" hat der EuGH sodann festgestellt, dass der Zuzugsstaat einen grenzüberschreitenden „Hineinformwechsel" zulassen müsse. Der Formwechsel der Ferran S. L. in eine deutsche GmbH ist also zulässig. Nicht ganz klar ist, nach welchen Regelungen ein solcher grenzüberschreitender Formwechsel in Deutschland zu vollziehen ist. Die deutsche Rechtsprechung

---
[165] Etwa BayObLG BB 2004, 570, 571; OLG Hamm NZG 2001, 562, 563.
[166] Im Überblick Eidenmüller/*Engert* § 4 Rn. 125.

Alexander von Rummel

tendiert dazu, einen solchen Formwechsel die Vorschriften der §§ 190 ff. UmwG über den nationalen Formwechsel anzuwenden.

b) Ferran will eine „isolierte Satzungssitzverlegung" durchführen. Es war lebhaft umstritten, ob das zulässig ist. Klarheit schaffte der EuGH mit dem Urteil „Polbud", in dem er klargestellt hat, dass auch eine isolierte Sazungssitzverlegung zulässig ist.

§ 5 Umwandlungsvorgänge unter Beteiligung von SE oder SCE

Fall 4: Ferran und Tim (Fall 1) finden wieder zueinander und wollen nun doch wieder gemeinsam arbeiten.

a) Ferran empfindet es aber nicht als Zusammenschluss auf Augenhöhe, wenn die Ferran S. L. auf die Tim GmbH verschmolzen wird. Sie haben gehört, dass sie gemeinsam auch eine SE gründen könnten. Können die Ferran S. L. und die Tim GmbH zur „Ferran & Tim SE" verschmolzen werden?

b) Vorausgesetzt, die Ferran & Tim SE existierte als SE mit Sitz in Deutschland: Wie könnte die Ferran & Tim SE in eine deutsche GmbH umgewandelt werden?

123 Grenzüberschreitende Umwandlungsvorgänge sind innerhalb der EU nicht nur zwischen den jeweiligen nationalen Rechtsformen, sondern auch unter Einbindung einer Europäischen Aktiengesellschaft (*Societas Europaea*, „SE") oder einer Europäischen Genossenschaft (*Societas Cooperativa Europaea*, „SCE") möglich. Zum einen können sowohl SE als auch SCE unter anderem durch (grenzüberschreitende) Verschmelzung von Gesellschaften aus verschiedenen Mitgliedstaaten oder durch (ggf. grenzüberschreitenden) Formwechsel gegründet werden. Zum anderen können auch bestehende SE und SCE in andere SE/SCE oder in innerstaatliche Gesellschaften umgewandelt werden.

124 Die grenzüberschreitende Verschmelzung in eine SE bot insbesondere vor der Einführung der §§ 122a ff. UmwG über die innereuropäische Verschmelzung nationaler Kapitalgesellschaften (vgl. Rn. 62 ff.) den *Vorteil der Rechtssicherheit*. Während die Zulässigkeit und Durchführung grenzüberschreitender Verschmelzungen von nationalen Gesellschaften rechtlich unsicher war, bot die SE-VO einen verlässlichen Rahmen für einen grenzüberschreitenden Zusammenschluss. So entstand beispielsweise die Allianz SE im Jahr 2005 durch Verschmelzung der Riunione Adriatica di Sicurtà SA (RAS) und der Allianz AG nicht in erster Linie wegen etwaiger Vorteile der SE als Rechtsform. Ein maßgeblicher Beweggrund für das gewählte Modell war, dass die Verschmelzung in eine SE – im Gegensatz zur auch erwogenen Verschmelzung der RAS auf die Allianz AG – rechtssicher vollzogen werden konnte.[167]

125 Das Argument eines Zusammenschlusses auf rechtssicherer Grundlage hat nach Einführung der §§ 122a ff. UmwG allerdings nur noch geringe Bedeutung. Aktiengesellschaften, die eine SE durch Verschmelzung gründen könnten, steht

---

[167] Münch. Hdb. GesR VI/*Reichert* § 61 Rn. 18 ff. mit zahlreichen Verweisen auf den im Internet veröffentlichten Verschmelzungsbericht.

Alexander von Rummel

mit den §§ 122a ff. UmwG mittlerweile auch ohne Rückgriff auf die supranationalen Rechtsformen ein rechtssicherer Weg des grenzüberschreitenden Zusammenschlusses offen. Die meisten anderen Gesellschaften, die von den §§ 122a ff. UmwG ausgeschlossen sind (insbesondere Personengesellschaften, soweit sie nicht in § 122b Abs. 1 Nr. 2 UmwG erwähnt sind), können auch nicht zur SE oder zur SCE verschmolzen werden. Der Weg über die europäische Rechtsform bietet daher allenfalls noch für Genossenschaften nationalen Rechts zusätzliche Rechtssicherheit. Denn diesen ist die Verschmelzung zur SCE möglich, während eine Verschmelzung über §§ 122a ff. UmwG nach § 122b Abs. 2 Nr. 1 UmwG nicht gestattet ist. Rechtssicherheit kann außerdem hinsichtlich der identitätswahrenden Sitzverlegung erreicht werden, die für die SE auf rechtssicherer Grundlage nach Art. 8 ff. der SE-VO möglich ist. Mit Umsetzung der Mobilitätsrichtlinie wird aber auch dieser Vorteil entfallen.

Heute sind vor diesem Hintergrund insgesamt eher *rechtsformspezifische Beweggründe* leitend dafür, eine grenzüberschreitende Umwandlung unter Einbindung einer SE oder SCE vorzunehmen. So war bei Gründung der Fresenius SE und der MAN B&0x200A>W Diesel SE beispielsweise die Möglichkeit, die Größe des Aufsichtsrats der SE selbst bestimmen zu können, mitentscheidend.[168] Argumente für die Wahl der Rechtsform der SE könnten ferner die flexiblere Wahl der Organisationsverfassung oder die Zulässigkeit von Mitbestimmungsvereinbarungen sein.[169] Hinzu kommt, dass der Zusammenschluss in einer supranationale Rechtsform auch eher einem Zusammenschluss „unter Gleichen" entspricht als beispielsweise die Verschmelzung auf eine der beteiligten Gesellschaften.[170]

126

Grenzüberschreitende Umwandlungen unter Einbindung von SE und SCE behalten daher durchaus praktische Relevanz. Die Rechtsgrundlagen für solche Vorgänge bilden, wie gesehen (vgl. Rn. 9 ff.), die SE-VO mit dem SEAG bzw. die SCE-VO mit dem SCEAG. Nachfolgend werden zunächst Umwandlungen nationaler Gesellschaften bzw. Genossenschaften in eine SE bzw. SCE (vgl. Rn. 128 ff.) und sodann Umwandlungsvorgänge unter Beteiligung bereits bestehender SE bzw. SCE (vgl. Rn. 138 ff.) besprochen.

127

A. Umwandlung nationaler Gesellschaften bzw. Genossenschaften in eine SE oder eine SCE

SE und SCE können durch grenzüberschreitende Umwandlungsvorgänge entstehen. Der grenzüberschreitende Bezug ist sogar notwendig. Es besteht ein *Erfordernis der „Mehrstaatlichkeit"*. Für rein innerstaatliche Sachverhalte stehen

128

---

[168] Münch. Hdb. GesR VI/*Reichert* § 61 Rn. 21.
[169] *Habersack/Verse* § 13 Rn. 4, 7.
[170] MüKoAktG/*Oechsler* Vor Art. 1 SE-VO Rn. 7. Zu den Motiven für die Rechtsformwahl auch Sagasser/Bula/Brünger/*Sagasser/Clasen* § 14 Rn. 8 ff.

Alexander von Rummel

SE und SCE nicht zur Verfügung. Die Gründungsgesellschafter von SE und SCE müssen daher eine Verbindung zu mindestens zwei Mitgliedstaaten vorweisen. Im Einzelnen ergeben sich die Anforderungen an die Mehrstaatlichkeit aus Art. 2 Abs. 1 bis Art. 4 SE-VO und Art. 2 Abs. 1 SCE-VO. Von den verschiedenen SE- und SCE-Gründungsmöglichkeiten ist aus umwandlungsrechtlicher Sicht insbesondere die Gründung einer SE bzw. einer SCE durch Verschmelzung bestehender nationaler Aktiengesellschaften bzw. Genossenschaften (vgl. Rn. 129 ff.) oder durch Formwechsel bestehender nationaler Aktiengesellschaften bzw. Genossenschaften (vgl. Rn. 134 ff.) von Interesse.

I. Grenzüberschreitende Verschmelzung zur SE/SCE

129 Die *Gründung einer SE durch Verschmelzung* ist in Art. 2 Abs. 1, Art. 17 ff. SE-VO sowie §§ 5 ff. SEAG geregelt. Soweit die SE-VO einen Bereich oder Teilbereich nicht regelt, kommen nach Art. 18 SE-VO nationale Verschmelzungsvorschriften ergänzend zur Anwendung.

130 An der Verschmelzung in eine SE müssen danach wegen des Erfordernisses der „Mehrstaatlichkeit" mindestens *zwei Aktiengesellschaften, die nach dem Recht unterschiedlicher Mitgliedstaaten organisiert sind*, beteiligt sein.[171] Die zu gründende SE kann ihren Sitz dann auch in einem dritten Mitgliedstaat haben. Die Verschmelzung zur Gründung einer SE kann nach Art. 17 Abs. 2 SE-VO – wie eine Verschmelzung nach nationalem Recht – durch Aufnahme (mit Formwechsel der aufnehmenden Aktiengesellschaft in eine SE) oder durch Neugründung erfolgen.

131 Das *Verschmelzungsverfahren* ist Art. 17 bis Art. 31 SE-VO zu entnehmen und entspricht weitgehend dem entsprechenden Verfahren des deutschen Rechts für nationale Umwandlungen und der Verordnung über grenzüberschreitende Verschmelzungen (vgl. Rn. 62 ff.). Insbesondere ist nach Art. 20 SE-VO ein gemeinsamer *Verschmelzungsplan* aufzustellen, dessen inhaltliche Anforderungen weitgehend den Vorgaben von § 5 UmwG bzw. § 122c UmwG entsprechen. Der Verschmelzungsplan ist sodann nach Art. 22 SE-VO zu prüfen. Obwohl in der SE-VO nicht ausdrücklich vorgesehen, wird allgemein davon ausgegangen, dass bei Beteiligung deutscher Gesellschaften über Art. 18 SE-VO auch ein *Verschmelzungsbericht* nach § 8 UmwG zu erstellen ist.[172] Nach Art. 23 SE-VO müssen die Hauptversammlungen jeder beteiligten Gesellschaft zustimmen. Mangels Regelung in der SE-VO richten sich Einberufung und Durchführung der Hauptversammlung sowie der Beschluss selbst nach nationalem Recht.

---

[171] Nach Art. 3 Abs. 1 SE-VO gelten bestehende SE für Zwecke der Gründung einer neuen SE als Aktiengesellschaften, so dass auch bestehende SE an der Neugründung einer SE durch Verschmelzung teilhaben können wie nationale Aktiengesellschaften, vgl. hierzu auch Rn. 143 ff.

[172] Sagasser/Bula/Brünger/*Sagasser/Clasen* § 14 Rn. 68; *Spitzbart* RNotZ 2006, 369, 391 m. w. N.

Die anschließende *zweistufige Rechtmäßigkeitskontrolle* nach Art. 25 SE-VO 132
und 26 SE-VO entspricht den Vorgaben der Verordnung über grenzüberschreitende Verschmelzung (vgl. Rn. 76 ff.): Zunächst werden die von jeder beteiligten Gesellschaft zu vollziehenden Schritte kontrolliert und hierüber eine Verschmelzungsbescheinigung erteilt (Art. 25 SE-VO). Sodann werden die die SE betreffenden Verfahrensschritte durch das Register am Sitz der SE unter Vorlage der Verschmelzungsbescheinigungen geprüft. Mit Eintragung der SE wird die Verschmelzung wirksam (Art. 27 Abs. 1 SE-VO).

Die *Gründung einer SCE durch Verschmelzung* ist weitgehend parallel geregelt. Hierfür gelten Art. 2 Abs. 1 und Art. 19 ff. SCE-VO sowie §§ 5 ff. SCEAG. 133
An der Verschmelzung zur SCE müssen mindestens *zwei Genossenschaften unterschiedlichen Rechts* beteiligt sein. Das Verschmelzungsverfahren entspricht weitgehend dem bei einer Verschmelzung zur SE.

II. Grenzüberschreitender Formwechsel zur SE/SCE

Die *Gründung einer SE durch Formwechsel* (in der SE-VO unspezifisch als 134
„Umwandlung" bezeichnet) richtet sich nach Art. 2 Abs. 4, Art. 37 SE-VO und ergänzend nach den Vorschriften der jeweiligen nationalen Rechtsordnung.

Formwechselberechtigt sind nach Art. 2 Abs. 4 SE-VO nur Aktiengesellschaf- 135
ten nationalen Rechts. Um dem *Erfordernis der Mehrstaatlichkeit* zu genügen, muss eine formwechselnde Aktiengesellschaft seit mindestens zwei Jahren eine Tochtergesellschaft haben, die dem Recht eines anderen Mitgliedstaats unterliegt (Art. 2 Abs. 4 SE-VO). Aus Sorge, eine nationale Gesellschaft könne sich anlässlich einer solchen Umwandlung allzu leicht den nationalen Mitbestimmungsregeln entziehen, bestimmt Art. 37 Abs. 3 SE-VO, dass im Rahmen der Umwandlung der Sitz nicht verlegt werden darf.

Das *Formwechselverfahren* gleicht grundsätzlich dem Verschmelzungsver- 136
fahren (vgl. Rn. 131). Es sind zunächst ein *Umwandlungsplan* und ein *Umwandlungsbericht* zu erstellen (Art. 37 Abs. 4 SE-VO) und mindestens einen Monat offenzulegen (Art. 37 Abs. 5 SE-VO). Der Umwandlungsplan wird im Rahmen von Art. 37 SE-VO allerdings nicht geprüft; vielmehr ist nur eine Prüfung der Nettovermögenswerte der Aktiengesellschaft vorgesehen (Art. 37 Abs. 6 SE-VO). Die Hauptversammlung hat den Formwechsel sodann zu beschließen (Art. 37 Abs. 7 SE-VO). Dabei richten sich Einberufung und Durchführung der Versammlung sowie der Beschluss selbst nach nationalem Recht.[173] Mit Eintragung der SE wird der Formwechsel wirksam. Art. 37 Abs. 2 SE-VO betont noch einmal, dass sich die Wirkungen dieser Umwandlung auf einen Formwechsel beschränken, also rechtliche Identität zwischen nationaler Aktiengesellschaft und SE besteht. Bemerkenswert ist, dass bei der Gründung einer

---

[173] Semler/Stengel/*Drinhausen* Einl. C Rn. 54; Habersack/Drinhausen/*Bücker* Art. 37 SE-VO Rn. 54.

SE durch Formwechsel – anders als bei den anderen Gründungswegen – kein weitergehender Minderheiten- und Gläubigerschutz vorgesehen ist. Insbesondere sind daher die §§ 207 ff. UmwG (Barabfindungsangebot) und §§ 204, 22 UmwG (Gläubigerschutz durch Sicherheitsleistung) nicht, auch nicht über Art. 15 Abs. 1 SE-VO anwendbar.[174]

137 Auch die *SCE* kann durch (in der SCE-VO als „Umwandlung" bezeichneten) Formwechsel gegründet werden. Der SCE-Formwechsel richtet sich nach Art. 2 Abs. 1 SCE-VO und Art. 35 SCE-VO. Formwechselberechtigt sind nach Art. 2 Abs. 1 SCE-VO Genossenschaften nationalen Rechts, die mindestens zwei Jahre eine Tochtergesellschaft oder – insoweit abweichend vom SE-Formwechsel – eine Niederlassung haben, die dem Recht eines anderen Mitgliedstaats unterliegt (Art. 2 Abs. 1 SCE-VO). Das Verfahren ist weitgehend vergleichbar zum SE-Formwechsel.

B. Umwandlungsvorgänge unter Beteiligung bestehender SE oder SCE

138 Bestehende SE oder SCE können sowohl aufgrund der SE-VO bzw. der SCE-VO umgewandelt werden (vgl. Rn. 139 ff.) als auch nach dem UmwG (vgl. Rn. 146 ff.).

I. Umwandlung bestehender SE/SCE nach der SE-VO bzw. SCE-VO

139 SE-VO und SCE-VO regeln nur einen kleinen Ausschnitt der zahlreichen denkbaren Umwandlungsvorgänge unter Beteiligung bestehender SE bzw. SCE. Ausdrücklich ist die „Rückumwandlung" bestehender SE/SCE in nationale Aktiengesellschaften bzw. Genossenschaften vorgesehen (vgl. Rn. 140 ff.). Außerdem kann eine bestehende SE bzw. SCE an der Gründung einer neuen SE/SCE durch Verschmelzung teilhaben wie eine nationale Aktiengesellschaft (vgl. Rn. 143 ff.).

1. „Rückumwandlung": Formwechsel bestehender SE/SCE in Aktiengesellschaft/Genossenschaft nationalen Rechts

140 Nach Art. 66 SE-VO kann eine SE in eine dem Recht ihres Sitzstaats unterliegende Aktiengesellschaft umgewandelt werden. Es handelt sich dabei nach Art. 66 Abs. 2 SE-VO in der Sache um einen *Formwechsel*. Das Verfahren entspricht dem umgekehrten Fall des Formwechsels einer nationalen Aktiengesellschaft in eine SE (vgl. Rn. 134 ff.).

141 Der entsprechende Umwandlungsbeschluss darf allerdings erst zwei Jahre nach Eintragung der SE oder nach Genehmigung der ersten beiden Jahresabschlüsse gefasst werden (Art. 66 Abs. 1 S. 2 SE-VO). Zur Durchführung des Formwechsels in eine nationale Aktiengesellschaft sind – wie beim Formwechsel

---

[174] Habersack/Drinhausen/*Brücker* Art. 37 SE-VO Rn. 7 ff.; *Habersack/Verse* § 13 Rn. 24 (h. L.); differenzierend Spindler/Stilz/*Ebersspächer* Art. 37 SE-VO Rn. 5, 20 f.; MüKoAktG/ *Schäfer* Art. 37 SE-VO Rn. 37 ff.

Alexander von Rummel

in eine SE – ein *Umwandlungsplan* und ein *Umwandlungsbericht* zu erstellen (Art. 66 Abs. 3 SE-VO) und mindestens einen Monat lang offenzulegen (Art. 66 Abs. 4 SE-VO). Wie beim Formwechsel in die SE erfolgt nur eine eingeschränkte Sachverständigenprüfung (Art. 66 Abs. 5 SE-VO). Die Hauptversammlung hat nach Art. 66 Abs. 6 SE-VO dem Umwandlungsplan zuzustimmen und die Satzung der Aktiengesellschaft zu genehmigen. Wie beim Formwechsel in eine SE bedarf es einer Dreiviertelmehrheit. Mit der Eintragung und Bekanntmachung im Handelsregister wird der Formwechsel vollzogen.

Für die *SCE* gilt Vergleichbares. Eine bestehende SCE kann nach Art. 76 SCE-VO nach einem ähnlichen Verfahren in eine Genossenschaft nationalen Rechts umgewandelt werden. Auch hier gilt – wie für SE – die zweijährige Sperrfrist.

2. Verschmelzung unter Beteiligung bestehender SE zur Gründung einer (neuen) SE

Eine *SE* kann – wie dargestellt (vgl. Rn. 129 ff.) – unter anderem durch Verschmelzung nationaler Aktiengesellschaften gegründet werden. Nach Art. 3 Abs. 1 SE-VO gilt eine SE als Aktiengesellschaft, die zum Zwecke der Anwendung des Art. 2 Abs. 1 bis Abs. 3 SE-VO dem Recht des Sitzmitgliedstaats unterliegt. Wegen dieser Gleichstellung bestehender SE mit einer Aktiengesellschaft ihres Sitzstaats kann eine bestehende SE also gemeinsam mit Aktiengesellschaften nationalen Rechts oder mit anderen bestehenden SE eine neue SE durch Verschmelzung gründen.

Diskutiert wird, wie weit das *Mehrstaatlichkeitserfordernis* in solchen Fällen reicht. Eigentlich müsste das Mehrstaatlichkeitserfordernis des Art. 2 Abs. 1 SE-VO nämlich auch dann gelten, wenn eine bestehende SE an der Gründung einer neuen SE beteiligt ist, denn die bestehende SE wird ja einer Aktiengesellschaft ihres Sitzstaats gleichgestellt. Danach könnte beispielsweise eine bestehende SE mit Sitz in Deutschland mangels Mehrstaatlichkeit nicht mit einer deutschen Aktiengesellschaft (oder einer anderen SE mit Sitz in Deutschland) zu einer neuen SE verschmolzen werden, sondern nur mit einer Gesellschaft eines anderen Mitgliedstaats. Einige Autoren stellen das in Frage und sprechen sich für eine teleologische Reduktion des Art. 2 Abs. 1 SE-VO bei Beteiligung einer bestehenden SE aus, da der Bezug zu mehreren Mitgliedstaaten bereits durch die Gründungsbeteiligung einer bestehenden SE gegeben sei.[175] Die wohl herrschende Ansicht hält dagegen an dem deutlichen Wortlaut und dem Mehrstaatlichkeitserfordernis auch im Fall der Gründungsbeteiligung einer bestehenden SE fest.[176]

---

[175] Etwa Lutter/Hommelhoff/*Bayer* Art. 3 Rn. 4; Habersack/Drinhausen/*Habersack* Art. 3 SE-VO Rn. 4.
[176] Etwa MüKoAktG/*Oechsler/Mihaylova* Art. 3 SE-VO Rn. 1; Schmitz/Hörtnagl/Stratz/*Hörtnagl* Art. 3 SE-VO Rn. 2; Widmann/Mayer/*Heckschen* Anhang 14 Rn. 522.

Alexander von Rummel

145 In der SCE-VO gibt es (anders als in Art. 3 Abs. 1 SE-VO) dagegen keine Vorschrift, die bestehende *SCE* für Gründungszwecke nationalen Genossenschaften gleichstellt.

II. Umwandlungen bestehender SE/SCE nach dem Umwandlungsgesetz

146 SE-VO und SCE-VO regeln – wie eben gesehen (vgl. Rn. 139 ff.) – nur einen kleinen Teilbereich denkbarer Umwandlungsvorgänge unter Beteiligung bestehender SE oder SCE. In welcher Beziehung diese Vorschriften – insbesondere Art. 66 SE-VO und Art. 76 SCE-VO betreffend die „Rückumwandlung" bestehender SE/SCE in Aktiengesellschaften bzw. Genossenschaften des Sitzstaats – zu den Regelungen des nationalen Umwandlungsrechts stehen, ist Gegenstand lebhafter Diskussion.

147 Teilweise wird bzw. wurde argumentiert, dass Art. 66 SE-VO bzw. Art. 76 SCE-VO die Umwandlungsbeteiligung von SE/SCE abschließend regelten. Andere als die dort vorgesehenen Umwandlungsvorgänge seien also unzulässig.[177] Art. 66 SE-VO und Art. 76 SCE-VO komme mithin eine umfassende *Sperrwirkung* zu Lasten des nationalen Umwandlungsrechts zu. Nach dieser Ansicht könnten SE und SCE nicht an Umwandlungsvorgängen nach dem UmwG beteiligt sein, sondern nur nach den Vorschriften von SE-VO bzw. SCE-VO umgewandelt werden.

148 Andere sprechen Art. 66 SE-VO bzw. Art. 76 SCE-VO zwar keine umfassende Sperrwirkung zu, argumentieren aber, dass diese Vorschriften zumindest (alle) Formwechsel einer SE/SCE abschließend regelten bzw. zumindest den Formwechsel einer SE/SCE in eine Aktiengesellschaft/Genossenschaft.[178]

149 Die heute wohl herrschende Ansicht lehnt dagegen jegliche Sperrwirkung ab. Normzweck der Art. 66 SE-VO und Art. 76 SCE-VO sei lediglich, die „Renationalisierung" von SE/SCE auch dann zu ermöglichen, wenn dies vom nationalen Umwandlungsrecht nicht gestattet ist. Ein weitergehender Regelungswille, also ein „Sperrwille", sei den Verordnungen nicht zu entnehmen.[179] Diese Auffassung überzeugt nicht zuletzt vor dem Hintergrund, dass sich auch eine bestehende SE auf die Niederlassungsfreiheit berufen kann und ihr aus diesem Grund die den nationalen Gesellschaften gewährten Umwandlungsmöglichkeiten auch zustehen müssen.[180] Auch aus praktischer Sicht stellte es einen puren Formalismus dar, wenn eine SE bzw. SCE erst nach den europarechtlichen Vorschriften „renationalisiert" werden müsste, um anschließend sogleich als natio-

---

[177] Etwa MüKoAktG/*Schäfer* Art. 66 SE-VO Rn. 1; *Vossius* ZIP 2005, 741, 748 f.
[178] Etwa Spindler/Stilz/*Eberspächer* Art. 66 SE-VO Rn. 1.
[179] Etwa Widmann/Mayer/*Vossius* § 20 UmwG Rn. 423 ff.; Kölner Komm. AktG/*Kiem* Art. 66 SE-VO Rn. 11; Widmann/Mayer/*Heckschen* Anhang 14 Rn. 520; Lutter/Hommelhoff/*Seibt* Art. 66 SE-VO Rn. 3; *Kossmann/Heinrich* ZIP 2008, 164, 165 f.; Semler/Stengel/*Drinhausen* Einl. C Rn. 55 ff.; Habersack/Drinhausen/*Drinhausen* Art. 66 SE-VO Rn. 7, Rn. 34 ff.
[180] Semler/Stengel/*Drinhausen* Einl. C Rn. 58.

nale Gesellschaft umfassend umwandlungsberechtigt zu sein.[181] Nach Art. 10 SE-VO bzw. nach Art. 9 SCE-VO sind außerdem bestehende SE/SCE wie nationale Aktiengesellschaften bzw. Genossenschaften zu behandeln. Bestehenden SE und SCE stehen daher dieselben Umwandlungsmöglichkeiten zu wie nationalen Aktiengesellschaften bzw. Genossenschaften.

Selbst wenn man davon ausgeht, dass SE und SCE auch nach dem UmwG umgewandelt werden können, ist umstritten, ob – für alle Umwandlungsvorgänge nach dem nationalen Recht oder jedenfalls für den Formwechsel – die materiellen Vorgaben des Art. 66 SE-VO bzw. Art. 76 SCE-VO anzuwenden sind. Dabei geht es insbesondere um die zweijährige *Sperrfrist* des Art. 66 Abs. 1 S. 2 SE-VO bzw. Art. 76 Abs. 1 S. 2 SCE-VO, also um die Frage, ob eine SE/SCE nach nationalem Umwandlungsrecht bereits vor Ablauf dieser Frist umgewandelt werden kann. Eine herrschende Ansicht ist derzeit nicht auszumachen.[182]

150

Im Ergebnis ist aber jedenfalls festzuhalten, dass eine SE mit Sitz in Deutschland – wie eine deutsche AG – an einer (nationalen oder grenzüberschreitenden) Verschmelzung und Spaltung als aufnehmender wie als übertragender Rechtsträger beteiligt sein oder einen Formwechsel unternehmen kann. Allein Umwandlungsvorgänge, die mit einer Neugründung einer SE bzw. SCE verbunden sind, sind dem europäischen Recht und dem in den Verordnungen vorgesehenen *numerus clausus* der Gründungsmöglichkeiten vorbehalten. Die Verschmelzung einer deutschen Aktiengesellschaft mit einer SE zur Neugründung einer SE folgt also nicht dem UmwG, sondern unmittelbar Art. 3 Abs. 1 SE-VO i. V. m. Art. 2 Abs. 1 SE-VO (vgl. Rn. 143 ff.). Soll dagegen die deutsche Aktiengesellschaft auf die bestehende SE verschmolzen werden, ist das UmwG anzuwenden.

151

Lösung zu Fall 4: a) Die Ferran S. L. und die Tim GmbH können nicht zur „Ferran & Tim SE" verschmolzen werden. Nach Art. 2 Abs. 1, Art. 17 ff. SE-VO können nur Aktiengesellschaften im Sinne des Anhangs I zur SE-VO eine SE gründen. Weder die spanische „Sociedad Unipersonal de Responsabilidad Limitada noch die deutsche GmbH zählen hierzu (sondern in Deutschland nur Aktiengesellschaften und in Spanien nur die Sociedad Anónima).

b) Die SE-VO selbst sieht in Art. 66 SE-VO lediglich die „Rückumwandlung" in eine nationale Aktiengesellschaft, nicht aber in eine GmbH vor. Die Ferran & Tim SE könnte aber nach dem §§ 190 ff. UmwG einen Formwechsel in eine deutsche GmbH vollziehen. Die Ferran & Tim SE ist insoweit als deutsche Aktiengesellschaft zu behandeln (Art. 10 SE-VO).

---

[181] Widmann/Mayer/*Heckschen* Anhang 14 Rn. 520.
[182] Gegen die Anwendung der materiellen Vorgaben der Verordnungen auf Umwandlungen nach nationalem Umwandlungsrecht sprechen sich etwa aus Kölner Komm. AktG/*Kiem* Art. 66 SE-VO Rn. 12 f.; Widmann/Mayer/*Heckschen* Anhang 14 Rn. 521.1; dafür plädieren etwa Semler/Stengel/*Drinhausen* Einl. C Rn. 63 (für den Formwechsel); MüKoAktG/*Schäfer* Art. 66 SE-VO Rn. 14 (für alle Umwandlungsvorgänge); Habersack/Drinhausen/*Drinhausen* Art. 66 SE-VO Rn. 42.

Alexander von Rummel

§ 6 Kontrollfragen und Lösungen

Kontrollfragen zu Kapitel 6:

1. Bei Fällen mit Auslandsberührung ist stets zu klären, nach welchem Recht der fragliche Vorgang zu beurteilen ist. Das gilt auch für grenzüberschreitende Umwandlungen. Skizzieren Sie, wie nach deutschem Recht bestimmt wird, welche Rechtsordnungen bei einer grenzüberschreitenden Umwandlung zur Anwendung gelangen.
2. Grenzüberschreitende Umwandlungen sind teilweise in den §§ 122a ff. UmwG geregelt. Welchen Anwendungsbereich haben diese Vorschriften?
3. Eine luxemburgische SARL (Gesellschaft mit beschränkter Haftung) möchte ihren Satzungs- und Verwaltungssitz von Luxemburg nach Deutschland verlegen und zukünftig – unter Wahrung ihrer Identität – als deutsche GmbH organisiert sein. Ist das möglich? Wie ist die Lage, wenn die luxemburgische SARL nur ihren Satzungssitz formwechselnd nach Deutschland verlegen, ihren Verwaltungssitz aber in Luxemburg behalten will?

Lösungen zu Kapitel 6:

1. Grundsätzlich ist für einen Umwandlungsvorgang das Personalstatut der Gesellschaft („Gesellschaftsstatut") maßgeblich. Wesenskern einer grenzüberschreitenden Umwandlung ist, dass unterschiedliche Gesellschaftsstatute am Umwandlungsvorgang beteiligt sind. Um zu klären, welche Rechtsordnung bzw. welche Rechtsordnungen zur Beurteilung eines grenzüberschreitenden Umwandlungsvorgangs berufen ist bzw. sind, sind daher – erstens – die beteiligten Gesellschaftsstatute zu ermitteln und – zweitens – zu klären, welche dieser so bestimmten Rechtsordnungen für welche Fragen des Umwandlungsvorgangs maßgeblich sind.
In Bezug auf die Ermittlung der Gesellschaftsstatute gibt es im deutschen Internationalen Privatrecht keine geschriebenen Regeln. Im Ergebnis gilt ein gespaltenes Internationales Gesellschaftsrecht: Gewohnheitsrechtlich gilt grundsätzlich die „Sitztheorie". Danach ist das Recht desjenigen Staates anzuwenden, in dem die Gesellschaft ihren tatsächlichen Sitz (Verwaltungssitz) hat. Gesellschaften ausländischer Rechtsform mit Verwaltungssitz in Deutschland unterliegen danach dem deutschen Recht. Nach deutschem Recht sind solche Gesellschaften aber nicht wirksam gegründet, weil die Gründungsvoraussetzungen und der Gründungsablauf des deutschen Rechts regelmäßig nicht eingehalten sind. Aus Sicht des deutschen Rechts bestehen sie daher nicht als Gesellschaft. In einer Reihe von Urteilen – insbesondere den Urteilen „Centros", „Überseering" und „Inspire Art" – hat der EuGH jedoch festgehalten, dass dies innerhalb Europas der Niederlassungsfreiheit nach Art. 49, 54 AEUV widerspreche. Aus einer Gesamtschau der Recht-

sprechung des EuGH schließt man daher, dass innerhalb des Anwendungsbereichs der Niederlassungsfreiheit der „Gründungstheorie" zu folgen ist. Danach ist das Recht desjenigen Staates anzuwenden, nach dessen Regeln die Gesellschaft gegründet worden ist. Eine Gesellschaft, die nach dem Recht eines EU-Mitgliedstaats wirksam gegründet worden ist, ist daher als solche auch aus Sicht des deutschen Rechts anzuerkennen.

Treffen danach im Rahmen eines grenzüberschreitenden Umwandlungsvorgangs verschiedene Gesellschaftsstatute aufeinander, ist nach herrschender Ansicht die sog. „Vereinigungstheorie" anzuwenden. Danach ergeben sich die Regeln einer grenzüberschreitenden Umwandlung grundsätzlich für jede der beteiligten Gesellschaften aus ihrem jeweiligen Gesellschaftsstatut. Es soll aber kein uneingeschränktes Nebeneinander zwischen den verschiedenen Rechtsordnungen gelten, sondern ein ausdifferenziertes Zusammenspiel, bei dem sich in der Regel das jeweils strengere Recht durchsetzt. Man unterscheidet dabei häufig zwischen Voraussetzungen, Verfahren und Wirkung eines Umwandlungsvorgangs und unterstellt einzelne Fragen dieser Gruppen den verschiedenen betroffenen Rechtsordnungen.

2. Die §§ 122a ff. UmwG regeln die innereuropäische Verschmelzung einer deutschen Kapitalgesellschaft oder Personenhandelsgesellschaft mit in der Regel nicht mehr als 500 Arbeitnehmern (vgl. § 122b Abs. 1 UmwG). Die genannten Personenhandelsgesellschaften können solche Verschmelzungen aber nur als übernehmende oder neue Gesellschaften durchführen. Nicht von den §§ 122a ff. UmwG umfasst sind alle außereuropäischen Umwandlungsvorgänge sowie innerhalb Europas andere Vorgänge als Verschmelzungen sowie alle Umwandlungsvorgänge unter Beteiligung von anderen als den in § 122b Abs. 1 UmwG genannten Gesellschaften.

3. Der Grundfall ist den Beschlüssen des OLG Nürnberg vom 13.2.2012 (WM 2013, 993) bzw. vom 19.6.2013 (DNotZ 2014, 150) nachgebildet. Es geht um einen grenzüberschreitenden Formwechsel. Früher argumentierte man, solche Vorgänge seien nach deutschem Recht nicht möglich. Nach § 1 Abs. 1 UmwG müssten alle am Umwandlungsvorgang beteiligten Rechtsträger ihren Sitz in Deutschland haben (vgl. OLG Nürnberg, WM 2013, 993). Mit einem obiter dictum im Urteil „Cartesio" sowie mit dem Urteil „VALE" hat der EuGH aber deutlich gemacht, dass die Möglichkeit des innereuropäischen grenzüberschreitenden Formwechsels der Niederlassungsfreiheit unterfalle. Der hier erwogene grenzüberschreitende Formwechsel ist daher zulässig und möglich (vgl. OLG Nürnberg, DNotZ 2014, 150). Soll nur der Satzungssitz von Luxemburg nach Deutschland verlegt werden, der Verwaltungssitz aber in Luxemburg verbleiben, spricht man von einer „isolierten Satzungssitzverlegung", deren Zulässigkeit lebhaft umstritten war. Der EuGH ist im Urteil „Polbud" entschieden, dass auch die isolierte Satzungssitzverlegung der Niederlassungsfreiheit unterfällt und daher zulässig sein muss.

Alexander von Rummel

Inhaltsverzeichnis Kapitel 7

Kapitel 7. Rechtsschutzmöglichkeiten bei Umwandlungsvorgängen ...	323
§ 1 Einleitung	323
§ 2 Klagen gegen die Wirksamkeit des Umwandlungsbeschlusses	323
A. Einführung	324
B. Gang des Verfahrens	325
I. Klagevoraussetzungen	325
1. Zulässigkeitsvoraussetzungen	325
a) Örtlich und sachlich zuständiges Gericht	325
b) Antragsberechtigte, Anspruchsgegner und Nebenintervention	325
c) Ordnungsmäßige Klageerhebung und Streitwertfestlegung	328
2. Begründetheitvoraussetzungen	328
a) Formelle oder materiell-rechtliche Beschlussmängel	328
b) Fristerfordernisse	329
3. Ausschluss der Klage	331
II. Klageauswirkungen	331
III. Beendigung des Verfahrens, Rechtsmittel und Rechtskraftwirkung	332
§ 3 Freigabeverfahren	333
A. Einführung	334
B. Gang des Freigabeverfahrens	334
I. Zuständiges Gericht und Bindung des Registerrichters ...	334
II. Materiell-rechtliche Voraussetzungen	335
1. Unzulässige oder offensichtliche unbegründete Klage ..	336
2. Halten eines anteiligen Mindestbetrages von 1.000 EUR am Rechtsträger	336
3. Vorrangiges Vollzugsinteresse an der Eintragung	337
III. Rechtsfolgen und Schadensersatzanspruch	338
§ 4 Spruchverfahren	339
A. Einführung	339
B. Anwendbarkeit des Spruchverfahrensgesetzes auf Umwandlungsmaßnahmen	340

Julia Redenius-Hövermann

C. Gang des Spruchverfahrens 342
　I. Zuständiges Gericht 342
　　　1. Sachliche und örtliche Zuständigkeit 342
　　　2. Internationale Zuständigkeit 344
　II. Antragsberechtigte, Antragsgegner und gemeinsamer
　　　Vertreter 344
　　　1. Antragsberechtigte 344
　　　　　a) Antragsberechtigte Anteilsinhaber 344
　　　　　b) Zeitpunkt der Anteilsberechtigung 345
　　　　　c) Nachweis der Antragsberechtigung 346
　　　2. Antragsgegner 346
　　　3. Gemeinsamer Vertreter 347
　　　　　a) Gemeinsamer Vertreter gem. § 6 SpruchG 347
　　　　　b) Gemeinsamer Vertreter gem. § 6a und b SpruchG .. 350
　　　　　c) Gemeinsamer Vertreter gem. § 6c SpruchG 351
　III. Verfahrensabschnitte im Spruchverfahren 352
　　　1. Antragstellung 352
　　　2. Erwiderung des Antragsgegners, Replik
　　　　der Antragsteller und Stellungnahme
　　　　des gemeinsamen Vertreters 355
　　　　　a) Erwiderung des Antragsgegners 355
　　　　　b) Replik der Antragsteller und die Stellungnahme
　　　　　　des gemeinsamen Vertreters 356
　　　3. Mündliche Verhandlung 357
　　　　　a) Grundsätze 357
　　　　　b) Vorbereitende Maßnahmen 358
　　　　　c) Rolle des sachverständigen Prüfers 358
　　　4. Beendigung des Verfahrens durch gerichtliche
　　　　Entscheidung oder Vergleich 359
　　　　　a) Beendigung durch gerichtliche Entscheidung 359
　　　　　b) Rechtsmittel gegen die gerichtliche Entscheidung .. 360
　　　　　c) Beendigung durch Vergleich 366
　　　　　d) Sonstige Verfahrensbeendigung 367
　　　　　e) Leistungsklage 368
　　　　　f) Gerichtliche und außergerichtliche Kosten 369
§ 5 Schadensersatzanspruch 369
　A. Einführung 369
　B. Anspruchsberechtige, besonderer Vertreter
　　und Anspruchsgegner 370
　　I. Anspruchsberechtigte und besonderer Vertreter 370
　　　1. Übertragender Rechtsträger, Anteilsinhaber
　　　　und Gläubiger des übertragenden Rechtsträgers
　　　　als Anspruchsberechtigte 370

	2. Geltendmachung des Anspruchs durch einen besonderen Vertreter	370
II.	Anspruchsgegner	373
C.	Anspruchsvoraussetzungen	374

§ 6 Sicherheitsleistung 374
§ 7 Kontrollfragen und Lösungen 375

Kapitel 7

Rechtsschutzmöglichkeiten bei Umwandlungsvorgängen

§ 1 Einleitung

Dieses Kapitel befasst sich mit den Möglichkeiten[1], die den am Umwandlungsvorgang beteiligten Parteien zur rechtlichen Absicherung zur Verfügung stehen.[2]

Die Anteilseigner können gegen die Wirksamkeit des Umwandlungsbeschlusses bzw. bei mangelnden Umwandlungsbeschlüssen klagen; bei Kapitalgesellschaften im Wege von Anfechtungs- und Nichtigkeitsklage, bei Personengesellschaften durch Feststellungsklage (vgl. Rn. 7 ff.).

Das Freigabe-/Unbedenklichkeitsverfahren ermöglicht eine Umwandlungsmaßnahme trotz schwebenden Anfechtungs-, Nichtigkeits- oder Feststellungsverfahrens in das Handelsregister einzutragen; es dient somit dem Schutz der Rechtsträger (vgl. Rn. 47 ff.).[3]

Das Spruchverfahren bildet den Schwerpunkt dieses Abschnittes. Anfechtungsprozesse werden durch dieses Verfahren entschärft, indem die gerichtliche Nachprüfung der Kompensation nur in diesem Wege ermöglicht wird (vgl. Rn. 65 ff.).[4]

Im Rahmen einer Umwandlung können Schadensersatzansprüche der Anteilsinhaber und Gläubiger gegen die Organmitglieder entstehen (vgl. Rn. 164 ff.).

Als Rechtsschutz für die Gläubiger hält das UmwG noch die Sicherheitsleistung bereit (vgl. Rn. 182 ff.).

§ 2 Klagen gegen die Wirksamkeit des Umwandlungsbeschlusses

Grundfall: Die T-AG mit Sitz in Darmstadt (Hessen), soll auf die K-AG, mit Sitz in Wolfsburg (Niedersachsen) zum 1.12.2019 verschmolzen werden.

---

[1] Daraus folgt, dass im Rahmen dieser Klageverfahren immer nur auf umwandlungsspezifische Regelungen eingegangen wird. Die aktienrechtlichen Problemstellungen bleiben hier unbesprochen.
[2] Ausführlich zum Freigabeverfahren *Nietsch* S. 15 ff.
[3] Bayer/Habersack/*Raiser* Kap. 14 Rn. 64 ff.
[4] Beide Klagen können bei der AG wie bei der GmbH auch im Wege eines Schiedsgerichtsverfahrens durchgesetzt werden, wenn eine wirksame Schiedsgerichtsvereinbarung vorliegt. Zu deren Voraussetzungen Großkomm. AktG/*K. Schmidt* § 246 Rn. 114 ff.

Julia Redenius-Hövermann

Fall 1: Die Hauptversammlung der T-AG wird am 15.11.2019 einberufen. Auf der Tagesordnung wird die Verschmelzung als Gegenstand der Beschlussfassung nicht angekündigt. In der Hauptversammlung stimmen 90 % der Aktionäre für den Beschluss. A hat am 28.12.2019 den Beschluss durch Einreichung einer Klage beim AG Darmstadt angefochten. Ist die Klage begründet?

A. Einführung

7 Den Anteilsinhabern der an einer Umwandlung beteiligten Rechtsträger gewähren *Anfechtungs- und Nichtigkeitsklage*[5] (für Kapitalgesellschaften) bzw. *Feststellungsklage*[6] (für Personengesellschaften) Rechtsschutz.

8 Zentrale Normen sind §§ 14[7], 195[8] UmwG. Sie umfassen alle Klagearten, mit denen Anteilsinhaber oder Organmitglieder gegen die Wirksamkeit des Umwandlungsbeschlusses bzw. gegen mangelhafte, d. h. unrichtige oder unvollständige Umwandlungsbeschlüsse vorgehen können. Die Gründe für eine Unwirksamkeit oder Mangelhaftigkeit des Umwandlungsbeschlusses nennt das UmwG nicht; diese ergeben sich aus den für den jeweiligen Rechtsträger geltenden Vorschriften. Je nach Schwere des Mangels ist der Beschluss bei Kapitalgesellschaften nichtig (§ 241 AktG) oder anfechtbar (§ 246 AktG), entsprechend muss eine Anfechtungs- bzw. Nichtigkeitsklage angestrebt werden.[9] Anteilseigner von Personengesellschaften steht die Feststellungklage zur Verfügung (§ 256 ZPO), hier sind fehlerhafte Beschlüsse immer nichtig.[10]

9 Nicht erfasst von §§ 14, 195 UmwG sind Klagen *außenstehender Dritter*, wie Arbeitnehmer oder Gläubiger. Diese können, sofern sie ein besonderes rechtliches Interesse nachweisen, den Umwandlungsbeschluss im Wege der Feststellungsklage nach § 256 ZPO für nichtig erklären lassen.[11]

10 Von §§ 14, 195 UmwG ebenfalls nicht erfasst, sind Klagen gegen Beschlüsse, die zwar inhaltlich im Zusammenhang mit der Umwandlung stehen, diese aber nur mittelbar betreffen oder keine Umwandlungsbeschlüsse i. S. d. § 13 UmwG sind.[12] Als Beispiel sei eine Kapitalerhöhung genannt, mit der der übernehmende Rechtsträger die den Anteilsinhabern des übertragenden Rechtsträgers zu gewährenden Anteile beschaffen will (vgl. Kap. 2 Rn. 153 ff.).[13] Hier gelten die allgemeinen Vorschriften zur Anfechtungs- bzw. Nichtigkeitsklage gem. §§ 246 ff. AktG.

---

[5] RGZ 122, 266, 269; BGHZ 48, 175, 177.
[6] Auch die Feststellungsklage ist schiedsfähig, Großkomm. AktG/*K. Schmidt* § 246 Rn. 127.
[7] Für die Verschmelzung, für die Spaltung gem. § 125 UmwG, für die Vermögensübertragung gem. §§ 176, 178 UmwG.
[8] Für den Formwechsel.
[9] Lutter/*Drygala* § 13 Rn. 60; Kölner Komm. UmwG/*Simon* § 8 Rn. 79.
[10] BGHZ 59, 369, 372; Lutter/*Drygala* § 13 Rn. 61.
[11] K. Schmidt/Lutter/*Schwab* § 246 Rn. 35 ff.
[12] Kallmeyer/*Marsch-Barner* § 14 Rn. 8; Kallmeyer/*Zimmermann* § 13 Rn. 12.
[13] Kölner Komm. UmwG/*Simon* § 14 Rn. 18.

Nachfolgend werden nur die Klagen dargestellt, die von §§ 14, 195 UmwG   11
erfasst sind.

> **Hinweis:** Für Klagen gegen die Wirksamkeit des Umwandlungsbeschlusses bzw. gegen mangelhafte Umwandlungsbeschlüsse stehen bei Kapitalgesellschaften die Anfechtungs- oder Nichtigkeitsklage, bei Personengesellschaften die Feststellungsklage zur Verfügung.

B. Gang des Verfahrens

I. Klagevoraussetzungen

1. Zulässigkeitsvoraussetzungen

a) Örtlich und sachlich zuständiges Gericht

Bei *Anfechtungs- oder Nichtigkeitsklagen* ist das *Landgericht*, in dessen Bezirk   12
der Rechtsträger bei Klageerhebung seinen Sitz hat, sachlich und örtlich zuständig. Die Bundesländer können die Zuständigkeit bei einem oder mehreren Landgerichten konzentrieren, um Expertise bzw. Erfahrungsschatz zu bündeln; eine Möglichkeit, die Baden-Württemberg, Bayern, Hessen, Mecklenburg-Vorpommern, Niedersachsen und Sachsen nutzen.[14]

Funktionell weist das Gesetz die Zuständigkeit der *Kammer für Handels-*   13
sachen zu, sollte eine solche eingerichtet sein (§§ 246 Abs. 3 S. 2, 249 Abs. 1 AktG). Andernfalls ist die Kammer für Zivilsachen zuständig.

Die örtliche und funktionelle Zuständigkeit bezüglich der *Feststellungsklage*   14
regeln die §§ 253 ff. ZPO: Grundsätzlich[15] zuständig ist das Landgericht, in dessen Bezirk der beklagte Rechtsträger bei Klageerhebung seinen Sitz hat. Hat es eine Kammer für Handelssachen eingerichtet, ist diese auf Antrag gem. § 96 Abs. 1 GVG zuständig.[16]

b) Antragsberechtigte, Anspruchsgegner und Nebenintervention

Die *Klagebefugnis* richtet sich bei der Anfechtungs- und Nichtigkeitsklage[17]   15
nach § 245 AktG. Danach sind Aktionäre, der Vorstand, Mitglieder des Vorstands und des Aufsichtsrats unter bestimmten Voraussetzungen klagebefugt.

Klagebefugt ist zunächst jeder Aktionär. Gem. § 245 AktG wird differenziert,   16
ob der Aktionär in der Hauptversammlung erschienen ist oder nicht. War er

---

[14] Henssler/Strohn/*Drescher* § 246 AktG Rn. 34 m. w. N. zu den einzelnen zuständigen Landgerichten in den jeweiligen Bundesländern.
[15] Bei Umwandlungsvorgängen ist davon auszugehen, dass der Streitwert über 5.000 EUR liegt. Zuständig ist folglich das LG, § 71 Abs. 1 GVG.
[16] Saenger/*Saenger* Vor § 253 Rn. 1.
[17] § 245 AktG gilt entsprechend für die Nichtigkeitsklage gem. § 249 AktG, vgl. Henssler/Strohn/*Drescher* § 249 AktG Rn. 5.

(oder sein Vertreter) in der Hauptversammlung anwesend, bereits vor der Bekanntmachung der Tagesordnung Aktionär und hat seinen Widerspruch gegen den Beschluss zur Niederschrift erklärt, ist er anfechtungsbefugt. Gleiches gilt, wenn sein Nichterscheinen in der Hauptversammlung darauf beruht, dass er zu Unrecht nicht zugelassen wurde, die Hauptversammlung nicht ordnungsgemäß einberufen oder der Gegenstand der Beschlussfassung nicht ordnungsgemäß bekanntgemacht wurde (§ 245 Nr. 1, Nr. 2 AktG). Zudem gestattet § 245 Nr. 3 AktG jedem Aktionär den Beschluss anzufechten, wenn ein Fall des § 243 Abs. 2 AktG (Erlangung von Sondervorteilen) vorliegt.[18] In jedem Fall muss der Kläger bei Klageerhebung und im Zeitpunkt der letzten mündlichen Verhandlung Anteilsinhaber des beteiligten Rechtsträgers sein.[19]

17 Der Vorstand als Kollegialorgan ist zur Klage verpflichtet, wenn gem. § 245 Nr. 4 AktG der Gesellschaft ein Schaden droht, sollte der strittige Beschluss nicht angefochten werden.[20] Der Aufsichtsrat als Organ ist dagegen nicht klagebefugt.

18 Die einzelnen Mitglieder des Vorstands oder des Aufsichtsrates sind klagebefugt, wenn durch die Ausführung des Beschlusses eine strafbare Handlung oder Ordnungwidrigkeit verwirklicht oder eine Schadensersatzpflicht begründet wird.[21] Entscheidend für die Klagebefugnis ist, ob der Kläger zum Zeitpunkt der Klageerhebung, nicht aber der Beschlussfassung, Organmitglied war.[22]

19 Für die GmbH gelten die Einschränkungen des § 245 Nr. 1 bis Nr. 3 AktG nicht. Somit ist jeder Gesellschafter, der diese Stellung bei Beschlussfassung und Klageerhebung nachweisen kann[23], klagebefugt. Der Geschäftsführer, der nicht Gesellschafter ist, sowie der Aufsichtsrat und seine einzelnen Mitglieder sind nach h. M. nicht klagebefugt.[24]

20 Eine Feststellungsklage kann jeder Gesellschafter anstrengen, der ein schutzwürdiges Interesse[25] an der Feststellung der Nichtigkeit des Umwandlungsbeschlusses nachweist (§ 256 ZPO). Feststellungsklagen außenstehender Dritter, z. B. von Gläubigern oder Klägern, die ihre Aktionärs- oder Gesellschafterstellung verloren haben, werden von § 14 Abs. 1 UmwG nicht erfasst.[26] Die Antragsberechtigung bei der Feststellungsklage setzt voraus, dass der Kläger ein rechtliches Interesse nachweisen kann.[27]

---

[18] *Langenbucher* § 6 Rn. 287.
[19] Semler/Stengel/*Gehling* § 14 Rn. 6.
[20] K. Schmidt/Lutter/*Schwab* § 245 Rn. 30.
[21] MüKoAktG/*Hüffer/Schäfer* § 245 Rn. 72 ff.; K. Schmidt/Lutter/*Schwab* § 245 Rn. 34 f.
[22] MüKoAkt/*Hüffer/Schäfer* § 245 Rn. 73; K. Schmidt/Lutter/*Schwab* § 245 Rn. 35.
[23] Bei Veräußerung der Gesellschaftsanteile geht die Klagebefugnis auf den oder die Erwerber über. § 16 GmbHG ist für die Gesellschafterstellung maßgebend. Ausführlich hierzu Henssler/Strohn/*Drescher* § 245 AktG Rn. 20.
[24] BGHZ 76, 139; Henssler/Strohn/*Drescher* § 245 AktG Rn. 22; a. A. *Fleischer* GmbHR 2008, 673, 677.
[25] Ausführlich *Nietsch* S. 110 ff.
[26] Lutter/*Decher* § 14 Rn. 7; Kallmeyer/*Marsch-Barner* § 14 Rn. 9.
[27] MüKoZPO/*Becker-Eberhard* § 256 Rn. 35 ff.

Kann die Beklagte dem Kläger rechtsmissbräuchliches Verhalten nachweisen,[28] gilt die Anfechtungsklage als unbegründet, die Nichtigkeitsklage als unzulässig.[29]

Bei *Kapitalgesellschaften* ist *Anspruchsgegner* im Rahmen der Anfechtungs- oder Nichtigkeitsklage die Gesellschaft, deren Hauptversammlung den strittigen Beschluss gefasst hat. Bei einer Umwandlung ist die Klage gegen die bisherige Gesellschaft zu richten, sofern diese fortbesteht.[30] Andernfalls ist gegen die übernehmende Gesellschaft zu klagen (§§ 28, 36 Abs. 1 UmwG).[31] Wurde die bisherige Gesellschaft auf mehrere neue Rechtsträger aufgespalten und ist gleichzeitig erloschen, so ist die Klage gegen alle neuen Gesellschaften zu richten.[32] Bei einem Formwechsel richtet sich die Klage gegen die Gesellschaft neuer Rechtsform.[33] Die Gesellschaft wird durch ihre Vertretungs- und ggf. Aufsichtsorgane vertreten. Erheben Vorstand oder Aufsichtsrat die Klage, wird die Gesellschaft vom jeweils anderen Organ vertreten. Klagen beide Organe gemeinschaftlich, muss das Prozessgericht bei AG und KGaA einen Prozessvertreter bestellen. Die Hauptversammlung kann einen besonderen Vertreter gem. § 147 AktG bestellen, der den Prozesspfleger ablöst.[34] Die GmbH wird vom Geschäftsführer vertreten. Bei Klagen des Gesellschafter-Geschäftsführers muss ein besonderer Vertreter und ggf. ein Prozesspfleger bestellt werden, denn auch der obligatorische Aufsichtsrat kann die GmbH nicht vertreten.[35]

Bei *Personengesellschaften* richtet sich die Feststellungsklage gegen die Gesellschafter, die der beantragten Feststellung des Beschlussmangels widersprechen.[36] Allerdings kann im Gesellschaftsvertrag abweichend von der gesetzlichen Regelung festgelegt werden, dass Klagen gegenüber der Gesellschaft zu erfolgen haben.[37]

Aktionäre, Gesellschafter[38] und Gesellschaftsorgane sind *beitrittsbefugt*, da sie ein rechtliches Interesse am Ausgang des Verfahrens i. S. d. § 66 Abs. 1 ZPO aufgrund der *inter omnes*-Wirkung der Entscheidung des Gerichts haben. Das gilt ausnahmsweise auch für Dritte.[39] Eine Anfechtungsbefugnis gem. § 245

---

[28] *Langenbucher* § 6 Rn. 306 m. w. N. und Beispielen von rechtsmissbräuchlichem Verhalten.
[29] BGHZ 107, 296 zur Anfechtungsklage; OLG Stuttgart zur Nichtigkeitsklage, NJW-RR 2001, 970; zweifelnd Henssler/Strohn/*Drescher* § 245 AktG Rn. 18.
[30] Z. B. im Rahmen einer Spaltung.
[31] Semler/Stengel/*Bärwaldt* § 36 Rn. 5; Lutter/*Grunewald* § 28 Rn. 6.
[32] Henssler/Strohn/*Drescher* § 246 AktG Rn. 12; MüKoAktG/*Hüffer* § 246 Rn. 52.
[33] Henssler/Strohn/*Drescher* § 246 AktG Rn. 12, § 249 AktG Rn. 8.
[34] OLG Hamburg NZG 2003, 478.
[35] Henssler/Strohn/*Drescher* § 246 AktG Rn. 17.
[36] BGHZ 91, 132; vgl. MüKoBGB/*Ulmer* § 709 Rn. 113.
[37] BGHZ 85, 350, 353.
[38] Bei der GmbH bestehen gegenüber der AG keine Besonderheiten hinsichtlich der Rechtsstellung der Nebenintervenienten, BGH NJW 2008, 1889.
[39] Großkomm. AktG/*K. Schmidt* § 246 Rn. 43. Eine solche Ausnahme kann bzw. bejaht werden, wenn sich der Ausgang des Verfahrens unmittelbar auf die Wirksamkeit von Umwandlungsverträgern auswirkt, vgl. *Austmann* ZHR 158 (1994), 495, 502 f.

AktG muss für die Nebenintervention nicht vorliegen. Hier wird das rechtliche Gehör durch die Beitrittsmöglichkeit gewahrt.[40] Sowohl auf Seiten des Klägers als auch der Beklagten kommt eine Nebenintervention in Betracht. Hervorzuheben ist, dass nach h. M. der Vorstand als Organ nur auf Seiten des Klägers, nicht aber auf der Seite der Gesellschaft beitreten kann.[41] Der Beitritt auf Klägerseite von Mitgliedern des Vorstands oder des Aufsichtsrates bzw. des Vorstands führt dazu, dass die Gesellschaft nur noch von dem jeweils anderen Organ oder einem besonderen Vertreter vertreten wird, da die Organ(mitglieder) nicht auf beiden Seiten am Verfahren teilnehmen können.[42] Die streitgenössischen Nebenintervenienten müssen ihren Beitritt durch Einreichen eines Schriftsatzes mit entsprechendem Antrag sowie Nennung der Partei bzw. Klage, der sie beitreten, beim zuständigen Gericht gem. § 70 Abs. 1 S. 1 ZPO erklären.

c) Ordnungsmäßige Klageerhebung und Streitwertfestlegung

25   Die Zulässigkeit der verschiedenen Klageverfahren setzt auch die ordnungsmäßige *Klageerhebung* gem. § 253 ZPO voraus, wonach die Klage durch Zustellung der Klageschrift erfolgt. Die Klageschrift muss zumindest die Parteien und das zuständige Gericht bezeichnen sowie den Gegenstand der Klage und den Grund des erhobenen Anspruchs konkretisieren. In ihr muss zudem ein bestimmter Antrag gestellt, der Wert des Streitgegenstandes beziffert und angegeben werden, ob ggf. ein Einzelrichter über die Angelegenheit entscheiden kann.

26   Gem. § 247 AktG entscheidet das Prozessgericht bei Anfechtungs- und Nichtigkeitsklagen über den *Streitwert*.[43] Es muss auf einen Interessenausgleich zwischen Kläger und Beklagter achten und sowohl prohibitiv hohe als auch zu niedrige Kosten vermeiden, damit weder dem Kläger die Möglichkeit der Klageerhebung verwehrt noch ein Anreiz zu missbräuchlichen Klageerhebungen geschaffen wird.[44] Bei Feststellungsklagen entscheidet das Gericht gem. § 3 ZPO über den Streitwert.[45]

2. Begründetheitsvoraussetzungen

a) Formelle oder materiell-rechtliche Beschlussmängel

27   Die Klage ist berechtigt, wenn der Umwandlungsbeschluss aufgrund von Verfahrensmängeln oder inhaltlich gegen Gesetze, den Gesellschaftsvertrag oder

---

[40] BVerfGE 60, 7; BGHZ 172, 136.
[41] Henssler/Strohn/*Drescher* § 246 AktG Rn. 20; MüKoAktG/*Hüffer/Schäfer* § 246 Rn. 9; a. A. *Austmann* ZHR 158 (1994), 495, 500.
[42] Spindler/Stilz/*Dörr* § 246 Rn. 34.
[43] Bzgl. der Höchstwerte siehe § 247 Abs. 1 S. 2 AktG, ausführlich K. Schmidt/Lutter/*Schwab* § 247 Rn. 14 ff.
[44] *Langenbucher* § 6 Rn. 303.
[45] Saenger/*Bendtsen* § 3 Rn. 15.

die Satzung verstößt.⁴⁶ Darüber hinaus dürfen die gerügten Rechtsverletzungen weder der Beschlusskontrolle durch eine Wirksamkeitsklage entzogen sein noch Gründe vorliegen, die den Verweis auf das Spruchverfahren zur Folge haben (§§ 14 Abs. 2, 32 UmwG) (vgl. Rn. 65 ff.).

Formelle Mängel betreffen die Verletzung des Beschlussverfahrens und rühren bei Umwandlungen aus drei Fehlerquellen.⁴⁷ Mangelhaft sein können 28
- die vorbereitenden Unterlagen, also Umwandlungsvertrag, -bericht und Prüfungsbericht (z. B. §§ 5, 8, 12, 36, 41, 45b, 46, 122e, 122f UmwG);
- deren Veröffentlichung, Auslegung und Übersendung (z. B. §§ 42, 47, 49, 61, 63, 82, 101, 122d UmwG);
- die Ladung zur sowie die Durchführung der Versammlung. Diese sind nicht im UmwG, sondern in den Vorschriften zur jeweiligen Rechtsform der Rechtsträger geregelt (z. B. §§ 136 ff. AktG).

Materiell-rechtliche Beschlussmängel liegen vor, wenn der Inhalt des Umwandlungsbeschlusses gesetzes- oder satzungswidrig ist.⁴⁸ Als Beispiele⁴⁹ seien genannt: 29
- Beteiligung eines Rechtsträgers an der Umwandlung, der nach UmwG nicht umwandlungsfähig ist⁵⁰;
- Verstoß gegen die guten Sitten, den Gleichbehandlungsgrundsatz oder die Treuepflicht.⁵¹

Verstöße gegen Satzung oder Gesellschaftsvertrag werden bei Umwandlung selten vorkommen, da die wenigsten Satzungen/Gesellschaftsverträge hierauf eingehen.⁵² 30

b) Fristerfordernisse

Gem. §§ 14 Abs. 1, 195 UmwG beträgt die Klageerhebungsfrist einen Monat nach Beschlussfassung des angegriffenen Umwandlungsbeschlusses.⁵³ Diese Frist ist zwingend und kann weder durch Gesellschaftsvertrag noch Vereinbarung der Prozessparteien geändert werden. Aufgrund des materiell-rechtlichen Charakters dieser Monatsfrist sind die Fristenvorschriften der ZPO hinsichtlich der Feststellungsklage nicht anwendbar.⁵⁴ Eine Klage, die nach der Monatsfrist 31

---
⁴⁶ Siehe auch die Beschränkung der Anfechtbarkeit gem. § 243 Abs. 4 S. 1 AktG bei irrelevanten Informationspflichtverletzungen.
⁴⁷ Lutter/*Drygala* § 13 Rn. 49 ff.; siehe zu weiteren Beispielen Semler/Stengel/*Gehling* § 14 Rn. 8 f.
⁴⁸ Semler/Stengel/*Gehling* § 14 Rn. 11; Kallmeyer/*Marsch-Barner* § 14 Rn. 7.
⁴⁹ Siehe weitere Beispiele bei Semler/Stengel/*Gehling* § 14 Rn. 12 ff.
⁵⁰ Siehe §§ 99 Abs. 2, 105, 109, 120 UmwG.
⁵¹ Lutter/*Drygala* § 13 Rn. 53.
⁵² Lutter/*Drygala* § 13 Rn. 52.
⁵³ § 14 Abs. 1 UmwG gilt aufgrund der Verweisungen in den §§ 125, 176, 177 UmwG auch für die Spaltung und die Vermögensübertragung.
⁵⁴ Widmann/Mayer/*Heckschen* § 14 UmwG Rn. 18.

erhoben wird, wird als unbegründet zurückgewiesen.[55] Die Beseitigung des Umwandlungsbeschlusses kann dann nicht mehr verlangt werden, ggf. besteht aber noch ein Schadensersatzanspruch.

32   Zur Fristenberechnung sind die Vorschriften des BGB (§§ 187 ff. BGB) anwendbar.[56] Damit gilt, dass die Frist nach dem Tag, an dem der angegriffene Beschluss gefasst wurde, zu laufen beginnt. Bei mehrtägigen Versammlungen gilt, dass die Frist am Tag nach dem letzten Versammlungstag beginnt. Sie endet nach § 188 Abs. 2 BGB mit Ablauf desjenigen Tages des nächsten Monats, der durch seine Zahl dem Tag entspricht, an dem der Verschmelzungsbeschluss gefasst wurde.[57] Ist dieser Tag ein Sonnabend, Sonn- oder Feiertag, verschiebt sich das Fristende gem. § 193 BGB auf den nächsten Werktag.[58]

33   Die Erhebung der Klage, zur Wahrung der Frist, hat also spätestens am letzten Tag der Monatsfrist zu erfolgen. Folglich ist die begründete Klageschrift[59] mit dem Antrag auf Feststellung der Unwirksamkeit des Umwandlungsbeschlusses bis zu diesem Zeitpunkt zuzustellen (§ 253 Abs. 1 ZPO). Allerdings genügt die Einreichung der Klage sofern die Zustellung demnächst erfolgt (§§ 70 Abs. 1, 167 ZPO).[60] Ungenügend ist dagegen die Stellung eines Prozesskostenhilfeantrags.[61]

34   Eine *Beitrittsfrist* besteht für den Aktionär, der auf Seiten des Anfechtungs- oder Nichtigkeitsklägers beitreten möchte. Sie beträgt gem. § 246 Abs. 4 S. 2 AktG einen Monat ab Bekanntmachung der Klageerhebung und des Termins zur mündlichen Verhandlung[62] und gilt weder für den Beitritt auf Seiten der Beklagten oder für einen Beitritt des Vorstands, der Vorstands- oder Aufsichtsratsmitglieder noch für die Nebenintervention in Anfechtungs- oder Nichtigkeitsklagen gegen eine GmbH bzw. in Feststellungsklagen[63]. Da die Klageerhebung nicht bekannt gemacht werden muss, ist der Geschäftsführer verpflichtet (vgl. Rn. 39), die Gesellschafter über die Klage und den Verhandlungstermin zu informieren, damit sie dem Verfahren beitreten können. Unterlässt er dies, kann der Beitritt noch nach dem Beschluss des Gerichts mit einer Einsetzung in den vorherigen Stand erfolgen.[64] Die Gesellschafter sind dagegen nicht von Amts wegen beizuladen.[65]

---

[55] Semler/Stengel/*Gehling* § 14 Rn. 22.
[56] Lutter/*Decher* § 14 Rn. 8; Semler/Stengel/*Gehling* § 14 Rn. 23.
[57] Zur Monatsfrist Kraft/*Redenius-Hövermann* ZIP 2013, 961 ff.
[58] Semler/Stengel/*Gehling* § 14 Rn. 23.
[59] Im Prozess nachgeschobene Gründe sind unbeachtlich.
[60] Gleiches gilt für die Einreichung des Schriftsatzes der Nebenintervenienten, Henssler/Strohn/*Drescher* § 246 AktG Rn. 23.
[61] Semler/Stengel/*Gehling* § 14 Rn. 24.
[62] Henssler/Strohn/*Drescher* § 246 AktG Rn. 23; Widmann/Mayer/*Heckschen* § 14 UmwG Rn. 32.
[63] Zum Zeitpunkt des Beitritts siehe Saenger/*Bendtsen* § 66 Rn. 2 ff.
[64] BGH NJW 2008, 1889.
[65] BGH NJW 2008, 1889.

Bei Personengesellschaften bestimmt sich die Klagefrist bei Geltendmachung 35
eines Mangels eines Umwandlungsbeschlusses ebenfalls gem. § 14 UmwG und
beträgt somit einen Monat seit Beschlussfassung.[66]

3. Ausschluss der Klage

Die Anfechtungs-, Nichtigkeits- oder Feststellungsklage gegen den Umwand- 36
lungsbeschluss, die allein darauf gestützt ist die Kompensation überprüfen zu
lassen, ist ausgeschlossen.[67] Die Überprüfung, ob das Umtauschverhältnis fehlerhaft ist bzw. die Mitgliedschaft beim übertragenden Rechtsträger keine ausreichende Gegenleistung für die Anteile oder die Mitgliedschaft am übertragenden
Rechtsträger darstellt, betrifft nicht die gesellschaftsrechtlichen Verhältnisse der
Rechtsträger sondern nur die vermögensrechtliche Stellung der Anteilsinhaber
(§§ 14 Abs. 2, 32 UmwG).[68] Die Überprüfung dieser Kompensationsleistung ist
Inhalt des besonderen Spruchverfahrens (vgl. Rn. 65 ff.).

§ 14 Abs. 2 UmwG schränkt allerdings nur Klagen der Anteilsinhaber des 37
übertragenden nicht aber des übernehmenden Rechtsträgers ein.[69] Daraus folgt,
dass die Anfechtungs- bzw. Nichtigkeitsklage gegen den Verschmelzungsbeschluss des übernehmenden Rechtsträgers darauf gestützt sein kann, dass das
Umtauschverhältnis oder die angebotene Mitgliedschaft unangemessen sei.[70]
Die Regelungen des SpruchG finden analoge Anwendung.[71]

§ 14 Abs. 2 UmwG gilt gem. § 125 S. 2 UmwG nicht für Ausgliederungen, 38
da die Gesellschafter des übertragenden Rechtsträgers davon nicht unmittelbar
betroffen sind.[72]

II. Klageauswirkungen

Die Erhebung einer Anfechtungs- oder Nichtigkeitsklage gegen eine *Aktiengesellschaft* muss unter Bezeichnung des strittigen Hauptversammlungsbeschlusses und des Termins zur mündlichen Verhandlung[73] gem. § 246 Abs. 4 S. 1 AktG
unverzüglich vom Vorstand in den Geschäftsblättern *bekannt gemacht* werden.
Unterlässt der Vorstand die Bekanntmachung, kann er sich gem. § 93 AktG
schadensersatzpflichtig machen bzw. können gem. § 407 AktG Zwangsgelder
verhängt werden. In der *GmbH* gilt keine Bekanntmachungspflicht. Der Ge-

---

[66] Kallmeyer/*Marsch-Barner* § 14 Rn. 11; Schmitt/Hörtnagl/Stratz/*Stratz* § 14 Rn. 24.
[67] Semler/Stengel/*Gehling* § 14 Rn. 30; Kallmeyer/*Marsch-Barner* § 14 Rn. 12; Schmitt/Hörtnagl/Stratz/*Stratz* § 14 Rn. 3.
[68] Kallmeyer/*Marsch-Barner* § 14 Rn. 14; Kölner Komm. UmwG/*Simon* § 14 Rn. 43.
[69] Semler/Stengel/*Gehling* § 14 Rn. 3; Kallmeyer/*Marsch-Barner* § 14 Rn. 15.
[70] Krit. Semler/Stengel/*Gehling* § 14 Rn. 31; Kallmeyer/*Marsch-Barner* § 14 Rn. 15.
[71] BGHZ 146, 179, 181 ff.
[72] Henssler/Strohn/*Wardenbach* § 125 UmwG Rn. 8.
[73] Sollte ein schriftliches Vorverfahren angeordnet worden sein, ist dies ebenfalls bekanntzumachen.

Julia Redenius-Hövermann

schäftsführer muss die Gesellschafter über die Klageerhebung und den Termin der mündlichen Verhandlung informieren. Unterlässt er dies, kann er sich gem. § 43 GmbHG schadensersatzpflichtig machen.[74] Auch in Bezug auf die *Feststellungsklage* besteht keine Bekanntmachungspflicht der Klageerhebung oder des Verhandlungstermins in den Geschäftsblättern analog § 246 Abs. 4 AktG.[75] Die Organmitglieder können aber im Rahmen ihrer allgemeinen Berichts- und Interessenwahrungspflicht verpflichtet sein, die Anteilsinhaber über die Klageerhebung zu informieren.[76]

40   Die Erhebung der Anfechtungs- oder Nichtigkeitsklage bzw. der Feststellungsklage verhindert faktisch die Eintragung des Beschlusses in das Handelsregister (aufgrund der fehlenden Negativerklärung gem. § 16 Abs. 2 UmwG[77]). Diese *Registersperre* kann der Rechtsträger im Rahmen des Freigabeverfahrens aufheben lassen (vgl. Rn. 47 ff.).

III. Beendigung des Verfahrens, Rechtsmittel und Rechtskraftwirkung

41   Das Verfahren kann durch Beschluss, gerichtliche oder außergerichtliche Vergleiche und verfahrensbeendende Prozesshandlungen, z. B. eine Klagerücknahme, beendet werden.

42   Ist die beklagte Partei eine *börsennotierte Gesellschaft*, muss sie gem. § 248a AktG die Verfahrensbeendigung der Anfechtungs- oder Nichtigkeitsklage aus Transparenz- und Schutzgründen unverzüglich in den Geschäftsblättern bekannt machen.[78] Für die Anfechtungs- oder Nichtigkeitsklagen gegen eine nicht börsennotierte Kapitalgesellschaft bzw. bei Feststellungsklagen gelten keine *Bekanntmachungspflichten* analog § 248a AktG. Nach ganz h. M. trifft die Organmitglieder aber eine allgemeine Informationspflicht gegenüber den Anteilsinhabern.

43   Wird der Klage stattgegeben, wird das Urteil den strittigen Beschluss für *nichtig erklären* (Anfechtungsklage, § 248 AktG) oder seine *Nichtigkeit feststellen* (Nichtigkeitsklage, § 249 Abs. 1 S. 1 i. V. m. § 248 AktG), andernfalls ist die Klage abzuweisen. Eine stattgebende, rechtskräftige Entscheidung entfaltet gem. § 248 Abs. 1 S. 1 AktG materielle Rechtskraft über die Parteien des Rechtsstreits hinaus für alle Aktionäre, Vorstand und Aufsichtsrat. Diese *inter omnes*-Wirkung entfällt bei einem abweisenden Urteil, das nur zwischen den Parteien wirkt. Folglich kann ein anderer Aktionär eine nicht fristgebundene Nichtigkeitsklage erheben, allerdings mit dem Vorwurfsrisiko einer missbräuchlichen Klageerhebung, da die Nichtigkeit bereits im Anfechtungsprozess geprüft

---

[74] BGH NJW 2008, 1889.
[75] Großkomm. AktG/*K. Schmidt* § 249 Rn. 37.
[76] Großkomm. AktG/*K. Schmidt* § 249 Rn. 49.
[77] Kallmeyer/*Marsch-Barner* § 16 Rn. 27.
[78] Siehe zur analogen Anwendung des § 248a AktG auf Vereinbarungen zur Prozessvermeidung Heidel/*Heidel* § 249 AktG Rn. 3.

wurde.[79] Gleiches gilt bei der Feststellungsklage, die materielle Rechtskraft nur unter den Parteien (*inter partes*-Wirkung), ihren Rechtsnachfolgern (§ 325 ZPO) und den Nebenintervenienten (§§ 69, 61 ZPO) entfaltet.[80]

Betrifft das Verfahren eine Verschmelzung, Spaltung oder einen Formwechsel, hat die *Nichtigkeitserklärung* ausnahmsweise keine rückwirkende Kraft[81], da §§ 20 Abs. 2, 131 Abs. 2, 202 Abs. 3 UmwG diese Wirkung nach Eintragung in das Handelsregister ausdrücklich ausschließt.[82] Den Rechtsschutz der Anteilsinhaber gewährleistet in diesem Fall der *Schadensersatzanspruch* gem. §§ 16 Abs. 3 S. 10, 25 UmwG (vgl. Rn. 174 ff.). 44

Im Rahmen der Entscheidung wird das Gericht bzw. Schiedsgericht auch die *Kosten* gem. den allgemeinen Grundsätzen in §§ 91 ff. ZPO festsetzen. Bezüglich der Kosten der Nebenintervenienten gelten die §§ 100 ff. ZPO. 45

Gegen den Beschluss stehen der unterlegenen Partei bzw. unabhängig davon einem dieser Partei beigetretenen streitgenössischen Nebenintervenienten die *Rechtsmittel*[83] der Berufung (§§ 511 ff. ZPO) und der Revision (§§ 545 ff. ZPO) zu.[84] Kläger und Nebenintervenienten, die kein eigenes Rechtsmittel eingelegt haben, sind durch Ladung und Zusendung der Abschriften der eingereichten Schriftsätze am Rechtsmittelverfahren zu beteiligen. Nebenintervenienten stehen die Rechtsmittel auch bei Rechtsmittelverzicht seitens der Hauptpartei zu, sie können aber nach Klagerücknahme weder das Verfahren fortführen, da ihnen in Bezug auf die Klage kein Dispositionsrecht zusteht, noch einem Vergleich widersprechen. 46

> **Hinweis:** Eine Umwandlungsmaßnahme kann nach Eintragung in das Handelsregister, trotz Nichtigkeitserklärung, nicht mehr rückgängig gemacht werden.

Lösung zu Fall 1: Die Klageerhebungsfrist von einem Monat gem. § 14 Abs. 1 UmwG ist nicht eingehalten. Die Klage ist somit unbegründet.

§ 3 Freigabeverfahren

Fall 2: Die Hauptversammlung der T-AG wird form- und fristgerecht zum 1.10.2019 einberufen. In der Hauptversammlung hat der Aktionär A, der eine Beteiligung im Gegenwert von 500 EUR an der T-AG hält, gegen den Verschmelzungsbeschluss, Anfechtungsklage erhoben. Die T-AG möchte die Verschmelzung im Register eintragen lassen. Wird das zuständige OLG dem Antrag der T-AG folgen?

---

[79] Henssler/Strohn/*Drescher* § 248 AktG Rn. 6.
[80] Saenger/*Bendtsen* § 62 Rn. 3; Saenger/*Saenger* § 325 Rn. 3.
[81] Zur Rückwirkung der Nichtigkeitserklärung OLG Zweibrücken NZG 2004, 382.
[82] MüKoAktG/*Hüffer/Schäfer*, § 248 Rn. 18; Spindler/Stilz/*Dörr* § 248 Rn. 12.
[83] Zu den Rechtsmittelfristen Henssler/Strohn/*Drescher* § 246 AktG Rn. 25, 49.
[84] Gegen ein Versäumnisurteil kann die säumige Partei Einspruch gem. § 338 ZPO einlegen.

A. Einführung

47 Die Wirksamkeit von Strukturmaßnahme i. S. d. UmwG tritt erst mit Eintragung in das Handelsregister ein (konstitutive Wirkung) (vgl. Kap. 1 Rn. 112 ff.).[85] Durch das Unbedenklichkeits- oder Freigabeverfahren gem. § 16 Abs. 3 UmwG kann eine Umwandlung unter bestimmten Voraussetzungen ohne Negativerklärung über bestehende Anfechtungs- bzw. Nichtigkeitsklagen und schon vor Abschluss eines anhängigen (Haupt-)Verfahrens in das Handelsregister eingetragen werden.[86] Diese Möglichkeit soll den Rechtsträger und seine Share- und Stakeholder insb. vor sachlich unbegründeten Anfechtungs- bzw. Nichtigkeitsklagen schützen, die das Wirksamwerden wichtiger Beschlüsse in missbräuchlicher Art und Weise verzögern.[87]

48 § 16 UmwG bezieht sich auf Verschmelzungen, gilt aber analog für die Spaltung[88] einschließlich Ausgliederung, Formwechsel[89] und Vermögensübertragung und greift bei grenzüberschreitenden Verschmelzungen ggf. auch in Bezug auf den inländischen Rechtsträger.[90]

B. Gang des Freigabeverfahrens

I. Zuständiges Gericht und Bindung des Registerrichters

49 Das Freigabeverfahren wird vor dem OLG, in dessen Bezirk die Gesellschaft, die die Freigabe erhalten möchte, ihren Sitz hat, als einzige Instanz geführt (§ 16 Abs. 3 S. 7 UmwG). Somit sind gegen den Beschluss des OLG keine Rechtsmittel zulässig; eine Rechtsbeschwerde vor dem BGH ist ausdrücklich ausgeschlossen (§ 16 Abs. 3 S. 9 UmwG).[91] Der Beschluss des OLG soll spätestens drei Monate nach Antragstellung erfolgen (§ 16 Abs. 3 S. 5 UmwG).[92] Die Verkürzung des Rechtsweges und der Frist zur Entscheidungsfindung soll das Verfahren be-

---

[85] *Nietsch* S. 16 f.
[86] Semler/Stengel/*Schwanna* § 16 Rn. 21.
[87] Zu den Gründen des Gesetzgebers im Rahmen des ARUG I, Bericht des Rechtsausschusses BT-Drs. 16/13098, 35, wonach die beteiligten Rechtsträger insbesondere vor „räuberischen Aktionären" geschützt werden sollten, die durch sachlich unbegründete Anfechtungsklagen das Wirksamwerden wichtiger umwandlungsrechtlicher Beschlüsse in missbräuchlicher Art und Weise verzögern konnten. Den Gesellschaften blieb, bis zum Inkrafttreten des Freigabeverfahrens, häufig nur die Möglichkeit gegen hohe Geldzahlungen die Rücknahme dieser Klagen zu erkaufen, um die Wirksamkeit der Beschlüsse schnell herbeiführen zu können. Es bedurfte folglich u. a. die Abkehr des zweiinstanzlichen Verfahrens und der Einführung eines Bagatellquorums.
[88] Kallmeyer/*Sickinger* § 125 Rn. 21.
[89] Kallmeyer/*Meister/Klöcker* § 195 Rn. 26.
[90] Kallmeyer/*Zimmermann* § 122k Rn. 6.
[91] Zu den Kosten Semler/Stengel/*Schwanna* § 16 Rn. 43.
[92] Verzögerungen sind vom OLG zu begründen; auch diese Entscheidung des OLG ist nicht anfechtbar (§ 16 Abs. 3 S. 5 Hs. 2 UmwG).

schleunigen.⁹³ Das Gericht entscheidet aufgrund mündlicher Verhandlung. Ist die Eintragung sehr eilbedürftig, darf ohne mündliche Verhandlung entschieden werden (§ 16 Abs. 3 S. 4 UmwG).

Der zuständige Senat am OLG kann nur auf Antrag entscheiden. Antragsberechtigt ist der Rechtsträger, gegen dessen Umwandlungsbeschluss sich die Klage richtet (§ 16 Abs. 3 S. 1 UmwG). Bei mehreren Klagen gegen die Wirksamkeit des Umwandlungsbeschlusses kann der Rechtsträger entscheiden, gegen welchen Kläger er das Freigabeverfahren führen möchte.⁹⁴ Das Freigabeverfahren muss allerdings alle Unwirksamkeitsklagen einbeziehen, vorausgesetzt, das Mindestbeteiligungsquorum (vgl. Rn. 56) ist erreicht.⁹⁵ Bei einer Unwirksamkeitsklage gegen einen Umwandlungsbeschlusses eines übertragenden Rechtsträgers kann nur dieser, nicht aber der übernehmende Rechtsträger die Freigabe beantragen.⁹⁶ Sind die Umwandlungsmaßnahmen mehrerer Rechtsträger betroffen, müssen sie alle den Freigabebeschluss beantragen.⁹⁷ Eine gesetzliche Frist zur Antragsstellung besteht nicht; allerdings gilt: sie kann erst nach erhobener Unwirksamkeitsklage⁹⁸, muss aber in jedem Fall vor einer rechtskräftigen Entscheidung in dieser Sache erfolgen.

Gem. § 16 Abs. 3 S. 1 UmwG steht die Entscheidung des OLG der Negativerklärung nach § 16 Abs. 2 S. 1 UmwG gleich. Daraus folgt, dass der Beschluss des OLG im Freigabeverfahren keine eintragende Wirkung mit sich zieht. Vielmehr muss der Rechtsträger die Eintragung anhand des Freigabebeschluss beim zuständigen Registergericht beantragen. Der Registerrichter ist an den Beschluss des OLG gebunden und kann die Eintragung nicht verweigern. Ein darüber hinaus gehendes Prüfungsrecht des Registerrichters bleibt dagegen erhalten. Folglich kann er die Eintragung verweigern, wenn ein Grund vorliegt, der nicht durch den Freigabebeschluss ausgeschlossen wurde.⁹⁹

II. Materiell-rechtliche Voraussetzungen

Gem. § 16 Abs. 3 S. 3 Nr. 1 bis Nr. 3 UmwG ist die Freigabe vom OLG zu beschließen, wenn eine der folgenden Voraussetzungen vorliegt.

---

⁹³ Bericht des Rechtsausschusses BT-Drs. 16/13098, 59.
⁹⁴ Kallmeyer/*Marsch-Barner* § 16 Rn. 36; Kölner Komm. UmwG/*Simon* § 16 Rn. 54; a. A. Widmann/Mayer/*Fronhölfer* § 16 UmwG Rn. 121.
⁹⁵ BT-Drs. 15/5092 zu § 246a AktG.
⁹⁶ Krit. Kallmeyer/*Marsch-Barner* § 16 Rn. 36; Kölner Komm. UmwG/*Simon* § 16 Rn. 53.
⁹⁷ Kallmeyer/*Marsch-Barner* § 16 Rn. 36.
⁹⁸ Der Eingang bei Gericht genügt, die Unwirksamkeitsklage muss dem Anspruchsgegner, d. h. dem Rechtsträger, gegen dessen Umwandlungsbeschluss vorgegangen wird, noch nicht zugestellt worden sein, §§ 253 Abs. 1, 261 Abs. 1 ZPO.
⁹⁹ Kallmeyer/*Marsch-Barner* § 16 Rn. 34 f., der als Beispiel einen wichtigen Zustimmungsbeschluss nennt.

1. Unzulässige oder offensichtliche unbegründete Klage

53 Erste und zweite mögliche Freigabevoraussetzung sind, dass die Unwirksamkeitsklage *unzulässig* oder *offensichtlich unbegründet* ist, für das Gericht somit aufgrund von unstreitig oder glaubhaft gemachten Tatsachen kein Zweifel daran besteht, dass die Klage keinen Erfolg hat.[100]

54 *Unzulässig* ist die Klage beispielsweise, wenn die Klageschrift unvollständig ist oder die Klage bei einem unzuständigen Gericht eingereicht wurde und diesbezüglich kein Verweisungsantrag innerhalb der Frist gestellt wurde (§ 281 Abs. 1 S. 1 ZPO).[101]

55 *Unbegründet* ist die Klage, wenn keiner der geltend gemachten Umwirksamkeitsgründe greift oder die Klageerhebung rechtsmissbräuchlich erfolgt. Rechtsmissbrauch liegt vor, wenn die Klage allein mit dem Ziel erhoben wurde, die Gesellschaft in grob eigennütziger Weise zu einer Leistung zu veranlassen, auf die der klagenden Anteilsinhaber keinen Anspruch hat und auch billigerweise nicht erheben kann[102] oder wenn eine sachwidrige Verknüpfung anderweitiger Ansprüche mit der Anfechtungsklage erfolgt. Der Rechtmissbrauch muss aus inneren Tatsachen, die aus dem Vorliegen von Indizien gefolgert werden, abgeleitet werden.[103] Die ganz h. M.[104] nimmt an, dass *Offensichtlichkeit* bei zweifelsfreier Unbegründetheit vorliegt. Es reicht nicht mehr aus, dass die Klage „zweifelsfrei ohne Erfolgsaussichten"[105] ist bzw. das Ergebnis bereits bei summarischen Verfahren ohne sachliche Ermittlung und ohne rechtliche Überlegungen ohne weiteres erkennbar ist.

2. Halten eines anteiligen Mindestbetrages von 1.000 EUR am Rechtsträger

56 § 16 Abs. 3 S. 3 Nr. 2 UmwG, der sich primär an börsennotierte Rechtsträger in der Rechtsform einer AG, KGaA oder SE richtet[106], besagt, dass der Kläger binnen einer Woche nach Zustellung des Antrags durch Urkunden gegenüber dem Gericht nachzuweisen hat, dass er seit Bekanntmachung der Einberufung der Hauptversammlung, in der der Umwandlungsbeschluss gefasst wurde, einen anteiligen Betrag des gezeichneten Kapitals von mindestens 1.000 EUR hält. Das Quorum muss von jedem Kläger gesondert zum Zeitpunkt der Einberufung

---

[100] Semler/Stengel/*Schwanna* § 16 Rn. 27.
[101] Siehe weitere Beispiele bei Kallmeyer/*Marsch-Barner* § 16 Rn. 40; Semler/Stengel/*Schwanna*, § 16 Rn. 28.
[102] BGHZ 107, 296, 311; BGH ZIP 1990, 168, 171; Kallmeyer/*Marsch-Barner*, § 16 Rn. 41; Semler/Stengel/*Schwanna* § 16 Rn. 29.
[103] BGH ZIP 1990, 168, 171.
[104] OLG Frankfurt AG 1997, 472, 473; OLG Stuttgart AG 2008, 464, 465; OLG Schleswig AG 2008, 39, 40; siehe auch *Decher* AG 1997, 388, 390; Semler/Stengel/*Schwanna* § 16 Rn. 30.
[105] BGH AG 1990, 538.
[106] Henssler/Strohn/*Heidinger* § 16 UmwG Rn. 20; Semler/Stengel/*Schwanna* § 16 Rn. 31a.

der Hauptversammlung erreicht werden; eine Zusammenlegung der Anteile ist nicht gestattet. Wird das Quorum erst nach der Einberufung erreicht oder bestand zwar zum Zeitpunkt der Einberufung, fiel aber binnen der Wochenfrist unter 1.000 EUR, gilt es als nicht erreicht. Im Laufe des Freigabeverfahrens muss das Quorum nicht mehr bestehen.[107] Die Wochenfrist kann vom Gericht nicht verlängert werden[108]; auch eine Wiedereinsetzung in den vorherigen Stand ist ausgeschlossen.[109] Der Nachweis über den Anteilsbesitz hat durch Urkunden zu erfolgen (vgl. Rn. 87).

Dieses Bagatellquorum[110] wurde insb. eingeführt, damit sog. „räuberische Kleinstaktionäre" das Freigabeverfahren nicht blockieren können. Es beschränkt lediglich die Möglichkeit eines Klägers, der einen nominellen Anteil unter 1.000 EUR am Rechtsträger hält, das Freigabeverfahren zu blockieren, nicht aber die, die Anfechtungs- bzw. Nichtigkeitsklage weiterzuverfolgen; die Hauptverfahren bleiben von dem Ausschluss in § 16 Abs. 3 S. 3 Nr. 2 UmwG unberührt (vgl. Rn. 62).

57

Der Rechtsträger, der das Freigabeverfahren beantragt, muss sich in seiner Antragsschrift nicht auf die Kläger beziehen, die unter dem Bagatellquorum liegen. Gibt es nur einen Kläger, der aber das Quorum nicht erreicht, so hat das OLG über den Freigabeantrag nur aufgrund der Antragsschrift des Rechtsträgers und ergänzender Aufklärungen zu entscheiden.

58

3. Vorrangiges Vollzugsinteresse an der Eintragung

Der Unbedenklichkeitsbeschluss im Fall des vorrangigen Vollzugsinteresses an der Eintragung gem. § 16 Abs. 3 S. 3 Nr. 3 UmwG hat besondere Bedeutung. Dabei muss das Gericht in zwei Schritten abwägen, ob die Freigabe erteilt werden kann.

59

Zunächst muss das Gericht abwägen zwischen den Nachteilen, die dem Kläger entstehen, und denen, die dem Antragsgegner erwachsen, wenn die Umwandlungsmaßnahme nicht schnellstens eingetragen wird. Die Freigabe ist gem. § 16 Abs. 3 S. 3 Nr. 3 UmwG zu erteilen, wenn das *Vollzugsinteresse* der beteiligten Rechtsträger und ihrer Anteilsinhaber an der Eintragung der Umwandlungsmaßnahme schwerer wiegt als das Aufschubinteresse des Klägers.[111] Der Antragsteller muss dem Gericht darlegen, dass ihm durch die Verzögerung der Eintragung wesentliche, wenn auch nicht unbedingt schwerwiegende[112] Nachteile entstehen und diese im Verhältnis zu denen des Klägers höher zu bewerten sind. Wesentliche Nachteile sind solche, die erhebliche wirtschaftliche Folgen

60

---
[107] Kallmeyer/*Marsch-Barner* § 16 Rn. 41b; Semler/Stengel/*Schwanna* § 16 Rn. 31d.
[108] *Lorenz/Piepich* BB 2010, 2515, 2518.
[109] OLG Nürnberg NZG 2011, 150.
[110] Ausführlich *Nietsch* S. 84 ff.
[111] Semler/Stengel/*Schwanna* § 16 Rn. 32.
[112] So bedarf es keiner Insolvenzgefahr.

für den Rechtsträger und seine Anteilsinhaber insgesamt haben, also nicht für jeden einzeln betrachtet. Denkbar sind hier etwa die Kosten für die Wiederholung der Hauptversammlung, die Verunsicherung der Geschäftspartner oder Zinsmindererträge aufgrund des Vertrauensverlustes. Das Gericht muss die glaubhaft vorgebrachten Tatsachen nach freier Überzeugung würdigen und hat dabei einen weiten Ermessensspielraum. Im Ergebnis reicht es, wenn das Gericht die Nachteile für überwiegend wahrscheinlich hält.[113]

61 Kommt das Gericht zu dem Schluss, dass das Vollzugsinteresse überwiegt, muss es in einem zweiten Schritt prüfen, ob ein *besonders schwerer Rechtsverstoß* vorliegt, der einer Freigabe entgegensteht.[114] Dieser ist vom Antragsgegner darzulegen und dem Gericht glaubhaft zu machen.[115] Das Gericht muss für die Feststellung eines schweren Rechtsverstoßes die Bedeutung der verletzten Norm sowie Art und Umfang des Verstoßes im konkreten Fall bewerten.[116] Dabei können folgende Beispiele des Rechtsausschusses als Auslegungshilfe dienen: Beschlussfassung in einer bewusst nicht ordnungsgemäß einberufenen Geheimversammlung, fehlende notarielle Beurkundung sowie absichtliche Verstöße gegen die Treuepflicht mit schweren Folgen.[117] Es muss sich um einen „gravierenden Rechtsverstoß" handeln, der durch Schadensersatz nicht angemessen kompensiert werden kann.[118]

III. Rechtsfolgen und Schadensersatzanspruch

62 Der Beschluss des OLG ermöglicht dem Rechtsträger die Eintragung der Umwandlungsmaßnahme, wobei ein stattgebender Beschluss eine anhängige Klage (Hauptsache) nicht unbegründet macht.[119]

63 Dem erfolgreichen Anfechtungs-, Nichtigkeits- oder Festellungskläger steht zur Wahrung seiner Rechte deshalb ein verschuldensunabhängiger Schadensersatzanspruch gem. § 16 Abs. 3 S. 10 UmwG zu. Antragsgegner ist in diesem Fall der übertragende Rechtsträger und dessen Organe (vgl. Rn. 164 ff.).[120]

64 Gem. § 16 Abs. 3 S. 10 UmwG kann der erfolgreiche Kläger den Schaden verlangen, der ihm durch die Eintragung der Umwandlungsmaßnahme und die hiermit verbundene Rechtsbindung entstanden ist. Die Beseitigung der Eintragung mit der Folge einer Rückabwicklung der Umwandlungsmaßnahme ist

---

[113] Kallmeyer/*Marsch-Barner* § 16 Rn. 43; Semler/Stengel/*Schwanna* § 16 Rn. 41; ausführlich zur Interessenabwägung *Nietsch* S. 57 ff., 65 (zum Umwandlungsrecht).
[114] Ausführlich *Nietsch* S. 77 ff.
[115] BegrRegE BT-Drs. 16/11642, 42.
[116] Zu den unterschiedlichen Auffassungen der OLG *Nietsch* S. 78.
[117] Bericht des Rechtsausschusses BT-Drs. 16/13098, 42.
[118] Zur Wahrung der Rechte des Klägers durch den Schadensersatzanspruch *Winter*, in: FS Ulmer, 2003, S. 699, 712 ff.
[119] Ausführlich *Nietsch* S. 99 ff.
[120] *Nietsch* S. 152 ff.

dagegen gem. § 16 Abs. 3 S. 10 Hs. 2 UmwG ausdrücklich zur Wahrung der Rechtssicherheit ausgeschlossen.[121]

> **Hinweis:** Das Freigabeverfahren dient dem Rechtsschutz des Rechtsträgers, der von der Umwandlung betroffen ist.

Lösung zu Fall 2: Das OLG wird dem Antrag der T-AG folgen, sofern eine der Voraussetzungen des § 16 Abs. 3 S. 3 Nr. 1 bis Nr. 3 UmwG vorliegt. Hier ist § 16 Abs. 3 S. 3 Nr. 2 UmwG einschlägig. Das Bagatellquorum in Höhe von 1.000 EUR wird im vorliegenden Fall nicht erreicht.

§ 4 Spruchverfahren

Fall 3: Die Hauptversammlung der T-AG wird form- und fristgerecht zum 1.10.2019 einberufen. Dort wird über den Verschmelzungsbeschluss entschieden. Der Aktionär A stimmt zunächst für den Verschmelzungsbeschluss, erklärt am Ende der Hauptversammlung aber Widerspruch zur Niederschrift, da er mit dem Umtauschverhältnis von 1:3 nicht einverstanden ist. Kann A das Umtauschverhältnis im Wege des Spruchverfahrens überprüfen lassen? Welches Gericht müsste er anrufen?

A. Einführung

Als letzter Schutzmechanismus im Verfahrensrecht im engeren Sinn greift das Spruchverfahren, das der ordentlichen Gerichtsbarkeit zuzuordnen ist und kein Schiedsverfahren darstellt. Es regelt die Überprüfung, ob der Anteilswert bzw. die Barabfindung für Anleger im Rahmen von Strukturmaßnahmen, zu denen auch die Umwandlungsmaßnahmen zählen, angemessen berechnet wurde (vgl. Kap. 2 Rn. 102 ff.).[122] Die Ausgliederung soll verhindern, dass ein Streit um die Kompensationshöhe die Umsetzung einer Strukturmaßnahme verzögert.[123] Das Spruchverfahren soll darüber hinaus den Rechtsschutz aus Art. 14 Abs. 1 GG gewährleisten, indem die Mehrheit in das Anteilseigentum der Minderheit eingreifen kann, wenn eine angemessene Kompensation geleistet wird.[124]

65

---

[121] A. A. *Schmid* ZGR 1997, 493, 511 f.; *ders.* ZIP 1998, 1057, 1058. Den dogmatischen Meinungsstreit hinsichtlich der Frage der systemsprengenden Wirkung des Freigabeverfahrens zusammenfassend, *Nietsch* S. 9 ff.
[122] Nachfolgend wird das Spruchverfahren nur mit Blick auf Umwandlungsmaßnahmen dargestellt. Zum Spruchverfahren im Allgemeinen *Lorenz* AG 2012, 284 ff.; *Lutter/Bezzenberger* AG 2000, 433 ff.; *Neye* ZIP 2002, 2097 ff.
[123] Kölner Komm. AktG/*Riegger/Gayk* SpruchG Einl. Rn. 2. Zu einer bedeutenden Ausnahme, die aus § 15 Abs. 1 i. V. m. § 14 Abs. 2 UmwG folgt, nämlich, daß die Anteilseigner des übernehmenden Rechtsträgers im Fall einer Verschmelzung eine Anfechtungsklage anstreben müssen und nicht im Wege des Spruchverfahrens die Angemessenheit des Umtauschverhältnisses überprüfen lassen können, Lutter/*Decher* § 14 Rn. 20.
[124] BVerfG WM 2000, 1948 ff.

66 Das Spruchverfahren ist seit Inkrafttreten des Spruchverfahrensgesetzes am 1.9.2003 einheitlich geregelt.[125] Davor waren die einschlägigen Vorschriften über das UmwG und AktG verstreut.[126] Oberstes Ziel des Spruchverfahrensneuordnungsgesetzes war, „die als zu lang empfundene Verfahrensdauer im Durchschnitt spürbar zu verkürzen und damit den Rechtsschutz der betroffenen Anteilsinhaber erheblich zu verbessern".[127] Seit Inkrafttreten wurde das SpruchG sieben Mal geändert; zuletzt durch das 2. KostRMoG vom 23.7.2013.[128] Relevant für die hier beschriebene Materie ist die Änderung durch das zweite Gesetz zur Änderung des UmwG vom 19.4.2007, mit dem das Spruchverfahren im Zusammenhang mit der Zuzahlung an Anteilseigner oder der Barabfindung von Anteilsinhabern anlässlich grenzüberschreitender Verschmelzungen von Kapitalgesellschaften eingefügt wurde.[129]

67 Von Bedeutung für das Spruchverfahren sind auch Änderungen durch das Gesetz zur Reform des Verfahrens in Familiensachen und in den Angelegenheiten der freiwilligen Gerichtsbarkeit (FamFG), das am 1.9.2009 in Kraft trat.[130] Dabei löst die sog. Rechtsbeschwerde zum BGH die bisherige Divergenzvorlage ab (§ 70 Abs. 1 GVG) und eröffnet im Rahmen des Spruchverfahrens eine dritte Instanz.[131] Verfahren, die vor Inkrafttreten des FGG-Reformgesetzes eingeleitet wurden, werden noch nach den bis dahin geltenden Vorschriften geführt.[132] Nachfolgend werden nur die neuen Verfahrensregeln erläutert.[133]

> **Hinweis:** Ziel des Spruchverfahrens ist es den von der Strukturmaßnahme betroffenen Aktionären eine angemessene Kompensationsleistung zu garantieren.

B. Anwendbarkeit des Spruchverfahrensgesetzes auf Umwandlungsmaßnahmen

68 Das SpruchG ist gem. § 1 Nr. 4 SpruchG auf „das gerichtliche Verfahren für die Bestimmung der Zuzahlung an Anteilsinhaber oder der Barabfindung von Anteilsinhabern anlässlich der Umwandlung von Rechtsträgern" anzuwenden.[134]

---

[125] Für Verfahren, die durch vor dem 1.9.2003 gestellte Anträge eingeleitet wurden, sind gem. § 17 Abs. 2 SpruchG weiterhin die § 305 bis § 312 UmwG a. F. anwendbar.
[126] Zur Historie des Spruchverfahrens im Umwandlungsrecht siehe Kölner Komm. AktG/ *Riegger/Gayk* SpruchG Einl. Rn. 4 ff.
[127] BT-Drs. 15/371, 1.
[128] Art. 16 des 2. KostRMoG vom 23.7.2013, BGBl. I 2013 2586.
[129] Kölner Komm. AktG/*Riegger/Gayk* SpruchG Einl. Rn. 55.
[130] Spindler/Stilz/*Drescher* § 1 SpruchG Rn. 5.
[131] Kölner Komm. AktG/*Wilske* § 12 SpruchG Rn. 68 ff.
[132] Hölters/*Simons* § 12 SpruchG Rn. 5.
[133] Vgl. zu den anwendbaren Verfahrensregeln, für Verfahren, deren Antrag vor dem 1.9.2009 lag, Hölters/*Simons* § 12 SpruchG Rn. 5.
[134] *Klöcker/Frowein* § 1 Rn. 12 f.

E contrario bedeutet dies, dass den Anteilsinhabern der übernehmenden Rechtsträger bei Verschmelzungen, grenzüberschreitender Verschmelzungen (nach Deutschland), Vermögensübertragungen sowie bei Auf- und Abspaltungen nach dem UmwG der Weg in das Spruchverfahren verwehrt bleibt.

Bei grenzüberschreitenden Verschmelzungen kann ein Spruchverfahren nur eröffnet werden, wenn die Rechtsordnungen aller beteiligten ausländischen Gesellschaften für diesen Fall ein Verfahren zur Kontrolle und Änderung des Umtauschverhältnisses vorsehen und die Anteilsinhaber der beteiligten Rechtsträger zustimmen. Sind beide Voraussetzungen gegeben, kann die Angemessenheit des Umtauschverhältnisses bzw. der Abfindung der Minderheitsgesellschafter nur im Wege des Spruchverfahrens, nicht aber im Wege der Anfechtungsklage überprüft werden.[135] Sollten sie nicht erfüllt sein, bleibt nur der Weg über die Anfechtungsklage (vgl. Rn. 7 ff.). 69

Im Einzelnen beinhaltet § 1 Nr. 4 SpruchG die Bestimmung 70
– eines Ausgleiches in Form einer baren Zuzahlung bei zu niedrigen Umtauschverhältnissen oder fehlender Gleichwertigkeit der Mitgliedschaft beim übernehmenden Rechtsträger bei Verschmelzungen, Auf- und Abspaltungen und Formwechseln (§ 15 UmwG),
– einer angemessenen Barabfindung für Anteilsinhaber der übertragenden Rechtsträger (bei Verschmelzungen, Auf- und Abspaltungen und Formwechseln), denen im Verschmelzungsvertrag nach § 29 UmwG eine angemessene Barabfindung anzubieten ist und die diesem Verschmelzungsbeschluss widersprochen haben (§ 34 UmwG),
– der Zuzahlungs- und Abfindungsansprüche bei grenzüberschreitende Verschmelzungen (§§ 122h, 122i UmwG),
– der Zuzahlungs- oder Abfindungsansprüche bei Vermögensübertragungen (§ 176 bis § 181, §§ 184, 186 UmwG),
– der baren Zuzahlung bei Unzulänglichkeit des Beteiligungsverhältnisses bei Formwechseln (§ 196 UmwG) und
– der Barabfindung gegen Erwerb der umgewandelten Anteile oder Mitgliedschaften des Anteilsinhabers bei Formwechseln (§§ 207, 212 UmwG).

In § 1 Nr. 4 SpruchG ist § 125 UmwG nicht enthalten. Das SpruchG gilt bei Auf- und Abspaltungen dennoch, da § 125 UmwG für diese beiden Umwandlungsmaßnahmen auf §§ 15, 34 UmwG verweist. 71

Nicht anwendbar ist das Spruchverfahren auf Ausgliederungen.[136] Gleiches gilt im Zusammenhang mit der Bestimmung von Barabfindungen, die die Anteilsinhaber, die in der Gesellschaft nach einem Formwechsel verbleiben, als zu hoch empfinden. Str. ist, ob den verbleibenden Anteilsinhabern in diesem Fall die Unwirksamkeitsklage gem. § 210 UmwG zur Verfügung steht.[137] 72

---

[135] Kallmeyer/*Marsch-Barner* § 14 Rn. 12; Kallmeyer/*Meister/Klöcker* § 210 Rn. 9.
[136] Spindler/Stilz/*Drescher* § 1 SpruchG Rn. 12.
[137] Bejahend Lutter/*Decher* § 210 Rn. 5, 6.

C. Gang des Spruchverfahrens

I. Zuständiges Gericht

1. Sachliche und örtliche Zuständigkeit

73 Sachlich und örtlich zuständig ist nach § 2 Abs. 1 S. 1 SpruchG in erster Instanz „das Landgericht, in dessen Bezirk der Rechtsträger, dessen Anteilsinhaber antragsberechtigt sind, seinen Sitz hat".[138] Bei einer Verschmelzung, Auf- oder Abspaltung ist das der übertragende Rechtsträger.[139] Insofern ist der Wortlaut des Gesetzes unglücklich. Auch sei darauf hingewiesen, dass die sachliche und örtliche Zuständigkeit des Landgerichts nicht durch eine Gerichtsstandsvereinbarung verschoben werden kann.[140]

74 Nach § 2 Abs. 1 S. 1 SpruchG können mehrere Landgerichte für einen Fall zuständig sein,[141] etwa wenn an einer Verschmelzung mehrere übertragende Rechtsträger mit Sitz in unterschiedlichen Gerichtsbezirken beteiligt sind. Um eine solche Mehrfachzuständigkeit zu vermeiden, ist laut § 2 Abs. 1 S. 2 SpruchG das Landgericht zuständig, welches unter den zuständigen Gerichten zuerst tätig wurde (sog. *Grundsatz der Maßgeblichkeit der Priorität*).[142] Die weiteren Gerichte sind dann zur Abgabe an dieses Gericht verpflichtet.[143] Sind mehrere Gerichte zur gleichen Zeit tätig geworden oder lässt sich nicht feststellen, welches Gericht zuerst tätig geworden ist, so wird das zuständige Gericht vom gemeinschaftlich oberen Gericht nach Zweckmäßigkeitsgesichtspunkten bestimmt.[144] Die Regelung soll widersprüchliche Entscheidungen in demselben sachlichen Zusammenhang verhindern und die Arbeitsbelastung der Gerichte reduzieren.[145]

75 Die Bundesländer können die Zuständigkeit für Spruchverfahren bei einem oder mehreren Landgerichten konzentrieren, um die Expertise bzw. den Erfahrungsschatz der jeweiligen Kammern zu steigern. Baden-Württemberg, Bayern, Hessen, Mecklenburg-Vorpommern, Niedersachsen, Nordrhein-Westfalen, Rheinland-Pfalz und Sachsen haben sich für eine solche Zuständigkeitskonzentration entschieden.[146]

---

[138] *Klöcker/Frowein* § 2 Rn. 1 f.; Kölner Komm. AktG/*Wasmann* § 2 SpruchG Rn. 3.

[139] Kölner Komm. AktG/*Wasmann* § 2 SpruchG Rn. 3, der auf die verwirrende Wortwahl des Gesetzgebers in diesem Zusammenhang hinweist; Spindler/Stilz/*Drescher* § 2 SpruchG Rn. 9.

[140] Spindler/Stilz/*Drescher* § 2 SpruchG Rn. 3; Schmitt/Hörtnagl/Stratz/*Hörtnagl* § 2 SpruchG Rn. 7; Simon/*Simon* § 2 Rn. 4; Kölner Komm. AktG/*Wasmann* § 2 SpruchG Rn. 4.

[141] *Klöcker/Frowein* § 2 Rn. 3 f.

[142] Kölner Komm. AktG/*Wasmann* § 2 SpruchG Rn. 8.

[143] K. Schmidt/Lutter/*Klöcker* § 2 SpruchG Rn. 4; Kölner Komm. AktG/*Wasmann* § 2 SpruchG Rn. 8.

[144] Zu den Zweckmäßigkeitsgesichtspunkten BayObLG ZIP 2002, 671, 672. Demnach spielt eine Rolle, bei welchem Gericht die meisten Anträge eingegangen sind und welches Verfahren das umfangsreichste oder wirtschaftlich gesehen bedeutsamste ist.

[145] Bericht des Rechtsausschusses BT-Drs. 16/13098, 41.

[146] Spindler/Stilz/*Drescher* § 2 SpruchG Rn. 6 m. w. N. zu den einzelnen zuständigen Landgerichten in den jeweiligen Bundesländern.

Die funktionelle Zuständigkeit liegt nach h. M. auch in der gegenwärtigen 76
Fassung des § 2 Abs. 2 SpruchG bei der Kammer für Handelssachen,[147] weil
Spruchverfahren gem. §§ 95 Abs. 2 Nr. 2, 71 Abs. 2 Nr. 4e GVG zu den Handelssachen gehören und § 2 Abs. 2 SpruchG dem Vorsitzenden der Kammer für Handelssachen Kompetenzen zuschreibt, was deren Zuständigkeit für alle weiteren Maßnahmen impliziert. Da aber eine wörtliche Auslegung der Vorschrift eine solche Zuweisung nicht erlaubt, ist die Zuständigkeit der Kammer für Handelssachen eine lediglich fakultative,[148] die in der Klageschrift oder im laufenden Rechtsstreit vom Beklagten beantragt werden muss. Das kann dazu führen, dass einige Anträge von der Zivilkammer, andere von der Kammer für Handelssachen behandelt werden, und Doppelarbeit sowie ggf. divergierende Entscheidungen nach sich ziehen.

Den Systembruch, der die Streichung der ausschließlichen Zuständigkeit der 77
Kammer für Handelssachen mit sich bringt, zeigt § 2 Abs. 2 SpruchG, wonach dem Vorsitzenden der Kammer für Handelssachen einige zwingende Kompetenzen alleine zustehen, die der Kammer nicht übertragen werden können.[149]
§ 2 Abs. 2 SpruchG ist nicht analog auf den Vorsitzenden der Zivilkammer anwendbar.[150]

Gem. § 2 Abs. 2 SpruchG entscheidet der Vorsitzende der Kammer für Han- 78
delssachen über
– die Abgabe von Verfahren, z. B. in Fällen der örtlichen Unzuständigkeit oder hinsichtlich des Grundsatzes der Maßgeblichkeit der Priorität (Nr. 1),
– öffentliche Bekanntmachungen (Nr. 2), insbesondere die des gemeinsamen Vertreters nach §§ 6, 6c SpruchG,
– Fragen zur Zulässigkeit des Antrags (Nr. 3), also Fälle nach §§ 3 Abs. 1 Nr. 3, 4 Abs. 1 Nr. 4 und 5, 5 SpruchG in Bezug auf Umwandlungsmaßnahmen;
– alle vorbereitenden Maßnahmen für die Beweisaufnahme und die Vorbereitung der mündlichen Verhandlung gem. § 7 SpruchG (Nr. 4),
– die Bestellung des oder der gemeinsamen Vertreter gem. §§ 6, 6c SpruchG, dessen Auslagen und Vergütung einschließlich der Zahlung von Vorschüssen (Nr. 5),
– Geschäftswert, Kosten, Gebühren und Auslagen (Nr. 6),[151]

---

[147] § 2 Abs. 2 SpruchG wurde durch das FamFG geändert. Gem. § 2 Abs. 2 SpruchG a. F. war die Kammer für Handelssachen, sofern das zuständige LG eine solche gebildet hat, für Spruchverfahren ausschließlich zuständig, *Klöcker/Frowein* § 2 Rn. 13. Eine fälschlich angerufene Zivilkammer konnte den Rechtsstreit folglich von Amts wegen an die Kammer für Handelssachen verweisen. § 98 Abs. 3 GVG fand hier keine Anwendung.
[148] Kölner Komm. AktG/*Wasmann* § 2 SpruchG Rn. 6; a. A. *Jänig/Leißring* ZIP 2010, 110, 113.
[149] Gleichzeitig beeinträchtigt eine Zuweisung von Maßnahme aus dem Kompetenzkatalog des Vorsitzenden an die Kammer nicht die Wirksamkeit der Kammerentscheidung, OLG Stuttgart ZIP 2004, 1907, 1910; Kölner Komm. AktG/*Wasmann* § 2 SpruchG Rn. 12.
[150] Simon/*Simon* § 2 Rn. 16; Kölner Komm. AktG/*Wasmann* § 2 SpruchG Rn. 11.
[151] § 15 SpruchG, ausführlich Kölner Komm. AktG/*Rosskopf* § 15 SpruchG Rn. 1 ff.

- die einstweilige Einstellung der Zwangsvollstreckung (Nr. 7) und
- die Verbindung von Verfahren (Nr. 8).

79 Gem. § 2 Abs. 2 S. 2 SpruchG kann der Vorsitzende der Kammer für Handelssachen auch über Sachverhalte, die nicht im Maßnahmenkatalog des S. 1 stehen, allein und anstelle der Kammer entscheiden, wenn die Beteiligten, d. h. Antragsteller, Antragsgegner und gemeinsame Vertreter, ihr Einverständnis erklären.

2. Internationale Zuständigkeit

80 Das SpruchG findet Anwendung sobald eine Umstrukturierungsmaßnahme einen Rechtsträgers, dessen Anteilseigner antragsberechtigt ist, seinen Sitz in Deutschland hat, betrifft.[152] Es sei auf die Ausführungen zur örtlichen und sachlichen Zuständigkeit nach § 2 Abs. 1 S. 1 SpruchG verwiesen (vgl. Rn. 73 ff.). Die §§ 122h, 122i UmwG betreffend die grenzüberschreitenden Verschmelzungen enthalten keine Zuständigkeitsregelungen.[153] In diesen Fällen wird nach h. M. die ausschließliche Zuständigkeit der deutschen Gerichte über Art. 22 Nr. 2 EuGVVO analog begründet.[154]

II. Antragsberechtigte, Antragsgegner und gemeinsamer Vertreter

1. Antragsberechtigte

a) Antragsberechtigte Anteilsinhaber

81 Die Antragsberechtigung für das Spruchverfahren regelt § 3 SpruchG.[155] Gem. § 3 S. 1 Nr. 3 SpruchG dürfen die in § 1 Nr. 4 SpruchG bezeichneten Anteilsinhaber ein Spruchverfahren einleiten. Bei grenzüberschreitenden Umwandlungsvorgängen bei denen eine SE oder SCE beteiligt ist (vgl. Kap. 5 Rn. 128 ff.), verweist § 3 S. 1 Nr. 4 und 5 SpruchG auf die in § 1 Nr. 5 und 6 SpruchG bezeichneten Anteilsinhaber bzw. Mitglieder.

82 Bei Umwandlungsmaßnahmen werden zwei Grundfälle bzgl. der Antragsberechtigung unterschieden, wovon nur einer vorliegen muss:
- Nach § 15 UmwG soll im Spruchverfahren geklärt werden, ob der Anteilsinhaber im Zuge der Umwandlung mit Blick auf seinen bisherigen Anteil in angemessenem Umfang am neuen oder formgewechselten Rechtsträger beteiligt wird und ob ihm, falls nicht, eine Zuzahlung in bar zuzusprechen ist.
- Nach § 34 UmwG soll im Spruchverfahren geklärt werden, ob dem Anteilsinhaber, der seine Mitgliedschaft im Zuge der Umwandlung aufgeben

---

[152] Kölner Komm. AktG/*Wasmann* § 2 SpruchG Rn. 15.
[153] Spindler/Stilz/*Drescher* § 2 SpruchG Rn. 7; Kölner Komm. AktG/*Wasmann* § 2 SpruchG Rn. 15.
[154] Ausführlich zur Begründung der analogen Anwendung, Spindler/Stilz/*Drescher* § 2 SpruchG Rn. 7; Kölner Komm. AktG/*Wasmann* § 2 SpruchG Rn. 15; a. A. Simon/*Simon* § 2 Rn. 25.
[155] Spindler/Stilz/*Drescher* § 3 Rn. 3 ff.

möchte, ein angemessenes Angebot für seine Anteile unterbreitet wurde oder ob ihm eine höhere Barabfindung zusteht. Weitere Voraussetzung zur Antragsberechtigung ist in diesem Fall, dass der ausscheidungswillige Anteilsinhaber gem. §§ 29 Abs. 1 S. 1, 207 Abs. 1 S. 1 UmwG Widerspruch gegen den Umwandlungsbeschluss zur Niederschrift erklärt hat. Strittig ist die Frage, ob der Widerspruch auch möglich ist, wenn der Anteilsinhaber für den Beschluss gestimmt hat. Ein Teil der Literatur sieht in diesem Fall keine Schutzbedürftigkeit des Anteilsinhabers und verwehrt ihm die Antragsberechtigung trotz Widerspruchs.[156] Für die h. M. ist der Widerspruch möglich, wenn der Anteilsinhaber für den Beschluss gestimmt hat: Weder das Gesetz noch die Begründung des Regierungsentwurfes verlangen eine negative Stimmabgabe, und es erscheint auch nicht als systemfremd, die Erlangung des Abfindungsanspruchs vom Stimmverhalten abzukoppeln.[157]

b) Zeitpunkt der Anteilsberechtigung

Gem. § 3 S. 2 SpruchG ist die Antragsberechtigung u. a. für Spruchverfahren betreffend Umwandlungsmaßnahmen „nur gegeben, wenn der Antragsteller zum Zeitpunkt der Antragstellung Anteilsinhaber ist". Daraus folgt, dass der Anteilsinhaber antragsberechtigt bleibt, wenn er nach Stellung eines Antrages seine Anteile veräußert oder andient.[158] 83

Diese Regelung mag im Hinblick auf Verschmelzung und Spaltung überraschen, können doch gem. §§ 15, 29, 125 UmwG nur Anteilsinhaber des oder der übertragenden Rechtsträger, die bei Antragstellung bereits durch die Verschmelzung oder Spaltung erloschen sind, Zuzahlungen oder Abfindungen beantragen. Der Rechtsausschuss erläutert dazu in seinem Bericht, in den unter § 3 Abs. 1 Nr. 3 SpruchG genannten Fällen seien „die Personen antragsberechtigt [...], die nach Wirksamwerden der Umwandlung an dem übernehmenden oder neuen Rechtsträger oder an dem Rechtsträger neuer Rechtsform als Anteilsinhaber beteiligt sind". Zu verstehen ist diese Ausführung dahin, dass antragsberechtigt die Anteilsinhaber sind, die bereits zum Zeitpunkt des Erlöschens Anteilsinhaber beim übertragenden Rechtsträger waren. 84

Zudem muss die Anteilsinhaberschaft zum Zeitpunkt des Hauptversammlungsbeschlusses über die Umwandlung bestanden haben, da die Widerspruchserklärung weitere Antragsberechtigungsvoraussetzung ist. 85

Zuletzt sei noch darauf hingewiesen, dass die Antragsberechtigung in Bezug auf die Überprüfung des Umtauschverhältnisses entfällt, wenn der Anteilsinhaber die Barabfindung angenommen hat. *E contrario* bedeutet dies, dass die Überprüfung der Barabfindung weiterhin beantragt werden kann. 86

---

[156] Lutter/*Grunewald* § 29 Rn. 11.
[157] Kallmeyer/*Marsch-Barner* § 29 Rn. 13.
[158] *Klöcker/Frowein* § 3 Rn. 15.

c) Nachweis der Antragsberechtigung

87 Da die Anteilsinhaberschaft Voraussetzung der Antragsberechtigung ist,[159] muss sie, um langwierige Beweisaufnahmen zu vermeiden, dem Gericht gegenüber ausschließlich durch Urkunden gem. § 3 S. 3 SpruchG nachgewiesen werden.[160] Anerkannte Möglichkeiten sind die Vorlage der effektiven Aktienstücke, Depotauszüge der Bank oder eine schriftliche Bestätigung des depotführenden Kreditinstituts. Nach h. M. kann der Urkundennachweis in Ausnahmefällen entbehrlich sein, etwa bei Inhaberaktien, für die keine Aktienurkunden ausgestellt werden.[161] Bei Namensaktien gilt, dass die Eintragung in das Aktienregister innerhalb der Antragsfrist anhand der Vorlage eines Aktienregisterauszuges oder der schriftlichen Auskunft der Gesellschaft über die Aktienregisterdaten darzulegen ist.[162] § 67 Abs. 2 AktG gilt zwar nur im Verhältnis zur Gesellschaft, erfasst aber alle mitgliedschaftlichen Rechte, somit auch das Recht, ein Spruchverfahren einzuleiten.

88 Strittig ist, ob der Nachweis von Amts wegen zu verlangen ist oder nur wenn die Antragsberechtigung vom Antragsgegner bestritten wird. Die wörtliche Auslegung des Gesetzes legt die erste Alternative nahe,[163] andererseits hat der BGH[164] entschieden, der Nachweis könne noch nach Ablauf der Antragsfrist erbracht werden, da § 4 Abs. 2 S. 2 Nr. 2 SpruchG nur die Darlegung, nicht aber den Beweis der Antragsberechtigung innerhalb der Antragsfrist verlange.

2. Antragsgegner

89 Das Spruchverfahren ist gem. § 5 SpruchG gegen „den übernehmenden oder neuen Rechtsträger oder den Rechtsträger neuer Rechtsform zu richten".[165] Die Bezeichnung des Antragsgegners durch den Antragsteller ist eine Zulässigkeitsvoraussetzung des Spruchverfahrens. Eine fehlende oder falsche Bezeichnung von dessen gesetzlichen Vertreter ist dagegen unschädlich.[166] Bestehen Bedenken an der zutreffenden Bezeichnung des Antragsgegners, hat das Gericht den Antragsteller darauf hinzuweisen. Dieser muss dann im Rahmen der Antragsfrist die Angaben korrigieren oder präzisieren, damit der Antrag nicht vom Gericht verworfen wird.

---

[159] *Klöcker/Frowein* § 3 Rn. 31 f.
[160] Simon/*Leuering* § 3 Rn. 62.
[161] Simon/*Leuering* § 3 Rn. 61; Kölner Komm. AktG/*Wasmann* § 3 SpruchG Rn. 25; a. A. Widmann/Mayer/*Wälzholz* § 3 SpruchG Rn. 52, wonach der Aktionär seinen Verbriefungsanspruch durchsetzen muss.
[162] Simon/*Leuering* § 3 Rn. 7; Kölner Komm. AktG/*Wasmann* § 3 SpruchG Rn. 27.
[163] Kölner Komm. AktG/*Wasmann* § 3 SpruchG Rn. 26.
[164] BGH DB 2008, 1735.
[165] Bei Personengesellschaften ist die Gesellschaft (nicht: die Gesellschafter) Antragsgegner, BT-Drs. 15/371, 13.
[166] Spindler/Stilz/*Drescher* § 5 SpruchG Rn. 1.

Bei Umwandlungsmaßnahmen kann/können Antragsgegner sein: 90
- bei Verschmelzung durch Aufnahme der übernehmende Rechtsträger bzw. bei Verschmelzung durch Neugründung der neue Rechtsträger,
- bei Auf- und Abspaltungen alle neuen Rechtsträger,
- bei Vermögensübertragungen der übernehmende Rechtsträger,
- bei Formwechseln der Rechtsträger neuer Form (siehe der Verweis in § 196 UmwG),
- bei grenzüberschreitender Verschmelzung der übernehmende Rechtsträger, sofern er dem deutschen Recht unterfällt,
- bei Insolvenz des Antragsgegners der Insolvenzverwalter.

3. Gemeinsamer Vertreter

a) Gemeinsamer Vertreter gem. § 6 SpruchG

Bei Umwandlungsmaßnahmen wird gem. § 6 Abs. 1 S. 1 SpruchG vom Gericht 91 ein gemeinsamer Vertreter bestellt, um die Rechte antragsberechtigter Anteilsinhaber zu schützen, die keinen Antrag gestellt haben.[167] Dadurch soll zugleich der Grundsatz der Gleichbehandlung gewahrt und die Gewährung von Sondervorteilen verhindert werden.[168] Damit er diese Funktion erfüllen kann, muss ihm rechtliches Gehör gewährt werden. Als Verfahrensbeteiligter ist er zur mündlichen Verhandlung zu laden und er kann Anträge stellen sowie Schriftsätze einreichen. Ihm sind zudem die Schriftsätze der anderen Parteien zuzustellen. Nach § 6 Abs. 3 SpruchG kann er das Spruchverfahren fortführen, sofern er es nach pflichtgemäßem Ermessen für geboten hält,[169] selbst wenn alle Anträge zurückgenommen wurden oder Antragsteller und Antragsgegner das Verfahren übereinstimmend für erledigt erklärt haben. Mit dieser Bestimmung wollte der Gesetzgeber den Auskauf der Anteilsinhaber verhindern.[170] Wenn der gemeinsame Vertreter das Verfahren fortführt, wird er einem Antragsteller gleichgestellt. Er kann es dann seinerseits durch Rücknahme des Fortführungsantrages oder durch Vergleich mit dem Antragsgegner beenden.[171] Gerade wenn das Verfahren auf einen Vergleich hinausläuft, kommt dem gemeinsamen Vertreter gem. § 11 Abs. 2 SpruchG eine wichtige Funktion zu: Er muss ihm zustimmen. Ohne seine Einverständniserklärung ist ein verfahrensbeendender Vergleich somit unmöglich.[172]

---

[167] Dieses entspricht § 308 Abs. 3 UmwG a. F.
[168] Simon/*Leuering* § 6 Rn. 1; Kölner Komm. AktG/*Wasmann* § 6 SpruchG Rn. 13.
[169] Schmitt/Hörtnagl/Stratz/*Hörtnagl* § 6 SpruchG Rn. 21; *Klöcker/Frowein* § 6 Rn. 29; Simon/*Leuering* § 6 Rn. 41; Kölner Komm. AktG/*Wasmann* § 6 SpruchG Rn. 18.
[170] BT-Drs. 15/371, 14.
[171] Schmitt/Hörtnagl/Stratz/*Hörtnagl* § 6 SpruchG Rn. 21; *Klöcker/Frowein* § 6 Rn. 28; Simon/*Leuering* § 6 Rn. 42; Kölner Komm. AktG/*Wasmann* § 6 SpruchG Rn. 19.
[172] Kölner Komm. AktG/*Wasmann* § 6 SpruchG Rn. 13.

92 Strittig ist, ob dem gemeinsamen Vertreter eine umfassende Beschwerdebefugnis zusteht. Eine Mindermeinung[173] verwehrt sie ihm insgesamt. Ein anderer Teil der Literatur[174] vertritt die Auffassung, dem gemeinsamen Vertreter sei lediglich im Fall der Rücknahme aller Anträge eine Beschwerdebefugnis einzuräumen. Im Ergebnis wird man jedoch der h. M.[175] folgen, die dem gemeinsamen Vertreter eine umfassende Beschwerdebefugnis zumisst, weil seine besondere Interessenwahrungspflicht sonst ausgehöhlt werden könnte.

93 Der gemeinsame Vertreter wird nach § 6 Abs. 1 S. 1 SpruchG vom Landgericht, bei Zuständigkeit der Kammer für Handelssachen von deren Vorsitzenden gem. § 2 Abs. 2 S. 1 Nr. 5 SpruchG, von Amts wegen durch Beschluss bestellt.[176] Die Bestellung liegt im Ermessen des Gerichts; eine Anhörung der Beteiligten ist entbehrlich, was Kosten spart. Nur in dem Ausnahmefall, dass die Rechte der Anteilsinhaber nicht durch einen einzigen gemeinsamen Vertreter gewahrt werden würden, können mehrere gemeinsame Vertreter bestellt werden. Die Bestellung ist gem. § 6 Abs. 1 S. 4 SpruchG[177] vom Gericht im Bundesanzeiger oder gem. § 6 Abs. 1 S. 5 SpruchG in den Blättern oder elektronischen Informationsmedien zu veröffentlichen, die im Gesellschafts-, Partnerschaftsvertrag, in der Satzung oder dem Statut des übertragenden oder formwechselnden Rechtsträgers festgelegt wurden.

94 Die Bestellung, so betont das Gesetz ausdrücklich, soll im Sinn der Interessenswahrung so früh wie möglich erfolgen. Frühestmöglicher Zeitpunkt ist nach anerkannter Meinung, dass dem Gericht ein zulässiger Antrag auf ein Spruchverfahren vorliegt.[178] Da er jedoch, auch wenn alle zulässigen Anträge wieder zurückgezogen sein sollten, das Verfahren nach § 6 Abs. 3 SpruchG weiterführen kann, ist er, liegt ein Antrag einmal vor, in jedem Fall zu bestellen. Seine Bestellung gilt für das gesamte Spruchverfahren, d. h. für alle Instanzen.[179] Spätmöglichster Zeitpunkt für die Bestellung des gemeinsamen Vertreters ist der Zeitpunkt der Zustellung der Erwiderung durch den Antragsgegner gem. § 7 Abs. 4 S. 1 SpruchG.

95 Eine Abberufung des gemeinsamen Vertreters ist gesetzlich nicht geregelt, eine Abberufung aus wichtigem Grund jedoch allgemein anerkannt.[180] Ein sol-

---

[173] *Nordmeyer* Die Institution des gemeinsamen Vertreters im gesellschaftsrechtlichen Spruchverfahren S. 170 ff.
[174] Spindler/Stilz/*Drescher* § 12 SpruchG Rn. 8; Simon/*Simon* § 12 Rn. 17; van Kann/Hirschmann DStR 2003, 1488, 1491.
[175] BayObLG NZG 2003, 483, 484; Schmitt/Hörtnagl/Stratz/*Hörtnagl* § 12 SpruchG Rn. 6; Simon/*Leuering* § 6 Rn. 38.
[176] OLG Stuttgart ZIP 2003, 2199, 2200; *Klöcker/Frowein* § 6 Rn. 2.
[177] Gilt enstrsprechend für den gemeinsamen Vertreter bei Gründung einer SE oder eine SCE, Spindler/Stilz/*Drescher* § 6a, § 6b SpruchG Rn. 1 ff.
[178] BT-Drs. 15/371, 14; Schmitt/Hörtnagl/Stratz/*Hörtnagl* § 6 SpruchG Rn. 2; *Klöcker/Frowein* § 6 Rn. 7; Simon/*Leuering* § 6 Rn. 11; Kölner Komm AktG/*Wasmann* § 6 SpruchG Rn. 25.
[179] *Klöcker/Frowein* § 6 Rn. 3; Simon/*Leuering* § 6 Rn. 17; Kölner Komm. AktG/*Wasmann* § 6 SpruchG Rn. 27.
[180] Simon/*Leuering* § 6 Rn. 20 f.

cher wichtiger Grund wird regelmäßig vorliegen, wenn die Voraussetzungen für die Bestellung entfallen sind oder sich die bestellte Person als ungeeignet für die Rolle erweist, etwa weil sie die Rechte der von ihr vertretenen Anteilsinhaber nicht wahrt. Die Abberufung erfolgt, wie die Berufung, vom Gericht von Amts wegen durch Beschluss und muss im Bundesanzeiger bekannt gemacht werden.[181] Weder die Bestellung noch die Abberufung durch das Gericht sind nach ganz, wenngleich kritischer h. M. aufgrund ihrer Einstufung als Zwischenentscheidung[182] gem. §§ 38 Abs. 1, 58 Abs. 1 FamFG i. V. m. § 17 Abs. 1 SpruchG mit Beschwerde angreifbar.[183]

Der gemeinsame Vertreter erhält durch die gerichtliche Bestellung Vertretungsmacht als gesetzlicher Vertreter der nichtantragstellenden, aber antragsberechtigten Anteilsinhaber. Gleichzeitig entsteht zwischen Anteilsinhabern und gemeinsamem Vertreter kein rechtsgeschäftliches oder gesetzliches Schuldverhältnis. Auch ist der gemeinsame Vertreter weder an Weisungen der von ihm vertretenen Anteilsinhaber noch des Gerichts gebunden. Nach ganz h. M. ist er den von ihm vertretenden Anteilsinhabern zwar nicht rechenschaftspflichtig[184], kann sich aber ihnen gegenüber schadensersatzpflichtig machen.[185] Die Grundlage einer solchen Haftung ist in der Lehre umstritten. Zweifelsfrei kann § 826 BGB als Anspruchsgrundlage dienen, wenn ein sittenwidriges vorsätzliches Verhalten des gemeinsamen Vertreters dargelegt werden kann. In allen anderen Fällen werden Ansprüche fast nie entstehen, da es aufgrund des dem gemeinsamen Vertreter sehr weit eingeräumten Ermessens und seiner Weisungsfreiheit regelmäßig an einer schuldhaften Pflichtverletzung und einem dadurch entstandenen nachweisbaren Schaden mangeln wird.[186]

Gem. § 6 Abs. 2 SpruchG wird die Vergütung und der Auslagenersatz des gemeinsamen Vertreters, gleichgültig ob Rechtsanwalt oder nicht, gemäß der gesetzlichen Gebührenregelung für Rechtsanwälte (RVG) vom zuständigen Gericht[187]

---
[181] *Klöcker/Frowein* § 6 Rn. 20; *Simon/Leuering* § 6 Rn. 21; Kölner Komm. AktG/*Wasmann* § 6 SpruchG Rn. 32; a. A. *Spindler/Stilz/Drescher* § 6 SpruchG Rn. 13, wonach es keiner Bekanntmachung erfordert.
[182] Endentscheidungen sind gem. § 38 Abs. FamFG gegeben, soweit dadurch der Verfahrensgegenstand ganz oder teilweise erledigt ist.
[183] OLG Frankfurt ZIP 2011, 1637, 1638; *Spindler/Stilz/Drescher* § 6 SpruchG Rn. 12, 14; Kölner Komm. AktG/*Wasmann* § 6 SpruchG Rn. 34, a. A. *Widmann/Mayer/Wälzholz* § 6 SpruchG Rn. 22 ff.
[184] OLG München WM 2010, 1605, 1608; *Schmitt/Hörtnagl/Stratz/Hörtnagl* § 6 SpruchG Rn. 18; Kölner Komm. AktG/*Wasmann* § 6 SpruchG Rn. 22; a. A. *Simon/Leuering* § 6 Rn. 33, wonach der gemeinsame Vertreter rechenschafts- und auskunftspflichtig ist; *Widmann/Mayer/Wälzholz* § 6 SpruchG Rn. 32, wonach der gemeinsame Vertreter auskunftspflichtig ist.
[185] OLG München WM 2010, 1605, 1608; *Schmitt/Hörtnagl/Stratz/Hörtnagl* § 6 SpruchG Rn. 20; Kölner Komm. AktG/*Wasmann* § 6 SpruchG Rn. 22.
[186] *Spindler/Stilz/Drescher* § 6 SpruchG Rn. 3; *Simon/Leuering* § 6 Rn. 16; Kölner Komm. AktG/*Wasmann* § 6 SpruchG Rn. 22.
[187] In erster Instanz dem LG, bei Zuständigkeit der Kammer für Handelssachen von deren Vorsitzenden; in zweiter Instanz das OLG als Beschwerdegericht.

festgelegt.[188] Der bzw. die Antragsgegner sind Gesamtschuldner der festgesetzten Vergütung und Auslagen gem. § 6 Abs. 2 S. 1 SpruchG.[189] Gegenstandswert für die Gerichtsgebühren ist der maßgebliche Geschäftswert gem. § 6 Abs. 2 S. 3 SpruchG. Zudem kann das zuständige Gericht gem. § 6 Abs. 2 S. 4 SpruchG den Antragsgegnern als Schuldnern auf Verlangen des gemeinsamen Vertreters die Leistung von Vorschüssen auferlegen. Gem. § 6 Abs. 2 S. 5 SpruchG findet die Zwangsvollstreckung auf die festgelegte Vergütung, die Auslagen und die Vorschüsse Anwendung. Gegen die diesbezügliche Entscheidung des Landgerichts kann nach ganz h. M. der gemeinsame Vertreter wie der Antragsgegner als Schuldner dieser Leistung sofortige Beschwerde im Kostenfestsetzungsverfahren gem. §§ 85 FamFG, 104 Abs. 3 ZPO vor dem OLG einlegen. Gegen die Entscheidung des OLG ist kein weiterer Rechtsbehelf gegeben.[190]

b) Gemeinsamer Vertreter gem. § 6a und b SpruchG

97a § 6a SpruchG betrifft den gemeinsamen Vertreter, der die Interessen der Anteilsinhaber der anderen an der Gründung der SE oder Holding-SE beteiligten Gesellschaften zu vertreten hat.[191] Gem. § 6a S. 2 SpruchG gilt § 6 Abs. 1 S. 4 und Abs. 2 SpruchG entsprechend. Es wird folglich auf die Ausführungen zu § 6 SpruchG verwiesen (vgl. Rn. 91 ff.).

97b Herauszustellen sind die Unterschiede zu § 6 SpruchG. Anders als nach § 6 SpruchG wird der gemeinsame Vertreter nur auf Antrag eines Anteilsinhabers der anderen Gesellschaft bestellt.[192] Das Gericht wird nicht von Amts wegen tätig.[193] Wenngleich weder Form noch Frist für den Antrag vorgesehen sind, so muss der Antrag nach § 25 FamFG schriftlich oder zu Protokoll der Geschäftsstelle gestellt werden.[194]

Betreffend die Rechtsstellung des gemeinsamens Vertreters nach § 6a SpruchG gilt § 6 Abs. 1 S. 4 und Abs. 2 SpruchG, nicht aber § 6 Abs. 3 SpruchG. Damit gilt, dass der gemeinsame Vertreter das Spruchverfahren nach Rücknahme sämtlicher Anträge nicht mehr autark weiter betreiben kann.[195]

97c § 6b SpruchG betrifft Anträge nach § 7 Abs. 4 SCEAG.[196] Durch § 6b SpruchG soll die Akzeptanz des Spruchverfahrens bei Mitgliedern ausländischer Genos-

---

[188] Zu den anwendbaren Vergütungssätzen Kölner Komm. AktG/*Wasmann* § 6 SpruchG Rn. 35.
[189] Bei Insolvenz der Antragsgegner ist der Insolvenzverwalter Schuldner der Vergütung und der Auslagen, OLG Schleswig ZIP 2008, 2326, 2327 f.
[190] BayObLG NZG 2004, 824; Kölner Komm. AktG/*Wasmann* § 6 SpruchG Rn. 39.
[191] Spindler/Stilz/*Drescher* § 6a SpruchG Rn. 1.
[192] Zur Antragsberechtigung Spindler/Stilz/*Drescher* § 6a SpruchG Rn. 3.
[193] Hüffer/Koch § 6a SpruchG Rn. 2.
[194] Spindler/Stilz/*Drescher* § 6a SpruchG Rn. 3.
[195] Hüffer/Koch § 6a SpruchG Rn. 3.
[196] Spindler/Stilz/*Drescher* § 6b SpruchG Rn. 1.

senschaften gefördert werdern.[197] Zu den Einzelheiten siehe Ausführungen zu § 6a SpruchG (vgl. Rn. 97a f.)

c) *Gemeinsamer Vertreter gem. § 6c SpruchG*

Der gemeinsame Vertreter gem. § 6c SpruchG soll bei grenzüberschreitenden Verschmelzungen die Interessen der nicht antragsberechtigten Anteilsinhaber im Spruchverfahren im Hinblick auf die Überprüfung des Umtauschverhältnisses oder der Barabfindung wahren. Nicht antragsberechtigte Anteilsinhaber sind Gesellschafter von Gesellschaften, die dem Recht eines Mitgliedstaates der EU unterliegen, der kein Spruchverfahren kennt, so dass sie nicht unmittelbar am Spruchverfahren nach deutschem Recht beteiligt werden können. Der gemeinsame Vertreter wird insb. darauf achten, dass der Gleichbehandlungsgrundsatz gewahrt wird.

98

Ein gemeinsamer Vertreter nach § 6c SpruchG ist vom Gericht nur auf Antrag zu bestellen. Dieser Antrag kann ohne Form- oder Fristerfordernisse von einem oder mehreren nichtberechtigten Anteilsinhabern gestellt werden, sofern ein zulässiger Antrag für ein Spruchverfahren zur Bestimmung oder Überprüfung einer Barabfindung aufgrund einer grenzüberschreitenden Verschmelzung (mit einer aufnehmenden Gesellschaft, die deutschem Recht unterfällt) vorliegt. Das angerufene zuständige Gericht muss gem. § 6c S. 2 SpruchG i. V. m. § 6 Abs. 1 S. 4 SpruchG die Bestellung des gemeinsamen Vertreters ausschließlich im Bundesanzeiger bekannt machen, bei Zuständigkeit der Kammer für Handelssachen gem. § 2 Abs. 2 S. 1 Nr. 2 SpruchG deren Vorsitzender.[198]

99

Anders als der gemeinsame Vertreter nach § 6 SpruchG ist der gemeinsame Vertreter nach § 6c SpruchG kein gerichtlicher Vertreter[199] und nicht berechtigt, das Verfahren nach Rücknahme aller Anträge fortzuführen.[200] In diesem Fall kann das Gericht nicht mehr über die Kompensation entscheiden, die vom gemeinsamen Vertreter vertretenen Anteilsinhaber werden als nicht mehr schutzwürdig erachtet. In der Literatur umstritten ist die Frage, ob dem gemeinsamen Vertreter in diesem Fall ein Beschwerderecht zugebilligt werden kann. Mangels Fortführungsrecht wird sie von der h. M. verneint.[201] Aus demselben Grund kann der gemeinsame Vertreter gem. § 6c SpruchG einen Vergleich oder die Rücknahme der Anträge nicht verhindern. Als Beteiligter i. S. d. § 11 Abs. 2 SpruchG muss er einem Vergleich zustimmen.

100

---

[197] Hüffer/Koch § 6b SpruchG Rn. 1.
[198] Anders als bei § 6 Abs. 1 S. 5 SpruchG (auf Antrag), dazu unter Rn. 93, denn § 6c S. 2 SpruchG verweist ausdrücklich nur auf § 6 Abs. 1 S. 4 SpruchG (von Amtswegen) und nicht auf S. 5 SpruchG.
[199] § 6c SpruchG verweist nicht auf § 6 Abs. 1 S. 1 SpruchG.
[200] § 6c SpruchG verweist nicht auf § 6 Abs. 3 SpruchG.
[201] Spindler/Stilz/*Drescher* § 6a SpruchG Rn. 2; Simon/*Leuering* § 6a Rn. 16; Kölner Komm. AktG/*Wasmann* § 6a SpruchG Rn. 3; a. A. Widmann/Mayer/*Wälzholz* § 6a SpruchG Rn. 19, wonach ein Recht des gemeinsamen Vertreters auf Beschwerde gegen kompensationserhöhende Entscheidungen besteht.

101 Bzgl. des fehlenden Rechtsbehelfes gegen Bestellung und Abberufung, der Haftung, den Auslagenersatz und die Vergütung des gemeinsamen Vertreters gem. § 6c SpruchG sei auf die Ausführungen betreffend des gemeinsamen Vertreters gem. § 6 SpruchG verwiesen (→ Rn. 95 ff.).

III. Verfahrensabschnitte im Spruchverfahren

1. Antragstellung

102 Zur Einleitung eines Spruchverfahrens bedarf es gem. § 4 Abs. 1 SpruchG eines Antrages beim Landgericht des oder der antragsberechtigten Anteilsinhaber innerhalb einer Frist von *drei Monaten* seit dem Tag[202], an dem die Eintragung der das Spruchverfahren auslösenden Umwandlungsmaßnahme im Handelsregister bekannt gemacht worden ist.[203] Daraus ergibt sich, dass die Frist mit dem Tag zu laufen beginnt, an dem die Eintragung:
– der Verschmelzung in das Register des übernehmenden Rechtsträgers,
– der Auf- und Abspaltung in das Register des übertragenden Rechtsträgers,
– der Vermögensübertragung in das Handelsregister des Sitzes der übertragenden Gesellschaft oder
– der neuen Rechtsform oder der Rechtsträger neuer Rechtsform
als bekannt gemacht gilt. Bei grenzüberschreitenden Verschmelzungen richtet sich der Fristbeginn nach den Vorschriften des Staates, dessen Recht die übertragende oder neue Gesellschaft unterliegt.[204]

103 Die Antragsfrist ist nach ganz h. M. eine Zulässigkeitsvoraussetzung, was zur Folge hat, dass ein verspäteter Antrag als *unzulässig* und nicht als unbegründet vom Gericht zurückgewiesen werden wird. Eine Wiedereinsetzung in den vorherigen Stand wird von der ganz h. M. aus eben diesen Gründen abgelehnt.[205] Zur Wahrung der dreimonatigen Frist muss der Antrag beim Gericht eingegangen sein, nicht aber beim Antragsgegner. Auch kann, aufgrund des fehlenden Anwaltszwangs, der Antrag zu Protokoll bei der Geschäftsstelle des zuständigen Landgerichts erklärt werden. Die Frist wird anhand der §§ 186 ff. BGB gem. § 17 Abs. 1 SpruchG i. V. m. § 16 Abs. 2 FamFG, § 222 ZPO berechnet.[206]

---

[202] Geht der Antrag vor der Bekanntmachung im Handelsregister ein, ist der Antrag unzulässig (a. A. LG Frankfurt ZIP 2004, 808 f.), wird aber zulässig, wenn er nach der Bekanntmachung weiterverfolgt wird und die weiteren Zulässigkeitsvoraussetzungen ebenfalls gegeben sind, OLG Frankfurt NZG 2006, 153; BayOLG NZG 2005, 312, 315; Simon/*Leuering* § 4 Rn. 33.

[203] OLG Düsseldorf NZG 2005, 719; OLG Frankfurt NZG 2009, 1225, OLG München WM 2010, 1181; Kölner Komm. AktG/*Wasmann* § 4 SpruchG Rn. 6.

[204] Heidel/*Weingärtner* § 4 SpruchG Rn. 4.

[205] OLG Frankfurt NZG 2009, 1225; Kölner Komm. AktG/*Wasmann* § 4 SpruchG Rn. 4; a. A. Widmann/Mayer/*Wählholz* § 4 SpruchG Rn. 17.

[206] Zur Fristberechnung nach §§ 186 ff. BGB, MüKoBGB/Grothe § 186 Rn. 4. Siehe auch § 222 ZPO, wonach die Frist mit dem Ablauf des folgenden Werktages endet, wenn das Ende der Frist auf einen Samstag, Sonntag oder anderen Feiertag fällt, Saenger/*Wöstmann* § 222 Rn. 9.

Dabei ist streitig, ob der Antrag beim zuständigen Gericht eingereicht sein muss oder ob die Frist auch gewahrt ist, wenn der Antrag bei einem unzuständigen Gericht eingereicht wurde. Gem. § 4 Abs. 1 S. 2 SpruchG ist die Frist gewahrt, wenn der Antrag bei jedem zunächst zuständigen Gericht eingereicht wird. *E contrario* bedeutet dies, dass die Frist nicht gewahrt ist, wenn der Antrag bei einem unzuständigen Gericht eingereicht wird. Die Frist bleibt gewahrt, wenn binnen der Frist der Antrag bei einem zuständigen Gericht noch eingeht, z. B. durch Verweisung durch ein unzuständiges Gericht.[207] Eine Fristverlängerung kann gem. § 4 Abs. 2 S. 2 Nr. 4 S. 2 SpruchG ausschließlich für die in § 7 Abs. 3 SpruchG genannten Unterlagen beim zuständigen Gericht beantragt werden,[208] wenn der Antragsteller glaubhaft darlegen kann, dass er im Zeitpunkt der Antragsstellung aus Gründen, die er nicht zu vertreten hat, über diese Unterlagen nicht verfügte.[209] Gleichzeitig muss er im Rahmen des Fristverlängerungsantrags eine Abschrift beantragen. Die Voraussetzungen des § 4 Abs. 2 S. 2 Nr. 4 S. 2 SpruchG werden beispielsweise nicht erfüllt sein, wenn der Antragssteller vor der Hauptversammlung die in § 7 Abs. 3 SpruchG genannten Unterlage hätte erhalten können. Als Beispiele für eine Bejahung des Nichtvertretenmüssens durch den Antragsteller benennt die Gegenäußerung der Bundesregierung die „schwere Erkrankung oder vergleichbare Umstände" in der Person des Antragsstellers zum Zeitpunkt der Hauptversammlung.[210]

Die Fristverlängerung wird nicht gewährt werden wegen des Nichtvorliegens sonstiger, nicht in § 7 Abs. 3 SpruchG genannten Unterlagen.[211]

104

Die Antragsbegründung muss neben oder mit dem Antrag während der Antragsfrist bei Gericht eingehen. § 4 Abs. 2 S. 1 SpruchG gestattet dem Antragssteller, die Antragsbegründung getrennt von dem Antrag einzureichen. Anträge, die innerhalb der Frist nicht begründet werden, sind unzulässig.[212] Die Antragsbegründung umfasst gem. § 4 Abs. 2 S. 2 SpruchG folgende Mindestangaben:

105

– Die Bezeichnung des oder der Antragsgegner gem. § 4 Abs. 2 S. 2 Nr. 1 SpruchG ist nach h. M. eine Zulässigkeitsvoraussetzung. Fehlt sie, ist der Antrag unzulässig.[213]
– Der antragende Anteilsinhaber muss darlegen, dass er zum maßgeblichen Zeitpunkt nach § 3 SpruchG antragsberechtigt ist. Die Angabe der Zahl der

---

[207] Kölner Komm. AktG/*Wasmann* § 4 SpruchG Rn. 6.
[208] Kölner Komm. AktG/*Wasmann* § 4 SpruchG Rn. 22.
[209] Heidel/*Weingärtner* § 4 SpruchG Rn. 18.
[210] Gegenäußerung der Bundesregierung, BT-Drs. 15/371, 27.
[211] Kölner Komm. AktG/*Wasmann* § 4 SpruchG Rn. 22.
[212] BT-Drs. 15/371, 13; KG Berlin NZG 2008, 469 f.; OLG Frankfurt NZG 2007, 873; OLG München NZG 2009, 191; OLG Stuttgart ZIP 2004, 850, 852; Schmitt/Hörtnagl/Stratz/ *Hörtnagl* § 4 SpruchG Rn. 8; Simon/*Leuering* § 4 Rn. 35; van Kann/Hirschmann DStR 2003, 1488, 1490.
[213] OLG Düsseldorf ZIP 2012, 1713, 1714; LG München I ZIP 2010, 1995, 1996; Kölner Komm. AktG/*Wasmann* § 5 Rn. 2, Fn. 2; a. A., OLG Stuttgart Der Konzern 2010, 428, 433; Simon/*Leuering* § 4 Rn. 37, wonach dies eine Frage der Begründetheit darstellt.

vom Antragsteller gehaltenen Anteile ist nicht entscheidend, da § 4 Abs. 2 S. 3 SpruchG nur eine „Soll"-Vorschrift darstellt.[214]
- Der Antragsteller muss nach § 1 SpruchG die Art der Umwandlungsmaßnahme darlegen und welche Kompensation das Gericht überprüfen soll, ohne dass sie beziffert werden müsste. Die h. M. legt hier keine strengen Anforderungen an. Auch bedarf es keines beziffernden Antrags seitens der Antragssteller.
- Der Antragsteller muss die konkrete Bewertungsrüge nach § 4 Abs. 2 S. 2 Nr. 4 SpruchG oder, anders formuliert, seine Einwendungen gegen die Kompensation substantiiert formulieren, damit er nicht, „wie es bisher der Fall war, praktisch mit einem Satz und ohne jede sachliche Erläuterung ein aufwendiges und kostenträchtiges Überprüfungsverfahren in Gang setzen"[215] kann. Konkret genügen Einwendungen, die sich aus den in § 7 Abs. 3 SpruchG genannten Unterlagen ergeben. Je aussagekräftiger diese sind, desto höher die Anforderungen an die substantiierte Bewertungsrüge.[216] Liegen sie hingegen nicht vor, entfällt auch die Notwendigkeit konkreter Einwendungen. Ob eine Begründung substantiiert ist oder nicht, wird in der Praxis häufig nicht einfach zu entscheiden sein und die Verfahren im Ergebnis verlangsamen, da die z. T. sehr umfangreichen Antragbegründungen auf ihre Zulässigkeit bewertet werden müssen.

106 Rechtsmissbräuchliche Anträge, etwa wenn sie allein aus dem Grund gestellt werden, um sich die Klage vom Antragsgegner wieder abkaufen zu lassen (Stichwort „räuberische Aktionäre"), sind vom Gericht als unzulässig zu verwerfen.[217]

107 Unabhängig von der Zulässigkeit stellt das zuständige Gericht die Anträge dem Antragsgegner gem. § 5 SpruchG und dem gemeinsamen Vertreter gem. §§ 6, 6c SpruchG unverzüglich i. S. d. § 121 BGB[218] zu (§ 7 Abs. 1 SpruchG).[219] Geht die Antragsbegründung dem Gericht während der Frist gesondert zu, wird sie das Gericht dem Antragsgegner und dem gemeinsamen Vertreter ebenfalls

---

[214] Spindler/Stilz/*Drescher* § 4 SpruchG Rn. 24; Kölner Komm. AktG/*Wasmann* § 4 SpruchG Rn. 20.
[215] BT-Drs. 15/371, 13.
[216] KG Berlin BB 2012, 2190; Spindler/Stilz/*Drescher* § 4 SpruchG, Rn. 22 m. w. N.; Kölner Komm. AktG/*Wasmann* § 4 SpruchG Rn. 18.
[217] OLG Stuttgart AG 2012, 839, 840; OLG Stuttgart AG 2011, 601; OLG Stuttgart ZIP 2010, 1641, 1643.
[218] Aus dem Wortlaut des Gesetzes folgt, dass alle Anträge unverzüglich einzeln zugestellt werden müssen und nicht bis zum Ablauf der Frist gewartet werden kann, ob noch andere zulässige Anträge gestellt werden. In der Praxis wird vorgeschlagen, dass aus arbeitsökonomischer Sicht der erste Antrag dem Antragsgegner unverzüglich zugestellt wird mit dem Hinweis, dass das Gericht mit weiteren Anträgen rechnet und diese dann am Fristende gebündelt zugestellt werden. Dem Antragsgegner wird so ermöglicht, sich auf das Verfahren vorzubereiten, Widmann/Mayer/*Wälzholz* § 7 SpruchG Rn. 6.
[219] Bekanntmachungspflicht besteht nicht. Börsennotierte Unternehmen haben aber eine Mitteilungspflicht gem. § 15 WpHG; Spindler/Stilz/*Drescher* § 7 SpruchG Rn. 7.

unverzüglich zustellen. Auf die förmliche Zustellung[220] finden die §§ 166 ff. ZPO, bei einer Zustellung ins Ausland §§ 183 f. ZPO Anwendung. Die Anträge werden Antragsgegner und gemeinsamem Vertreter meist nicht gleichzeitig zugestellt werden, kann der gemeinsame Vertreter doch erst nach Eingang eines zulässigen Antrags vom Gericht bestellt werden. Auch die anderen Antragsteller erhalten formlos eine Abschrift der übrigen Anträge.

Der formale Ablauf bei Gericht sieht vor, dass zunächst jeder Antrag gesondert in das Register eingetragen und als eigenständiges Verfahren geführt wird. Das eigentliche Spruchverfahren mit mehreren Anträgen entsteht durch die Verbindung der einzelnen Verfahren. 108

2. Erwiderung des Antragsgegners, Replik der Antragsteller und Stellungnahme des gemeinsamen Vertreters

a) Erwiderung des Antragsgegners

Mit der Zustellung der Anträge an den Antragsgegner fordert das Gericht diesen gem. § 7 Abs. 2 S. 1 SpruchG auf, die Anträge schriftlich zu erwidern. Er muss gem. § 7 Abs. 2 S. 2 SpruchG zur Höhe von Ausgleich, Zuzahlung, Barabfindung oder sonstigen Abfindungen Stellung nehmen, ohne die Kompensation umfassend zu rechtfertigen. Allerdings muss er detailliert auf die ihm vorliegenden Informationen eingehen, ein schlichtes Bestreiten der Antragsbegründung genügt nicht.[221] Gem. § 9 Abs. 3 SpruchG hat er darüber hinaus auch Rügen bzgl. der Zulässigkeit der Anträge darzulegen. 109

Die Frist, die das Gericht dem Antragsgegner gem. § 7 Abs. 2 S. 3 SpruchG für seine Stellungnahme setzt, muss mindestens einen Monat betragen und sollte drei Monate nicht überschreiten.[222] Mit dem Wortlaut des § 7 Abs. 2 S. 3 SpruchG vereinbar ist die Auslegung, wonach das Gericht dem Antragsgegner eine einheitliche Frist für die Erwiderung aller eingereichten und zugestellten Anträge setzt und diese mit Ablauf der Antragfrist zu laufen beginnt.[223] Fristverlängerungen sind im SpruchG explizit nicht vorgesehen, können aber richterlich verfügt werden, wenn erhebliche Gründe für eine solche glaubhaft gemacht werden können. Zuständig für die Fristverlängerung ist das für das Spruchverfahren zuständige Gericht, bei Zuständigkeit der Kammer für Handelssachen deren Vorsitzender. Bei Fristüberschreitung greift § 10 Abs. 1 SpruchG. 110

Neben seiner Stellungnahme hat der Antragsgegner die Unterlagen nach § 7 Abs. 3 SpruchG einzureichen, auch wenn nicht er sie erstellt hat (sog. *Beschaffungspflicht*[224]), also insbesondere die für die jeweiligen Umwandlungsmaß- 111

---

[220] Saenger/*Siebert*, § 166 Rn. 1 ff.
[221] Zu weiteren „Verfahrenstricks", z. B. Aufbearbeitung der Stellungnahme, siehe Kölner Komm. AktG/*Puzkajler* § 7 SpruchG Rn. 16.
[222] Kölner Komm. AktG/*Puszkajler* § 7 SpruchG Rn. 17.
[223] *Klöcker/Frowein* § 7 Rn. 6; Kölner Komm. AktG/*Puszkajler* § 7 SpruchG Rn. 13.
[224] Widmann/Mayer/*Wälzholz* § 7 SpruchG Rn. 13.

nahmen vorgeschriebenen Berichte und die Prüfungsberichte des Verschmelzungs-/Umwandlungsprüfers (§§ 12, 29, 30 Abs. 2, 125, 135, 176, 207, 208 UmwG). Das muss unmittelbar nach Zustellung der Anträge an den Antragsgegner ohne weitere Aufforderung oder Verfügung des Gerichts erfolgen. Andernfalls kann es die Vorlage der Unterlagen gem. § 7 Abs. 8 SpruchG erzwingen. Mit der Vorlage an das Gericht werden die Unterlagen Gegenstand des Spruchverfahrens und müssen den anderen Verfahrensbeteiligten auf Verlangen gem. § 7 Abs. 3 S. 3 SpruchG kostenlos und unverzüglich durch den Antragsgegner zur Verfügung gestellt werden.[225]

b) Replik der Antragsteller und die Stellungnahme des gemeinsamen Vertreters

112   Gem. § 7 Abs. 4 S. 2 SpruchG[226] haben die Antragsteller und der gemeinsame Vertreter auf die Erwiderung des Antragsgegners, die ihnen gem. § 7 Abs. 4 S. 1 SpruchG zuzustellen ist, wiederum schriftlich Stellung zu nehmen. Die Frist zur Erwiderung muss gem. § 7 Abs. 4 S. 2 SpruchG mindestens einen Monat betragen und sollte drei Monate nicht überschreiten. Das entspricht der Fristsetzungsregelung des § 7 Abs. 2 S. 3 SpruchG. Sollte der gemeinsame Vertreter erst zu einem späten Zeitpunkt bestellt worden sein, ist ihm ggf. eine längere Frist zur Einarbeitung in die Thematik zu gewähren.[227]

113   § 7 Abs. 4 S. 2 SpruchG konkretisiert den Inhalt der Replik des Antragstellers bzw. des gemeinsamen Vertreters nicht. Sie müssen zumindest der Verfahrensförderungspflicht gem. § 9 SpruchG[228] genügen. Ob sich der Antragsteller auf eine Vertiefung seiner bereits in der Antragsbegründung dargelegten Rügen beschränken muss oder neue Begründungen nachschieben kann, ist strittig.[229] Ein Teil der Lehre sieht das Telos des SpruchG – die Verfahrensbeschleunigung – ausgehöhlt, ließe man neue Begründungen zu.[230] Eine derartige Beschränkung ließe sich, so argumentieren die Gegner dieser Interpretation, lediglich aus dem Begriff „Einwendung" ableiten, zumal sämtliche Verfahrensbeteiligten aufgrund der Gewährung des rechtlichen Gehörs zu jedem Vorbringen der anderen Beteiligten Stellung nehmen können müssen. Die Antragsteller können somit ohne Sanktion durch § 10 SpruchG[231] ergänzende Antragsbegründungen vorbringen.

---

[225] Die unmittelbare Übersendung durch den Antragsgegner nach gerichtlicher Aufforderung trägt zur Beschleunigung des Verfahrens bei, da somit vermieden wird, dass die Unterlagen vom Antragsgegner an das Gericht übersendet werden und dort nochmals den gerichtlichen Organisationszyklus durchlaufen müssen, Kölner Komm. AktG/*Puszkajler* § 7 SpruchG Rn. 23.
[226] Diese Regelung entspricht § 276 III ZPO, siehe Hölters/*Simons* § 7 SpruchG Rn. 5.
[227] Kölner Komm. AktG/*Puszkajler* § 7 SpruchG Rn. 27; Simon/*Winter* § 7 Rn. 27.
[228] Ausführlich Kölner Komm. AktG/*Puszkajler* § 9 SpruchG Rn. 3 ff.
[229] Kölner Komm. AktG/*Puszkajler* § 7 SpruchG Rn. 30; Simon/*Winter* § 7 Rn. 30.
[230] *Kubis*, in: FS Hüffer, 2010, 567, 571 ff.
[231] In § 10 SpruchG wird die Präklusion für aufgelistete Maßnahmen sanktioniert; das Vorbringen ergänzter Antragsbegründungen gehört nicht dazu, Kölner Komm. AktG/*Puszkajler* § 7 SpruchG Rn. 30; Simon/*Winter* § 7 Rn. 32.

Der gemeinsame Vertreter ist in seiner Replik nicht auf die Anträge und 114
deren Begründung des Antragstellers beschränkt, sondern kann neue Gesichtspunkte in das Verfahren einführen. Das verlangt seine Stellung als Wahrer der Rechte der nicht am Verfahren beteiligten Anteilsinhaber.

3. Mündliche Verhandlung

a) Grundsätze

Im Grundsatz soll das Gericht gem. § 8 Abs. 1 S. 1 SpruchG seine Entscheidung 115
aufgrund einer *mündlichen Verhandlung* treffen. Die mündliche Verhandlung soll möglichst früh stattfinden, das Gericht also einen zeitnahen Termin[232] nach Ablauf der Antragsfrist und der Fristen für die Stellungnahmen der Beteiligten finden, der auf die Belastung des Spruchgerichts und die sonstigen vorbereitenden Maßnahmen bei Gericht abgestimmt ist.[233]

Zu der mündlichen Verhandlung sind gem. § 8 Abs. 2 SpruchG alle Beteilig- 116
ten am Verfahren zu laden.[234]

Gem. § 8 Abs. 3 SpruchG sind die §§ 138, 139 ZPO, für die Durchführung 117
der mündlichen Verhandlung die §§ 279, 283 ZPO anwendbar. Im Spruchverfahren gilt demnach der *Beibringungsgrundsatz* (im Wege der Wahrheits- bzw. Erklärungspflicht), ergänzt durch die Pflicht des Spruchgerichts zur *Prozessleitung*.[235]

Daneben steht die *Verfahrensförderungspflicht*: Im Sinn der Verfahrensbe- 118
schleunigung hat „jeder Beteiligte [...] in der mündlichen Verhandlung und deren schriftlicher Vorbereitung seine Anträge sowie sein weiteres Vorbringen so zeitig vorzubringen, wie es nach der Verfahrenslage einer sorgfältigen und auf Förderung des Verfahrens bedachten Verfahrensführung entspricht" (§ 9 SpruchG, vgl. § 282 ZPO). Bei Verletzung der Verfahrensförderungspflicht sieht § 10 Abs. 2 SpruchG die Präklusion vor.[236] Zudem darf das Gericht zurückgewiesene Vorbringen gem. § 10 Abs. 3 SpruchG bei seiner Entscheidung nicht berücksichtigen.[237]

---

[232] In der Literatur werden Terminfestsetzung zwischen acht und zehn Monaten nach Antragsfristende für realistisch gehalten, Kölner Komm. AktG/*Puszkajler* § 8 SpruchG Rn. 6.
[233] Zu den Rechtsbehelfen aufgrund der Nichtansetzung eines Termins, Kölner Komm. AktG/*Puszkajler* § 8 SpruchG Rn. 8.
[234] Zur genauen Terminbestimmung bzw. -verlegung sowie zur Ladungsfrist siehe § 17 Abs. 1 SpruchG, § 32 Abs. 2 FamFG, § 227 ZPO.
[235] *Emmerich/Habersack* Konzernrecht § 22a S. 322.
[236] Emmerich/Habersack/*Emmerich* § 10 SpruchG Rn. 8 ff.
[237] Zur Einschränkung des Amtsermittlungsgrundsatzes, Schmitt/Hörtnagl/Stratz/*Hörtnagl* § 10 SpruchG Rn. 6.

b) Vorbereitende Maßnahmen

119 Neben den bereits dargestellten vorbereitenden Maßnahmen der mündlichen Verhandlung (§ 7 Abs. 1 bis Abs. 4 SpruchG) (vgl. Rn. 115 ff.), kann das Gericht weitere Maßnahmen[238] gem. § 7 Abs. 5 SpruchG zur Verfahrensgestaltung ergreifen, insbesondere um das Verfahren zu beschleunigen und zu konzentrieren.[239]

120 Hervorzuheben ist die Möglichkeit des Gerichts gem. § 7 Abs. 6 SpruchG (in Anlehnung, wenngleich in eingeschränkter und teilweise unklarer Form, an § 358a ZPO), bereits vor dem ersten Termin der mündlichen Verhandlung eine Beweisaufnahme durch Sachverständige anzuordnen, vor allem, um Art und Umfang einer folgenden Beweisaufnahme zu sondieren.[240] Hierbei soll es explizit nur um Vorfragen, etwa die Maßgeblichkeit und Ermittlung des Referenzbörsenwertes,[241] nicht aber um die Unternehmensbewertung als Hauptfrage gehen.

121 Schließlich hat der Anspruchsgegner gem. § 7 Abs. 7 SpruchG dem Gericht und/oder dem gerichtlich bestellten Sachverständigen unverzüglich (i. S. d. § 121 Abs. 1 S. 1 BGB) Unterlagen, die für die gerichtliche Entscheidung erheblich sind, auf Verlangen des Antragstellers oder des Vorsitzenden der Kammer vorzulegen. Besteht ein besonderes Geheimhaltungsinteresse, kann der Vorsitzende anordnen, dass die Unterlagen nicht dem Antragsteller zugänglich gemacht werden. Gegen die Verfügung des Vorsitzenden kann das Gericht angerufen werden, welches durch unanfechtbare Entscheidung entscheidet (§ 7 Abs. 7 S. 3 SpruchG).[242] Die Vorlage der Unterlagen kann das Gericht im Wege des § 7 Abs. 8 SpruchG erzwingen.

c) Rolle des sachverständigen Prüfers

122 Gem. § 8 Abs. 2 SpruchG soll das Gericht den sachverständigen Prüfer in der mündlichen Prüfung grundsätzlich anhören, es sei denn, dessen Anhörung ist nach Ermessen des Gerichts entbehrlich für die Aufklärung des Sachverhalts.[243]

123 Der Prüfer wird vom Gericht ausgewählt und durch Beschluss bestellt, damit seine Garantenstellung für eine sachgerechte Information zur Überprüfung der strittigen Kompensation gewahrt ist.[244] Auch soll der gerichtliche Prüfer nicht

---

[238] Eine abschließende Aufzählung der Maßnahmen ist nicht möglich. Siehe zu einer Reihe von Beispielen Hüffer/Koch § 7 SpruchG Rn. 7; Widmann/Mayer/*Wälzholz* § 7 SpruchG Rn. 20; Simon/*Winter* § 7 Rn. 37.
[239] Kölner Komm. AktG/*Puszkajler* § 7 SpruchG Rn. 35.
[240] Ausführlich Kölner Komm. AktG/*Puszkajler* § 7 SpruchG Rn. 46 ff.; Simon/*Winter* § 7 Rn. 45 ff.
[241] Simon/*Winter* § 7 Rn. 52.
[242] Hüffer/Koch § 7 SpruchG Rn. 9.
[243] Sehr kritisch *Emmerich/Habersack* Konzernrecht § 22a S. 322.
[244] Zur Frage der Unabhängigkeit, Qualifikation sowie Vergütung des Prüfers und der Transparenz des Bestellungsverfahrens, Kölner Komm. AktG/*Puszkajler* § 7 SpruchG Rn. 34 ff.

lediglich das vom Unternehmen bereits erstellte Bewertungsgutachten überprüfen, sondern vielmehr in die Erstbewertung einbezogen werden (sog. *Parallelprüfung*).[245]

Insgesamt sollen durch Anhörung des Prüfers (§ 8 Abs. 2 S. 1 SpruchG) bzw. durch seine Beantwortung der vom Gericht gestellten Fragen (§ 8 Abs. 3 SpruchG) und durch seine schriftliche Stellungnahme (§ 7 Abs. 6 SpruchG) die strittigen Bewertungsfragen geklärt werden können.

124

4. Beendigung des Verfahrens durch gerichtliche Entscheidung oder Vergleich

a) Beendigung durch gerichtliche Entscheidung

Das Spruchverfahren wird gem. § 11 Abs. 1 SpruchG durch begründeten[246] Beschluss[247] der Kammer des zuständigen Landgerichts oder gem. § 2 Abs. 2 S. 2 SpruchG durch den Vorsitzenden der Kammer für Handelssachen beendet.[248] Denkbar sind hier Entscheidungen,
– die den Antrag als unzulässig verwerfen oder als unbegründet zurückweisen[249],
– die die Erledigung des Spruchverfahrens in der Hauptsache feststellen,
– oder in der Sache, z. B. zur Barabfindung oder Ausgleich durch bare Zuzahlung.

125

In der Begründung des Beschlusses wird sich das Spruchgericht mit der Kompemsation auseinandersetzen müssen. Dabei reicht eine Plausibilitätsprüfung der angegriffenen Bewertung nicht aus, erforderlich ist vielmehr eine Überprüfung der Unternehmensbewertung.

126

Der Beschluss des Spruchgerichts wird gem. § 13 S. 1 SpruchG mit der Rechtskraft[250] wirksam, d. h. wenn keine Rechtsmittel gegen die Entscheidung mehr erhoben werden können. Rechtskraft erlangt der Beschluss des Landgerichts auch durch Erlass der Beschwerdeentscheidung, wenn diese die Beschwerde als unzulässig verwirft oder als unbegründet zurückweist, die Beschwerde zurückgenommen wird oder Verzicht erklärt wird. Zudem erlangt die erstinstanzliche Entscheidung Rechtskraft, wenn das Rechtsbeschwerdegericht (vgl. Rn. 130) die Zulassung einer Sprungrechtsbeschwerde ablehnt oder die (Sprung-)Rechtsbeschwerde als unlässig verwirft oder als unbegründet zurückweist.[251]

127

---

[245] Kölner Komm. AktG/*Puszkajler* Vorb. §§ 7–11 SpruchG Rn. 28 ff.; Emmerich/Habersack/*Emmerich* § 8 SpruchG Rn. 6.
[246] Die Unbegründetheit eines Beschlusses führt nicht zu dessen Unwirksamkeit, wohl aber als schwerwiegender Mangel zur Aufhebung der Entscheidung.
[247] *Klöcker/Frowein* § 11 Rn. 1.
[248] Zum Aufbau des Beschlusses, § 38 Abs. 2 bis 4 FamFG.
[249] Kölner Komm. AktG/*Puszkajler* § 11 SpruchG Rn. 10.
[250] Nach Eintritt der Rechtskraft kann von den Beteiligten oder einem Dritten mit berechtigtem Interesse bei der Geschäftsstelle des LG ein Rechtskraftzeugnis verlangt werden.
[251] Kölner Komm. AktG/*Wilske* § 13 SpruchG Rn. 6; Widmann/Mayer/*Wälzholz* § 13 SpruchG Rn. 4.

128 Der Beschluss des Landgerichts wirkt für und gegen alle Verfahrensbeteiligten sowie alle Anteilsinhaber, auch jene, die bereits ausgeschieden sind,[252] indem sie die ursprünglich angebotene (Bar-)Abfindung angenommen haben (sog. *inter omnes*-Wirkung des § 13 Abs. 2 SpruchG). Auch bindet die Entscheidung alle Gerichte und Behörden, insbesondere im Rahmen einer Leistungsklage gem. § 16 SpruchG. Sollte das Gericht die Kompensation neu bestimmen, muss der Unternehmensvertrag, der der Umwandlungsmaßnahme zu Grund liegt, rückwirkend geändert werden. Gleichzeitig ist zu beachten, dass der Beschluss nur Rechtskraft hinsichtlich der streitgegenständigen Maßnahme[253] und im Umfang des Entscheidungsinhalts[254] entfaltet.

129 Schließlich ist die rechtskräftige Entscheidung ohne Begründung[255] gem. § 14 SpruchG von den gesetzlichen Vertretern des Antragsgegners bekanntzumachen, d. h. von den an der Umwandlung beteiligten Rechtsträgern gem. § 1 Nr. 4 SpruchG.[256] Die Bekanntmachung hat im Bundesanzeiger (§ 14 mit Verweis auf § 6 Abs. 1 S. 4 SpruchG) sowie ggf. in anderen mit Verweis auf § 6 Abs. 1 S. 5 SpruchG bestimmten Blättern oder elektronischen Informationsmedien zeitnah[257] zu erfolgen.[258] Eine fehlende Bekanntmachung kann nicht durch ein Zwangsgeld oder andere Sanktionsmöglichkeiten erzwungen, wohl aber nach h. M. durch die Antragsteller und den gemeinsamen Vertreter eingeklagt werden.[259]

b) Rechtsmittel gegen die gerichtliche Entscheidung

130 Gegen Beschlüsse des Landgerichts nach § 11 Abs. 1 SpruchG kann gem. § 12 SpruchG *Beschwerde* eingelegt werden.[260] Für das Beschwerdeverfahren vor

---

[252] Diese erlangen einen Abfindungsergänzungsanspruch, es sei denn, der ausgeschiedene Anteilsinhaber hat ausdrücklich darauf in einem Erlassvertrag oder Vergleich verzichtet oder seine Aktien während des Spruchverfahrens an einen Dritten veräußert, BGH ZIP 2006, 1392, 1394 f.; Kölner Komm. AktG/*Wilske* § 13 SpruchG Rn. 12. Nach ganz h. M. gibt es keinen Rückerstattungsanspruch des Antragsgegners, sollte die dem Anteilseigner gewährte Kompensation höher sein als jene, das das Gericht festgelegt hat, weil sie die vom Gericht als angemessen festgesetzte Gegenleistung lediglich als Mindestbetrag betrachtet, Schmitt/Hörtnagl/Stratz/*Hörtnagl* § 13 SpruchG Rn. 5; Widmann/Mayer/*Wälzholz* § 13 SpruchG Rn. 15. Ein Teil der Literatur nimmt einen solchen Anspruch an, wenn dieser durch Individualabrede vereinbart wurde, Simon/*Simon* § 13 Rn. 10.
[253] OLG Frankfurt AG 2007, 699, 701.
[254] BGH AG 2010, 910, 911.
[255] Die Begründung kann ebenfalls bekanntgemacht werden, Simon/*Leuering* § 14 Rn. 11.
[256] Ausführlich Kölner Komm. AktG/*Wilske* § 14 SpruchG Rn. 6 ff.
[257] Kölner Komm. AktG/*Wilske* § 14 SpruchG Rn. 21.
[258] Zu den Ausnahmen in Bezug auf die Bekanntmachungspflicht, Kölner Komm. AktG/*Wilske* § 14 SpruchG Rn. 22 ff.
[259] Simon/*Leuering* § 14 Rn. 21; Kölner Komm. AktG/*Wilske* § 14 SpruchG Rn. 34; a. A. Spindler/Stilz/*Drescher* § 14 SpruchG Rn. 4, wonach es an einer Anspruchsberechtigung fehlt.
[260] Zur Anwendung des § 58 Abs. 1 Hs. 1 FamFG, Kölner Komm. AktG/*Wilske* § 12 SpruchG Rn. 13 f., wonach nur Endentscheidungen anfechtbar sind. Zwischenentscheidungen werden inzident gem. § 58 Abs. 2 FamFG geprüft, wenn gegen die Endentscheidung Beschwerde eingelegt wird.

dem OLG als zuständigem Beschwerdegericht[261] besteht Anwaltszwang gem. § 12 Abs. 1 S. 2 SpruchG. Kostenentscheidungen[262] können im Wege der Beschwerde isoliert angefochten werden.[263]

Beschwerdeberechtigt sind gem. § 59 FamFG i. V. m. § 17 Abs. 1 SpruchG alle Beteiligten am Spruchverfahren, deren Recht durch die gerichtliche Entscheidung beeinträchtigt ist. Das sind[264] 131
– der oder die Antragsteller, unabhängig davon, ob und in welchem Umfang das Gericht ihren Anträgen entsprochen hat, vorausgesetzt, der Antragsteller ist zum Zeitpunkt der Einlegung der Beschwerde antragsberechtigt i. S. d. § 3 Abs. 1 SpruchG,
– der gemeinsame Vertreter, unabhängig davon, ob seine Anträge als unzulässig abgewiesen wurden oder er das erstinstanzliche Verfahren allein fortgeführt hat oder nicht,
– der oder die Antragsgegner, wenn nicht alle Anträge der Antragsteller oder des gemeinsamen Vertreters vom Gericht zurückgewiesen wurden.

Die Beschwerde ist bei dem Landgericht[265], das den angefochtenen Beschluss erlassen hat, binnen Monatsfrist gem. § 63 Abs. 1 FamFG i. V. m. § 17 SpruchG einzulegen. Die Frist läuft ab der Zustellung der gerichtlichen Entscheidung, bei fehlerhafter oder fehlender Zustellung gem. § 63 Abs. 3 S. 2 FamFG beginnt sie spätestens mit Ablauf von fünf Monaten nach Erlass der gerichtlichen Entscheidung. Für die Fristberechnung gelten die § 16 Abs. 2 FamFG, § 222 Abs. 1 ZPO, §§ 187 Abs. 1, 188 Abs. 2 BGB.[266] Die Frist wird nur gewahrt, wenn beim zuständigen Gericht die Beschwerde eingeht; bei unverschuldetem Fristversäumnis kommt die Wiedereinsetzung in den vorigen Stand gem. § 17 FamFG in Betracht.[267] 132

---

[261] Die Länder können die Zuständigkeit gem. § 12 Abs. 2 SpruchG bei einem OLG konzentrieren. Bayern (OLG München), Nordrhein-Westfalen (OLG Düsseldorf) und Rheinland-Pfalz (OLG Zweibrücken) haben von dieser Regelung Gebrauch gemacht.
[262] Zu den Kosten, § 15 SpruchG, BT-Drs. 15/371, 17 ff. Ausführlich Kölner Komm. AktG/*Rosskopf* § 15 SpruchG Rn. 1 ff.; Simon/*Winter* § 15 Rn. 1 ff.; *van Kann/Hirschmann* DStR 2003, 1488 ff.
[263] Kölner Komm. AktG/*Wilske* § 12 SpruchG Rn. 19.
[264] In Ausnahmefällen kommen als vierte Kategorie noch die Nebenintervenienten hinzu; Kölner Komm. AktG/*Wilske* § 12 SpruchG Rn. 25.
[265] Grund hierfür ist, dass das LG die Möglichkeit der Abhilfe gem. § 68 Abs. 1 S. 1 Hs. 1 FamFG hat, wenn es dieses für begründet hält. Ansonsten hat das LG die Beschwerde dem Beschwerdegericht, dem zuständigen OLG, vorzulegen gem. § 68 Abs. 1 S. 1 Hs. 2 FamFG. Damit soll dem LG die Möglichkeit der Selbstkontrolle gegeben werden und gleichzeitig die Beschwerdegerichte entlastet werden. Gegen den Abhilfebeschluss des LG kann Beschwerde eingelegt werden. Auch dann ist das LG zunächst einmal wieder abhilfebefugt.
[266] Kölner Komm. AktG/*Wilske* § 12 SpruchG Rn. 27.
[267] Kölner Komm. AktG/*Wilske* § 12 SpruchG Rn. 30.

133 Eine Anschlussbeschwerde ist gem. § 66 FamFG noch nach Fristablauf möglich, birgt allerdings die Gefahr, dass sie bei Rücknahme der Hauptbeschwerde wirkungslos wird.[268]

134 In der Beschwerdeschrift, die von einem Rechtsanwalt eigenständig unterschrieben werden muss, muss der Beschwerdeführer den Beschluss bezeichnen, der angefochten wird und erklären, dass er gegen diesen Beschluss Beschwerde einlegt. Die Beschwerde muss begründet sein gem. § 65 Abs. 1 FamFG. Dieses ist zwar keine Zulässigkeitsvoraussetzung, aber wenn der Beschwerdeführer die Gründe, die gegen die Rechtmäßigkeit des angefochtenen Beschlusses sprechen, nicht innerhalb der vom Gericht gesetzten Frist darlegt, kann es, nach Ansicht eines Teils der Literatur[269], den Beschwerdeantrag als unbegründet zurückweisen. Während des Beschwerdeverfahrens können sowohl die Beschwerde als auch einzelne Anträge jederzeit zurückgenommen werden.

135 Es steht im Ermessen des Beschwerdegerichts, ob es eine mündliche Verhandlung vornimmt. Es kann davon absehen, wenn eine mündliche Verhandlung bereits in erster Instanz durchgeführt wurde und von einer neuerlichen Verhandlung keine neuen Erkenntnisse zu erwarten sind.[270]

136 Das Beschwerdegericht entscheidet durch begründeten Beschluss analog § 11 Abs. 1 SpruchG, indem es entweder die Beschwerde als unzulässig oder unbegründet zurückweist, die Entscheidung des Landgerichts aufhebt und eine angemessene Gegenleistung neu festsetzt oder das Verfahren an das Landgericht (teils[271]) zurücküberweist[272]. Weiterhin kann das Beschwerdegericht in seinem Beschluss eine Rechtsbeschwerde zum BGH gem. § 17 Abs. 1 SpruchG i. V. m. § 70 Abs. 1 FamFG zulassen, wenn die Rechtssache grundsätzliche Bedeutung hat, das Recht fortgebildet werden kann oder die einheitliche Rechtsprechung damit gesichert wird.

137 Sollte die Beschwerde im Laufe des Verfahrens zurückgenommen worden sein, trifft das Beschwerdegericht nur noch eine Kostenentscheidung und die Entscheidung des Landgerichts hat Rechtskraft. Der gemeinsame Vertreter

---

[268] Ausführlich zur Anschlussbeschwerde, Spindler/Stilz/*Drescher* § 12 SpruchG Rn. 9; Widmann/Mayer/*Währholz* § 12 SpruchG Rn. 15.

[269] Kölner Komm. AktG/*Wilske* § 12 SpruchG Rn. 38; a. A. Spindler/Stilz/*Drescher* § 12 SpruchG Rn. 5, wonach das Fehlen einer Begründung keine Konsequenzen nach sich zieht.

[270] In seinem Ermessen muss das Beschwerdegericht allerdings die Rechtsprechung des EGMR beachten. Danach ist die mündliche Verhandlung auch insbesondere entbehrlich, wenn das Beschwerdegericht ausschließlich über Rechtsfragen zu entscheiden hat, Kölner Komm. AktG/*Wilske* § 12 SpruchG Rn. 46.

[271] In diesem Fall trifft das Beschwerdegericht noch eine Teilentscheidung in der Sache. Im Einzelnen siehe dazu Kölner Komm. AktG/*Wilske*, § 12 SpruchG Rn. 57; Spindler/Stilz/*Drescher* § 12 SpruchG Rn. 17.

[272] Nach ganz h. M. herrscht auch im Spruchverfahren das Verbot der *reformatio in peius*, ausführlich Emmerich/Habersack/*Emmerich* § 12 SpruchG Rn. 9; Kölner Komm. AktG/*Wilske* § 12 SpruchG Rn. 59 ff.; a. A. Spindler/Stilz/*Drescher* § 12 SpruchG Rn. 17; K. Schmidt/Lutter/*Klöcker* § 12 SpruchG Rn. 17.

kann das Verfahren nicht analog § 6 Abs. 3 S. 1 SpruchG allein fortführen, es sei denn, er selbst hat Beschwerde eingelegt.

Werden *alle Anträge* der Antragsteller, die zugleich Beschwerdeführer sind, mit Zustimmung des gemeinsamen Vertreters *zurückgenommen*, wird das Spruchverfahren beendet. Stimmt der gemeinsame Vertreter der Rücknahme der Anträge nicht zu, kann er das Verfahren nur dann fortführen, wenn er Beschwerde eingelegt hat.[273] Auch führt die Rücknahme aller Anträge zur Beendigung des Beschwerdeverfahrens, nicht aber zur Beendigung des Spruchverfahrens, wenn die Beschwerdeführer ihre Anträge zurückgenommen haben, nicht aber die Anträge von Antragstellern, die keine Beschwerde eingelegt haben. In diesem Fall erlangt die Entscheidung des Landgerichts Rechtskraft, und das Beschwerdegericht trifft nur noch eine Kostenentscheidung hinsichtlich des Beschwerdeverfahrens. Die rechtskräftige Entscheidung ist gem. § 14 SpruchG bekanntzumachen.[274]

138

Im *Rechtsbeschwerdeverfahren* vor dem BGH soll ausschließlich das Vorliegen von Rechtsverletzungen geprüft werden,[275] der Vortrag neuer Tatsachen und Beweise ist nicht zu berücksichtigen.[276]

139

Die Rechtsbeschwerde muss durch das Beschwerdegericht zugelassen werden gem. § 70 Abs. 1 FamFG.[277] Der BGH ist dabei an den Beschluss des Beschwerdegerichts gebunden. Sollte das Beschwerdegericht keine Rechtsbeschwerde zugelassen haben, kann dagegen Nichtzulassungsbeschwerde eingelegt werden.[278] Die Rechtsbeschwerde richtet sich gegen die Endentscheidung des Beschwerdegerichts.[279]

140

Rechtsbeschwerdeberechtigt ist der Antragsteller im Spruchverfahren, selbst wenn er am Beschwerdeverfahren nicht aktiv beteiligt war, denn der Beschluss des OLG wirkt auch gem. § 13 Abs. 2 SpruchG gegen ihn. Voraussetzung ist allerdings, dass der Antragsteller zum Zeitpunkt der Einlegung der Rechtsbe-

141

---

[273] Sollte er keine Beschwerde eingelegt haben, ist davon auszugehen, dass er mit der Entscheidung des LG einverstanden war. Er wird dann zwar das Verfahren fortführen können, aber konsequenterweise die Erledigung erklären, Simon/*Simon* § 12 Rn. 30.
[274] Ausführlich Kölner Komm. AktG/*Wilske* § 14 SpruchG Rn. 6 ff.
[275] Zum Änderungsvorschlag, wonach § 12 SpruchG gestrichen werden soll und das OLG durch unanfechtbaren Beschluss entscheiden soll, BT-Drs. 17/14214, kritisch *Dreier/Riedel* BB 2013, 326 ff.
[276] Zur Anwendung der absoluten Revisionsgründe, § 547 ZPO.
[277] Auch ist eine Sprungrechtsbeschwerde gem. § 17 Abs. 1 SpruchG i. V. m. § 75 Abs. 1 S. 1 FamFG möglich, wenn alle Beteiligten zustimmen, diese anstelle der Beschwerde einzulegen. In der Praxis wird dieses Verfahren beim Spruchverfahren keine große Rolle spielen, würden sich die Beteiligten mit ihrer Zustimmung doch die Abhilfemöglichkeit des LG (vgl. Rn. 132) und eine weitere Tatsacheninstanz nehmen. Wenn der BGH den Antrag auf Zulassung der Rechtsbeschwerde ablehnt, wird der Beschluss des LG rechtskräftig (§ 75 Abs. 2 FamFG i. V. m. § 566 Abs. 6 ZPO) und es besteht kein weiteres Rechtsmittel mehr.
[278] Simon/*Simon* § 12 Rn. 44.
[279] Dazu gehören die Beschlüsse des OLG im Spruchverfahren einschließlich der Aufhebung und Zurückweisung an das LG, aber auch Kostenentscheide.

schwerde weiterhin die Antragsberechtigungsvoraussetzungen nach § 3 SpruchG erfüllt. Auch der gemeinsame Vertreter ist rechtsbeschwerdeberechtigt. Der oder die Antragsgegner sind rechtsbeschwerdeberechtigt, wenn das OLG nicht die zurückweisende Entscheidung des Landgerichts bestätigt oder in Aufhebung der Entscheidung des Landgerichts alle Anträge zurückweist. Im Rechtsbeschwerdeverfahren vor dem BGH herrscht Anwaltszwang; die Verfahrensbeteiligten werden von einem beim BGH zugelassenen Rechtsanwalt gem. § 10 Abs. 4 S. 1 FamFG vertreten.[280]

142 Die *Rechtbeschwerdefrist* beträgt einen Monat und beginnt mit der Zustellung der Beschwerdeentscheidung. Innerhalb der Monatsfrist muss die Rechtsbeschwerdeschrift, die von einem Rechtsanwalt unterschrieben sein muss, beim BGH eingehen. Hinsichtlich der Formvorschriften und der Anschlussbeschwerde sei auf das hinsichtlich des Beschwerdeverfahrens Gesagte verwiesen.[281]

143 Wie die Beschwerdeschrift muss die *Rechtsbeschwerdeschrift* gem. § 71 Abs. 1 S. 2 FamFG den angefochtenen Beschluss bezeichnen und eine Erklärung enthalten, dass dagegen Rechtsbeschwerde eingelegt wird. Eine Begründung, die konkret darlegen muss, inwieweit der Beschluss angefochten wird, also welche Rechts- oder Verfahrensverletzungen vorliegen, ist Pflicht. Die Begründungsfrist beträgt wie die Einlegungsfrist einen Monat, wobei sie der Vorsitzende auf Antrag verlängern kann. Der Rechtsbeschwerdegegner muss der Verlängerung grundsätzlich zustimmen. Auch ohne seine Zustimmung kann die Frist um bis zu zwei Monate verlängert werden, wenn dadurch weder eine Verfahrensverzögerung entsteht noch der Rechtsbeschwerdegegner erhebliche Gegengründe aufführt.

144 Die *Beteiligten* im Rechtsbeschwerdeverfahren sind der Rechtsbeschwerdeführer, der Rechtsbeschwerdegegner und der gemeinsame Vertreter. Antragssteller, die keine (Anschluss-) Rechtsbeschwerde eingelegt haben, sind ebenfalls Beteiligte im Verfahren, da die Entscheidung auch ihnen gegenüber *inter omnes* gem. § 13 Abs. 2 SpruchG wirkt.

145 Betreffend die mündliche Verhandlung und die Rücknahme der Rechtsbeschwerde[282] (gem. § 73 FamFG i. V. m. § 67 FamFG) und von Anträgen wird auf die Ausführungen im Beschwerdeverfahren verwiesen (vgl. Rn. 115 ff.). Zu beachten ist, dass bei Rücknahme aller Anträge die Zustimmung aller Beteiligten notwendig ist, da dies zur Wirkungslosigkeit der Entscheidungen erster und zweiter Instanz führt. Stimmt der gemeinsame Vertreter nicht zu, läuft das Verfahren weiter.

---

[280] Heidel/*Krenek* § 12 SpruchG Rn. 18.
[281] Kölner Komm. AktG/*Wilske* § 12 SpruchG Rn. 77.
[282] Emmerich/Habersack/*Emmerich* § 12 SpruchG Rn. 7 ff.; *Preuß* NZG 2009, 961, 965.
[283] Kölner Komm. AktG/*Wilske* § 12 SpruchG Rn. 89 ff.
[284] Ausführlich zum Verbot der *reformatio in peius* im Rechtsbeschwerdeverfahren, Kölner Komm. AktG/*Wilske* § 12 SpruchG Rn. 91 mit Verweis auf BT-Drs. 16/6308, 167. Siehe auch *Klöcker/Frowein* § 11 Rn. 3.

Der BGH als Rechtsbeschwerdegericht entscheidet durch *begründeten Beschluss* gem. § 38 Abs. 1 S. 1 FamFG.[283] Die Begründung kann gem. § 74 Abs. 7 FamFG entfallen, wenn sie nicht zur Klärung der Rechtslage, zur Fortbildung des Rechts oder zur Sicherung einer einheitlichen Rechtsprechung beiträgt. Auch bei einem Zurückweisungsbeschluss gem. § 74a Abs. 1 FamFG ist die Begründung entbehrlich, wenn sich gem. § 74a Abs. 3 FamFG die Gründe für die Zurückweisung bereits aus einem früheren Hinweis des BGH gem. § 74a Abs. 2 FamFG ergeben. Auch im Rechtsbeschwerdeverfahren gilt das Verbot der *reformatio in peius*.[284]

146

Der BGH kann in seinem Beschluss[285]
– die Rechtsbeschwerde als unzulässig zurückweisen, insb. bei Form- oder Fristmängeln oder mangelhafter Begründung (§ 74 Abs. 1 FamFG),
– die Rechtsbeschwerde als unbegründet zurückweisen (§ 74 Abs. 2 FamFG),
– die Entscheidung des Landgerichts aufheben und mit einer eigenen Sachentscheidung ersetzen, einschließlich der Festsetzung einer angemessenen Kompensation (§ 74 Abs. 5, 6 S. 1 FamFG),
– die angefochtene Entscheidung aufheben und aufgrund mangelnder Entscheidungsreife an das Beschwerdegericht (ausnahmsweise, wenn besondere Gründe geboten sind, an die erste Instanz, also das Landgericht) zurückweisen,
– die Rechtsbeschwerde zurückweisen, wenn die Voraussetzungen für die Zulassung nicht vorliegen und sie keine Aussicht auf Erfolg hat (§ 74a Abs. 1 FamFG).

147

Die rechtskräftige Entscheidung gem. § 13 SpruchG ist gem. § 14 SpruchG bekanntzumachen.

Exkurs: Die Vorlagepflicht beim EuGH und BVerfG durch die Gerichte sowie außerordentliche Rechtsbehelfe der Verfahrensbeteiligten

148

Die Gerichte können verpflichtet sein, das Verfahren auszusetzen und den EuGH[286] oder das BVerfG anzurufen. Dem EuGH gegenüber besteht eine Vorlagepflicht seitens des OLG (im Beschwerdeverfahren) oder des BGH (im Rechtsbeschwerdeverfahren), wenn sich eine Auslegungsfrage stellt, die das primäre oder sekundäre Gemeinschaftsrecht betrifft.[287] Eine Vorlage an das BVerfG kann gegeben sein, wenn ein Gericht ein Gesetz, auf dessen Gültigkeit es bei der Entscheidung ankommt, für verfassungswidrig hält (Art. 100 Abs. 1 GG, §§ 80 ff. BVerfGG).

149

Außerordentliche Rechtsbehelfe sind die Anhörungsrüge, die Verfassungsbeschwerde und die Anrufung des Europäischen Gerichtshofs für Menschenrechte.

150

---

[285] Kölner Komm. AktG/*Wilske* § 12 SpruchG Rn. 90; Saenger/*Kemper* § 38 FamFG Rn. 3.
[286] Sollte die Vorlagepflicht durch ein deutsches Gericht verletzt werden, liegt darin eine Vertragsverletzung durch den deutschen Staat.
[287] Widmann/Mayer/*Währholz* § 12 SpruchG Rn. 37.

151 Die Verfahrensbeteiligten können das Verfahren rügen, insbesondere dann, wenn ihr Anspruch auf rechtliches Gehör in entscheidungserheblicher Weise verletzt wurde und weder ein Rechtsmittel noch ein anderer Rechtsbehelf noch eine andere Abänderungsmöglichkeit der Entscheidung gegeben ist (§ 44 FamFG). Im Spruchverfahren kommt die Anhörungsrüge gegen die Beschwerdeentscheidung, wenn keine Rechtsbeschwerde zugelassen ist, sowie gegen die Rechtsbeschwerdeentscheidung, in Betracht. Sie hat keinen Suspensiveffekt, kann jedoch nachträglich die Rechtskraft der Entscheidung aufheben, sollte das angerufene Gericht den angegriffenen Beschluss aufheben.

152 Ein Beteiligter im Spruchverfahren kann zudem Verfassungsbeschwerde gem. Art. 93 Abs. 1 Nr. 4a, 94 Abs. 2 GG i. V. m. § 90 Abs. 1 BVerfGG einreichen, wenn er darlegt, dass er durch die Entscheidung in seinen Grundrechten verletzt wurde und grundsätzlich alle Rechtswege erschöpft sind.[288] Im Spruchverfahren können insbesondere die Eigentumsgarantie (Art. 14 GG) und das Rechtsstaatsprinzip (Art. 2 Abs. 1 GG i. V. m. Art. 20 Abs. 3 GG) betroffen sein.

153 Letztlich kann ein Verfahrensbeteiligter auch den EGMR anrufen, sofern er darlegen kann, durch den Vertragsstaat in einem seiner in der Konvention oder den Zusatzprotokollen anerkannten Rechte verletzt worden zu sein. Im Hinblick auf das Spruchverfahren musste der EGMR insbesondere hinsichtlich der langen Verfahrensdauer entscheiden.[289]

c) Beendigung durch Vergleich

154 Das Spruchverfahren kann auch durch eine gütliche Einigung bzw. einen Vergleich beendet werden (§ 11 Abs. 2, Abs. 4 SpruchG).[290] Der Gesetzgeber schreibt dem Gericht eine Vergleichsförderung in § 11 Abs. 2 S. 1 SpruchG, analog § 278 Abs. 1 ZPO, § 36 Abs. 1 S. 2 FamFG vor: Es soll „in jeder Lage des Verfahrens auf eine gütliche Einigung bedacht sein".

155 Voraussetzung für einen wirksamen Vergleichsabschluss ist die Einigung aller Beteiligten gem. § 11 Abs. 2 S. 2 SpruchG.[291] Vergleiche wirken zunächst nur *inter partes*, denn die Regelung des § 13 Abs. 2 SpruchG ist auf den Vergleich nicht anwendbar.[292] In der Regel wird er dennoch auf alle übrigen Anteilsinhaber erstreckt werden, weil er nur mit Zustimmung des gemeinsamen Vertreters als Stimme der nicht am Verfahren beteiligten Anteilsinhaber geschlossen

---

[288] Eine Ausnahme besteht, wenn dem Beschwerdeführer ein schwerer und unabwendbarer Nachteil dadurch entstünde, dass er erst den Rechtsweg ausschöpfen müsste. Zudem muss die Verfassungsbeschwerde von allgemeiner Bedeutung sein. Fraglich ist, ob die Voraussetzungen im Spruchverfahren gegeben sein können.
[289] Ausführlich Kölner Komm. AktG/*Wilske* § 12 SpruchG Rn. 103 ff.
[290] *Klöcker/Frowein* § 11 Rn. 10 ff.
[291] Siehe den Meinungsstreit bzgl. eines „qualifizierten Mehrheitsvergleichs", befürwortend *Noack* NZG 2014, 92 ff.; ablehnend *Haspl* NZG 2014, 487 ff., der von einem unzulässigen „Zwangsvergleich" spricht.
[292] Kölner Komm. AktG/*Puszkajler* § 11 SpruchG Rn. 27, der von einer „ärgerlichen Fehlleistung des Gesetzgebers" spricht.

werden und der gemeinsame Vertreter nur dann zustimmen kann, wenn der Vergleich als Vertrag zugunsten Dritter gem. § 328 BGB auf die übrigen Anteilsinhaber erstreckt wird.

Der Vorteil des Vergleichs liegt darin, dass sein Inhalt nicht auf den Verfahrensgegenstand beschränkt ist. Beispielsweise können Kompensationsleistungen vereinbart werden, die gesetzlich nicht vorgesehen sind.[293] Auch wird für Verfahrensbeteiligte durch den Vergleich eine Leistungsklage entbehrlich, da der Vergleich ein vollstreckbarer Titel gem. § 794 Abs. 1 Nr. 1 ZPO ist, wenn ein Betrag hinsichtlich der einzelnen Anspruchsberechtigten beziffert ist. *E contrario* bedeutet dies, dass eine Leistungsklage gem. § 16 SpruchG erhoben werden muss, wenn die vom gemeinsamen Vertreter vertretenen Anteilsinhaber aus dem Vergleich vollstrecken wollen oder der Vergleich keinen bezifferten Betrag hinsichtlich der einzelnen Anspruchsberechtigten enthält.

156

d) Sonstige Verfahrensbeendigung

Der Fortgang des Spruchverfahrens kann auch durch
- die Antragsrücknahme[294] oder
- erledigende Ereignisse (wie die übereistimmende Beendigungserklärung[295] oder die Verfahrensbeendigung von Amts wegen[296]),

beendet oder aufgrund der
- Insolvenz des Antragsgegners[297]

unterbrochen werden.[298]

157

Weiterhin kann das Gericht auf Antrag aller Beteiligten das Ruhen des Verfahrens anordnen, insbesondere wenn Vergleichsverhandlungen geführt und die Kosten für eine gerichtlich angeordnete Beweisaufnahme gespart werden sollen.[299]

158

---

[293] Als Beispiel sind genannt die Übertragung von Anteilen an nicht beteiligten Mutterunternehmen der Antragsgegnerin anstatt einer Barabfindung oder die Kombination aus Barabfindung und Anteilsübertragung.

[294] Dabei bedarf es zunächst der Rücknahme aller Anträge und der Erklärung des gemeinsamen Vertreters, dass er das Verfahren nicht fortsetzen möchte. Nach Erlass der Entscheidung durch das Gericht, aber vor deren Rechtskraft muss zusätzlich gem. § 17 Abs. 1 SpruchG i. V. m. § 22 Abs. 1 S. 2 FamFG der Antragsgegner der Rücknahme zustimmen. Eine solche Verfahrensbeendigung wird meist es bei außergerichtlichen Vergleichen geben, *Klöcker/Frowein* § 11 Rn. 26.

[295] Alle Beteiligten, inklusive dem gemeinsamen Vertreter, müssen das Verfahren als beendet erklären. Das Gericht ist an diese Entscheidung gebunden und wird gem. § 15 Abs. 4 SpruchG nur über die Kosten entscheiden.

[296] Kölner Komm. AktG/*Puszkajler* § 11 SpruchG Rn. 43.

[297] Emmerich/Habersack/*Emmerich* § 11 SpruchG Rn. 17.

[298] Weitere Unterbrechungs- und Aussetzungstatbestände der ZPO mit Ausnahme der Vorgreiflichkeit gem. §§ 148 ZPO, 21 Abs. 1 FamFG finden im Spruchverfahren keine Anwendung, Kölner Komm. AktG/*Puszkajler* § 11 SpruchG Rn. 58.

[299] Emmerich/Habersack/*Emmerich* § 11 SpruchG Rn. 16; *Klöcker/Frowein* § 11 Rn. 31; Kölner Komm. AktG/*Puszkajler* § 11 SpruchG Rn. 59.

Julia Redenius-Hövermann

e) Leistungsklage

159 § 16 SpruchG verdeutlicht, dass das Spruchverfahren lediglich zum Inhalt hat, die Kompensation zu überprüfen; folglich hat die Entscheidung des Gerichts im Spruchverfahren keinen vollstreckbaren Inhalt.[300] Der Antragsteller muss somit, sollte der Antragsgegner oder ein anderer nicht am Verfahren beteiligter Anteilsinhaber (aufgrund der *inter omnes*-Wirkung gem. § 13 Abs. 2 SpruchG) im Anschluss an die gerichtliche Entscheidung oder den gerichtlichen oder außergerichtlichen Vergleich im Spruchverfahren nicht oder zu wenig zahlen, im Wege der Leistungsklage klagen. Gegenstand der Klage sind alle Leistungen der im Spruchverfahren als angemessen festgestellten Ausgleichs-, Zuzahlungs- oder Abfindungsbeträge sowie Abfindungszinsen oder weitere Schäden, wenngleich die beiden letztgenannten Ansprüche nicht Gegenstand des vorangegangenen Spruchverfahrens waren.

160 Örtlich[301] und sachlich zwingend[302] zuständig für die Leistungsklage ist gem. § 16 SpruchG das Gericht des ersten Rechtszuges, das aufgrund seiner Zuständigkeit für das Spruchverfahren gem. § 2 Abs. 1 SpruchG zuletzt inhaltlich mit dem Verfahren befasst war. Gericht des ersten Rechtszuges ist das Landgericht, und in den meisten Fällen dort die Kammer für Handelssachen.[303] Zuletzt inhaltlich mit dem Verfahren befasst ist das Gericht, dass die Entscheidung gem. § 11 Abs. 1 SpruchG beschlossen oder einen Vergleich gem. § 11 Abs. 2 S. 2 SpruchG protokolliert oder beschlossen hat.[304] Bei anderweitigen Verfahrensbeendigungen (z. B. durch Rücknahme aller Anträge) ist das Gericht zuständig, bei dem das Verfahren beendet wurde.

161 Das mit der Leistungsklage befasste Gericht ist an den Inhalt der rechtskräftigen Entscheidung und *de facto* auch an einen geschlossenen Vergleich gem. § 13 Abs. 2 SpruchG gebunden.[305]

---

[300] *Klöcker/Frowein* § 16 Rn. 2.
[301] Zur internationalen Zuständigkeit bei der Leistungsklage, ausführlich Kölner Komm. AktG/*Rosskopf* § 16 SpruchG Rn. 18 ff., wonach der Kläger bei Sachverhalten, die dem europäischen Zivilprozessrecht unterliegen, hinsichtlich der örtlichen Zuständigkeit zwischen dem Gerichtsstand des § 16 SpruchG und dem allgemeinen Gerichtsstand nach Art. 2 EuGVVO wählen kann.
[302] Eine abweichende Gerichtsbarkeits- oder Schiedsgerichtsvereinbarung ist im Rahmen von § 16 SpruchG unwirksam, Simon/*Winter* § 16 Rn. 14.
[303] Schmitt/Hörtnagl/Stratz/*Hörtnagl* § 16 SpruchG Rn. 3.
[304] *Klöcker/Frowein* § 16 Rn. 8.
[305] K. Schmidt/Lutter/*Klöcker* § 16 SpruchG Rn. 5; Kölner Komm. AktG/*Rosskopf* § 16 SpruchG Rn. 22.

f) Gerichtliche und außergerichtliche Kosten

Das Gericht muss auch über die gerichtlichen und außergerichtlichen Kosten entscheiden.[306] Die Kostenentscheidung[307] kann angefochten werden, wenn der Wert des Beschwerdegegenstands 600 EUR übersteigt.[308] Zur Vollstreckung der Gerichtskosten vgl. § 1 Abs. 1 Nr. 4, Abs. 2 JBeitrO. 162

Die außergerichtlichen Kosten[309] sollen nach Maßgabe des Gesetzes grundsätzlich von jedem Beteiligten selbst getragen werden. Ausnahmsweise sind sie laut § 15 Abs. 2 SpruchG vom Antragsgegner zu erstatten, wenn dies unter Berücksichtigung des Ausgangs des Verfahrens der Billigkeit entspricht. Vollstreckt werden können die außergerichtlichen Kosten nur aufgrund eines Kostenfestsetzungsbeschlusses (§ 85 FamFG, §§ 103 ff. ZPO). 163

Lösung zu Fall 3: A kann das Umtauschverhältnis im Wege des Spruchverfahrens überprüfen lassen (Vgl. den Anwendungsbereich des Spruchverfahrens gem. § 1 Nr. 4 SpruchG). Zuständig ist in erster Instanz das Landgericht, in dessen Bezirk der Rechtsträger, dessen Anteilsinhaber antragsberechtigt sind, seinen Sitz hat, § 2 Abs. 1 S. 1 SpruchG.

§ 5 Schadensersatzanspruch

A. Einführung

Für die Haftung der Organmitglieder des übertragenden Rechtsträgers sind die §§ 25, 26 UmwG anwendbar (vgl. Kap. 2 Rn. 89 ff.).[310] Die Haftung der Organmitglieder des übernehmenden Rechtsträgers richtet sich nach den allgemeinen Bestimmungen. Die §§ 25 ff. UmwG gelten sowohl für die Spaltung als auch gem. § 122a Abs. 2 UmwG für die inländische Kapitalgesellschaft bei grenzüberschreitenden Verschmelzungen. Den Formwechsel betreffen die §§ 205, 206 UmwG, die auf die §§ 25, 26 UmwG verweisen (vgl. Kap. 5 Rn. 81 ff.). 164

---

[306] Diese Kostenentscheidung ergeht im Beschluss. Sollte keine Entscheidung in der Hauptsache ergehen, so ergeht eine isolierte Kostenentscheidung durch das Gericht.
[307] Die isolierte Entscheidung kann ebenfalls durch Beschwerde angegriffen werden, § 58 FamFG, Saenger/*Kemper* § 58 FamFG Rn. 1 ff.
[308] Zur Altregelung, die für vor dem 1.9.2000 beantragte Verfahren gilt, § 20a FGG a. F.
[309] Zu den erstattungsfähigen Kosten Kölner Komm. AktG/*Rosskopf* § 15 SpruchG Rn. 57 mit Verweis auf § 91 ZPO; Simon/*Winter* § 15 Rn. 108.
[310] Henssler/Strohn/*Müller* § 25 UmwG Rn. 1; Henssler/Strohn/*Müller* § 26 UmwG Rn. 1.

B. Anspruchsberechtige, besonderer Vertreter und Anspruchsgegner

I. Anspruchsberechtigte und besonderer Vertreter

1. Übertragender Rechtsträger, Anteilsinhaber und Gläubiger des übertragenden Rechtsträgers als Anspruchsberechtigte

165 Bei der Geltendmachung der Schadensersatzansprüche nach §§ 25 UmwG, 205 f. UmwG muss zwischen den Anspruchs- und dem Antragsberechtigten unterschieden werden, da die Anspruchsberechtigten nicht befugt sind den Schadensersatzanspruch nach §§ 25, 205 UmwG geltend zu machen, obwohl es sich um einen unmittelbaren Anspruch handelt.[311]

166 Anspruchsberechtigt sind in den Fällen der §§ 25, 205 UmwG der übertragende bzw. formwechselnde Rechtsträger sowie seine Anteilsinhaber und Gläubiger, soweit ihnen aus der Umwandlungsmaßnahme ein Schaden entstanden ist. Mit der Prozessführung muss ein besonderer Vertreter betraut werden. (vgl. Rn. 168 ff.) Der übertragende Rechtsträger bleibt gem. § 25 Abs. 2 S. 1 UmwG im Rahmen des Schadensersatzverfahrens gem. § 25 UmwG Träger von Rechten und Pflichten, obwohl er mit Eintragung der Verschmelzung oder Spaltung erloschen ist (Fiktion des Fortbestehens, vgl. Kap. 2 Rn. 94).[312]

167 § 27 UmwG stellt lediglich eine Verjährungsnorm nicht aber eine Anspruchgrundlage dar. Die Antragsberechtigten ergeben sich folglich aus der jeweiligen Anspruchsgrundlage, auf welche sich der Schadensersatzanspruch stützt.[313] § 27 UmwG stellt klar, dass der Antragsberechtigte einen Schaden aufgrund der Umwandlung erlitten haben muss.[314]

2. Geltendmachung des Anspruchs durch einen besonderen Vertreter

168 Der Schadensersatzanspruch wird nach §§ 25 Abs. 1 und Abs. 2, 205 Abs. 1 UmwG im Interesse der Prozessökonomie gem. §§ 26, 206 UmwG[315] durch einen besonderen Vertreter geltend gemacht.[316] Nur er ist prozessführungsbefugt und materiell-rechtlich aktivlegitimiert;[317] eine Klage des (fiktiv fortbestehenden) übertragenden bzw. formwechselnden Rechtsträgers, seiner An-

---

[311] Kallmeyer/*Meister/Klöcker* § 205 Rn. 9, die darauf hinweisen, dass dieser unmittelbare Anspruch über die klassische gesellschaftsrechtliche Organhaftung hinausgeht, wonach eine Innenhaftung angenommen wird.

[312] Lutter/*Grunewald* § 25 Rn. 26; Kallmeyer/*Marsch-Barner* § 25 Rn. 12; Henssler/Strohn/ *Müller* § 25 UmwG Rn. 14 ff.

[313] Je nachdem, ob es sich um einen gesellschafts- oder zivilrechtlichen Anspruch handelt, können Anspruchsberechtigt die Anteilsinhaber, Gläubiger aber auch sonstige Dritte sein.

[314] Lutter/*Grunewald* § 27 Rn. 5; Kallmeyer/*Marsch-Barner* § 27 Rn. 2; Schmitt/Hörtnagl/Stratz/*Stratz* § 27 Rn. 4.

[315] § 206 S. 3 UmwG verweist z. T. auf § 26 UmwG.

[316] Semler/Stengel/*Leonard* § 26 Rn. 3; Kallmeyer/*Marsch-Barner* § 26 Rn. 1.

[317] OLG Frankfurt AG 2007, 559.

teilsinhaber und Gläubiger ist folglich unzulässig.[318] Der besondere Vertreter entscheidet nach pflichtgemäßem Ermessen, ob er die Ansprüche gerichtlich oder außergerichtlich geltend macht, einem Vergleich zustimmt, Rechtsmittel gegen die Entscheidung einlegt oder sonstige Maßnahmen im Verfahren ergreift. Die Anteilsinhaber und Gläubiger können als Nebenintervenienten gem. § 66 ZPO dem Prozess beitreten, um auf die Prozessführung des besonderen Vertreters Einfluss zu nehmen.[319]

Der besondere Vertreter wird auf Antrag vom zuständigen Amtsgericht, in dessen Bezirk der Sitz des übertragenden Rechtsträgers liegt, bestellt (§ 23a Abs. 2 Nr. 4 GVG i. V. m. § 375 Nr. 5 FamFG). Die Entscheidung des Gerichts erfolgt im Verfahren der freiwilligen Gerichtsbarkeit.[320] 169

Antragsberechtigt sind die Anteilsinhaber und Gläubiger des übertragenden bzw. formwechselnden Rechtsträgers.[321] Voraussetzung ist die Anteilsinhaberschaft im Zeitpunkt der Umwandlungsmaßnahme.[322] Die Gläubiger haben ein Antragsrecht, wenn sie vom übernehmenden Rechtsträger keine Befriedigung ihrer Ansprüche erlangen können (§§ 26 Abs. 1 S. 3, 206 S. 3 UmwG). Sollte ihnen eine Sicherheitsleistung gewährt worden sein, ist ihre Antragsberechtigung ausgeschlossen, es sei denn, sie erlangen aus der Sicherheit widerum keine Befriedigung.[323] Der übernehmende Rechtsträger kann ebenfalls antragsberechtigt sein.[324] 170

Anspruchsberechtigte müssen dem Gericht glaubhaft machen, dass ihnen ein Schaden i. S. v. §§ 25 Abs. 1, Abs. 2, 205 Abs. 1 UmwG entstanden ist. Dann wird das Gericht die Bestellung des besonderen Vertreters nicht an die Erfolgsaussichten der Rechtsverfolgung knüpfen, sondern lediglich an die Schlüssigkeit der Antragsberechtigung und das sachliche Bedürfnis der Antragssteller. Diese werden regelmäßig einen Kostenvorschuss leisten müssen. Es liegt im Ermessen des Gerichts, mehrere besondere Vertreter zu bestellen, wenn das beantragt wurde und zweckmäßig erscheint. Gegen die Entscheidung des Gerichts ist eine begründete Beschwerde innerhalb eines Monats beim OLG möglich. Auch die Rechtsbeschwerde ist zugelassen; sie wird, anders als in § 26 Abs. 4 S. 4 UmwG, in § 26 Abs. 1 S. 4 UmwG nicht ausgeschlossen. 171

Das Gesetz gibt keine Vorgaben hinsichtlich spezifischer Sachkenntnis des besonderen Vertreters. Die Anspruchsberechtigten können dem Gericht Vorschläge unterbreiten. Die Wahl steht im Ermessen des Gerichts und wird aufgrund der hier geltend zu machenden Schadensersatzansprüche meist auf Rechtsanwälte 172

---

[318] Semler/Stengel/*Leonard* § 26 Rn. 3.
[319] Lutter/*Grunewald* § 26 Rn. 4; Kallmeyer/*Marsch-Barner* § 26 Rn. 2; a. A. Widmann/Mayer/*Vossius* § 26 UmwG Rn. 8; Schmitt/Hörtnagl/Stratz/*Winter* § 26 Rn. 8.
[320] Schmitt/Hörtnagl/Stratz/*Winter* § 26 Rn. 18.
[321] Semler/Stengel/*Leonard* § 26 Rn. 5 ff.; Henssler/Strohn/*Müller* § 26 UmwG Rn. 7.
[322] Kallmeyer/*Marsch-Barner* § 26 Rn. 6; Kallmeyer/*Meister*/*Klöcker* § 206 Rn. 8.
[323] Lutter/*Grunewald*, § 26 Rn. 8; Kallmeyer/*Meister*/*Klöcker* § 206 Rn. 9.
[324] Lutter/*Grunewald* § 26 Rn. 5, 9 f.; Kallmeyer/*Marsch-Barner* § 26 Rn. 7, 8.

fallen.[325] Der besondere Vertreter ist nicht verpflichtet, die Wahl des Gerichts anzunehmen und kann sein Amt jederzeit niederlegen.[326]

173 Der besondere Vertreter macht die Schadensersatzansprüche im eigenen Namen und nicht als Vertreter der Antragsberechtigten geltend. Im Klageverfahren ist er somit Partei kraft Amtes[327] und unterliegt keinem Weisungsrecht seitens der Antragssteller, ist ihnen gegenüber aber zu Auskunft und Rechenschaft verpflichtet (§ 666 BGB)[328]. Der besondere Vertreter muss die erforderliche Sorgfalt bei der Anspruchsverfolgung und der Erlösverteilung wahren, andernfalls kann er sich gegenüber den Anspruchsberechtigten schadensersatzpflichtig machen.[329]

174 Gem. §§ 26 Abs. 2 S. 1, 206 S. 3 UmwG hat der besondere Vertreter die Anteilsinhaber und die Gläubiger des übertragenden bzw. formwechselnden Rechtsträgers öffentlich aufzufordern, ihre Ansprüche nach §§ 25 Abs. 1, Abs. 2 205 Abs. 1 UmwG innerhalb einer von ihm festgesetzten Frist anzumelden. Diese Frist soll mindestens einen Monat gem. §§ 26 Abs. 2 S. 1, 206 S. 3 UmwG betragen. Eine unangemessen kurze Frist macht die Aufforderung unwirksam; Anspruchsberechtigte können dann auch zu einem späteren Zeitpunkt noch ihre Ansprüche anmelden. Der öffentliche Aufruf durch den besonderen Vertreter erfolgt im Bundesanzeiger sowie ggf. in weiteren Veröffentlichungsblättern des übertragenden bzw. formwechselnden Rechtsträgers (§§ 26 Abs. 2 S. 2, 206 S. 3 UmwG).

175 Die Erlösverteilung erfolgt gem. §§ 26 Abs. 3 S. 2, 206 S. 3 UmwG bzw. den Verteilungsvorschriften (u. a. § 155 HGB, § 72 GmbHG, § 271 AktG), die bei der Abwicklung des übertragenden Rechtsträgers anzuwenden sind. Danach hat der besondere Vertreter mit dem aus der Geltendmachung des Schadensersatzanspruchs resultierenden Erlös vorrangig die Gläubiger des übertragenden bzw. formwechselnden Rechtsträgers, die fristgemäß ihren Anspruch angemeldet haben, zu befriedigen, soweit diese nicht durch den übernehmenden Rechtsträger befriedigt oder sichergestellt sind. Bei nicht ausreichendem Erlös sind die Gläubigeransprüche prozentual zu erfüllen. Ein Überschuss, nach Befriedigung der Gläubiger, wird nach dem Verhältnis ihrer Einlagen an die Anteilsinhaber verteilt, wobei der übernehmende Rechtsträger, wenngleich auch er Anteilsinhaber war, sowie Anteilsinhaber, die sich nicht fristgemäß gemeldet haben, nicht berücksichtigt werden (§§ 26 Abs. 3 S. 3, 206 S. 3 UmwG). Hinzuweisen ist darauf, dass §§ 26 Abs. 3, 206 UmwG keine Anwendung findet für Ansprüche

---

[325] Kallmeyer/*Marsch-Barner* § 26 Rn. 5.
[326] Aus einer Niederlegung zur Unzeit können allerdings Schadensersatzansprüche gegen den besonderen Vertreter resultieren, § 671 Abs. 2 BGB, Kallmeyer/*Marsch-Barner* § 26 Rn. 12.
[327] Lutter/*Grunewald* § 26 Rn. 15; Kallmeyer/*Marsch-Barner* § 26 Rn. 11; Kallmeyer/*Meister/Klöcker* § 206 Rn. 6; Kölner Komm. UmwG/*Simon* § 26 Rn. 16.
[328] Kallmeyer/*Marsch-Barner* § 26 Rn. 12.
[329] Kallmeyer/*Meister/Klöcker* § 206 Rn. 14.

einzelner Gläubiger oder Anteilsinhaber wegen eines Schadens, der nur ihnen allein und nicht dem übertragenden Rechtsträger entstanden ist. Für solche Ansprüche ist ein gesondertes Verfahren anzustrengen.[330]

Der besondere Vertreter hat gem. §§ 26 Abs. 4, 206 S. 3 UmwG einen Anspruch auf Ersatz angemessener Auslagen und auf Vergütung.[331] Das Gericht wird diese nach freiem Ermessen festlegen, sofern der besondere Vertreter keine anderweitige Vereinbarung mit den Anspruchsberechtigten getroffen hat. Gegen die Kostenentscheidung des Gerichts ist Beschwerde, nicht aber Rechtsbeschwerde möglich (§ 26 Abs. 4 S. 4 UmwG). Der Gerichtsbeschluss ist zugleich Vollstreckungstitel (§ 26 Abs. 4 S. 5 UmwG i. V. m. § 784 Abs. 1 Nr. 3 ZPO).

176

II. Anspruchsgegner

Aus §§ 25 Abs. 1, 205 Abs. 1 UmwG ergibt sich eine unmittelbare Haftung der Verwaltungsträger des übertragenden bzw. formwechselnden Rechtsträgers. Anspruchsgegner sind folglich die Mitglieder des Vertretungs-[332] und des ggf. vorhandenen Aufsichtsorgans[333]. Diese müssen zum Zeitpunkt der schädigenden Pflichtverletzung im Amt gewesen sein, nicht aber zum Zeitpunkt des Wirksamwerdens der Umwandlung.[334]

177

In § 27 UmwG werden die Ansprüche gegen die Verwaltungsträger des übernehmenden Rechtsträgers erfasst. Es kann folglich auf die Ausführungen in Bezug auf die Verwaltungsträger des übertragenden Rechtsträgers mit der Ausnahme der Fiktion des Fortbestehens verwiesen werden (vgl. Rn. 166).

178

Die Anspruchsgegner haften als Gesamtschuldner (§ 426 BGB) gegenüber den Anspruchsberechtigten.[335]

179

---

[330] Kallmeyer/*Marsch-Barner* § 26 Rn. 22.
[331] Lutter/*Grunewald* § 26 Rn. 17 ff.
[332] Bei den Kapitalgesellschaften: der Geschäftsführer der GmbH (§ 35 GmbHG), der Vorstand der AG (§§ 78, 94 AktG), die Mitglieder des Leitungsorgans oder die geschäftsführenden Direktoren (Art. 39 SE-VO, § 41 Abs. 1 SEAG), die nicht von der Vertretung ausgeschlossenen Gesellschafter bei der KGaA (§ 283 AktG); bei den Personengesellschaften: die vertretungsberechtigten Gesellschafter in der OHG (§ 125 HGB) und die vertretungsberechtigten Komplementäre in der KG (§§ 161 Abs. 2, 170 HGB).
[333] Aufsichtsorgan ist i. d. R. der Aufsichtsrat, der nach §§ 95 ff. AktG, § 52 GmbHG, DrittelbG, MitbestG sowie SE-VO gebildet wird. Daneben kommen freiwillig gebildetet Aufsichtsorgane wie Beiräte oder Verwaltungsräte in Frage, vorausgesetzt, das gebildete Organ hat nicht eine rein beratende Funktion, Kallmeyer/*Marsch-Barner* § 25 Rn. 4; Schmitt/Hörtnagl/Stratz/*Winter* § 25 Rn. 8; Widmann/Mayer/*Vossius* § 25 UmwG Rn. 15; a. A. Lutter/*Grunewald* § 25 Rn. 4.
[334] Lutter/*Grunewald* § 25 Rn. 5; Semler/Stengel/*Leonard* § 25 Rn. 6; Kallmeyer/*Marsch-Barner* § 25 Rn. 5.
[335] Henssler/Strohn/*Müller* § 25 UmwG Rn. 4.

C. Anspruchsvoraussetzungen

180 Zu den Anspruchsvoraussetzungen (Pflichtverletzung und Verschulden, Schaden und Kausalität) sowie der Beweislast und der Verjährung, siehe die Ausführungen in Kap. 2 Rn. 89 ff.

> **Hinweis:** Ein Umwandlungsschaden i. S. d. §§ 25, 205 UmwG liegt vor, wenn die Möglichkeit zur Überprüfung im Spruchverfahren schuldlos nicht realisiert werden konnte.

181 In Bezug auf den Haftungsausschluss sei noch angemerkt, dass ein Entlastungsbeschluss der Hauptversammlung einer AG oder KGaA die Organmitglieder nicht von ihrer Haftung nach den allgemeinen aktienrechtlichen Vorschriften befreit.[336] Bei der GmbH wird ein solcher Beschluss die Organmitglieder von ihrer Haftung gegenüber der Gesellschaft befreien.[337] Ein ausdrücklicher Haftungsverzicht wirkt nur zu Lasten des Rechtsträgers, nicht aber der Anteilsinhaber und der Gläubiger.[338]

§ 6 Sicherheitsleistung

182 Umwandlungsvorgänge bergen auch für die Gläubiger Risiken. Aus diesem Grund sieht das UmwG Rechtsschutzmöglichkeiten für diese vor.[339] Neben dem Schadensersatzanspruch gem. § 25 UmwG (vgl. Rn. 164 ff.) steht den Gläubigern der an der Umwandlungsmaßnahme beteiligten Rechtsträger gem. §§ 22[340], 122j Abs. 1 UmwG ein Anspruch auf Sicherheitsleistung in den Formen des §§ 232 ff. BGB durch den übernehmenden Rechtsträger zu.[341] Siehe hierzu die Erläuterungen in Kap. 2 Rn. 117 ff.

---

[336] Hüffer/Koch § 120 Rn. 13; Kallmeyer/*Marsch-Barner* § 25 Rn. 7.
[337] Semler/Stengel/*Leonard* § 25 Rn. 21.
[338] Semler/Stengel/*Leonard* § 25 Rn. 21; a. A. Kallmeyer/*Marsch-Barner* § 25 Rn. 7, der vorträgt, dass der Haftungsverzicht auch gegenüber denjenigen Anteilsinhabern wirken soll, die für den Verzicht gestimmt haben.
[339] Bayer/Habersack/*Veil* Kap. 24 Rn. 68.
[340] § 22 UmwG gilt auch für die Spaltung und den Formwechsel. Allerdings ist zur Sicherheitsleistung bei der Spaltung nur derjenige Rechtsträger verpflichtet, dem die Verbindlichkeit im Spaltungs- und Übernahmevertrag bzw. Spaltungsplan zugewiesen ist, Kallmeyer/*Kallmeyer/Sickinger* § 125 Rn. 32. Für die Anwendbarkeit auf den Formwechsel, § 204 UmwG.
[341] Semler/Stengel/*Seulen* § 22 Rn. 52.

§ 7 Kontrollfragen und Lösungen

Kontrollfragen zu Kapitel 7:

1. Welche Klagearten umfassen §§ 14, 195 UmwG?
2. Nennen Sie die Begründetheitsvoraussetzungen im Klageverfahren gegen die Wirksamkeit des Umwandlungsbeschlusses.
3. Anhand welcher Kriterien hat das Gericht beim Freigabeverfahren die Unbedenklichkeit zu beschliessen?
4. Wann findet das Spruchverfahren Anwendung?
5. Gegen wen richtet sich der Schadensersatzanspruch nach §§ 25, 205 UmwG? Wer macht den Anspruch geltend und warum?
6. Wie werden die Gläubiger geschützt? Erläutern Sie die Grundzüge dieses Verfahrens.

Lösungen zu Kapitel 7:

1. §§ 14, 195 UmwG umfassen alle Klagen, die sich gegen die Wirksamkeit eines Umwandlungsbeschlusses richten und die Unwirksamkeit des Umwandlungsbeschlusses feststellen lassen wollen. Das kann im Rahmen einer Anfechtungs- (§ 246 AktG), Nichtigkeits- (§ 249 AktG) oder Feststellungsklage (§ 256 ZPO) erfolgen.
2. Die Klage ist begründet, wenn der Umwandlungsbeschluss aufgrund von Verfahrensmängeln oder inhaltlich gegen das Gesetz, die Satzung oder den Gesellschaftsvertrag verstößt. Zudem gilt grundsätzlich die Antragsfrist gem. § 14 Abs. 1 UmwG.
3. Das Gericht beschließt die Freigabe gem. § 16 Abs. 3 UmwG, wenn die Klage unzulässig oder offensichtlich unbegründet ist, der Kläger das Bagatellquorum nicht erfüllt oder ein vorrangiges Vollzugsinteresse besteht.
4. Das Spruchverfahren findet gem. § 1 SpruchG Anwendung, wenn die Angemessenheit der Kompensation innerhalb eines Umwandlungsvorgangs überprüft werden soll (Abfindungszahlung, Ausgleichszahlung, Umtauschverhältnis).
5. Der Anspruch gem. §§ 25 Abs. 2, 205 UmwG ist gem. § 26 UmwG im Interesse der Prozessökonomie von einem besonderen Vertreter gegen die Organmitglieder des übertragenden Rechtsträgers geltend zu machen. Es gilt die Fiktion des Fortbestehens.
6. Die Gläubiger haben einen Anspruch auf Sicherheitsleistung gem. § 22 UmwG, wenn sie glaubhaft machen können, dass die Erfüllung ihrer Forderung durch die Umwandlung gefährdet ist.

Julia Redenius-Hövermann

Inhaltsverzeichnis Kapitel 8

Kapitel 8. Grundlagen des Umwandlungssteuerrechts 379
§ 1 Steuerliche Grundzüge 379
   A. Steuerliche Folgen von Umwandlungen 379
      I. Überlegungen zu den steuerlichen Folgen
         von Umwandlungen 379
      II. Regelungsprinzipien des Umwandlungssteuergesetzes 380
         1. Buchwertfortführung 380
         2. Wirkungen der Buchwertfortführung 382
   B. Aufbau des Umwandlungssteuergesetzes 382
      I. Gliederung 382
      II. Grundsätze 383
      III. Verhältnis zum Umwandlungsgesetz 383
   C. Weitere Regelungen zum Umwandlungssteuergesetz:
      Die Umwandlungssteuererlasse 384
      I. Umwandlungssteuererlass vom 25.3.1998,
         angepasst 21.8.2001 384
      II. Umwandlungssteuererlass vom 16.12.2003 384
      III. Umwandlungssteuererlass vom 11.11.2011 385
      IV. Wirkungen 385
   D. Regelungsweite des Umwandlungssteuergesetzes 385
§ 2 Einzelne Umwandlungsvorgänge 386
   A. Im Umwandlungssteuergesetz gegliederte Fallgruppen 386
   B. Allgemeines zu den Übertragungstatbeständen 386
      I. Wertansätze 386
      II. Steuerlicher Rückwirkungszeitpunkt 387
§ 3 Einbringungstatbestände 387
   A. Voraussetzungen für die Buchwertfortführung 387
      I. Grundsätzliches – Ansässigkeitserfordernis 388
      II. Einbringungsszenarien 388
      III. Tatbestand des § 20 Abs. 1 UmwStG 388
         1. Betrieb oder Teilbetrieb oder ein Mitunternehmeranteil
            (Einbringungsgegenstand) 389
         2. Einbringung 390
         3. In eine Kapitalgesellschaft 390
         4. Gegen Gewährung neuer Anteile 390

IV. Voraussetzungen des § 20 Abs. 2 UmwStG 391
   1. Besteuerung mit Körperschaftsteuer,
      § 20 Abs. 2 S. 2 Nr. 1 UmwStG 391
   2. Keine negativen Anschaffungskosten,
      § 20 Abs. 2 S. 2 Nr. 2 UmwStG 391
   3. Unangetastetes Besteuerungsrecht,
      § 20 Abs. 2 S. 2 Nr. 3 UmwStG 391
   4. Antrag 392
V. Anteilstausch 392
B. Wirkungen beim Einbringenden 392
   I. Unmittelbare Wirkungen aus dem Einbringungsvorgang 392
   II. Mittelbare Wirkungen aus dem Einbringungsvorgang –
       Anteilseignerstellung 393
C. Wirkungen bei der übernehmenden Kapitalgesellschaft 394
D. Einbringung in eine Personengesellschaft 394
E. Formwechsel einer Personengesellschaft
   in eine Kapitalgesellschaft 394

§ 4 Umwandlung von Körperschaften 395
A. Verschmelzung 396
   I. Verschmelzung einer Körperschaft auf eine
      Personengesellschaft oder eine natürliche Person 396
      1. Voraussetzungen des § 3 UmwStG 396
         a) Besteuerung mit Einkommen- oder
            Körperschaftsteuer, § 3 Abs. 2 S. 1 Nr. 1 UmwStG .. 396
         b) Keine Einschränkung des Besteuerungsrechts,
            § 3 Abs. 2 S. 1 Nr. 2 UmwStG 397
         c) Keine Gegenleistung, § 3 Abs. 2 S. 1 Nr. 3 UmwStG 397
         d) Antrag 397
      2. Rechtsfolgen beim übernehmenden Rechtsträger 398
         a) Beteiligungskorrekturgewinn 398
         b) Übernahmegewinn 398
         c) Übernahmefolgegewinn 399
      3. Rechtsfolgen bei den Anteilseignern
         der übertragenden Körperschaft 400
   II. Körperschaft auf Körperschaft 400
B. Formwechsel in eine Personengesellschaft 401
C. Spaltung 401
   I. Spaltung auf eine Körperschaft 401
   II. Spaltung auf eine Personengesellschaft 402

§ 5 Kontrollfragen und Lösungen 403

Arnulf Reinthaler

Kapitel 8

Grundlagen des Umwandlungssteuerrechts

§ 1 Steuerliche Grundzüge

Fall 1: Die Überwagen AG ist ein großer Automobilhersteller und möchte noch größer werden. Das Wachstum wird insbesondere im Premiumsegment und im Bereich von schnellen Sportwagen angestrebt. Weiteres Ziel ist es, das Image der Überwagen AG zu steigern und die Überwagen AG zur Inhaberin einer (weiteren) klangvollen Marke zu machen. Die Überwagen AG hat nach einer Übernahmeschlacht mehr als 75 % der Anteile an der börsennotierten Velociter AG erlangt. Ziel der Überwagen AG ist es, sich die Velociter AG in den Konzern der Überwagen AG „einzuverleiben". Negative finanzielle Einflüsse auf die Überwagen AG, insbesondere eine Belastung durch Zahlung von Steuern aus diesem Vorgang, sollen weitgehend vermieden werden. Was ist zu tun?

A. Steuerliche Folgen von Umwandlungen

Umwandlungen lösen (mit Ausnahme des Formwechsels) zivilrechtlich den Übergang von Wirtschaftsgütern aus. Diese Übergänge können etwa nach §§ 15, 16, 17, 23 EStG (ggf. i. V. m. § 8 KStG) steuerliche Folgen auslösen. Das Umwandlungssteuerrecht regelt keine spezielle „Besteuerung von Umwandlungen". Vielmehr nimmt das Umwandlungssteuerrecht bestimmte Vorgänge von der (ansonsten anfallenden) Besteuerung aus und verschiebt die Besteuerung auf einen späteren Zeitpunkt.   1

I. Überlegungen zu den steuerlichen Folgen von Umwandlungen

Die einzelnen Rechtssubjekte sollen ihre Angelegenheiten selbständig regeln können. Das Rechtssystem soll den einzelnen Rechtssubjekten die Möglichkeit geben, sich frei zu entfalten. Für Unternehmen bedeutet dies häufig, dass sie ihre gesellschaftsrechtliche Struktur und ihre Rechtsform den sich verändernden Rahmenbedingungen anpassen müssen (vgl. Kap. 1 Rn. 1). Dies sollen die Unternehmen tun können. Würden die Anpassungen der Rechtsform dazu führen, dass erhebliche steuerliche Folgen eintreten, also Steuern in bedeutsamer Höhe ausgelöst werden, könnte dies die (notwendigen) Anpassungen der gesellschaftsrechtlichen Strukturen und Rechtsformen behindern oder sogar vereiteln. Deshalb sind Regelungen notwendig, die Unternehmen eine organisatorische Anpassung der Rechtsform ermöglichen, ohne (so hohe) Steuern auszulösen, dass die Unternehmen finanziell überfordert wären.   2

Arnulf Reinthaler

3   In der Gesetzesbegründung zum Umwandlungssteuergesetz (UmwStG) bringt der Gesetzgeber diese Überlegungen auf den Punkt. Dort formuliert der Gesetzgeber: *„Dadurch werden betriebswirtschaftlich erwünscht und handelsrechtlich zukünftig mögliche Umstrukturierungen der Wirtschaft nicht durch steuerliche Folgen behindert, die ohne die besondere Regelung des Umwandlungssteuerrechts eintreten würden."*[1]

4   Der Gesetzgeber bewegt sich allerdings in einem Spannungsverhältnis. Denn die Regelungen müssen auch so ausgestaltet sein, dass sie Unternehmen, die ihre Organisationsform umwandeln, keinen Vorteil gegenüber denjenigen Unternehmen gewähren, die keine Umwandlung hinter sich haben. Solche Regelungen hat der Gesetzgeber im UmwStG getroffen.

II. Regelungsprinzipien des Umwandlungssteuergesetzes

5   Der Gesetzgeber hat sich dafür entschieden, diese erstrebte *„Steuerneutralität"*[2] von Umwandlungen dadurch zu bewirken, dass er den an der Umwandlung beteiligten Rechtsträgern die Möglichkeit einräumt, die Wirtschaftsgüter mit den sog. *„Buchwerten"* fortzuführen.

1. Buchwertfortführung

6   Der Gesetzgeber hat die Regelungen des UmwStG so angelegt, dass bei einer Umwandlung grundsätzlich der *gemeine Wert* anzusetzen ist. Beim Vorliegen der Voraussetzungen des UmwStG hat der Gesetzgeber die Möglichkeit der Buchwertfortführung geschaffen, indem er formuliert: *„die ... Wirtschaftsgüter können auf Antrag mit dem Buchwert ... angesetzt werden"*. Der Buchwertansatz nach Umwandlung ist also die „Fortführung" von Buchwerten. Die eben genannte Formulierung findet sich an mehreren Stellen im UmwStG, so etwa in:
- § 3 Abs. 2 UmwStG
- § 11 Abs. 2 S. 1 UmwStG
- § 13 Abs. 2 UmwStG (für „die ... Anteile")
- § 20 Abs. 2 S. 2 UmwStG (für „das ... Betriebsvermögen")
- § 21 Abs. 1 S. 1, Abs. 2 UmwStG (für „die ... Anteile")
- § 24 Abs. 2 S. 2 UmwStG (für „das ... Betriebsvermögen").

7   Der *Buchwert* ist dabei der Wert, mit dem ein Wirtschaftsgut in der Bilanz des jeweiligen Rechtsträgers angesetzt ist.[3] Im Unterschied dazu bildet der *„gemeine Wert"* den Wert, den ein Wirtschaftsgut bei seiner Veräußerung erbringen

---
[1] BT-Drs. 12/6885, 14 A.
[2] BT-Drs. 12/6885, 1 B., wo die Bezeichnung „steuerneutral" auf knapp zehn Zeilen dreimal verwendet wird.
[3] Exakt: Nach § 1 Abs. 5 Nr. 4 UmwStG ist Buchwert der Wert, der sich nach den steuerrechtlichen Vorschriften über die Gewinnermittlung in einer für den steuerlichen Übertragungsstichtag aufzustellenden Steuerbilanz ergibt oder ergäbe.

würde.[4] In Höhe der Differenz von *„gemeinem Wert"* zu *Buchwert* sind sog. *„stille Reserven"* in dem Wirtschaftsgut enthalten.

Fall 2: A hält 100 % der Anteile an der B-GmbH und 100 % der Anteile an der C-GmbH. Zugleich ist A Geschäftsführer der B-GmbH und der C-GmbH. A hat das Ziel, die B-GmbH und die C-GmbH zusammenzuführen, um beispielsweise Verwaltungskosten zu sparen. Die Bilanz der B-GmbH sieht – stark vereinfacht – wie folgt aus:

Aktiva (in Tsd. EUR)		Passiva (in Tsd. EUR)	
Anlagevermögen (gemeiner Wert 200)	100	Stammkapital	25
Bankguthaben	100	Kapitalrücklage	150
		Verbindlichkeiten	25
	200		200

a) Die Zusammenführung soll dadurch erreicht werden, dass A (handelnd als Gesellschafter) die B-GmbH liquidiert und den Erlös (wiederum handelnd als Gesellschafter) in die C-GmbH einlegt. Von dem Erlös kauft die C-GmbH das Anlagevermögen, das vorher die B-GmbH hatte.

b) Die Zusammenführung soll dadurch erreicht werden, dass A (auf beiden Seiten handelnd als Gesellschafter) die B-GmbH auf die C-GmbH nach §§ 46, 54 Abs. 1 S. 3 UmwG verschmilzt.

Lösung zu Fall 2: a) A würde (handelnd als Geschäftsführer) das Anlagevermögen der B-GmbH verkaufen. Im Anlagevermögen der B-GmbH waren „stille Reserven" in Höhe von 100 (Tsd. EUR) enthalten. Diese würden durch den Verkauf aller Wirtschaftsgüter des Anlagevermögens der B-GmbH „gehoben" oder „realisiert". Die Bilanz der B-GmbH würde dann wie folgt aussehen:

Aktiva (in Tsd. EUR)		Passiva (in Tsd. EUR)	
Anlagevermögen	0	Stammkapital	25
Bankguthaben	300	Kapitalrücklage	150
		Jahresüberschuss	100
		Verbindlichkeiten	25
	300		300

A würde die Verbindlichkeiten der B-GmbH zurückzahlen und nach Liquidation der B-GmbH würde sich A das Stammkapital in Höhe von 25 (Tsd. EUR) als Nennkapital zurückzahlen lassen. Diese Rückzahlung wäre bei ihm als Anteilseigner gemäß § 20 Abs. 1, Abs. 2, Abs. 4 EStG steuerlich neutral (zu versteuern ist nur das, was „nicht Rückzahlung von Nennkapital" ist). Allerdings wäre der Liquidationserlös in Höhe von 250 (Tsd. EUR) zu versteuern.

b) Durch die Buchwertfortführung wird es A ermöglicht, die Wirtschaftsgüter, die die B-GmbH hat, bei der C-GmbH mit den bestehenden Buchwerten (Anlagevermögen 100 Tsd. EUR) fortzuführen. Die „stillen Reserven" der B-GmbH wurden nicht aufgedeckt. Sie sind jetzt in der C-GmbH enthalten.

---

[4] Vgl. auch *Birk/Desens/Tappe* Rn. 913, die den gemeinen Wert mit dem „Verkehrswert" gleichsetzen.

2. Wirkungen der Buchwertfortführung

8 Durch die *Buchwertfortführung* bleibt Liquidität im Unternehmen. Die „*stillen Reserven*" sind zu einem späteren Zeitpunkt zu versteuern. Das Steuersubstrat (in Form der „*stillen Reserven*") geht von einem Rechtsträger auf den anderen Rechtsträger über.

> **Hinweis:** Damit ist aber auch klar, dass eine „steuerneutrale Umwandlung" nur funktionieren kann, wenn das Steuersubstrat erhalten bleibt. Dieser Grundgedanke hat etwa auch in §§ 13 Abs. 2, 21 Abs. 2 S. 3 UmwStG seinen Niederschlag gefunden.

Lösung zu Fall 1: Die Überwagen AG wird eine Buchwertfortführung der von der Velociter AG übernommenen Wirtschaftsgüter anstreben. Insbesondere in Grundstücken oder dem Geschäftswert können erhebliche stille Reserven vorhanden sein. Durch eine Aufdeckung der stillen Reserven können erhebliche Steuerzahlungen anfallen. Um die Aufdeckung der stillen Reserven zu vermeiden, wird die Überwagen AG die Buchwertfortführung beabsichtigen und ein Vorgehen nach dem Umwandlungssteuerrecht anstreben.

B. Aufbau des Umwandlungssteuergesetzes

I. Gliederung

9 Das UmwStG gliedert sich in zehn Teile. Der erste Teil (§§ 1, 2 UmwStG) enthält allgemeine Vorschriften. Der zweite Teil (§ 3 bis § 10 UmwStG) beinhaltet Vorschriften zum Vermögensübergang einer Körperschaft auf eine Personengesellschaft oder auf eine natürliche Person. Im dritten Teil (§ 11 bis § 14 UmwStG) sind die Vorschriften zur Verschmelzung oder zur (vollständigen) Vermögensübertragung von einer Körperschaft auf eine andere Körperschaft enthalten. Der zweite und dritte Teil haben also im Wesentlichen die Vorschriften zur Verschmelzung zum Gegenstand.

10 Der vierte Teil (§§ 15, 16 UmwStG) befasst sich mit der Aufspaltung, der Abspaltung und der (teilweisen) Vermögensübertragung von Körperschaften auf andere Körperschaften und auf Personengesellschaften. Der fünfte Teil (§ 17 bis § 19 UmwStG) enthält Regelungen zur Gewerbesteuer. Im sechsten Teil (§ 20 bis § 23 UmwStG) sind die Vorschriften zur Einbringung von Unternehmensteilen in eine Kapitalgesellschaft oder Genossenschaft sowie zum Anteilstausch beheimatet. Der siebte Teil des UmwStG (§ 24 UmwStG) beschäftigt sich mit der Einbringung eines Teilbetriebs oder Mitunternehmeranteils in eine Personengesellschaft.

11 Der achte Teil (§ 25 UmwStG) befasst sich mit dem Formwechsel einer Personengesellschaft in eine Kapitalgesellschaft oder Genossenschaft. Der neunte Teil ist zwar mit „Verhinderung von Missbräuchen" überschrieben, ist aber durch den Wegfall des § 26 UmwStG de facto nicht besetzt. Schließlich endet das UmwStG mit dem zehnten Teil (§ 27 und § 28 UmwStG), den Anwendungsvorschriften und einer Ermächtigung.

Arnulf Reinthaler

II. Grundsätze

In gewisser Weise ähnelt das UmwStG dem UmwG, indem es bestimmte Vorgänge (beispielsweise Verschmelzung einerseits und Aufspaltung und Abspaltung andererseits) baukastenförmig nebeneinander stellt (vgl. Kap. 1 Rn. 32 ff.). Andererseits orientiert sich das UmwStG an anderen Kriterien als das UmwG.

12

Schon auf den ersten Blick kann man feststellen, dass es im Umwandlungssteuerrecht nicht allzu viele Paragrafen gibt. Das UmwStG kommt mit 24 Paragrafen aus (Nummerierung 1 bis 28, wobei §§ 10, 14, 17 und § 26 UmwStG unbesetzt sind). Im UmwG reicht die Nummerierung der Paragrafen hingegen bis zur Ziffer 325. Dies bedeutet aber auch, dass das UmwStG noch weiter abstrahiert ist als das UmwG. Beispielsweise ordnet § 15 UmwStG die Geltung der § 11 bis § 13 UmwStG mit gewissen Modifizierungen an. Ähnlich ist das Regelungssystem des § 25 UmwStG aufgebaut: Hier findet sich ein Verweis auf die entsprechende Anwendung der § 20 bis § 23 UmwStG sowie § 9 S. 2 und S. 3 UmwStG.

13

Die abstraktere Regelung bedeutet generell eine größere Unsicherheit bei der Gesetzesanwendung. Es gibt mehr Auslegungsmöglichkeiten und damit auch mehr potentiell streitige Rechtsfragen. Der Gesetzgeber hat sich – mit guten Gründen[5] – gegen eine detaillierte Ausformulierung des Gesetzes zugunsten von abstrakten Regelungen entschieden. Dem gleichwohl bestehenden Bedürfnis nach einer bundesweit einheitlichen und gleichmäßigen Anwendung der Vorschriften des UmwStG und somit nach gesteigerter Rechtsicherheit ist das Bundesministerium der Finanzen (BMF) mit sog. BMF-Schreiben, den jeweiligen Umwandlungssteuererlassen, entgegengekommen.

14

III. Verhältnis zum Umwandlungsgesetz

Der sachliche Regelungsbereich des UmwG und des UmwStG ist nicht identisch.[6] Im UmwStG sind zwar die meisten – aber eben doch nicht alle – Vorgänge des UmwG geregelt.[7] Das UmwStG hat aber auch Regelungsbereiche zum Gegenstand, wie Umstrukturierungen im Wege des Anteilstauschs oder Einbringungen, für die es im UmwG keine Entsprechung gibt.[8] Im Einzelnen ist zunächst zu überprüfen, ob der Anwendungsbereich des UmwStG eröffnet ist. So sind in § 1 Abs. 1 UmwStG die Vorgänge nach dem UmwG genannt, für die der Zweite bis Fünfte Teil des UmwStG gilt. In § 1 Abs. 3 UmwStG sind die Umwandlungsvorgänge aus dem UmwG, aber auch darüber hinausgehend Vorgänge genannt, für die der Sechste bis Achte Teil gilt. Beide Anwendungsbereiche sind nochmals durch Ansässigkeitserfordernisse für die beteiligten Rechtsträger eingeschränkt (in § 1 Abs. 2 UmwStG für die Vorgänge nach § 1 Abs. 1 UmwStG und in § 1 Abs. 4 UmwStG für die Vorgänge nach § 1 Abs. 3 UmwStG).

15

---

[5] Beispielsweise können nicht alle möglichen Gestaltungsalternativen vorhergesehen werden.
[6] *Stoye-Benk/Cutura* S. 54 Rn. 71.
[7] *Stoye-Benk/Cutura* S. 54 Rn. 71.
[8] *Stoye-Benk/Cutura* S. 54 Rn. 71.

C. Weitere Regelungen zum Umwandlungssteuergesetz: Die Umwandlungssteuererlasse

16 Die (eben schon angesprochenen, vgl. Rn. 14) BMF-Schreiben werden im Bundessteuerblatt Teil I veröffentlicht und sind damit für alle Gesetzesanwender ersichtlich. Sie stellen zum einen bindende Verwaltungsanweisungen an die Finanzbehörden dar und sind zum anderen Auslegungshilfe für vom Gesetzgeber offen gelassene Rechtsfragen. Die Gliederung ist (zumindest bei den grundlegenden Erlassen aus den Jahren 1998 und 2011) an die Paragrafen des UmwStG angelehnt. Die einzelnen Textpassagen sind mit einer vierstelligen Ziffernfolge als Randnummer versehen, die in der Mitte durch einen Punkt getrennt ist. Die ersten beiden Ziffern geben an, zu welchem Paragrafen die jeweilige Textpassage gehört. Das zweite Ziffernpaar gibt die Stellung innerhalb des jeweiligen Paragrafen an. So gibt beispielsweise die Randnummer 03.32 an, dass es sich um die 32. Äußerung zu § 3 UmwStG (03) handelt. Gliederungsrandnummern mit führender Doppel-Null (etwa 00.04) enthalten allgemeine Äußerungen vorab. Zu den Kommentierungen in den einzelnen *Umwandlungssteuererlassen* gibt es seinerseits wiederum zahlreiche Kommentierungen.[9]

17 Ändert sich das (Umwandlungssteuer-) Gesetz, so müssen natürlich auch die Auslegungshilfen und die Weisungen an die Finanzbehörden angepasst und ggf. geändert werden. Daher gibt es mehrere BMF-Schreiben, die als „Umwandlungssteuererlass" (UmwStE) bezeichnet werden. So wie teilweise noch Regelungen aus dem UmwStG in der Fassung der Bekanntmachung vom 15.10.2002, BGBl. I 4133, ber. BGBl. I 2003 738 (UmwStG 1995), gelten (etwa bei den einbringungsgeborenen Anteilen), so gelten auch die entsprechenden hierzu ergangenen Verwaltungsanweisungen fort.[10]

I. Umwandlungssteuererlass vom 25.3.1998, angepasst 21.8.2001

18 Der Umwandlungssteuererlass vom 25.3.1998 (veröffentlicht im BStBl. I am 15.4.1998) nimmt im Bundessteuerblatt 76 Seiten (S. 268 bis S. 344) ein. Die Menge der Ausführungen allein zeigt schon, dass hier (auch) zahlreiche Einzelfragen behandelt werden. Dieser Erlass wurde mit Erlass vom 21.8.2001 angepasst.

II. Umwandlungssteuererlass vom 16.12.2003

19 Der Umwandlungssteuererlass vom 16.12.2003 (BStBl. I 786) lässt die Regelungen des Umwandlungssteuererlasses vom 25.3.1998 grundsätzlich unberührt und ergänzt diese aufgrund der Änderungen durch das Steuersenkungsgesetz (StSenkG) und das Gesetz zur Fortentwicklung des Unternehmenssteuerrechts

---

[9] Vgl. etwa *Schmitt/Schloßmacher* UmwStE 2011.
[10] Vgl. Umwandlungssteuererlass vom 11.11.2011 Rn. 00.01.

(UntStFG) u. a. „infolge des Systemwechsels vom Anrechnungsverfahren zum Halbeinkünfteverfahren"[11]. Dieser Systemwechsel trat mit Ablauf des 31.12.2001 in Kraft. Anhand des Datums der Äußerungen des BMF (fast zwei Jahre später) erkennt man, dass erheblicher Abstimmungs- und Beratungsbedarf bestand.

III. Umwandlungssteuererlass vom 11.11.2011

Noch deutlicher wird die starke und kontroverse verwaltungsinterne Diskussion beim „neuen" Umwandlungssteuererlass vom 11.11.2011. Dieser umfasst 101 Seiten (S. 1314 bis S. 1414) im BStBl. Teil I. Ihm liegt die Änderung des UmwStG durch das SEStEG[12] vom 7.12.2006 zugrunde, so dass die erste (offizielle) Beantwortung von Auslegungs- und Zweifelsfragen fast fünf Jahre auf sich warten ließ. Zwischenzeitlich wurde der Umwandlungssteuererlass vom 11.11.2011 durch weitere Regelungen vom 26.7.2016,[13] 10.11.2016[14] und 23.2.2018[15] geändert bzw. ergänzt.

20

IV. Wirkungen

Der *Umwandlungssteuererlass* stellt zum einen für die Finanzverwaltung eine bindende Verwaltungsanweisung dar. Zum anderen kommen den Regeln Bedeutung auch für die steuerberatenden Berufe zu. Die Nichtbeachtung stellt regelmäßig einen Verstoß gegen die dem steuerlichen Berater obliegenden Sorgfaltspflichten dar,[16] der zu einer Haftung auf Schadensersatz wegen einer vertraglichen Pflichtverletzung nach § 280 Abs. 1 BGB führen kann.

21

D. Regelungsweite des Umwandlungssteuergesetzes

Die Regelungsweite des UmwStG ist in 01.01 UmwStE 2011 nochmals festgehalten und lautet wie folgt: „Die Vorschriften des UmwStG regeln ausschließlich die steuerlichen Folgen von Umwandlungen (§ 3 bis § 19 UmwStG) und Einbringungen (§ 20 bis § 25 UmwStG) für die Körperschaft-, Einkommen- und Gewerbesteuer. Steuerliche Folgen für andere Steuerarten (z. B. die Umsatz-, die Grunderwerb- oder die Erbschaftsteuer) regelt das UmwStG nicht."

22

---

[11] BStBl. 2003 I 786 Rn. 1.
[12] Gesetz über steuerliche Begleitmaßnahmen zur Einführung der Europäischen Gesellschaft und zur Änderung weiterer steuerlicher Vorschriften (SEStEG) vom 7.12.2006 (BGBl. I 2006 2782).
[13] BStBl. 2016 I 684.
[14] BStBl. 2016 I 1252.
[15] BStBl. 2018 I 319.
[16] Palandt/*Grüneberg* § 280 Rn. 78.

§ 2 Einzelne Umwandlungsvorgänge

A. Im Umwandlungssteuergesetz gegliederte Fallgruppen

23 Zunächst kann man im UmwStG eine grundlegende Unterteilung in die Umwandlung von Körperschaften einerseits und die Einbringungstatbestände andererseits treffen.[17] Innerhalb der erst genannten Gruppe kann man zwischen der Verschmelzung (§ 3 bis §§ 8, 10 UmwStG sowie § 11 bis § 13 UmwStG), dem Formwechsel in eine Personengesellschaft (§ 9 UmwStG) und der Spaltung (§ 15 und § 16 UmwStG) differenzieren. Dabei kann bei der Verschmelzung zwischen der Verschmelzung einer Kapitalgesellschaft auf eine Personengesellschaft oder auf eine natürliche Person (§ 3 bis §§ 8, 10 UmwStG) und der Verschmelzung auf eine Körperschaft (§ 11 bis § 13 UmwStG) unterschieden werden. Bei der Spaltung einer Körperschaft kann zwischen der Spaltung auf eine andere Körperschaft (§ 15 UmwStG) und der Spaltung auf eine Personengesellschaft unterschieden werden (§ 16 UmwStG). § 18 und § 19 UmwStG ordnet die Geltung von § 3 bis § 9 und § 16 UmwStG bzw. § 11 bis § 15 UmwStG auch für die Ermittlung des Gewerbeertrags an. Innerhalb der Einbringungstatbestände kann man zwischen der Einbringung in eine Kapitalgesellschaft (§ 20 bis § 23 UmwStG), der Einbringung in eine Personengesellschaft (§ 24 UmwStG) und dem Formwechsel in eine Körperschaft (§ 25 UmwStG) differenzieren.[18]

B. Allgemeines zu den Übertragungstatbeständen

I. Wertansätze

24 Grundsätzlich zielen die beteiligten Rechtsträger bei einer Umwandlung nach dem UmwStG darauf ab, die Buchwerte der übertragenen Wirtschaftsgüter fortführen zu können. Das UmwStG verfolgt in den einzelnen Übertragungstatbeständen die folgende Regelungsmethodik: Wirtschaftsgüter werden dem Grundsatz nach zum gemeinen Wert übertragen, es sei denn, dass die Voraussetzungen der entsprechenden Normen des UmwStG vorliegen. Dann kann auf Antrag der Buchwert fortgeführt werden. Ebenso kann der Antrag statt auf *Buchwertfortführung* auf einen beliebigen, von den Rechtsträgern frei wählbaren *Zwischenwert*, der irgendwo zwischen Buchwert und gemeinem Wert liegen muss,

---

[17] So auch *Klingebiel/Rasche/Patt/Krause* S. X und XX, streng an der Gesetzesgliederung orientiert.

[18] Eine ansprechende Darstellung in einer Matrixform bietet der UmwStE vom 25.3.1998 für die möglichen Umwandlungen nach UmwG in den Rz. 00.05 (für Verschmelzungen), 00.07 (für Formwechsel), 00.12 (für Spaltungen) und 00.14 (für die Vermögensübertragung) und welche zivilrechtlichen Formen der Einbringung, Einbringungen im Sinne von § 20 UmwStG sein können, in Rz. 20.01.

gerichtet sein. Dies kann dann sinnvoll sein, wenn aus bestimmten Gründen die teilweise Aufdeckung von stillen Reserven beabsichtigt ist. Soll beispielsweise eine GmbH mit einem bestehenden Verlustvortrag auf eine OHG verschmolzen werden, würde dieser nach § 4 Abs. 2 S. 2 UmwStG nicht auf die OHG übergehen. Durch Ansatz eines Zwischenwertes könnte ein Übertragungsgewinn in Höhe des bestehenden Verlustvortrags erzielt werden, so dass dieser vollständig aufgebraucht werden würde.

Wird ein Zwischenwert gewählt, so muss klar sein, welcher Prozentsatz an stillen Reserven aufgedeckt wird. Diese Erhöhung des Buchwertes ist für jedes Wirtschaftsgut dann einzeln und in der prozentual gleichen Höhe vorzunehmen. 25

II. Steuerlicher Rückwirkungszeitpunkt

Für die vom UmwStG erfassten Steuerarten (Körperschaft-, Einkommen- und Gewerbesteuer) können die steuerlichen Folgen nach § 2 Abs. 1 UmwStG auf den steuerlichen Übertragungsstichtag zurückbezogen werden, d. h. insbesondere, dass Einnahmen, die der übergebende Rechtsträger mit seinen Wirtschaftsgütern erzielt hat, dem übernehmenden Rechtsträger zuzurechnen sind. 26

§ 3 Einbringungstatbestände

Fall 3: A ist Inhaber einer Schreinerei und einer Glaserei. Die Schreinerei betreibt er in einem Gebäude auf dem Grundstück mit der Hausnummer 11. Die Glaserei liegt auf der anderen Straßenseite in einem Gebäude mit der Hausnummer 12. Aus haftungsrechtlichen Gründen will A die Schreinerei in die von ihm zu gründende AS-GmbH einbringen. Die Glaserei betreibt A weiterhin als Einzelunternehmen. Die Wirtschaftsgüter der Schreinerei haben einen Buchwert von insgesamt 50.000 EUR, der gemeine Wert beträgt 500.000 EUR. Die Übertragung soll rückwirkend auf den (noch nicht länger als acht Monate zurückliegenden) 1.1.01 stattfinden. A möchte keine stillen Reserven aufdecken. In der Schreinerei hat A einen Schaukelstuhl stehen, den er für einen Kunden gefertigt hat, den der Kunde aber nicht abgenommen hat. Den Schaukelstuhl möchte A nicht in die AS-GmbH einbringen, sondern in sein Wohnhaus (Hausnummer 10) schaffen, um sich darin dort zu entspannen.
a) Was hat A grundsätzlich zu beachten?
b) Welche steuerlichen Auswirkungen hat die Einbringung bei A, welche bei der AS-GmbH?

A. Voraussetzungen für die Buchwertfortführung

Für eine *Buchwertfortführung* müssen die grundsätzlichen Gegebenheiten erfüllt, der Tatbestand des § 20 Abs. 1 UmwStG für die „Einbringung" eröffnet und schließlich die Voraussetzungen des § 20 Abs. 2 UmwStG gegeben sein. 27

I. Grundsätzliches – Ansässigkeitserfordernis

28 Die übernehmende Gesellschaft muss ihren Sitz und ihre Geschäftsleitung gemäß § 1 Abs. 4 Nr. 1 UmwStG im Hoheitsgebiet eines EU-/EWR-Staates haben. Der Einbringende soll gemäß § 1 Abs. 4 Nr. 2a) UmwStG seinen Sitz bzw. Wohnsitz oder gewöhnlichen Aufenthalt ebenfalls in einem EU-/EWR-Staat haben.[19]

II. Einbringungsszenarien

29 Zahlreiche Umwandlungsvorgänge, die man nach den Begrifflichkeiten des UmwG in anderen Normen des UmwStG vermuten würde, sind bei den Einbringungen einzuordnen. Dies ist schlicht der Regelungstechnik des UmwStG geschuldet, das mit der aufnehmenden Kapitalgesellschaft als Empfänger der Einbringungen einen Großteil der Umwandlungen erfasst.

30 Nach § 1 Abs. 3 UmwStG gelten die Vorschriften des Sechsten bis Achten Teils für die Verschmelzung, Aufspaltung und Abspaltung im Sinne des § 2 und § 123 Abs. 1 und Abs. 2 UmwG von Personenhandelsgesellschaften und Partnerschaftsgesellschaften (Nr. 1), für die Ausgliederung von Vermögensteilen im Sinne des § 123 Abs. 3 UmwG (Nr. 2) sowie den Formwechsel einer Personengesellschaft in eine Kapitalgesellschaft oder Genossenschaft im Sinne des § 190 Abs. 1 UmwG (Nr. 3). Jeweils vergleichbare ausländische Vorgänge sind ebenfalls miterfasst, aber aufgrund des Ansässigkeitserfordernisses des § 1 Abs. 4 UmwStG praktisch stark eingeschränkt.

> **Hinweis:** Auch die Ausgliederung nach § 152 UmwG gilt steuerlich als Einbringung i. S. d. § 20 bis § 23 UmwStG.[20] Nach der hinter dem UmwStG stehenden Konzeption handelt es sich dabei um die Einbringung eines Betriebs oder Teilbetriebs in eine Kapitalgesellschaft oder eine Personengesellschaft. Auch die Abspaltung eines steuerlichen Teilbetriebs von einer Personengesellschaft auf eine Schwester-Kapitalgesellschaft gemäß § 123 Abs. 2 Nr. 2 UmwG gilt als Einbringung nach § 20 UmwStG.[21]

III. Tatbestand des § 20 Abs. 1 UmwStG

31 Um den Tatbestand des § 20 Abs. 1 UmwStG zu erfüllen, muss ein Betrieb oder Teilbetrieb oder ein Mitunternehmeranteil in eine Kapitalgesellschaft gegen die Gewährung neuer Anteile eingebracht werden.

---

[19] Nach § 1 Abs. 4 Nr. 2b) UmwStG kann der Einbringende auch in einem Drittstaat (also nicht Bundesrepublik Deutschland und nicht EU-/EWR-Staat) ansässig sein (sog. Drittlandsklausel), wenn das Besteuerungsrecht der Bundesrepublik Deutschland nicht ausgeschlossen oder beschränkt ist. Da das OECD-Musterabkommen (in Art. 13 Abs. 4), auf dem zahlreiche von der Bundesrepublik Deutschland abgeschlossene Doppelbesteuerungsabkommen beruhen, die Besteuerung der Gewinne aus Anteilsveräußerungen dem Drittlandsstaat zuweist, ist diese Voraussetzung nur selten erfüllt.
[20] Tz. 01.44 UmwStE 2011; *Schwedhelm* Rn. 229.
[21] *Klingebiel/Rasche/Patt/Krause* S. 377 lit. f.

Arnulf Reinthaler

1. Betrieb oder Teilbetrieb oder ein Mitunternehmeranteil (Einbringungsgegenstand)

Tauglicher Einbringungsgegenstand für eine steuerbegünstigte Buchwertfortführung i. S. d. § 20 Abs. 1 UmwStG sind ein *Betrieb* oder *Teilbetrieb* oder ein *Mitunternehmeranteil*. Das bedeutet, dass die Einbringung einzelner Wirtschaftsgüter grundsätzlich steuerlich nicht begünstigt ist. 32

Nach Rz. 20.06 S. 2 Hs. 1 UmwStE 2011 liegt die Einbringung eines Betriebs i. S. v. § 20 UmwStG nur vor, wenn sämtliche Wirtschaftsgüter, die zu den funktional wesentlichen Betriebsgrundlagen gehören, auf die übernehmende Gesellschaft übertragen wurden. *Teilbetrieb* ist nach Rz. 15.02 UmwStE 2011 (auf den Rz. 20.06 S. 1 UmwStE 2011 verweist) die Gesamtheit der in einem Unternehmensteil einer Gesellschaft vorhandenen aktiven und passiven Wirtschaftsgüter, die in organisatorischer Hinsicht einen selbständigen Betrieb, d. h. eine aus eigenen Mitteln funktionsfähige Einheit, darstellen.[22] 33

Entscheidend ist also, dass etwas wirtschaftlich selbständig „Lebensfähiges" übertragen wird. Wird ein Wirtschaftsgut nicht eingebracht, also zurückbehalten, so ist die Frage zu stellen, ob der Betrieb ohne dieses Wirtschaftgut überhaupt noch funktionieren kann. Ist diese Frage zu verneinen, so wurde kein Betrieb i. S. v. § 20 Abs. 1 UmwStG eingebracht. Beispielsweise werden meistens das Betriebsgrundstück eines Fertigungsbetriebs oder die Fertigungsanlagen eines Automobilherstellers als funktional wesentliche Betriebsgrundlage einzuordnen sein. Umlaufvermögen, das ohnehin dazu bestimmt ist, den Betrieb wieder zu verlassen, wird man kaum als funktional wesentliche Betriebsgrundlage einordnen können. 34

Als weiterer tauglicher Einbringungsgegenstand ist in § 20 Abs. 1 UmwStG ein *Mitunternehmeranteil*, also der Anteil an einer Personengesellschaft, genannt. Anteile an einer rein vermögensverwaltenden Mitunternehmerschaft fallen nicht hierunter.[23] Um eine Einbringung nach § 20 Abs. 1 UmwStG zu bewirken, müssen auch hier alle wesentlichen Betriebsgrundlagen des Mitunternehmeranteils übertragen werden. Diese können sich sowohl in dem Gesamthandsvermögen der OHG oder der KG als auch im Sonderbetriebsvermögen eines Gesellschafters befinden. 35

> **Hinweis:** Im *Sonderbetriebsvermögen* der einzelnen Gesellschafter befinden sich die Wirtschaftsgüter, die zwar im Eigentum der Gesellschafter stehen, aber der Mitunternehmerschaft zuzurechnen sind. Sonderbetriebsvermögen I sind dabei die Wirtschaftsgüter, die der Personengesellschaft dienen, ihr also beispielsweise zur Nutzung überlassen (z. B. vermietet) sind, während im Sonderbetriebsvermögen II solche Wirt-

---

[22] Im Einzelnen können sich bei der Frage, ob ein Teilbetrieb vorliegt, schwierige Abgrenzungsfragen stellen, die häufig aber Tatsachen- und keine Rechtsfragen sind.
[23] Beispiele für Mitunternehmeranteile finden sich bei Haritz/Menner/Bilitewski/*Menner* § 20 Rn. 121.

> schaftsgüter zu finden sind, die dem Gesellschafter zur Stärkung seiner Mitunternehmerstellung dienen, beispielsweise bei einer GmbH & Co. KG der vom Kommanditisten gehaltene Anteil an der Verwaltungs-GmbH.[24]

36 Gehört zum *Mitunternehmeranteil* auch *Sonderbetriebsvermögen*, das eine wesentliche Betriebsgrundlage bildet, so muss der Mitunternehmer dieses ebenfalls an die Kapitalgesellschaft übertragen. Dabei ist auf jeden einzelnen Mitunternehmeranteil abzustellen.

Beispiel 1: A und B sind an der X-OHG, die ein Eiscafé betreibt, zu jeweils 50 % beteiligt. A und B wollen das Eiscafé aus haftungsrechtlichen Gründen in Form einer GmbH betreiben. Zu diesem Zweck wollen sie ihre Mitunternehmeranteile an der X-OHG in die X-GmbH einbringen. Das Grundstück, auf dem das Eiscafé betrieben wird, steht im Alleineigentum des A. Es gehört zum Mitunternehmeranteil des A in Form von Sonderbetriebsvermögen I, da es von A an die X-OHG zur unmittelbaren Nutzung überlassen wird. Gleichzeitig bildet es eine wesentliche Betriebsgrundlage der X-OHG. Um die Einbringung als solche nach § 20 Abs. 1 UmwStG zu gestalten, muss A nicht nur seinen Anteil am Gesamthandsvermögen der X-OHG übertragen; er muss auch noch das Grundstück aus seinem Sonderbetriebsvermögen I an die X-GmbH übertragen. Tut er dies nicht, ist die Einbringung seines Mitunternehmeranteils nicht begünstigt. Unabhängig davon kann B seinen Mitunternehmeranteil an der X-OHG steuerbegünstigt in die X-GmbH nach § 20 Abs. 1 UmwStG einbringen.

2. Einbringung

37 *Einbringung* bedeutet, dass die Wirtschaftsgüter tatsächlich übertragen werden müssen. Dies bedingt einen tatsächlichen Wechsel des Eigentums. Dabei ist es ausreichend, wenn das wirtschaftliche Eigentum i. S. d. § 39 Abs. 2 Nr. 1 S. 1 AO übergeht.[25] Nicht ausreichend ist jedoch die bloße Vermietung oder Verpachtung zurückbehaltener Wirtschaftsgüter.

3. In eine Kapitalgesellschaft

38 Die Gegenstände müssen in eine Kapitalgesellschaft eingebracht werden.

4. Gegen Gewährung neuer Anteile

39 Der Einbringende muss neue Anteile an der Gesellschaft erhalten. Dies bedeutet nicht nur, dass er überhaupt Anteile erhalten muss. Dies bedeutet auch, dass er keine Anteile erhalten darf, die die Gesellschaft schon als „eigene" Anteile inne hatte. Neue Anteile sind die bei der Gründung der übernehmenden Gesellschaft ausgegebenen Anteile (§ 5 Abs. 4 GmbHG; § 27 AktG; § 7a Abs. 3 GenG) sowie

---

[24] So etwa *Birk/Desens/Tappe* Rn. 1179.; Haritz/Menner/Bilitewski/*Menner* § 20 Rn. 152.
[25] Haritz/Menner/Bilitewski/*Menner* § 20 Rn. 78; a. A. Dötsch/Pung/Möhlenbrock/*Patt* § 20 UmwStG Rn. 7, der den Vollrechtsübergang fordert.

Arnulf Reinthaler

die infolge einer Kapitalerhöhung (§ 56 GmbHG; §§ 183, 194, 205 AktG) zusätzlich geschaffenen Anteile.[26] Die Anteile müssen anlässlich der Einbringung erstmals entstanden sein.[27]

IV. Voraussetzungen des § 20 Abs. 2 UmwStG

Nach § 20 Abs. 2 S. 2 UmwStG kann das übernommene Vermögen auf Antrag und unter bestimmten in den Nr. 1 bis Nr. 4[28] genannten Voraussetzungen mit dem Buchwert angesetzt werden.

40

1. Besteuerung mit Körperschaftsteuer, § 20 Abs. 2 S. 2 Nr. 1 UmwStG

Nach § 20 Abs. 2 S. 2 Nr. 1 UmwStG muss sichergestellt sein, dass das übernommene Betriebsvermögen später bei der übernehmenden Körperschaft der Besteuerung mit Körperschaftsteuer unterliegt. Dies ist beispielsweise dann nicht der Fall, wenn das Betriebsvermögen auf eine Kapitalgesellschaft übertragen wird, die nach § 5 Abs. 1 KStG von der Körperschaftsteuer befreit ist.

41

2. Keine negativen Anschaffungskosten, § 20 Abs. 2 S. 2 Nr. 2 UmwStG

Gemäß § 20 Abs. 2 S. 2 Nr. 2 UmwStG dürfen die Passivposten des eingebrachten Betriebsvermögens die Aktivposten nicht übersteigen, wobei das Eigenkapital nicht zu berücksichtigen ist. In aller Regel dürfte es sich hierbei um wirtschaftlich angeschlagene Betriebe handeln. Unter anderem soll durch diese Regelung verhindert werden, dass der Einbringende negative Anschaffungskosten gelten machen kann.

42

3. Unangetastetes Besteuerungsrecht, § 20 Abs. 2 S. 2 Nr. 3 UmwStG

Schließlich darf nach § 20 Abs. 2 S. 2 Nr. 3 UmwStG das Recht der Bundesrepublik Deutschland hinsichtlich der Besteuerung des Gewinns aus der Veräußerung des eingebrachten Betriebsvermögens bei der übernehmenden Gesellschaft nicht ausgeschlossen oder beschränkt werden. Damit soll bewirkt werden, dass das Steuersubstrat im Inland erhalten bleibt und die Besteuerung wirklich nur auf einen anderen Zeitpunkt verschoben wird. Hierbei kommt es nur auf die Besteuerung des Betriebsvermögens, nicht auf die Besteuerung der erhaltenen neuen Anteile an. Problematisch wäre dieses Merkmal, wenn die Einbringung in eine Kapitalgesellschaft mit einem Ort der Geschäftsleitung im Ausland erfolgt und das entsprechende Doppelbesteuerungsabkommen der Bundesrepublik kein Besteuerungsrecht zuweist. Auch eine *Einschränkung des Besteuerungsrechts* ist ausreichend, damit das Merkmal des § 20 Abs. 2 S. 2 Nr. 3 UmwStG nicht gege-

43

---

[26] Haritz/Menner/Bilitewski/*Menner* § 20 Rn. 183.
[27] Haritz/Menner/Bilitewski/*Menner* § 20 Rn. 183 m. w. N.
[28] Zu Nr. 1 bis 3 sogleich; zu Nr. 4 vgl. Rödder/Herlinghaus/van Lishaut/*Herlinghaus*, UmwStG, § 20 Rn. 317 ff.

ben ist. So verhält es sich etwa, wenn nach der Einbringung eine Anrechnungsverpflichtung der Bundesrepublik Deutschland für eine ausländische Steuer besteht (denn vor der Einbringung war eine volle Besteuerung möglich).

4. Antrag

44   Schließlich muss die übernehmende Gesellschaft einen Antrag auf Ansatz des *Buchwertes* oder eines *Zwischenwertes* stellen. Nach § 20 Abs. 2 S. 3 UmwStG ist dieser Antrag spätestens bis zur erstmaligen Abgabe der steuerrechtlichen Schlussbilanz bei dem für die Besteuerung der übernehmenden Gesellschaft zuständigen Finanzamt zu stellen.

V. Anteilstausch

45   Nach § 21 Abs. 1 S. 2 UmwStG kann beim Anteilstausch die übernehmende Kapitalgesellschaft die übernommenen Anteile mit dem Buchwert ansetzen, wenn es sich um mehrheitsvermittelnde Anteile handelt. Die übernehmende Gesellschaft muss nach der Einbringung unmittelbar die Mehrheit der Stimmrechte an der erworbenen Gesellschaft haben. Das heißt, dass die Regelung dann greift, wenn ein Mehrheitsanteil übertragen wird. Sie greift aber auch dann, wenn ein bereits im Vermögen der Gesellschaft befindlicher (Mehrheits-)Anteil aufgestockt wird, so dass er nach der Aufstockung die Mehrheit vermittelt. Schließlich ist auch die Konstellation denkbar, dass mehrere – für sich jeweils nicht mehrheitsergebende – Anteile von verschiedenen Anteilseignern übertragen werden. Dann muss dies allerdings auf einem einheitlichen Gründungs- oder Kapitalerhöhungsvorgang beruhen.

B. Wirkungen beim Einbringenden

I. Unmittelbare Wirkungen aus dem Einbringungsvorgang

46   Nach § 20 Abs. 3 S. 1 UmwStG hat die aufnehmende Kapitalgesellschaft ein Bewertungswahlrecht. Weiter gilt der Wert, mit dem die Kapitalgesellschaft die eingebrachten Wirtschaftsgüter ansetzt, als Veräußerungspreis des Einbringenden und zugleich als dessen Anschaffungskosten für die neu erlangten Gesellschaftsanteile. Es besteht also eine *doppelte Buchwertverknüpfung*. Einmal ist der Wert, mit dem die Gesellschaft die eingebrachten Wirtschaftsgüter in ihre Bücher aufnimmt, verknüpft mit dem Wert, den der Einbringende als Veräußerungspreis anzusetzen hat. Zum anderen ist dieser Wert mit den Anschaffungskosten, die beim Einbringenden für dessen „neue" Anteile anzusetzen sind, verknüpft.

47   Hieran ist ersichtlich, dass die unmittelbaren Wirkungen des Wertansatzes v. a. den Einbringenden treffen. Dies gilt auch dann, wenn sich die Kapitalgesellschaft nicht an die Vereinbarungen mit dem Einbringenden halten sollte und einen anderen, z. B. einen Zwischenwert, ansetzt.

Arnulf Reinthaler

II. Mittelbare Wirkungen aus dem Einbringungsvorgang – Anteilseignerstellung

Nach der Einbringung ist der Einbringende, da er neue Anteile an der Kapitalgesellschaft erhalten hat, Anteilseigner. Als solcher ist er im Umgang mit seinen neuen Anteilen nicht völlig frei. Bis zu sieben Jahre nach der Einbringung droht dem Anteilseigner gleichsam die Rückgängigmachung der aus der Buchwertfortführung erhaltenen Vorteile. Insoweit kann man § 22 UmwStG, in dem diese Regelung enthalten ist, durchaus als Missbrauchsverhinderungsvorschrift verstehen.[29]

48

Denn würde der Einbringende alle seine Wirtschaftsgüter veräußern – statt sie zu Buchwerten einzubringen – so wäre der Veräußerungserlös grundsätzlich voll zu versteuern. Würde der Einbringende hingegen nach erfolgter Einbringung die neu erhaltenen Anteile veräußern, so würde er in den Genuss von Steuervergünstigungen gelangen. Ist der Einbringende eine natürliche Person und hält er die Anteile im Betriebsvermögen, so müsste er sie nur im Teileinkünfteverfahren nach § 3 Nr. 40 EStG versteuern; hält er sie im Privatvermögen, so würden die Einkünfte (abgesehen von Altfällen) der Abgeltungssteuer (mit dem Steuersatz von 25 %) unterliegen. Hält der Einbringende als Kapitalgesellschaft die Anteile, so wäre deren Veräußerung nach § 8b Abs. 2 KStG (mit Ausnahme von 5 % nichtabzugsfähiger Betriebsausgaben nach § 8b Abs. 3 S. 1 KStG) steuerfrei.

49

Daher hat der Einbringende bei einer Veräußerung innerhalb von sieben Jahren nach der Einbringung den Gewinn aus der Einbringung gemäß § 22 Abs. 1 S. 1 und S. 2 UmwStG rückwirkend im Wirtschaftsjahr der Einbringung zu versteuern, wobei für jedes abgelaufene volle Zeitjahr ein Siebtel des Gewinns gemindert wird. Der Einbringungsgewinn I ist gemäß § 22 Abs. 1 S. 3 UmwStG wie folgt zu ermitteln:[30]

50

| Gemeiner Wert des eingebrachten Betriebsvermögens im Einbringungszeitpunkt |
| – Kosten für den Vermögensübergang |
– Wert, mit dem die übernehmende Gesellschaft das eingebrachte Vermögen angesetzt hat
= Zwischensumme
– ein Siebtel für jedes abgelaufene Zeitjahr seit dem Einbringungszeitpunkt
= Einbringungsgewinn I

Beispiel 2: A hat seinen Miteigentumsanteil an der X-OHG in die X-GmbH eingebracht. Der Anteil hatte einen gemeinen Wert von 100.000 EUR und einen Buchwert von 50.000 EUR. An Einbringungskosten sind 1.000 EUR angefallen. Im dritten Jahr (also nach der Vollendung von zwei vollen Zeitjahren) verkauft A seinen Anteil an der X-GmbH. Sein Einbringungsgewinn I errechnet sich wie folgt:

---

[29] *Strauch* Rn. 336.
[30] Siehe auch *Strauch* Rn. 341.

100.000 EUR (gemeiner Wert)
- 1.000 EUR (Einbringungskosten)
- 50.000 EUR (Wertansatz bei der X-GmbH)

49.000 EUR (Zwischensumme)
- 14.000 EUR (zwei Siebtel für zwei volle Jahre)

35.000 EUR (Einbringungsgewinn I)

C. Wirkungen bei der übernehmenden Kapitalgesellschaft

51 Nach § 20 Abs. 3 S. 1 UmwStG hat die aufnehmende Kapitalgesellschaft ein Bewertungswahlrecht. Die Wirkungen treffen zunächst nicht die übernehmende Gesellschaft, sondern den Einbringenden. Veräußert die Gesellschaft später die eingebrachten Wirtschaftsgüter, deckt sie hierbei die stillen Reserven auf.

52 Veräußert der Anteilseigner die erhaltenen Anteile innerhalb von sieben Jahren, hat dieser den Einbringungsgewinn I rückwirkend zu entrichten. Insoweit wurde durch den Anteilseigner die Versteuerung von *stillen Reserven* vorgenommen. Danach kann die Gesellschaft gemäß § 23 Abs. 2 UmwStG in den Genuss der Vorteile kommen und im Wirtschaftsjahr der Veräußerung den versteuerten Einbringungsgewinn als Erhöhungsbetrag ansetzen. Die Gesellschaft kann dann in der Folge erhöhte Aufwendungen für Abnutzung (AfA) geltend machen, was sich gewinnmindernd auswirkt. Der Erhöhungsbetrag kann allerdings nur angesetzt werden, wenn das für den Anteilseigner zuständige Finanzamt die Entrichtung der auf den Einbringungsgewinn anfallenden Steuer bescheinigt hat.

D. Einbringung in eine Personengesellschaft

53 Für die Einbringung von Betriebsvermögen ordnet § 24 UmwStG im Wesentlichen die Anwendung der Vorschriften der § 20 und § 23 UmwStG an.

E. Formwechsel einer Personengesellschaft in eine Kapitalgesellschaft

54 Für den Formwechsel einer Personengesellschaft in eine Kapitalgesellschaft oder Genossenschaft ordnet § 25 UmwStG die entsprechende Anwendung von § 20 bis § 23 UmwStG sowie von § 9 S. 2 und 3 UmwStG an.

Beispiel 3: V, X, Y und Z sind zu jeweils 25 % an der VXYZ-OHG beteiligt. Die VXYZ-OHG soll in die VXYZ-GmbH umgewandelt werden, so dass V, X, Y und Z anschließend jeweils zu 25 % an der VXYZ-GmbH beteiligt sind. Den Formwechsel der VXYZ-OHG in die VXYZ-GmbH kann man isoliert auf den jeweiligen Gesellschafter abstellend auch viermal als Einbringung eines Mitunternehmeranteils in die neu zu gründende GmbH begreifen. Damit wird deutlich, weshalb der Formwechsel nach § 25 UmwStG die analoge Anwendung der Vorschriften über die Einbringung rechtfertigt.

Arnulf Reinthaler

Lösung zu Fall 3: a) A hat zu beachten, dass er wirklich einen funktionierenden Betrieb oder Teilbetrieb überträgt. Dabei hat er alle funktional wesentlichen Betriebsgrundlagen zu übertragen. In seinem Fall bedeutet dies, dass er auch das Grundstück mit der Hausnummer 11, auf dem er seine Schreinerei betreibt, mit in die AS-GmbH einbringen muss. Der Schaukelstuhl stellt hingegen keine funktional wesentliche Betriebsgrundlage dar. Da er ihn aber von der betrieblichen in die private Sphäre überführt, hat er diesen Vorgang als Entnahme einkommensteuerrechtlich (und ggf. als steuerpflichtige unentgeltliche Wertabgabe bei der Umsatzsteuer) zu erfassen.

b) A erzielt zum einen einen Veräußerungspreis von 50.000 EUR. Von diesem hat er eventuell bei ihm verbleibende Einbringungskosten und den Buchwert des eingebrachten Betriebsvermögens abzuziehen. Der verbleibende Betrag ist sein Einbringungsgewinn bzw. sein Einbringungsverlust. Zum anderen hat A Anschaffungskosten für die Anteile an der AS-GmbH in Höhe von 50.000 EUR. Bei einer eventuellen Weiterveräußerung ist dieser Betrag als Anschaffungskosten anzusetzen.

Die AS-GmbH hat in ihrer Eröffnungsbilanz die eingebrachten Wirtschaftsgüter mit insgesamt 50.000 EUR anzusetzen.

§ 4 Umwandlung von Körperschaften

Fall 4: Die Aboranti GmbH verkauft Bücher und DVDs über das Internet. Anteilseigner der Aboranti GmbH sind Albrecht (A) zu 60 % und Borat (B) zu 40 %. Beide haben die Beteiligung ihrem Einzelunternehmen zugeordnet. Sie versprechen sich einen höheren Absatz, wenn sie ihren Onlineshop mit der Netzwerkseite der YZ-OHG vereinigen. Die YZ-OHG betreibt ein soziales Netzwerk. An der YZ-OHG sind Frau Ypsiloni (Y) zu 70 % und Herr Zugerhügel (Z) zu 30 % beteiligt. A, B, Y und Z sind sich einig, die Geschäftsaktivitäten zu bündeln und die Aboranti GmbH rückwirkend zum 1.1.2012 auf die YZ-OHG zu verschmelzen. Sie wollen künftig unter BAZY-OHG firmieren.

Zum 31.12.2011 sehen die Schlussbilanzen der Aboranti-GmbH und der YZ-OHG vereinfacht dargestellt wie folgt aus:

Bilanz der Aboranti-GmbH als übertragender Rechtsträger:

Aktiva (in Tsd. EUR)		Passiva (in Tsd. EUR)	
Anlagevermögen (gemeiner Wert 300)	100	Gezeichnetes Kapital	50
		Kapitalrücklage	25
		Jahresüberschuss	25
	100		100

Gesamthandsbilanz der YZ-OHG als übernehmender Rechtsträger:

Aktiva (in Tsd. EUR)		Passiva (in Tsd. EUR)	
Anlagevermögen (gemeiner Wert 200)	100	Eigenkapital Ypsiloni	70
		Eigenkapital Zugerhügel	30
	100		100

Die Verschmelzung soll steuerlich möglichst günstig abgewickelt werden. Wie sieht die Gesamthandsbilanz der BAZY-OHG auf den 31.12.2011 aus? Was ist weiter zu beachten?

55 Den Sachverhalten, die unter die Kategorie Umwandlung von Körperschaften fallen, ist gemein, dass am Anfang eine Kapitalgesellschaft steht, die umgewandelt wird. Die Kapitalgesellschaft kann dabei verschmolzen, in eine Personengesellschaft formgewechselt oder gespalten werden.

A. Verschmelzung

56 Die Verschmelzungen lassen sich danach unterscheiden, worauf die Körperschaft verschmolzen wird. Handelt es sich um eine Verschmelzung auf eine Personengesellschaft oder eine natürliche Person, sind die Regelungen der § 3 bis §§ 8, 10 UmwStG einschlägig. Handelt es sich um eine Verschmelzung auf eine andere Kapitalgesellschaft, so gelten die Regelungen der § 11 bis § 13 UmwStG.

57 Auch hier gelten die bei den Einbringungen erörterten Prinzipien. Die Regelungen sind so ausgestaltet, dass die übergehenden Wirtschaftsgüter in der steuerlichen Übertragungsbilanz grundsätzlich mit dem gemeinen Wert und nur unter bestimmten Voraussetzungen auf Antrag hin mit dem Buchwert oder einem Zwischenwert anzusetzen sind.

I. Verschmelzung einer Körperschaft auf eine Personengesellschaft oder eine natürliche Person

58 Um eine Körperschaft auf eine Personengesellschaft oder eine natürliche Person zum Buchwert oder einem Zwischenwert verschmelzen zu können, müssen zunächst die Voraussetzungen des § 3 UmwStG vorliegen.

1. Voraussetzungen des § 3 UmwStG

a) Besteuerung mit Einkommen- oder Körperschaftsteuer,
§ 3 Abs. 2 S. 1 Nr. 1 UmwStG

59 Die Wirtschaftsgüter der zu verschmelzenden Kapitalgesellschaft müssen gemäß § 3 Abs. 2 S. 1 Nr. 1 UmwStG bei der übernehmenden Personengesellschaft oder der natürlichen Person Betriebsvermögen werden und es muss sichergestellt sein, dass sie später der Besteuerung mit Einkommensteuer oder Körperschaftsteuer unterliegen.

60 Insbesondere bei natürlichen Personen ist darauf zu achten, dass die übernommenen Wirtschaftsgüter nicht ins Privatvermögen übernommen werden, sondern für den Betrieb des Einzelunternehmens der natürlichen Person verwendet werden. Weiter muss sichergestellt sein, dass die in den Wirtschaftsgütern enthaltenen stillen Reserven später der Besteuerung mit Einkommensteuer oder Körperschaftsteuer unterliegen. Das ist dann nicht der Fall, wenn die natürliche Person oder die Personengesellschaft die Wirtschaftsgüter aus der Kapitalgesellschaft einer ausländischen Betriebsstätte zuordnet. Eine Belastung mit Körperschaftsteuer kommt in den Fällen in Betracht, in denen eine Kapitalgesellschaft

an der übernehmenden Personengesellschaft beteiligt ist. Zu einer tatsächlichen Besteuerung kommt es freilich erst dann, wenn die stillen Reserven „gehoben", d. h. die Wirtschaftsgüter zu einem späteren Zeitpunkt z. B. veräußert werden.

b) Keine Einschränkung des Besteuerungsrechts, § 3 Abs. 2 S. 1 Nr. 2 UmwStG

Weiter darf gemäß § 3 Abs. 2 S. 1 Nr. 2 UmwStG das Recht der Bundesrepublik Deutschland hinsichtlich der Besteuerung des Gewinns aus der Veräußerung der übertragenen Wirtschaftsgüter bei den Gesellschaftern der übernehmenden Personengesellschaft oder bei der natürlichen Person nicht ausgeschlossen oder beschränkt werden. Während es bei der Einbringung in eine Kapitalgesellschaft hinsichtlich des Besteuerungsrechts nicht auf die Anteilseigner ankommt, weil die Körperschaft selbst ertragsteuerrechtliches Steuersubjekt ist, ist bei einer Verschmelzung auf eine Personengesellschaft oder eine natürliche Person hinsichtlich des Besteuerungsrechts auf die natürliche Person oder die Gesellschafter der Personengesellschaft abzustellen. Denn die Besteuerung findet bei ihnen statt. Für die Verschmelzung auf die natürliche Person ist dies evident. Für die Gesellschafter der Personengesellschaft beruht dies darauf, dass die Personengesellschaft insoweit „transparent" ist. Sie ist zwar das Subjekt der Gewinnermittlung. Die Besteuerung der so ermittelten Gewinne findet aber bei den Gesellschaftern persönlich in deren Einkommensteuerfestsetzung bzw. (bei der Beteiligung von Kapitalgesellschaften) in deren Körperschaftsteuerfestsetzung statt.

61

Man könnte insoweit auch von einem Wechsel vom Trennungsprinzip zum Transparenzprinzip unter Wegfall einer Besteuerungsebene sprechen.[31]

62

c) Keine Gegenleistung, § 3 Abs. 2 S. 1 Nr. 3 UmwStG

Ferner darf nach § 3 Abs. 2 S. 1 Nr. 3 UmwStG keine Gegenleistung gewährt werden oder diese nur in Gesellschaftsrechten bestehen. Für die natürliche Person, auf die die Kapitalgesellschaft verschmolzen wird, dürfte die erste Alternative der Hauptanwendungsfall sein, während für die Anteilseigner der übertragenden verschmolzenen Kapitalgesellschaft, die Gesellschafter der Personengesellschaft werden, die zweite Alternative den Hauptanwendungsfall darstellen dürfte.

63

d) Antrag

Schließlich tritt die Rechtsfolge der *Buchwertfortführung* oder des zulässigen Ansatzes eines Zwischenwerts (wie schon bei der Einbringung) auch bei der Verschmelzung nur auf Antrag ein. Dieser Antrag ist gemäß § 3 Abs. 2 S. 2 UmwStG spätestens bis zur erstmaligen Abgabe der steuerlichen Schlussbilanz bei dem für die Besteuerung der übertragenden Körperschaft zuständigen Finanz-

64

---

[31] So etwa *Strauch* Rn. 62.

Arnulf Reinthaler

amt zu stellen. Dies geschieht regelmäßig konkludent durch das Einreichen der steuerlichen Schlussbilanz, in der die Wirtschaftsgüter entweder mit dem Buchwert, einem Zwischenwert oder auch dem gemeinen Wert angesetzt sind. Eine spätere Änderung ist grundsätzlich nicht mehr möglich.[32] Da handelsrechtlich die Vermögenswerte in der Schlussbilanz mit dem Buchwert anzusetzen sind, steuerrechtlich grundsätzlich aber der gemeine Wert anzusetzen ist (und nur unter den besonderen Voraussetzungen ein Ansatz von Buchwerten oder Zwischenwerten möglich ist), besteht insoweit keine Maßgeblichkeit der handelsrechtlichen für die steuerrechtliche Schlussbilanz.[33]

2. Rechtsfolgen beim übernehmenden Rechtsträger

65 Die Auswirkungen auf den Gewinn des übernehmenden Rechtsträgers sind in § 4 UmwStG geregelt. Grundsätzlich tritt die übernehmende natürliche Person oder Personengesellschaft gemäß § 4 Abs. 2 S. 1 UmwStG in die Rechtsstellung der übertragenden Körperschaft ein. Dies gilt dabei insbesondere bezüglich der Bewertung der übernommenen Wirtschaftsgüter, der Absetzungen für Abnutzung und der den steuerlichen Gewinn mindernden Rücklagen. Gemäß § 4 Abs. 2 S. 2 UmwStG gehen verrechenbare Verluste, verbleibende Verlustvorträge, vom übertragenden Rechtsträger nicht ausgeglichene negative Einkünfte und ein Zinsvortrag nach § 4h Abs. 1 S. 2 EStG nicht über.

a) Beteiligungskorrekturgewinn

66 Grundsätzlich übernimmt der übernehmende Rechtsträger die Wirtschaftsgüter gemäß § 4 Abs. 1 S. 1 UmwStG mit dem Wert, mit dem sie in der Schlussbilanz der übertragenden Kapitalgesellschaft angesetzt wurden. Wurden hingegen in früheren Jahren (durch den nunmehr die Kapitalgesellschaft auf sich verschmelzenden Anteilseigner) Abschreibungen auf die Beteiligung vorgenommen, so sind diese gemäß § 4 Abs. 1 S. 2 UmwStG wieder rückgängig zu machen (bis der Wertansatz des Anteils höchstens den gemeinen Wert erreicht hat). Der sich hieraus beim Rechtsträger ergebende Gewinn ist der *Beteiligungskorrekturgewinn*. Wurden keine Abschreibungen auf die Anteile vorgenommen, entsteht kein Beteiligungskorrekturgewinn.

b) Übernahmegewinn

67 Der Übernahmegewinn ist für die übernehmende natürliche Person im Rahmen ihrer Gewinnermittlung zu ermitteln. Bei einer Personengesellschaft als übernehmendem Rechtsträger ist der Übernahmegewinn für alle Gesellschafter gesondert und einheitlich festzustellen.[34] Dabei ist von dem Wert auszugehen, mit dem

---

[32] Haritz/Menner/Bilitewski/*Mertgen* § 3 Rn. 102.
[33] Haritz/Menner/Bilitewski/*Mertgen* § 3 Rn. 72, 130.
[34] 04.27 UmwStE 2011.

die übergegangenen Wirtschaftsgüter zu übernehmen sind.[35] Dazu wird ein Zuschlag für neutrales Vermögen im Sinne des § 4 Abs. 4 S. 2 UmwStG addiert.[36] Das sind die stillen Reserven, die in einer ausländischen Betriebsstätte liegen und für die die Bundesrepublik kein Besteuerungsrecht hat.[37] Davon sind der Wert der Anteile an der übertragenen Körperschaft (eventuell um einen Beteiligungskorrekturgewinn erhöht) und die Kosten des Vermögensübergangs abzuziehen.[38] Der hieraus ermittelte Wert ist das Übernahmeergebnis der 1. Stufe.[39] Zu diesem Wert ist ein eventueller Sperrbetrag nach § 50c EStG gemäß § 4 Abs. 5 S. 1 UmwStG hinzuzuaddieren.[40] Davon sind nach § 4 Abs. 5 S. 2 UmwStG die Beträge abzuziehen, die nach § 7 UmwStG zu den Einkünften aus Kapitalvermögen gehören. Sodann erhält man das Übernahmeergebnis der 2. Stufe.[41] Dieser Wert ist Gegenstand der gesonderten und einheitlichen Feststellung.[42]

Vereinfacht dargestellt ist diese Ermittlung wie folgt aufgebaut: 68

Wert, mit dem die Wirtschaftsgüter anzusetzen sind
+ Zuschlag für neutrales Vermögen
− Wert der Anteile an der übertragenden Körperschaft
− Kosten des Vermögensübergangs

= Übernahmeergebnis 1. Stufe
+ Sperrbetrag nach § 50c EStG
− Beträge, die nach § 7 UmwStG zu den Einkünften aus Kapitalvermögen gehören

= Übernahmeergebnis 2. Stufe

c) Übernahmefolgegewinn

Schließlich kann sich der Gewinn des übernehmenden Rechtsträgers nach § 6 Abs. 1 UmwStG dadurch erhöhen, dass der Vermögensübergang zum Erlöschen von Forderungen und Verbindlichkeiten zwischen der übertragenden Körperschaft und dem übernehmenden Rechtsträger oder zur Auflösung von Rückstellungen führt. Da es sich hierbei um einen Gewinn handelt, der in Folge der Übernahme entsteht, wird dieser Gewinn als *Übernahmefolgegewinn* bezeichnet. 69

Grundsätzlich entfallen Forderung und Verbindlichkeit in gleicher Höhe, so dass sich keine Auswirkung auf den Gewinn ergibt. War hingegen die Forderung wertberichtigt, so hatte sich der Gewinn des Forderungsinhabers in der 70

---

[35] 04.27 UmwStE 2011.
[36] 04.27 UmwStE 2011.
[37] 04.29 UmwStE 2011.
[38] 04.27 UmwStE 2011.
[39] 04.27 UmwStE 2011.
[40] 04.27 UmwStE 2011.
[41] 04.27 UmwStE 2011.
[42] 04.27 UmwStE 2011.

Arnulf Reinthaler

Vergangenheit um genau diesen berichtigten Betrag gemindert. Da mit der Konfusion aber sowohl Forderung als auch Verbindlichkeit erlöschen, ist der Gewinn um die in den Vorjahren geltend gemachte Gewinnminderung zu erhöhen. Gleiches gilt, wenn beispielsweise die Körperschaft eine Gewährleistungsrückstellung für Mängel gebildet hat, die der übernehmende Rechtsträger geltend gemacht hat, und dadurch bislang ihren Gewinn gemindert hatte. Auch diese Gewinnminderung ist nunmehr zu korrigieren. Eine Inanspruchnahme durch den übernehmenden Rechtsträger kann nicht mehr erfolgen, denn sonst müsste er ja gleichsam sich selbst in Regress nehmen.

3. Rechtsfolgen bei den Anteilseignern der übertragenden Körperschaft

71 Nach § 7 UmwStG sind die offenen Rücklagen der übertragenden Körperschaft zu besteuern. Die Besteuerung findet bei den Anteilseignern der Kapitalgesellschaft statt, die dadurch Einnahmen aus Kapitalvermögen nach § 20 Abs. 1 Nr. 1 EStG erzielen. Dabei haben sie den Teil im Verhältnis der Anteile zum Nennkapital zu versteuern, der in der Steuerbilanz dem Betrag des ausgewiesenen Eigenkapitals abzüglich des Bestands des steuerlichen Einlagekontos nach § 27 KStG entspricht. Im steuerlichen Einlagekonto sind – gesondert festgestellt – vereinfacht, alle Leistungen des Anteilseigners an seine Kapitalgesellschaft erfasst, die nicht in das Nennkapital erbracht wurden. Die Besteuerung dieser offenen Rücklagen ist nur konsequent, da sie dem Anteilseigner für Ausschüttungen zur Verfügung gestanden haben. Ist der Anteilseigner der übernehmende Rechtsträger oder am übernehmenden Rechtsträger beteiligt, mindert der Betrag der Kapitaleinkünfte insoweit den auf ihn entfallenden Übernahmegewinn.[43]

72 Der hiernach ermittelte Betrag unterliegt also einer Ausschüttungsfiktion. Auf den als ausgeschüttet geltenden Betrag hat die Gesellschaft Kapitalertragsteuer abzuführen. Ist der Anteilseigner eine natürliche Person und befanden sich die Anteile in seinem Betriebsvermögen, so sind sie bei ihm dem Teileinkünfteverfahren nach § 3 Nr. 40 EStG zu unterwerfen. Hatte er die Anteile in seinem Privatvermögen, so unterliegen sie (von Altfällen abgesehen) grundsätzlich der Abgeltungssteuer. Befanden sich die Anteile im Betriebsvermögen einer Kapitalgesellschaft, so ist die (fiktive) Ausschüttung nach § 8b Abs. 2 KStG grundsätzlich steuerfrei, mit Ausnahme eines Anteils von 5 % gemäß § 8b Abs. 3 S. 1 KStG.

II. Körperschaft auf Körperschaft

73 Die Regelungen über die Verschmelzung einer Kapitalgesellschaft auf eine andere Kapitalgesellschaft sind in § 11 bis § 13 UmwStG zu finden.

74 Grundsätzlich sind die übergehenden Wirtschaftgüter nach § 11 Abs. 1 S. 1 UmwStG mit dem gemeinen Wert anzusetzen. Entsprechend der üblichen im UmwStG verwendeten Regelungstechnik können sie aber gemäß § 11 Abs. 2

---

[43] 04.27 UmwStE 2011.

S. 1 UmwStG auf Antrag mit dem Buchwert oder einem Zwischenwert angesetzt werden, wenn sichergestellt ist, dass sie später bei der übernehmenden Körperschaft der Besteuerung mit Körperschaftsteuer unterliegen (§ 11 Abs. 2 S. 1 Nr. 1 UmwStG), das Recht der Bundesrepublik Deutschland hinsichtlich der Besteuerung des Gewinns aus der Veräußerung der übertragenen Wirtschaftsgüter nicht ausgeschlossen oder beschränkt wird (§ 11 Abs. 2 S. 1 Nr. 2 UmwStG) und eine Gegenleistung nicht gewährt wird oder in Gesellschaftsrechten besteht (§ 11 Abs. 2 S. 1 Nr. 3 UmwStG).

Wird ein Zwischenwert angesetzt, so entsteht bei der übertragenden Gesellschaft ein Übertragungsgewinn. Ein Beteiligungskorrekturgewinn kann nach § 11 Abs. 2 S. 2 UmwStG (in diesem Fall für den down-stream-merger) anfallen. 75

Für den Fall des up-stream-mergers und des side-step-mergers kann nach § 12 Abs. 2 UmwStG bei der übernehmenden Gesellschaft ein Beteiligungskorrekturgewinn anfallen. Schließlich kann bei der übernehmenden Gesellschaft nach § 12 Abs. 4 UmwStG i. V. m. § 6 UmwStG ein Übernahmefolgegewinn entstehen. 76

Bei den Anteilseignern der übertragenden Körperschaft gelten gemäß § 13 Abs. 1 UmwStG die Anteile an der übertragenden Körperschaft als zum gemeinen Wert veräußert und die an ihre Stelle tretenden Anteile an der übernehmenden Körperschaft als mit diesem Wert angeschafft. 77

B. Formwechsel in eine Personengesellschaft

Gemäß § 9 S. 1 UmwStG sind für den Formwechsel einer Kapitalgesellschaft in eine Personengesellschaft die §§ 3 bis § 8 und § 10 UmwStG entsprechend anzuwenden. Handelsrechtlich ist der Rechtsträger der Wirtschaftsgüter identisch. Steuerrechtlich wird hingegen eine Vermögensübertragung fingiert. Dies liegt darin begründet, dass zunächst die Kapitalgesellschaft Steuersubjekt (der Körperschaftsteuer) ist und nach dem Formwechsel die Personengesellschaft nur noch Subjekt der Einkommensermittlung ist, während die an der Personengesellschaft beteiligten Mitunternehmer Steuersubjekt sind. 78

C. Spaltung

Für die Aufspaltung, Abspaltung und die Vermögensübertragung in Form einer Teilübertragung gelten die Regelungen der § 15 und § 16 UmwStG. 79

I. Spaltung auf eine Körperschaft

Dabei ordnet § 15 Abs. 1 S. 1 UmwStG für den Vermögensübergang von einer Körperschaft durch Aufspaltung, Abspaltung oder durch Teilübertragung auf andere Körperschaften die entsprechende Anwendung von § 11 bis § 13 UmwStG vorbehaltlich des § 15 Abs. 1 S. 2 UmwStG und des § 16 UmwStG an. 80

Arnulf Reinthaler

II. Spaltung auf eine Personengesellschaft

81 Für den Übergang von Vermögen einer Körperschaft durch Aufspaltung oder Abspaltung auf eine Personengesellschaft ordnet § 16 UmwStG die entsprechende Anwendung der §§ 3 bis § 8, § 10 und § 15 UmwStG an.

Lösung zu Fall 4: Die Gesamthandsbilanz der BAZY-GmbH auf den 31.12.2011 sieht wie folgt aus:

Aktiva (in Tsd. EUR)		Passiva (in Tsd. EUR)	
Vermögen der Aboranti-GmbH	300	Eigenkapital Albrecht (36%)	180
Vermögen der YZ-OHG	200	Eigenkapital Borat (24%)	120
		Eigenkapital Ypsiloni (28%)	140
		Eigenkapital Zugerhügel (12%)	60
	500		500

Für die einzelnen Gesellschafter sind Ergänzungsbilanzen zu bilden. Die Werte für die Ergänzungsbilanzen lassen sich aus der Gesamthandsbilanz und der bisherigen Zuordnung der stillen Reserven herleiten.[44] Auf das Vermögen der Aboranti GmbH (Buchwert 100, gemeiner Wert 300) würde ein steuerlicher Gewinn von 200 entstehen, der zu 120 von Albrecht und zu 80 von Borat zu tragen wäre. Nach der Gesamthandsbilanz wäre kein Gewinn angefallen, so dass in den Ergänzungsbilanzen entsprechende passive Korrekturposten einzustellen wären.[45] Ein etwaiger Veräußerungsgewinn auf das Vermögen der YZ-OHG (Buchwert 100, gemeiner Wert 200) würde zu 70 auf Ypsiloni und zu 30 auf Zugerhügel entfallen. Die Ergänzungsbilanzen würden dann wie folgt aussehen:

Ergänzungsbilanz Albrecht auf den 31.12.2011:

Aktiva (in Tsd. EUR)		Passiva (in Tsd. EUR)	
Minderkapital	120	Vermögen der Aboranti GmbH	120
	120		120

Ergänzungsbilanz Borat auf den 31.12.2011:

Aktiva (in Tsd. EUR)		Passiva (in Tsd. EUR)	
Minderkapital	80	Vermögen der Aboranti GmbH	80
	80		80

Ergänzungsbilanz Ypsiloni auf den 31.12.2011:

Aktiva (in Tsd. EUR)		Passiva (in Tsd. EUR)	
Minderkapital	70	Vermögen der YZ-OHG	70
	70		70

---

[44] Zum Fall auch *Strauch* Rn. 152.
[45] Zum Fall auch *Strauch* Rn. 152.

Ergänzungsbilanz Zugerhügel auf den 31.12.2011:

Aktiva (in Tsd. EUR)		Passiva (in Tsd. EUR)	
Minderkapital	30	Vermögen der YZ-OHG	30
	30		30

§ 5 Kontrollfragen und Lösungen

Kontrollfragen zu Kapitel 8:

1. Warum sind Regelungen wie diejenigen, die im UmwStG enthalten sind, notwendig?
2. Durch welche zentrale Regelungstechnik im UmwStG wird die weitestgehende Steuerneutralität gewährleistet?
3. Welche beiden Fallgruppen lassen sich im UmwStG grob unterscheiden?
4. Was versteht man bei Einbringungen unter der „doppelten Buchwertverknüpfung"?

Lösungen zu Kapitel 8:

1. Regelungen, wie sie im UmwStG enthalten sind, sind notwendig, um Unternehmen eine organisatorische Anpassung der Rechtsform zu ermöglichen, ohne (so hohe) Steuern auszulösen, dass die Unternehmen finanziell überfordert wären. Betriebswirtschaftlich erwünschte und handelsrechtlich mögliche Umstrukturierungen der Wirtschaft sollen nicht durch steuerliche Folgen behindert werden.
2. Der Gesetzgeber hat im UmwStG die Möglichkeit der Buchwertfortführung geschaffen.
3. Es ist grob zu unterscheiden zwischen Einbringungen einerseits und der Umwandlung von Körperschaften andererseits.
4. Von doppelter Buchwertverknüpfung spricht man bei Einbringungen deshalb, weil einmal der Wert, mit dem die Gesellschaft die eingebrachten Wirtschaftsgüter in ihre Bücher aufnimmt, verknüpft ist mit dem Wert, den der Einbringende als Veräußerungspreis anzusetzen hat. Zum anderen ist dieser Wert mit den Anschaffungskosten, die beim Einbringenden für dessen „neue" Anteile anzusetzen sind, verknüpft. Daher spricht man von doppelter Buchwertverknüpfung.

Allgemeines Literaturverzeichnis

Ballreich	Ballreich, Hilbert, Fallkommentar Umwandlungsrecht, 6. Aufl., München 2019.
Baumbach/Hopt/*Bearbeiter*	Baumbach, Adolf/Hopt, Klaus J., Handelsgesetzbuch, 38. Aufl., München 2018.
Bayer/Habersack/*Bearbeiter*	Bayer, Walter/Habersack, Mathias, Aktienrecht im Wandel, Tübingen 2007.
BeckHdb. Personengesellschaften/*Bearbeiter*	Prinz, Ulrich/Hoffmann, Wolf-Dieter, Beck'sches Handbuch der Personengesellschaften, 5. Aufl., München 2020.
Beck. Hdb. Umw. Int./*Bearbeiter*	Bordersen, Jörg/Euchner, Alexander/Friedl, Markus u. a., Beck'sches Handbuch Umwandlungen International, München 2013.
BeckOK BGB/*Bearbeiter*	Bamberger, Georg/Roth, Herbert, Beck'scher Online-Kommentar zum Bürgerlichen Gesetzbuch, Edition 51, Stand 1.8.2019.
Beisel/Klumpp	Beisel, Wilhelm/Klumpp, Hans-Hermann, Der Unternehmenskauf, 7. Aufl., München 2016.
Binz/Sorg	Binz, Mark/Sorg, Martin, Die GmbH & Co. KG, 12. Aufl., München 2018.
Birk/Desens/Tappe	Birk, Dieter/Desens, Marc/Tappe, Henning, Steuerrecht, 22. Aufl., München 2019.
Breithaupt/Ottersbach/*Bearbeiter*	Breithaupt, Joachim/Ottersbach, Jörg, Kompendium Gesellschaftsrecht, München 2010.
Dötsch/Pung/Möhlenbrock/*Bearbeiter*	Dötsch, Ewald/Pung, Alexandra/Möhlenbrock, Rolf, Die Körperschaftsteuer, Kommentar zum Körperschaftsteuergesetz, Umwandlungssteuergesetz und zur internationalen Gewinnabgrenzung, Stand: 96. Ergänzungslieferung, Juni 2019, Stuttgart.
Eidenmüller/*Bearbeiter*	Eidenmüller, Horst, Ausländische Kapitalgesellschaften im deutschen Recht, München 2004.
Emmerich/Habersack Konzernrecht	Emmerich, Volker/Habersack, Mathias, Konzernrecht, 11. Aufl., München 2020.
Emmerich/Habersack/*Bearbeiter*	Emmerich, Volker/Habersack, Mathias, Aktien- und GmbH-Konzernrecht, 9. Aufl., München 2019.
Erfurter Komm. Arbeitsrecht/*Bearbeiter*	Müller-Glöge, Rudi/Preis, Ulrich/Schmidt, Ingrid, Erfurter Kommentar zum Arbeitsrecht, 20. Aufl., München 2020.
Erman/*Bearbeiter*	Erman, Walter, Kommentar zum Bürgerlichen Gesetzbuch, 15. Aufl., Köln 2017.

Gaß	Gaß, Andreas, Die Umwandlung gemeindlicher Unternehmen, München 2003.
Göhler/*Bearbeiter*	Göhler, Erich, OWiG, 17. Aufl., München 2017.
Großkommentar AktG/ *Bearbeiter*	Hopt, Klaus J./Wiedemann, Herbert, Großkommentar Aktiengesetz, 5. Aufl., Berlin.
Habersack/Casper/Löbbe/ *Bearbeiter*	Habersack, Mathias/Casper, Matthias/Löbbe, Marc, GmbHG – Gesetz betreffend die Gesellschaften mit beschränkter Haftung, Großkommentar in drei Bänden, 3. Aufl., Tübingen.
Habersack/Drinhausen/ *Bearbeiter*	Habersack, Mathias/Drinhausen, Florian, SE-Recht, 2. Aufl., München 2016.
Habersack/Verse	Habersack, Mathias/Verse, Dirk, Europäisches Gesellschaftsrecht, 5. Aufl., München 2019.
Haritz/Menner/Bilitewski/ *Bearbeiter*	Haritz, Detlef/Menner, Stefan/Bilitewski, Andrea, Kommentar zum Umwandlungssteuergesetz, 5. Aufl., München 2019.
Hauser	Hauser, Werner, Die Wahl der Organisationsform kommunaler Einrichtungen, Köln, 1987.
Hauschild/Kallrath/Wachter/ *Bearbeiter*	Hauschild, Armin/Kallrath, Jürgen/Wachter, Thomas, Notarhandbuch Gesellschafts- und Unternehmensrecht, 2. Aufl., München 2017.
Heckschen/Simon	Heckschen, Heribert/Simon, Stefan, Umwandlungsrecht, München 2003.
Heidel/*Bearbeiter*	Heidel, Thomas, Aktienrecht und Kapitalmarkrecht, 5. Aufl., Baden-Baden 2019.
Henssler/Strohn/*Bearbeiter*	Henssler, Martin/Strohn, Lutz, Gesellschaftsrecht, 4. Aufl., München 2019.
Herrler/Schneider	Herrler, Sebastian/Schneider, Susanne, Von der Limited zur GmbH, München 2010.
Hirte	Hirte, Heribert, Kapitalgesellschaftsrecht, 8. Aufl., Köln 2016.
Hüffer/Koch	Hüffer, Uwe/Koch, Jens, Aktiengesetz, 14. Aufl., München 2020.
Jäger	Jäger, Axel, Aktiengesellschaft: Unter besonderer Berücksichtigung der KGaA. Rechtliche Grundlagen, Finanzierung, Management und Haftung, München 2004.
Kallmeyer/*Bearbeiter*	Kallmeyer, Harald, Umwandlungsgesetz, Kommentar: Verschmelzung, Spaltung und Formwechsel bei Handelsgesellschaften, 6. Aufl., Köln 2017.
Karlsruher Komm. OWiG/ *Bearbeiter*	Mitsch, Wolfgang, Karlsruher Kommentar zum OWiG, 5. Aufl., München 2018.
Keßler/Kühnberger	Keßler, Jürgen/Kühnberger, Manfred, Umwandlungsrecht Stuttgart 2009.
Klingebiel/Patt/Krause	Klingebiel, Jörg/Patt, Ralf/Krause, Torsten, Umwandlungssteuerrecht, 5. Aufl., Stuttgart 2020.
Klöcker/Frowein	Klöcker, Ingo/Frowein, Georg, Spruchverfahrensgesetz, Köln 2004.
Kölner Komm. AktG/*Bearbeiter*	Zöllner, Wolfgang/Noack, Ulrich, Kölner Kommentar zum Aktiengesetz, 3. Aufl., Köln 2019.

Kölner Komm. UmwG/ *Bearbeiter*	Dauner-Lieb, Barbara/Simon, Stefan, Kölner Kommentar zum Umwandlungsgesetz, Köln 2009.
Kort	Kort, Michael, Bestandsschutz fehlerhafter Strukturänderungen im Kapitalgesellschaftsrecht, München 1998.
Krenberger/Krumm/*Bearbeiter*	Krenberger, Benjamin/Krumm, Carsten, OWiG, 5. Aufl., München 2018.
Kuhlmann/Ahnis	Kuhlmann, Jens/Ahnis, Erik, Konzern- und Umwandlungsrecht, 4. Aufl., Heidelberg 2016.
Langenbucher	Langenbucher, Katja, Aktien- und Kapitalmarktrecht, 4. Aufl., München 2018.
Larenz	Larenz, Karl, Lehrbuch des Schuldrechts, Band II/1: Besonderer Teil/1. Halbband, 13. Aufl., München 1986.
Leuering	Leuering, Dieter, Sitzverlegungen von Gesellschaften in Europa: rechtliche und praktische Probleme, 2012 (online verfügbar unter www.zew.uni-bonn.de).
Liebscher	Liebscher, Thomas, GmbH-Konzernrecht, München 2006.
Limmer/*Bearbeiter*	Limmer, Peter, Handbuch der Unternehmensumwandlung, 6. Aufl., Köln 2019.
Limmer UmwR	Limmer, Peter, Umwandlungsrecht, Gesetz zur Bereinigung des Umwandlungsrechts (UmwBerG), Herne/Berlin 1999.
Lutter/*Bearbeiter*	Lutter, Marcus, Umwandlungsgesetz (UmwG), 6. Aufl., Köln 2019.
Lutter/Bayer/Schmidt	Lutter, Marcus/Bayer, Walter/Schmidt, Jessica, Europäisches Unternehmens- und Kapitalmarktrecht, 6. Aufl., Berlin 2017.
Lutter/Hommelhoff/Teichmann/*Bearbeiter*	Lutter, Marcus/Hommelhoff, Peter/Teichmann, Christoph, SE-Kommentar, Köln 2. Aufl. 2015.
Maulbetsch/Klumpp/Rose/ *Bearbeiter*	Maulbetsch, Hans-Christoph/Klumpp, Axel/Rose, Klaus-Dieter, Umwandlungsgesetz, 2. Aufl., Heidelberg 2017.
Müller	Müller, Nikolaus, Rechtsformenwahl bei der Erfüllung öffentlicher Aufgaben, Köln 1993.
Münch. Hdb. GesR VI/ *Bearbeiter*	Leible, Stefan/Reichert, Jochem, Münchener Handbuch des Gesellschaftsrechts, Band 6: Internationales Gesellschaftsrecht, Grenzüberschreitende Umwandlungen, 4. Aufl., München 2013.
Münch. Hdb. GesR VIII/ *Bearbeiter*	Lieder, Jan/Wilk, Cornelius/Ghassemi-Tabar, Nima, Münchener Handbuch des Gesellschaftsrechts, Band 8: Umwandlungsrecht, 5. Aufl., München 2018.
MüKoAktG/*Bearbeiter*	Goette, Wulf/Habersack, Mathias, Münchener Kommentar zum Aktiengesetz, 5. Aufl., München.
MüKoBGB/*Bearbeiter*	Säcker, Franz Jürgen/Rixecker, Roland, Münchner Kommentar zum Bürgerlichen Gesetzbuch, 8. Aufl., München.
MüKoHGB/*Bearbeiter*	Schmidt, Karsten, Münchner Kommentar zum Handelsgesetzbuch, 4. Aufl., München.

MüKoZPO/*Bearbeiter*	Rauscher, Thomas/Wax, Peter/Wenzel, Joachim, Münchner Kommentar zur Zivilprozessordnung, 5. Aufl., München.
Nietsch	Nietsch, Michael, Freigabeverfahren, Tübingen 2013.
Nordmeyer	Nordmeyer, Matthias, Die Institution des gemeinsamen Vertreters im gesellschaftsrechtlichen Spruchverfahren, Bielefeld 2005.
Palandt/*Bearbeiter*	Palandt, Otto, Kommentar zum Bürgerlichen Gesetzbuch, 79. Aufl., München 2020.
Petersen	Petersen, Jens, Der Gläubigerschutz im Umwandlungsrecht, München 2001.
Prölss/Dreher/*Bearbeiter*	Prölss, Erich/Dreher, Meinrad, Versicherungsaufsichtsgesetz, 13. Aufl., München, 2018.
Raiser/Veil	Raiser, Thomas/Veil, Rüdiger, Recht der Kapitalgesellschaften, 6. Aufl., München 2015.
Rödder/Herlinghaus/van Lishaut/*Bearbeiter*	Rödder, Thomas/Herlinghaus, Andreas/van Lishaut, Ingo, Umwandlungssteuergesetz, 3. Aufl., Köln 2019.
Saenger/*Bearbeiter*	Saenger, Ingo, Zivilprozessordnung, 8. Aufl., Baden-Baden 2019.
Sagasser/Bula/Brünger/*Bearbeiter*	Sagasser, Bernd/Bula, Thomas/Brünger, Thomas, Umwandlungen, 5. Aufl., München 2017.
Schäfer	Schäfer, Carsten, Die Lehre vom fehlerhaften Verband, Tübingen 2002.
K. Schmidt GesR	Schmidt, Karsten, Gesellschaftsrecht, 4. Aufl., Köln 2002.
K. Schmidt/Lutter/*Bearbeiter*	Schmidt, Karsten/Lutter, Marcus, Aktiengesetz, 4. Aufl., Köln 2020
Schmitt/Hörtnagl/Stratz/*Bearbeiter*	Schmitt, Joachim/Hörtnagel, Robert/Stratz, Rolf-Christian, Umwandlungsgesetz, Umwandlungssteuergesetz, 8. Aufl., München 2018.
Schmitt/Schloßmacher	Schmitt, Joachim/Schloßmacher, Stefan, Umwandlungssteuererlass 2011, Kommentierung, Praktische Hinweise, München 2012.
Schwedhelm	Schwedhelm, Rolf, Die Unternehmensumwandlung, 9. Aufl., Köln 2019.
Semler/Stengel/*Bearbeiter*	Semler, Johannes/Stengel, Arndt, Umwandlungsgesetz mit Spruchverfahrensgesetz, 4. Aufl., München 2017.
Simon/*Bearbeiter*	Simon, Stefan, Spruchverfahrensgesetz, München 2007.
Spahlinger/Wegen/*Bearbeiter*	Spahlinger, Andreas/Wegen, Gerhard, Internationales Gesellschaftsrecht in der Praxis, München 2005.
Spindler/Stilz/*Bearbeiter*	Spindler, Gerald/Stilz, Eberhard, Kommentar zum Aktiengesetz, 4. Aufl., München 2019.
Staudinger/*Bearbeiter*	Staudinger, Julius von, Kommentar zum Bürgerlichen Gesetzbuch: Internationales Gesellschaftsrecht: EGBGB/IPR, 16. Aufl., Berlin 2015.
Strauch	Strauch, Robert, Umwandlungssteuerrecht, 2. Aufl., Heidelberg 2012.
Stoye-Benk/Cutura	Stoye-Benk, Christiana/Cutura, Vladimir, Handbuch Umwandlungsrecht, 3. Aufl., Heidelberg 2012.

Timmerbeil/Reinhard	Timmerbeil, Sven/Reinhard, Jakob, Grundriss des Konzern- und Umwandlungsrechts, Heidelberg 2012.
Weller	Weller, Marc-Philippe, Sitzverlegungen von Gesellschaften in Europa: rechtliche und praktische Probleme, 2012 (online verfügbar unter www.zew.uni-bonn.de).
Weller/Prütting	Weller, Marc-Philippe/Prütting, Jens, Handels- und Gesellschaftsrecht, 9. Aufl., München 2016.
Widmann/Mayer/*Bearbeiter*	Widmann, Siegfried/Mayer, Dieter, Umwandlungsrecht, Loseblattsammlung, Stand 181. Aktualisierungslieferung, Dezember 2019, Bonn.
Zöller/*Bearbeiter*	Zöller, Richard, Zivilprozessordnung, 33. Aufl., Köln 2019.

Sachregister

Abfindungsangebot
- Barabfindungsangebot Kap. 1 Rn. 123; Kap. 2 Rn. 34, 96 ff., 206, 209, 215; Kap. 3 Rn. 127; Kap. 5 Rn. 51 f.; Kap. 6 Rn. 70
- Inhalt des Anspruchs Kap. 2 Rn. 101
- Klageausschluss/Spruchverfahren Kap. 2 Rn. 105; Kap. 7 Rn. 70
- Prüfung Kap. 2 Rn. 102, 216; Kap. 7 Rn. 70

Abspaltung
- (zur) Aufnahme Kap. 3 Rn. 22
- Begriffsbestimmung Kap. 1 Rn. 56; Kap. 3 Rn. 16 ff.
- Behandlung vergessener Aktiva und Passiva Kap. 3 Rn. 87
- Beibehaltung der Mitbestimmung Kap. 1 Rn. 138; Kap. 3 Rn. 177 ff.
- grenzüberschreitende Kap. 1 Rn. 23, 47; Kap. 3 Rn. 66; Kap. 6 Rn. 97 ff.
- (zur) Neugründung Kap. 3 Rn. 23
- spaltungsfähige Rechtsträger Kap. 1 Rn. 77 ff.; Kap. 3 Rn. 53 ff.

Amtsermittlung Spruchverfahren Kap. 7 Rn. 117 ff.

Analogieverbot des UmwG Kap. 1 Rn. 62; Kap. 4 Rn. 30

Anfechtungsklage
- Anspruchsgegner Kap. 7 Rn. 15 ff.
- Antragsberechtigte Kap. 7 Rn. 15 ff.
- Begründetheit der Klage Kap. 7 Rn. 27 ff.
- Fristen Kap. 7 Rn. 31 ff.
- Klageausschluss Kap. 7 Rn. 36 ff.
- Rechtskraftwirkung Kap. 7 Rn. 41 ff.
- Rechtsmittel Kap. 7 Rn. 41 ff.
- Registersperre Kap. 1 Rn. 109 f.
- Zulässigkeitsvoraussetzungen Kap. 7 Rn. 12 ff.

angemessene Barabfindung
- Prüfung der Angemessenheit Kap. 2 Rn. 102, 216; Kap. 7 Rn. 70

Anmeldung
- Spaltung Kap. 1 Rn. 109; Kap. 3 Rn. 110 ff.
- Verschmelzung Kap. 1 Rn. 109; Kap. 2 Rn. 55 ff., 62 f., 197, 199, 203

Anstellungsverträge der Vorstände bzw. Geschäftsführer Kap. 1 Rn. 9; Kap. 2 Rn. 72, 130

Anteilsauswechslung Kap. 2 Rn. 80 f.

Anteilserwerb Kap. 2 Rn. 19, 80, 98, 156

Anteilsgewährung Kap. 1 Rn. 42, 59, 87; Kap. 2 Rn. 3, 153 f., 208; Kap. 3 Rn. 35 f.; Kap. 4 Rn. 35, 39 f.

Anteilsinhaber
- individueller Schutz Kap. 2 Rn. 89 ff.
- institutioneller Schutz Kap. 2 Rn. 85 ff.
- Schutz Kap. 1 Rn. 118 ff.; Kap. 2 Rn. 84 ff.; Kap. 3 Rn. 125 ff.; Kap. 4 Rn. 93 f., 104 f.; Kap. 5 Rn. 40 ff.

Anteilstausch Kap. 1 Rn. 54; Kap. 2 Rn. 20, 80; Kap. 3 Rn. 103; Kap. 4 Rn. 75, 86; Kap. 8 Rn. 10, 15, 45

Anwachsung Kap. 1 Rn. 42, 94; Kap. 6 Rn. 92, 96

Arbeitnehmer
- Beibehaltung der Mitbestimmung Kap. 1 Rn. 138; Kap. 2 Rn. 152; Kap. 3 Rn. 177
- kündigungsrechtliche Stellung Kap. 1 Rn. 136; Kap. 2 Rn. 131, 136, 140; Kap. 3 Rn. 155
- Schutz bei Spaltung Kap. 1 Rn. 136; Kap. 3 Rn. 154 ff.

aufgelöste Rechtsträger Kap. 1 Rn. 75, 79, 85; Kap. 2 Rn. 8, 179; Kap. 3 Rn. 56; Kap. 4 Rn. 33

Aufspaltung
- Begriff Kap. 1 Rn. 56; Kap. 3 Rn. 13 ff.

Ausgangsrechtsträger
- bei Formwechsel Kap. 1 Rn. 84; Kap. 5 Rn. 8 f.

Ausgliederung
- Begriff Kap. 1 Rn. 56; Kap. 3 Rn. 19 ff.

Ausgliederung aus dem Vermögen von Gebietskörperschaften Kap. 3 Rn. 208 ff.; Kap. 4 Rn. 56

Ausgliederung des Vermögens eines Einzelkaufmanns Kap. 1 Rn. 129; Kap. 3 Rn. 61, 203 ff.; Kap. 5 Rn. 12

ausländischer Rechtsträger
- mit Verwaltungssitz im Inland Kap. 3 Rn. 66; Kap. 6 Rn. 22 f., 55

Ausschlussfrist Kap. 2 Rn. 117

Barabfindung
- Angebot Kap. 1 Rn. 123; Kap. 2 Rn. 34, 96 ff., 206, 209, 215; Kap. 3 Rn. 127; Kap. 5 Rn. 51 f.; Kap. 6 Rn. 70
- gerichtliche Nachprüfung Kap. 1 Rn. 124; Kap. 2 Rn. 105; Kap. 7 Rn. 70
- Widerspruch zur Niederschrift Kap. 1 Rn. 124; Kap. 2 Rn. 98 f., 104; Kap. 3 Rn. 127; Kap. 5 Rn. 51; Kap. 7 Rn. 82

bare Zuzahlung Kap. 1 Rn. 121, 127; Kap. 2 Rn. 19 f. 47, 112 ff., 162, 193; Kap. 3 Rn. 80; Kap. 5 Rn. 57, 67; Kap. 7 Rn. 70, 125

Baukastenprinzip Kap. 1 Rn. 32; Kap. 4 Rn. 95; Kap. 8 Rn. 12

Beherrschungsvertrag Kap. 1 Rn. 46; Kap. 3 Rn. 178, 180

Bestimmtheitsgrundsatz Kap. 1 Rn. 6, 88; Kap. 3 Rn. 83; Kap. 4 Rn. 98

Betrieb
- Begriff Kap. 2 Rn. 145

Betriebsrat
- Beteiligung Kap. 1 Rn. 106, 134; Kap. 2 Rn. 22, 58, 142 ff.; Kap. 3 Rn. 114, 157 ff., 169; Kap. 5 Rn. 24, 74; Kap. 6 Rn. 73
- Übergangsmandat bei Betriebsaufspaltung Kap. 1 Rn. 139; Kap. 3 Rn. 155

Betriebsübergang Kap. 1 Rn. 137; Kap. 2 Rn. 127 ff., 136, 151; Kap. 3 Rn. 164 ff.

Beurkundung Kap. 1 Rn. 115; Kap. 2 Rn. 24, 30, 82; Kap. 3 Rn. 43, 93, 124; Kap. 4 Rn. 77, 82, 91 f.; Kap. 5 Rn. 45; Kap. 6 Rn. 47, 71; Kap. 7 Rn. 61

Beurkundungsmängel
- Heilung Kap. 1 Rn. 115; Kap. 2 Rn. 82; Kap. 4 Rn. 91 f.

Brexit Kap. 1 Rn. 15; Kap. 6 Rn. 41, 42a ff., 65a, 85

Buchwert Kap. 5 Rn. 73; Kap. 8 Rn. 5 ff., 24 f., 40, 44 f., 49, 57 f., 64, 74

Buchwertansatz Kap. 8 Rn. 6

Buchwertfortführung Kap. 3 Rn. 31; Kap. 8 Rn. 6, 8, 24, 27, 32, 48, 64

Company Law Package Kap. 1 Rn. 15, 23, 47; Kap. 3 Rn. 15a; Kap. 6 Rn. 15a

Diskontinuität der Rechtsordnung Kap. 5 Rn. 7

doppelte Buchwertverknüpfung Kap. 8 Rn. 46

Dreitakt der Umwandlung Kap. 1 Rn. 99

Drittes Gesetz zur Änderung des Umwandlungsgesetzes Kap. 1 Rn. 15; Kap. 2 Rn. 194

Einbringung Kap. 8 Rn. 22 f., 27, 32, 37, 43, 45, 46 ff., 53

eingetragener Verein Kap. 1 Rn. 71; Kap. 2 Rn. 6, 36; Kap. 3 Rn. 54, 61

Eintragung
- Wirkungen Kap. 1 Rn. 112 ff.; Kap. 2 Rn. 66 ff., 82; Kap. 3 Rn. 121 ff.; Kap. 4 Rn. 91, 102 f.; Kap. 5 Rn. 38; Kap. 7 Rn. 47

Einzelkaufmann Kap. 1 Rn. 11, 129; Kap. 3 Rn. 61, 203 ff.; Kap. 5 Rn. 9

Einzeltheorie Kap. 6 Rn. 43 ff.

Entwicklung des Umwandlungsgesetzes Kap. 1 Rn. 10 ff.

Erbengemeinschaft Kap. 1 Rn. 73; Kap. 2 Rn. 9; Kap. 5 Rn. 9

Europäische Aktiengesellschaft (SE) Kap. 1 Rn. 70; Kap. 2 Rn. 6, 195; Kap. 3 Rn. 62, 199; Kap. 5 Rn. 17; Kap. 6 Rn. 2, 9 ff., 123; Kap. 8 Rn. 20

Europäische Genossenschaft (SCE)
Kap. 1 Rn. 71; Kap. 3 Rn. 62 ff.; Kap. 5
Rn. 17; Kap. 6 Rn. 4, 9 ff., 28, 119,
123 ff., 128 ff., 138 ff.
Europäische wirtschaftliche Interessenvereinigung (EWIV) Kap. 1 Rn. 70;
Kap. 2 Rn. 6; Kap. 5 Rn. 8
europarechtliche Vorgaben Kap. 1
Rn. 16 ff.; Kap. 4 Rn. 29

Feststellungsklage
- Anspruchsgegner Kap. 7 Rn. 23
- Antragsberechtige Kap. 7 Rn. 20
- Rechtskraftwirkung Kap. 7 Rn. 43
- Registersperre Kap. 7 Rn. 40
- Zuständigkeit Kap. 7 Rn. 14

Firma Kap. 1 Rn. 89 f.; Kap. 2 Rn. 19,
61; Kap. 3 Rn. 61, 76, 88, 150 f., 205;
Kap. 4 Rn. 74; Kap. 5 Rn. 6, 32
Firmenfortführung Kap. 2 Rn. 61; Kap. 5
Rn. 6

Formwechsel
- Anmeldung Kap. 5 Rn. 34 ff.
- Arbeitnehmer Kap. 5 Rn. 74
- Arbeitnehmervertretung Kap. 5
  Rn. 74
- Aufsichtsratsmitglieder Kap. 5
  Rn. 75 ff.
- Barabfindungsangebot Kap. 5
  Rn. 51 ff.
- bare Zuzahlung Kap. 5 Rn. 57
- Bekanntmachung Kap. 5 Rn. 39
- Eintragung Kap. 5 Rn. 38
- Gläubigerschutz Kap. 5 Rn. 60 ff.
- grenzüberschreitender Kap. 1
  Rn. 22 f.; Kap. 6 Rn. 14, 15 ff., 53 f.,
  109 ff.
- Gründungsrecht Kap. 5 Rn. 58 f.,
  66 ff.
- Identitätsprinzip Kap. 1 Rn. 7 ff.;
  Kap. 5 Rn. 4 ff.
- isolierte Satzungssitzverlegung Kap. 6
  Rn. 27a, 54, 115 f.
- Kapitalschutz Kap. 5 Rn. 71 ff.
- Motive Kap. 1 Rn. 2; Kap. 5 Rn. 19
- Nachhaftung Kap. 5 Rn. 63 ff.
- Rechtsträger, beteiligte Kap. 1
  Rn. 83 ff.; Kap. 5 Rn. 8 ff.
- Schadensersatz Kap. 5 Rn. 81 ff.
- Schutz der Anteilsinhaber Kap. 5
  Rn. 40 ff.
- Sicherheitsleistung Kap. 5 Rn. 39, 60 f.
- Sonderrechtsinhaber Kap. 5 Rn. 62
- Umwandlungsbericht Kap. 5 Rn. 22 ff.
- Umwandlungsbeschluss Kap. 5
  Rn. 26 ff., 32 f.
- Verfahren Kap. 5 Rn. 20 ff.
- Vollziehung Kap. 5 Rn. 34 ff.
- Zustimmungserfordernisse Kap. 5
  Rn. 29 ff., 41 ff.

Fortsetzung aufgelöster Rechtsträger
Kap. 1 Rn. 75, 85; Kap. 2 Rn. 8; Kap. 3
Rn. 56; Kap. 4 Rn. 33

Freigabeverfahren
- Gang des Verfahrens Kap. 7 Rn. 49 ff.
- materiell-rechtliche Voraussetzungen
  Kap. 7 Rn. 52 ff.
- Mindestbetrag Kap. 7 Rn. 56 ff.
- Rechtsfolgen Kap. 7 Rn. 62 ff.
- Vollzugsinteresse Kap. 7 Rn. 59 ff.
- Zuständigkeit Kap. 7 Rn. 49

Fusionsrichtlinie Kap. 1 Rn. 11, 16, 18 f.;
Kap. 4 Rn. 29

Gebietskörperschaften Kap. 1 Rn. 79,
80 f.; Kap. 3 Rn. 45, 55, 208 ff.; Kap. 4
Rn. 30, 55, 64
gemeiner Wert Kap. 8 Rn. 50
gemeinsamer Vertreter Kap. 7 Rn. 91 ff.,
112 ff., 137 f., 141, 144, 155
genossenschaftliche Prüfungsverbände
Kap. 2 Rn. 6, 85; Kap. 3 Rn. 54, 190
Genussrechte Kap. 1 Rn. 126; Kap. 2
Rn. 19; Kap. 3 Rn. 141; Kap. 5 Rn. 32,
62

Gesamtrechtsnachfolge
- Begriff Kap. 1 Rn. 4 ff., 43; Kap. 2
  Rn. 67 ff.
- Grundbuchberichtigung Kap. 1 Rn. 6
- partielle Kap. 1 Rn. 43 f., 58; Kap. 3
  Rn. 9, 32 ff.; Kap. 4 Rn. 17 f., 20, 53,
  103
- Umfang Kap. 1 Rn. 5, 43 f.; Kap. 2
  Rn. 68 ff.

Gesellschaft bürgerlichen Rechts Kap. 1
Rn. 73, 84, 89, 94; Kap. 2 Rn. 9, 70;
Kap. 3 Rn. 67; Kap. 5 Rn. 10 f., 17,
28, 54

Gesellschaftsrechtsrichtlinie Kap. 1
  Rn. 11; Kap. 6 Rn. 14, 62, 65a, 66
Gesetzessystematik Kap. 1 Rn. 32 ff.;
  Kap. 2 Rn. 11 ff., 154 f.; Kap. 4 Rn. 3 f.
Gläubigerschutz Kap. 1 Rn. 14, 66, 116,
  128 ff.; Kap. 2 Rn. 23, 33, 60, 116 ff.,
  153, 159; Kap. 3 Rn. 129 ff.; Kap. 4
  Rn. 9, 93, 104; Kap. 5 Rn. 60 ff.;
  Kap. 6 Rn. 44, 79 f., 136; Kap. 7
  Rn. 182
grenzüberschreitende Umwandlung
– Company Law Package Kap. 1
  Rn. 15, 23, 47; Kap. 3 Rn. 15a; Kap. 6
  Rn. 15a
– Niederlassungsfreiheit Kap. 1 Rn. 23,
  47; Kap. 6 Rn. 7, 16 ff., 39, 50 ff., 88,
  99, 112 ff., 149
– Vereinigungstheorie Kap. 6 Rn. 43 ff.,
  50, 56, 59, 61, 63, 65, 95, 98, 108,
  111, 117, 122
grenzüberschreitende Verschmelzung
– Abfindungsangebot Kap. 6 Rn. 70
– Arbeitnehmermitbestimmung Kap. 1
  Rn. 140; Kap. 6 Rn. 82 ff.
– außereuropäische Verschmelzung
  Kap. 6 Rn. 93 ff.
– Brexit Kap. 1 Rn. 15; Kap. 6 Rn. 41,
  42 a ff., 65a, 85
– Company Law Package Kap. 1
  Rn. 15, 23, 47; Kap. 6 Rn. 15a
– Durchführung Kap. 6 Rn. 66 ff.; 76 ff.,
  89 ff.
– Gläubigerschutz Kap. 6 Rn. 79 f.
– persönlicher Anwendungsbereich
  Kap. 6 Rn. 65
– sachlicher Anwendungsbereich Kap. 6
  Rn. 63 f.
– Umtauschverhältnis Kap. 6 Rn. 69
– Verschmelzungsbericht Kap. 6 Rn. 73
– Verschmelzungsplan Kap. 6 Rn. 67 ff.
– Verschmelzungsprüfung Kap. 6
  Rn. 74 ff.
– Zulässigkeit Kap. 6 Rn. 63, 65 f.,
  86 ff.
Gründungsbericht Kap. 3 Rn. 106,
  196 f.; Kap. 5 Rn. 25, 58, 69, 73
Gründungsprüfung Kap. 2 Rn. 177;
  Kap. 3 Rn. 106, 197; Kap. 5 Rn. 25,
  69, 73

Gründungstheorie Kap. 6 Rn. 32 ff., 37,
  40, 42, 60
Gründungsvorschriften Kap. 1 Rn. 17;
  Kap. 2 Rn. 12, 63, 155; Kap. 3 Rn. 60,
  104 ff.; Kap. 5 Rn. 58, 66 ff.; Kap. 6
  Rn. 6, 21

Haftung
– Firmenübernahme bei Spaltung
  Kap. 3 Rn. 150 f.
– gesamtschuldnerische Haftung bei
  Spaltung Kap. 1 Rn. 129; Kap. 3
  Rn. 130 ff., 174
– Organhaftung Kap. 2 Rn. 89 ff., 116,
  122 ff.; Kap. 3 Rn. 126, 129, 148,
  183 ff.
Heilung
– von Mängeln Kap. 1 Rn. 115; Kap. 2
  Rn. 82; Kap. 3 Rn. 124; Kap. 4
  Rn. 91 f., 102; Kap. 5 Rn. 38, 50

Identitätsprinzip Kap. 1 Rn. 7 ff.; Kap. 2
  Rn. 20; Kap. 5 Rn. 4 ff.

Kapitalerhaltungsvorschriften Kap. 1
  Rn. 130; Kap. 5 Rn. 60
Kapitalerhöhung
– Kapitalerhöhungsbeschluss Kap. 2
  Rn. 165
– Kapitalerhöhungsverbot Kap. 2
  Rn. 154, 156
– Kapitalerhöhungswahlrecht Kap. 2
  Rn. 154, 157 ff.
Kapitalrichtlinie Kap. 1 Rn. 17
Kettenumwandlung Kap. 3 Rn. 57 f.
Konzernrecht
– Begriff Kap. 1 Rn. 46
Konzernverschmelzung
– Entbehrlichkeit des Verschmelzungs-
  beschlusses Kap. 1 Rn. 15; Kap. 2
  Rn. 195 ff., 204 f.; Kap. 6 Rn. 81
– Hinweispflichten Kap. 2 Rn. 201 ff.
– Minderheit Kap. 2 Rn. 198 f.
– Squeeze-out Kap. 1 Rn. 15; Kap. 2
  Rn. 206 ff.
Kündigung Kap. 1 Rn. 136; Kap. 2
  Rn. 73, 120, 131, 136, 140;
  Kap. 3 Rn. 90, 155, 170, 172;
  Kap. 4 Rn. 113

Mehrstaatlichkeit Kap. 6 Rn. 128, 130, 135, 144
Mitbestimmung
– Beibehaltung bei Abspaltung und Ausgliederung Kap. 1 Rn. 138; Kap. 3 Rn. 177 ff.
Mitunternehmeranteil Kap. 8 Rn. 10, 32 ff.
Mobilitätsrichtlinie Kap. 1 Rn. 23; Kap. 3 Rn. 66; Kap. 6 Rn. 15, 53 f., 62, 65a, 70, 81, 99, 103, 105a, 119, 125
mündliche Verhandlung Spruchverfahren Kap. 7 Rn. 115 ff.

Nachgründung Kap. 2 Rn. 174 ff.; Kap. 3 Rn. 59; Kap. 5 Rn. 69
Nachhaftung Kap. 2 Rn. 186; Kap. 3 Rn. 132, 174; Kap. 5 Rn. 63 ff.
natürliche Person Kap. 1 Rn. 74; Kap. 2 Rn. 2, 79, 217 f.; Kap. 3 Rn. 205; Kap. 8 Rn. 9, 23, 49, 56 ff.
Negativerklärung Kap. 1 Rn. 109 f.; Kap. 2 Rn. 56 f.; Kap. 3 Rn. 115 ff.; Kap. 4 Rn. 89; Kap. 7 Rn. 40
Nichtigkeitsklage
– Inhalt Kap. 2 Rn. 113; Kap. 7 Rn. 2, 7 ff.
– Rechtskraftwirkung Kap. 7 Rn. 41 ff.
nicht-verhältniswahrende Spaltung Kap. 3 Rn. 37 ff.
Niederlassungsfreiheit
– Bedeutung für grenzüberschreitende Umwandlung Kap. 6 Rn. 39 ff.
– Begriff und Inhalt Kap. 6 Rn. 7, 16 ff.
notarielle Beurkundung Kap. 1 Rn. 115; Kap. 2 Rn. 24, 30, 82; Kap. 3 Rn. 43, 93, 124; Kap. 4 Rn. 61, 82, 91 f.; Kap. 5 Rn. 45; Kap. 6 Rn. 47, 71, 78; Kap. 7 Rn. 61
numerus clausus der Umwandlungsarten Kap. 1 Rn. 62 ff., 86; Kap. 3 Rn. 67; Kap. 4 Rn. 32; Kap. 5 Rn. 16

Organhaftung Kap. 2 Rn. 89 ff., 122 ff.; Kap. 3 Rn. 126, 129 ff., 148 f., 183 ff.

Prüfungsbericht Kap. 1 Rn. 105; Kap. 2 Rn. 13, 36 ff., 210; Kap. 3 Rn. 103; Kap. 4 Rn. 81; Kap. 6 Rn. 74; Kap. 7 Rn. 28, 111

Rechtsträger mit Sitz im Inland Kap. 1 Rn. 47; Kap. 6 Rn. 24, 55, 86, 94
Regelungsbereich des Umwandlungssteuergesetzes siehe Umwandlungssteuergesetz
Restrukturierungsgesetz Kap. 3 Rn. 48

Sachgründungsbericht Kap. 3 Rn. 106, 196 f.; Kap. 5 Rn. 69
Sanierungs- und Abwicklungsgesetz Kap. 3 Rn. 49
Schadensersatzansprüche Kap. 1 Rn. 111; Kap. 2 Rn. 44, 89 ff., 121 ff., 139; Kap. 3 Rn. 187 ff.; Kap. 4 Rn. 38; Kap. 5 Rn. 39, 85; Kap. 6 Rn. 24, 55, 86, 94; Kap. 7 Rn. 31, 62 ff., 164 ff.
Schadensersatzpflicht siehe Schadensersatzansprüche
– der Verwaltungsträger des übertragenden Rechtsträgers Kap. 2 Rn. 89 ff.; Kap. 7 Rn. 164 ff.
– des Verwaltungsträgers des übernehmenden Rechtsträgers Kap. 2 Rn. 122 ff.; Kap. 7 Rn. 168 ff.
Sicherheitsleistung Kap. 1 Rn. 131; Kap. 2 Rn. 117 ff.; Kap. 3 Rn. 135 ff., 153; Kap. 4 Rn. 93; Kap. 5 Rn. 39, 69; Kap. 6 Rn. 136; Kap. 7 Rn. 182 ff.
Sitztheorie Kap. 6 Rn. 22, 32 ff.
Sitzverlegung Kap. 1 Rn. 22 f.; Kap. 6 Rn. 15, 25 f., 109 ff., 120 ff.
Sonderbetriebsvermögen Kap. 8 Rn. 35 f.
Sonderrechte
– Schutz der Inhaber Kap. 2 Rn. 126; Kap. 3 Rn. 141 f.
– Verwässerungsschutz Kap. 4 Rn. 76
Spaltung
– Ablauf Kap. 3 Rn. 69 ff.
– Aktiva Kap. 3 Rn. 82 ff.
– Anteilsgewährung Kap. 3 Rn. 35 f.
– arbeitsrechtliche Folgen Kap. 3 Rn. 154 ff.
– Aufteilung der Anteile Kap. 3 Rn. 80, 92
– „Bad Banks" Kap. 3 Rn. 48 ff.
– „Carve out" Kap. 3 Rn. 5
– Eintragung Kap. 3 Rn. 110 ff.
– Formen Kap. 3 Rn. 11 ff.

- Gläubigerschutz Kap. 3 Rn. 129 ff., 152 ff.
- grenzüberschreitende Spaltung Kap. 1 Rn. 23, 47; Kap. 3 Rn. 66; Kap. 6 Rn. 14, 15 ff., 53 f., 85 ff., 97 ff.
- Gründungsrecht Kap. 3 Rn. 104 ff.
- Haftung *siehe Organhaftung und Schadensersatzanspruch*
- Kombinationen Kap. 3 Rn. 24
- nicht-verhältniswahrende Spaltung Kap. 3 Rn. 37 ff.
- Passiva Kap. 3 Rn. 82 ff.
- Schutz der Anteilsinhaber Kap. 3 Rn. 125 ff.
- Schutz der Inhaber von Sonderrechten Kap. 3 Rn. 141 f.
- spaltungsfähige Rechtsträger Kap. 3 Rn. 53 ff.
- „Spin off" Kap. 3 Rn. 5
- Teilübertragung Kap. 3 Rn. 45
- Verfahren Kap. 3 Rn. 53 ff.
- Wirkungen Kap. 3 Rn. 121 ff.
- wirtschaftlicher Hintergrund Kap. 1 Rn. 1; Kap. 3 Rn. 5 ff.

Spaltungsbericht
- Inhalt Kap. 3 Rn. 96 ff.
- Verzicht Kap. 3 Rn. 102

Spaltungsbeschluss Kap. 3 Rn. 107 ff.

Spaltungsplan Kap. 1 Rn. 101; Kap. 3 Rn. 70 ff.

Spaltungsprüfung Kap. 3 Rn. 103 ff.

Spaltungsstichtag Kap. 3 Rn. 79

Spaltungsvertrag
- Begriff Kap. 3 Rn. 71 ff.
- Bezeichnung und Aufteilung der Gegenstände Kap. 3 Rn. 82 ff.
- Form Kap. 3 Rn. 93 ff.
- Inhalt Kap. 3 Rn. 74 ff.
- Mindestangaben Kap. 3 Rn. 76 ff.

Spruchverfahren
- Ablauf Kap. 7 Rn. 65 ff.
- Amtsermittlung Kap. 7 Rn. 118
- Antrag Kap. 7 Rn. 102
- Antragsbegründung Kap. 7 Rn. 105 f.
- Antragsberechtigung Kap. 2 Rn. 113, 118; Kap. 7 Rn. 81 ff.
- Antragsfrist Kap. 7 Rn. 103 ff.
- Antragsgegner Kap. 7 Rn. 89 ff.
- außergerichtliche Kosten Kap. 7 Rn. 163

- Entscheidung des Gerichts Kap. 7 Rn. 125 ff.
- gemeinsamer Vertreter *siehe dort*
- Inter omnes-Wirkung Kap. 7 Rn. 128, 144, 159
- Kosten Kap. 7 Rn. 162 f.
- Leistungsklage Kap. 7 Rn. 159 ff.
- mündliche Verhandlung Kap. 7 Rn. 115 ff.
- Nachweis der Aktionärsstellung Kap. 7 Rn. 87 f.
- Neuordnung des Verfahrens Kap. 1 Rn. 15
- Rechtsmittel Kap. 7 Rn. 130 ff.
- Replik Kap. 7 Rn. 112 f.
- sachverständiger Prüfer Kap. 7 Rn. 122 ff.
- sofortige Beschwerde Kap. 7 Rn. 97
- Vergleich Kap. 7 Rn. 154 ff.
- Voraussetzungen Kap. 2 Rn. 105; Kap. 4 Rn. 43, 94, 105, 121; Kap. 5 Rn. 56 f.; Kap. 7 Rn. 68 ff.
- Zuständigkeit Kap. 7 Rn. 73 ff.

steuerliche Schlussbilanz Kap. 8 Rn. 44, 64, 66

Steuerneutralität Kap. 8 Rn. 5

stille Reserven Kap. 8 Rn. 7 f.

Tarifverträge Kap. 1 Rn. 139; Kap. 2 Rn. 134 f.

Teilbetrieb Kap. 3 Rn. 9, 31; Kap. 8 Rn. 10, 32 ff.

Teilübertragung Kap. 1 Rn. 50, 59, 136, 139; Kap. 3 Rn. 45, 167; Kap. 4 Rn. 4, 17 ff., 42 ff., 95 ff., 118 ff., 124 f.; Kap. 8 Rn. 79 ff.

Übergangsmandat Kap. 1 Rn. 139; Kap. 3 Rn. 155

Übernahmefolgegewinn Kap. 8 Rn. 69, 76

Übertragungsvertrag Kap. 1 Rn. 6, 18, 101; Kap. 4 Rn. 15, 19, 34 ff., 46 f., 72 ff.

Umtauschverhältnis Kap. 1 Rn. 104, 120, 127; Kap. 2 Rn. 29 f., 34, 46 f., 112 f., 176; Kap. 3 Rn. 80, 96, 103; Kap. 4 Rn. 78; Kap. 6 Rn. 69; Kap. 7 Rn. 36 f., 69 f., 86, 98

Umwandlung
- außerhalb des UmwG Kap. 1 Rn. 86 ff.
- Begriff Kap. 1 Rn. 38 ff.
- grenzüberschreitende *siehe dort*
- nach allgemeinem Zivil- und Gesellschaftsrecht Kap. 1 Rn. 87 f.
- Wirkung Kap. 1 Rn. 112 ff.
- wirtschaftliche Kap. 1 Rn. 95 ff.
- Zeitpunkt der Wirksamkeit Kap. 1 Rn. 112

Umwandlungsarten
- im Regelungsbereich des UmwG Kap. 1 Rn. 49 ff.
- numerus clausus *siehe dort*

Umwandlungsbeschluss
- Klage gegen Wirksamkeit Kap. 7 Rn. 7 ff.

Umwandlungsgesetz (UmwG)
- Aufbau Kap. 1 Rn. 24 ff.
- Ausstrahlungswirkung Kap. 1 Rn. 97
- geschichtliche Entwicklung Kap. 1 Rn. 10 ff.
- europarechtliche Vorgaben Kap. 1 Rn. 16 ff.
- räumlicher Anwendungsbereich Kap. 1 Rn. 47
- Systematik Kap. 1 Rn. 32 ff.
- zeitlicher Anwendungsbereich Kap. 1 Rn. 48

Umwandlungsrecht
- Gegenstand Kap. 1 Rn. 1 ff.
- Funktion Kap. 1 Rn. 3 ff.

Umwandlungssteuererlasse Kap. 8 Rn. 16 ff.

Umwandlungssteuergesetz (UmwStG)
- Anwendungsbereich Kap. 8 Rn. 15
- Aufbau Kap. 8 Rn. 9 ff.
- Buchwertfortführung Kap. 8 Rn. 6 ff.
- Grundsätze Kap. 8 Rn. 12 ff.
- Regelungsprinzipien Kap. 8 Rn. 5 ff.
- Regelungsweite Kap. 8 Rn. 22
- Verhältnis zum Umwandlungsgesetz Kap. 8 Rn. 15

Umwandlungsverfahren
- Ablauf Kap. 1 Rn. 98 ff.
- Beschlussphase Kap. 1 Rn. 107 f.
- Vollzugsphase Kap. 1 Rn. 109 ff.
- Vorbereitungsphase Kap. 1 Rn. 101 ff.

Unternehmensbewertung Kap. 2 Rn. 34, 47; Kap. 4 Rn. 43; Kap. 6 Rn. 69; Kap. 7 Rn. 120, 126

Unternehmergesellschaft Kap. 1 Rn. 70; Kap. 3 Rn. 60, 198

Unwirksamkeitsklage
- Anfechtungsklage *siehe dort*
- Feststellungsklage *siehe dort*
- Nichtigkeitsklage *siehe dort*

Verbindlichkeiten Kap. 1 Rn. 6, 129 f.; Kap. 2 Rn. 67, 79, 94 f., 181, 186 f.; Kap. 3 Rn. 7 f., 90, 122, 130 ff., 152, 174 ff.; Kap. 4 Rn. 104; Kap. 5 Rn. 63 ff.; Kap. 8 Rn. 7, 69

Vereidigter Buchprüfer Kap. 2 Rn. 40

Vereinigungstheorie Kap. 6 Rn. 43 ff., 50, 56, 61, 95, 98, 108, 111, 117, 122

Verjährung Kap. 2 Rn. 44, 76, 95; Kap. 5 Rn. 39, 83; Kap. 7 Rn. 167, 180

Vermögensaufteilung
- bei Spaltung Kap. 3 Rn. 30

Vermögensübergang Kap. 1 Rn. 60; Kap. 2 Rn. 68 ff.; Kap. 3 Rn. 123; Kap. 8 Rn. 9, 51, 67 ff., 80

Vermögensübertragung
- Arten Kap. 1 Rn. 49 f., 59 ff.; Kap. 3 Rn. 34, 59; Kap. 4 Rn. 10 ff.; Kap. 6 Rn. 48, 100
- Begriffsbestimmung Kap. 4 Rn. 1
- Bekanntmachung Kap. 4 Rn. 89 f.
- beteiligte Rechtsträger Kap. 1 Rn. 80 ff.; Kap. 4 Rn. 6 ff., 30 ff., 61 ff., 106 ff.
- Gegenleistung Kap. 4 Rn. 34 ff.
- Teilübertragung Kap. 4 Rn. 17 ff., 95 ff., 118 f., 124 f.
- Treuhänder Kap. 4 Rn. 48, 50, 123
- unter Versicherungsunternehmen Kap. 4 Rn. 106 ff.
- Vollübertragung Kap. 4 Rn. 11 ff., 69 ff., 116 f., 121 ff.

Verschmelzung
- Alleingesellschafter Kap. 2 Rn. 7, 210, 217 ff.
- Anfechtungsklage Kap. 2 Rn. 56, 105, 113
- Anmeldung Kap. 2 Rn. 55 ff., 190, 197, 199, 203
- Arten Kap. 1 Rn. 52 ff.; Kap. 2 Rn. 1 ff.

Sachregister

- Bekanntmachung der Eintragung Kap. 2 Rn. 65, 96, 101, 106, 117
- durch Aufnahme Kap. 2 Rn. 2, 11, 37, 97, 199, 203
- eines aufgelösten Rechtsträgers Kap. 2 Rn. 8, 179
- Eintritt in Bußgeldverfahren Kap. 2 Rn. 76 ff.
- Eintritt in Schuldverhältnisse Kap. 2 Rn. 73 ff.
- Eintritt in Zivilverfahren Kap. 2 Rn. 75
- Freigabeverfahren Kap. 2 Rn. 57; Kap. 7 Rn. 47 ff.
- Gesamtrechtsnachfolge Kap. 2 Rn. 3, 67 ff., 127, 132
- grenzüberschreitende Kap. 1 Rn. 140; Kap. 2 Rn. 1; Kap. 6 Rn. 61 ff.
- Gründungsvorschriften Kap. 2 Rn. 12, 63, 155
- Heilung von Beurkundungsmängeln Kap. 2 Rn. 82
- mit Kapitalerhöhung Kap. 2 Rn. 19, 30, 60, 153 ff., 163 ff.
- Negativerklärung Kap. 2 Rn. 56 f.
- Neugründung Kap. 2 Rn. 2, 12, 23, 62 f., 155
- ohne Kapitalerhöhung Kap. 2 Rn. 156 ff.
- Registeranmeldung siehe Anmeldung
- Registersperre Kap. 2 Rn. 56 f.
- Verfahren Kap. 2 Rn. 14 ff.
- Verschmelzungsfähigkeit Kap. 1 Rn. 69 ff.
- Vollzug Kap. 2 Rn. 55 ff.
- Wirkung Kap. 2 Rn. 66 ff., 219

Verschmelzungsbericht
- Inhalt Kap. 2 Rn. 15, 33 ff.; Kap. 6 Rn. 73
- Entbehrlichkeit Kap. 2 Rn. 35, 183, 210

Verschmelzungsbescheinigung Kap. 6 Rn. 76 f., 78, 132

Verschmelzungsbeschluss
- Beschlussmehrheit Kap. 2 Rn. 53 f., 184 f., 189 f.
- Entbehrlichkeit Kap. 2 Rn. 195 ff., 204, 206
- Förmlichkeiten Kap. 2 Rn. 52
- Inhalt Kap. 2 Rn. 50 f.; Kap. 6 Rn. 75

- Negativerklärung Kap. 2 Rn. 56 f.
- Widerspruch Kap. 2 Rn. 99 f.
- Zustimmung Kap. 2 Rn. 18, 24 ff.

Verschmelzungsplan Kap. 6 Rn. 67 ff.

Verschmelzungsprüfer
- Bestellung Kap. 2 Rn. 38 ff.
- Rechte Kap. 2 Rn. 42
- Status Kap. 2 Rn. 41
- Verantwortlichkeit Kap. 2 Rn. 43 f.

Verschmelzungsprüfung Kap. 2 Rn. 36 ff.; Kap. 6 Rn. 74

Verschmelzungsstichtag Kap. 2 Rn. 19, 60

Verschmelzungsverfahren Kap. 2 Rn. 14 ff., 84; Kap. 6 Rn. 66 ff.

Verschmelzungsvertrag
- Ansprüche Kap. 2 Rn. 31 f.
- Bindungswirkung Kap. 2 Rn. 24 ff.
- Grundlagen Kap. 2 Rn. 16 ff.
- Inhalt Kap. 2 Rn. 19 ff., 188
- Registergericht Kap. 2 Rn. 202
- Spruchverfahren siehe dort
- Zuleitung an den Betriebsrat Kap. 2 Rn. 58, 142 f.

Versicherungsunternehmen Kap. 1 Rn. 59, 80, 82; Kap. 3 Rn. 45, 52; Kap. 4 Rn. 1, 7 ff., 53, 106 ff.

Versicherungsverein auf Gegenseitigkeit Kap. 1 Rn. 72, 80; Kap. 2 Rn. 6, 85; Kap. 3 Rn. 45, 177; Kap. 4 Rn. 7, 106 f., 120 ff.; Kap. 5 Rn. 6, 9, 11

Verwaltungssitz Kap. 6 Rn. 20, 22, 26, 33, 39, 55, 63, 110

Verweisungstechnik Kap. 1 Rn. 28; Kap. 4 Rn. 4

Vinkulierung Kap. 2 Rn. 69, 110; Kap. 3 Rn. 90; Kap. 5 Rn. 29, 54

Viertes Gesetz zur Änderung des Umwandlungsgesetzes Kap. 1 Rn. 15; Kap. 6 Rn. 42b, 65a, 66, 86

Vollübertragung Kap. 1 Rn. 50, 59; Kap. 4 Rn. 11 ff.

Vollzugsinteresse Kap. 7 Rn. 59 ff.

Wertansatz Kap. 2 Rn. 47; Kap. 8 Rn. 6, 24 ff., 47, 66

Widerspruch
- des Arbeitnehmers Kap. 2 Rn. 139 ff.; Kap. 3 Rn. 166 ff.
- zur Niederschrift siehe Barabfindung

Wirtschaftsausschuss Kap. 2 Rn. 148; Kap. 3 Rn. 163

Zuzahlungen, siehe bare Zuzahlung

Zweites Gesetz zur Änderung des Umwandlungsgesetzes Kap. 1 Rn. 15, 21
Zwischenwert Kap. 8 Rn. 24 f., 44, 47, 57 f., 64, 74 f.

Lesen, was man wissen muss!

MOHR SIEBECK LEHRBUCH

Öffentliches Recht

BRAUN
Einführung in die Rechtsphilosophie

STEIN/FRANK
Staatsrecht

MENZEL/MÜLLER-TERPITZ (Hg.)
Verfassungsrechtsprechung

STEINBACH (Hg.)
Verwaltungsrechtsprechung

SCHMIDT
Kommunalrecht

GUSY
Polizei- und Ordnungsrecht

SCHMIDT
Beamtenrecht

EICHENHOFER
Sozialrecht

SCHLADEBACH
Luftrecht

CLASSEN
Religionsrecht

HARATSCH/KOENIG/PECHSTEIN
Europarecht

STEINBACH/VAN AAKEN
Ökonomische Analyse des Völker- und Europarechts

PECHSTEIN
EU-Prozessrecht

SCHILLING
Internationaler Menschenrechtsschutz

MENZEL/PIERLINGS/HOFFMANN (Hg.)
Völkerrechtsprechung

DÖRR
Kompendium völkerrechtlicher Rechtsprechung

BADURA
Wirtschaftsverfassung und Wirtschaftsverwaltung

Im Buchhandel und unter
www.mohrsiebeck.com

Lesen, was man wissen muss!

BRAUN
Einführung in die Rechtswissenschaft

LEIPOLD
BGB I, Einführung und Allgemeiner Teil

SCHLECHTRIEM/SCHMIDT-KESSEL
Schuldrecht Allgemeiner Teil

KÖTZ
Vertragsrecht

KÖTZ
Europäisches Vertragsrecht

RIESENHUBER
EU-Vertragsrecht

BREHM/BERGER
Sachenrecht

LEIPOLD
Erbrecht

GRUNEWALD
Gesellschaftsrecht

KRAFT/REDENIUS-HÖVERMANN (Hg.)
Umwandlungsrecht

SCHACK
Urheber- und Urhebervertragsrecht

AHRENS
Gewerblicher Rechtsschutz

ZEISS/SCHREIBER
Zivilprozessrecht

BORK
Einführung in das Insolvenzrecht

ZWEIGERT/KÖTZ
Einführung in die Rechtsvergleichung auf dem Gebiete des Privatrechts

SCHLECHTRIEM/SCHROETER
Internationales UN-Kaufrecht

SCHMOECKEL/MAETSCHKE
Rechtsgeschichte der Wirtschaft

TOWFIGH/PETERSEN
Ökonomische Methoden im Recht

MOHR SIEBECK LEHRBUCH

Privatrecht

Im Buchhandel und unter
www.mohrsiebeck.com